部首(부수)이름

1 획

一	한 일
丨	뚫을 곤
丶	점 주
丿	삐침 별
乙(乚)	새 을
亅	갈고리 궐

2 획

二	두 이
亠	두돼지해밑 두
人(亻)	사람 인(사람인 변)
儿	어진 사람 인
入	들 입
八	여덟 팔
冂	먼데 경
冖	덮을 멱(민갓머리)
冫	얼음 빙(이수변)
几	안석 궤
凵	입 벌릴 감
刀(刂)	칼 도(선칼도방)
力	힘 력
勹	쌀 포
匕	비수 비
匚	상자 방
匸	감출 혜
十	열 십
卜	점 복
卩(㔾)	병부 절
厂	기슭 엄
厶	사사 사(마늘모)
又	또 우

3 획

口	입 구
囗	나라 국(큰입구몸)
土	흙 토
士	선비 사
夂	뒤져서 올 치
夊	천천히 걸을 쇠
夕	저녁 석
大	큰 대
女	계집 녀
子	아들 자
宀	집 면(갓머리)
寸	마디 촌
小	작을 소
尢	절름발이 왕
尸	주검 시
屮	왼손 좌
山	뫼 산
巛(川)	개미허리(내 천)
工	장인 공
己	몸 기
巾	수건 건
干	방패 간
幺	작을 요
广	엄호 밑
廴	길게 걸을 인
廾	두손으로 받들 공
弋	주살 익
弓	활 궁
彐(彑)	고슴도치머리 계
彡	터럭 삼
彳	조금 걸을 척(두인변)

4 획

心(忄,㣺)	마음 심(심방변)
戈	창 과
戶	지게 호
手(扌)	손 수(재방변)
支	지탱할 지
攴(攵)	칠 복(등글월문방)
文	글월 문
斗	말 두
斤	도끼 근
方	모 방
无	없을 무(이미기방)
日	날 일
曰	가로 왈
月	달 월
木	나무 목
欠	하품 흠
止	그칠 지
歹	죽을 사
殳	창 수
毋	말 무
比	견줄 비
毛	터럭 모
氏	각시 씨
气	기운 기
水(氵,氺)	물 수(삼수변, 아래물수)
火(灬)	불 화(연화발)
爪(爫)	손톱 조
父	아비 부
爻	점괘 효
爿	나무조각 장
片	조각 편
牙	어금니 아
牛(牜)	소 우
犬(犭)	개 견(개사슴록 변)

5 획

玄	검을 현
玉(王)	구슬 옥(구슬옥 변)
瓜	오이 과
瓦	기와 와
甘	달 감
生	날 생
用	쓸 용
田	밭 전
疋	짝 필
疒	병들어 기댈 녁(병질)
癶	등질 발
白	흰 백
皮	가죽 피
皿	그릇 명
目	눈 목
矛	창 모
矢	화살 시
石	돌 석
示(礻)	보일 시

内	짐승 발자국 유
禾	벼 화
穴	구멍 혈
立	설 립

6 획

竹	대 죽
米	쌀 미
糸	실 사
缶(缶)	장군 부
网(罒/冈/网)	그물 망
羊(⺶)	양 양
羽	깃 우
老(耂)	늙을 로
而	말이을 이
耒	쟁기 뢰
耳	귀 이
聿	붓 율
肉(月)	고기 육
臣	신하 신
自	스스로 자
至	이를 지
臼	절구 구
舌	혀 설
舛	어그러질 천
舟	배 주
艮	어긋날 간
色	빛 색
艸(艹)	풀 초(초두)
虍	호피 무늬 호
虫	벌레 충
血	피 혈
行	갈 행
衣(衤)	옷 의(옷의변)
襾(西)	덮을 아

7 획

見	볼 견
角	뿔 각
言	말씀 언
谷	골 곡
豆	콩 두

豕	돼지 시
豸	발 없는 벌레 치
貝	조개 패
赤	붉을 적
走	달릴 주
足(⻊)	발 족
身	몸 신
車	수레 거
辛	매울 신
辰	별 진
辵(辶)	쉬엄쉬엄 갈 착(책받침)
邑(阝)	고을 읍(우부방)
酉	닭 유
釆	분별할 변
里	마을 리

8 획

金	쇠 금
長(镸)	길 장
門	문 문
阜(阝)	언덕 부(좌부방)
隶	미칠 이
隹	새 추
雨	비 우
靑	푸를 청
非	아닐 비

9 획

面	낯 면
革	가죽 혁
韋	가죽 위
韭	부추 구
音	소리 음
頁	머리 혈
風	바람 풍
飛	날 비
食(飠)	밥 식
首	머리 수
香	향기 향

10 획

馬	말 마
骨	뼈 골

高	높을 고
髟	머리털 드리워질 표
鬥	싸울 투
鬯	울창주 창
鬲	막을 격(솥 력)
鬼	귀신 귀

11 획

魚	물고기 어
鳥	새 조
鹵	소금 로
鹿	사슴 록
麥	보리 맥
麻	삼 마

12 획

黃	누를 황
黍	기장 서
黑	검을 흑
黹	바느질할 치

13 획

黽	힘쓸 민
鼎	솥 정
鼓	북 고
鼠	쥐 서

14 획

鼻	코 비
齊	가지런할 제

15 획

齒	이 치

16 획

龍	용 룡
龜	거북 귀

17 획

龠	피리 약

고사성어

故事成語

대백과

도서출판

고사성어
故事成語
대백과

초판 1쇄 인쇄 │ 2023년 1월 17일
초판 1쇄 발행 │ 2023년 1월 17일

편　저 │ 김형곤
펴낸이 │ 도서출판 풀잎
펴낸곳 │ 도서출판 풀잎
등　록 │ 제2-4858호
주　소 │ 서울시 중구 필동로 8길 61-16
전　화 │ 02-2274-5445/6
팩　스 │ 02-2268-3773

ISBN 979-11-85186-98-6 13710
정가 19,500원

• 이 도서의 국립중앙도서관 출판예정도서목록(CIP)은 서지정보유통지원시스템 홈페이지(http://seoji.nl.go.kr)와
  국가자료공동목록시스템(http://www.nl.go.kr/kolisnet)에서 이용하실 수 있습니다.

고사성어

故事成語
대백과

金炯坤 | 編著

도서출판

책 머리에

고사성어(故事成語)란 무엇인가. 언제부터 우리가 사용하기 시작했는지는 잘 모르지만, 고사성어를 모르는 성인(成人)은 없을 것이다.

짧은 글자 속에 많은 의미를 내포하고 있는 고사성어를 가장 많이, 또 즐겨 쓰는 계층은 아마도 정치인들이 아닌가 생각된다. 자기 잘못은 생각지도 않고 '나는 팽(兎死狗烹) 당했다'는 말이나, 곡학아세(曲學阿世) 등 많은 고사성어를 정치인 들이 즐겨 쓰는 것은 각종 언론매체를 통해서 우리 귀에 자주 들려온 것이 사실이다.

여러 종류의 고사성어 책에 보면, 옛날 정치를 하는 왕들에 의해 만들어진 고사성어가 주를 이루고 있으며, 다음이 정객들이 아닌가 생각된다.

누가, 왜를 따질 것 없이, 짧은 글 속에 많은 뜻을 내포하고 있는 이 고사성어는 어느 시대에 만들어졌는지를 이 책은 제시하고 있으므로, 그 뜻을 알고 사용하는 것이 좋지 않을까 생각돼서 여러 가지를 모아 수록했다.

주지육림(酒池肉林) 때문에 나라를 망하게 한 왕들은 누구누구이며, 어떻게 하면 정쟁에서 승리하고, 어떻게 하면 나라를 망하게 하는지도 알 수 있으며, 충성심 이 얼마나 강했으면 자기 혈족을 죽여 가며(大義滅親) 간(諫)을 했는지, 참언(讒言)은 무엇인지, 이런 것들이 이 책 속에 들어있다.

필자는 독자들에게 이 책을 읽음으로써 읽기 전보다 더 성숙한, 더 지성적인 사람, 사람다운 사람이 되어지기를 바라는 마음 간절하다.

이 책은 한자(漢字)를 잘 모르는 독자를 위해 일일이 필순과 훈음을 곁들였다.

보약도 먹어야 만이 몸에 효험이 있듯이, 아무리 좋은 내용의 책이라도 읽지 않으면 내것이 아님을 다시 한 번 강조하면서 이 책을 권한다.

2023년

編著者 一石 金 炯 坤

목차 目次

부 록

故事成語

故事成語

고사성어 편

家家戶戶
가 가 호 호

家家家家家家家家家家(집 가)
戶戶戶戶(지게 호)

집집마다라는 뜻.

이 말은 고사성어라기 보다는 순수한 우리말이다.

街談巷說
가 담 항 설

街街街街街街街街街街街街(거리 가)
談談談談談談談談談談談談談談談(말씀 담)
巷巷巷巷巷巷巷巷巷(거리 항)
說說說說說說說說說說說說說說(말씀 설)

거리의 말이나 이야기.

가설항담(街說巷談)·가담항어(街談巷語)·가담항의(街談巷議)라고도 하며 도청도설(道聽塗說)과 비슷한 말이다. '거리의 말이나 이야기'라는 뜻으로 가(街)는 도시의 번화가, 항(巷)은 골목을 나타낸다. 거리의 뜬소문이라는 뜻의 가담과 항간에 떠도는 말이라는 뜻을 지닌 항설을 반복하여 강조한 성어로 길거리나 일반 민중들 사이에 근거 없이 떠도는 소문을 말한다.

중국 후한 초기의 역사가인 반고(班固)의『한서(漢書)』「예문지(藝文志)」에서 소설(小說)에 대한 설명 가운데 나오는 고사성어이다.

'소설은 패관으로부터 나왔으며 가담항설과 도청도설로 만들어졌다[小說者流 蓋出於稗官 街談巷說 道聽塗說之所造也].'

소설은 민간의 풍속이나 정사를 살피려고 임금이 하급관리인 패관에게 가담항설을 모아 기록하게 함으로써 생겨났다. 세상 이야기나 길거리의 뜬소문은 길에서 듣고 말하는 사람들이 만들어낸 것이다.

패관은 한(漢)나라 때 민간에 떠도는 이야기를 기록하여 정리해 상부에 보고하는 일을 담당한 벼슬아치이다. 가담항설이나 도청도설을 모아 만들어진 소설은, 패관들이 소문과 풍설을 주제로 하여 자기 나름의 창의와 윤색을 덧붙여 설화문학(說話文學) 형태로 쓴 패관문학(稗官文學)이다.

苛斂誅求
가 렴 주 구

苛苛苛苛苛苛苛苛苛(까다로울 가)
斂斂斂斂斂斂斂斂斂斂斂斂斂斂斂斂斂(거둘 렴)
誅誅誅誅誅誅誅誅誅誅誅誅(벨 주)
求求求求求求求(구할 구)

가혹하게 세금을 거두거나 백성의 재물을 억지로 빼앗음.

공자(孔子)가 제자(弟子)들을 데리고 태산(泰山) 기슭을 지나가고 있을 때였다. 한 여인(女人)

이 세 개의 무덤 앞에서 목 놓아 울고 있었다. 수레 위에서 이 소리를 듣고 있던 공자(孔子)는 제자 자로(子路)에게 그 까닭을 물어 보라고 했다. 자로는 여인에게 다가가서 정중히 입을 열었다.

"당신의 울음소리를 들으니 굉장히 슬픈 일을 당하신 것 같은데 무슨 일이신지요?"

여인은 더욱 흐느껴 울며 이렇게 말했다.

"옛적에 시아버지가 호랑이한테 잡아 먹혔고 나의 남편도 또 호랑이에게 당했는데, 이제 나의 아들이 또 그것들에게 죽임을 당했습니다."

"그렇다면 어찌하여 이곳을 떠나지 않으십니까?" 하니,

"이곳은 세금을 혹독(酷毒)하게 징수(徵收)하거나 부역(負役)을 강요하는 일이 없습니다."

자로에게 이 말을 전해 들은 공자는 제자들에게 이렇게 말했다.

"제자들아, 이를 들어라. 가혹(苛酷)한 정치(政治)는 호랑이보다 더 무서운 것이니라."

佳人薄命
가 인 박 명

佳佳佳佳佳佳佳佳 (아름다울 가)
人人 (사람 인)
薄薄薄薄薄薄薄薄薄薄薄薄薄薄薄薄 (엷을 박)
命命命命命命命命命 (목숨 명)

미인의 운명은 기박(奇薄)하다.

出典 소식(蘇軾)의 시(詩)

> 두 뺨은 엉긴 우유 같고 머리 색깔은 칠흙 같네.
> 눈빛이 발에 드니 주옥처럼 빛나네.
> 원래 하얀 비단으로 선녀의 옷을 만들고
> 입술연지는 천연의 바탕을 더럽힌다 하여 바르지 않네.
> 오나라의 애교 있는 말소리는 앳되기만 한데
> 한없는 인간의 근심은 전혀 알 수가 없네.
> 옛부터 가인(佳人)의 운명이 기박하다 했듯이
> 문을 닫고 봄이 가면 버들꽃도 지겠지.

「가인박명(佳人薄命)」은 이 시(詩)에서 유래되었는데, 이 시는 작가 소식이 양주 등의 지방장관으로 있을 때 우연히 절에서 30세가 넘은 예쁜 여승을 보고 그녀의 파란만장한 소녀 시절을 상상하며 역사적으로 미인의 운명이 기박했음을 다시 한 번 강조한 것이다.

역사적으로 여기에 해당되는 「가인박명」으로 동양 미인의 대명사이며 '안녹산의 난' 때 군인들에게 비참하게 살해당한 양귀비가 있으며,

"그녀의 코가 한 치만 낮았어도 세계의 역사는 달라졌을 것이다."

라는 명언의 주인공 클레오파라의 자살이 그것이다.

苛政猛於虎
가 정 맹 어 호

苛苛苛苛苛苛苛苛苛 (까다로울 가)
政政政政政政政政政 (정사 정)
猛猛猛猛猛猛猛猛猛猛 (사나울 맹)
於於於方於於於於 (어조사 어)
虎虎虎虎虎虎虎 (범 호)

가혹한 정치는 호랑이보다 무섭다는 뜻으로, 혹독한 정치의 해독이 큼을 이름.

出典 예기(禮記) 단궁편(檀弓篇)

수레는 서서히 구르고 있다. 수레 위에는 공자(孔子)가 조용하고도 점잖게 앉아 있다. 공자를 중심으로 몇 사람 제자의 얼굴도 보인다. 별로 사람의 왕래가 없는 길 같았다. 태산(泰山)이 한결 높이 솟아 있고 근처는 죽은 듯 고요하다. 그런데 어디선가 문득 여인의 울음소리가 정적을 깨고 들려오는 것을 들을 수 있었다. 그 울음소리는 앞에 있는 묘지에서 들려오는 듯 했다. 공자는 놀라 정신이 드는 듯 몸을 일으키고 귀를 귀울였다. 수레의 속도는 다소 빨라졌다.

생각한대로 한 부인이 길가에 세 개의 허술한 무덤 앞에서 울고 있었다. 그 울음소리는 비통하고도 애절해서 사람의 가슴을 찌르는 것이었다. 자비(慈悲)하신 공자는 그대로 지나칠 수가 없어 수레를 멈추게 하고 횡목(橫木)에 몸을 기대어 여인에게 경위를 표하고 난 다음 제자인 자로(子路)를 시켜 까닭을 묻게 했다.

"왜 그렇게도 슬프게 우십니까? 거듭해서 슬픈 일이 생기신 모양이군요."

부인은 놀라 고개를 들었으나 그 다정한 말에 구원을 얻은 듯했다.

"그렇습니다. 이 근처는 참으로 무서운 곳입니다. 옛날 저의 시아버님이 호랑이에게 잡혀 먹혔는데, 곧 이어 저의 남편이 잡아먹혀서 세상을 떠났고, 이번에는 제 아들이 잡아먹혔습니다."

"그렇게 위험한 곳이라면 왜 다른 곳으로 떠나시지 않습니까?"

"아닙니다. 이 곳에 살고 있으면 마구 뜯어가는 세금을 재촉받을 걱정은 없으니까요."

공자는 이 말을 듣고 깊이 느끼는 것이 있어서 동행하는 제자들에게 말했다.

"잘 들어 두어라. '가정(苛政)은 호랑이 보다 모질다'는 것을."

이 이야기는 예기(禮記)의 단궁편(檀弓篇)에 나오는데, 공자가 아직 세상에 살아 계시던 춘추시대 말기의 세태(世態)의 일면을 말하는 것이다. 이 시대는 소위 하극상(下剋上)시대로, 공자가 태어난 노(魯)나라에서도 대부 계손자(季孫子)가 제멋대로 백성을 혹독하게 희생시키고 있었다. 공자(孔子)는 「계자(季子=季孫子)는 주공(周公)보다 부(富)하다」(季氏富於周公─「論語」先進篇)고 하고, 계자(季子)의 진무(振舞(八佾舞)=천자 앞에서 추는 춤)를 「이것을 그냥 참아낸다면 무엇을 참지 못하겠는가(孔子謂季氏 八佾舞於庭不可忍也 熟不可忍也)」하고 분노했다. 이것이 공자로 하여금 「가정(苛政)은 호랑이보다 사납다」는 말을 낳게 했다. 가혹한 정치가 끼치는 해악을 맹수와 비교해서 단적으로 말한 것이다.

또 이 이야기의 당판(唐版)이라고 할 문장이 있다. 그것은 당송팔대가(唐宋八大家)의 한 사람인 유종원(柳宗元)의 「뱀을 잡은 자의 설(說)」이다. 이것을 맹사(猛蛇)의 이야기로 공자의 말을 인용한 다음 「아 부렴(賦斂)의 독, 이 뱀보다 더 심한 것이 있음을 모르는가」(余聞而愈悲), 공자왈(孔子曰, 가정맹어호야(苛政猛於虎也), 吾嘗疑乎是 今以蔣氏觀之猶信, 嗚呼, 熟知賦斂之毒 有甚是蛇者乎).

—가렴주구(苛斂誅求)의 해독은 이 맹사(猛蛇)보다도 더 심하다고 말하고 있다.

各各各各各各(각각 각)
人人 (사람 인)
色色色色色色(빛 색)

태도, 언행(言行) 등이 사람마다 다르다.

사람마다 얼굴 빛이 모두 다르다는 뜻으로, 순서를 바꾸어 각색각인으로 쓰기도 한다. 사람마다 모양이나 생김새가 모두 다르다는 뜻의 각인각양(各人各樣)도 같은 말이다. '걸음걸이도 각인각색이다', '같은 배에서 나온 형제라도 하는 짓은 각인각색이다' 등의 형태로 쓰인다.

이와 비슷한 한자 성어로는 여러 가지, 가지가지, 가지각색을 뜻하는 각양각색(各樣各色)과 각색각양이 있다. 사람 또는 사물의 모양이나 종류가 다른 것들이 한 군데 어울려 있다는 뜻으로 쓰일 때를 빼고는 각인각색과 같은 뜻으로 쓰인다. 형형색색(形形色色)·종종색색(種種色色)·백인백색(百人百色)도 같은 뜻이다.

그 밖에 사람마다 주장하는 바가 서로 다르다는 뜻의 각인각설(各人各說), 사람마다 성이 서로 다르다는 뜻의 각인각성(各人各姓)도 비슷한 뜻을 가지고 있다.

刻刻刻刻刻刻刻刻(새길 각)
舟舟舟舟舟舟(배 주)
求求求求求求求(구할 구)
劍劍劍劍劍劍劍劍劍劍劍劍劍劍劍(칼 검)

뱃전에다 표시를 해두었다가 물에 빠진 칼을 찾는다는 어리석음을 이르는 말.

出典 여씨춘추(呂氏春秋)·한비자(韓非子)

옛날 춘추전국시대(春秋戰國時代) 때 양자강을 건너는 한 척의 배가 있었다.

언제나 바다와 같이 파도가 이는 이 큰 강도 그날만은 기름을 흘린 듯이 잔잔해서 타고 있는 사람들도 청명한 날씨에 마음들이 들떠 각자 재미있는 이야기들로 꽃을 피우고 있었다.

이 승객 중 한 자루의 칼을 소중하게 껴안고 있는 초(楚)나라 사람이 있었다. 그런데 여러 사람들의 재미있는 이야기에 정신이 팔려 강 한복판 쯤에 이르렀을 때 그렇게도 소중하게 껴안고 있던 칼을 그만 물에 빠뜨리고 말았다.

"악! 큰일났다." 칼의 주인공이 외치며 뱃전에서 몸을 일으켰다.

칼은 물속에서 흔들거리며 깊숙이 가라앉고 말았다.

당황한 사나이가 내지르는 비명 소리에 승객들은 놀라 뒤를 돌아 보았다. 그러나 그는 허리춤에서 주머니칼을 꺼내 지금 칼이 떨어진 장소의 뱃전에 자국을 내서 표시를 하고 있으면서, 의아하게 생각하는 사람들을 향해 껄껄 웃으면서 말했다.

"내 칼은 여기서 떨어졌거든. 표시를 해놓았으니까 이제 안심이지."

얼마 후 배는 저쪽 언덕에 도착했다. 사나이는 곧 표지를 해 놓은 곳에서 물속으로 뛰어들어 칼을 찾았지만 배는 사나이가 칼을 떨어뜨린 곳에서 멀리 이동되어 있었으므로 칼이 그곳에 있을 리가 없었다. 사람들은「배에 표시를 해서 칼을 찾는다(刻舟求劍)」라고 하면서 그 어리석음을 비웃었다.(「呂氏春秋」).

또 하나「나무그루를 지켜 토끼를 기다린다(守株待兎)」라는 비슷한 이야기가 있다.

송나라 사람이 어느 때 부지런히 밭을 갈고 있을 때 밭 옆에 큰 나무그루가 있었는데, 그곳에서 갑자기 토끼가 뛰어나와 그 나무그루에 부딪혀 목뼈가 부러져 죽는 것이 아닌가. 덕분에 농부는 힘 안 들이고 토끼 사냥을 한 셈이다. 그래서 그 사나이는 생각했다.

'이거 괜찮은데, 뭐 비지땀 흘리면서 일할 필요가 없군 그래. 여기서 기다리고 있기만하면 또 토끼가 뛰어나올 것이고……, 그리하여 토끼는 나무그루에 부딪혀 죽는다, 그러면 나는 토끼를 가지기만 하면 되고……, 그렇다, 이 수밖에 없지……'.

그 후부터 이 사나이는 농사일은 집어던지고 날마다 밭두렁에 앉아 토끼가 나타나기만을 기다렸지만 그러나 토끼는 두 번 다시 그곳에 나타나지 않고, 사나이는 언제나 허탕만 치고 있었다. 때문에 밭은 풀밭으로 변했다.(「韓非子」).

肝膽相照
간 담 상 조

肝肝肝肝肝肝肝(간 간)
膽膽膽膽膽膽膽膽膽膽膽膽膽膽(쓸개 담)
相相相相相相相相相(서로 상)
照照照照照照照照照照照照照(비출 조)

속마음까지 샅샅이 털어놓고 나누는 우정.

出典　당송팔대가(唐宋八大家)의 일인자인 한유(韓愈)의 말.

중당(中唐)의 문인 한유(韓愈)는 그 엄한 리얼리스트의 눈을 우정(友情)의 세계로도 돌렸던 것 같다. 맹교(孟郊)나 가도(賈島)와 같은 좋은 친구를 많이 가지고 있었던 그는 경박한 교제를 미워했다. 사이비한 우정의 본질을 깊이 꿰뚫어 보고 그 믿지 못할 것을 영원한 명문(名文)으로써 남기고 있다. 아마도 생애에 몇 번이고 직면했던 불우한 시대에 참된 우정과 그렇지 못한 것을 구별할 능력을 몸에 익혔던 것 같다.

「유자후묘지명(柳子厚墓誌銘)」에서는 먼저 유종원(柳宗元—字는 子厚)의 선조의 사적부터 설명하고 그 사람됨과 재능과 정치가로서의 사업에 미치고 나중에는 그 우정의 두터움을 찬양한다.

유종원(柳宗元)이 조정의 부름을 받아 유주(柳州) 자사(刺史)로 임명되었을 때 중산(中山) 사람인 유몽득(劉夢得—字 禹錫) 또한 지방으로 전출할 친구로서 파주(播州) 자사(刺史)가 될 예정이었다. 그 말을 들은 종원(宗元)은 울면서,

"파주(播州)란 형편 없는 변방의 땅으로 도저히 몽득(夢得) 같은 사람이 살 곳이 못된다. 노령인 모친을 모시고 부임할 수도 없을 테고 또 그 사실을 어떻게 모친에게 알릴 수 있겠는가! 난처해할 것을 차마 볼 수가 없다. 이건 어딘가에 간청해서 몽득(夢得) 대신 내가 파주행을 지원해야겠다. 물론 무거운 책망을 듣겠지만 그것은 각오한 바이다."
라고 말했다는 이야기이다.

한유(韓愈)는 이어서 계속해서,

"아! 사람이란 난처했을 때 비로소 진정한 절의(節義)가 나타나는 법이다. 보통 때 안일하게 마을이나 도시에 살고 있으면서 서로 그리워하고 서로 기뻐하며 주식(酒食)이나 놀이에 부르고 불려 가며, 큰 소리도 치고 억지 웃음소리를 하든가, 서로 사양하며 손을 잡고 간폐(肝肺)를 드러내 보이고 「간담상조(肝膽相照)의 출전(出典)으로서 서로 마음속을 털어놓고 격의(隔意)없이 지낸다는 것」 태양을 가리켜 눈물을 흘리며 맹세를 하되 죽던 살던 가리지 않고 배신 안한다고 한다면 자못 그럴 듯하나, 일단 머리카락 한 오라기 만큼의 이해 관계가 얽히면 이번에는 눈알을 부라리고 언제 보았냐는 듯이 모른 척한다. 함정에 빠진 사람을 한 번 손을 내밀어 구해주기는 커녕 도리어 상대를 밀어 떨어뜨리고 위에서 돌을 던지는 흉내까지 내는 자가 이 세상에는 도처에 있다."

이렇게 본다면 간담상조(肝膽相照)라는 말도 그 발생(發生)의 근원에 있어 이미 허위(虛僞)나 배반의 요소를 내포하고 있는 것이 아닐까. 진정한 간담상조하는 우정이란 세상에서 드문 일이니 만큼 더욱 더 높이 가치(價値)가 인정되어야 한다는 것 아닐까?

看看看看看看看看看 (볼 간)
雲雲雲雲雲雲雲雲雲雲雲雲 (구름 운)
步步步步步步步 (걸음 보)
月月月月 (달 월)

구름을 바라보거나 달빛 아래 거닌다는 뜻으로, 객지에서 고향의 가족이나 집을 생각함을 이르는 말.

고향과 가족 생각이 간절하여 낮이면 고향 쪽 하늘의 피어나는 구름을 바라보고, 밤이면 달을 바라보며 거닌다는 뜻.

干將莫耶
간 장 막 야

千千千 (천간 간)
將將將將將將將將將將將 (장수 장)
莫莫莫莫莫莫莫莫莫莫莫 (없을 막)
耶耶耶耶耶耶耶耶 (어조사 야)

간장과 막야라는 이름의 명검.

出典 순자성악편(荀子性惡篇)

중국 법가(法家)의 대표적인 사상가 순자(荀子)는 성악편에서 '인간의 천성은 악한 것이다. 그것이 선하다는 것은 거짓말이다'라고 주장했다.

오(吳)왕 합려(闔閭)가 대장간의 명장(名匠)인 간장(干將)에게 명검 두 자루를 만들라고 명령하자 간장(干將)은 정선한 청동만을 골라 주조를 시작했다. 그러나 어찌된 셈인지 이 청동은 3년이 지나도 녹지를 않았다.

그러자 그의 아내인 막야(莫耶)가 머리카락과 손톱을 잘라 용광로에 집어넣은 다음 어린 소녀 300여 명에게 풀무질을 시키자 그때서야 청동이 녹기 시작했다.

그 후 이들 부부는 명검을 만드는 데 성공하자 그 의미로 한 자루에는 「간장」, 그리고 또 다른 자루에는 「막야」라는 이름을 붙였다.

이에 순자(荀子)는 선악편에서 다음과 같이 말했다.

제나라 환공의 총(蔥), 강태공의 궐(闕), 주문왕의 녹(錄), 초장왕의 홀(忽), 오왕 합려(闔閭)의 간장과 막야는 옛날의 명검이다. 그러나 아무리 훌륭한 명검이라도 숫돌에 갈지 않으면 날이 서질 않고, 사람의 힘을 얻지 못하면 아무것도 자를 수가 없다.

순자는 어떤 명검도 사람의 손길이 가야만이 비로소 빛나듯이, 사람의 악한 성품도 갈고 다듬어야 만이 선(善)해질 수 있다는 것을 주장한 것이다.

이 말은 마치 현대의 악덕 제조업자들에게 경종을 울리듯이 생생하게 전파된다. 그런 뜻에서 현대판 장인(匠人)「간장막야(干將莫耶)」'혼다 소이치로'를 소개한다.

대장장이의 장남으로 태어나 국민학교만 나온 후 21세(1928년)에 자동차 수리공으로 출발해 1948년 혼다를 설립한 '혼다 소이치로' 회장은 1991년 84세를 일기로 사망할 때까지 '남이 만드는 것은 만들지 않는다'는 장인 정신의 소유자였다.

평소 '관리자보다는 기술자를 더 대접해야 훌륭한 차를 만들 수 있다'고 주장해온 그는 상처투성이인 자신의 손을 '보물단지'라고 자랑했다.

'손의 철학'으로부터 혼다신화를 창조해낸 그는 자신의 손을 가리켜 '쉴새없이 새로운 기술을 만들어내는 탐구의 손'이라고 술회하기도 했다.

장인정신으로 평생을 살아온 그는 명예나 물욕에 전혀 연연하지 않았다. 66세에 사장자리를 젊은 후진에게 넘겨주었고, '관(官)에 의지하지 말라'는 사훈(社訓)을 만들어놓기도 했다.

말년에는 컴퓨터에 패배해 기술혁신의 일선에서 물러났지만 '컴퓨터가 해낸 기술혁신의 충분량이 그의 왼손이 해낸 분량에 비해 아직까지는 미비하다'는 말이 있을 정도로 그는 인간 내면에 잠재된 가능성의 크기를 입증했으며, 아울러 한국인들이 만능으로 착각하고 있는 학력위주 사고방식을 성공하는 데 있어 학력은 별로 도움이 안된다는 사실을 증명한 셈이다. 또한 그는 권력과 야합으로 부동산 투기를 하지도 않았고, 오로지 상처 투성이의 왼손 하나만으로 최첨단 자동차공업의 수백 가지 부속품을 발명하고 개량해내면 재벌이 될 수 있다는 것을 자랑스럽게 입증한 것이다.

渴而穿井
갈　이　천　정

渴渴渴渴渴渴渴渴渴渴渴(목마를 갈)
而而而而而而(말 이을 이)
穿穿穿穿穿穿穿穿穿(뚫을 천)
井井井井(우물 정)

목이 말라야 비로소 샘을 판다는 말.

자신에게 닥쳐오지 않은 일에 대해서는 무심하다가도 막상 급한 일이 발생하거나 필요한 일이 생기면 스스로 나서 해결하게 된다는 의미를 가지고 있다.

甘言利說
감　언　이　설

甘甘甘甘甘(달 감)
言言言言言言言(말씀 언)
利利利利利利利(이할 이)
說說說說說說說說說說說說說說(말씀 설)

귀가 솔깃하도록 남의 비위를 맞추거나 이로운 조건을 내세워 꾀는 말.

감언이설은 대부분 거짓말이거나 호언장담(豪言壯談)이다. 그러니 실천에 옮기기란 연목구어(緣木求魚)나 마찬가지다. 그런데도 많은 사람이 이런 달콤한 말에 속아 넘어가는 까닭은 무엇일까요? 눈앞의 이익 때문일 것이다.

甘吞苦吐
감　탄　고　토

甘甘甘甘甘(달 감)
吞吞吞吞吞吞吞(삼킬 탄)
苦苦苦苦苦苦苦苦苦(쓸 고)
吐吐吐吐吐吐(토할 토)

달면 삼키고 쓰면 뱉는다는 뜻.

이해관계에 따라 이로우면 붙기도 하였다가 이롭지 않으면 돌아서기도 하여 서로 믿음이 없는 행위를 가리킨다. 우리 속담의 '달면 삼키고 쓰면 뱉는다'와 같은 말이다. 사사로운 이익의 옳고 그름을 판단하지 않고 사리사욕(私利私慾)을 꾀하여 유리한 경우에는 함께하고 불리한 경우에는 배척하는 이기주의적 태도이다.

감탄고토에 얽힌 나무 이야기를 예로 들면 다음과 같다. 나무의 친구로는 바람과 새, 달이 있는데 바람은 마음내킬 때마다 찾아왔다가 때로는 살짝 스쳐 지나가거나 때로는 세차게 불어와 흔들고 가는 변덕스런 친구이다. 새도 마음 내킬 때 찾아와 둥지를 틀었다가도 어느새 날아가버리는 믿음직스럽지 못한 친구이다. 달은 한결같이 때를 어기지 않고 찾아와 함께 지내는 의리있는 친구이다. 그러나 나무는 달·바람·새를 모두 친구로 대한다.

나무에서 얻는 교훈과 같이 이로울 때만 가까이 하고 필요하지 않으면 멀리하는 이기적인 사귐이 아니라 인류의 실천덕목으로 오륜(五倫)의 하나인 붕우유신(朋友有信)처럼 어떤 친구이든 벗과의 사귐에는 믿음이 밑바탕을 이루어야 한다. 음식물이 달면 삼키고 쓰면 뱉듯이, 사리를 채우려고 믿음과 의리를 저버린다는 뜻으로 각박한 세태를 일컫는 말이다.

康衢煙月
강 구 연 월

康康康康康康康康康康(편안 강)
衢衢衢衢衢衢衢衢衢衢衢衢衢衢衢衢衢
衢衢衢衢衢衢(거리 구)　月月月月(달 월)
煙煙煙煙煙煙煙煙煙煙煙煙煙(연기 연)

번화한 큰 길거리에서 달빛이 연기에 은은하게 비치는 모습을 나타내는 말.

'강구(康衢)'는 번화한 네거리를 뜻하며, '연월(煙月)'은 달빛이 연무(煙霧)에 은은하게 비치는 모습을 형용한다. 이는 『열자(列子)』「중니편」에 나오는 「강구요(康衢謠)」에서 유래한 말이다. 「강구요」는 중국의 요임금이 나라를 다스린 지 50년이 되어 민심을 살피려고 나온 길에 어느 번화한 네거리에서 놀고 있던 아이들이 불렀다는 노래이다. 그 가사는,

"우리가 이렇게 잘 살고 있는 것은 모두가 임금의 지극한 덕이네. 우리는 아무것도 모르지만 임금이 정하신 대로 살아간다네(立我烝民 莫匪爾極 不識不知 順帝之則)"라는 것으로, 요임금의 치세를 찬양하는 내용이다. 여기서 유래하여 강구연월은 태평성대의 평화로운 풍경을 비유하는 사자성어로 사용된다.

이 사자성어는 2010년을 맞이하여 『교수신문(敎授新聞)』이 선정한 '희망의 사자성어'이기도 하다. 『교수신문』은 2005년부터 새해를 맞이하면서 그해에 이루어지기를 바라는 '희망의 사자성어'를 선정하고 있는데, 2010년에는 설문 응답자 216명 가운데 가장 많은 26%가 이 사자성어를 선택하였다. 선정 이유에는 4대강 정비사업과 세종시 문제, 북핵 문제 등으로 불신의 골이 깊어지고 있는 사회의 화합이 이루어지고, 경제위기로 인하여 힘겨운 서민들의 삶이 조금이라도 나아지기를 바라는 마음이 담겨 있다.

强弩之末
강 노 지 말

强 强 强 强 强 强 强 强 强 强 强 (굳셀 강)
弩 弩 弩 弩 弩 弩 弩 弩 (쇠뇌 노)
之 之 之 之 (갈 지)
末 末 末 末 末 (끝 말)

강한 화살도 나중에는 힘이 떨어진다.

出典 사기(史記) 한장유열전(韓長孺列傳)

한무제(漢武帝)가 평화조약을 무시하고 북방을 자주 침범하는 흉노족을 무력으로 응징하고자 대신들의 의견을 경청했는데, 이때 어사대부 한안국(韓安國)이 다음과 같은 이유를 들어 무력응징을 반대했다.

"강한 활(强弩)에서 힘차게 나간 화살이라도 최후에는 힘이 떨어져 결국은 노나라에서 만든 얇은 천조차 꿰뚫을 수 없듯이, 아무리 강한 군사력도 장거리 원정에는 여러모로 군력이 쇠퇴하기 때문입니다."

이 말에서「강노지말(强弩之末)」이 유래되었는데, 이 고사를 현대식으로 풀이하자면 '만사를 힘으로 해결하려는 정책은 결코 바람직하지 않다'는 말과 어울릴 것이다.

또한 무제는 강력한 힘을 바탕으로 골칫거리인 흉노를 정벌하기로 결심하고 중신회의를 열었다. 그러나 어사대부(御使大夫) 한안국이 나서서 반대했다.

"아무리 강한 화살이라도 멀리 날아가면 끝에 가서는 힘이 약해져 노나라의 얇은 비단폭도 뚫지 못합니다(强弩之宋力不能入魯縞). 우리 군사들이 비록 강하다고 하지만, 멀리 북방까지 원정을 나간다면 그 결과는 장담할 수가 없습니다. 후일을 기약해서 도모하는 것이 옳을 줄로 아옵니다."

그러자 강경파인 왕회(王淮)가 나서서 말했다.

"그렇다면 역으로 흉노로 하여금 우리나라를 치게 만들어 우리가 맞아 싸우는 계책을 쓰는 것이 좋을 줄로 생각하옵니다."

무제는 왕회의 계책을 좇아 마읍(馬邑)이란 곳에 30만 대군을 몰래 숨겨 놓고 흉노의 10만 대군을 유인했으나 흉노의 맹장 선우는 이를 눈치채고 퇴각해버림으로써 한나라의 계책은 실패로 돌아가고 말았다.

改 改 改 改 改 改 改 (고칠 개)
過 過 過 過 過 過 過 過 過 過 過 (허물 과)
遷 遷 遷 遷 遷 遷 遷 遷 遷 遷 遷 遷 遷 遷 (옮길 천)
善 善 善 善 善 善 善 善 善 善 善 善 (착할 선)

改過遷善
개 과 천 선

지난 잘못을 뉘우치고 고쳐 착한 사람이 된다는 뜻.

出典 진서본전(晉書本傳)

진(晉)나라에 주처(周處)라는 사람이 있었는데, 그는 어릴 때부터 불량기가 있는데다 성격이 포악해 마을 사람들을 자주 괴롭혔다. 그러나 그는 나이가 점점 들면서 자신의 잘못을 뉘우치고 착한 사람이 되고자 노력했다. 하지만 마을 사람들은 그의 말을 믿지 않고 계속 피하기만 하여 결국 그는 마을 사람들에게 어떻게 하면 자기의 말을 믿어주겠냐며 구원을 청하게 됐다.

이에 마을 사람들은 그에게,

"남산에 사는 사나운 호랑이와 장교(長橋) 밑에 사는 교룡(蛟龍=용과 비슷한 상상의 동물)을 죽인다면 자네의 말을 믿겠네."

라고 말했다. 마을 사람들은 눈에 가시 같은 주처가 호랑이와 교룡에게 죽기를 바라면서 이런 제안을 한 것이었다.

그러나 주처는 마을 사람들의 희망사항을 아랑곳하지 않고 선량한 사람이 되겠다는 굳은 결심으로 남산에 올라가 사나운 호랑이를 죽인 다음 교룡마저 칼로 찔러 죽였다. 그러자 예상이 완전히 빗나간 마을 사람들은 주처를 더욱더 두려워하며 약속을 지키지 않았다. 이에 환멸을 느낀 주처는 고향을 떠나 대학자인 육기(陸機)와 육오를 찾아뵙고 자신의 심정을 토로했다. 그러자 육기는 주처에게 다음과 같이 뜨거운 격려를 해주었다.

"남들이 뭐라고 해도 상관하지 말고 결심을 더욱 굳혀 개과천선(改過遷善)하게 되면 자네의 앞날이 밝게 빛날 걸세."

그 후 주처(周處)는 이 말에 힘입어 10여년 동안 인격 수양과 학식을 쌓아 훌륭한 학자가 되었다.

이 고사성어처럼 우리 주위에도 「개과천선(改過遷善)」한 사람들이 많았으면 얼마나 좋을까마는 우리의 현실은 그렇지 못한 것 같다. 특히 북한의 김정은에게 「개과천선」을 바란다는 것은 주처의 마을사람들처럼 희망사항이 아닐까?

蓋棺事定

개 관 사 정

蓋蓋蓋蓋蓋蓋蓋蓋蓋蓋蓋 (덮을 개)
棺棺棺棺棺棺棺棺棺棺棺 (널 관)
事事事事事事事事 (일 사)
定定定定定定定定 (정할 정)

사람은 죽어 관뚜껑을 덮고 난 뒤에라야 정확한 평가가 나온다는 말.

出典 두보(杜甫)의 군불견 간소혜(君不見簡蘇徯)

백 년 뒤 죽은 나무가 거문고로 쓰이게 되고

한 섬 오래된 물은 교룡(蛟龍)을 숨기고

장부는 관 뚜껑을 덮어야 일이 비로소 결정된다.

장부개관사시정(丈夫蓋棺事始定)

그대는 다행히 아직 늙지 않았거늘

어찌 원망하랴. 초췌히 산 속에 있는 것을.

심산궁곡은 살 곳이 못 된다.

벼락과 도깨비와 미친 바람까지 겸하니까.

　이 시(詩)는 두보(杜甫)가 사천성 귀주의 깊은 산골에 살고 있을 때 여기서 실의에 찬 나날을 보내고 있던 친구의 아들「소혜」에게 편지 대신 보내준 시다.

　「개관사정(蓋棺事定)」의 고사 유래는 이 시 중에 '장부는 관 뚜껑을 덮어야 일이 비로소 결정된다'에서 나온 말이며, 그 후 사람들은 사람을 평할 때 흔히 '관 뚜껑을 덮기 전에는 모른다'고 정의를 내세운다. 쉽게 말해 사람의 일이란 함부로 결론을 내릴 수 없다는 뜻이다.

　그런 뜻에서 조선일보의 만물상(萬物相)을 눈동냥해 한때를 풍미했던 지도자 박정희를 평가해 보자.

　미국인은 루스벨트를 애틋하게 그리워하고, 영국인은 처칠시대를 자랑스럽게 회상하며, 독일인은 히틀러시대를 몹시 부끄럽게 생각한다.

　우리나라에도 박정희시대가 있었다. 그 평가는 해를 달리하면서 바뀌어지고 있다. 박정희 장군이 시대를 만든 것이 아니라 시대가 박정희 대통령을 만들었다는 소리가 있고, 만약에 그가 없었다면 그처럼 짧은 시일동안에 엄청난 고도성장이 일어났겠느냐고도 말한다.

　또한 이만한 성과를 위해서는 인권유린과 독재정치도 당연히 치러야할 대가였다고도 말한다. 그러나 너무나 큰 대가이자 희생이었다고 말하는 쪽도 있다.

　이렇게 인간 박정희에 대한 평가도 사람에 따라 크게 엇갈린다. 대중의 평가는 상대적이기 마련이며 자기와의 상관관계에 따라 차이가 있을 수 있다.

　강력한 영도자를 저주하다가도 상황이 바뀌면 다시 강력한 영도자를 그리워하기 마련이다.

여기서 한 가지 분명한 것은 박정희 대통령은 그 나름대로는 확고한 신념의 소유자였던 사실이다. 그리고 그는 국민이 좋아하든 싫어하든 간에 한 가지 방향으로 몰아가는 데 있어 크게 성공을 했다는 사실도 덮어둘 수가 없다.

開卷有益
개 권 유 익

開開開開開開開開開開開開(열 개)
卷卷卷卷卷卷卷卷(책 권)
有有有有有有(있을 유)
益益益益益益益益益(더할 익)

책을 펼치면 유익하다는 말.

出典 민수연담록(澠水燕談錄)

송나라 태종(太宗)은 대단한 독서가였다. 그는 바쁜 정무에도 불구하고 자신에게 매일 3권씩 읽을 의무를 부과할 정도였다. 이에 신하들이 그의 건강을 염려했지만 그는 다음과 같이 말했다.

"개권유익(開卷有益)이야. 나는 조금도 피로를 느끼지 않아."

여기서 개권유익(開卷有益)이란 고사성어가 유래되었는데, 한 술 더 떠 고문진보(古文眞寶)에는 이런 글이 나온다.

"부자가 되려고 굳이 좋은 밭을 사들일 필요가 있을까? 이 책 속에 천만 석의 곡식이 들어있는데, 뽐내려고 고대광실을 지을 필요가 있을까? 책 속에 황금으로 지은 집이 있는데. 아내를 구하는 데 있어 안달을 하지 마라. 책 속에 옥(玉)같은 미녀들이 줄을 서 기다리고 있으니까."

그리고 디즈레일리는 현대인들에게 이런 메세지를 남겼다.

"단 한 권의 책밖에 읽지 않은 사람을 경계하라."

중국 송나라 제2대 황제 태종(太宗)은 대단한 독서광이었다.

신하들에게 어느날 방대한 분량의 백과사전 편찬을 지시했다. 신하들은 중요한 내용들만 골라 1천권의 방대한 분량의 백과사전을 만들고, 당시의 연호를 따서 태평총류(太平總類)라고 명명하였다. 이 태평총류의 유용함을 파악한 태종은 이 1천권의 책을 매일 3권씩 읽어 1년 내에 독파하겠다는 계획을 공표한 이후 이 태평총류의 이름은 태평어람(太平御覽)으로 이름이 바뀌었다.

당시 송나라는 개국한 지 얼마 안 되었기에 황제로서는 굉장히 바쁜 시기였다. 그럼에도 불구하고 공표한 후 매일 3권 독파의 약속을 이행해 나갔다.

신하들은 황제의 건강을 염려하여 만류하였으나 그 때마다 태종은,

"책에서 얼마나 배울 것이 많은가? 책을 펼치면 유익한 점이 참으로 많다네. 그리고 나는 전혀 피로하지 않으니 염려들 말거라."

엄청난 독서광이었던 태종의 이 말에서「개권유익(開卷有益)」이란 고사성어가 나오게 되었다.

開門揖盜
개 문 읍 도

開開開開開閈閈閈閈開開 (열 개)
門門門門門門門門 (문 문)
揖揖揖揖揖揖揖揖揖揖 (읍 읍)
盜盜盜盜盜次次盜盜盜盜 (도둑 도)

스스로 문을 열어 도둑을 맞이한다는 뜻.

出典 삼국지(三國志) 손권전(孫權傳)

후한 말 손책(孫策)의 세력이 날이 가면 갈수록 강해지자 당거의 태수 허공이 천자 헌제(獻帝)에게 은밀히 손책을 제거해야 한다는 상소를 올렸다.

그러나 이 상소문이 중도에 그만 손책의 손에 들어가게 됐고, 크게 노한 손책은 무력을 사용해 허공을 죽여 버렸다. 손책의 무력에서 간신히 탈출한 허공의 식객 3명은 허공의 원수를 갚기 위해 손책이 즐기는 사냥 시기를 노려 손책을 덮쳤다.

이에 깊은 상처를 입고 간신히 도망친 손책은 그 후 그 상처가 악화되어 위독하게 되자 동생인 손권에게 뒷일을 맡기고 죽었다.

이때 손책의 가신인 장소가 비탄에 빠져 허우적거리는 손권에게 말하기를,

"이런 위급한 상황속에서 하염없이 슬픔에 잠겨 있으면 이것은 마치 개문읍도(開門揖盜 ; 스스로 문을 열어놓고 도적을 맞이하는) 격입니다. 난세에는 욕심이 많은 늑대가 득실거리는 법입니다. 정신차리십시오!"

라고 충고하자 손권은 이 충고의 참뜻을 깨달아 그 즉시 상복을 벗어던지고 군대를 순시하러 나섰고, 그 후 조조, 유비와 함께 삼국시대의 문을 열게 된 주역으로서 역사의 한 시대를 풍미했음은 물론이다.

이것이 「개문읍도(開門揖盜)」의 유래인데, 여기서 우리는 느끼는 바가 클 것이다. 한일합방 70년이란 피맺힌 「개문읍도」의 역사를 가지고 있기 때문이다.

「개문읍도(開門揖盜)」의 문을 열어준 장본인은 다름 아닌 민족의 반역자 이완용(李完用)이었으며, 도적은 두말할 필요 없이 일본인이었다는 사실을 다시 한 번 이 고사와 함께 상기하자. 더불어 이 역사적인 사실을 왜곡하고 있는 일본인의 망언도 함께 규탄하자.

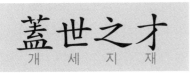

蓋世之才
개 세 지 재

蓋蓋蓋蓋蓋蓋蓋葢葢蓋蓋 (덮을 개)
世世世世世 (인간 세)
之之之之 (갈 지)
才才才 (재주 재)

세상을 뒤덮을 만큼 뛰어난 재주 또는 그 재주를 가진 사람.

居敬窮理
거 경 궁 리

居居居居居居居居(살 거)
敬敬敬敬敬敬敬敬敬敬敬敬敬(공경 경)
窮窮窮窮窮窮窮窮窮窮窮窮窮窮窮(궁할 궁)
理理理理理理理理理理(다스릴 리)

주자학(朱子學) 수양(修養)의 두 가지 방법인 거경(居敬)과 궁리(窮理).

거경(居敬)이란 내적 수양법으로서 항상 몸과 마음을 삼가서 바르게 가지는 일이며, 궁리(窮理)란 외적 수양법으로서 널리 사물의 이치를 궁구(窮究)하여 정확한 지식을 얻는 일.

去頭截尾
거 두 절 미

去去去去去(갈 거)
頭頭頭頭頭頭頭頭頭頭頭頭頭頭頭頭(머리 두)
截截截截截截截截截截截截截(끊을 절)
尾尾尾尾尾尾尾(꼬리 미)

머리와 꼬리를 잘라버린다는 뜻.

① 앞뒤의 잔사설을 빼놓고 요점(要點)만을 말함.
② 앞뒤 서론은 생략(省略)하고 본론(本論)으로 들어감.

居安思危
거 안 사 위

居居居居居居居居(살 거)
安安安安安安(편안 안)
思思思思思思思思(생각 사)
危危危危危危(위태할 위)

평안(平安)할 때에도 위험(危險)이 닥칠 것을 생각하라는 뜻.

춘추 시대에 진(晉)나라와 초(楚)나라가 중원의 패권을 놓고 팽팽하게 맞섰다. 그런데, 진의 임금 여공(勵公)은 사람됨이 어리석고 향락에 눈이 멀어 정치에는 별 관심이 없었다. 그 바람에 기강이 무너져 사회가 어지럽고, 지금까지 진나라를 따르던 제후들도 차츰 딴마음을 가지게 되어 초나라에 비해 열세를 면할 수 없게 되었다.

"이러다간 필경 나라가 망하고 말겠구나!"

대신들은 걱정이 태산 같았는데, 그 중에서도 뜻이 무겁고 과단성이 있는 실력자 두 사람이 정변을 일으켰다. 그들은 여공을 죽이고, 국외에 있던 공자(公子)를 불러들여 임금으로 추대했다. 그가 곧 도공(悼公)이다. 진나라는 도공의 지도력과 대신들이 합심해서 협력하여 다시 초나라와 맞설 수 있을 정도의 국력을 회복하였다. 문제는 북방의 야인 부족 융적(戎狄)이었다. 이들이 등 뒤에서 호시탐탐 노리고 있는 한 마음 놓고 초나라와 맞설 수가 없는 것이다. 도공은 먼저 융적을 토벌하여 후환을 없앤다는 생각을 했으나, 대신인 위강(魏絳)이 간했다.

"그것은 안 될 말씀입니다. 우리 군사가 융적을 치러 나간 사이에 초나라가 갑자기 쳐들어오면 어떻게 하시겠습니까? 차라리 융적을 잘 달래어 화친하는 것이 나을 것입니다. 그 임무를 신에게 맡겨 주십시오."

도공도 그 말을 옳게 여겨 위강을 파견했고, 융적을 찾아간 위강은 유창한 언변으로 그들을 구슬러 동맹을 맺는 데 성공했다. 덕분에 마음 놓고 초나라와 패권을 겨루게 된 진나라는 두 강자 사이에서 갈팡질팡하는 정(鄭)나라를 쳐서 간단히 항복시키는 것으로 천하에 위세를 떨쳤고, 도공의 인망도 높아졌다. 대단히 만족한 도공이 정나라로부터 받은 예물의 절반을 위강에게 주며 공로를 치하하자, 위강이 말했다.

"면구스럽습니다. 주공(主公)의 위덕과 여러 대신들의 공이 더 큽니다. 아무쪼록 주공께서 '평안할 때도 위기를 생각하는 마음을 항상 가지시면' 이 즐거움을 언제까지나 누리실 수 있을 것입니다."

擧案齊眉
거 안 제 미

擧擧擧擧擧擧擧擧擧擧擧擧擧擧擧擧(들 거)
案案案案案案案案案案(책상 안)
齊齊齊齊齊齊齊齊齊齊齊齊齊(가지런할 제)
眉眉眉眉眉眉眉眉眉(눈썹 미)

밥상을 눈높이까지 높이 들어올려 공경을 표한다는 의미.

出典 후한서(後漢書)

후한서는 440년 경에 이루어진 책으로서, 후한(後漢) 왕조가 황건(黃巾)의 난으로 멸망하기까지 기록됐으며 후한서는 전 120권으로 되어 있다.

양홍(梁鴻)이란 학자가 있었다. 그는 비록 집은 가난하지만 절개만은 꿋꿋해 모든 사람들의 존경을 받았다.

어느 날 뜻이 있어 장가를 늦추고 있는 그에게 같은 마을에 사는 얼굴이 못생긴 맹광(孟光)이라는 처녀가 30세가 넘어서도 '양홍같은 훌륭한 분이 아니면 절대로 시집을 가지 않겠다'며 버티고 있다는 소문이 들려왔다.

그러자 양홍은 그 처녀의 뜻이 기특해 그 처녀에게 청혼을 하고 곧 결혼을 했다.

그런데 양홍이 결혼 후 며칠이 지나도 부인과 잠자리를 같이 하지 않자 궁금한 부인이 그 이유를 물었다. 이에 양홍이 대답하기를,

"내가 원했던 부인은 비단옷을 걸치고 진한 화장을 하는 여자가 아니라 누더기 옷을 부끄러워하지 않고 깊은 산속에 들어가서도 살 수 있는 여자였소."

이에 부인이,

"당신의 뜻에 따르겠습니다."

하며 그 후부터는 화장도 하지 않고 산골 농부 차림으로 생활하다가 남편의 뜻에 따라 산속으로 들어가 농사를 짓고 살았다.

그러던 어느 날 틈틈이 친구들에게 지어보낸 양홍의 몇몇 시가 황실을 비방했다는 이유로 그에게 체포령이 떨어지자 이에 환멸을 느낀 양홍은 오(吳)나라로 건너가 '고백통'이라는 명문집안의 방앗간지기로 위장하여 생활을 이어나갔다.

이때 부인은 양홍이 일을 마치고 돌아오면 밥상을 눈썹 위까지 들어올려 (「거안제미(擧案齊眉)」의 유래) 남편에게 공손히 바쳤으며, 사람을 볼 줄 아는 고백통은 이들 부부를 물심양면으로 도와주어 훗날 양홍이 수십편의 훌륭한 책을 저술할 수 있는 데 크게 기여했다.

이 고사성어의 하이라이트는 '가화만사성(家和萬事成)'에 있다. 그런데 우리들의 '가화만사성'은 어떤가 궁금하다.

去者不追來者不拒
거 자 불 추 내 자 불 거

去去去去去 (갈 거)
者者者者者者者者者 (놈 자)
不不不不 (아니 불)
拒拒拒拒拒拒拒 (막을 거)
來來來來來來來來 (올 래)
追追追追追追追追追 (좇을 추)

가는 사람 붙들지 말고 오는 사람 막지 말라.

出典 맹자(孟子) 진심편 하(下)

어느 날 맹자가 거처하는 여관에 맹자에게 가르침을 받고자 많은 사람들이 모여들었다.

그런데 그들이 돌아간 후 여관의 일꾼이,

"선생님을 찾아온 사람 중에 도둑놈이 있습니다."

하며 맹자에게 항의를 했다.

그 이유인즉 일꾼이 신을 만들려고 미투리를 삼다가 맹자를 찾아온 사람들이 몰려드는 바람에 일을 멈추고 미투리를 창틀 위에 올려놓고 손님 시중을 들었는데, 얼마 후 손님들이 모두 물러가자 미투리를 다시 삼으려고 창틀 위를 보았으나 미투리가 보이지 않았기 때문이다.

그 말을 듣고 맹자는,

"나를 만나러 온 사람이 그것을 훔쳤다고 생각하나?"

하며 되묻자, 그제서야 그 뜻을 깨달은 일꾼은 이렇게 대답했다.

"제가 잘못생각했습니다. 선생님께서 가는 사람 붙들지 말고 오는 사람 물리치지 말라(去者不追來者不拒)고 하셨듯이, 선생님께서는 단지 배우고자하는 사람 만을 상대하셨을 뿐이니까요."

일꾼은 평상시 맹자가,

"그만두겠다고 떠나는 제자는 굳이 말리지 않고, 배우고 싶어 찾아오는 사람에 대해서는 내가 싫다고해서 굳이 내쫓지는 않겠다." 고 말한 것을 귀담아 들었던 것이다.

이 일꾼처럼 현대인도 인간관계에 있어서 맹자 같은 태도를 취하는 것이 이상적이고 바람직하지 않을까.

앞서 개관사정(사람은 죽어서 관 뚜껑을 덮고난 뒤에 평가하라)에서 밝혔듯이 다른 사람이 무엇을 생각하고 어떤 마음을 품고 있는지 사실은 본인 이외에는 알 수가 없다.

가는 사람을 말리거나 오는 사람을 거절하는 행위는 횡포라는 것이다. 그런데도 우리 주위에는 이런 사람들이 너무도 많은 것 같다.

去者日以疏
거 자 일 이 소

去去去去去 (갈 거)
者者者者者者者者者 (놈 자)
日 日 日 日 (날 일) 以 以 以 以 以 (써 이)
疏疏疏疏疏疏疏疏疏疏疏疏 (트일 소)

떠난 자는 날이 갈수록 잊혀진다.

出典 고시 십구수 중 십사수(古詩 十九首 中 十四首)

떠나는 자는 날로 잊혀져 가고
살아있는 자는 나날이 친해져 간다.
성문을 지나 교외로 눈을 돌리면
오직 보이는 것은 언덕과 무덤.
낡은 무덤은 경작되어 전답이 되었고
송백(松柏)은 잘리어 땔감이 된다.
백양(白楊)에는 구슬픈 바람이 일고
숙연해진 내 마음을 사로잡는다.
옛 고향으로 돌아가고 싶어도
돌아갈 길 없으니 어찌할까.

「거자일이소(去者日以疏)」의 유래는 고시(古詩)에서 유래되었으며, 이 고시 19수 중 남녀간의 정을 노래한 것으로 보이는 12수를 제외한 나머지 7수는 인생의 고통과 인생무상을 노래한 것이다.

그 예를 들자면,

'인생이란 천지간에 홀연히 멀리 떠나가는 나그네와 같은 것'이라는 제3수와,

'인생의 한세상이란 홀연히 흩어지는 티끌과 같다'는 제4수.

'인생은 금석(金石)이 아니거늘 어찌 장수할 것을 기대하겠는가' 제11수,

'우주 천지간에 음과 양이 바뀌듯이 나이란 아침 이슬과 같다' 제13수,

'일생동안 100살을 살기 힘들면서 천 년 살 것을 걱정한다'는 제15수 등을 들 수 있다.

그런가하면,

"신은 죽었다!"

라고 외쳤던 니이체는 인생에 대해 이렇게 말했다.

이게 인생이었던가!

좋아!

그렇다면…… 다시 한 번!

車車車車車車車 (수레 거)
載載載載載載載載載載載載載載 (실을 재)
斗斗斗斗 (말 두)
量量量量量量量量量量量量量 (헤아릴 량)

수레에 싣고 저울로 달 수 없을 정도로 인재가 많음을 의미.

出典 삼국지 오주전(吳主傳)

삼국시대 때 유비의 촉나라가 손권의 오나라를 공격하려하자 위기감을 느낀 손권은 위나라에 사신 조자(組咨)를 보내 구원병을 요청했다. 그러자 위나라의 황제 조비(曹丕)=(조조의 아들)가 조자에게 손권의 인물됨을 물었다. 이에 조자는,

"그분은 총명함과 지혜와 인(仁)을 겸비한 데다가 뛰어난 계략까지 갖춘 분이십니다."

라고 대답했다.

이에 조비가 웃자 조자는,

"오나라에는 백만의 군대와 천연의 요새를 가지고 있어 두려울 것은 없으나, 남의 나라를 침략하려는 촉나라의 야망을 함께 분쇄하기 위해 구원병을 요청할 뿐입니다."

하며 능수능란한 말솜씨로 조비를 요리해 나갔다. 그러자 조자의 외교술에 감탄한 조비가,

"그대와 같은 인물이 오나라에는 몇 명이나 있는가?"

라고 물었다.

"저같은 정도의 사람은 수레에 싣고 저울에 달 수 없을 정도(「거재두량」)로 많습니다."

이런 조자의 말에 더욱더 감탄한 조비는 이윽고 오나라와 군사동맹을 맺고 촉나라를 견제하게 됐다.

"외교관이란 국가의 이익을 위해 거짓말을 하도록 외국에 파견된 정직한 사람이다."

17세기 영국의 외교관이었던 크리스토퍼 플레코모어의 말처럼 외교란 국익을 위해 있으며, 여기에 따르는 훌륭한 외교란 조자가 말한 것처럼 그럴싸한 대의명분이 필수적으로 따른다.

그렇다면 우리나라의 외교는 어떤가? 북한과의 핵협상에 그 정답이 있을 것이다. 결과론으로 볼 때 미국과 북한에는 조자 같은 인물이 「거재두량(車載斗量)」이라면 우리나라에는 없다는 말이 된다. 대의명분은 있으면서……

乾乾乾乾乾乾乾乾乾乾乾(하늘 건)
坤坤坤坤坤坤坤坤(땅 곤)
一(한 일)
色色色色色色(빛 색)

눈이 내린 뒤에 온 세상이 한 가지 빛깔로 뒤덮인 듯함.

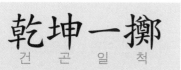

乾乾乾乾乾乾乾乾乾乾乾(하늘 건)
坤坤坤坤坤坤坤坤(땅 곤)
一(한 일)
擲擲擲擲擲擲擲擲擲擲擲擲擲擲擲(던질 척)

하늘과 땅을 걸고 단판 승부를 겨룸.

出典 고시 한유(韓愈)의 시(詩)「과홍구(過鴻溝)」

이 말은 한유(韓愈)=<자(字)는 퇴지(退之), 호(號)는 창려(昌黎)>의「홍구(鴻溝)를 지나다」라는 시에서 나온 것이다. 홍구(鴻溝)란 지금의 하남성(河南城) 고노하(賈魯河)로 그 옛날 진(秦)이 멸망하고 아직 천하가 통일되지 않고 있을 때, 초(楚)의 항우(項羽)와 한(漢)의 유방(劉邦)이 이곳에 일선을 긋고 천하를 분유(分有)했다. 시(詩)는 당시를 추억한 것이다.

용피호곤할천원(龍疲虎困割川原)
억만창생성명존(億萬蒼生性命存)
수권군왕회마수(誰勸君王回馬首)
진성일척도건곤(眞成一擲賭乾坤)

진말(秦末) 실정(失政)때, 진섭(陳涉)등이 기원전 209년 먼저 반기를 들고 이에 호응하여 각지에서 거병하는 자가 꼬리를 물고 일어났으나, 그 중 풍운을 타고 가장 두각을 나타낸 사람이 항우였다. 역전(歷戰) 4년 끝에 드디어 진(秦)을 멸망시키고 스스로 서초(西楚)의 패왕(覇王)이 되어 9군을 점령했으며, 팽성(彭城)에 도읍을 정하고 유방을 비롯한 공이 많았던 사람들을 각자 왕후(王侯)로 봉하여 한때는 천하를 호령하는 듯 싶었다. 그러나 어쨌든 명목상의 군주인 초의 의제(義帝)를 다음 해 죽여버린 점과 논공행상이 고르지 못했던 점으로 다시 천하를 혼란 속에 빠뜨리고 말았다. 즉, 전영(田榮), 진여(陳余), 팽월(彭越) 등이 계속 제(齊), 조(趙), 양(梁)에서 반린을 일으키고 더구나 항우(項羽)가 이것을 토벌하고 있는 틈에 한왕(漢王) 유방(劉邦)이 군사를 일으켜 관중땅을 병합해 버렸던 것이다.

무릇 항우가 가장 두려워하고 있던 것은 유방(劉邦)이고, 유방이 적으로 보고 있던 것은 항우(項羽)였다. 최초로 관중(關中)을 평정한 자가 관중의 왕이 된다는 의제(義帝)의 공약이 무시되고, 관중에 누구보다 먼저 들어갔음에도 불구하고 항우에 의해 파촉(巴蜀)의 땅으로 봉해진 점이 항우에 대한 유방의 최대 원한이었으나, 바야흐로 관중을 수중에 넣은 유방은 우선 항우에게 타의 없음을 알려 놓고 나서, 착착 힘을 길러 후일 관외로 진출할 기회를 노리고 있었다.

이듬 해 봄, 항우는 제(齊)와 연전(連戰)하고 있었으나, 아직 제(齊)를 항복시키지 못하고 있었다. 때는 바야흐로 지금이라고 생각한 유방은 초의 의제(義帝)를 위해 상(喪)을 치르고 역적 항우를 토벌할 것을 제후들에게 알림과 동시에 66만의 군사를 이끌고 초로 공격해 들어가 도읍 팽성을 빼앗아 버렸다.

항우는 이 소식을 듣고 재빨리 되돌아와 팽성 주변에서 한군을 여지없이 때려부셨으므로 유방은 겨우 목숨만 건져서 영양(滎陽)까지 도망쳤으나, 적중에 그 아버지와 부인을 남겨 놓는 등 비참한 결과를 가져왔고, 영양에서 다소의 기세를 회복했으나 재차 포위당해 거기서도 겨우 탈출하는 꼴이 되고 말았다.

그 후 유방은 한신(韓信)이 제(齊)나라를 손에 넣음에 이르러 겨우 세력을 증가시키고, 또 관중에서 병력을 보급 받아 여러 차례 초군(楚軍)을 격파시켰으며, 팽월(彭越)도 양(梁)에서 초군을 괴롭혔으므로 항우는 각지로 전전하게 되었고 게다가 팽월에게 식량 보급로까지 끊겨 군사는 줄고, 식량은 떨어져, 진퇴양난의 궁지에 몰리자, 마침내 항우는 유방과 화평을 맺고 천하를 양분해서 홍구(鴻溝)에서 서쪽을 한(漢)으로, 홍구에서 동쪽을 초(楚)로 하기로 하고 유방의 아버지와 부인을 돌려보내기로 했다.

때는 한(漢)의 4년, 기원전 203년이었다. 항우는 약속이 되었으므로 군사를 이끌고 귀국했으며, 유방도 철수키로 하였으나 마침 그것을 본 장량(張良)과 진평(陳平)이 유방에게 진언했다.

"한(漢)은 천하의 태반을 차지하고 제후도 따르고 있으나, 초(楚)는 군사가 피로하고 식량도 없습니다. 이것이야말로 하늘이 초(楚)를 멸망시키려는 것으로 굶주리고 있을 때 없애버려야 합니다. 지금 공격하지 않으면 호랑이를 길러 후환을 남기는 결과가 됩니다."

그래서 유방은 결심을 하고 이듬해 초군(楚軍)을 추격하여 드디어 한신과 팽월 등의 군과 함께 항우(項羽)를 해하(垓下)에서 포위하기에 이르렀다. 한유(韓愈)는 이 장량(張良)과 진평(陳平)이 한왕을 도왔던 공업(功業)을 홍구땅에서 회상하며 이것이야 말로 천하를 건 큰 도박이라고 보았던 것이다.

일척(一擲)이란 모든 것을 한 번에 내던진다는 것으로 일척천금이니 일척백만이니 하는 말들이 많이 쓰인다. 건곤(乾坤)은 즉 천지(天地)로「일척 건곤을 건다」다시 말해서 건곤일척(乾坤一擲)은 천하를 얻느냐 잃느냐, 죽느냐 사느냐 하는 대 모험을 할 때 곧잘 쓰이는 말이다.

建陽多慶
건 양 다 경

建建建建建建建建(세울 건)
陽陽陽陽陽陽陽陽陽陽陽(볕 양)
多多多多多多(많을 다)
慶慶慶慶慶慶慶慶慶慶慶慶慶(경사 경)

새해 입춘(立春)을 맞이하여 길운(吉運)을 기원하는 글.

桀犬吠堯
걸 견 폐 요

桀桀桀桀桀桀桀桀桀(해 걸)
犬大大犬(개 견)
吠吠吠吠吠吠(짖을 폐)
堯堯堯堯堯堯堯堯堯堯堯堯(임금 요)

걸왕의 개가 요왕을 보고 짖다.

出典 사기(史記) 회음후편

유방의 천하통일 일등공신인 한신이 여후(呂后=유방의 부인)에게 역적으로 몰려 죽기 전에,

"나는 괴통(蒯通)의 충고를 무시했기 때문에 죽게 된다."

라고 말했다.

괴통의 충고란 천하통일을 두고 유방이 서쪽, 항우가 남쪽 지역을 근거지로 서로 다투고 있을 때, 동쪽 지역을 관장하고 있던 군의 실력자 한신에게「삼분천하(三分天下)로 대세를 관망하라」는 것이었다.

이 말을 전해들은 한고조 유방은 즉시 괴통을 잡아들여,

"네놈이 한신에게 반역을 하라고 꼬였는가?"

하며 괴통을 꾸짖고 괴통을 삶아죽이라고 명령을 내렸다.

그러자 괴통은,

"내가 삶아질 이유가 무엇인지요?"

라고 반문하면서 유방에게 이렇게 말했다.

"악한 자의 개가 요(堯)임금을 보고 짖는 것은 요임금이 어질지 않아서가 아니라 개는 단지 주인이 아니기 때문에 짖는 것입니다. 마찬가지로 그 당시 저는 한신(韓信)대장군 만을 위해 충성을 바쳤을 뿐이며, 폐하는 잘 알지 못했을 때입니다. 그러면 폐하는 폐하의 동조세력이 아닌 사람은 다 삶아죽일 작정이십니까?"

이 말을 듣고 한고조 유방은 괴통의 충성심을 높이 사 즉시 석방시켰다.

여기서 우리는 무엇을 느낄 수 있을까?

옛날 개는 주인을 위해 잘 짖었다. 그런데 요즘 우리들의 개는 개의 본분을 망각하고 잘 짖지도 않는다. 개가 이 정도이니 사람이야 오죽하겠는가.

黔驢之技
검   려   지   기

黔黔黔黔黔黔黔黑黔黑黑黔黑黔黔黔(검을 검)
驢驢驢驢驢馬驢馬驢馬驢馬驢馬驢驢驢驢驢驢驢驢
驢驢驢驢驢驢(나귀 려,여)
之之之之(갈 지)   技技技技技技技(재주 기)

보잘것 없는 기량을 들켜 비웃음을 당함.

出典 유하동집(柳河東集)

지금의 귀주성(貴州省)을 옛날에는 검(黔)이라고 했는데, 이 검 지방에는 원래 당나귀라는 짐승이 없었다. 이 지방 사람 하나가 멀리 여행을 떠났다가 고향으로 돌아오는 길에 당나귀 한 마리를 사서 배에 싣고 왔다. 그러니 당나귀를 처음 보는 사람들이 신기해서 눈이 휘둥그레질 수밖에 없었다.

당나귀 주인은 호기심에다 우쭐하게 튀고 싶은 마음으로 그 짐승을 가져오긴 했으나, 어떻게 기르고 무엇에 쓸지 몰라 난감했다. 그래서, 일단 마을 근처 야산에다 풀어 놓아 기르기로 했다. 그런데 그 산에는 호랑이 한 마리가 살고 있었다.

이때였다. 지금까지 당나귀를 본 적이 없는 호랑이는 당나귀를 신(神)의 짐승으로 생각하고 두려워 접근조차 하지 못했으며, 어떤 때는 당나귀의 울음소리에 깜짝 놀라 도망을 치기까지 했다. 그러나 날이 지나면서 호랑이는 당나귀의 울음소리에 익숙해졌고, 마침내는 당나귀가 무서운 동물이 아니라는 것을 느끼고는 당나귀의 기량을 시험하고자 공격까지 가했다.

그러자 당나귀는 호랑이의 공격을 막으려고 뒷발질만 칠 뿐 별다른 공격을 하지 못했다. 당나귀 자신이 자신의 기량을 폭로한 셈이 된 것이다. 이것을 모를 리 없는 호랑이는 잽싸게 당나귀를 덮쳐 잡아먹었음은 물론이었다.

이 「검려지기(黔驢之技)」와 어울리는 이솝우화도 있다.

별로 재능이 없는 가수 지망생이 하루종일 노래방에서 노래를 부르다가 자기 노래에 스스로 도취되었다. 그래서 자기 목소리에 자신감을 갖고 우쭐해져 많은 돈을 들여 레코드 판을 제작했는데 결국에는 거덜이 나고 말았다.

위 고사처럼 자기의 기량을 모르고 우쭐대는 사람을 보면 가소롭다.

어떤 목표물을 잃어버리고 헤매는 사람을 보면 은근히 측은해 보인다. 반면 매사에 단맛만을 좇아다니는 사람을 보면 구역질이 난다. 사탕발림 같은 말들을 마구 지껄이는 사람들을 보면 추한 정치인들 처럼 느껴진다.

우리들 주위에 이런 사람들이 너무 많기에 하는 말이다.

기술·기능이 졸렬함을 비유하거나 또는 자신의 재주가 보잘것없음을 모르고 나서거나 우쭐대다가 창피를 당하거나 화(禍)를 자초(自招)함을 비유한 우화(寓話)로 유종원(柳宗元)의 「삼계(三戒)」에 실려 있다.

格物致知
격 물 치 지

格格格格格格格格格 (바로잡을 격)
物物物物物物物物 (만물 물)
致致致致致致致致致 (이를 치)
知知知知知知知知知 (알 지)

사물의 이치를 깨달아 지식을 넓히라는 뜻.

出典 대학(大學) 팔조목(八條目)

대학(大學)이란 대인의 학문으로서 천하를 이끌어가야할 사람이 배워야하는 학문을 가리킨다. 근대 중국의 아버지라고 불리웠던 손문 박사도 대학의 팔조목을 세계에 자랑할 만한 정치 철학의 보물이며, 새로운 중국의 정치는 이것을 근본으로 삼아야 한다고 말했다.

한 물건이 있으면 반드시 한 이치가 있으며, 이것을 이르는 것이 곧 격물(格物)이다. 그런데 우리는 여기서 격물이란 것을 너무 쉽게 현대식으로 이해해서는 곤란하다. 그 이유는「격물이란 천하의 물건을 모조리 밝히는 것은 아니다. 다만 한 가지 일을 밝혀 다하고, 그 나머지는 그로써 미루어 알 수 있다」는 진리 때문이다.

치지(致知) 또한 마찬가지다. 치지의 중요한 것은 지(知)에 선(善)이다. 아비는 사랑채에 머무르고 자식은 효도에 머무르는 것과 같다. 만약 여기에 힘쓰지 않고 그저 막연하게 만물의 이치를 보면 이것은 마치 본 부대를 이탈한 한 병사가 너무 멀리 가는 바람에 돌아오려고 해도 돌아올 수 없는 사태에 처해 두려워하는 것과 같은 이치이기 때문이다.

이것이 바로 주자(朱子)가 주장하는「격물치지(格物致知)」학설이다.

그 후 주자학의「격물치지」학설은 주자에 심취했던 왕양명(王陽明)에 의해 비판의 대상이 된다. 왕양명은 이 학설을 확실히 체득하기 위해 대나무를 잘라보기까지 했으나 그 뜻을 깨달을 수가 없어 고민을 하다가 자신의 독자적인 학설을 내세웠다.

"격물(格物)의 물(物)은 사물을 가리키는 것이므로 사(事) 즉 일이다. 일이란 부모를 섬기고 임금을 받드는 것 등이며 마음의 행동이다. 고로 일의 이면에는 마음이 있고, 마음의 바깥에는 물건이나 이치 따위가 없다. 따라서 격물의 격(格)은 바로잡는다고 해석해야만 한다."

주자의「격물치지」가 자식 위주라면, 왕양명의 학설은 도덕적 실천을 중하게 여겼으므로, 심학(心學)이라고 불렀다. 그러나 우리가 여기서 굳이 학설의 정당성을 따질 필요가 있을까?

「격물치지(格物致知)」가 있는데……

擊竹事難事
격 죽 사 난 사

擊擊擊擊擊擊事事事擊擊擊擊擊擊擊擊(칠 격)
竹竹竹竹竹竹(대 죽)
事事事事享享享事(일 사)　　　　　(어려울 난)
難難難難難難難難難難難難難難難難難難(어려울 난)

초나라와 월나라의 대나무를 다 사용해 써도 그 악행을 다 쓸 수가 없다.

出典　후한서(後漢書)

전한 말년에 왕망(王莽)이 한나라의 평제(平帝)를 독살하고 한나라를 뺏은 다음 스스로 황제 자리에 올라 국호를 신(新)이라고 개정하고 악랄한 정치로 백성들을 괴롭혔다.

그는 전국의 토지를 국유화 시켰을 뿐만 아니라 공업과 상업 등에 이자 제도를 개량해 세금을 매겨 백성들을 착취했던 것이다.

또한 화폐 제도를 4회에 걸쳐 개혁하면서 백성들의 사유재산을 국고에 넣게 하니 사회는 그야말로 악순환의 연속이었다. 이런 혼란 속에서도 왕망(王莽)은 백성들을 총동원해 광대한 지역에다 거대한 궁궐을 짖게하니 가혹한 노동으로 인해 쓰러지는 백성의 수가 줄을 이었고 시체는 산을 이루었다.

그러자 악정에 견디다 못한 농민들이 각지에서 벌떼처럼 궐기해 왕망 타도를 외치며 낙양을 향해 진격을 개시했는데, 이 당시 서주의 상장군인 외효는 왕망 타도 격문 속에서 이렇게 말을 하며 농민들을 자극했다.

"왕망의 죄는 초나라와 월나라(대나무 산지)의 대나무를 모두 사용해도 다 쓸 수가 없을 정도다."

그 후 왕망은 농민들에 의해 참혹한 죽임을 당했으며 따라서 한나라는 새 시대를 맞았다.

이런 격죽사난사(擊竹事難事)의 나라는 흡사 조지 오웰이 쓴 소설「1984」에 나오는 오세아니아와 같다.

'오세아니아'라는 나라에서는 전쟁을 다스리는 곳을 평화부라 했으며, 고문하는 곳을 애정부라 했고, 기근을 다스리는 곳은 풍부부라 했으며, 허위를 선전하는 곳을 진실부라고 했는데, 이것은 진실을 은폐하는 권력에 대한 풍자였다. 그런데 현대에 살고 있는 우리 주위에도 이런 나라가 있으니 바로 북한이다.

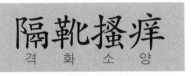

隔靴搔痒
격 화 소 양

隔隔隔隔隔隔隔隔隔隔隔隔(막힐 격)
靴靴靴靴靴靴靴靴靴靴靴靴靴(신발 화)
搔搔搔搔搔搔搔搔搔搔搔(긁을 소)
痒痒痒痒痒痒痒痒痒痒(앓을 양)

신을 신고 발바닥을 긁는다는 뜻.

격혜소양(隔鞋搔痒)·격화파양(隔靴爬痒)이라고도 한다. 불가에서 많이 쓰인 말로『오등회원(五

燈會元)』·『속경덕전등록(續景德傳燈錄)』·『무문관(無門關)』 등의 송(宋)·명(明)나라 때 지어진 불서(佛書)에서 유래를 찾아볼 수 있다. 명(明)나라 승려 원극거정(圓極居頂)이 지은 『속전등록(續傳燈錄)』에는 "당에 올라 비를 잡고 침상을 두드리니, 신을 신고 가려운 곳을 긁는 것과 같다(上堂更或拈帚敲牀 大似隔靴搔痒)"라는 구절이 있다.

이처럼 격화소양은 요점을 제대로 파악하지 못한 채 헛수고만 하여 문제를 해결하지 못하는 것을 의미하는 고사성어이다. 같은 의미에서 『장자(莊子)』에 나온 말로 '온갖 애를 쓰나 아무런 보람이 없다'는 뜻의 노이무공(勞而無功), 도로무공(徒勞無功)이나 '머리가 가려운데 발뒤꿈치를 긁는다'는 뜻의 두양소근(頭痒搔跟), 슬양소배(膝痒搔背) 등의 고사성어가 있다. 반대말로는 본질을 파악하여 단번에 정곡을 찌름을 비유하는 말인 일침견혈(一針見血), 단도직입(單刀直入) 등이 있다.

見利思義
견 리 사 의

見見見見見見見(볼 견)
利利利利利利利(이할 리,이)
思思思思思思思思(생각 사)
義義義義義義義義義義義(옳을 의)

눈앞에 이익(利益)을 보거든 먼저 그것을 취함이 의리(義理)에 합당(合當)한 지를 생각하라는 말.

김영란법이 '부정 청탁 및 금품 등 수수의 금지에 관한 법률'의 이름으로 2012년에 법안으로 추진되었다가 3월말에 드디어 법으로 탄생하게 되었다. 김영란법은 1년 6개월의 유예 기간을 거치므로 실제로 2016년 9월28일부터 법률로서 효력을 갖지만 우리 사회에 벌써부터 영향을 끼치고 있다. 공직자는 물론이고 언론인, 사립학교 교원 등이 당사자와 배우자 모두 직무 관련성이 없는 사람에게 100만 원 이상의 금품이나 향응을 받으면 대가성이 없어도 형사 처벌을 받을 수 있기 때문이다.

과잉 입법의 논란이 있었지만 우리 사회에 만연한 부정부패를 뿌리 뽑기 위해 법률이 통과되었다고 할 수 있다. "공짜 점심이 없다"라는 말을 생각하면 금품과 향응의 수수가 당연히 금지되어야 한다. 하지만 사람 사이에는 법이 아니라 양식과 양심으로 규제해야지 법으로 규제할 수 없는 영역이 있다. 모든 영역에다 법의 잣대를 들이대게 되면 '인정미 넘치는 교제' 마저 위축시킬 수 있다.

김영란 법의 통과는 결국 선의의 마음을 그대로 믿을 수 없다는, 우리 사회에 만연한 불신(不信) 풍조를 반영하고 있다. 공자는 「견리사의(見利思義)」를 통해 「공짜 점심이 없다」는 사실에 대한 경각심을 일깨웠다.

犬馬之勞
견 마 지 로

犬犬大犬 (개 견)
馬馬馬馬馬馬馬馬馬馬 (말 마)
之之之之 (갈 지)
勞勞勞勞勞勞勞勞勞勞勞勞 (일할 로)

주인을 위해 최선을 다하는 개와 말의 노력.

임금이나 나라에 충성(忠誠)을 다하는 노력(努力)과 윗사람에게 바치는 자기의 노력(努力)을 낮추어 말할 때 쓰는 말.

즉 자신의 노력을 낮추어 일컫는 표현.

윗사람을 위해 최선을 다하는 자신의 노력을 낮추어 가리킬 때 쓴다.

"보잘것 없는 능력이지만 견마지로를 다하겠습니다. 믿어 주십시오."

한편 개를 나타내는 글자로는 견(犬)과 구(狗), 두 가지가 주로 쓰인다.

두 글자 사이에 분명한 차이가 있는 것은 아닌데, 견(犬)이 일반적인 개를 나타낸다면 구(狗)는 개고기 또는 비천한 동물이라는 느낌이 강하다.

見蚊拔劍
견 문 발 검

見見見見見見見 (볼 견)
蚊蚊蚊蚊蚊蚊蚊蚊蚊蚊 (모기 문)
拔拔拔拔拔拔拔拔 (뺄 발)
劍劍劍劍劍劍劍劍劍劍劍劍劍劍劍劍 (칼 검)

모기를 보고 칼을 뺀다는 뜻.

보잘것없는 작은 일에 지나치게 큰 대책(對策)을 세운다든가, 조그만 일에 크게 화를 내는 소견(所見)이 좁은 사람을 보고 하는 말.

이 성어와 관련된 고사는 본래 중국 삼국시대 위나라의 역사를 기록한 책 『위략(魏略)』의 「가리전(苛吏傳)」에서 전한다. 이 열전에 실린 인물 중에 조조에게 인정받아 대사농(大司農)까지 지낸 왕사(王思)라는 사람이 있다. 노년기에 성질이 고약하고 고집불통으로 변해 사소한 일에도 화를 내어 가혹한 관리[苛吏]로 불리었다고 한다. 원래 이야기는 성미가 급해 글씨를 쓰는데 파리[蠅]가 붓끝에 앉자 두세 번 쫓았으나 또 날아오니 화가 나서 일어나 파리를 쫓아냈고, 그래도 되지 않자 붓을 땅에 던지고 밟아 망가뜨렸다는 내용으로 되어 있다.

이 고사는 조선에도 전해졌는데 세종의 어명으로 만들어진 백과전서인 『운부군옥』을 비롯하여 19세기 『송남잡지』, 『순오지』, 『이담속찬』 등의 사전류, 속담집에도 전한다. 다만 왕사의 고사를 밝히되 말이 전해지면서 와전되어 모기를 쫓아내느라 칼을 뽑아든다는 '견문발검'이 되었다고 되어 있다. 구체적인 부분은 원전과 다르지만 대략 의미는 동일하다. 별 것 아닌 일에 화를 내는 마음씨가 괴팍한 사람, 사소한 일에 지나친 대응을 하는 것, 작은 일을 하는데 지나치게 큰 기구를 사용하는 것 등을 비유하는 말이다.

같은 뜻으로 노승발검(怒蠅拔劍), 소 잡은 칼로 닭을 가른다는 뜻의 우도할계(牛刀割鷄) 등이 있다.

堅壁淸野
견 벽 청 야

堅堅堅堅堅堅堅堅堅堅堅 (굳을 견)
壁壁壁壁壁壁壁壁壁壁壁壁壁壁壁 (벽 벽)
淸淸淸淸淸淸淸淸淸淸淸 (맑을 청)
野野野野野野野野野野野 (들 야)

성벽을 굳게 하고 곡식을 모조리 걷어들인다는 뜻.

出典 삼국지 순욱전(筍彧傳)

삼국지의 스타 조조가 영주의 복양에 진을 치고 있는 여포를 강하게 공격했으나 여포는 무리한 싸움을 피하고 지구전으로 맞섰다.

바로 이때 서주 목사 도겸이 사망했다는 소식을 들은 조조는 서주를 빼앗으려고 군사를 돌리려 했다. 그러나 명참모 순욱이 이 작전을 말렸다.

"도겸이 죽으면서 서주의 인심이 동요하고 있는 것은 사실이나 깔보는 것은 금물입니다. 지금은 보리를 걷어들일 때이므로 서주에서는 주민을 총동원해 보리를 성내로 걷어들이고 성벽을 다져 전쟁준비에 만전을 기할 것입니다. 이것이 바로「견벽청야(堅壁淸野)」이므로 우리의 공격은 먹혀들지 않을 것이며, 만일 이때 여포가 이 틈을 노려 공격해 온다면 이때는 끝장입니다."

「견벽청야(堅壁淸野)」란 성벽을 굳게 만들면서 들에 있는 곡식을 모조리 걷어들여 공격해오는 적의 군량미 조달에 큰 타격을 입히는 전법으로 이런 전법은 우세한 적에 대한 작전수단으로 흔히 약자가 사용한다.

이것을 모를 리 없는 순욱이 조조에게 진언하고, 조조는 서주 탈환 작전을 취소하고 여포 공략에 힘을 쏟아 결국에는 성공을 거둘 수 있었던 것이다.

여기서 우리는「견아설(見我舌)」의 주인공 장의와 순욱,「걸해골(乞骸骨)」의 유방과 조조를 비교할 수 있겠다. 참모가 아무리 훌륭하다해도「걸해골(乞骸骨)」의 고사처럼 경영권자가 참모를 의심하고 내치면 그 결과는 패인이 될 뿐이다.

이 장에서 얻을 수 있는 교훈이라면「견벽청야(堅壁淸野)」를 진언한 순욱과 조조의 행동력에 있음을 현대판 항우 같은 사람은 알아야 한다.

중국에서 고대로부터 근세에 이르기까지 널리 사용해온 방어전술의 하나이다. 해자(垓子)를 깊이 파고 성벽의 수비를 견고히 하는 한편, 들에 있는 모든 곡식을 모조리 성내로 걷어들여 공격해오는 적의 군량미 조달에 타격을 입히는 전법으로, 이러한 전법은 우세한 적에 대한 수단으로 흔히 약자가 사용한다. 청태조(淸太祖) 누르하치의 공격을 영원성(寧遠城)을 사수(死守)함으로써

퇴시켰던 원숭환(袁崇煥)의 견벽청야 작전은 유명하다.

삼국지(三國志)의 「순욱전(筍彧傳)」에, 위(魏)의 조조(曹操)가 영주의 복양에 진을 치고 있는 여포(呂布)를 강하게 공격하였으나 여포는 무리한 싸움을 피하고 지구전(持久戰)으로 맞섰다. 이때 서주목사(徐州牧使) 도겸(陶謙)이 죽었다는 소식을 들은 조조는 서주를 빼앗기 위해 군사를 돌리려 하였다. 그러나 명참모 순욱이 이 작전을 말렸다.

견벽청야 전술을 모를 리 없는 순욱이 조조에게 진언하고, 조조는 서주탈환 작전을 취소하고 여포공략에 힘을 쏟아 결국에는 성공을 거둘 수 있었다.

見見見見見見見(볼 견)
我我我我我我我(나 아)
舌舌舌舌舌舌(혀 설)

나의 혀가 있는가 없는가 보라.

出典 「사기(史記)」 장의전(張儀傳)

전국시대도 한창이었던 기원전 4세기 말의 일이다. 위(魏)나라에 장의(張儀)라는 가난뱅이가 있었다. 가난뱅이라도 남보다 뛰어난 재능이나 수완이나 완력이 있거나, 혹은 꾀가 있는 자라면 출세할 수 있는 기회는 이곳 저곳에 널려있던 당시였다.

그래서 귀곡(鬼谷)이라는 권모술수(權謀術數)에 뛰어난 선생에게 글을 배웠는데, 장의의 우수한 머리는 남보다 몇 배나 뛰어나 다른 제자들이 혀를 내두르게 했다. 얼마 후 수업을 끝내고 자기를 등용해줄 사람을 찾아 여러 나라를 돌아다닌 끝에 남쪽 초나라로 가서 재상인 소양(昭陽)이란 사람의 식객이 되었다. 식객이란 장래 유망하다고 생각되는 인물을 군후(君侯)나 고관(高官)이 길러주는 사람을 말한다.

그 소양이 어느 날 초왕(楚王)에게서 하사(下賜)받은 「화씨벽(和氏璧)」이란 보석을 신하들에게 구경시켜주는 연회를 베풀었는데, 어떻게 된 셈인지 그 연석에서 보석이 행방불명이 되고 말았다. 그리하여 그 자리에 있던 장의가 의심을 받게 되었다.

"장의는 집도 가난하고 소행(素行)도 나쁜 놈이니까 도둑은 그놈이 틀림 없다"고 모두들 제각기 장의에게 죄를 뒤집어 씌워 소양도 그렇게 믿고 장의를 문책했으나 자백하지 않았다. 그래서 수백 번의 매질을 하였으나 장의는 죄인이 아님을 완강하게 피력했다. 소양은 할 수 없이 장의를 방면했다. 온 몸이 상처 투성이가 되어 반죽엄이 되어 고향으로 돌아온 장의에게 그의 처가,

"공연히 책을 읽고, 떠돌이 신세가 되니까 이런 곤욕을 당하시는 것입니다."

하고 눈물을 흘리며 힐책했다. 그러자 장의는 쑥 혀를 내밀고,

"내 혀를 보라. 그리고 있느냐 없느냐?"

장의는 도대체 무슨 말을 말하려는 것인지 그의 처도 의아해서 웃음을 머금고,

"혀라면 있군요." 하고 대답하자,

"그렇다면 됐다." 하고 장의는 태연스러웠다. (사기장의전(史記張儀傳)

몸이 비록 상처투성이가 되고 가령 절름발이가 되고 팔이 하나 없어지더라도 자기의 혀(舌)만 건재하다면 충분히 살아갈 수 있다. 아니 천하도 움직여 보이겠다. 장의(張儀)는 처에게 그렇게 말했다. 후에 그는 진(秦)에 등용되어 재상(宰相)에까지 이르렀으며, 그 혀 하나는 천하를 자유자재로 움직였다.

혀(舌)는 자기 생각을 나타내는데 필요할 뿐아니라, 때로는 상대를 위협하고 혹은 추켜세워서 등용토록 하며, 책략에 걸리게 해서 자기 맘대로 좌지우지할 수 있는 무기다. 백만의 대군보다도 무서운 무기이고, 게다가 자본이 들지 않는 무기다.

장의는 혀의 이런 기능을 유감 없이 발휘해서 당시의 여러 대국을 어느 기간 뒤흔들고 휘둘러 연형(連衡) 책을 이룩한 대천재(大天才)라 할 수 있다.

다음에 장의(張儀)의 출세담(出世談)을 소개하겠다.

장의가 귀곡선생(鬼谷先生)에게 유세술을 배우고 있을 때 그 동문에 소진(蘇秦)이라는 사람이 있었다. 소진은 처음부터 장의의 재능에 혀를 내두르고 있었다.

나중에 그 소진(蘇秦)이 먼저 합종책(合從策)으로 조왕(趙王)을 설득해서 조왕의 신임을 얻어 용약 그 실현에 착수하고 있었다. 하나 이것에는 하나의 난관이 있었다. 서쪽의 대국 진(秦)의 동향이다. 만약 6대륙 중 어느 나라를 공격하는 사태가 일어나면 맹약은 성립 이전에 무너져 버린다. 진(秦)을 견제하려면 마음을 잘 알 수 있는 인물을 그 중심부에 앉혀 놓지 않으면 안된다.

그래서 소진은 장의(張儀)를 지목했다. 곧 사람을 장의에게 보내서 아래와 같은 말을 하도록 했다.

"소진은 당신의 동문이죠. 그 소진은 이미 성공하여 국제무대에서 활약하고 있는데, 당신은 언제나 이 꼴을 하고 있으니 정말 딱하오. 소진을 찾아가서 그대의 희망이 이루어지도록 알선을 부탁하시오."

장의(張儀)는 곧 조(趙)로 가서 소진을 만나보기를 청하였다. 소진은 문하의 사람에게 분부하여 수일 동안 만나보지도 않고, 그렇다고 단념하고 떠나갈 수도 없도록 만들어 놓았다.

이렇게 해서 수일이 지난 다음에 겨우 면회가 허락되었는데, 그때도 장의를 당하(堂下)에 앉히고 종들과 같은 음식을 주고 나서 여러 말로 꾸짖어 말했다.

"그대같이 유능한 재능을 가진 자로서 이렇도록 곤궁하다는 것은 보기 딱하다. 그대를 추천해서 등용시키는 것은 나로서는 할 수가 없다. 요컨대 그대를 추천하기에는 부족한 인물이다. 그리고 가치도 없다."

이렇게 하여 그의 청을 거절해서 돌려보냈다. 애당초 장의가 여기까지 찾아온 것은 옛 친구에게

출세할 길을 부탁하고자 한 것이었는데 도리어 온갖 모욕을 받게 되었으므로 분노하고 분발하지 않을 수가 없었다. 그는 생각하기를 다른 제후들은 섬길 만한 사람이 없고, 다만 진왕(秦王)을 섬겨서 조(趙)를 괴롭혀야겠다고 결심했으며 곧 진(秦)으로 길을 잡았다.

한편 소진은 자기 하인에게 말했다.

"장의는 천하의 어진 선비다. 나같은 사람이 미칠 바가 아니다. 나는 다행히도 한 걸음 일찍 등용된 것 뿐이다. 그런데 진(秦)의 권력을 자유로이 조종할 수 있는 사람은 장의 만이 할 수 있는 일이다. 다만 그가 너무나 가난하여 사관(仕官)의 실마리를 찾지 못할 뿐아니라. 그대로 두면 소성(小成)에 만족하여 헛되게 재능을 발휘하지 못할 것이 두려워 그를 분발시키기 위해 가까이 불러서 모욕을 주고 그의 의지를 격려했던 것이다. 그러니 너는 내 뜻을 받아 그에게 거마(車馬)와 금전(金錢)을 제공하면서 진에 무사히 가도록 온갖 편의를 보살펴 드려라."

소진은 조왕과 상의하고 돈과 비단과 거마를 마련하여 하인으로 하여금 가만히 장의의 뒤를 쫓게 하며 같은 객점에 들도록 하였다. 하인은 급히 장의의 뒤를 쫓아가 필요한 일체의 물건을 제공하면서 따라갔으나 내용은 일체 말하지 않았다.

이리하여 장의는 마침내 진(秦)의 혜왕(惠王)을 만나보게 되었다. 혜왕은 장의의 헌책(獻策)에 깊이 감복하여 그를 객경(客卿)으로 대우하고, 제후 토벌에 대한 일을 계획케 하였다. 얼마 후 소진의 하인이 귀국하려고 하자 장의는 말하였다.

"그대의 힘을 빌어 출세하였고, 나는 이제부터 그 은혜를 갚을 작정을 하였는데 왜 급히 돌아가려 하는가?"

"당신을 아는 사람은 내가 아닙니다. 저는 그저 주인 소진의 명령에 따랐을 뿐입니다. 주인은 진이 조를 쳐서 합종(合從)을 깨뜨릴까 두려워하고 당신이라면 진의 권력을 마음대로 구사할 수 있을 것이라 하여 당신을 노하게 하고 분발케 하여서 나로 하여금 제반 편의를 제공케 한 것입니다. 이 모든 것은 주인 소진의 배려이며 이제 당신은 객경으로 등용되었으니 나는 돌아가서 주인께 이런 사실을 복명하도록 하여 주시오."

"아아! 이건 배운 술책 가운데 있었던 것이다. 나는 그것을 깨닫지 못했다. 나는 확실히 소진에게 미치지를 못한다. 이것은 내가 조에 등용된 것이나 마찬가지이니 어떻게 조를 모함할 수가 있겠는가. 나를 위해 소진에게 이런 말을 전해 달라."

"소진이 살아있는 동안 내가 무슨 말을 할 것인가. 또 소진이 있는 한 나로서야 무슨 일을 할 수 있겠는가." 하더라고.

그 뒤에 장의는 곧 재상으로 등용되었다. 구원(舊怨)이 있는 초(楚)의 재상에게 도전장을 보낸 것은 이 무렵의 일이었다.

"일찍기 그대를 따라 술을 마셨을 때 그대는 내가 보물을 훔쳤다고 하여 나를 매질하였다. 그대는 그대의 나라를 잘 지키라. 나는 이번에야 말로 그대의 성(城)을 훔치리라."

大 大 大 犬(개 견)
兎 兎 兎 兎 兎 兎 兎(토끼 토)
之 之 之 之(갈 지)
爭 爭 爭 爭 爭 爭 爭 爭(다툴 쟁)

개와 토끼의 다툼이라는 뜻.

　『전국책(戰國策)』「제책편(齊策篇)」에 전국시대 제(齊)나라 왕에게 중용(重用)된 순우곤(淳于髡)은 원래 해학(諧謔)과 변론의 재능이 뛰어난 세객(說客)이었다. 제나라 왕이 위(魏)나라를 치려고 하자 순우곤은 이렇게 진언했다.

　"한자로(韓子盧)라는 매우 발빠른 명견(名犬)과 동곽준(東郭逡)이라는 썩 재빠른 토끼가 있었습니다. 개가 토끼를 뒤쫓았습니다. 그들은 수십 리에 이르는 산기슭을 세 바퀴나 돌고 가파른 산꼭대기까지 다섯 번이나 오르락내리락하는 바람에 쫓기는 토끼도 쫓는 개도 힘이 다하여 그 자리에 지쳐 쓰러져 죽고 말았습니다. 이때 그것을 발견한 전부(田父 : 농부)는 힘들이지 않고 횡재[田父之功 ; 전부지공]를 하였습니다. 지금 제나라와 위나라는 오랫동안 대치하느라 백성들이나 병사들 모두 지칠 대로 지쳐 사기가 말이 아닙니다. 서쪽의 진(秦)나라나 남쪽의 초(楚)나라가 이를 기화로 '전부지공(田父之功)'을 거두려 하지 않을지 그것이 걱정입니다."

　이 말을 듣자 왕은 위나라를 치려던 계획을 버리고 오로지 부국강병(富國强兵)에 힘썼다. 양자의 다툼에 제삼자가 힘들이지 않고 이(利)를 봄을 비유한 우화로 어부지리(漁夫之利)·방휼지쟁(蚌鷸之爭)과 비슷한 말이다.

結 結 結 結 結 結 結 結 結 結(맺을 결)
者 者 者 者 者 者 者 者 者(놈 자)
解 解 解 解 解 解 解 解 解 解(풀 해)
之 之 之 之(갈 지)

맺은 사람이 풀어야 한다는 뜻으로, 일을 저지른 사람이 해결하여야 한다는 말.

　『순오지(旬五志)』에 「맺은 자가 그것을 풀고, 일을 시작한 자가 마땅히 끝까지 책임져야 한다.(結者解之 其始者 當任其終)」는 구절(句節)이 있다.『순오지(旬五志)』는 조선 인조(仁祖) 때의 학자 홍만종(洪萬宗)이 지은 문학평론집이다.

結草報恩
결 초 보 은

結結結 結結結結結結結 (맺을 결)
草草草草草草草草草草 (풀 초)
報報報報報報報報報報報 (갚을 보)
恩恩恩恩恩恩恩恩恩恩 (은혜 은)

풀을 묶어 은혜를 갚다.

出典 춘추좌씨전(春秋左氏傳)

춘추시대 때 진나라의 위무자라는 사람이 병에 걸리자 본처의 아들인 과(顆)를 불러놓고,

"내가 죽거든 네 서모를 개가시켜 행복하게 해주어야 한다."

라고 말했다. 그러나 병이 악화되면서 죽을 무렵이 되자 그만 마음이 변해,

"내가 죽으면 네 서모도 함께 순사(殉死)케 하라."

는 유언을 남겨놓고 죽었다.

그러자 아들은 두 가지 분부를 놓고 고심하다가 결국에는 사람이 병이 위중하면 정신이 헷갈리는 법이니 맑은 정신일 때 하신 말씀을 따르는 게 도리라고 판단해 아버지의 처음 유언에 따라 서모를 개가시켜 드렸다.

그 후 아들 '과(顆)'는 장수가 되어 군사를 이끌고 싸움터에 나가 진나라의 두회란 장수와 결투를 벌였는데 역부족으로 위기에 처하게 됐다. 그런데 그때 누군가 엮어놓은 「결초(結草＝풀묶음)」에 두회가 걸려 넘어지면서 전세는 역전되어 과(顆)가 두회를 사로잡을 수 있었다.

그날 밤 과(顆)는 꿈속에서 어떤 노인을 만나 이런 말을 들었다.

"나는 당신 서모의 애비되는 사람이오. 그대가 선친의 바른 유언에 따랐기 때문에 내 딸은 지금 목숨을 유지하고 개가해 잘 살고 있소. 그래서 나는 그 은혜에 보답하고자 전쟁터에다 결초를 해놓았던 것입니다."

여기서 「결초보은(結草報恩)」이 유래되었는데, 우리의 「결초보은(結草報恩)」은 어떤가? 과연 점수로 따진다면?

어떤 장사꾼이 나무로 만든 신상(神像)을 팔고 있었으나 아무도 그를 사려고 하지 않자 그는 큰 소리로,

"언제나 은혜를 주시는 신(神)을 사십시오!"

라고 외쳐댔다. 그러자 지나가던 사람이 왈(曰),

"당신의 말이 사실이라면 그 좋은 물건을 왜 남에게 팔려는 것입니까? 당신이 그 은혜를 가질 것이지."

하자 장사꾼 왈(曰),

"잘 모르시는 말씀, 나는 지금 당장의 이익(은혜)이 필요해 은혜를 팔려는 것입니다. 신의 은혜는 항상 늦게 나타나니까……"

선거를 치르는 정치판의 몰골을 보고 끄집어낸 우화의 한 토막이다. 「결초보은(結草報恩)」에 침을 뱉고 국민에게 신상을 파는 사기꾼에게 세네카는 말했거늘,

"자기가 진 은혜를 부인하는 자는 배은망덕(背恩忘德)하고, 그 은혜를 감추는 자 역시 배은망덕하며, 그 은혜 또한 갚지 않은 자도 배은망덕하다. 그리고 그 은혜조차도 잊어버리는 자는 가장 배은망덕한 자다."

兼兼兼兼兼兼兼兼兼兼兼(겸할 겸)
愛愛愛愛愛愛愛愛愛愛愛愛愛(사랑 애)

모든 사람을 똑같이 사랑하라.

出典 묵자(墨子)의 경주편(耕株篇)

묵자(기원전 390경~480경)는 전국시대의 사상가로서 사람은 서로 사랑하고 도와야 한다는 '겸애설(兼愛說)'을 주장했다.

겸애(兼愛)냐, 별애(別愛)냐?
"천하의 해(害)를 제거하고 천하의 이(利)를 추구한다."
이것이 바로 인자(仁者)의 사명이다.
'천하의 해(害)' 중에서 가장 나쁜 것은 무엇인가?
강대국이 약소국을 침략하고, 대씨족(大氏族)이 소씨족(小氏族)을 괴롭히며, 강자가 약자를 들볶고, 다수가 소수를 무시하며, 사이비 군자가 인민을 기만하고, 귀족이 평민을 얕보고, 또한 군주가 횡포를 부리는 것과 신하가 불충스러운 것, 부모가 애정이 없는 것, 자식이 효성을 다하지 않는 것 등이 천하의 해(害)다. 무기를 들고 독약을 풀고 수단 방법을 가리지 않고 살육하는 것도 천하의 해다.

이런 가공할 해는 어디서 생기는가? 우리가 사람을 사랑하고 남에게 이익을 주었기 때문에?
물론 그렇지 않다. 남을 증오하고 남에게 불이익을 주었기 때문에 생긴 것이다.
그러면 남을 증오하고 남에게 불이익을 주는 행위란 과연 무엇인가.
"모든 사람을 똑 같이 사랑하라고?"
하는 겸애사상에서 생기는 것일까? 어니면 사람을 차별대우하는 별애사상에서 생기는 것일까?
두말할 것도 없이 그것은 후자에 속한다. 내가 겸애를 주장하는 이유는 무엇 때문인가?
만약에 군주가 자기 나라와 마찬가지로 타국을 위해 애쓴다면 내란은 있을 수가 없다. 왜냐하면 상대방을 내몸과 마찬가지로 간주하기 때문이다.

이와 같은 엄청난 이(利)는 남을 사랑하고 남에게 이익을 주었기 때문에 생기는 것인즉 겸애야 말로 천하의 이(利)를 가져오는 근원인 셈이다.

시경(詩經)에 보면 다음과 같은 시가 있다.

말(言)에는 말을

덕(德)에는 덕을

남이 복숭아를 주면

나는 자두를 주마.

고로 남을 사랑하면 반드시 남으로부터 사랑을 받고,

남을 미워하면 반드시 남으로부터 미움을 받는 법이다.

인간은 누구에게나 평등하고 차별없이 대해야 한다는 것이 묵자의 겸애사상이다.

그러나 이런 사상은 하나의 이상으로서만 인정되었지, 현실적으로는 유가측에 의해 비난을 받았다. 아마 그 이유는 묵자사상이 귀신의 존재를 믿고 일종의 종교적 계급 정치를 이상으로 삼았기 때문이 아닐는지. 허심탄회하게 받아들이면 좋을 텐데⋯⋯.

傾傾傾傾傾傾傾傾傾傾傾傾(기울 경)
國國國國國國國國國國國國(나라 국)
之之之之(갈 지)
色色色色色色(빛 색)

나라마저 기울게 할 만큼 아름다운 미녀.

出典 한서(漢書)의 이부인열전(李夫人列傳)

한서(漢書)란 90년 경에 이루어진 책으로서 한나라의 사적을 기록한 책이며 후한의 반고가 편찬했다.

북방의 한 아름다운 여인

세상에 절세(絶世)로서 단 한 사람뿐.

한 번 고개짓하면 성이 기울고,

두 번 고개짓하면 나라가 기운다.

어찌 성을 잃고 경국을 모를 리 없지만

그런 가인(佳人)은 두 번 다시 얻기 어려우리.

이 노래는 한무제를 즐겁게 해주는 가수 이연년(李延年)이 무제 앞에서 춤을 추며 노래한 가사 내용인데 무제는 노래를 듣고 나서,

“아! 아! 이 세상에 그런 여인이 있을까?”

그러자 무제의 누이동생인 평양공주가 무제에게 귓속말로,

“이연년의 누이동생을 두고 가사를 지은 것이랍니다.”

라고 속삭였다. 이에 무제는 그녀를 급히 불러들였고, 그녀는 노래 가사처럼 절세미인의 조건을 갖추고 있었다. 이런 그녀를 본 순간 무제가 한눈에 빠져들었음은 물론이다.

그 후 그녀는 무제의 총애를 한몸에 받다가 꽃다운 나이에 요절해 무제로 하여금 추모의 정을 금치 못하게 만들었는데, 그녀는 죽기 전까지도 이불을 뒤집어쓰고 무제에게 얼굴을 보이지 않았다고 한다.

그는 무제에게 보기 흉한 병자의 모습을 보였다가 무제가 실망하고 유언을 들어주지 않을까 하는 두려움 때문이었다는 것이다.

과연 경국지색다운 미녀의 행동이며, 아울러 앞에서 소개한 미인의 운명은 기박하다는 「가인박명」이 실감을 더해준다.

경국지색에는 서주(西周)(주나라 13대 왕 평왕이 낙양으로 도읍을 옮긴 이후를 동주, 그 전을 서주라고 함)의 마지막 왕인 유왕(幽王)의 애첩 포사(褒姒)도 포함된다. 포사는 포국(褒國)(지금의 산시(陝西)성 바오청(褒城)현의 남동쪽) 사람으로 성이 사(姒)이다. 그녀는 유왕 희궁생(姬宮湦)(기원전 781~기원전 771)의 두 번째 황후로, 유왕 3년에 포국을 토벌했을 때 바쳐졌기 때문에 포사라 했다. 포사는 왕의 총애를 받아 아들 백복(伯服)을 낳았고, 포사에 빠진 유왕은 정실부인 신후(申后)와 태자 희의구(훗날의 주나라 평왕)를 폐하고, 포사를 황후로 어린 백복을 태자로 삼았다.

耕耕耕耕耕耕耕耕耕耕(갈 경)
丨山山(뫼 산)
釣釣釣釣釣釣釣釣釣釣釣(낚시 조)
水水水水(물 수)

산에는 밭을 갈고, 물에서는 물고기를 잡는 생활을 한다는 뜻.

소박(素朴)하고 속세(俗世)에서 떠난 생활(生活)을 영위(營爲)함을 이름.

鯨戰蝦死
경 전 하 사

鯨鯨鯨鯨鯨鯨鯨鯨鯨鯨鯨鯨鯨鯨鯨鯨鯨鯨(고래 경)
戰戰戰戰戰戰戰戰戰戰戰戰戰戰戰(싸움 전)
蝦蝦蝦蝦蝦蝦蝦蝦蝦蝦蝦蝦蝦蝦蝦(새우 하)
死死死死死死(죽을 사)

고래 싸움에 새우가 죽는다는 속담(俗談)의 한역.

강자(強者)끼리 싸우는 틈에 끼여 아무런 상관(相關)없는 약자(弱者)가 화(禍)를 입는다는 말.

鷄口牛後
계 구 우 후

鷄鷄鷄鷄鷄鷄鷄鷄鷄鷄鷄鷄鷄鷄鷄鷄鷄鷄鷄鷄(닭 계)
口口口(입 구)
牛牛牛牛(소 우)
後後後後後後後後後(뒤 후)

닭의 입이 될지언정 소의 꼬리는 되지 말라.

出典　사기(史記)의 소진열전(蘇秦列傳)

「계구우후(鷄口牛後)」는 「견아설(見我舌)」에서 함께 귀곡선생으로부터 학문을 익힌 소진(蘇秦)이 한 말이다.

소진은 합종의 책((合從策)=종(從)을 서로 맞춘다는 뜻)을 유세하기 위해 6개국(연·조·한·위·제·초)을 돌며 강대국 진나라에 맞서야 된다는 이유를 설파한 다음 「계구우후(鷄口牛後)」를 끄집어내 그들의 자존심에 호소한 것이다.

"한나라의 토지는 비옥하고 성곽은 견고하며 군인들은 용맹하고 사기가 충천한 것은 대왕의 현명함이 있었기 때문입니다. 그런데 이런 유리한 조건을 갖춘 한나라가 진나라를 섬긴다는 것은 천하의 비웃음거리가 됩니다. 올해 진나라가 요구하는 땅을 내주면 내년에는 더 많은 것을 요구할 것이며, 그렇게 계속 주게되면 나중에는 줄 땅이 없게 됩니다. 고로 이것을 막기 위해선 6개국이 연합해 진나라와 맞서야 합니다. 속담에 '닭의 머리가 될지언정 소의 꼬리는 되지 말라'는 말이 있듯이 대왕이 진나라를 섬기는 것은 소의 꼬리 노릇을 하는 부끄러운 일입니다."

이렇게 6국의 군왕을 설득한 소진은 결국 6개국 합종에 성공해 6개국 재상직 겸임과 함께 합종의 맹주로 추대되기에 이르렀다.

결과론적으로 볼 때 소진은 「계구우후」란 대의명분으로 크게 성공한 셈이다.

이런 소진의 역할은 현대판 국가 및 기업간의 분쟁 해결사라고 볼 수 있다.

진나라와 비교되는 여당, 6개국과 비교되는 야당과 대기업과 중소기업, 소진은 야당과 중소기업 편에서 활약하는 해결사인 것이다.

그렇다면 현대판 소진에게 부탁을 하나 하고 싶다. 부끄러운 행동으로 여당을 견제하지 않는 참된 야당을 만들어 달라는 것이다. 이 뜻은 국민들의 바람이니까.

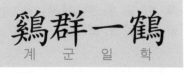

鷄群一鶴
계 군 일 학

鷄鷄鷄鷄鷄鷄鷄鷄鷄鷄鷄鷄鷄鷄鷄鷄鷄鷄鷄(닭 계)
群群群群群群群群群群群群群(무리 군)
一(한 일)
鶴鶴鶴鶴鶴鶴鶴鶴鶴鶴鶴鶴鶴鶴鶴鶴鶴鶴鶴(학 학)

범인(凡人) 속에 섞여 있는 뛰어난 한 사람

出典　진서(晉書)의 혜소전(嵇蘇傳).

혜소(嵆紹)는 죽림칠현(竹林七賢)의 한 사람으로 유명한 혜강의 아들이다.

죽림칠현으로 유명한 혜강의 아들 혜소는 열 살 때 아버지가 무고죄로 형장의 이슬로 사라진 이래 어머니를 모시고 근신하고 있었으나, 그의 아버지의 친구이며 죽림칠현의 한 사람인 산도(山濤)의 도움으로 벼슬을 얻게 되면서 처음으로 낙양에 들어갔을 때다.

어떤 사람이 죽림칠현의 한 사람인 왕융에게 이렇게 말했다.

"어제 많은 사람들 속에서 처음으로 혜소를 보았는데, 그 모습이 마치 의기도 높고 늠름한 한 마리 학이 닭무리 속으로 내려앉은 것처럼 착각할 정도였네."

여기서 「계군일학」이란 말이 나왔으며 이 뜻을 「학립계군(鶴立鷄群)」과 「군계일학(群鷄一鶴)」 등과 함께 통용된다.

이 고사로 보아 혜소는 역시 그 아버지에 그 아들다움을 잃지 않았음을 잘 알 수 있다.

아버지를 욕보이는 요즘 같은 현실에 이 고사는 더욱 더 빛난다.

鷄 肋
계　　　륵

鷄鷄鷄鷄鷄鷄鷄鷄鷄鷄鷄鷄鷄鷄鷄鷄鷄鷄鷄鷄(닭 계)
肋肋肋肋肋肋(갈비 륵,늑)

닭의 갈비뼈.

出典 후한서의 양수전(楊修傳)

난세의 간웅 조조와 삼국지의 스타 유비가 수개월에 걸쳐 한중(漢中) 땅을 놓고 격렬한 쟁탈전을 벌였는데, 전세는 조조에게 불리하게 전개됐다.

그러던 어느 날 주방장이 조조의 저녁식탁에 닭죽을 내놓자 조조는 닭죽에 들어있는 앙상한 계륵을 보고,

"한중땅은 바로 저 계륵과 같은 거야. 버리자니 아까운 생각이 들고, 그렇다고 먹자니 먹을 게 별로 없는……"

바로 이때 막후 장수 하후돈(夏侯惇)이 나타나 조조에게 야간암호를 청하자 조조는 결심하고 '계륵(鷄肋)!'이라는 명령을 내렸다.

그러자 하후돈(夏侯惇)에게 암호를 전달받은 양수는 곧바로 철수준비를 지시했다.

이에 깜짝 놀란 하후돈이 그 까닭을 묻자 양수는 이렇게 대답했다.

"승상께선 한중땅을 버리기는 아쉬우나 그렇다고 먹자니 먹을 것이 별로 없는 한중에 미련을 갖지 않겠다는 뜻으로 암호를 계륵이라고 말한 것입니다. 두고 보시오, 내일은 틀림 없이 승상께서 철수명령을 내릴 테니까."

그 다음날 양수의 말대로 조조는 철수명령을 내렸다. 그 후 「계륵(鷄肋)」은 닭의 갈빗대처럼 앙

상한 사람을 두고 비유하기도 했다. 순수 우리말인 '갈비씨'가 여기에 해당된다. 그런 의미를 부여해 갈비씨 얘기를 하나 해보자.

술을 무척이나 즐겼던 죽림칠현의 유령(劉伶)이 어느 날 술에 취해 덩치가 큰 사람과 시비가 붙었다. 화가 잔뜩 난 덩치 큰 사람이 주먹을 휘두르며 달려들자 갈비씨인 유령은,

"닭의 갈비뼈 같은 약골인 내가 당신의 주먹을 받아낼지 걱정입니다."

이 말을 들은 덩치는 자신도 모르게 웃음을 터뜨리고 주먹을 내려놓았다는 얘기다.

鷄鳴狗盜
계 명 구 도

鷄鷄鷄鷄鷄鷄鷄鷄鷄鷄鷄鷄鷄鷄鷄鷄鷄鷄鷄鷄 (닭 계)
鳴鳴鳴鳴鳴鳴鳴鳴鳴鳴鳴鳴鳴鳴鳴 (울 명)
狗狗狗狗狗狗狗狗 (개 구)
盜盜盜盜盜盜盜盜盜盜盜 (도둑 도)

닭 울음 소리를 잘 내고 개구멍을 들락거리는 좀도둑이라도 필요할 때가 있다.

出典 사기(史記)의 맹상군전(孟嘗君傳)

인재확보의 전성시대였던 전국시대 말기에 남달리 인재 초빙에 열을 올렸던 맹상군은 사람을 가리지 않고 닥치는 대로 끌어들여 우대한 것으로 유명했다.

그의 식객은 무려 3천여 명에 이르렀으며, 그의 명성은 강대국인 진나라 소양왕 귀에 들려올 정도로 널리 알려졌다. 이에 소양왕이 맹상군을 재상감으로 점찍고 그를 진나라로 초빙했으나, 신하들의 강한 반대에 부딪혀 맹상군을 기회를 보아 암살하려고 했다. 맹상군 같은 우수한 인재를 제나라로 살려 보내면 진나라에 결코 이로울 게 없었기 때문이다.

이런 사실을 눈치챈 맹상군은 은밀히 소양왕의 애첩에게 사람을 보내 도움을 청했다. 그러자 애첩이,

"나에게 호백구(弧白裘 : 백여우의 겨드랑이 털로 만든 외투)를 준다면 힘써 보겠소."

하며 힘든 조건을 내세웠다.

이 말을 들은 맹상군은 난감했다. 호백구는 이미 진나라 소왕에게 진상해 버렸기 때문이다.

그러자 이때 맹상군의 식객으로 따라왔던 좀도둑 출신의 식객이,

"그런 문제라면 제가 해결해 드리겠습니다."

라는 말을 남기고 한밤중에 개구멍을 통해 보물창고 속으로 숨어 들어가 호백구를 훔쳐와 맹상군에게 바쳤다.

이렇게 해서 호백구가 소양왕의 애첩 손에 들어가자, 애첩은 소양왕을 구슬러 맹상군의 귀국을 허락케 만들었다. 이에 맹상군은 급히 진나라의 서울을 빠져나와 국경에 위치한 함곡관에 도달했다.

한편 맹상군의 귀국을 허락한 것을 후회한 소양왕은 군사를 보내 맹상군을 뒤쫓아가 죽이라고 명령했다. 이 사실을 안 맹상군은 초조하게 함곡관의 문이 열리기만 기다리고 있었다. 그러자 이

때, 함곡관의 성문이 규칙상 첫 닭이 울어야만 열린다는 것을 잘 알고 있던 식객 중의 한 사람이 그의 특기인 닭 울음소리를 내자 근방의 모든 닭들이 따라서 울기 시작했고 곧 성문도 열렸다.

이렇게 해서 맹상군 일행이 재빠르게 성문을 통과해 탈출에 성공할 수 있었다는 데서 「계명구도」란 말이 생겼으며, 그 후 「계명구도」 하면 아무리 천한 사람이라도 경우에 따라선 쓸모가 있다는 것을 현실감 있게 보여준다. 즉 목적을 위해 수단과 방법을 가리지 않는다는 악의 철학인 셈이다.

그 대표적인 예로는 등소평의 처세철학처럼 굳어진 '검은 고양이든 흰 고양이든 쥐만 잘 잡으면 좋은 고양이'라는 흑묘백묘론(黑猫白猫論)을 들 수 있다.

중국의 경제개방불가의 문을 과감하게 열어젖혀 크게 성공한 등소평도 이 「계명구도」의 뜻을 이용했으니까.

鷄鷄鷄鷄鷄鷄鷄鷄鷄鷄鷄鷄鷄鷄鷄鷄鷄鷄鷄 (닭 계)
鳴鳴鳴鳴鳴鳴鳴鳴鳴鳴鳴鳴鳴鳴 (울 명)
狗狗狗狗狗狗狗狗 (개 구)
吠吠吠吠吠吠吠 (짖을 폐)

닭이 울고 개가 짖는다는 뜻으로, 인가(人家)나 촌락(村落)이 잇대어 있다는 뜻.

季季季季季季季季 (끝 계)
布布布布布 (베 포)
一 (한 일)
諾諾諾諾諾諾諾諾諾諾諾諾諾諾諾諾 (허락할 낙)

계포가 한 번 승낙하다.

出典 사기(史記)의 계포전(季布傳)

초(楚)나라 사람인 계포(季布)는 젊었을 때부터 의협심이 강해 한 번 '좋다!'라고 약속한 이상에는 그 약속을 끝까지 지켰다. 이런 계포가 유방과 항우가 「건곤일척(乾坤一擲)」할 때 항우의 장수로서 몇 차례 출전해 유방을 괴롭혔는데, 나중에는 유방이 천하를 통일하면서 목에 천금의 현상금이 걸려 쫓기는 신세가 됐다.

그러나 그를 아는 사람들은 그를 고발하지도 않았으며 오히려 그를 유방에게 천거하기까지 했다. 덕분에 그는 사면과 동시에 낭중이라는 벼슬을 얻었고 다음 혜제 때에는 중낭장에 올라 그 기세가 대단했다.

그는 권모술수가 난무하는 정치판 속에서도 굳은 절개를 지켜 사람들에게 존경을 받고 있었던 것이다.

그러던 어느 날 오랑캐의 두목 선우(禪牛)가 그 당시 최고 권력자인 여태후(呂太后)에게 깔보는 투의 편지를 보냈는데, 이에 진노한 여태후는 오랑캐 징벌을 위한 어전회의를 소집했다.

먼저 번쾌(樊快)가 나서며,

"저에게 10만 병력을 주십시오. 그럼 오랑캐들을 깨끗하게 쓸어 버리겠습니다."

라고 큰소리 쳤다. 그러자 신하들은 여태후의 총애를 한 몸에 받고 있는 번쾌(樊快)에게 잘 보이려고 이구동성으로 맞장구를 쳤다. 그때였다.

"번쾌의 목을 자르십시오."

하며 감히 나서는 사람이 있었는데 바로 계포였다.

"한고조께서도 40만 군사를 거느리고 정벌에 나섰다가 그들에게 오히려 포위를 당하신 적이 있지 않습니까? 그런데 10만으로 오랑캐를 응징하겠다는 것은 망발입니다. 진나라가 망한 것은 오랑캐와 시비를 벌이고 있을 때 진승 등이 그 헛점을 노리고 일어섰기 때문이 아닙니까. 그들에게서 입은 상처는 오늘까지도 아물지 않았거늘 번쾌는 이것도 모르고 천하의 동요를 불러일으키려고 아첨을 하고 있는 것입니다."

계포의 강한 신념에 찬 목소리에 주위 사람들의 얼굴은 새파랗게 질렸다. 계포의 목숨도 이제는 끝장났다고 생각했기 때문이다. 그러나 여태후는 즉시 폐회를 명하고 그 후 다시는 오랑캐 징벌을 입에 담지 않았다. 여포는 계포의 신의를 믿고 이 사건을 덮어두었던 것이다. 그리고 이런 에피소드도 있다.

변설가로 유명한 조구라는 사람이 계포를 찾아가,

"초나라 사람들은 황금 백냥을 얻는 것보다 계포의 한 마디 승낙(계포일낙)을 받는 것이 더 낫다고 말하는데 그 이유는 무엇인지요?"

하며 계포를 칭찬했다 한다. 그 후 사람들은 「계포일낙」을 간단하게 줄여 「계낙(季諾)」이라고도 했으며 또는 「금낙(金諾)」이라고도 해 '틀림없이 알았다'는 뜻으로 쓰이고 있다.

그리고 「계포일낙(季布一諾)」의 정의를 찾자면 장부일언중천금(丈夫一言重千金)에 해당될 것이다.

"말이 많은 자는 실행이 적다. 그래서 성인(聖人)은 항상 그 말에 실행이 뒤따르지 않을까를 걱정한다. 행동과 말이 일치되지 않음을 두려워하기 때문에 성인은 헛소리(空言)를 절대로 하지 않는다."

이 말은 중국의 격언이다. 「계포일낙(季布一諾)」에 어울리는 격언이며, 정치인들이 이 말을 항상 뇌리에 심어 놓고 국민들을 실망시키지 않았으면 좋겠다.

股股股股股股股股(다리 고)
肱肱肱肱肱肱肱肱(팔 굉)
之之之之(갈 지)
臣臣臣臣臣臣(신하 신)

다리와 팔 같은 신하.

出典 서경(書經) 익직편(益稷篇)

순(舜)임금은 고대 중국의 전설적인 제왕이다. 오제(五帝)의 한 사람으로, 효행이 뛰어나 요(堯)임금에게서 천하를 물려받았다. 요순은 덕(德)으로 나라를 다스려 태평시대를 열었다. 유가(儒家)는 요순에게서 다스림의 덕을 배우고자 한다. 순임금이 신하들을 둘러보며 당부했다.

"그대들과 같은 신하는 짐의 팔다리요, 눈과 귀로다. 내가 백성을 교화하고 돕고자 하니 아울러 그대들도 도와주시오. 나에게 잘못이 있으면 충고해주고, 그대들은 서로를 공경하고 예의를 지켜주시오. 관리는 백성의 뜻을 짐에게 선하는 게 임무니, 올바른 이치로 선양하고 뉘우치는 자가 있으면 용서하되 그렇지 않은 자는 처벌해 위엄을 보이도록 하시오."

순임금이 어진 황제라는 명성은 고굉지신(股肱之臣)이 있었기 때문에 가능했다는 고사다.

그럼 우리나라의 고굉지신(股肱之臣)은 어떨까? 그 정의를 동냥해 찾아보자.

YS가 대통령에 당선되자 자신이 진짜 YS의 오른팔이라고 떠들고 다니는 사람이 많았다. 이 소문에 심기가 불편해진 YS는 그 중 한 사람을 불러 왈(曰),

"니가 내 오른팔이라고 떠들고 다닌다면서?"

이에 그는 몹시 민망해 하며 길게 변명을 늘어놓았다. 그러자 YS는 기가 막힌다는 얼굴로 그를 바라보며,

"아이다. 니가 내 오른팔인 거 맞다!"

라고 격려했다.

그러자 그는 금방 얼굴이 밝아졌다. 그러나 그것도 잠시 뿐 다음 말에 얼굴이 일그러졌다.

"근데 니 내가 왼손잡이인 거 아나?"

고굉지신(股肱之臣)은 '다리와 팔에 비견할 만한 신하'로, 임금이 신임하는 중신(重臣)을 이른다. 고굉(股肱)은 다리와 팔을 뜻하지만 온몸을 이르는 말로도 쓰인다.

충성에 관한 고사성어도 많다.

견마지로(犬馬之勞)는 개나 말 정도의 하찮은 힘이란 뜻으로, 임금이나 나라를 위해 충성을 다하는 것을 비유한다. 견마지성(犬馬之誠) 견마지심(犬馬之心)으로도 쓴다. 간뇌도지(肝腦塗地)는 간과 뇌가 다 드러나 땅을 적실 만큼 끔찍하게 죽은 모습을 표현하는 말로, 나라를 위한 희생을 이르기도 한다.

결사보국(決死報國)은 죽을 각오로 나라의 은혜에 보답함을 뜻하고, 진충갈력(盡忠竭力)은 충성을 다하고 있는 힘을 다 바치는 것을 의미한다.

구마지심(狗馬之心)은 개나 말이 주인에게 충성을 다하는 마음으로, 자신의 정성을 겸손하게 이르는 말이다.

나라는 충신이 세우고 간신에 의해 무너진다. 군주의 최고 덕목은 충신과 간신을 구별하는 지혜다.

膏粱子弟
고 량 자 제

膏膏膏膏膏膏膏膏膏膏膏膏膏膏(기름 고)
粱粱粱汈汱梁梁梁梁梁梁梁梁梁(기장 량)
子子子(아들 자)
弟弟弟弟弗弟弟(아우 제)

고량진미(膏粱珍味)를 먹은 자제(子弟)라는 뜻.

부귀(富貴)한 집에서 자라나서 고생(苦生)을 모르는 사람을 이르는말.

膏粱珍味
고 량 진 미

膏膏膏膏膏膏膏膏膏膏膏膏膏膏(기름 고)
粱粱粱汈梁梁梁梁梁梁梁梁梁梁(기장 량)
珍珍珍珍珍珍珍珍珍(보배 진)
味味味味味咊味味(맛 미)

살진 고기와 좋은 곡식으로 만든 맛있는 음식.

부귀영화를 누리면서 자기만 잘 먹고 잘사는 사람의 생활을 비유하여 생겨난 말이다. 고량진미를 즐기는 생활은 사은에 대한 배은이요 빚지는 생활이 된다. 특히 출가(出家) 수행자(修行者)가 수행은 게을리 하면서 고량진미를 즐기게 되면 보통 사람보다 더 무서운 과보(果報)를 받게 된다.

鼓腹擊壤
고 복 격 양

鼓鼓鼓鼓鼓鼓鼓鼓鼓鼓鼓鼓(북 고)
腹腹腹腹腹腹腹腹腹腹腹腹腹(배 복)
擊擊擊擊擊擊擊擊擊擊擊擊擊擊擊(칠 격)
壤壤壤壤壤壤壤壤壤壤壤壤壤壤壤壤(흙덩이 양)

배를 두드리고 흙덩이를 치며 노래하다.

出典 사기(史記)의 오제본기

하늘을 존경하고 사람을 사랑한(경천애인(敬天愛人), 요(堯)임금이 어느 날 50년 간의 태평성대란 것에 의문을 품고 자기 눈으로 직접 그것을 확인하고자 평복을 입고 거리에 나섰다.

그가 어느 네거리를 지날 때였다. 어린 아이들이 서로 손을 잡고 이런 노래를 부르고 있었다.

나랏님 나랏님
우리들이 이렇게 즐겁고 기운차게 지내는 것은
모두다 나랏님 덕택입니다.
나랏님 나랏님
우리들이 아무 근심 걱정이 없는 것은
모든 것이 나랏님을 의지하고 있기 때문입니다.

어린이들의 순진무구한 노랫소리에 요임금은 기분이 매우 좋았다. 그러면서 한편으로는 이런 생각을 했다. '혹시 어른들이 시켜서 그런 게 아닐까?' 하며 의심을 품고 걸음을 재촉해 걸어가면서 주위를 두루 살폈다.

이때였다. 거리 끝에서 백발노인 한 사람이 입 안에 든 음식을 우물거리면서 배를 두드려 박자를 맞춰 즐겁게 노래를 부르고 있는 것을 목격했다.

날이 새면 농삿일이 바쁘고

해가 지면 잠자리에 뒹군다.

갈증은 우물 파서 마시고

배고픔은 논밭의 곡식으로 채우니

나랏님 따위는 우리들 생활에 없는 거나 같구나.

백발노인의「고복격양(鼓腹擊壤)」에 요임금은 비로소 마음이 밝아져 궁궐로 돌아가는 걸음이 가뿐해졌다.

도교의 창시자 노자(老子)는 이런 정치를 두고 '무위(無爲)의 치(治=다스림)'라고 했으며 정치론의 근본으로 삼았다. 그리고 노자는 최고 권력자를 네 가지 분류로 평가했는데, 첫째는 국민들로부터 업신여김을 당하는 지배자, 둘째는 백성들이 두려워하는 지배자, 세째는 국민들한테 칭찬받는 지배자, 네째로는 요임금처럼 지배자가 있는지 없는지 모를 정도로 정치를 잘하는 지배자를 최고의 통치자로 꼽았다.

'무위의 정치' 속에 「고복격양(鼓腹擊壤)」, 국민의 한 사람으로서 부럽다. 우리들의 최고 통치자

孤(외로울 고)
城(재 성)
落(떨어질 낙, 락)
日(날 일)

외딴 성(城)이 해가 지려고 하는 곳에 있다는 뜻.

당나라 시인 왕유(王維)의 시 [송위평사(送韋評事) : 위평사를 보내며]]에 나오는 말이다. 장군을 따라 우현을 잡고자 모래 마당에 말을 달려 거연으로 향한다. 멀리 아노라, 한나라 사신이 소관 밖에서 외로운 성 지는 해 언저리를 근심스레 바라보리란 것을.

욕축장군취우현(欲逐將軍取右賢)

사장주마향거연(沙場走馬向居延)

요지한사소관외(遙知漢使蕭關外)

수견고성낙일변(愁見孤城落日邊)

왕유는 동양화 같은 고요한 맛과 그윽한 정을 풍기는 자연시를 많이 썼다. 여기서는 국경 밖의 땅을 배경으로 한 이국적(異國的)인 정서가 시를 한층 재미있게 만들고 있다.

글 제목에 나오는 '평사(評事)'는 법을 맡아 죄인을 다스리는 벼슬 이름으로, 위 평사를 장군을 따라 서북 국경 밖으로 떠나보낸다는 송별시다. 한(漢)나라 시대를 배경으로 하고 있다. 고성낙일은 멸망의 그날을 초조히 기다리는 그러한 심정이나 남의 도움이 없이 고립된 상태 혹은 남의 도움을 받지 못하는 외로운 상태를 나타내는 말이 되었다.

孤雲野鶴
고 운 야 학

孤孤孤孤孤孤孤孤(외로울 고)
雲雲雲雲雲雲雲雲雲雲雲雲(구름 운)
野野野野野野野野野野野(들 야)
鶴鶴鶴鶴鶴鶴鶴鶴鶴鶴鶴鶴鶴鶴鶴鶴鶴鶴鶴(학 학)

외로운 구름이요 들판의 학(鶴)이라는 뜻.

벼슬을 하지 아니하고 한가롭게 숨어 지내는 선비를 이르는 말로, 속세(俗世)를 떠난 은사(隱士)를 가리키는 말.

苦 肉 策
고 육 책

苦苦苦苦苦苦苦苦苦(쓸 고)
肉肉肉肉肉肉(고기 육)
策策策策策策策策策策策策(채찍 책, 꾀 책)

자기 몸의 고통을 감수하며 적을 속이다.

出典 삼국지연의(三國志演義)

삼국지연의의 하이라이트인 적벽대전이 있기 전 조조의 백만대군과 정면대결을 벌여서는 승산이 없음을 잘 알고 있는 연합군(유비와 손권)의 사령관 주유는 고민 끝에 고육계(苦肉計)를 연출하기로 작정하고 주인공을 물색했다. 이때 고통이 따르는 고육계를 마다않고 스스로 자청해 주인공역을 맡은 사람이 있었는데 그는 다름 아닌 주유의 심복인 노장 황개(黃蓋)였다.

이윽고 각본에 따라 주유는 조조의 간첩 채씨 형제를 역이용하기 위해 아들과 함께 장군들을 소집해,

"조조의 군대는 백만대군이다. 만약에 대비해 장군들은 각자 3개월 분량의 비상식량을 확보하라!"

고 강압적으로 명령했다. 그러자 노장 황개가 불쑥 나서서,

"조조를 격파하려면 그따위 소극전법보다는 속전속결전법으로 정면대결하는 것이 마땅합니다.

만약 그런 소극적인 방어전을 쓸 바에는 차라리 조조에게 항복하는 편이 어울릴 것입니다."
하며 대들었다.

그러자 주유는 평상시보다 더 심하게 화를 내면서 칼을 뽑아 황개를 죽이려고 설쳤다. 그러면서 그는 여러 장군들의 만류를 못이긴 척 응한 다음 태형 50대로 처벌을 대신했다. 곧이어 연약한 노장 황개의 몸에 끔찍한 태형이 가해지면서 피육이 터지고 심한 고통에 몸을 떨며 황개는 초죽음이 되었다.

이 극적인 고육계의 장면은 매를 맞는 황개보다도 오히려 주위 사람들이 참혹한 광경에 두 눈을 감고 고개를 돌릴 정도로 완벽했다.

잠시 후 태형 50대의 처벌이 끝나자 정신을 잃은 황개는 사람 등에 업혀 막사로 돌아왔고, 그날 밤 정신을 대강 차린 황개는 투항서를 작성해 밀사를 통해 조조에게 은밀히 전달했다.

밀지를 받은 조조는,

'흥! 이것은 고육책' 하며 믿지 않았으나, 직접 현장을 목격한 간첩 채씨 형제의 보고와 다방면에 걸쳐 접수된 간첩들의 정보가 일치하다는 것을 듣고 황개의 투항선을 받아들이기로 약속했다.

그리고 약속한 그날 밤,

황개는 기름을 잔뜩 실은 투항선단을 이끌고 조조의 대선단 앞에 나타나 빠른 속도로 거대한 전투선단함의 선단을 들이박고 기름에 불을 붙여 조조의 대함대를 모조리 불태워 버렸다.

황개의 투항선 앞에는 대못을 박아놓았으므로 부딪치기만 하면 못이 박혀 꼼짝달싹 못하고 같이 불에 타게끔 되었던 것이다.

이때를 노려 주위의 해군들이 총공격해 조조의 군사들을 닥치는 대로 살육하여 적벽대전을 대승리로 이끌었다.

이렇게 「고육책(苦肉策)」의 결과는 잔인하고 무섭다는 것을 보여준 고사이며 교훈이다.

顧左右而言他
고 좌 우 이 언 타

(돌아볼 고)
顧顧顧顧顧顧顧顧顧顧顧顧顧顧顧顧顧顧
左左左左左(왼쪽 좌) 右右右右右(오른쪽 우)
而而而而而而(말이을 이) 他他他他他(다를 타)
言言言言言言言(말씀 언)

좌우를 살피며 엉뚱한 말을 하다.

出典 맹자(孟子)의 양혜왕전(梁惠王傳)

"처자를 친구에게 부탁하고 외국에 갔다와서 보니 친구가 처자를 굶기고 추위에 떨게 했다면 군주께서는 그 사람을 어떻게 하시겠습니까?"

맹자가 제선왕에게 묻자 제선왕이,

"그런 친구라면 당장 절교를 해야겠지요."

라고 대답했다.

이에 맹자가,

"법무부장관이 부하를 제대로 거느리지 못하면 어떻게 하시겠습니까?"

라고 묻자,

"당장 관직을 박탈할 것입니다."

라고 대답했다.

이에 또 맹자 왈(曰),

"그렇다면 제후국가 안이 제대로 다스려지지 않을 때에는 어떻게 하실는지요?"

그러자 제선왕이 좌우를 살피며 엉뚱한 말을 했다(「고좌우이언타(顧左右而言他)」).

제선왕 자신이 정치를 잘못했기 때문이다. 그 후 사람들은 이런 사람을 보고 「고좌우이언타(顧左右而言他)」라고 꼬집었는데, 여기서 아주 잘 어울리는 왕으로 현대판 황제 김일성을 꼽을 수 있다.

"혁명하는 모든 나라의 인민들은 세계 각처에서 미국놈들의 팔다리를 뜯어내고 머리를 잘라 버려야 합니다. 미제국주의자들이 강한 것처럼 보이지만 여러 나라 인민들이 사면에서 공격해 각을 뜨면 그들은 맥을 추지 못할 것이며 결국은 멸망하고야 말 것입니다."

1968년 9월 정권수립 20주년 기념보고에서 김일성이 한 말이다.

그런가 하면 그는 82회 생일을 계기삼아 한반도의 긴장상태를 취재 중인 서방언론들에게,

"미국에 가서 낚시도 하고 사냥도 하고 친구도 사귀고 싶고 남한 방문은 물론 언제 어디서든지 남한 대통령을 만날 용의가 있다."

라고 엉뚱한 말을 해 본론인 북한 핵문제를 은폐하려는 속셈을 보였는데, 바로 「고좌우이언타(顧左右而言他)」이기 때문이다. 고로 김일성은 본 장의 주인공인 셈이다.

苦盡甘來
고 진 감 래

苦苦苦苦苦苦苦苦苦(쓸 고)
盡盡盡盡盡盡盡盡盡盡盡盡盡(다할 진)
甘甘甘甘甘(달 감)
來來來來來來來來(올 래)

쓴 것이 다하면 단 것이 온다는 뜻.

고생(苦生) 끝에 낙이 온다라는 말로, 옛날 중국 원나라에 매우 똑똑한 소년이 살았다. 소년은 똑똑하고 성실했지만, 집은 너무 가난해 하루에 한 끼를 겨우 먹고 살 정도였지만 소년에겐 소원이 있었다. 좋아하는 책과 좋아하는 글을 마음대로 쓰는 거였는데, 이른 새벽 일어나 힘든 농사일과 집안일을 할 때마다 소년은 생각했다.

"힘들지만 이렇게 열심히 살다 보면 꿈을 이룰 수 있는 좋은 날이 분명 올 거야."

그래서 소년에게 가난과 고생이 절망적이지만은 않았다. 분명 훗날 좋은 날이 올 거라고 믿고 있었기 때문이다. 소년은 일하는 틈틈이 공부를 했다. 하지만 너무 가난해서 붓과 종이를 구할 수 없었다. 그래서 불을 지피고 남은 숯을 붓 삼고, 바닥에 떨어진 마른 나뭇잎을 종이 삼아 글쓰기를 연습했는데, 매일 한 자 한 자 쓰고 또 썼다. 공자께서 말씀하시길 천재도 노력하는 사람은 이길 수 없다더라. 그만큼 노력은 천재를 이길 만큼 대단한 힘을 가진다.

高枕安眠
고 침 안 면

高高高高高高高高高高(높을 고)
枕枕枕枕枕枕枕枕(베개 침)
安安安安安安(편안 안)
眠眠眠眠眠眠眠眠眠(잠잘 면)

벼개를 높여 편안하게 잠을 자라.

出典 전국책(戰國策)

책(策)이란 책략의 뜻이므로 전국책은 전국시대의 책략을 기술한 책이다. 이 책은 기원 전 6년경에 이루어졌으며, 전국시대에 패권을 다툰 진(秦)·제(齊)·조(趙)·한(漢)·위(魏)·초(楚), 연나라와 대립하는 강대국이 전개한 유세가들의 권모술수가 특징이다.

앞에서 소개한 계구우후(鷄口牛後)에서 소진은 합종책으로 6개국을 합쳐 진나라를 견제했으나, 「견아설(見我舌)」의 장의는 강대국 진나라를 배경으로 위양왕과 애왕에게 진나라를 따를 것을 설득했다.

그러나 잘 먹히지 않자 장의는 본보기로 진나라를 움직여 한나라를 공격해 8만의 군사를 죽여 각국의 제후들을 떨게 만들었다. 그리고 나서 장의는 애왕을 설득하기 위해 「견아설」의 위력을 유감없이 발휘한다.

"당신이 진나라를 섬기게 되면 당신은 벼개를 높이 베고 편안하게 잠을 잘 수 있다(「고침안면(高枕安眠)」)."

라고 사탕발림을 한 다음, 진나라의 목적은 초나라에 있으므로, 위나라와 함께 초나라를 공격해 초나라를 나누어 갖자는 이익분배를 내세워 애왕의 마음을 움직이게 만들었던 것이다.

이렇게 해서 소진이 애써 만든 합종책의 기초는 흔들리고, 결국에는 장의의 일방적인 판정승으로 결론이 났는데, 여기서 우리들은 장의의 외교술에 느끼는 점이 많을 것이다.

"전쟁터에서 획득하지 못한 것을 협상 테이블에서 얻어 내기란 불가능에 가깝다."

미국의 월터 스미스 장군의 말처럼 외교는 국력에 따른다는 것이다. 그래서 그런지는 몰라도 강대국 미국은 좋게 말해 평화유지라는 대의명분하에 한반도 관리를 하고 있으며 꼬집어 말하면 남북한 모두를 가지고 놀고 있다고 볼 수 있다. 굳이 그 증거를 들라면 이렇다.

조선 말기 한반도에 일본의 손길이 뻗칠 때 미국은 이를 묵인했잖은가. 그 이유는 러시아를 견제하는 데 있어 일본이 필요하다고 판단했기 때문이다.

그리고 6·25 때에는 소련과의 분쟁을 피하기 위해 38선을 그어 남과 북을 갈라놓았으며, 그 후 남북한의 분쟁 해결사로 미국 전 대통령 지미 카터를 지목해 김일성과 악수를 하게 만들었고, 결정적인 결작은 퍼커 게임 같은 협상으로 북한과의 핵협상을 타결하지 않았는가.

이때 미국 외교안보 정책의 레이크는,

"40억 달러의 비용은 한국과 일본이 주로 부담할 것이다."

라고 말했는데, 이것은 바로 총구(북한 핵)의 위협에서 벗어나는 비용이라는 것이다.

그리고 끝으로,

"힘없는 외교는 악기 없는 음악과 같다."

라는 은유를 써 이 장의 의미를 대변했다.

결론적으로 말해 진나라는 미국이며, 애왕은 김일성이고, 장의는 카터와 로버트 갈루치, 그리고 북한 수석대표 강석주이며, 소진은 일본이고 우리나라는 제(齊)·초(楚)·조(趙) 연(燕)나라에 속해 봉노릇만 했다.「고침안면(高枕安眠)」을 위해서.

古 稀
고 희

古古古古古(옛 고)
稀稀稀稀稀稀稀稀稀稀稀稀(드물 희)

70세는 고희로구나.

出典 두보(杜甫)의 시 곡강(曲江)

날마다 조정을 퇴근하면 봄옷을 저당잡혀
곡강 가에서 취해서 귀가하네
술값 외상은 당연지사 널려 있지만
인생은 그리 길지 않다네.
옛부터 70세까지 사는 사람은 드물고
만발한 꽃 사이를 날으는 나비는 그윽해 보이고
잠자리는 물 위에 꼬리를 댈 듯 말 듯하며
한가롭게 날아가는구나.
봄의 아름다움이여 말 좀 해보세.
너와 나는 다같이 세월 따라 흘러가는 것.
이 짧은 한때를 서로 소중히 여겨 배반하지 마세나.

이 시는 이태백과 더불어 당나라 최고의 시인으로 불리웠던 당나라의 천재시인 두보의 시로서, 「고희(古稀)」라는 말은 이 시 중에,

'옛부터 70세까지 사는 사람은 드물고'의 인생 70 고래희[인생칠십고래희(人生七十古來稀)]에서 유래되었는데, 그 후 「고희」하면 70세를 뜻하는 말로 쓰였다.

여기서 참고삼아 말하자면 두보가 살았던 시절에는 요새처럼 70세를 넘게 사는 사람이 매우 드물었다는 점이다. 만약에 두보가 현대에 살았다면 아마 「고희」의 나이를 100세로 불렀을지도 모를 일이다.

그런 의미를 부여해 우리들은 앞으로 「고희」의 나이를 100세로 삼아 열심히 그리고 보람찬 삶을 영위하는 것도 괜찮을 것이다. 시(詩)가 있는 「고희」를 말이다.

"얼마나 오래 사느냐가 문제가 아니라 어떻게 살아가느냐가 문제다."
라고 하는 베일리의 삶의 철학처럼….

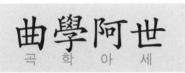

曲曲曲曲曲曲(굽을 곡)
學學學學學學學學學學學學學學學學學(배울 학)
阿阿阿阿阿阿阿阿阿(언덕 아)
世世世世世(인간 세)

학문의 도리를 굽혀 세상에 아부하다.

出典 사기(史記)의 유림열전(儒林列傳)

전한(前漢) 무제(武帝)는 즉위와 함께 천하에 산재해 있는 인재들을 확보하기 위해 열을 올리면서 우선적으로 시인으로 명성이 자자한 90세의 원고생(轅固生)을 불러들였다.

그러자 엉터리 학자들은 강직하기로 유명한 원고생을 견제하기 위해 황제에게,

"늙은이는 쓸모가 없습니다. 시골에서 손자들이나 돌보게 하는 것이 좋을 듯 합니다."
하며 원고생의 등용을 극구 만류했다.

그러나 무제는 이들의 갖은 중상모략에도 개의치 않고 원고생을 등용시켰으며, 또 한편으로 원고생과 동시에 불렀던 소장학자 공손홍도 함께 등용시켰다.

이에 공손홍은 '이 늙어빠진 영감쟁이가 무슨 일을 할 수 있겠는가' 하는 눈초리로 원고생을 탐탁치 않게 여겼다. 그러나 원고생은 이런 멸시에 조금도 굽히지 않고 공손홍에게 이렇게 말했다.

"지금의 학문은 도(道)가 어지러워지면서 속설(俗說)이 유행해 이대로 계속 방치하다가는 역사적인 학문의 전통은 요사스런 학설에 의해 그 모습이 보기 흉하게 변하게 될 것이오. 그러나 다행히 자네는 젊은 나이에 학문을 좋아하는 선비의 틀을 갖추었다 하니 아무쪼록 올바른 학문에 힘써 세상에 그 뜻을 널리 펼치도록 하게. 어떤 일이 있어도 결코 자기가 만든 학문을 굽히면서(曲學)까지 세상의 몹쓸 속물들에게 아부하지(阿世)않도록 해주게."

이것이 바로「곡학아세(曲學阿世)」란 고사의 유래이며 그 후 원고생을 무시했던 공손홍은「곡학아세(曲學阿世)」의 참뜻을 깨닫고 스스로 자청해 원고생의 제자가 되었다 한다.

아울러 이「곡학아세」의 참뜻은 우리 주위의 학자들에게 경종을 울려주는 교훈이기도 하다.

따라서 이 교훈과 함께 '인간은 생각하는 갈대'라고 말한 파스칼의 명언을 경청해 보자.

세상에는 두 가지 무식이 있다. 그 하나는 처음부터 배우지 않은 자, 둘째는 이른바 학자측에서 발견된다. 학자측에서 무식자가 발견되는 이유는 자기 스스로 학문이 많은 사람이라고 단정하며 모든 점에 있어 자만감을 갖고 사정없이 판단을 내리기 때문이다. 즉 그들은 마치 자기가 심판자가 된 것처럼 행세하기 때문이다. 단순한 민중들은 이런 사람들의 말과 판단을 믿지 않고 경멸할 것이다. 그런데도 자칭 학자들은 이런 민중들을 보고 오히려 무지하다고 경멸한다.

空谷跫音
공 곡 공 음

空空空空空空空空(빌 공)
谷谷谷谷谷谷谷(골 곡)
跫跫跫跫跫跫跫跫跫跫跫跫跫(발자국 소리 공)
音音音音音音音音音(소리 음)

빈 골짜기의 발자욱 소리라는 뜻.

『장자(莊子)』「서무귀편(徐無鬼篇)」에 다음과 같은 고사가 실려 있다. 즉, 은자(隱者)인 서무귀는 위(魏)나라의 중신인 여상(女商)과 이웃해서 살았다. 서무기가 여상의 소개로 위나라 무후(武侯)를 만났다. 두 사람이 이야기 꽃을 피우고 있었는데 얼마 후 이야기가 끝날 무렵에는 무후의 기뻐하는 웃음소리가 밖에서까지 들려왔다. 이윽고 물러나오는 서무귀에게 여상이,

"나는 지금까지 무후에게 시서예악(詩書禮樂)과 병법에 대하여 수없이 많은 말로 도움을 주었건만 이제까지 이렇게 기쁘게 웃는 모습은 보지 못했소. 도대체 무슨 말을 했길래 저렇게 기뻐하신 겁니까?"

라고 묻자, 서무귀는 다음과 같이 대답했다.

"개나 말의 감정법에 대하여 얘기했을 뿐이지만, 인가에서 멀리 떨어진 빈 골짜기에서 저벅저벅하는 사람의 발자국 소리를 들으면 얼마나 기쁘겠소[逃空谷者 聞人之足音跫然 而喜矣]. 하물며 형제나 친척이 옆에서 말하고 웃고 하는 소리를 들으면 더욱 기쁠 것입니다. 무후께서는 진인(眞人)의 말을 오래도록 들어보지 못했기 때문에 내 이야기를 듣고 몹시 기뻐하신 겁니다."

여기서 '공곡공음'이 유래됐으며, '진인'이란 '참다운 사람'이라는 뜻으로, 모든 것을 자연에 맡기고 무위(無爲)를 일로 삼고, 이해 득실을 벗어나서 도(道)에 통달한 사람을 말한다. 작은 지혜를 버리고 자연과 융화하면 마음의 안전을 얻을 수 있다는 것을 설명했던 것이다. 또 쓸쓸하게 지내고 있을 때 듣는 기쁜 소식, 고독하게 지내고 있을 때 동정자를 얻은 기쁨, 매우 진기(珍奇)한 일, 반가운 일 등을 비유하여 쓰기도 한다.

空谷足音
공 곡 족 음

空空空空空空空空(빌 공)
谷谷谷谷谷谷谷(골 곡)
足足足足足足足(발 족)
音音音音音音音音音(소리 음)

아무 것도 없는 빈 골짜기에 울리는 사람의 발자국 소리라는 뜻.

쓸쓸할 때 손님이나 기쁜 소식(消息)이 온다는 말.

空中樓閣
공 중 누 각

空空空空空空空空(빌 공)
中中中中(가운데 중)
樓樓樓樓樓樓樓樓樓樓樓樓(다락 누,루)
閣閣閣閣閣閣閣閣閣閣閣閣閣(집 각)

공중에 떠있는 누각(진실성과 현실성이 없는 일이나 생각 등을 비유함)

出典 심괄(沈括)의 몽계필담(夢溪筆談)

등주(登州)는 사면이 바다로 둘러싸여 있으며 늦은 봄과 여름에 걸쳐 멀리 수평선 위로 누각들이 줄을 이은 도시가 보인다는데 이것을 보고 이 고장 사람들은 해시(海市)라고 말한다.

위 글은 송나라 과학자 심괄이 지은 「몽계필담(夢溪筆談)」의 기록인데, 그 후 청나라의 적호가 「통속편」 속에 이 글을 수록한 다음 '말과 행동이 허황된 사람을 보고 공중누각이라고 했는데, 바로 이것을 말한 것이다'라고 기록해 후세의 비현실적인 사람들에게 따끔하게 일침을 놓았다.

그리고 여기에 심괄이 '해시(海市)'라고 말한 것은 신기루이며, 이 신기루의 별칭이 바로 「공중누각(空中樓閣)」으로 근거나 토대가 없는 사물에 비유하기도 한다.

또한 현실성 여부는 다르나 같은 의미로 사상누각(沙上樓閣)이란 말도 통용되고 있다.

公平無私
공 평 무 사

公公公公(공변될 공)
平平平平平(평평할 평)
無無無無無無無無無無無無(없을 무)
私私私私私私私(사사 사)

모든 일을 바르게 처리하여 사사로운 이득을 없도록 함.

"공은 공이고 사는 사지.",

"공사를 구분할 줄 알아야 한다."

하는 말처럼 공(公)과 사(私)는 공적인 일과 사사로운 일을 가리키는 글자이자 공공의 이익과 사적인 이익이라는 의미로도 자주 쓰인다.

過猶不及
과 유 불 급

過過過過過過過過過過過過(허물 과, 지날 과)
猶猶猶猶猶猶猶猶猶猶猶(오히려 유)
不不不不(아니 불)
及及及及(미칠 급)

지나친 것은 모자람만 못하다는 말

出典 논어(論語) 선진편(先進編)

자공이 "자장과 자하 중에 누가 더 현명한지요?" 하고 물으니 공자 말씀하시기를,

"자장은 지나치고 자하는 모자란다"고 했다.

이에 자공이,

"그럼 자장이 조금 더 낫다는 것입니까?"라고 물었다. 이에 공자는 이렇게 대답했다.

"지나친 것은 모자라는 것만 못하니라."

이 문답식은 논어 선진편에 수록된 글로서 자장과 자하의 성격 묘사가 돋보인다. 공자가 본 자장의 성격은 재능이 뛰어나 승부욕이 강하고 포부가 커 어려운 일에 적극적으로 나서는 편이며, 반면에 자하는 매사에 소극적이고 생각하는 포부가 작았으며, 믿음은 독실했으나 중용(中庸)의 도(道)에는 미치지 못했다고 평가한 것이다. 그렇다고 공자가 말한「과유불급(過猶不及)」이 굳이 두 사람에게 국한된 것은 아니다. 공자는 중용에 따라 일반적인 원칙을 말했을 뿐이다.

그런데 여기서 이것을 잘 알고 있을 만한 자공이 공자에게 짓궂게 물어 더이상의 명답을 얻고자 했으나 결국 그 명답은「과유불급(過猶不及)」에 만족해야만 했다.

그렇다면 현실적으로 이해를 더 돕기 위해 그리스의 사상을 지배한 철학자 아리스토텔레스의 중용사상을 참고해 보기로 하자.

우선 그는 덕(德)을 습관화된 중용, 다시말해 극단적인 행동 양식을 습관적으로 회피하는 것이라고 정의를 내렸는데, 그는 12가지의 중요한 덕과 그것에 대비되는 악덕은 다음과 같이 표시했다.

과소의 악덕에는 ① 비겁 ② 무감각 ③ 편협 ④ 천박 ⑤ 비극 ⑥ 야심의 결여 ⑦ 무감동 ⑧ 자기비하 ⑨ 야비 ⑩ 말다툼을 좋아함 ⑪ 파렴치함 ⑫ 악의를 들었다.

그리고 중용에는 ① 용기 ② 절제 ③ 관대 ④ 장엄 ⑤ 도량 ⑥ 온유 ⑦ 성실 ⑧ 기지(奇智) ⑨ 친절 ⑩ 겸손 ⑪ 정당한 분노 ⑫ 정의(모든 덕의 총계)를 내세웠다.

또한 과다의 악덕에는 ① 만용 ② 방자 ③ 방탕 ④ 풍속의 악 ⑤ 허영 ⑥ 야심의 초과 ⑦ 성급함 ⑧ 자만 ⑨ 익살 ⑩ 아첨 또는 추종 ⑪ 수줍음 ⑫ 질투가 해당된다고 주장했다.

그렇다면 우리는 여기서 공자의「과유불급(過猶不及)」과 아리스토텔레스의 3종류의 덕을 비교해 동양철학과 서양철학의 정의를 내려보자.

그 결과 역시「과유불급(過猶不及)」은 어디서나 통용된다는 것이다.

瓜田不納履
고 복 격 양

瓜 厂 瓜 瓜 瓜(오이 과) ㅣ 冂 冃 田 田(밭 전)
不 ㄱ 不 不(아니 불)
納 ㅣ 纟 纟 纟 糸 糸 糸 紉 納 納(드릴 납)
履 履 履 尸 尸 屏 屏 屏 屏 屏 履 履 履 履(밟을 리,이)

오이밭에서는 신들메를 고쳐신지 말라

出典 악부고제(악부(樂府古題)의 군자행(君子行)

「과전불납리(瓜田不納履)」란 말은 악부고제(樂府古題)의 군자행 속의 싯귀로서 원문은 '오이밭에서는 신발을 고쳐신지 말며, 오얏나무 밑에서는 관을 고쳐 쓰지 말라[이하부정관(李下不整冠)]'는 것이며, 그 뜻은 오이밭에서 신을 고쳐신는 모습을 멀리서 보면 오이를 훔치는 것으로 보이고, 오얏나무 아래서 갓을 만지면 오얏을 따는 것으로 오해 받을 수 있으므로 의심받을 행동을 하지 말라는 것이다.

다시 말해 사람들로부터 오해를 받기 쉬운 행동을 절대로 하지 말라는 뜻이다. 그런데도 우리 주위에서는 오해를 살 만한 행동을 해 개망신을 당하는 경우를 흔히 볼 수 있다. 그 예를 굳이 설명할 필요는 없을 것이다. 독자들께서도 한 번 쯤은 경험이 있을 테니까.

過則勿憚改
과 즉 물 탄 개

過 過 過 過 冎 咼 咼 咼 渦 渦 渦 過(허물 과)
則 冂 冃 月 目 貝 貝 則 則(곧 즉)
勿 勹 勽 勿(말 물) 改 改 改 改 改 改 改(고칠 개)
憚 憚 憚 憚 憚 憚 憚 憚 憚 憚 憚 憚 憚 憚(꺼릴 탄)

과실인 줄 알면 고치기를 꺼리지 말라.

出典 논어(論語)의 학이편(學而篇)

공자가 말하기를,

"군자가 무게가 없으면 위엄이 없다. 배워도 이루기 어려운 것이 말과 행동을 가볍게 하지 않는 것이다. 고로 근면과 성실함과 참된 마음을 자기의 생활신조로 삼으며 자기보다 뒤떨어진 벗을 가까이 사귀지 말아야 하며, 잘못과 실수가 있다면 고치기를 꺼리지 말아야 한다."

이 말은 논어 학이편에서 공자가 한 말인데, 여기서 과(過)를 단순하게 도덕적인 사고방식으로만 생각하지 말고 문법과 발음, 문자 등 기술적인 것에 해당시켜 이해하면 이 고사의 정의를 정확하게 알 수 있을 것이다.

그 한 예를 들자면 이미 소개한 「과유불급(過猶不及) : 지나친 것은 모자라는 것만 못하다」을 들 수 있다. 그리고 또 한 예를 들자면 이렇다.

언젠가 김영삼 대통령이,

"나는 조금 잘못된 정책이라도 일관되게 밀고 나가는 것이 결과적으로 좋다는 신념을 가지고 있다"는 말을 한 적이 있다.

그런데 이 신념에 대해 공자의 생각은 달랐다.

"잘못 자체가 잘못이 아니라 잘못을 저질렀다는 것을 알고서도 고치지 않는 것이 진짜 잘못인 것이다."라는 것이다.

공자의 말인즉, 길을 잘못 들어선 것을 알았다면 그 즉시 올바른 길을 찾아가야 한다는 뜻일 것이다. 그리고 이때 공자를 더욱더 실망시키는 것은 자기가 저지른 잘못을 스스로 깨닫지 못하는 경우이다. 이럴 경우에는 남에게서 잘못을 지적당하는 것조차 역겨워하기 쉽기 때문이다.

하긴 뭐 자기 자신의 잘못은 원래 잘 안 보이는 게 인간의 속성이니까.

그런 뜻에서,

"신은 죽었다!"

고 외친 니이체의 말을 '인간적인 너무나도 인간적인 저서'를 통해 알아보자.

만일 모든 사람들이 극단적인 행동들을 허영의 탓으로 돌리고, 일상적인 행동들을 습관의 탓으로 돌리고, 비열한 행동들을 공포의 탓으로 돌릴 수만 있다면 사람들은 잘못을 거의 저지르지 않게 될 것이다.

管管管管管管管管管管管管管管(대쪽 관)
見貝貝貝貝見見(볼 견)

대롱 구멍으로 하늘을 보다.

出典 장자의 추수편

"장자는 아래로는 땅 속 깊이 발을 넣고, 위로는 허공에까지 높이 올라 있어 남쪽도 북쪽도 없이 사방 만물 속에 가득차 있구나.

또한 헤아릴 수 없는 넓고 큰 경지에 잠겨 있어 동·서도 없이 현명(玄冥)과 대통(大通)에게 이르러 있다.

그런데도 장자는 허둥대며 좁은 지혜로 이것을 찾으려 하고 서투른 구변으로 이것을 밝히려고 한다. 이것이 곧 붓대롱으로 하늘을 바라보고(「관견(管見)」) 송곳으로 땅을 가리키는 것이니 작은 게 아닌가."

이 말은 장자에 나오는 위모와 공손룡과의 문답이며, 여기서 「관견(管見)」이 유래되었는데, 이 「관견」은 '소견이 바늘 구멍 같다' '나의 좁은 소견으로는'라는 뜻으로 통용된다.

그런 뜻에서 이 장에 대해 독자의 「관견」을 묻고 싶다.

管鮑之交
관 포 지 교

管管管管管管管管箮箮箮管管管(대쪽 관)
鮑鮑鮑鮑鮑魚魚魚魚魚魚鮣鮥鮥鮑鮑(절인 어물 포)
之之之之(갈 지)
交交交交夳交(사귈 교)

관중(管仲)과 포숙아(鮑叔牙)의 애정과 교우.

出典 사기(史記)의 관중열전(管仲列傳)

춘추시대 초, 제나라 태생인 관중은 죽마고우(竹馬故友)인 포숙아와 둘도 없는 친구로 지냈으며, 포숙아도 관중의 의리와 뛰어난 재능을 높이 평가했다.

그러나 관중은 집안이 무척 가난했기 때문에 이익 분배가 있을 때마다 간혹 포숙아를 속였으며, 포숙아는 관중의 이런 행동을 알면서도 모른 척하고 덮어주었다.

그 후 세월이 지나면서 관중은 제나라의 공자 규(糾)를 섬기게 되었고, 포숙아는 규의 동생인 소백(小白)을 모셨는데, 그것도 잠시 뿐 이들은 규와 소백의 왕권다툼으로 인해 갈라서는 처지가 되었다.

소백은 포숙아의 협력에 힘입어 왕위에 올라 환공(桓公)이 되면서 경쟁자였던 규를 죽이고 관중을 잡아들였다. 그리고 환공이 관중을 죽이려고 하자 포숙아는,

"환공께서 제나라만을 다스리는 데 만족하신다면 저로서도 충분히 받들 수 있지만, 만약 천하를 다 얻으시려고 한다면 저 혼자의 힘으로는 벅찹니다. 그러나 관중을 기용하신다면 저는 관중과 더불어 천하통일에 전력질주할 수 있습니다."

라고 말했다. 그러자 도량과 식견이 넓은 환공은 창업공신 포숙아의 진언을 받아들여 관중의 죄를 사면해주고 대부라는 벼슬을 주어 정치를 맡겼다. 그러자 관중은 대정치가다운 수완을 발휘해 얼마 후에 환공으로 하여금 춘추시대의 패자(覇者)가 되게끔 만들었다.

이것은 물론 환공의 관용과 관중의 능력이 서로 맞아떨어진 결과에 의해 얻어진 성공이었으며, 그 출발점은 포숙아의 관중에 대한 변함없는 우정이 있었기 때문에 가능했던 것이다. 이것을 잘 알고 있는 관중은 훗날 포숙아의 의리에 대해 이렇게 술회했다 한다.

"내가 젊었을 적에 포숙아와 함께 장사를 한 적이 있었는데, 나는 그때 이익을 분배할 때마다 그를 속여 이익금을 많이 취했었다. 그런데도 그는 나를 욕하지도 않았고 모른 척 넘어갔다, 그는 내가 가난했다는 것을 알고 이해해 주었던 것이다. 또 어떤 때는 그를 위해 한 일이 잘못돼 그를 궁지에 몰리게한 적이 있었지만 그는 나를 원망하지도 않았다. 그리고 내가 몇 번씩이나 벼슬자리에 올랐다가 쫓겨났을 때에도 그는 나를 한 번도 무능하다고 하지 않았고 오히려 '운(運)이 따르지 않았을 뿐'이라고 격려해 주었으며, 또한 내가 전쟁터에서 자주 도망쳤을 때도 그는 비겁자라고 멸시하지 않았다. 그는 나에게 늙으신 어머니가 계시다는 것을 알고 있었기 때문이다.

그리고 결정적으로 규가 왕권다툼에서 패해 죽었을 때 주군을 따라 죽지 않고 나만 체포당하는

치욕을 겪었을 때도 그는 비웃지 않고 오히려 나를 환공께 등용시켜 주었다. 그는 내가 천하에 공명을 날리지 못함을 부끄러워한다는 것을 알고 있었기 때문이다. 그러므로 나를 낳아 주신 분은 부모님이시지만 진정으로 나를 알아준 사람은 포숙아였다는 것을 잊지 않고 있다."

이렇게 관중에게 의리를 지킨 포숙아는 관중을 천거한 뒤 그 자신은 관중보다 아랫자리에 들어가 경의를 표했으며, 그 후 포숙아의 자손은 대대로 제나라에서 녹을 받고 10여 대에 걸쳐 이름 있는 대부로서 세상에 명성을 떨쳤다 한다.

이것이 바로「관포지교(管鮑之交)」의 정의론인데, 그 후 사람들은 관중의 현명함보다는 오히려 포숙아의 드넓은 안목에 후한 점수를 매겼다. 물론 부러움도 함께였다.

아리스토텔레스는 친구의 우정에 대해 세 종류로 분류했는데, 그 첫째는 쾌락을 목적으로 만나는 친구와의 우정이며, 둘째는 서로 필요에 의해서 만나는 친구의 우정, 셋째는 덕(德)을 목적으로 만나는 친구와의 우정으로 나눴다.

여기서 아레스토텔레스는 어떤 이익을 위해서는 악한 사람들에게도 우정이 존재한다고 했으며, 그뿐만 아니라 악한 사람과 선한 사람 또는 선하지도 악하지도 않은 사람끼리의 우정도 가능하다고 주장했다. 아울러 근대철학의 아버지라고 불리웠던 칸트 역시 우정을 세 가지로 나누었다.

① 필요의 우정, ② 취미의 우정, ③ 심정의 우정이 그것이다. 아레스토텔레스가 우정의 최고 가치를 덕(德)에 둔 데 비해, 칸트는 그것을 심정(心情)에 두었다. 심정이 인간의 가장 순수한 진정(眞情)이듯이 칸트는 곧 진정한 우정이 아닌 것은 참된 우정이 아니라고 보았기 때문이다. 아마 아레스토텔레스와 칸트는「관포지교」의 우정을 모델로 그렸을 것이다. 아울러「간담상조」도 여기에 해당된다.

근래에 와서 친구의 우정에 대해 거론될 때마다 단골손님 대우를 받는 전직 대통령들이 있다. 그분들은 독자들도 예측했겠지만 전두환씨와 노태우씨다. 더 이상의 설명이 필요 없는 이들의 우정은 「간담상조」에서 소개했으므로 생략하기로 하고 그 대신 세익스피어의 명언을 한 번 살펴보자.

성실하지 못한 친구를 가질 바에는 차라리 적을 가지는 편이 낫다. 그것은 바로 성실하지 못한 친구처럼 위험한 사람은 없기 때문이다.

◆ 관중(管仲) : 춘추시대 초 제나라 사람으로서 포숙아와 죽마고우이며 관포지교로 유명함.
　　가난했던 소년시절부터 평생토록 변함이 없었던 포숙아(鮑叔牙)와의 깊은 우정은「관포지교(管鮑之交)」라 하여 유명하다. 환공(桓公)이 즉위할 무렵 환공의 형인 규(糾)의 편에 섰다가 패전하여 노(魯)나라로 망명하였다. 그러나 포숙아의 진언(進言)으로 환공에게 기용되어, 국정(國政)에 참여하게 되었다.
　　환공을 도와 군사력의 강화, 상업·수공업의 육성을 통하여 부국강병을 꾀하였다. 대외적으로는 동방이나 중원(中原)의 제후(諸侯)와 9번 회맹(會盟)하여 환공에 대한 제후의 신뢰를 얻게 하였으며, 남쪽에서 세력을 떨치기 시작한 초(楚)나라를 누르려고 하였다. 저서로 알려진《관자(管子)》는 후세 사람들에 의하여 가필된 것으로 여겨지고 있다.

刮目相對
괄 목 상 대

刮刮刮千舌舌刮刮 (긁을 괄, 깎을 괄)
丨冂冂月目 (눈 목)
一十才木相相相相相 (서로 상)
對對對對對對對對對對對對對對 (대할 대)

눈을 비비고 다시 보며 상대를 대한다는 뜻.

다른 사람의 학식(學識)이나 업적(業績)이 크게 진보(進步)한 것을 말함.

『삼국지(三國志)』「오지(吳志)」여몽전(呂蒙傳)에 배송지(裴松之)가 붙인 주(註)에서 유래하는 말이다.

중국 삼국시대 오(吳)나라 왕 손권(孫權)이 부하 장수 여몽(呂蒙)이 무술만 연마하고 학식이 없는 것을 염려하였다. 국가의 큰 일을 맡으려면 글을 읽어 지식을 쌓아야 한다는 왕의 당부에 따라 여몽은 이로부터 학문을 열심히 닦았다. 한편 평소 여몽을 별 볼일 없는 사람으로 경시했던 재상 노숙(魯肅)은 그가 전과 달리 인상이 온화해지고 학식이 풍부해졌음에 깜짝 놀랐다. 이에 여몽이 다음과 같이 말했다.

"선비라면 사흘을 떨어져 있다 만났을 땐 눈을 비비고 다시 대해야 할 정도로 달라져 있어야 하는 법입니다.(士別三日, 卽當刮目相對)"

이후 여몽은 노숙이 죽은 뒤 손권을 보좌하여 국력을 키우는데 힘썼다. 촉(蜀)나라 관우(關羽)를 사로잡는 등 갖가지 큰 공을 세워 오나라 백성에게 명장으로 추앙받았다.

이렇게 한동안 못 본 사이에 학문이나 인품, 그 밖의 실력이 눈에 띄게 늚을 이르는 말로, 괄목상관(刮目相觀), 괄목상간(刮目相看)이라고도 쓴다. 이전과 다른 사람으로 느껴질 만큼 성장하고 발전을 이루어 새롭게 거듭난 사람을 가리켜 사용한다. 한편 이 고사에서 예전의 여몽처럼 무예만 뛰어나고 학식이 없는 사람을 가리켜 '오하아몽(吳下阿蒙)'이라고 한다.

矯角殺牛
교 각 살 우

矯矯矯矯矯矯矯矯矯矯矯矯矯矯矯矯 (바로잡을 교)
角角角角角角角 (뿔 각)
殺殺殺殺殺殺殺殺殺殺殺 (죽일 살)
牛牛牛牛 (소 우)

쇠뿔을 바로 잡으려다 소를 죽인다 뜻.

조그만 일에 힘쓰다가 큰 일을 그르친다는 뜻으로, 굽은 것을 바로잡으려다 지나치게 곧게 하여 오히려 나쁘게 된다는 뜻의 교왕과직(矯枉過直)이나 작은 것을 탐하다가 큰 손실을 입는다는 뜻의 소탐대실(小貪大失)과 비슷한 말이다. 또한 우리 속담의 '빈대 잡으려다 초가삼간(草家三間) 다 태운다'와도 같은 뜻이다.

중국에서는 예전에 종을 처음 만들 때 뿔이 곧게 나 있고 잘 생긴 소의 피를 종에 바르고 제사를 지내는 풍습이 있었다. 한 농부가 제사에 사용할 소의 뿔이 조금 삐뚤어져 있어 균형있게 바로 잡으려고 팽팽하게 뿔을 동여매었더니 뿔이 뿌리째 빠져서 소가 죽었다. 이 이야기에서 유래하였는데, 조그마한 결점을 고치려다가 수단이 지나쳐서 오히려 큰 손해를 입는 경우를 비유한 말이다.

驕兵必敗
교 병 필 패

驕驕驕驕驕驕馬驕驕驕驕驕驕驕驕驕驕驕驕驕驕驕(교만할 교)
兵兵兵兵兵兵兵(군사 병)
必必必必必(반듯 필)
敗敗敗敗敗敗敗敗敗敗敗(패할 패)

교만한 군대는 반드시 패한다.

出典 한서(漢書) 위상전(魏相傳)

기원 전 68년, 한조가 서북의 차사국(車師國)을 정복하기 위해 정길(鄭吉)과 사마희에게 출병을 명하자 두 사람은 대군을 이끌고 차사국을 공격해 들어갔다.

그러자 다급한 차사왕은 개노국에 구원병을 요청했지만 개노국이 구원병을 보내주지 않자 할 수 없이 항복하고 말았다. 상황이 이렇게 되자 개노국의 신하들은 후회하고 왕에게,

"차사국 땅은 기름지고 우리 땅과 가까우므로 언제 침략을 당할지 모를 일입니다. 그러므로 이 위기국면을 벗어나려면 승리감에 도취해 군기가 해이해진 적의 허점을 노려 기습공격을 감행하는 게 좋을 듯합니다."라고 진언했다.

이에 개노국 왕은 동조하고 즉시 기습공격을 감행해 점령군을 포위하고 곤경에 빠뜨렸다. 위기에 처한 정길(鄭吉)은 즉시 한조에게 구원 요청의 파발마를 보냈다. 그러나 구원병을 즉시 파병하려는 한조에게 증상이 다음과 같은 말을 하며 극구 만류했다.

"교만한 군대가 그 위세를 뽐내는 것은 교병(驕兵)이며 이런 교병은 필패(必敗)라고 했습니다."

이에 깊이 깨달은 한조는 자신의 교병을 뉘우치고 즉시 증병 계획을 취소시켰다 한다.

여기서 「교병필패(驕兵必敗)」가 유래되었는데, 현대전에 있어서도 여기에 어울리는 인물로는 1990년 8월 2일에 쿠웨이트 침공을 명령한 이라크의 사담 후세인을 꼽을 수 있을 것이다.

한때는 아랍세계의 맹주(盟主)를 꿈꾸며 막대한 기름을 퍼올려 오일달러를 긁어모은 돈으로 각종 무기를 사들여 세계 4위의 군사대국으로 부상했으나, 미국을 비롯한 다국적군의 맹공으로 인해 후세인의 '교병'은 사막 위에 '필패' 신세로 전락했으니 이 장의 주인공 역할에 어울릴 것이다.

驕奢淫佚
교 사 음 일

驕驕驕驕驕驕驕驕驕驕驕駼駼驕驕驕驕驕驕驕驕 (교만할 교)
奢奢奢奢奢奢奢奢奢奢奢奢奢 (사치할 사)
淫淫淫淫淫淫淫淫淫淫淫淫 (음란할 음)
逸逸逸逸逸逸逸逸逸逸逸逸 (편안할 일)

교만(驕慢)하며 사치(奢侈)스럽고 방탕(放蕩)한 사람을 이르는 말.

춘추시대 위(衛)나라 장공(莊公)이 제(齊)나라의 장강(莊姜)을 아내로 맞이했다. 장강은 미인이었으나 아들을 낳지 못했다. 위장공이 또 진(陳)나라의 여규(厲嬀)를 아내로 맞이하여 효백(孝伯)을 낳았으나 일찍 죽었다. 장공은 다시 여규의 동생 대규(戴嬀)를 맞이하여 아들을 낳았는데, 이이가 환공(桓公)이다. 장강은 환공을 자기 아들로 삼았다. 첩의 아들 중에 주우(州吁)가 있었는데, 장공의 총애를 받았다. 주우는 병정놀이를 좋아했는데, 장공은 이를 금하지 않았다. 장강은 주우를 아주 미워했다.

「대부 석작(石碏)이 장공에게 충언으로 간했다.

"자식을 사랑한다면 올바른 도리로써 가르쳐 나쁜 길로 가지 않도록 해야 한다고 신은 들었습니다. 교만하고 사치스러우며, 음란하고 마음대로 행동하는 것은 바르지 못함에서 나오는 것입니다. 이 네 가지는 총애와 녹봉이 지나치게 많은 데서 오는 것입니다. 주우를 세우고자 하신다면 즉시 그를 태자로 정하십시오. 만약 그렇게 하실 수 없다면 주우는 총애를 발판으로 삼아 환란을 일으킬 것입니다. 대체로 총애를 받으면서도 교만하지 않고, 교만하면서도 자신을 낮추며, 억지로 자신을 낮추면서도 원한을 품지 않으며, 분한하면서도 자중하는 자는 드뭅니다."

그러나 장공은 석작의 말을 듣지 않았다. 장공이 죽은 뒤 환공이 왕위에 올랐다. BC719년 봄, 주우는 환공을 죽이고 스스로 왕위에 올랐다.

巧言令色
교 언 영 색

巧巧巧巧巧 (공교할 교)
言言言言言言言 (말씀 언)
令令令令令 (하여금 영, 령)
色色色色色色 (빛 색)

교묘한 말과 아첨하는 얼굴빛.

出典 논어(論語) 학이편(學而篇)

공자가 말했다. 말을 교묘하게 하거나 얼굴빛을 좋게 꾸미는 사람은 인(仁)이 적다고 했다.

여기서 「교언영색(巧言令色)」이 유래되었는데, 이 뜻을 현대식으로 풀이하자면 '사기성이 농후한 사람들을 경계하라'는 교훈이다.

그리고 공자가 이 장에서 사용한 「교언영색」이란 말은 '서유기'에도 나온다.

손오공이 교묘한 말로 저팔계를 꾀어 악마들이 사는 곳으로 정찰을 가게끔 하자 삼장법사는 손오공에게 이렇게 말했다.

"형제끼리 서로 도울 생각은 않고 얕은 꾀를 써 교언영색으로 저팔계를 이용하다니……."
하며 훈계한 것이 그것이다.

중국 고전 후흑학(厚黑學)에 보면 난세에서 성공하려면 낯가죽이 두꺼운 후(厚)와 뱃속이 시꺼먼 흑(黑)의 조건을 갖추어야 한다고 했다.

이 책은 그 대표적인 인물로 삼국지연의의 스타 유비를 지목했으며, 유비의 특징에 대해 뛰어나게 두꺼운 낯가죽을 들었다. 그는 살아남기 위해 항상 양다리를 걸치면서 눈치 빠르게 처신해 나갔다는 것이다.

현대식 용어로는 '적과의 동침'인 셈이다. 그리고 그러기 위해선 필수적으로 따르는 것이 「교언영색(巧言令色)」이라는 것을 현대의 비지니스맨들은 모르지 않을 것이다.

특히 정치인들에게 있어서 「교언영색」은 필수조건이다. 앞으로 그들은 선거 때가 되면 TV 연설을 통해 「교언영색」을 팔아먹을 것이다.

그러나 걱정된다. 바보상자 앞에서 바보가 되는 것을……. 공자가 보고 있으니까.

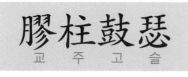

交交交交交交(사귈 교)
友友友友(벗 우)
以以以以以(써 이)
信信信信信信信信信(믿을 신)

신라 화랑(花郞)의 다섯 가지 계율 즉, 세속오계(世俗五戒)의 하나.

세속오계는 진평왕 때에 원광(圓光)이 정한 것으로, 사군이충(事君以忠)·사친이효(事親以孝)·교우이신(交友以信)·임전무퇴(臨戰無退)·살생유택(殺生有擇)을 이른다.

膠膠膠膠膠膠膠膠膠膠膠膠膠(아교 교)
柱柱柱柱柱柱柱柱柱(기둥 주)
鼓鼓鼓鼓鼓鼓鼓鼓鼓鼓鼓鼓鼓(북 고)
瑟瑟瑟瑟瑟瑟瑟瑟瑟瑟瑟瑟瑟(비파 슬)

거문고 기둥을 아교로 붙여놓고 거문고를 탄다.

出典 사기(史記) 염파인상여열전(廉頗藺相如列傳)

진나라가 조나라를 침략하면서 간첩을 통해,

"조나라의 염파(廉頗)장군은 늙어서 이빨 빠진 호랑이와 같아 두렵지 않지만, 혈기 왕성한 조괄(趙括)이 대장이 되면 우리에게 절대적으로 불리하다."
라는 유언비어를 퍼뜨렸다.

그러자 이 소문을 들은 조나라 왕이 명장인 염파(廉頗)를 제외하고 조괄(趙括)을 대장으로 임명하자 대신 인상여가,

"왕께서 적의 유언비어만을 믿고 조괄을 대장으로 임명하려는 것은 마치 거문고 기둥을 아교로 붙여놓고 거문고를 타는 것과 같습니다(「교주고슬(膠柱鼓瑟)」). 조괄은 단지 그의 아버지가 준 병법서를 독파했을 뿐 상황에 따라 수시로 바뀌는 임기응변술에 약합니다."

라고 조언하며 조괄의 대장 임명을 극력 반대했으나, 조나라 왕은 인상여의 말을 무시하고 조괄에게 한 술 더 떠 국가비상최고위원회 총사령관에 임명했다.

그리고 그 결과는 인상여가 우려했던 대로 최악의 참패를 맛보았다. 실전 경험이 전혀 없는 조괄이 병법이론만으로 작전을 전개하다가 진나라의 함정에 빠져 40만이라는 대군을 모두 잃었던 것이다.

"미국 하버드대학의 교수들에게 정부에 참여해 정치를 하도록 부탁할 바에야 보스턴시의 전화번호책 속에 실려 있는 이름 중에서 아무나 1천명을 골라 이들에게 맡기는 편이 훨씬 낫다."

이 윌리엄 버클리의 말을 노벨 경제학상 수상자인 프리드만이 자주 인용해 경제학의 정의를 내세웠듯이 대학교수는 이론에는 밝지만 실제 경험에는 어둡다.

이들에게 어울리는 것은 강의실이라는 뜻이다. 그런데 이들에게 정치를 맡기고 방법을 맡긴다면 어떻게 되겠는가?

그 정답은 「교주교슬(膠柱鼓瑟)」을 알고 있는 독자들이 더 잘 알 것이다.

膠膠膠膠膠膠膠膠膠膠膠膠膠(아교 교)
漆漆漆漆漆漆漆漆漆漆漆漆漆(옻칠할 칠)
之之之之(갈 지)
心心心心(마음 심)

아교와 옻칠 사이 같은 깊은 우정의 마음.

出典 원미지(元微之)의 백씨문집

원미지는 당나라 때 백낙천(천재시인)의 친한 벗이며, 시(詩)의 혁신에 뜻을 같이했다. 그는 한나라시대의 민요를 토대로 백성들의 분노와 고통과 번뇌를 담은 신악부(新樂府)를 지었다. 이때 백낙천은 원미지에게 그리움의 편지를 썼는데, 이 편지 내용 중에서 「교칠지심(膠漆之心)」이 유래된 것이다.

「그대의 얼굴을 보지 못한 지도 어언 3년이 지났으며, 편지를 받아보지 못한 지도 2년이 다가오네. 인생이란 길지 않거늘 자네와 내가 떨어져 있음이 안타깝네. 자네와 나 사이는 교칠지심이면서도 지금은 서로 만나지 못하고, 서로 그리워하면서도 떨어져 각자 흰 머리가 되려고 하네. 이 일을 어찌 하리. 하늘이 하신 것이라도 이것을 어찌하리.」

이 글은 '비파행'으로 유명한 당나라의 천재시인 백거이(白居易) : 772~846 일명 백낙천)가 친한 친구인 원미지를 그리워하면서 원미지에게 띄운 편지 내용이다.

아교로 붙이면 떨어지지 않고 옻으로 칠을 하면 벗겨지지 않듯이, 백거이와 원미지의 우정 또한 이렇다는 것이다. '관포지교'와 「교칠지심」 관계도 여기에 해당된다.

아리스토텔레스가,

"친구는 제2의 자기다"

라고 했듯이, 우리도 친구와 함께 여행을 떠나보자. 그 동반인은 아름다운 우정의 시를 노래한 헨리 반다이크이다.

오! 어떤 친구가 인생의 즐거운 길을 따라 나와 함께 걸어갈 것인가?

그 친구는 명랑하고 기쁨에 차서 자유롭게 웃을 것이다.

그리고 들판을 채우고 길을 장식하는 꽃들 사이에서 어린아이들처럼

귀여운 상상의 날개를 펼 것이다.

그가 나와 함께 길을 가는 동안에.

어떤 친구가 인생의 힘겨운 길을 따라 나와 함께 걸어갈 것인가?

그는 어두워지는 초원에서 반짝이는 별들과

하루가 끝날 무렵의 조용한 휴식을 볼줄 아는 눈을 가질 것이다.

그리고 우리의 길을 즐겁게 해줄 용기 있고 사랑스런 말을 할줄도 알 것이다.

그가 나와 함께 길을 가는 동안에.

그런 벗 그런 친구와 함께 나는 여름의 햇빛을 지나고

겨울의 비를 지나 인생의 끝까지 기꺼이 가겠다.

그리고는 이별을 말하겠다.

우리는 다시 만날 수 있으니까.

狡兎死良狗烹
교 토 사 양 구 팽

狡狡狡狡狡狡狡狡狡(교활할 교)
兎兎兎兎兎兎兎(토끼 토)
死死死死死死(죽을 사)
良良良良良良良(어질 양)
狗狗狗狗狗狗狗狗(개 구)
烹烹烹烹烹烹烹烹烹烹烹(삶을 팽)

교활한 토끼가 잡히면 토끼를 사냥한 사냥개는 삶아먹는다.

出典 사기(史記) 회음후열전(淮陰侯列傳)

"아! 교활한(狡) 토끼(兎)가 죽으면(死) 쓸모없는 사냥개(狗)는 삶아져(烹) 죽게 되고, 적군을 파멸시키면 그 모신(謀臣)은 망한다고 했듯이, 충성을 다 바친 나 또한 토사구팽에 따라 고조(유방)에게 죽게 되는구나."

이 말은 유방의 일등공신 한신이 유방의 「토사구팽」에 걸려 체포됐을 때 한 말로 유명하다.

쓸모가 있을 때는 총애를 한 몸에 받다가, 다 쓰고 나면 헌 신짝처럼 버려진다는 인생무상을 빗대어 「토사구팽」이라고 했듯이, 이 「토사구팽」은 현대에도 그대로 통용된다.

중국의 현대판 황제 모택동이 그랬고, 김일성도 그랬고, 우리나라의 지배자들도 그랬다. 그 한 예를 들자면 1995년 YS의 문민정부가 출발하면서 김재순 전 국회부의장이 부동산 투기혐의로 YS의 사정의 칼날에 의원직을 박탈당했을 때다.

그는 YS를 겨냥해,

"토끼를 잡는 데 일익을 담당했던 나를 이제는 쓸모없다고 잡아먹으려 든다."

하며 이 고사를 인용해 자기 심정을 대변한 것이 그 좋은 예다. 이 말은 곧 우리나라의 정치판(사냥터)에도 중국 못지않게 토끼(정적)를 사냥하는 정치 사냥개가 많다는 것을 간접적으로 암시한 것이 아닐까.

그래서인지는 몰라도 영리한 정치 토끼들은 다음 장에 소개되는 「교토삼굴(狡兎三窟)」로서 만반의 준비를 갖춘다.

그리고 여기에서 영리한 토끼에 해당되는 대통령으로는 전 대통령(전두환)을 백담사로 보낸 전 대통령(노태우)이 적격일 것이다. 그는 집권시절 '물태우'라는 말을 들으면서까지 자신의 감정을 억제하며 「교토삼굴」을 위해 고군분투했기 때문이다. 이런 점으로 보아 역시 그는 보통사람이 아닌 보통사람임에는 틀림없다.

狡狡狡狡狡狡狡狡狡(교활할 교)
兎兎兎兎兎兎兎(토끼 토)
三三三 (석 삼)
窟窟窟窟窟窟窟窟窟窟窟窟窟(굴 굴)

교활한 토끼는 세 개의 굴을 갖고 있다.

出典 사기(史記) 맹상군열전(孟嘗君列傳)

전국시대 말기 '계명구도'로 진나라를 탈출한 맹상군이 제나라의 재상으로 임명되었으나 3천 명의 식객을 먹여 살리기가 벅찼다. 그래서 맹상군은 식객 중의 한 명인 풍환(馮驩)에게 자신의 땅인 설에 살고 있는 사람들에게 가서 빌려준 차용금의 이자를 받아오라고 시켰다.

그러자 풍환은 설땅으로 달려가 부채가 있는 사람들의 부채증서를 전부 거둔 다음 채무자들이 보는 앞에서 모두 불태우면서 부채가 전액 탕감되었다고 선언했다.

이에 설땅의 백성들이 맹상군 만세를 외치며 기뻐한 반면에 풍환의 보고를 받은 맹상군은 어이가 없었다. 이때 풍환이 왈(曰),

"생활이 어려워 빚을 못갚는 채무자들에게 성급하게 재촉하면 견디다 못해 도망 갈 것이며, 그렇게 되면 위로는 재상이 이자에 눈이 어두워 가난한 백성들을 괴롭혔다는 원망을 듣게 되고, 밑으로는 백성들이 재상에게 빚진 돈을 잘 떼먹었다는 악명을 얻게 됩니다. 그래서 저는 이것을 방지하기 위해 차용증서를 불살라버려 실속없는 계산을 포기한 것입니다. 그 대신 설의 백성들에게 재상의 고마움을 심어주면서 뒷날에 있을지도 모를 은혜를 채무금 대신 갖고 온 것입니다."

그 후 1년이 지나 제나라에 새 임금이 즉위하면서, 맹상군은 자신(제민왕)보다 명성이 높다는 사실에 불안감을 느낀 제민왕의 견제에 걸려 재상자리를 박탈당하고, 자신의 땅인 설로 낙향하게 되었는데, 이때 설땅의 백성들은 맹상군을 백 리까지 마중나와 맹상군 만세를 외쳤다. 이것이 풍환이 맹상군을 위해 미리 파놓은 첫번째 굴(窟)이었으며, 이어서 풍환은 두 번째 굴을 파기 위해 위왕을 찾아가 이렇게 말했다.

"맹상군과 같은 큰 인물을 쓰시면 반드시 부국강병할 것이며 동시에 제나라를 견제하는 데도 제격일 것입니다."

하며 설득했다. 이에 맹상군의 명성을 익히 알고 있었던 위왕은 즉시 사신을 맹상군에게 보냈다.

그러자 풍환은 한 발 앞서 제나라로 돌아와 제민왕에게 이 사실을 알리고 맹상군의 복직을 요청했다. 이에 제민왕은 맹상군의 위력을 새삼 인식하고 맹상군에게 사과와 함께 재상에 복직시켰다. 이렇게 해서 두 번째 굴을 파는데 성공한 풍환은 세 번째 굴을 파기 위해 제민왕을 설득해 설땅에 제나라 선대의 종묘를 세우게 만들었다. 선대의 종묘가 맹상군의 영지에 있는 한 설혹 제민왕이 변심한다 해도 맹상군을 함부로 대하지 못하게 될 것이라는 계산에서였다.

"이것으로서 세 개의 구멍이 되었습니다. 이제부터 주인님은 고침안면(高枕安眠)입니다."

그 후 맹상군은 풍환의 말처럼 재상의 지위를 수십년 동안 누리면서 '고침안면'의 진가를 맛볼 수 있었는데, 이 장의 결론에 대해 전국책은,

"맹상군에게 조금도 화가 미치지 않았던 것은 풍환의 계략이 가져다 준 값진 선물 덕이었다."

라고 끝마무리를 맺었다.

教學相長
교 학 상 장

教教教教教教教教教教教(가르칠 교)
學學學學學學學學學學學學學(배울 학)
相相相相相相相相相(서로 상)
長長長長長長長長(긴 장)

가르침과 배움이 서로 진보시켜 준다는 뜻.

① 사람에게 가르쳐 주거나 스승에게 배우거나 모두 자신의 학업(學業)을 증진(增進)시킴.

② 가르치는 일과 배우는 일이 서로 자신의 공부(工夫)를 진보(進步)시킨다는 말.

중국 오경(五經)의 하나인『예기(禮記)』의「학기(學記)」편에 다음과 같은 내용이 있다.

"좋은 안주가 있다고 하더라도 먹어 보아야만 그 맛을 알 수 있다. 또한 지극한 진리가 있다고 해도 배우지 않으면 그것이 왜 좋은지 알지 못한다. 따라서 배워 본 이후에 자기의 부족함을 알 수 있으며, 가르친 후에야 비로소 어려움을 알게 된다. 그러기에 가르치고 배우면서 더불어 성장한다고 하는 것이다"라고 하였다.

벼는 익을수록 고개를 숙인다는 말이 있다. 이 말은 배움이 깊을수록 겸허해진다는 뜻으로 비유해도 좋을 것이다. 학문이 아무리 깊다고 해도 가르쳐 보면, 자신이 미처 알지 못하는 부분이 적지 않다는 것을 알게 된다. 공자는『논어(論語)』「자한(子罕)」편에서 '후생가외(後生可畏)'라는 말을 했다. 즉 후진자는 젊고 기력이 왕성하므로 쉬지 않고 배우니 그 진보의 깊이는 두려워할 만하다는 뜻이다. 그만큼 젊은 사람들의 가능성은 무궁무진하다는 것을 깨닫게 한다.『서경(書經)』「열명(說命)」의 하편에 보면, 은(殷)나라 고종(高宗) 때의 재상 부열(傅說)이「교학상장」과 같은 뜻으로 '효학반(敎學半 : 가르치는 것은 배움의 반이다)'이라고 하였다.

九曲肝腸
구 곡 간 장

九九 (아홉 구)
曲曲曲曲曲曲 (굽을 곡)
肝肝肝肝肝肝肝 (간 간)
腸腸腸腸腸腸腸腸腸腸腸腸腸 (창자 장)

아홉 번 구부러진 간과 창자라는 뜻.

굽이굽이 사무친 마음속 또는 깊은 마음속.

굽이굽이 이어진 창자를 가리키는데, 비유적으로 한과 시름이 쌓여 꼬일 대로 꼬인 마음속을 가리킨다. 구곡이라고 하면 아홉 번 굽었다는 뜻이다. 그래서 굽이굽이 이어진 고갯길을 가리킬 때도 쓴다. 유명한 율곡 이이 선생께서 지은 연시조 가운데「고산구곡가(高山九曲歌)」가 있다. 고산은 황해도 해주에 있는 산으로, 이곳의 높은 산과 굽이굽이 계곡을 노래했다. 율곡 선생이 그곳에서 머물 무렵 자연과 자신의 학문에 대한 뜻을 노래한 것이다.

句句節節
구 구 절 절

句句句句句 (글귀 구)
節節節節節節節節節節節節節節節 (마디 절)

한 구절(句節) 한 구절(句節). 즉 매 구절마다란 뜻.

口蜜腹劍
구 밀 복 검

口口口 (입 구)

蜜蜜蜜蜜蜜蜜蜜蜜蜜蜜蜜蜜蜜蜜 (꿀 밀)

腹腹腹腹腹腹腹腹腹腹腹腹 (배 복)

劍劍劍劍劍劍劍劍劍劍劍劍劍劍劍 (칼 검)

입으로는 꿀맛 같은 말을 하고 뱃속에는 칼을 감추고 있다.

出典 십팔사략(十八史略)

사기(史記)와 한서(漢書), 삼국지(三國誌) 등 17정사에 송대(宋代)의 사료를 보태 18사략이라 하는데, 이것을 간략하게 줄인 교재용 역사서를 「십팔사략」이라 하며 증선지(曾先之)가 편찬했다.

당나라 황제 현종(玄宗)이 정치에 염증을 느끼고 주색잡기에 골몰하고 있을 때 후궁을 통해 현종의 환심을 사 재상이 된 이임보(李林甫)는 간신의 모델감이었다. 그는 자신의 자리를 지키기 위해 좋든 싫든 무조건 황제의 의견에 복종하고 아첨을 떨었으며, 충신이나 백성들의 목소리를 황제의 귀에 들어가기 전에 차단했다.

언젠가 비리를 탄핵하는 직책인 어사에게,

"폐하는 고금에 다시없는 명군(名君)이시오. 고로 우리 신하들은 군말보다는 무조건 복종해야 하오. 저 궁전 앞에 서 있는 말을 보시오, 당신도 저 말처럼 잠자코 서 있기만 하면 되는 것이오. 무슨 말인지 알아듣겠소?"

하며 반강제적으로 입을 봉해버렸을 정도다. 이런 이임보에 대해 십팔사략은 다음과 같이 평했다.

이임보는 현명한 사람을 미워하고 능력 있는 사람을 질투하며 자기보다 한 수 위인 사람을 배척하고 억누르는 성격의 소유자다. 그래서 흔히 사람들은 그를 보고,

"입으로만 꿀맛 같은 말을 하고 뱃속에는 칼을 감추고 있다."

라고 말했다. 그리고 그가 야밤중에 언월당에 들어앉아 장고를 했다하면 그 다음날은 예외 없이 누군가 주살(誅殺)되었으므로 황태자를 비롯해 수많은 사람들이 그를 두려워했다. 그의 전성시대가 끝날 때까지 감히 반란을 일으킬 꿈조차 꾸지 못했을 정도다.

그러나 영원한 권력은 없다.

"권력이란 죽어야만 중지된다."

라는 16세기 영국의 철학자 토마스 홉스의 말처럼 이임보가 죽자 그의 권력도 함께 죽었고 패가망신과 함께 그의 시체도 욕됨을 당했다.

우리의 현대 역사에도 이런 인물이 자주 등장한다. 특히 제1공화국 초대 대통령 이승만을 둘러싼 인의장막의 권력자들, 5공 6공시절에 있었던 많은 낯뜨거운 인물들이 많지만 하늘을 향해 침뱉기식이라 그만 두자.

九死一生
구 사 리 생

九九(아홉 구)
死死死死死死(죽을 사)
一(한 일)
生生生生生(날 생)

죽을 고비를 아홉 번이나 넘기다.

出典 사기(史記) 굴원가생열전(屈原賈生列傳)

굴원(屈原)은 초나라의 시인이며 정치가로서 박학다식하고 변론에 뛰어났으나 두 번씩이나 모함에 빠져 쫓겨났다가 멱나수에 빠져 죽었다.

그의 작품세계는 고대 문학 가운데 드물게 서정성을 띠고 있으며, 당시 조정 간신들의 불충과 군주가 자신의 헌신을 알아주지 못하는 것을 원망하는 내용이 많다.

길게 한숨을 내쉬고 눈물을 닦으며 인생의 고난을 매우 슬퍼한다.

그러나 자기 마음에 선하다고 믿고 있기 때문에 바로 아홉 번씩이나 죽고 한 번을 살아나지 못할지라도 나는 결코 후회하는 일 따위는 하지 않을 것이다.

이 글은 굴원의 작품 이소(離騷) 내용이며「구사일생(九死一生)」은 여기서 유래되었고, 현재에는 '죽을 고비를 여러 차례 넘기고 간신히 살아났다'로 통용되고 있다.

현대 중국의 통치자로서 여기에 어울리는 인물로는 세 번씩이나 실각당하고서도「구사일생」으로 복권되어 경제개방이라는 물꼬를 튼 오뚝이 등소평(鄧小平)이다. 그 원동력은 난세에 살아남기 위한 굴원 철학에 있으며 그의 3실각 3복권이란 대기록은「구사일생」의 대가다.

口尚乳臭
구 상 유 취

口口口(입 구)
尚尚尚尚尚尚尚尚(오히려 상)
乳乳乳乳乳乳乳乳(젖 유)
臭臭臭臭臭臭臭臭臭臭(냄새 취)

입에서 아직도 젖내가 난다.

出典 사기(史記) 고조기(高祖紀)

"적의 대장은 누구인가?"

유방이 막료에게 묻자 막료는 백직(柏直)이라고 대답했다.

그러자 유방은 승리를 장담하고 왈(曰),

"「구상유취(口尚乳臭)」로군. 그런 자가 어찌 우리의 대장군 한신을 당해낼 수 있겠는가. 아! 싸움의 승리는 우리 것이다."

여기서 유래된「구상유취」를 우리들 주위에서는 흔히 상대가 어리고 말과 행동이 유치한 사람과 악동처럼 하늘 무서운 줄 모르고 설치는 사람을 보고 비웃을 때 흔히 말한다.

"교만과 겸손, 이 두 가지 중에서 하나를 선택하라고 한다면 당신은 어느 쪽을 택하겠는가? 당신의 선택은 당신의 일생을 좌우한다."

슐러의 말처럼 당신은 「구상유취」를 택하겠는가, 아니면 겸손으로 크게 성공항 한신을 택하겠는가? 나는 한신쪽을 택하겠다. 현명한 독자의 대답이다.

九九 (아홉 구)
牛牛牛牛 (소 우)
一 (한 일)
毛毛毛毛 (터럭 모)

아홉 마리의 소 중 털 하나에 불과하다.

`出典` 한서(漢書)

천한(天漢) 2년, 한무제는 흉노 토벌명령을 받고 흉노 정벌에 나선 장군 이능(李陵)이 흉노의 주력과 싸우다가 역부족을 느끼고 적에게 항복했다는 소식을 듣고 노발대발하며 이능의 일족을 다 죽이라고 했다.

이때 친구였던 사마천(司馬遷)이 객관적인 상황을 들면서 그를 두둔하고 나섰다. 그러자 더욱더 진노한 한무제는 사마천을 수염이 떨어지고 얼굴이 희멀어지며 성격까지 변한다는 궁형(남자의 성기를 거세하는 형벌)에 처했다.

이에 사마천은 극도의 치욕감을 느끼고 자살을 하려고 했으나 아버지의 유언인 중국최초의 통사(通史)를 쓰기 위해 자살을 포기하고 굴욕과 치욕을 감수하며 통사의 저술에 온 힘을 기울였다.

이때의 심정을 사마천은 친구 임소경에게 편지를 통해,

"여기서 내가 죽는다면 사람들은 동정은 커녕 아홉마리의 소(九牛) 중에서 하나의 털(一毛)을 뽑아버린 것에 비유하며 비웃을 것이다. 그렇다면 그 명예는 누가 보상해줄 것인가?" 하며 호소했다 한다.

「구우일모(九牛一毛)」는 여기서 나온 말로 글자 그대로 '다수 속의 극소수'를 뜻한다. 그리고 우리가 여기서 얻어야 할 교훈은 사마천이 당시 「구우일모」의 비웃음 속에서도 통사를 위해 하루에도 창자가 아홉 번씩이나 뒤틀리는 고통을 참고 견디면서 마침내는 불후의 명저 「사기(史記)」를 완성시켰다는 점이다.

다시 말해 그는 보통사람들이 이해 못할 고즙(苦汁)을 맛보면서도 중도에 포기하지 않고 결국에는 「사기(史記)」 133권을 완성해 사마천과 비슷한 현대인들에게 자신감을 심어주었다는 것이다.

口禍之門
구　화　지　문

ロ ロ ロ (입 구)
禍禍禍禍禍禍禍禍禍禍禍禍 (재앙 화)
之之之之 (갈 지)
門門門門門門門門門 (문 문)

입은 재앙의 문이다.

出典　설시(舌詩)

입은 곧 재앙의 문이며(「구화지문」)

입은 곧 몸을 자르는 칼이다.

입을 닫고 혀를 깊이 감추면

가는 곳마다 몸이 편할 것이다.

「구화지문」은 이 설시의 시에서 유래되었는데, 이 말의 정의를 톨스토이의 「구화지문」에서 찾아보자.

남을 헐뜯거나 비방하려면 차라리 침묵을 지켜라. 그리고 알콜중독자가 술을 끊듯이 담배 중독자가 담배를 끊었을 때의 심정을 경험하라. 그러면 그때서야 비로소 악습으로 되돌아가는 일이 없어질 것이다.

國士無雙
국　사　무　쌍

國國國國國國國國國國國 (나라 국)
士士士 (선비 사)
無無無無無無無無無無無無 (없을 무)
雙雙雙雙雙雙雙雙雙雙雙雙雙雙雙雙 (쌍 쌍)

한 나라에 둘도 없는 훌륭한 선비.

出典　사기(史記) 회음후열전(淮陰侯列傳)

유방의 창업공신 한신은 회음 사람으로서 처음에는 항우의 군대에 몸을 담고 있었으나 항우가 자신의 능력을 몰라주자 유방의 군대로 갔다. 그러나 여기서도 승상 소하만이 자신의 능력을 인정해줄 뿐 유방은 능력을 사주지 않았다.

그때 마침 유방의 군대가 항우군에게 밀리면서 도망병이 속출하자 유방에게 실망을 느낀 한신도 그 속에 끼어 도망갔다.

이때 이 소식을 접한 소하는 한신을 만류하기 위해 그 뒤를 쫓아갔다. 그러자 이 광경을 목격한 유방의 막료들이 소하가 한신과 함께 도망갔다고 유방에게 보고했고 유방은 소하에 대해 크게 실망을 느꼈다.

그러나 이틀 후 소하가 나타나 유방에게 한신을 쫓아갔던 경위를 설명한 다음,

"주공께서는 한신의 능력에 대해 과소평가하고 계신 겁니다. 제가 보기에는 한신이야말로 「국사무

쌍(國士無雙)」이라고 할 만한 큰 인물입니다. 만약 주공께서 이 파촉 땅만 차지하는 것으로 만족하신다면 한신 같은 큰 인물은 필요치 않을 것입니다. 그러나 천하를 얻겠다고 하신다면 한신을 빼고는 함께 군략을 짤 자가 없을 것입니다. 제 말 뜻을 이해하시겠습니까?"

우리나라에도 이와 비슷한 「국사무쌍」한 위인들이 없었던 것은 아니다. 삼국시대의 김유신, 거북선을 발명한 이순신 장군 등등이 있다.

蹜蹜蹜蹜蹜蹜蹜蹜蹜蹜蹜蹜蹜蹜蹜(밟을 국)
蹜蹜蹜蹜蹜蹜蹜蹜蹜蹜蹜蹜蹜蹜蹜蹜(살금살금 걸을 척)

머리가 하늘에 닿을까봐 등을 구부리고, 땅이 꺼질까봐 조심스럽게 발걸음을 옮긴다는 뜻.

出典 시경(詩經)

시경(詩經)은 시의 성전(聖典)으로서, 기원전 11세기부터 춘추 중기(기원전 6세기)경까지 전승됐던 시 중에서 공자가 3백 편을 골라 편집했다고 한다. 이 시경은 서경과 함께 유가의 필독 교양서가 되었으며, 이 시구를 인용해 자기의 의견을 강조하는 아주 좋은 제재가 되었다.

> 제아무리 하늘이 높다한들
> 몸을 굽히지 않고 살 수가 없네.
> 제아무리 땅이 단단하고 두텁다 해도
> 조심스럽게 발을 내디뎌야만 한다.(「국척(蹜蹜)」)
> 이렇게 말하는 것은 그 뜻이 있네.
> 슬프다. 오늘의 세상살이,
> 정치가는 모두 독사나 도마뱀처럼
> 독을 품고 있구나.
> 어떻게 해서 이 넓고넓은 천지에
> 걸음마저 마음 놓고 걸을 수 없게 만드는가.

시경의 '정월'이란 시구에서 「국척」이 유래되었는데, 이때 상황을 현대정치인들과 비교해 보면서 왕창 꼬집어 보자.

'제아무리 하늘이 높다한들 몸을 굽히지 않고는 살 수가 없네.' 그럴 수밖에. 하늘은 오염된 데다가 몸을 굽히지 않으면 지위가 잘리니까.

'제아무리 땅이 단단하고 두텁다 해도 조심스럽게 발을 내디뎌야만 한다.' 그래야지. 안그랬다간 94년도에 터졌던 마포 가스폭발처럼 될 테니까.

'이렇게 말하는 것은 그 뜻이 있네. 슬프다 오늘의 세상살이.' 그럼 그렇고 말고.

'정치가는 모두 다 독사나 도마뱀처럼 독을 품고 있구나.' 그러니까 정치를 하는 거지.

'어떻게 해서 이 넓고넓은 천지에 걸음마저 마음 놓고 걸을 수 없게 만드는가.'

이 대답은 모로아에게 듣기로 하자.

정치행동은 한 사회를 도우며 될 수 있는 한 좋은 장래를 낳게하는 산파역이어야 한다. 그러므로 정치의 역할은 산모와 아기를 구하는 일이다.

國破山河在
국 파 산 하 재

國國國國國國國國國國國 (나라 국)
破破破破破破破破破破 (깨뜨릴 파)
山山山 (뫼 산)　河河河河河河河河 (물 하)
在在在在在在 (있을 재)

나라가 망해 국민은 흩어지고 높은 산과 흐르는 물만 남았구나.

出典 두보(杜甫)의 춘망사(春望詞) (춘망사는 두보가 안록산 난 때 포로의 몸이 되어 부른 노래임)

나라는 파괴되었어도 그 산하는 남아있도다.

성은 봄을 맞아 초목은 푸르고

시대를 느끼니 꽃 한 송이에도 눈물겹고

이별을 한탄하니 새 소리에도 마음이 아프구나.

횃불은 석 달 동안 이어지니

집에서 오는 편지는 만금에 해당되네.

흰 머리는 긁으니 더욱 빠져

이제는 망건 비녀 찌를 데가 없도다.

이 시는 두보가 안록산의 난으로 반란군에게 체포돼 포로가 되었을 때 지은 것으로서, 「국파산하재(國破山河在)」는 이 시의 첫구절에서 유래됐다.

여류시인 설도(薛濤)의 춘망사(春望詞)도 감상하자.

花開不同賞(화개부동상) : 꽃이 피어도 함께 즐길 이 없고

花落不同悲(화낙부동비) : 꽃이 져도 함께 슬퍼할 이 없네

欲問相思處(욕문상사처) : 묻노니, 그대는 어디 계신 고

花開花落時(화개화락시) : 꽃 피고 꽃 질 때에

攬結草同心(람결초동심) : 풀을 따서 한마음으로 맺어

將以遺知音(장이유지음) : 내 마음 아시는 님에게 보내려 하네

春愁正斷絶(춘수정단절) : 봄 시름 그렇게 끊어버렸건만

春鳥復哀吟(춘조복애음) : 봄 새가 다시 슬피 우네

風花日將老(풍화일장로) : 꽃 잎은 바람에 시들어 가고

佳期猶渺渺(가기유묘묘) : 만날 날은 아득히 멀어져 가네

不結同心人(불결동심인) : 마음과 마음은 맺지 못하고

空結同心草(공결동심초) : 헛되이 풀 잎만 맺었는 고

那堪花滿枝(나감화만지) : 어찌 견디리 꽃 가득한 나무

煩作兩相思(번작양상사) : 괴로워라 사모하는 마음이여

玉箸垂朝鏡(옥저수조경) : 눈물이 주르르 아침 거울에 떨어지네

春風知不知(춘풍지불지) : 봄 바람은 아는지 모르는지

群盲評象
군 맹 평 상

群群群群群群群群群群群群群(무리 군)
盲盲盲盲盲盲盲盲(소경 맹)
評評評評評評評評評評評評(평론할 평)
象象象象象象象象象象象象(코끼리 상)

맹인들이 코끼리를 만지면서 평한다.

出典 불경(佛經)

　어느 날 어느 나라 왕이 맹인들을 불러놓고 각자 코끼리의 한 부위씩을 만져보라고 명령했다. 이에 맹인들은 손으로 각각 코끼리의 한 부위씩을 만져보았다.

　"코끼리는 무엇과 비슷하다고 느꼈는가?"

하며 왕이 묻자 상아를 만져본 맹인이 왈(曰),

　"코끼리는 큰 무우처럼 생겼습니다."

　그러자 귀를 만져본 소경이,

　"아닙니다. 코끼리는 귀처럼 생겼습니다."

하자 머리를 만져본 소경이 소리쳤다.

　"틀렸습니다. 코끼리는 돌처럼 생겼답니다."

　이에 코를 만졌던 소경이 질세라,

　"아녜요, 코끼리는 절구공이처럼 생겼어요."

하며 반박하자 이번에는 다리를 만졌던 소경이,

"모두 틀렸어요. 코끼리는 절구통처럼 생겼습니다."

라고 점잖게 타이르자, 이번에는 등을 만졌던 소경이,

"아닙니다. 코끼리는 평상처럼 생겼지요."

하며 코끼리 등을 두드렸다. 그러자 배를 만진 소경이,

"틀렸습니다. 코끼리는 독처럼 생겼습니다."

라고 대답했다. 그러자 꼬리를 만졌던 마지막 소경이,

"아니라니까요. 코끼리는 밧줄처럼 생겼다구요." 하며 우겼다 한다.

"선남자들이여! 이 소경들은 코끼리의 전신에 대해 정확하게 말하고 있지는 않지만 그렇다고 말하고 있지 않은 것도 아니다. 이들이 말하는 것이 비록 코끼리는 아니지만 이것을 떠나 달리 코끼리가 있는 것도 아니다."

여기서 말한 코끼리는 부처님이며, 소경은 어리석은 중생들을 비유한 것이다. 쉽게 말해 어리석은 중생들은 부처님을 부분적으로 이해할 뿐 전체적인 이해는 어렵다는 뜻이다. 그런데 이런 불교의 뜻과는 달리 일부 현대인들은 「군맹평상(群盲評象)」이란 말을 다른 뜻으로 사용한다.

어리석은 사람들이 위대한 인물이나 정치와 경제에 대해 논할 때 현명한 사람이라고 스스로 자부하는 사람들이 이들을 보고「군맹평상」이라 하며 비웃는 것이다.

만약에 부처님이 이 사실을 아신다면 기분이 어떠실까?

흔히 우리들이 사용하는 말 중에는「군맹평상」처럼 본뜻과는 달리 엉뚱하게 사용되는 것들이 많다. 그 한 예로 우리들은 무학(無學)하면 배운 게 아무것도 없는 무학자를 칭한다. 그러나 본래 불교에서 유래된 이 말을 옛 스님들은 '더이상 배울 게 없다'는 뜻으로 썼다.

그렇다면 우리들 주위에는 전자의 무학자들이 많다는 뜻이기도 하다.

君命有所不受
군 명 유 소 불 수

君君君君君君君(임금 군)
命命命命命命命命(목숨 명)
有有有有有有(있을 유)
所所所所所所所所(바 소)
不不不不(아니 불) 受受受受受受受受(받을 수)

장수는 경우에 따라 임금의 명령도 거역할 수 있다.

出典 사기(史記) 사마양저열전(司馬穰苴列傳)

제나라가 진나라와 연나라에게 연패를 당하자 안영(晏嬰)이 양저(穰苴)를 제왕에게 천거했다. 이어 양저는 제왕에게.

"신은 미천한 몸이라 장병들의 믿음이 적을 것입니다. 그러므로 왕께서 신임하는 사람을 군의 감

독관으로 보내주시면 좋을 듯 합니다."

라고 하자 왕은 '장가'라는 사람을 감독관으로 임명했다.

그러나 그는 왕의 총애만을 믿고 송별식을 핑계로 군부대에 한나절이나 늦게 도착했다. 그러자 양저가,

"지금 전쟁 때문에 온 나라가 혼란스러워 백성을 비롯해 왕께서도 잠을 제대로 못 주무시고 온 백성들의 생명이 당신 손에 달려있는데 송별잔치 때문에 한나절이나 부대에 늦게 들어올 수가 있소?"

하며 군법관을 불러 그 죄를 물었다. 이에 군법관이,

"목을 베게 되어 있습니다."

라고 대답하자 겁에 질린 장가는 사람을 시켜 왕에게 구원을 청하는 한편 양저에게 용서를 청했다.

그러나 군법을 생명처럼 지키는 양저는 즉시 그 죄를 물어 장가의 목을 베어 전군에 공개했다. 그러자 겁에 질린 병사들은 해이해졌던 군기를 바로잡고 일사불란하게 움직였다.

바로 이때 왕의 특사가 수레를 타고 군중 속으로 뛰어들면서 장가의 죄를 묻지 말라는 특사령을 보냈다. 그러나 양저는 큰소리로,

"장수가 군에 있을 때는 왕의 명령을 받지 않는 경우가 있다(「군명유소불수(君命有所不受)」)!"

라고 외친 다음 군법관에게 물었다.

"군중에서는 달릴 수 없는 수레를 왕의 특사가 타고 달렸다. 이때는 어떻게 다스려야 하는가?"

"목을 베어야 합니다."

군법관의 대답에 그는 이렇게 결정을 내렸다.

"그러나 그렇다고 왕의 특사를 죽일 수는 없다. 그 대신 말을 몬 사람과 말의 목을 베어라!"

그 후 이 소식이 적에게 알려지면서 적군은 양저의 위염에 눌려 사기가 떨어졌고 곧 후퇴를 했다 한다.

양저의 「군명유소불수」, 이 말을 현대식으로 풀이하자면,

"전시 중에 군의 지휘관은 경우에 따라 대통령의 명령도 거역할 수 있다."

가 될 것이다.

그렇다면 우리 군 지휘관들의 군인정신은 어떤가? 한마디로 말해 실망의 연속이다. 그 좋은 예로 1994년 9월 27일에 장교 무장탈영을 들 수 있다. 그 원인은 군기가 생명인 군대에서 '소대장 길들이기'라는 하극상이 암암리에 자행됐기 때문이며 또한 …….

그만 두자. 양저에게 창피하니까.

君君君君君君君(임금 군)

子子子(아들 자)

三三三(석 삼)

樂樂樂樂樂樂樂樂樂樂樂樂樂樂樂(즐길 락)

군자의 세 가지 즐거움.

出典 맹자(孟子)의 진심편(眞心篇)

맹자 왈(曰),

"군자에게는 세 가지 즐거움이 있다. 여기에는 천하에 왕이 되는 것 따위는 포함되지 않는다.

부모가 다 살아계시고, 형제들에게 별일 없는 것이 그 첫째 즐거움이며,

하늘을 우러러 보아도 조금도 부끄럽지 않고, 사람을 굽어보아도 부끄럽지 않은 것이 두 번째 즐거움이며,

천하의 영재를 얻어 교육시키는 것이 그 세 번째 즐거움이다. 이런 군자의 즐거움 속에는 천하의 왕 노릇을 하는 것 따위는 들어있지 않다."

러시아가 낳은 세계적인 문학가 톨스토이는 사람들에게,

"사람은 무엇으로 사는가?"

라는 질문을 던졌다. 그 정답은 바로 이「군자삼락」일 것이다.

그런데 우리는 무엇으로 사는가?

재벌 되는 것?

君君君君君君君(임금 군) 子子子(아들 자)

遠遠遠遠遠遠遠遠遠遠遠遠遠(멀 원)

庖庖庖庖庖庖庖庖(부엌 포)

廚廚廚廚廚廚廚廚廚廚廚廚廚(부엌 주)

군자는 포주(정육점)를 멀리한다.

出典 맹자(孟子) 양혜왕편(梁惠王篇)

군자는 산 짐승이 죽는 것을 차마 보지 못하고, 우는 소리를 듣고 그 고기를 차마 먹지 못하는 법입니다. 그래서 군자는 포주를 멀리하는 것입니다(「군자원포주(君子遠庖廚)」).

이 말은 맹자가 제선왕에게 왕도정치를 논하면서 한 말이며「군자원포주(君子遠庖廚)」의 유래이기도 하다.

이런 맹자의 유교사상은 우리나라에도 크게 영향을 끼쳐 그 옛날 법도 있는 집안에서는 남자의 부엌출입을 철저히 금했으며, 또한 살생이 본업인 백정(白丁)을 천대시하여 사람 취급을 안 해주기도 했다.

물론 이런 맹자 사상이 전적으로 옳다는 것은 아니다. 다만 인간을 마치 짐승 도살하듯이 하는 현대판 인간백정들을 멀리하라는 교훈으로 받아들이라는 것이다.

君子豹變
군 자 표 변

君君君君君君君(임금 군)
子子子(아들 자)
豹豹豹豹豹豹豹豹豹豹(표범 표)　　　　　　(변할 변)
變變變變變變變變變變變變變變變變變變變變變變變

군자는 표범의 털가죽이 선명하고 아름답게 변해가는 것처럼 변해야 한다.

出典 주역(周易)의 혁(革 : 택화혁)

주역은 사서오경(四書五經)에 포함되어 있으면서 그동안 중국은 물론 일본과 우리나라 등에서 그 권위를 과시해 왔으며, 현대에 이르러서는 역(易) 또는 역경(易經)으로 발전했다.

주역의 혁(革)괘에 보면 「군자표변(君子豹變)」이란 유명한 말이 나온다. '군자는 표범의 털가죽이 선명하고 아름답게 변해가는 것처럼 변해야 한다'는 뜻이다.

그리고 「군자표변」 앞에는 대인호변(大人虎變)이란 말이 나오고, 뒤에는 소인혁면(小人革面)이란 말이 따른다. 이 말은 곧 그 옛날 중국인들은 소인 위에 군자가 있고, 군자 위에 대인이 있다고 본 것이다. 아울러 여기서 가장 바람직한 것은 '호변'이며 그 다음이 '표변'이고 '소변'이 그 아래라는 것이다. 현대상술로 표현하자면 표범가죽보다는 호랑이가죽이 더 비싸다는 말이다.

그러나 한국인은 '호변' 보다는 '표변'을 더 선호하는 것 같다. 그 이유는 아마 역사적으로 '호변' 같은 왕은 없었고, '표변' 같은 선비만 많았던 까닭이 아닐까.

그래서 우리의 옛 선비들은 자기 잘못을 고치는 데 있어 표범처럼 빠르고 그 결과는 표범의 무늬가 확실한 것처럼 면상에 뚜렷이 나타나는 반면에, 소인은 군자만큼 뚜렷이 고치기는 어려우나 얼굴빛을 변할 정도의 자기변혁은 할 수 있다는 암시를 준 것이다.

그러나 여기서 딱한 것은 우리 주위의 소인은 윗사람의 눈치만 살피면서 얼굴색을 수시로 바꾼다는 것이다. 그리고 더욱더 딱한 것은 '표변'과 '혁면'을 혼동한다는 사실이다. 즉, 자기 것은 「군자표변」이며 남의 것은 「소인혁면」으로 생각하고 우겨대는 경우다. 아마 그래서 「군자표변」의 본뜻이 현대의 비지니스맨들에 의해 재주 좋은 처세술을 비꼬는 말로 변한 모양이다.

하긴 뭐 10년이면 강산도 변한다고 하니 「군자표변(君子豹變)」의 뜻도 바뀔 만하다, 그러나 여기에 다만 덕(德)과 인(仁)이 절대적으로 따라야 한다는 조건에서다.

"지도적 위치에 있는 사람은 변해야 할 때 과감히 변해서 새로운 요구에 부응해야 한다."

이 말은 가끔 고사성어를 인용해 주목을 받았던 김종필씨가 민자당 대표직에 있을 때 한 말이다. 물론 이 말의 근원은 「군자표변」에 있다. 그리고 이 말은 누구를 꼬집어 한 말인지는 아리송하지만 한 가지 분명한 것은 있다.

그는 5.16 쿠데타 이후 지금까지 수없이 왔다갔다 하며 변해 왔다는 사실이다. 현대식「군자표변(君子豹變)」처럼.

그런 의미를 부여해 혁(革)괘의 끝 구절인,

"군자가 표변하고 소인도 안면으로 군주를 따른다. 그러나 그 이상의 변화를 강행하면 흉하고, 혁(革)의 성과를 굳게 지키고 옛 것이라도 좋은 것은 그대로 유지해 가는 것은 길조(吉兆)다."
라는 정의를 들려주겠다. 그 사람에게……

屈臣制天下
굴 신 제 천 하

屈屈屈屈屈屈屈屈(굽힐 굴)
臣臣臣臣臣臣(신하 신)
制制制制制制制制(지을 제)
天天天天(하늘 천) 下下下(아래 하)

신하에게 굽히어 천하를 제패하십시오.

出典 전국책(戰國策)의 진책(秦策)

진나라의 소왕(昭王)이 장군 왕릉에게 조나라를 치게 했으나 왕릉은 고전 끝에 5개군단을 잃었다. 이에 소왕은 무안군을 보내려고 했는데 무안군이 병을 구실삼아 사양하자 할 수 없이 왕릉을 대신해 왕흔을 대장으로 승격시키면서 조나라를 치게 했다.

그러나 왕흔도 조나라 공략에 실패했다. 그러자 초조해진 소왕은 병중인 무안군을 찾아가 억지로 병상에서 일어나게 한 다음,

"누운 상태라도 괜찮으니 지휘를 해주시오."
라고 명령했다. 그러자 무안군은 머리를 조아리면서,

"조나라를 공격하지 않아도 천하를 잡는 길은 얼마든지 있습니다. '신하에게 굽혀 천하를 제패한다' (「굴신제천하(屈臣制天下)」)라는 말이 그 좋은 예입니다. 만약 신의 말을 듣지 않으시고 굳이 조나라를 공격하고 신을 벌하신다면 신하에게 이기고 천하에 지는 결과만을 얻게 될 것입니다."

勸善懲惡
권 선 징 악

勸勸勸勸勸勸勸勸勸勸勸勸勸勸勸勸勸勸(권할 권)
善善善善善善善善善善善(착할 선)
懲懲懲懲懲懲懲懲懲懲懲懲懲懲懲懲懲(미울 징)
惡惡惡惡惡惡惡惡惡惡惡(악할 악)

선은 권장하고 악은 징계하라.

出典 춘추좌씨전(春秋左氏傳)

군자 왈(曰),

"춘추시대의 호칭은 알기 어려운 것 같으면서도 알기 쉽고, 쉬운 것 같으면서도 뜻이 깊고, 빙글

빙글 돌리는 것 같으면서도 잘 정돈돼 있고, 노골적 표현을 쓰면서도 품위를 잃지 않으며, 선을 권장하고 악을 징계한다(「권선징악」). 이거야말로 참된 성인이 아니고서야 그 누가 이렇게 지을 수 있단 말인가?"

이 글은 춘추좌씨전에 나오는 말로「권선징악」은 여기서 유래되었으며 이 선과 악에 대해 헤밍웨이는,

"선(善)이란 무엇인가? 뒷맛이 좋은 것이다. 그렇다면 악(惡)이란 무엇인가? 뒷맛이 나쁜 것이다."

라고 말해 이 장을 돋보이게 해주었다.

그리고 자유를 보고 개인의 행복을 배운 볼테르 또한 선과 악에 대해 다음과 같이 평하면서 이 장을 빛내 주었다.

"우리가 눈이 둘이라고 해서 그만큼 우리의 조건이 좋아지는 것은 아니다. 한쪽 눈은 인생의 좋은 부분을 보고, 또 다른 한쪽 눈은 나쁜 부분을 보는데 사용된다. 그런데 선을 보는 눈을 감으려는 나쁜 버릇을 지닌 사람이 많은 반면에 악의 눈을 감으려는 사람은 매우 적다."

捲捲捲捲捲捲捲捲捲捲捲(말 권)
土土土(흙 토)
重重重重重重重重重(무거울 중)
來來來來來來來來(올 래)

흙먼지를 날리며 또다시 오라.

出典 두목(杜牧)의 시 제오강정(題烏江亭)

이 시는 두보(杜甫)에 대해 소두(小杜)라고 칭했던 두목의 유명한 시로 항우를 읊은 시 중에서 특히 유명하다.

유방과 '건곤일척'을 벌였던 항우가 대장군 한신과 마지막 전투에서 크게 패하고 후퇴, 오강(烏江)에 도착하자 오강을 지키고 있던 장정이 항우에게「권토중래(捲土重來)」할 것을 권고했다. 그러나 항우는 분함을 참지 못하고 오강에서 스스로 목을 치고 말았다.

그 후 항우가 죽은 지 천 년 뒤 시인 두목이 오강을 보며 항우의 죽음을 애석해하면서 다음과 같은 시를 지었다.

勝敗兵家事不期 : 승패는 병가(兵家)로도 알 수 없는 일
包羞忍恥是男兒 : 수치를 참을 줄 아는 게 바로 남자다.
江東子弟多才俊 : 정통의 자제(子弟)에는 인재가 많아서
捲土重來未可知 : 권토중래 아직도 알 수가 없구나.

이 시는 오강의 정장이 항우에게 「권토중래(捲土重來)」를 권고한 것을 읊은 것인데, 실패를 낙심하지 말고 고향 강동으로 돌아가 인재들을 끌어들여 힘을 기른 다음 「권토중래(捲土重來)」하면 이길 가능성이 전혀 없는 것은 아니라고 충고한 것이다.

다시 말해 두목은 항우의 인간성을 동정하고 그의 사나이다운 일면을 강조하기 위해 이 시를 읊은 것이다.

그러나 석가모니의 참뜻은 다음과 같이 이런 것을 초월한다.

실패한 사람이 다시 일어나지 못하는 것은 그 마음이 교만했기 때문이며, 성공한 사람이 그 성공을 유지 못하는 것 또한 교만한 마음이 있었기 때문이다.

유방(劉邦)은 항우(項羽)와의 싸움에서 72번을 패배했다고 한다. 맨날 쫓겨 다니는 수모를 겪었다. 그러던 마지막에 항우를 쓰러트렸다. 항우는 그 굴욕을 참지 못한 것이다. 오강(烏江) 건너 고향으로 돌아가 재기할 것을 권유 받았으나 듣지 않았다. 32세의 젊은 나이에 검에 엎드리어 자결했다.

천년 뒤에 역사의 현장을 지나던 시인은 그 자결을 아쉬워 한다. 그러므로 절망하지 말아야 할 것이다. 수모를 참는 것이 인생이다. 안 되면 다시 그래도 안 되면 또 다시 시작하는 것이다. 지금도 늦지 않았다. 언제나 늦은 때는 없는 것이다.

鬼魅最易
귀 매 최 이

鬼鬼鬼鬼鬼鬼鬼鬼鬼鬼 (귀신 귀)
魅魅魅魅魅魅魅魅魅魅魅魅魅魅 (도깨비 매)
最最最最最最最最最最最最 (가장 최)
易易易易易易易易 (쉬울 이)

귀신과 도깨비를 그리는 것이 가장 쉽다.

出典 한비자(韓非子)의 외저설 좌상편(外儲說 左上篇)

한비자는 춘추전국시대의 여러 학문이나 정치가의 사상과 실천을 흡수해 법가(法家)의 이론을 집대성한 학자이며, 한비자의 논리는 실행을 위한 것이므로 냉혹하다. 공자가 논어에서 이상적인 인간상을 만들었다면 한비자는 논어의 허구성을 적나라하게 파헤쳐 악의 인간상을 부각시켰다. 그래서 악의 철학서라고 한다.

어느 날 제나라 왕이 그림을 그리고 있는 화가에게 그림을 그릴 때 어떤 게 가장 어렵냐고 물었다. 이에 화가 왈(曰),

"개나 말 종류가 가장 어렵습니다."

하자 제왕이 그림을 그릴 때 무엇이 가장 쉬우냐고 또 물었다. 그러자 화가가 이렇게 대답했다.

"귀신이나 도깨비를 그리기가 가장 쉽습니다(「귀매최이(鬼魅最易)」). 개나 말은 사람들이 너무 잘 알고 아침 저녁 매일 같이 눈앞에 보이므로 똑같이 그리기가 매우 어렵지만, 귀신이나 도깨비는 형체가 없는 것이어서 눈앞에 나타나지 않으므로 아무렇게나 그려도 사람들은 믿습니다."

여기서 「귀매최이(鬼魅最易)」란 말이 유래되었는데, 그 뜻은 그림을 감상하는 사람이 잘 모르므로 그리기가 쉽다는 것이다. 현대식으로 풀이하자면 사기꾼 놀음에 해당될 것이다. 좀 더 이해를 돕기 위해 사기도사를 소개하겠다.

언젠가 어떤 도사(道士)가 어떤 사람에게 모기를 쫓는 부적을 팔았다. 그런데 부적을 산 사람이 부적을 문 위에 붙였건만 모기가 더욱 더 기승을 부릴 뿐 아무 효험이 없자 도사를 찾아가 화를 내며 항의를 했다. 그러자 도사 왈(曰),

"그것은 부적을 붙이는 장소를 잘못 선택했기 때문이야."

하며 오히려 큰소리를 쳤다. 이에 어떤 사람이 도사에게,

"그럼 어디에 붙이는 게 좋습니까?"

하자 도사의 대답이 걸작 중에 걸작이었다.

"모지장 안에 붙이면 되잖아."

'소림광기'에 나오는 웃기는 얘기다. 그렇다고 결코 웃자고만 한 말은 아니다. 우리 주위에 귀신처럼 산재해 있는 사기꾼들에게 속지 말라고 한 말이다.

그러나 필자가 아무리 떠들어도 귀신같이 속이는 사기꾼들에게 속아넘어가는 순진한 사람들이 있는 한 어쩔 수 없다.

克己復禮
극 기 복 례

剋剋剋剋剋剋剋剋剋 (이길 극)
己己己 (몸 기)
復復復復復復復復復復復復 (다시 복)
禮禮禮禮禮禮禮禮禮禮禮禮禮禮禮禮 (예도 예)

자기를 극복하고 예로 돌아가라.

出典 논어(論語) 안연편(顔淵篇)

공자의 제자 안연(顔淵)이 인(仁)을 묻자 공자 왈(曰),

"자기를 극복해 예로 돌아감(「극기복례(克己復禮)」)이 인(仁)이니, 하루라도 빨리 자기를 극복해 예로 돌아가기만 하면(「극기복례(克己復禮)」) 천하가 인(仁)으로 돌아갈 것이다. 인(仁)을 이룩함은 나로부터 비롯되며 남에게 의존하는 것은 아니다."

이에 안연이 공자에게 여쭙기를,

"자세히 가르쳐 주십시오" 하자,

공자 왈(曰),

"예가 아니면 듣지 말고, 예가 아니면 말하지도 말고, 예가 아니면 움직이지도 말라."

이에 안연이,

"제가 비록 약삭바르지 못하고 불인하나 선생님의 이 말씀을 깊이 명심해 잘 지키겠습니다."

여기서 「극기복례(克己復禮)」가 유래되었으며, 이 장은 '논어' 중에서도 특히 주목되는 유명한 장이다. 동시에 예(禮)의 결정판이라고 해도 과언이 아니다.

동양인의 생각과는 달리 유럽에도 동양 못지 않게 예절에 관한 책들이 많다. 그 중에서도 에라스무스가 16세에 쓴 「버릇 좋은 아이」를 펼쳐보겠다.

"어른에게 말할 때는 그 얼굴을 똑바로 봐야하고, 눈동자를 굴려서도 안되며, 대답은 짧고 알기 쉽게 하고 길어지지 않도록 주의하며, 식당에 들어갔을 때는 어른이 앉으라고 할 때까지는 서 있어야 하며……"

등등 공자의 예절에 버금가는 '안된다!'라는 제약이 많다. 그럼 그의 행동철학은 어떤가? 그것은 다음 에피소드에 잘 나타나 있다.

어느 날 에라스무스가 남에게 어떤 욕을 먹어도 항상 기분 나빠하지 않는 것을 보고 그의 친구가 그 이유를 물었다. 그러자 그는 이렇게 대답을 했다고 한다.

"바보가 현명한 것을 알 리가 없지. 그러므로 바보에게 욕을 많이 얻어먹으면 먹을수록 그만큼 현명하다는 증거가 아닌가. 오히려 나한테는 영광인 셈이지."

이렇게 욕설도 명예로 생각했던 사람을 두고 영국의 시인 테니슨은,

"위대한 사람일수록 더욱 예의가 바르다"

고 했다. 그의 말처럼 에라스무스도 공자처럼 참된 예(禮)를 아는 위대한 사람임에는 틀림없다.

그렇다면 우리들의 예(禮)는 어떤가?

흔히 예절에 대해 거론하면 신세대 사람들은 '따분한 조선시대'의 고물처럼 여기기 일쑤다. 이것은 진짜 잘못되고 위험한 생각이다. 우리는 바야흐로 세계화시대에 살고 있다. 그런데도 우리 주위를 둘러보면 속된 말로 짐승처럼 생활하고 있는 사람들이 너무도 많다.

아무데서나 침을 뱉고 휴지와 담배꽁초를 버리며, 신호등을 무시하는 행위 등등 기초적인 공중도덕조차 지켜지지 않고 있잖은가.

槿花一日榮
근 화 일 일 영

槿槿槿槿槿槿槿槿槿槿槿槿槿槿槿(무궁화 근)
花花花花花花花花(꽃 화)
一(한 일)　　日日日日(날 일)
榮榮榮榮榮榮榮榮榮榮榮榮榮榮(영화 영)

무궁화꽃은 하루를 피어도 영화로 여기는구나.

〔出典〕 백낙천(白樂天) 백거이(白居易)의 시 방언(放言)

태산은 터럭 끝도 속일 필요가 없고, 안자(32세에 사망)가 맹조(800년을 살았다는 설)를 부러워하는 마음이 없구나.

소나무는 천 년을 살아도 끝에는 썩을 것이며,

무궁화꽃은 하루를 피어도 스스로 영화로 여기거늘.(「근화일일영(槿花一日榮)」)

어찌 세상을 그리워하며 죽음을 근심하리.

그렇다고 몸을 싫어해 함부로 삶을 싫어하지 말라.

삶이 가고 죽음이 오는 것은 모두 환상이니

헛된 사람의 슬픔과 즐거움에 어찌 정을 맺으리.

이 시는 백낙천이 조정의 미움으로 좌천될 때 친구에게서 받은 시에 대한 화답시로, 그가 여기서 말한 무궁화꽃의 하루 영화란 영화의 덧없음을 한탄한 것이 아니라, 하루의 영화라도 만족해하라는 뜻이다. 그리고 우리나라 꽃인 무궁화란 꽃이 한 번 피기 시작하면 첫여름서 늦가을까지 계속 끊임없이 핀다해서 생겨난 이름이다.

또 한 나무 전체를 놓고 보면 그 꽃이 계속 피어있지만 그 꽃 하나를 놓고 볼 땐 꽃은 아침에 일찍 피었다가 저녁이면 시들고 만다. 그래서「근화일일영(槿花一日榮)」이란 말은 곧 이 무궁화꽃의 하루아침만의 영화를 덧없는 인간들의 삶의 영화에 비교해 쓰게 된 것이다.

이 장을 위해 셰익스피어도 한 수 거든다.

오오 제군들이여, 사람의 일생은 짧다. 그렇다고 그 짧은 인생을 비열하게 지낸다면 너무나 길 것이다.

金蘭之契
금 란 지 계

金金金金金金金金 (쇠 금)
蘭蘭蘭蘭蘭蘭蘭蘭蘭蘭蘭蘭蘭蘭蘭蘭蘭蘭蘭 (난초 란)
之之之之 (갈 지)
契契契契契契契契契 (맺을 계)

쇠처럼 단단하고 난초(蘭草) 향기처럼 그윽한 사귐의 의리를 맺는다는 뜻.

사이 좋은 벗끼리 마음을 합치면 단단한 쇠도 자를 수 있고, 우정(友情)의 아름다움은 난의 향기(香氣)와 같이 아주 친밀(親密)한 친구(親舊) 사이를 이름.

金蘭之交
금 난 지 교

金金金金金金金金 (쇠 금)
蘭蘭蘭蘭蘭蘭蘭蘭蘭蘭蘭蘭蘭蘭蘭蘭蘭蘭 (난초 란)
之之之之 (갈 지)
交交交交交交 (사귈 교)

금은 견고하나 두 사람의 마음을 합치면 그 금을 능히 끊을 수 있으며,

두 사람의 참된 말은 향기로운 난초와 같구나.

出典 주역(周易)의 계사상전(繫辭上傳)

동인괘(同人卦) 효사에,

"사람과 (마음을) 같이 한다. 처음에는 울부짖고 나중에는 웃는다(군자의 도를 닦는 사람은 흔히 고독에 빠져 울부짖기도 하지만 나중에는 마음과 마음이 서로 마주치게 되면 웃게 된다)"라고 했다.

공자 왈(曰),

"군자의 도는 '세상에 나가서 섬기고 물러나면 야(野)에 묻히며 침묵을 지키고 웅변을 토할 때도 있다' 등 그 표현이 여러 가지다. 그러나 군자된 사람들이 마음을 하나로 하면 그 힘은 쇠붙이도 잘라낼 수 있는 예리함을 가지고 그 말은 난초와 같은 향기를 풍기게 된다."

이 주역의 계사전 기록에서「금란지교(金蘭之交)」라는 말이 나왔으며 또한 백낙천도 친구의 우정이 굳은 것을 '금란지계(金蘭之契)'라고 했다.

그럼 우리들의「금란지교」는?

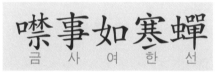

噤噤噤噤噤噤噤噤噤噤噤噤噤噤噤(입다물 금)
事事事事事事事事(일 사)　如如如如如如(같을 여)
寒寒寒寒寒寒寒寒寒寒寒寒(찰 한)
蟬蟬蟬蟬蟬蟬蟬蟬蟬蟬蟬蟬蟬蟬蟬蟬(매미 선)

噤事如寒蟬 (금 사 여 한 선)

추위 속의 매미처럼 일에 대해 입을 다물다.

出典 후한서(後漢書) 두밀전(杜密傳)

후한시대 북해의 재상 두밀(杜密)은 사람됨이 온후하고 소박하며 저속한 유행을 멀리하고 법의 적용이 엄정해 어떤 세력자의 자제라 해도 법을 어기면 절대로 용서하지 않는 강직한 성격의 소유자였다.

얼마 후 그는 관직을 떠나 귀향했으나 정치에 큰 관심을 갖고 군(郡)의 태수에게 좋은 인물은 추천하고 나쁜 인물은 규탄해 자신의 이해득실을 멀리했다.

그러던 어느 날 군(郡)의 태수가 같은 군내에 있는 유승(劉勝)이라는 사람에 대해 '유승은 인격자'라고 평했다. 유승은 노령 때문에 벼슬자리에서 물러나 귀향한 사람이었으며, 선인과 악인도 구분하지 않으므로 태수의 입장에서 볼 때는 정치에 사사건건 간섭하는 두밀보다는 아무 간섭도 안 하는 유승이 편했기 때문에 한 말이다. 이것을 눈치챈 두밀은 이렇게 논평했다.

"유승은 자신의 무사안일만을 위해 정치에 간섭하지 않는 금사여한선(噤事如寒蟬)일 뿐이다. 그런데 당신이 칭찬하다니 안타깝다. 내가 선인을 추천하고 악인을 배제하는 것은 다 나라를 위해서 한 것이지 다른 뜻은 없다."

하자, 태수는 자신의 생각에 부끄러움을 느끼고 이후부터 두밀에 대해 더욱더 존경심을 갖고 대했다 한다.「금사여한선」은 여기서 나온 말이며 아울러 이것은 얼마 전에 우리 공직사회에서 유행됐던 복지부동(伏地不動)과 비슷하다.

그런 뜻에서 1994년 중순경부터 복지부동과 관련되어 유행했던 말을 다시 한 번 상기해 보자.

땅바닥에 바짝 엎드려 꿈쩍도 하지 않는 게 '복지부동'이라면, 그냥 엎드려 있는 게 아니라 눈만은 그래도 말똥말똥 굴린다는 것은 '복지안동(伏地眼動), 이후 공무원들 사이에서 급속도로 번진 유사조어로는 '복지뇌동(伏地腦動) : 땅에 엎드려 뇌만 굴린다)', '복지수동(伏地手動) : 땅에 엎드려도 고스톱은 친다)', '매지부동(埋地不動) : 아예 땅을 파고 들어가 움직이지 안는다)' 등등이 있으며 또한 당시 이회창 총리가 경질되면서 이 분위기를 반영하는 '복지냉동(伏地冷凍) : 땅에 엎드린채 아예 얼어붙었다'이라는 말도 생겼다.

또 복지부동의 배경론으로 '신토불이(身土不二' : 몸과 땅은 하나)가 등장했으며, 이어서 복지부동하는 공무원은 '복지부동(福祉富洞' : 복받은 땅과 잘사는 동네)에 산다는 유행어도 만들어져 「금사여한선」의 유승을 무색케 했다.

그래서 발자크는 "소인들이 움직이는 거대한 기계가 딱 하나 있다. 그것은 관료제도다"라고 말했다.

錦上添花
금   상   첨   화

錦錦錦錦錦錦錦錦錦錦錦錦錦錦錦(비단 금)
上上上(위 상)
添添添添添添添添添添添(더할 첨)
花花花花花花花花(꽃 화)

비단 위에 꽃까지 수를 놓았다.

出典 왕안석(王安石)의 시(詩)

왕안석은 중국 북송의 정치가이면서 학자로, 당시의 재정적 위기를 극복하기 위해 '신법'을 만들어 개혁정치를 주도했고, 문장가로 당송 8대가 중의 한 사람이기도 하다.

> 강은 남원을 흘러 서쪽으로 기울고
> 바람엔 맑은 빛이 있고 이슬에는 꽃이 있다.
> 문 앞의 버들은 옛 도령의 집이며
> 우물가의 오동은 전날 총지의 집이다.
> 좋은 모임에 잔 속의 술을 비우려 하는데
> 고운 노래는 비단 위에 꽃을 더하고(「금상첨화(錦上添花)」)
> 문득 무릉의 술과 안주를 즐기는 손이 되어
> 내 근원엔 응당 붉은 노을이 적지 않겠구나.

이 시는 왕안석이 말년에 정계를 떠나 한적한 곳에 살 때 지은 것으로 추측되며, 여기서 유래된

「금상첨화(錦上添花)」에서 비단은 술자리와 근처 풍경을 가르키고, 꽃은 고운 노래를 말함이다. 따라서 이 장을 읽는 독자 또한 「금상첨화(錦上添花)」다.

또 금상첨화(錦上添花)와 같은 다른 이야기도 들어보자.

이판서의 아들 영학은 기생의 딸 추월과 어려서부터 같이 지내다가 정이 든다. 그 뒤 영학이 아버지를 따라 서울로 떠나게 되자, 영학과 추월은 이별을 안타까워한다. 영학은 추월의 생각이 간절하여 몰래 평양으로 떠난다. 이판서는 남참판댁과 혼약을 하고 택일까지 했으나, 영학이 없어지자 호식(虎食)당한 것으로 알고 슬퍼한다.

한편, 남소저(南小姐)는 부모가 다른 곳으로 출가시키려 하자 남장을 하고 집을 떠났는데, 우연히 추월의 아버지 홍첨지를 만나 그의 수양딸이 된다. 영학은 한진사의 사랑을 받고 있는 추월과 힘들게 만나 도망을 한다. 추월은 영학을 절로 보내어 공부하게 하고 자기는 가사에 힘쓴다.

추월을 찾아나선 한진사는 남소저를 추월로 오인하여 데려가지만 이내 추월이 아닌 줄 알고 수양딸로 삼는다. 그런데 한진사의 아들 태식이 남소저를 탐하여 김갑돌에게 납치해 주기를 부탁하였는데, 갑돌이는 남소저를 데리고 도망한다.

갑돌이와 태식이 서로 싸울 때 남소저는 부처님의 현몽으로 배를 타고 온 추월에게 구원되어 의자매를 맺는다. 남소저를 엿본 장치화가 남소저를 추월로 오인하여 납치해 갔다가 머슴들에게 망신을 당한다. 영학이 과거에 급제한 뒤 이판서와 남참판·홍첨지 등이 자녀들과 상봉하고 혼인잔치를 한다.

상감이 추월과 남소저를 치하하고 추월에게 부실(副室)되기를 허락한다. 남소저는 2남1녀를 두고, 추월은 1남1녀를 두어 행복한 여생을 누린다.

金金金金金金金金(쇠 금)
石石石石石(돌 석)
爲爲爲爲爲爲爲爲爲爲爲(할 위)
開開開開開開開開開開開(열 개)

딱딱한 돌이라도 마음먹기에 따라 통한다.

出典 서경(書經)의 잡기(雜記)

어느 날 명장인 이광(李廣)이 사냥을 나갔다가 숲속에서 자고 있는 호랑이를 발견하고 활을 쏘았다. 그런데 확실하게 호랑이에게 화살이 명중했건만 이상하게 호랑이는 꼼짝도 하지 않는 게 아닌가? 이상히 여긴 이광이 가까이 가보니 그것은 호랑이가 아니라 호랑이처럼 생긴 바위였으며, 더욱더 깜짝 놀란 것은 화살이 바위에 꽂혀 있는 것이었다.

그래서 이광(李廣)은 바위에 몇 개의 화살을 더 쏘아보았으나 화살은 바위를 뚫지 못하고 튕겨

나갈 뿐이었다.

  그 후 어떤 사람이 이런 경우는 어떤 경우냐고 양사운에게 질문을 던졌다. 이에 그는 이렇게 대답했다 한다.

  "지성이면 금석도 통한다 한다(「금석위개(金石爲開)」)."

  즉 열과 성의를 위해 목표를 맞추면 비록 돌이라도 통할 수 있다는 뜻이다.

  "하면 된다!"

  이 말이 정답이다.

今 今 今 今(이제 금)
昔 昔 昔 昔 昔 昔 昔 昔(옛 석)
之 之 之 之(갈 지)
感 感 感 感 感 感 感 感 感 感 感 感(느낄 감)

今昔之感
금 석 지 감

지금과 옛날을 비교할 때 차이가 매우 심하여 느껴지는 감정.

  옛날의 모습을 떠올려 오늘과 비교해 보니 현재 모습이 너무나도 달라 세월의 무상함을 느끼게 될 때 쓰는 말이다.

金 金 金 金 金 金 金 金(쇠 금)
城 城 城 城 城 城 城 城 城 城(재 성)
湯 湯 湯 湯 湯 湯 湯 湯 湯 湯 湯 湯(끓을 탕)
池 池 池 池 池 池(못 지)

金城湯池
금 성 탕 지

쇠로 만든 성곽 둘레에는 끓는 물의 연못을 팠다.

出典 한서(漢書)의 괴통전(蒯通傳)

  진나라 말기 시황제가 죽고 2세 황제가 즉위하면서 시황제가 쌓아놓았던 주춧돌이 흔들리기 시작하자, 각처에 잠복하고 있었던 전국시대 6개국의 종실과 신하들이 진나라를 타도하기 위해 제각기 왕이라 칭하고 군사를 일으켜 진의 관리들을 죽이고 성을 점령해 나아갔다. 그 기세가 대단해 진나라의 땅은 마치 전국시대처럼 쪼개져 나갔으며 초토화가 되었다.

  그 무렵 조나라의 영토를 평정한 무신군이 그 기세를 몰아 범양(지금의 산동성)을 포위해 조여들자 범양의 괴통이 현령인 서공을 찾아가 항복을 권유하면서 서로 피를 보지 않는 방법에 대해 설명했다.

  "나는 당신을 대신해 무신군을 만나 이렇게 말할 것입니다. 만약 당신이 범양을 공격해 현령이 항복했을 경우 현령을 죽인다면 각처의 현령들은 이렇게 죽으나 저렇게 죽으나 마찬가지라는 위기감에 금성탕지로써 끝까지 맞서 싸울 것입니다. 그렇게 되면 당신에게는 하나의 이득도 없게 됩니다. 그러므로 현령이 항복하면 후하게 대접한 다음 각 현령에게 보내 항복을 권유하십시오, 그럼 각 현령들은 진나라의 말세를 직감하고 순순히 항복을 해올 것입니다. 이것이 바로 천리사방을 힘 안들이고 평정하는 방법입니다."

이에 크게 기뻐한 서공은 괴통을 즉시 무신군에게 보냈고, 괴통도 무신군에게 적극적으로 동의, 괴통의 말에 따르자 그의 말대로 무신군에게 항복한 성이 화북성에서만도 30여 개가 되었다고 한다. 그 후「금성탕지」는 '금성철벽'이라고도 했으며 현재는 이것을 가리켜 '난공불락' 또는 '나바론 요새'라고도 한다.

그런데 우리의「금성탕지(金城湯池)」는 북한에 비교해 매우 불안한 것 같다. 1994년 북한이 '서울 불바다'와 핵공갈을 일삼을 때 우리의 국방 책임자라는 양반은,

"새로 건설되는 신도시를 유사시 장애물로 활용하는 새로운 개념으로 도시계획을 발전시키고 있다."

하며 '수도권 신도시 방어용 신도시 벙커론'을 끄집어냈기 때문이다.

이 말은 결국 신도시를 참호로 주민들을 총알받이와 방탄조끼로 삼겠다는 뜻인데, 그렇다면 그 양반에게 묻고 싶은 말이 있다.

"핵문제는 협상 중이니까 넘어가기로 하고, 만약 북한이 화학무기로 공격해 온다면 어떻게 하실 겁니까?"라고.

이 숙제를 풀기 위해 참고삼아 북한의 화학무기 생산 저장시설에 대한 그래픽은 생략하고, 아울러 더욱더 실감을 느끼기 위해 1995년 3월 20일에 일본 동경에서 벌어졌던 '지하철 독가스사건'을 상기하자.

그리고 김정은에게 현대판 괴통을 보내 설득시켜 보자.

琴琴琴琴琴琴琴琴琴琴琴琴(거문고 금)
瑟瑟瑟瑟瑟瑟瑟瑟瑟瑟瑟瑟(비파 슬)
相相相相相相相相相(서로 상)
和和和和和和和和(화할 화)

거문고와 비파의 음률이 서로 잘 화합한다.

出典 시경(詩經)의 소아(小雅)

지난 장의 끔찍하고 불안감을 느낀 독자들의 분을 풀어주기 위해「금슬」에 대한 시 한 수를 띄우겠다.

산앵도나무 꽃이 한창이로구나.
모든 것이 이렇게 아름답게 만발해
지금 형제의 정애보다 더 큰 것이 있으리.

생사의 위협이 닥쳐도 형제는 서로 걱정하며

들과 못이 모이듯 서로를 찾는다.

어떤 친구 사이가 그럴 수는 없으리.

집에서는 서로 다투어도 밖에서는 서로 감싸주네.

어떤 친구 사이라도 이럴 수 있으리.

무사태평할 때에는 형제의 정애는 사그라들고

친구가 도움이 될지도 모른다.

그런들 어떠리. 형제들이 모두 모여

산해진미 앞에서 약주타령 하는 즐거움은

부부가 정답게 금슬이 서로 맞아 화합하니(「금슬상화(琴瑟相和)」)

형제가 모이고 화목한 기분으로 이어진다.

이 시는 시경 소아의 일부 시구로서 일설에는 주나라 때 종족이 불화하자 종족을 모아놓고 그 자리에서 주공(周公)이 지은 노래라고도 한다. 그렇다면 잘됐다. 우리도 주공 같은 사람을 통해 같은 핏줄인 김정은을 설득해 보자, 물론 힘들겠지만……

琴琴琴琴琴琴琴琴琴琴琴琴(거문고 금)
瑟瑟瑟瑟瑟瑟瑟瑟瑟瑟瑟瑟(비파 슬)
之之之之(갈 지)
樂樂樂樂樂樂樂樂樂樂樂樂樂樂樂(즐길 락)

거문고와 비파(琵琶)의 조화로운 소리라는 뜻.

부부(夫婦) 사이의 다정(多情)하고 화목(和睦)한 즐거움.

『시경(詩經)』소아(小雅) 상체편(常棣篇)은 한 집안의 화합함을 노래한 이 시의 제7장에, 처자가 좋게 합하는 것이 거문고를 치는 것과 같고, 형제가 이미 합하여 화락하고 또 즐겁다.

「처자호합(妻子好合) 여고슬금(如鼓瑟琴) 형제귀흡(兄弟歸翕) 화락차탐(和樂且湛)」이라고 했다. 여기서 슬금이 곧 금슬이다. 슬은 큰 거문고를 말하고 금은 보통 거문고를 말한다. 큰 거문고와 보통 거문고를 가락에 맞추어 치듯, 아내와 뜻이 잘 맞는다는 것을 말한 것이다. 처자는 아내와 자식이란 뜻도 되고, 아내를 나타내기도 한다. 또 같은『시경(詩經)』국풍(國風) 관저편(關雎篇) 제4장에, 요조한 숙녀를 금슬로써 벗한다.

「요조숙녀(窈窕淑女) 금슬우지(琴瑟友之)」라고 했다. 조용하고 얌전한 처녀를 아내로 맞아 거문고를 치며 서로 사이좋게 지낸다는 뜻이다. 여기서 부부간의 정을 금슬로써 표현하게 되었고 부부간의 금슬이 좋은 것을 '금슬상화(琴瑟相和)'라는 문자로 표현하기도 한다.

錦衣夜行
금 의 야 행

錦錦錦錦錦錦錦錦錦錦錦錦錦錦(비단 금)
衣衣衣衣衣衣(옷 의)
夜夜夜夜夜夜夜夜(밤 야)
行行行行行行(행할 행)

비단옷을 입고 밤길 걷기.

出典 한서(漢書) 항우전(項羽傳)

항우는 유방(劉邦)의 뒤를 이어 진(秦)나라의 수도 함양(咸陽)에 군대를 이끌고 입성했다. 젊은 패기 만으로 모든 일을 처리하고 있던 항우는 유방이 백성의 마음을 사기 위해 손도 대지 않고 고스란히 남겨 두었던 진나라의 궁전들을 모조리 불사르고, 이미 항복하고 연금 상태에 있는 진왕(秦王) 자영(子嬰)을 죽이고, 아방궁에 불을 질러 석 달 동안 타는 것을 지켜보면서, 미녀들의 시위를 받아가며 술잔치를 벌였다.

그의 할아버지 항연(項燕)이 옛날에 진시황에 의해 죽었다는 사실을 생각하고 복수의 일념에서 이같은 도에 지나친 짓을 했던 것이다.

그리고 시황제의 무덤을 파헤치고 창고의 재물과 금은보화를 모두 약탈하는 등 스스로의 발판을 무너뜨리는 무모한 짓을 저질렀다.

모신(謀臣) 범증(范增)이 이런 항우를 걱정하여 간곡하게 만류했지만 들은 체도 하지 않았다. 승리에 도취한 항우는 싸움터에서 떠도는 생할에 이골이 나 어서 빨리 고향으로 돌아가고 싶어 했다.

이때 한생(韓生)이란 사람이 항우에게.

"함양 일대는 사방이 산과 강으로 둘러 싸인 요충지(要衝地)인데다 땅도 비옥합니다. 이곳을 도읍으로 삼아 천하의 패권을 잡아야 합니다."

그러나 항우의 눈에 비친 함양은 불타버린 궁전, 마구 파괴된 황량한 도시에 불과했다. 그보다는 하루 빨리 고향으로 돌아가 자기의 성공을 과시하고 싶었다.

항우는 동쪽 하늘을 보며 이렇게 말했다.

"부귀를 하고 고향에 돌아가지 않으면 비단옷을 입고 밤길을 가는 것과 같다. 누가 알아줄 사람이 있겠는가. 부귀불귀고향 여의수야행 수지지자(富貴不歸欲鄕 如衣繡夜行 誰知之者)"

이런 한심한 소리를 들은 한생은 더 이상 항우를 만류할 방법이 없다는 것을 깨닫고는 물러나면서 혼자 중얼거렸다.

"초나라 사람은 원숭이가 갓을 쓰고 옷을 입은 것처럼 지혜가 없다더니 과연 그렇군."

이 말이 항우의 귀에 들어가 한생은 즉석에서 끓는 물에 삶겨 죽음을 당하고 말았다.(여기서는 의수야행(衣繡夜行)으로 되었는데, 한서에는 의금야행(衣錦夜行)으로 되어 있다.)

그리고 항우는 한 때의 부귀를 고향에 가서 과시하려다가 천하를 유방에게 내주고 말았다.

起死回生
기　사　회　생

起起起起起起起起起起 (일어날 기)
死死死死死死 (죽을 사)
回回回回回回 (돌아올 회)
生生生生生 (날 생)

죽은 목숨이 다시 살아나다.

出典　국어(國語)의 오어(吳語)

국어(國語)는 춘추시대 열국(列國)의 사건을 나라별로 정리, 기록한 책이며 '오어(吳語)'란 오나라 왕 부차의 일대기를 말한다.

춘추시대에 월왕이 오왕 합려에게 큰 부상을 입혔음에도 불구하고 그 아들 부차가 승리했을 때 그것을 용서하고 은혜를 베풀자 월왕 구천은 이렇게 말했다.

"이 은혜는 마치 죽은 사람을 일으켜 백골에 살을 붙인 것과 같다. 그러므로 과인은 하늘의 재앙을 잊지 못하고 군왕(君王)의 은혜를 절대 잊지 않을 것이다."

여기서「기사회생(起死回生)」이란 말이 유래되었으며, 이 말은 현재 우리 주위에서도 자주 인용된다.

"병원에서 사망진단을 받은 환자가 기사회생으로 되살아났다."

"경제가 기사회생으로 호전……,"

등등 우리들을 즐겁게 하는 말이다. 그리고 우리를 더욱더 즐겁게 하는 말은,

"김정은 전세계 평화를 위해 핵무기 완전 포기하다!"일 것이다.

물론 꿈같은 얘기지만…….

杞憂
기　　우

杞杞杞杞杞杞杞 (구기자나무 기)
憂憂憂憂憂憂憂憂憂憂憂憂憂憂憂 (근심할 우)

쓸데없는 걱정을 한다.

出典　열자(列字)의 천서편(天瑞篇)

열자는 전국시대의 사상가로서 장자의 사상을 흡수해 자신의 성격에 바탕을 둔 사상을 저서 '열자(列字)'에 기술했다.

그 옛날 기(杞)나라에,

"만약 하늘과 땅이 붕괴하면 어떻게 하지?"

하는 걱정에 사로잡혀 밥도 못먹고 잠도 못자는 남자가 있었다. 그러자 이 남자를 걱정하는 또 다른 남자가 걱정 많은 남자를 찾아갔다.

"하늘은 단지 공기가 쌓인 것 뿐, 공기가 없는 곳은 있을 수 없듯이 하늘이 무너질 걱정은 할 필요가 없다네."

"그렇다면 해와 달과 별이 떨어지지 않을까?"

"그것 역시 공기속에서 빛나고 있으므로 설사 떨어진다고 해도 맞아서 죽을 일은 없으니 걱정 말게."

"그럼 왜 땅은 꺼지지 않을까?"

"땅이란 흙더미가 쌓여져 있으므로 우리가 아무리 땅을 파고 구르고 뛰어다녀도 상관없네."

그러자 처음에 걱정했던 남자는 속이 후련해졌고 이 남자를 걱정했던 남자 또한 걱정이 사라졌다. 그러나 이 말을 들은 열자는 웃으며 이렇게 말했다 한다.

"생(生)이 사(死)를 모르고 사(死)가 생(生)을 모르듯 천지가 붕괴되고 안되고 하는 것을 우리가 어찌 알까?"

여기서 「기우(杞憂)」란 말이 유래되었으며 '기인우천(杞人憂天) : 기나라 사람이 하늘이 무너질까 두려워 함)' 또한 같은 말이다. 그런데 여기서 우리가 걱정 아닌 걱정을 해야하는 진짜 걱정이 현실로 다가왔다는 것이다.

1996년 1월 17일 새벽 이웃나라 일본 고베(神戸)를 아수라장으로 만들었던 대지진이 바로 그것이다. 땅이 내려앉을까봐 걱정을 했던 어떤 사람의 「기우(杞憂)」가 기분 나쁠 정도로 맞아떨어진 셈이다. 그렇다면 하늘은 어떤가?

하늘 또한 걱정이 된다. 환경오염으로 인해 남극 상공의 오존층에 미국 땅 만한 크기의 구멍이 뚫려있다는 사실이 그 대표적인 사례다. '현대판 기우' 진짜 걱정된다.

騎騎騎騎騎騎騎騎騎騎騎騎騎騎騎騎騎騎(말탈 기)
虎虎虎虎虎虎虎(범 호)
之之之之(갈 지)
勢勢勢勢勢勢勢勢勢執執勢勢(기세 세)

호랑이를 탄 이상 기세는 꺾일 수 없다.

出典 수서(隋書) 독고황후전(獨孤皇后傳)

남북조시대 북조 최후의 왕조인 선제(宣帝)가 죽자 양견(楊堅)이 재상으로서 정치를 총괄하는 한편, 평소 한민족이 이민족에게 점령당하고 있는 것을 원통히 여긴 터라, 한민족의 천하를 만들기 위해 힘을 기르고 동분서주하고 있었다. 이때 그의 아내가 이렇게 격려했다고 한다.

"지금 당신은 호랑이 등에 탄 기세입니다. 일단 호랑이 등에 탄 사람은 중도에서 내리면 아무것도 안됩니다. 그러므로 끝까지 밀고 나가 목적을 달성하십시오."

그 후 양견은 용기를 북돋아주는 아내의 말에 큰 영향을 받고 탁월한 수완과 교묘한 내치외교

(內治外交)로 어린 황제에게 제위를 물려받아 수(隋)나라를 세웠으며, 서기 518년에는 남조의 진나라를 멸망시켜 천하를 통일했다. 이 사람이 바로 수나라의 고조 문제(文帝)이며 그의 아내는 여장부로서 명성을 떨친 독고황후(獨孤皇后)였다.

奇貨可居
기 화 가 거

奇奇奇奇奇奇奇奇 (기이할 기)
貨貨貨貨貨貨貨貨貨貨貨 (재화 화)
可可可可可 (옳을 가)
居居居居居居居居 (살 거)

기이한 보화는 잘 보관하라.

出典 사기(史記)의 여불위열전(呂不韋列傳)

전국시대 말기에 여불위(呂不韋)라는 한나라 거상(巨商)이 상업관계로 조나라 수도 한단을 드나들면서 우연히 진나라 태자 안국군(安國君)의 서자인 자초(子楚)가 인질로 이곳에 살고 있다는 정보를 입수하고 '이 기회를 잡아두자, 그럼 머지않아 큰 값으로 오를 것이다'라는 장삿속으로 자초를 찾아가 흥정을 벌였다.

'이것이야말로 기화로다. 사 두면 훗날 큰 이익을 얻게 될 것이다.'

여불위는 즉시 황폐한 삼간 초가에 어렵게 살아가는 자초를 찾아가 이렇게 말했다.

"귀공의 부군이신 안국군(安國君)께서 멀지 않아 소양왕의 뒤를 이어 왕위에 오르실 것입니다. 하지만 정빈(正嬪)인 화양부인(華陽夫人)에게는 소생이 없습니다. 그러면 귀공을 포함하여 20명의 서출(庶出) 왕자 중에서 누구를 태자로 세울까요? 솔직히 말해서 귀공은 결코 유리한 입장에 있다고는 말할 수 없습니다."

"그건 그렇소만, 어쩔 수 없는 일 아니오?"

"걱정 마십시오. 소생에게는 천금(千金)이 있습니다. 그 돈으로 우선 화양부인에게 선물을 하여 환심을 사고, 또 널리 인재를 모으십시오. 소생은 귀공의 귀국을 위해 조나라의 고관들에게 손을 쓰겠습니다. 그리고 귀공과 함께 진나라로 가서 태자로 책봉되도록 전력을 다하겠습니다."

"제게는 많은 돈이 있습니다. 이 돈을 당신의 태자 책봉을 위해 투자하겠습니다."

"좋소! 만약 자네가 말한대로 된다면 그대에게 선물로 나와 함께 진나라를 다스릴 권한을 주겠네."

이렇게 흥정이 성사되자 여불위는 즉시 진나라로 들어가 막대한 로비자금으로 진나라의 실력자들을 구워삶아 마침내 자초를 태자로 삼는데 성공했다.

뿐만 아니라 이때 여불위는 자신의 아이를 배고 있었던 조희(趙姬)라는 아가씨를 순진한 자초에게 시집 보내 아이를 출산하게 만들었는데 바로 이 아이가 후에 천하통일을 이룩한 진시황제였다. 결론적으로 말해 자초라는 기화(奇貨)가 철저한 장사꾼인 여불위의 손을 거치면서 그 값이 엄청나게 폭등한 셈이다. 그리고 이「기화가거(奇貨可居)」를 현대식으로 풀이하자면 '정경유착(政經癒着)'의 근원이라고 볼 수 있다.

"황금은 어리석은 자를 잘난 자로, 겁쟁이를 용기 있는 자로, 도적을 귀족으로, 창녀를 숙녀로 만든다."

는 셰익스피어의 말처럼 여불위는 황금으로 왕권을 낚는 장사를 벌여 크게 성공했으나 그의 말로는 비참했다.

여불위는 자기 자식을 회임한 조희(趙姬)라는 애첩까지 자초에게 양보하여 그를 완전히 손아귀에 넣은 뒤 재력과 능변(能辯)으로 자초를 태자로 세우는데 성공했다. 그리고 자초가 왕위에 오르자 장양왕(莊襄王) 그는 재상이 되었으며, 조희가 낳은 아들 정(政)은 훗날 시황제(始皇帝)가 되었다. 돈 때문에 자식이 아버지를 죽이는 현세태처럼 여불위도 자기가 뿌린 씨(진시황제)에게 원망을 사 목숨을 잃었던 것이다.

그런 뜻에서,

"돈으로 흥한 자는 돈으로 망한다"는 우리네 속담이 실감나게 들린다.

洛陽紙價貴
낙 양 지 가 귀

洛洛洛洛洛洛洛洛洛洛 (물 낙)
陽陽陽陽陽陽陽陽陽陽陽 (볕 양)
紙紙紙紙紙紙紙紙紙紙 (종이 지)
價價價價價價價價價價價價 (값 가)
貴貴貴貴貴貴貴貴貴貴貴貴 (귀할 귀)

낙양의 종이 값이 오르다.

出典 진서(晉書) 문원전(文苑傳)

중국 육조시대 진(晉)나라 때, 제(齊)나라의 도읍인 임치(臨淄) 출신 좌사(左思)라는 사람이 있었다. 그는 선비 집안에서 태어난 시인으로, 아버지 좌옹도 하급관리에서 입신해 전중시어사(殿中侍御史)로 발탁된 사람이다. 좌사는 한번 붓을 들면 장엄하고 미려한 시를 막힘없이 써내려가는 뛰어난 문재(文才)를 지녔으나 용모가 추하고 말까지 어눌했기 때문에 사람들과의 접촉을 피하고, 시작(詩作)에 열중하며 세월을 보내고 있었다.

좌사는 고향 임치에서 집필 1년 만에 제나라의 도읍이었던 임치의 풍물을 노래한 서사시「제도부(齊都賦)」를 지어 이름이 알려지자, 삼국시대 촉한(蜀漢)의 도읍인 성도(成都)와 오(吳)나라의 도읍인 건업(建業) 및 위(魏)나라의 도읍인 업의 흥망성쇠를 노래로 지어 보기로 마음먹었다.

마침「제도부(齊都賦)」를 탈고한 후 낙양으로 이사하게 된 그는「삼도부(三都賦)」라는 제목 아래 일생일대의 대작을 집필하게 되었다.

10년이라는 오랜 시간을 들여 마침내「삼도부(三都賦)」가 완성되었으나, 이 작품의 진가를 알아주는 사람이 없었다. 궁리 끝에 당시 박학하기로 소문난 황보 밀을 찾아갔다. 황보 밀은 현안선생

(玄晏先生)으로 널리 알려진 재야의 석학으로, 무제(武帝)가 벼슬을 내려도 마다하고 농사를 지으면서 작품을 쓰던 사람이었다. 좌사의 글을 읽어본 황보 밀은 크게 감탄하며 그 자리에서 서문을 써 주었다.

당시 서진(西晉)의 유명한 문인이던 육기(陸機)는 자신이 의도한 내용의 시를 좌사가 집필한다는 말을 듣고 비웃었으나 좌사가 지은 시를 읽어본 후로는 시를 짓는 일을 그만두었다고 한다.

그러던 어느날 서진의 유명한 시인 장화(張華)가 이 작품을 보고는 웅대한 구상과 유려한 필치에 감탄하여 후한(後漢) 때의 대시인 반고와 장형에 비유하며 격찬했다.

이 말이 전해지자「삼도부」는 즉시 낙양의 화제작이 되었다. 글에 관심이 있는 사람들은 너나없이 이 작품을 다투어 베껴 쓰게 되었다. 당시는 인쇄술이 발달하지 못하던 때라 종이를 사서 직접 베껴 썼으므로 그 바람에 '낙양의 종이값이 올랐다(洛陽紙價貴)'고 한다.

「낙양지가귀(洛陽紙價貴)」는 여기에서 유래된 것이다.

暖衣飽食
난 의 포 식

暖暖暖暖暖暖暖暖暖暖暖暖暖(따뜻할 난)
衣衣衣衣衣衣(옷 의)
飽飽飽飽飽飽飽飽飽飽飽飽飽(배부를 포)
食食食食食食食食食(밥 식)

따뜻한 옷을 입고 음식을 배불리 먹는다.

出典 맹자(孟子) 등문공편(滕文公篇)

사람이 따뜻한 옷을 입고 배불리 먹고(「난의포식(暖衣飽食)」) 아무런 가르침도 없이 안일하게 세월을 보내기만 하면 이것은 새나 짐승들과 다를 바 없다. 고로 성인은 이것을 걱정해 설(契)을 등용해 인류를 가르치게 한 것이다. 부모와 자식 사이에는 친밀함이 있어야 하고(부자유친(父子有親), 임금과 신하 사이에는 의리가 있어야 하며(군신유의(君臣有義), 친구 사이에는 믿음이 있어야 한다(붕우유신(朋友有信)는 가르침이다.

이 말은 맹자가 한 말로서 현대판「난의포식」주의자들의 사고방식에 일침을 가한 듯이 들린다.

그리고 여기에 박수를 친 소크라테스의 명언 또한 값지다.

"어리석은 사람은 먹고 마시기 위해 살지만, 현명한 사람들은 살기 위해 먹고 마신다."

"인간의 행동은 그의 옷과 같아야 한다. 너무 꼭 끼거나 유별나게 특징 있는 옷이 되지 말아야 하며 운동이나 움직임에 자유스러워야 한다." 이것이 베이컨의 명언이다.

일본에는 옛부터 경도(京都) 사람들은 '입어서 없애고' 대판(大阪)사람들은 '먹어서 없앤다'라는 블랙유머가 있다. 그렇다면 우리 한국인의 의식(衣食)문제는 어떨까?

難兄難弟
난 형 난 제

難難難難難難難難難難難難難難難 (어려울 난)
兄兄兄兄兄 (맏 형)
弟弟弟弟弟弟弟 (아우 제)

형과 동생을 구분하기 어렵다.

出典 세설신어(世說新語) 덕행편(德行篇)

'세설신어'는 남조송(南朝宋)의 유의경이 편집한 책으로서, 여기에 수록된 에피소드는 문학 작품으로도 훌륭한 완성도를 나타내고 있다.

후한 말기의 명사였던 진식(陳寔)에게는 장남 원방(元方)과 차남 계방(季方)이 있었으며, 원방에게는 군(郡), 계방에게는 충(忠)이라는 자식이 있었다.

어느 날 군과 충은 부친의 학문과 도덕을 비교하며 논쟁을 벌였는데, 뚜렷한 결론이 나오지 않자 할 수 없이 할아버지인 진식에게 그 판정을 내려달라고 했다.

이에 대해 진식은 다음과 같은 판정을 내렸다 한다.

"원방도 형이 되기가 어렵고 계방 또한 동생 되기가 어렵다(元方難爲兄 季方難爲弟)."

그 후 사람들은 이 말을 간략하게 줄여「난형난제(難兄難弟)」라 했고, 두 사람의 재덕에 높고 낮음의 차이가 없을 때 이 말을 인용했다. 그러나 현재 중국에선 두 사람이 비슷하게 성질이 나쁘거나 곤란한 상황을 비유할 때 이 말을 쓰기도 한다.

南柯一夢
남 가 일 몽

南南南南南南南南南 (남녘 남)
柯柯柯柯柯柯柯柯柯 (가지 가)
一 (한 일)
夢夢夢夢夢夢夢夢夢夢夢夢夢夢 (꿈 몽)

남쪽 나뭇가지 아래서 꾼 하나의 꿈.

出典 이공좌(李公佐)의 남가기(南柯記)

당나라 덕종(德宗) 때 순우분(淳于分)이란 협객이 그의 집 남쪽에 있는 큰 느티나무 아래서 친구들과 술을 마시다가 깜박 잠이 들었다. 그런데 이때 꿈속에서 자줏빛 옷을 입은 두 사람이 나타나,

"저희들은 괴안국 왕의 어명을 받고 당신을 모시러 왔습니다."

라고 했다.

이에 순우분은 그들을 따라 느티나무 밑둥에 뚫린 커다란 그멍 속으로 빨려들어갔는데, 그 세계는 인간세계와는 아주 딴판이었다.

그 후 그는 국왕의 사위가 되었고 남가군의 태수로서 20년 동안 남가군을 잘 다스려 태평성대를 이룬 공으로 재상에 임명됐다.

그러나 그것도 잠시 뿐, 그해 단라국의 군사들이 남가군 일대를 침범해 쑥대밭을 만들어놓고 철수하는 바람에 순우분의 명성에 금이 가기 시작했으며, 또한 아내마저 이름 모를 병을 시름시름 앓다가 곧 죽고 말았다.

뿐만 아니라 이 와중에 평소 순우분을 못마땅하게 여겼던 정적들이 임금에게 순우분이 민심을 요동시켜 반란을 도모한다는 상소문을 올리자, 임금은 불안감을 느끼고 순우분에게 집으로 돌아가라고 명령했다. 이에 당황한 그가,

"제 집은 이곳에 있는데 어디로 돌아가라고 하시는지요?"

하자 임금은 씨익 웃으며,

"그대는 본래 인간세계의 사람, 그대의 집은 이곳에 없다."

라고 말한 다음 사자를 시켜 인간세계로 추방시켰다.

이에 깜짝 놀라 눈을 뜬 순우분은 주위를 살펴보고는 지금까지 느티나무 아래서 꿈을 꾸고 있었다는 사실에 어리벙벙해 하면서 그가 꿈속에 따라들어갔던 느티나무 구멍을 파보았다.

그 속에는 수많은 개미가 떼지어 몰려있었으며, 성 모양을 갖춘 개미집이 보였다. 이것이 바로 괴안국의 서울이었고, 도사리고 있는 두 마리의 큰 개미가 임금 내외였던 것으로 추측됐다. 이어서 순우분이 또 다른 구멍 하나를 파보자 또 다른 개미집이 나타났다. 이곳이 바로 자신이 20년을 다스렸던 남가군이라고 생각하니 한심스럽고 「남가일몽(南柯一夢)」의 덧없음을 깨닫게 됐다고 한다.

이상은 당나라 사람 이공좌(李公佐-810~840)가 쓴 남가기의 대강 줄거리로, 인생의 덧없음을 충고한 이 고사는 개미의 나라라는 기발한 아이디어 때문인지, 그 후 명나라의 탕현조에 의해 연극화 되어 널리 호평을 받았다. 그리고 카알라일도 이 장을 빛내주었다.

현재나 미래에 있어서 이것을 잊지 말라. 인생은 헛된 꿈이 아니라는 것을. 영원을 바탕으로 영원에 쌓여 있는 존귀한 실재라는 것을.

南橋北枳
남 귤 북 지

南南南南南南南南南(남녘 남)
橘橘橘橘橘橘橘橘橘橘橘橘橘橘(귤나무 귤)
北北北北北(북녘 북)
枳枳枳枳枳枳枳枳枳(탱자나무 지)

강남에 심은 귤을 강북에 심으면 탱자가 된다.

出典　안자(晏子) 춘추(春秋)

춘추시대 말기, 초나라 영왕이 제나라의 유명한 재상 안영(晏嬰)을 초청한 자리에서,

"제나라에는 그렇게도 사람이 없소? 당신같이 키가 작은 사람을 사신으로 보냈으니 말이오."

라고 비웃자, 안영은 여유만만하게 되받아쳤다.

"저희 나라에선 사신을 보낼 때 그 나라에 맞게 사람을 골라 보내는 관례가 있지요. 작은 나라에는 작은 사람을, 큰 나라에는 큰 사람을 보내는데, 신은 그 중에서 가장 작은 키에 속하므로 초나라에 오게 된 것입니다."

안영의 능수능란한 말솜씨에 기세가 꺾인 영왕은 은근히 부화가 끓어올랐는데, 마침 그 앞으로 포리(捕吏)가 제나라 사람인 죄인을 끌고 가자 영왕은 안영에게 들으라고 큰소리로 죄인의 죄명을 밝힌 다음,

"제나라 사람은 원래 도둑질을 잘하는 모양이죠?"

하며 모욕을 주었다.

그러자 안영은 다음과 같이 말하면서 영왕을 꼬집었다.

"강남에 심은 귤을 강북에 심으면 탱자가 되듯이(「남귤북지南橘北枳」) 제나라 사람이 제나라에 있었을 때는 본래 도둑질이 무엇인지도 모르고 자라다가, 초나라에서 도둑질을 한 것을 보면 초나라의 풍토는 엉망인 모양이죠?"

기후와 풍토가 다르면 식물의 모양과 맛이 달라지듯이 사람도 주위 환경에 따라 달라진다는 것을 풍자한 고사다. 마치 우리나라에서는 얌전했던 사람이 미국에 가서는 거칠어진 경우를 들 수 있겠다.

그래서인지,

"자연으로 돌아가라"고 외친 루소의 명언이 설득력이 있다.

"자연은 결코 우리를 배반하지 않는다. 우리 자신을 배반하는 것은 언제나 우리들이다."

男負女戴
남 부 여 대

男男男男男男男(사내 남)
負負負負負負負負負(질 부)
女女女(계집 여,녀)
戴戴戴戴戴戴戴戴戴戴戴戴戴戴戴戴戴(일 대)

남자는 지고 여자는 인다는 뜻.

사람들이 살 곳을 찾아 세간을 이고 지고 이리저리 떠돌아 다님을 이르는 말.

濫 觴
남 상

濫濫濫濫濫濫濫濫濫濫濫濫濫濫濫濫濫(퍼질 남,람)
觴觴觴觴觴觴觴觴觴觴觴觴觴觴觴觴觴(잔 상)

첫 물줄기는 술잔을 띄울 만한 것에 지나지 않는다.

出典 　순자(荀子) 자도편(子道篇)

공자의 제자 자로(子路)가 옷차림을 사치하게 꾸미고 공자를 찾아뵙자 그 모습을 훑어본 공자가

왈(曰),

"자로야, 그 화려한 옷은 웬일이냐? 옛부터 양자강은 민산(岷山)에서 흘러나오는데 그 근원은 술잔을 띄울 만한(「남상(濫觴)」) 것에 지나지 않는다고 했지만, 그 물이 나룻터 근처에 오면서 불어나 물살도 빨라지고 배를 띄우지 않으면 건너갈 수 없게 되고 바람이 없는 날을 택하지 않으면 건너가지도 못하게 되는 것이란다."

순자는 공자를 통해 사물의 시초가 중요한 것이며, 시작이 나쁘면 뒤로 갈수록 심해진다는 것을 충고한 것이었다.

이에 자로는 즉시 반성하고 평범한 옷으로 갈아입고 왔다고 한다.

사물의 시초와 근원을 뜻하는 「남상(濫觴)」은 여기서 유래되었으며 이 교훈은 사치를 일삼는 현대인들을 꼬집는다.

囊囊囊囊囊囊囊囊囊囊囊囊囊囊囊囊囊囊囊囊囊囊(주머니 낭)
中中中中(가운데 중)   之之之之(갈 지)
錐錐錐錐錐錐錐錐錐錐錐錐錐錐錐(송곳 추)

주머니 속의 송곳.

出典 　사기(史記) 평원군열전(平原君列傳)

진나라가 군사를 일으켜 초나라를 침략하고 수도 한단을 포위하자, 조왕은 급히 평원군을 조나라에 보내 초왕을 설득해 구원병을 보내줄 것을 부탁했다.

이에 평원군은 약 3천여 명의 식객 중에서 유능한 인재 20명을 뽑아 수행원으로 데려가기로 했으나 한 명의 인재가 부족했다. 이때 모수(毛遂)라는 자가 스스로 수행원에 낄 것을 자원하자 평원군이 왈(曰),

"본래 재능이 많은 사람은 주머니 속에 든 송곳처럼 그 예리함이 저절로 나타나는 것이거늘 (譬若錐之處囊中其末立具), 나는 그동안 그대에 대한 재능을 들은 바가 없소. 이것은 곧 그대에게 재능이 없다는 것이 아니겠소."

하자 모수가 열변을 토했다.

"저는 오늘에야 비로소 주머니 속에 넣어주기를 청원했을 뿐입니다. 저를 일찍부터 주머니 속에 넣을 수 있었다면 아마 지금쯤은 자루까지 나왔을 겁니다."

이렇게 해서 20명의 인재에 뽑힌 모수는 평원군을 도와 초왕을 설득하는데 큰 역할을 했으며, 그 후 평원군은 모수를 상객(上客)으로 대우하면서 어떤 인물이라도 함부로 평가하지 않았다 한다.

그리고 여기서 「낭중지추(囊中之錐)」와 함께 '모수자천(毛遂自薦)'이란 고사성어도 유래됐는데, 이런 인재를 현대의 인재들과 비교하는 것 또한 바람직한 일이 아닐까.

미국에선 가장 머리가 좋은 인재들이 경영전선에 뛰어들고, 프랑스에선 가장 창조적인 젊은이들이 예술계에 몰려드는 반면에, 일본에서는 별로 쓸모없는 인재들이 정치계에 투신하고, 영국에서는 제일 꿈이 없는 사람들이 공무원이 된다. 그렇다면 한국의 우수한 인재들은 과연 어디로 몰릴까? 전자에 해당되기를 바란다.

内憂外患
内內内内 (안 내)
憂憂憂憂憂憂憂憂憂憂憂憂憂憂憂 (근심 우)
外夕外外外 (바깥 외)
患患患患患患患患患患患 (근심 환)

안팎의 근심과 재난.

出典 국어(國語) 진어(晉語)

춘추시대 중엽, 진(晉)나라 내부정치를 좌우할 만한 세력을 지닌 낙서(樂書)와 범문자(范文子)가 진나라에 항거한 정나라를 정벌하려고 할 때, 진나라와 초나라의 두 군대가 충돌하게 되자 낙서는 초나라와 싸울 것을 주장했다. 반면에 범문자는 이에 반대했다.

"밖으로부터 재난이 없으면 반드시 안으로부터 생기는 근심이 있기 마련이오. 고로 초나라와 정나라에 관한 근심을 잠시 보류하는 게 좋을 것 같소이다."

「내우외환(内憂外患)」은 여기서 유래됐으며, 이 말을 철학적으로 풀이하자면,

"인간은 항상 근심 속에서 산다."

는 것이다. 그래서 셰익스피어도 다음과 같은 명언을 남겼잖은가.

"인생은 불안정한 항해다."

内助之賢
内內内内 (안 내)
助助助助助助助 (도울 조)
之之之之 (갈 지)
賢賢賢賢賢賢賢賢賢賢賢賢賢賢賢 (어질 현)

현명한 아내의 내조

'남귤북지'의 주인공 안영이 마차를 타고 외출할 때면 그의 마부(馬夫)는 8척 장신을 뽐내듯이 우쭐거리며 말을 몰았다. 그러자 이 광경을 목격한 마부의 아내는 크게 실망하고 퇴근한 남편에게 이렇게 말했다.

"안영께서는 150cm도 안 되는 단신이면서도 그의 인품은 겸손하기 이를 데 없는 반면에, 당신은 8척 장신임에도 불구하고 안영의 마부노릇을 하는 주제에 그 무엇이 그리 좋다고 우쭐거리고 뽐내는 거예요? 창피한 줄을 알아야지요."

그 후 아내의 올바른 충고에 크게 깨달은 마부는 자신의 태도를 고치고 겸손하게 행동했다. 이런 마부의 달라진 행동에 대한 연유를 들은 안영은 크게 감격했다.

아내의 충고를 무시하지 않고 그대로 받아들여 자신의 잘못을 고쳤다는 점이 안영을 감격케 한 것이다.

그래서 안영은 얼마 후 마부의 마음자세를 가상히 여겨 마부를 대부 벼슬에 천거하기에 이르렀다.

이런 경우를 두고 진짜 참된 내조(內助)라고 한다. 그러나 안타깝게도 옛날이나 지금이나 동서고금을 막론하고 이런 내조보다는 삐뚤어진 내조가 더 많았다.

특히 현대사회생활에 있어 여성들의 사회진출이 많아지면서 '외조지공(外助之功)'이라는 말이 유행할 정도로 참된 내조는 비참하게도 퇴색돼 가기만 한다.

이 점에 대해 할 말은 많으나 혹시 여성단체에서 '여성인권문제' 등등을 들고나와 이 책을 매도할 것 같은 생각에 겁이 나 뒤로 미루고 톨스토이의 명언으로 대신하겠다.

"남자의 사명은 넓고 다양한 반면에 여성의 사명은 일률적이고 협소하면서도 매우 깊은 편이다."

老馬之智
노 마 지 지

老老老老老老(늙을 노,로)
馬馬馬馬馬馬馬馬馬馬(말 마)
之之之之(갈 지)
智智智智智智智智智智智(지혜 지)

늙은 말의 슬기로운 지혜

出典 한비자(韓非子)의 설림편(說林篇)

춘추시대 제나라 환공이 '관포지교'로 유명한 관중(管仲)과 습붕(隰朋)을 대동하고 봄에 군사를 일으켜 고죽국을 토벌한 다음 겨울에 그 임무를 마치고 귀국하는 도중에 길을 잃고 말았다. 그러나 산전수전 다 겪은 늙은 말은 본능적 감각으로 길을 찾을 수 있다는 것을 잘 알고 있었던 관중의 판단 아래 늙은 말을 풀어놓아 앞장을 세워 길을 찾을 수 있었다.(「노마지지」의 유래).

그런데 이번에는 진군 도중에 비상용 물이 떨어졌지만 가도가도 샘물은커녕 냇가도 보이지 않는 일이 일어났다. 이에 병사들이 심한 갈증을 견디지 못하고 탈진하기 시작하자 습붕이,

"개미는 겨울엔 양지에 살고 여름엔 산의 음지쪽에 살며, 개미집이 한치만 되면 그 아래에는 물이 있는 법."

하며 병사들에게 개미집을 찾게 하고 그 지하를 파니 말 그대로 물이 용솟음쳐 나왔다 한다.

한비자(韓非子)는 설림편에서 이 에피소드를 소개하면서 다음과 같은 명답을 제시했다.

"관중의 성(聖)과 습붕의 지(智)로써도 모르는 곳에 이르면 그 지혜가 늙은 말과 개미라도 스승으로 삼는 것을 꺼려하지 않았거늘, 지금 사람들은 성인(聖人)의 지(智)를 스승으로 삼는 것을 모른다. 이 역시 잘못 아닌가?"

이 교훈은 노인고령화시대에 살고 있는 현대인들에게 그 무엇인가 시사하는 바가 크다고 볼 수 있다. 이 숙제물은 '국가론'으로 유명한 「노마지지(老馬之智)」 키케로의 명언에서 찾아보자.

"이성과 판단이 발견되는 것은 바로 노년기에 있다. 그 이유를 들자면 만약 노인들이 없었다면 그 어떤 나라조차도 존재할 수 없었기 때문이다."

老益壯
노 익 장

老 老 老 老 老 老 (늙을 노,로)
益 益 益 益 益 益 益 益 益 益 (더할 익)
壯 壯 壯 壯 壯 壯 壯 (씩씩할 장)

늙을수록 더욱더 건장해야 한다.

出典 후한서(後漢書)의 마원전(馬援傳)

"사내대장부란 일단 뜻을 품었으면 끝까지 밀어부칠 줄 알아야 하고, 어떤 어려운 경우에 처했더리도 실망하지 말고 굳세야 하며, 또한 늙으면 늙을수록 더욱더 건장해져야 한다(「노익장(老益壯)」)."

이 「노익장(老益壯)」에 대해 입버릇처럼 말해 온 사람은 후한 광무제 때의 명장 마원(馬援)이었으며, 그의 일화 중에 다음과 같은 「노익장(老益壯)」이 유명하다.

A.D. 41년에 동정호 일대에서 반란이 일어나자 마원은 출병을 자처하고 나섰다. 그러나 광무제는 그가 너무 늙었으므로 저주하자 마원 왈(曰),

"신의 나이가 60이 넘었으나 아직 젊은이 못지 않은 힘이 있습니다. 신은 나이가 들면 들수록 오히려 힘이 용솟음쳐 주체를 못할 정도입니다. 고로 출병을 허락해 주십시오."

이런 마원의 강한 의욕에 광무제는 감탄하고 그에게 대장군이란 직책을 주어 반란군을 토벌케 했다. 그 결과 마원은 그의 말대로 「노익장(老益壯)」을 과시해 반란군을 진압했고 이에 반신반의했던 광무제는,

"공은 그야말로 노익장답군요."

하며 그의 공을 치하했다 한다.

그 옛날 사람들의 수명이 60세를 넘기기가 힘들었던 시절에 이와 같은 「노익장」 과시는 기적에 가깝다고 볼 수 있다. 여기에 버금가는 현대 중국인의 지도자로서는 90세까지도 중국천하를 호령한 부도옹 등소평을 꼽을 수 있고, 공산국가 지도자이며 한국인의 공포의 대상이었던 김일성도 이 범주에 든다. 물론 선과 악을 떠나서다.

그리고 운동선수로서 노익장을 과시한 인물로는 단연코 1994년 45세의 나이에도 불구하고 프로복싱 헤비급 왕좌에 등극한 조지 포먼을 꼽을 수 있을 것이다.

1974년 10월 무하마드 알리에게 패배, 챔피언 타이틀을 내준 뒤 한물 간 복서로 여겨졌던 조지

포먼이 19세 연하인 마이클 무어라(26)를 10회 2분 3초만에 역전 KO시키는 이변을 연출했기 때문이다.

전문가들 조차 3대1 정도의 열세로 평가할 정도로 나이와 체력 면에서 뒤졌던 포먼이 전문가들을 비웃기라도 하듯 9회까지의 열세를 단 두 방(좌우 강타)으로 결정 지은 포먼의 기적은 스포츠를 초월, 시간과 세월을 극복한 인간승리였다고 자랑할 수 이을 것이다.

그외에도 46세로 은퇴할 때까지 삼진왕으로 맹활약을 한 놀런 라이언 등등이 있으며, 우리나라의 유명 운동선수로는 39세의 박철순 투수가 「노익장」을 과시해 한국인의 긍지를 심어주기도 했다. 아울러 이들의 인간승리는 '중년증후군'에 짓눌려 위기를 자초하고 있었던 한국의 중년들에게 신선한 충격을 이 장과 함께 보여준 셈이다.

論論論論論論論論論論論論論論論論 (논할 논)
功功功功功 (공 공)
行行行行行行 (행할 행)
賞賞賞賞賞賞賞賞賞賞賞賞賞賞賞 (상줄 상)

그 공을 논의해 상을 주다.

出典 삼국지(三國志)와 사기(史記)

삼국지 기록에 의하면 위나라 명제(明帝)는 오나라 군대를 물리친 장수들의 공적을 조사해 상을 내릴 때 그 지위에 따라 주었다 한다. 이런 「논공행상(論功行賞)」에 관한 기록은 '사기(史記)'에도 흔히 볼 수 있다.

나라에 정치적 변혁이 일어나 그 왕조가 바뀌게 되면 반드시 「논공행상」이 뒤따랐고, 우리의 역사속 「논공행상」 역시 마찬가지였다. 고려 창업 때 그랬고, 조선왕조가 성립됐을 때도 그랬고, 성격은 다소 다르지만 현대의 정치 변혁 때에도 비슷한 「논공행상」은 되풀이 해왔다.

특히 5.16군사 쿠데타와 제5공화국 출범 때처럼 정권 수립이 비정상일 때 「논공행상」은 공정치가 못했는데, 그 한 예로 군 출신의 낙하산 인사를 들 수 있겠다.

이런 「논공행상」은 다시 한 번 공정과 합당해야 된다는 것을 일깨워 준다. 이것이 바로 이 장의 정의다.

弄弄弄弄弄弄弄 (희롱할 농)
瓦瓦瓦瓦 (기와 와)
之之之之 (갈 지)
慶慶慶慶慶慶慶慶慶慶慶慶慶慶 (경사 경)

질그릇을 갖고 노는 경사(慶事)란 뜻.

'와(瓦)'는 실패로 실을 감아 두는 작은 도구를 말한다. 여기서 전하여 농와지경 또는 농와(弄瓦)는 딸을 낳은 즐거움이나 여자 아이를 낳은 것을 축하하는 말로 쓰인다. 같은 뜻으로 농와지희(弄瓦之喜)라는 성어가 있다.

累卵之危
누 란 지 위

累累累累累累累累累累累(여러 누)
卵卵卵卵卵卵卵(알 란)
之之之之(갈 지)
危危危危危危(위태할 위)

알을 쌓아 놓은 듯한 위태로움이라는 뜻.

옛날 중국의 춘추 전국 시대에는 세 치 혀 하나를 밑천삼아 제후들을 찾아다니며 능변으로 호감을 사서 출세하려는 이른바 세객(說客)들이 흔해 빠졌다. 그중에는 세상을 경영할 만한 지혜의 소유자도 물론 있었지만, 대개는 톡톡 튀는 말재간뿐인 자들로 이를테면 사회의 필요악적인 존재였다고 할 수 있다. 위(衛)나라의 범수 또한 그런 세객 중의 한 사람이었는데, 가난하고 미천한 집 출신이라서 좀체 이름을 날릴 기회가 돌아오지 않았다.

그러던 중에 위나라 대신 수고(須賈)가 중대 사명을 띤 외교 사절로 제나라에 가게 되었는데, 마침내 범수가 그 수행원에 발탁되었다. 범수로서는 재능을 발휘할 기회를 모처럼 얻었다고 기뻐했다. 제나라로 간 수고는 양왕(襄王)을 만나 외교를 펼쳤으나 별다른 성과가 없었다. 그 대신 범수가 현란한 말솜씨로 탁월한 언변을 쏟아 놓아 제나라 왕과 대신들에게 깊은 인상을 주었다. 이 일에 기분이 상한 수고는 귀국하자마자 왕에게 말했다.

"범수란 놈은 알고 보니 제나라와 내통한 첩자였습니다."

마른 하늘의 날벼락이란 이런 경우를 두고 하는 말일 것이다. 모처럼 잡은 기회에 능력을 발휘하고자 적극적인 웅변을 펼쳤던 것이 도리어 첩자 누명의 빌미가 되었으니 기가 막히지 않을 수 없었다. 왕은 범수에게 갖은 고문을 가하여 초죽음으로 만들고는 거적에 둘둘 말아 변소에 버렸다. 그리고는 취객들로 하여금 그 몸에다 오줌 세례를 퍼붓게 했다.

'아하, 세상에 어찌 이런 경우가 있으랴!'

범수는 오락가락하는 정신으로 한탄했으나, 한편으로 동물적인 생존의 투지가 불타올랐다.

'어디 두고 보자. 이 정도로 죽어 나간다면 내가 어찌 제대로 된 세객이겠는가!'

이렇게 생각한 범수는 간수를 불러 자기 목숨을 구해 주면 반드시 뒤에 후한 사례를 하겠다고 설득했다. 뛰어난 말솜씨에 홀딱 넘어간 간수는 거적 속의 죄인이 죽었으니 갖다 버려야 되겠다고 왕에게 말해 허락을 받았다. 구사일생으로 목숨을 건진 범수는 정안평(鄭安平)이란 사람한테 찾아가 그의 도움으로 몸을 숨길 수 있었고, 이름도 장록(張祿)이란 가명을 썼다. 그 후 진(秦)나라에서 왕계(王稽)란 사신이 위나라에 찾아왔는데, 정안평은 객사에 있는 왕계를 은밀히 찾아가 범수를 추천했다.

"우리 마을에 장록 선생이란 분이 계신데, 천하를 움직일 만한 재주가 있습니다. 다만, 몸을 드러내 놓고 활동할 수 없는 처지이므로, 대인께서 은밀히 진나라로 데려가시면 큰일을 해 낼 것으로 믿습니다. 한번 만나 보심이 어떠할는지요."

다음날 밤 왕계는 범수의 청산유수 같은 달변과 식견에 홀딱 반하고 말았다. 그래서 귀국할 때 범수를 하인으로 변장시켜 숨겨 데리고 갔다. 왕계는 어전에 나아가 말했다.

"전하, 신이 이번에 위나라에서 탁월한 세객 한 사람을 데려왔습니다. 장록이라고 하는데, 그는 우리 진나라의 형편이 마치 '달걀을 쌓아 놓은 것처럼 위태롭다'고 하면서, 자기를 발탁하면 이 나라와 백성이 두루 평안할 것이라고 자신하고 있습니다."

이때의 진나라 왕은 소양왕(昭襄王)이었다. 그는 한낱 세객 주제에 자기 나라 사정이 어떻다는 둥 하는 것이 마땅치 않았지만, 기왕 데려온 사람이고 세상의 눈이 있으므로 일단 낮은 직책을 주어 능력을 시험하기로 했다. 호된 고난을 겪은 범수가 그 필생의 기회를 놓칠 리가 없었다. 그는 재능을 다하여 왕의 신임을 얻는 데 성공했고, 나중에는 '먼 나라와 화친하면서 가까운 나라부터 먹어 들어간다[遠交近攻策(원교근공책)]'는 외교 정책으로 진나라의 국운을 융성하게 만들었다.

能書不擇筆
능 서 불 택 필

能能能能能能能能能能(능할 능)
書書書書書書書書書書(글 서)
不不不不(아니 불)
擇擇擇擇擇擇擇擇擇擇(가릴 택)
筆筆筆筆筆筆筆筆筆筆筆(붓 필)

서예에 능한 사람은 붓을 가리지 않는다.

出典 당서(唐書) 구양순전(歐陽詢傳)

당나라 시대 서도(書道)의 달인으로는 우세남, 저수량, 안진경, 구양순 등을 꼽을 수 있으며, 그 중에서 특히 구양순(歐陽詢)이 유명하다. 그의 명성에 어울리는 에피소드가 '당서'에 다음과 같이 실려 있다.

서도의 달인 4명 중 가장 나이가 어린 저수량이 윗사람에게

"내 글과 구양순의 글을 비교한다면 어느 쪽이 우세할까요?"

라고 묻자 우세남은 이렇게 대답했다.

"구양순은 종이나 붓에 대해 일절 불평을 하지 않고 글씨를 썼네(「능서불택필(能書不擇筆)」). 반면에 자네는 아직까지도 종이나 붓에 구애를 받고 있으니 그와 비교할 수 없네."

진짜 서도의 달인이라면 종이나 붓을 가리지 않고 자유자재로 붓을 휘두를 수 있다는 말이다. 그래서 사람들은 구양순의 서체를 솔경체(率更體)라고 했으며, 필력(筆力)은 스승인 왕희지를 능가할 정도로 힘이 넘쳐흘렀다고 평가했다.

그런 뜻에서 한국의 대표적 서예가 한석봉의 「능서불택필(能書不擇筆)」을 들어보자.

한석봉은 어렸을 때 집이 너무 가난해 글씨 공부에 필요한 책과 종이와 붓, 먹 등을 살 형편이 못됐으나 이런 환경을 초월해 돌다리 위에다 개울물을 찍어서 글씨를 썼으며, 비가 와 돌다리가 물에 잠기면 집에서 장독 겉면에다 글씨를 썼다. 그야말로 「능서불택필(能書不擇筆)」의 경지를 어렸을 때부터 체험한 셈이다. 그 결과 그는 그 당시 중국의 서체를 모방했던 중국풍의 서체에서 탈피해 독창적인 한국적 서예의 길을 터놓아 그의 이름은 중국에까지 알려져 중국의 명필이었던 왕희지 등과 견주어질 정도로 유명인사가 됐다.

중국의 「능서불택필(能書不擇筆)」이 구양순이라면, 한국의 「능서불택필(能書不擇筆)」은 한석봉이라고 자랑스럽게 말할 수 있겠다.

陵遲處斬
능 지 처 참

陵陵陵陵陵陵陵陵陵陵陵陵(언덕 능)
遲遲遲遲遲遲遲遲遲遲遲遲遲遲(더딜 지)
處處處處處處處處處處處處(곳 처)
斬斬斬斬斬斬斬斬斬斬斬(벨 참)

중죄인을 일단 죽인 뒤, 그 시신을 토막쳐서 각지에 돌려 보이는 형벌.

多岐亡羊
다 기 망 양

多多多多多多(많을 다)
岐岐岐岐岐岐岐(갈림길 기)
亡亡亡(잃을 망)
羊羊羊羊羊羊(양 양)

갈림길이 많아 양을 잃어버리다.

> **出典** 열자(列子) 설부편(說符篇)

전국시대의 사상가였던 양자(楊子)의 이웃집에서 양 한 마리가 도망가자 그 집주인은 양자의 하인들까지 동원해 양을 찾았으나 헛탕을 치고 돌아와 양자에게,

"갈림길 속에 또 다른 갈림길이 있어 양이 어디로 갔는지 도통 알 수가 없군요."
하며 한탄하자, 양자는 이때부터 말문을 닫고 오랫동안 웃는 낯조차 보이지 않았다.

이에 제자들은 그까짓 양 한 마리에 그것도 남의 것인데 왜 그러는지 이유를 통 알 수가 없었다. 그러던 어느 날 영리한 제자 한 사람이 양자에게 그 이유를 듣고 이렇게 말했다.

"비록 한 마리의 양이 목표라도 일단 수많은 갈림길에 빠져들면 놓쳐버리듯이, 학문의 길도 이와 마찬가지로 그 포인트를 잃고 갈림길에서 헤메다 보면 그 결과는 얻고 잃음도 없다는 것을 말씀하신 것이다."

다시 말해 「다기망양(多岐亡羊)」이란 갈림길이 많아 양을 잃어버렸다는 비유를 통해 학문도 그

근본을 잊고 갈림길 속에서 헤매다 보면 그 결과를 얻을 수 없다는 뜻이다.

이와 비슷한 애기가 장자(莊子) 변무편에도 있다.

어느 날 두 사람의 하인이 양을 지키고 있다가 한눈을 파는 사이에 양을 잃어버리자 주인이 화를 내면서 그 죄를 추궁했다. 이에 한 하인은,

"책을 읽는데 정신이 팔려서……"라고 대답했다. 또 다른 하인은,

"윷놀이에 정신이 팔려서……"라고 대답했다.

이들에게는 어떤 변명도 통하지 않는다. 왜냐하면 양을 지키는 중요한 목적을 잃어버렸기 때문이다. 마찬가지로 학문도 그 목적을 잃어버리면 안된다는 교훈이다.

"학문이 어느 방향으로 인간을 출발시키느냐에 따라 그 사람의 장래가 결정된다." 플라톤의 명언처럼.

多多益善
다 다 익 선

多多多多多多(많을 다)
益益益益益益益益益益(더할 익)
善善善善善善善善善善善善(착할 선)

많으면 많을수록 더욱 좋다.

出典 사기(史記) 회음후열전(淮陰侯列傳)

한고조 유방이 '교토사양구팽' 의 목표물인 한신을 제거하기 위해 권력의 핵심인 초왕에서 회음후(淮陰侯)로 강등시킨 후 한신과 토론을 했다.

"나는 어느 정도의 군사를 거느릴 능력이 있는가?"

"글쎄요, 폐하께선 십만 명 정도겠죠."

"그런가? 그럼 그대는 어느 정도인가?"

"저는 다다익선이지요."

이 말을 듣고 유방은 한신을 비웃으며,

"다다익선이라고? 그렇다면 그대는 왜 나에게 잡혀왔는가?"

하자 한신은 다음과 같이 뼈가 들어있는 말을 했다.

"폐하는 병(兵)의 장(將)이 될 자격은 없지만 반면에 장(將)의 장(將)이 될 자격은 있습니다. 이것이 바로 제가 폐하께 잡힌 이유이며 따라서 폐하의 힘은 하늘이 주신 것으로서 사람의 힘으로 될 수 있는 것은 아닙니다."

얼핏 들으면 아부의 말 같지만 한신의 말속에 회음후로 강등당한 처사에 불만이 담겨 있는 것이다.

반면에 한신은 「다다익선(多多益善)」의 주인공은 자신이 아니라 유방이라는 사실을 하늘에 비유해 확인시켜준 셈이다. '국사무쌍'인 자신을 유방이 포용해 주었기 때문이다.

多多多多多多(많을 다)

事事事事事事事事(일 사)

(어려울 난)

難難難難難難難難難難難難難難難難難

多事多難
다 사 다 난

여러 가지로 일도 많고 어려움도 많음.

한 해가 저물 연말이 되면 늘 듣게 되는 표현이 바로 다사다난이다. 어느 해가 다사다난하지 않았겠는가? 수천만이 살아가는 한 나라, 수십억 인구가 살아가는 온 세계를 떠올려 보면 어느 한 해건 일없이 지날 수는 없겠다.

다사다단(多事多端)도 비슷한 뜻으로 쓰인다. 이때 단(端)은 '끝, 실마리'라는 의미로 쓰이는데, 일도 많고 다양한 사건도 많았다는 뜻이다.

斷斷斷斷斷斷斷斷斷斷斷斷斷斷斷斷斷(끊을 단)

機機機機機機機機機機機機機機機機(베틀 기)

之之之之(갈 지)

教教教教教教教教教教教(가르칠 교)

斷機之教
단 기 지 교

교육을 중도에 포기하는 것은 짜던 베의 날을 끊는 것과 같다.

出典 후한서(後漢書) 열녀전(列女傳)

공자의 손자인 자사(子思)의 문하생이었던 맹자(孟子)가 학문의 어려움을 견디다 못해 하던 공부를 접고 집으로 돌아오자 그의 어머니는 아무 말 없이 칼로 짜고 있던 베를 잘라버렸다. 깜짝 놀라는 맹자에게 어머니는 이렇게 타일렀다.

"네가 학문을 도중에 포기하는 것은 내가 짜고 있던 베를 끊어 버리는 것과 같은 이치이다."

여기서 충격을 받은 맹자는 그 후 어머니의 「단기지교(斷機之教)」 교훈을 깊이 명심하고 학문에 전념해 공자 다음 가는 성인이 됐다는 이야기다.

"모든 교육 중에서 가정교육이 가장 중요하다."

이 명언은 스위스가 낳은 세계적인 교육자 페스탈로치의 말로서, 그는 어릴 때에 형성된 정서가 평생을 좌우하는 인격의 기본이 된다는 것을 강조한 것이다.

그런 의미를 부여해 맹자의 어머니와 비슷한 교훈을 지닌 한석봉 어머니의 교훈을 들어보자.

맹자가 중도에서 학문을 포기하고 집에 돌아왔듯이 한석봉도 집으로 돌아오자 그의 어머니는 아들에게 등잔불을 끄게 한 뒤 어둠속에서 글씨를 쓰게 하고 어머니는 떡을 썰었다. 그 결과 어머니가 썬 떡은 반듯하게 썰어졌지만 한석봉이 쓴 글은 엉망이었다. 이에 어머니 왈(曰).

"내가 썰은 떡처럼 글씨를 쓸 수 있을 때까지는 절대로 집으로 돌아와서는 안된다."

우리의 자랑스런 어머니의 모델이다. 그런데 우리의 신세대 학부모들의 현실은 한석봉이 쓴 글씨처럼 엉망진창이다. 학부모들의 자녀 이기주의 치맛바람에 '행복은 성적순이 아니잖아요'라는 유행어가 탄생되기도 했지만, 그들의 치맛바람은 반성할 줄 모르고 더욱더 기승을 부린다. 그래서 맹자와 한석봉 어머니의「단기지교」는 매우 값져 보인다.

單刀直入
단 도 직 입

單單單單單單單單單單單單(홀 단)
刀刀(칼 도)
直直直直直直直直(곧을 직)
入入(들 입)

혼자서 칼을 휘두르고 거침없이 적진(敵陣)으로 쳐들어간다는 뜻.

대화할 때 바로 요점을 말하는 상황을 이르는 말로, ① 문장(文章)이나 언론(言論)의 너절한 허두(虛頭)를 빼고 바로 그 요점으로 풀이하여 들어감.

② 생각과 분별과 말에 거리끼지 아니하고 진경계(眞境界)로 바로 들어감.

簞食瓢飮
단 사 표 음

(소쿠리 단)
簞簞簞簞簞簞簞簞簞簞簞簞簞簞簞簞簞
食食食食食食食食食(밥 식, 먹일 사)
瓢瓢瓢瓢瓢瓢瓢瓢瓢瓢瓢瓢瓢瓢瓢瓢(바가지 표)
飮飮飮飮飮飮飮飮飮飮飮飮飮(마실 음)

대그릇의 밥과 표주박의 물이라는 뜻으로 충분치 못한 적은 음식(飮食).

소박한 밥상이나 변변찮은 음식, 또 이러한 생활에 만족하는 청빈한 삶을 가리킨다. 청빈한 선비의 생활을 나타내는 표현으로 자주 쓰이는데,『논어』에 나오는 표현으로, 공자가 아끼는 제자 안회를 가리키며 한 말이다.

이 표현에서 중요한 글자는 사(食)이다. 일반적으로는 '식'으로 읽고 '먹다, 음식'과 같은 뜻으로 쓰이는데, 여기서는 '사'로 읽는데「음식을 먹이다」라는 뜻이다.

斷 腸
단   장

斷斷斷斷斷斷斷斷斷斷斷斷斷斷斷斷斷斷(끊을 단)
腸腸腸腸腸腸腸腸腸腸腸腸腸(창자 장)

창자가 끊어지다.

 세설신어(世說新語)

진나라의 환온(桓溫)이 촉나라를 치기 위해 장강의 삼협(三峽)을 지날 때 군졸 한 명이 원숭이 새끼를 잡아 가지고 배에 오르자 이 광경을 목격한 어미 원숭이가 미친 듯이 날뛰며 강기슭을 따라 배를 쫓아 다녔다.

얼마 후 배가 기슭에 닿자 어미 원숭이는 배로 훌쩍 뛰어들어 울부짖다가 갑판에 누워 죽고 말았다. 이에 군사들이 이상하게 생각하고 그 원숭이의 배를 갈라보자 창자가 갈기갈기 찢어져 있는 게 아닌가. 어미 원숭이의 심정이 너무나도 애통했기 때문이었다.

이 「단장(斷腸)」의 주인공 원숭이는 그때 정말로 창자가 끊어졌다는 기록이 있듯이 모성애의 극치를 보는 듯하다.

이때부터 「단장(斷腸)」하면 자식이나 남편을 잃은 부녀자들의 애끓는 심정을 대변하기도 했으며 그 노래로는 6.25 전쟁 후에 유행한 '단장의 미아리고개'가 있다.

그런 뜻에서 이 노래를 「단장(斷腸)」의 원숭이를 통해 김일성 대신 김정은에게 들려주는 게 어떨는지?

미아리 눈물고개 님이 떠난 이별고개
화약연기 앞을 가려 눈 못 뜨고 헤매일 때
당신은 철사줄로 두 손 꽁꽁 묶인 채로
뒤돌아보고 또 돌아보고
맨발로 절며 절며 울고 넘던 이 고개여
한많은 미아리 고개

여보! 당신은 지금 어디서 무얼 하고 계세요. 어린 용구는 오늘밤도 아빠를 그리다가 이제 막 잠이 들었어요. 동지섣달 기나긴 밤 북풍한설 몰아칠 때 당신은 감옥살이에 얼마나 고생을 하세요. 십 년이 가도 백 년이 가도 부디 살아만 돌아오세요. 네! 여보~! 여보~!

아빠를 그리다가 어린 것은 잠이 들고
동지섣달 기나긴 밤 북풍한설 몰아칠 때
당신은 감옥살이 그얼마나 고생을 하오
십 년이 가고 백 년이 가도 살아만 돌아오소
울고 넘던 이고개여 한많은 미아리 고개

談笑自若
담 소 자 약

談談談談談談談談談談談談談(말씀 담)
笑笑笑笑笑笑笑笑笑笑(웃음 소)
自自自自自自(스스로 자)
若若若若若若若若若(같을 약)

위험이나 곤란에 직면해 걱정과 근심이 있을 때라도 변함없이 평상시와 같은 태도를 가짐.

삼국 시대 오나라 장수로서 그 유명한 적벽(赤壁) 싸움에서 가장 큰 공을 세운 사람 중의 하나가 감영(甘寧)이다. 나중에 감영은 대도독(大都督) 주유(周瑜)의 명을 받고 남군(南郡)을 치기 위해 이릉성(夷陵城)을 에워쌌다. 이때 이릉성을 지키고 있는 위(魏)나라 장수는 조조의 아우 조홍(曹洪)이었다. 기세가 오른 감영은 20여 차례의 공격 끝에 마침내 성을 함락시켜 오나라 깃발을 꽂았고, 조홍은 패잔병을 이끌고 도주했다.

"적은 반드시 기습해 올 것이다."

감영은 이렇게 말하며, 병사들로 하여금 긴장을 풀지 말고 철통 같은 방비 태세를 갖추라고 독려했다. 아나나 다를까, 그날 밤 조홍이 증원부대와 함께 5천 병력으로 기습공격을 가해 왔다. 그러나 오군은 대비를 하고 있었으므로 용감하게 싸워 물리쳤다. 1차 공격에 실패한 위군은 긴 사다리를 수십 개나 성벽에 걸쳐 개미떼처럼 기어오르려고 했고, 오군은 필사적으로 사다리를 떼밀거나 부수어 공세를 막아 냈다. 날이 밝자, 위군은 새로운 전술로 나왔다. 흙을 퍼다 높다란 언덕을 쌓기 시작한 것이다. 마침내 성벽보다 오히려 높은 언덕을 쌓은 위군이 그 위에서 성 안을 내려다보며 화살을 비처럼 쏟아 부으니, 이 상황에는 오군도 당황해서 어쩔 줄 몰라 했다.

그러나, 대장인 감영은 평소와 다름없이 다른 사람과 이야기를 나누고 웃기도 하며 걱정하는 빛이라곤 조금도 없었다. 조마조마하다 못해 부장 하나가 위급한 사정을 호소하자, 감영은 여전히 태연한 얼굴로 말했다.

"당장 성벽이 허물어지는 것도 아닌데 뭐가 그리 야단이냐. 적이 쏘아 날린 화살이나 모두 거두어들이도록 하라."

이렇게 명령한 감영은 솜씨 좋은 궁수들을 선발하여 성벽에 배치했다. 그리고는 그 화살을 도로 쏘도록 하되 화살 하나도 허실함이 없이 적을 명중시키도록 엄명을 내렸다. 그 결과는 놀라웠다. 자기들이 쏘아댄 화살이 되날아오는 족족 자기편 병사를 죽이는 것을 보고 위나라 병사들은 혼비백산하여 언덕에서 도망쳐 내려가고 말았다. 그 후로도 위군은 병력의 우위를 십분 이용해 여러 차례 성을 공격했으나, 감영의 오군은 잘 버텨 내었다. 그럴 즈음 주유의 지원군이 도착했고, 따라서 양면 공격을 당하게 된 위군은 이릉성 탈환을 포기한 채 패주하고 말았다.

螳螂拒轍
당 랑 거 철

螳螳螳螳螳螳螳螳螳螳螳螳螳螳螳(사마귀 당)
螂螂螂螂螂螂螂螂螂螂螂螂螂螂螂(사마귀 랑)
拒拒拒拒拒拒拒(막을 거)
轍轍轍轍轍轍轍轍轍轍轍轍轍轍轍轍(바퀴 자국 철)

사마귀가 분수도 모르고 수레를 막다.

出典 회남자(淮南子)의 인간훈편(人間訓篇), 장자(莊子)

어느 날 제나라의 장공(莊公)이 수레를 타고 사냥을 나갔을 때 한 마리의 벌레가 넓적한 앞다리를 쳐들고 막아서는 모습을 목격하고 그 벌레의 이름을 마부에게 묻자,

"저놈은 자기의 힘은 생각하지도 않고 오직 적에게 덤벼들기만 하는 사마귀랍니다."

마부의 설명에 장공은,

"사마귀가 만약 인간이었다면 틀림없이 천하의 용사가 되었을 것이다."

하며 그 위세를 높이 사 수레를 돌려 당랑을 피해갔다.

또한 장자의 천지편에 보면 이렇게 묘사했다.

"잔인하고 지혜가 많은 군주를 섬기는 데 있어 어떤 방법이 좋겠습니까?"

라는 질문을 받은 장자는,

"우선 신중하게 그대 자신의 품행을 바로잡아 자연스럽게 군주를 감화시키는 것이 좋겠소이다."

라고 대답하고 이어서,

"그러나 당랑(사마귀)이 두 발을 들고 차바퀴에 덤비듯이 한다면 그 소임을 다하지 못할 것이오."

라고 충고했다.

당랑이 먹이를 잡을 때 앞의 두 다리를 머리 위로 쳐드는 모습은 마치 사람이 도끼를 휘두르는 것과 같은 모양이라 해서 삼국지에서 진립이 유비에게 보내는 격문에 조조군의 기세를 '당랑의 도끼로 수레바퀴를 막으려는 꼴이다' 하며 꼬집기도 했다.

그리고 이런 당랑의 모습을 가진 현대의 소인배에게 이 장의 교훈은 매우 값질 것이다.

그리고 또,

"용감한 사람은 대중의 칭송을 억지로 구하려 하지 않고, 설사 무력으로 압도를 당한다 해도 자기의 명분을 버리지 않는다. 바로 실패했더라도 부끄러워하지 않고, 자기의 최선을 다할 뿐이다. 힘은 야수의 것이지만 명예는 인간의 것이기 때문이다."

J. 베일리의 이 명언처럼 행동한다면 당신은 틀림없이 성공이란 맛있는 고기를 얻게 될 것이다.

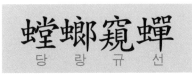

螳螳螳螳螳螳螳螳螳螳螳螳螳螳螳(사마귀 당)
螂螂螂螂螂螂螂螂螂螂螂螂螂螂螂(사마귀 랑)
窺窺窺窺窺窺窺窺窺窺窺窺窺窺窺(엿볼 규)
蟬蟬蟬蟬蟬蟬蟬蟬蟬蟬蟬蟬蟬蟬蟬(매미 선)

사마귀가 매미를 엿보다.

出典 전한(前漢), 유향(劉向), 설원(說苑)

춘추말기 월나라의 구천이 오나라에 보복의 칼을 갈고 있을 때 오왕 부차는 이것도 모르고 월나라에 대한 경계를 게을리하고 있었다. 그러자 오나라의 태자 우(友)가 부차에게 다음과 같은 간언을 했다.

"오늘 아침 정원에 나갔을 때 나무의 높은 가지에서 매미가 울고 있었는데, 그 매미 뒤에는 매미를 잡아먹으려고 사마귀가 노려보고 있었답니다. 그런데 그때 참새 한 마리가 날아와 사마귀를 잡아먹으려 했는데, 사마귀는 눈앞에 있는 먹이에 정신이 팔려 이것을 모르고 있는 게 아니겠어요. 그런데 그때 나 역시 참새를 잡으려는 생각에 쏠려 발 아래 웅덩이를 미처 발견하지 못하고 그만 웅덩이에 빠져 의복을 적시고 말았습니다."

이 말을 들은 부차는,

"너는 눈 앞의 이익을 탐낸 나머지 뒤에 닥친 화를 몰랐구나. 미련하긴……."

하며 태자우를 조롱했다. 그러자 태자우는 이때를 노려,

"천하에는 이런 경우가 허다합니다. 가령 제나라가 이유 없이 노나라를 침략해 땅을 뺐고 기뻐했지만 우리나라가 배후에서 공격해 크게 패한 것이 그 좋은 예이듯, 왕께서 월나라 경계를 소홀히 하는 것은 위험한 일입니다. 월나라를 주의하십시오."

라고 하자 부차는 다 듣기도 전에 태자우의 진언을 묵살하고 충고를 무시했다.

그 결과 오나라는 기원 전 473년에 월나라에 멸망을 당하고 부차는 자살로 일생을 마쳤다.

"작전에 실패한 사람은 용서할 수 있어도 경계에 소홀히 한사람은 용서할 수 없다."

는 군대용어가 있듯이 부차는 20년 동안 '와신상담(臥薪嘗膽)'으로 복수의 칼을 갈고 있었던 월나라의 구천을 과소평가 했던 결과였다.

그래서 「당랑규선(螳螂窺蟬)」의 교훈은 필수적이다. 현대인들에게도.

螳螂搏蟬
당 랑 박 선

螳螳螳螳螳螳螳螳螳螳螳螳螳螳螳螳(사마귀 당)
螂螂螂螂螂螂螂螂螂螂螂螂螂螂螂螂(사마귀 랑)
搏搏搏搏搏搏搏搏搏搏搏搏(칠 박)
蟬蟬蟬蟬蟬蟬蟬蟬蟬蟬蟬蟬蟬蟬蟬蟬(매미 선)

사마귀가 매미를 잡으려 한다는 말로 이익을 탐내다가 자신의 위험은 돌아보지 못한다는 뜻.

장자(莊子) 산목편(山木篇)에 나오는 당랑박선(螳螂搏蟬)이나, 한시외전(韓詩外傳)에 나오는 당랑재후(螳螂在後)라는 말이 모두 같은 뜻이다.

춘추시대 말기 오왕(吳王) 부차(夫差)는 월나라 공략에 성공한 후 자만에 빠져 간신 백비의 중상을 믿고 상국(相國 : 재상) 오자서(伍子胥)를 죽였으며, 월(越)나라에서 보내 온 미인 서시(西施)와 유락 생활에 탐닉하였다. 월의 구천이 와신상담 재기를 노린다는 것을 아는 중신들이 간하여도 막무가내였다. 어느 날 아침 태자 우(友)는 젖은 옷을 입고 활을 든 채 부차를 만났다.

"너는 아침부터 무엇을 그리 허둥대느냐?"

부차가 묻자, 우가 이렇게 대답하였다.

"아침에 정원에 갔더니 높은 나뭇가지에 매미가 앉아서 울고 있었습니다. 그 뒤를 보니 사마귀 한 마리가 매미를 잡아먹으려고 노리고 있었습니다."

장자는 이 일화를 '모든 사물은 본래 서로 해를 끼치는 것이며, 이(利)와 해(害)는 서로가 서로

를 불러들이는 것'이라는 비유로 사용하고 있다. 오늘날 소탐대실(小貪大失)과 같은 의미로 사용되고 있다.

大公無私
대　공　무　사

大大大(큰 대)
公公公公(공변될 공)
無無無無無無無無無無無無(없을 무)
私私私私私私私(사사 사)

공평무사하게 사리사욕이 없다.

出典　사기(史記) 진세가(晉世家)

춘추시대 진(晉)나라 평공(平公)이 기황양(祁黃羊)이란 대신한테 조언을 구했다.

"남양현(南陽縣)을 제대로 다스릴 만한 사람을 뽑아 보내야 하겠는데, 누가 적당한지 어디 말해 보시오."

"그 자리에는 해호(解狐) 말고 적임자가 따로 없습니다."

그 대답을 듣고 평공은 눈이 둥그레졌다.

"과인은 두 사람 사이가 원수지간이라고 알고 있소. 그런데도 어찌 그 사람을 천거하시오?"

기황양은 아무렇지도 않은 듯이 대답했다.

"전하께서는 남양현을 잘 다스릴 사람을 물으셨습니다. 신과 해호의 사적인 관계가 그것과 무슨 상관이 있습니까?"

"참으로 공은 공명정대한 사람이구려!"

평공은 감탄해 마지않으며 기황양의 천거대로 해호를 남양현으로 보냈고, 해호는 어진 정치로 백성들을 편안하게 하여 두 사람의 기대에 부응했다. 얼마 후 평공이 다시 기황양에게 물었다.

"알다시피 지금 조정에 자리 하나가 비어 있소이다. 누구를 발탁하는 것이 좋겠소?"

"기오(祁午)가 전하의 뜻에 맞을 재목인 듯 싶습니다."

그렇게 대답하는 기황양을 평공은 멀거니 쳐다보았다.

"아니, 기오는 경의 아들이잖소. 막중한 자리에 자기 아들을 앉히겠다는 거요?"

그러나, 기황양은 얼굴빛 하나 변함이 없이 태연히 대답했다.

"황공하오나, 기오가 그 자리에 적임인지 아닌지가 중요하지, 그가 신의 아들인 것이 무슨 흠결이란 말씀입니까?"

"딴은 그렇기도 하구려."

평공은 깨달은 바가 있어서 기황양의 천거대로 그의 아들 기오(祁午)를 발탁했다. 그 결과, 과연 기오는 능숙하고 공정하게 업무를 잘 처리하여 주위의 칭찬을 받았다.

정권이 바뀔 때마다 따르는 '논공행상(論功行賞)'에 「대공무사(大公無私)」가 교통정리를 해준다면 이거야말로 '금슬상화(琴瑟相和)'이며 '금상첨화(錦上添花)'일텐데 새로 들어선 정권의 정치인들에게 기대를 걸어보자.

大器晚成
대 기 만 성

大大大 (큰 대)
器器器器器器器器器器器器器器器 (그릇 기)
晚晚晚晚晚晚晚晚晚晚晚 (늦을 만)
成成成成成成成 (이룰 성)

큰 그릇은 긴 시간과 노력에 따라 늦게 완성된다.

出典 노자(老子) 41장

최대의 사각(四角)은 지나치게 커서 그것이 보이지 않는 것처럼 최고의 가치가 있는 그것은(大器) 모든 것이 최후에 완성된다.(晚成).

노자(老子) 제41장에서 「대기만성(大器晚成)」이란 말이 유래되었듯이, 원문의 만성(晚成)이란 거의 완성되는 일이 없다고도 해석할 수 있다. 그런데 이 말이 현대에 이르러 흔히 인물에 대해 쓰여진 것은 아마 다음과 같은 일화에서 변화된 것으로 추측된다.

삼국시대 때 위나라에 최염(崔琰)이라는 장군에게 사촌동생(최임(崔林))이 있었는데, 그는 출세를 하지 못해 친척들에게 따돌림을 당하고 있었다. 그러나 최염만은 사람 보는 눈이 뛰어나 그가 허술한 인물이 아님을 간파했다. 오히려,

"큰 종이나 큰 솥은 쉽게 만들어지는 게 아니듯이 최임 또한 대기만성형이다. 나중에 틀림없이 성공할 것이다."

하며 두둔했다. 그 후 최염의 판단대로 최임은 천자를 보필하는 대임을 맡고 훌륭한 업적을 남겼다.

그런가 하면 이런 일화도 있다.

서한(西漢) 말기에 마원(馬援)이란 말단관리가 있었는데, 그는 언젠가 부임 인사차 형에게 들렀을 때 그의 형이 왈(曰),

"너는 대기만성형이다. 훌륭한 목수는 산에서 갓 베어낸 나무는 절대로 남에게 보이지 않고, 공을 들여 잘 다듬은 다음 장시간에 걸쳐 노력을 들인 후 자기가 생각한 대로 물건을 만들어낸다. 고로 너도 너의 특성을 살려 시간을 들이면 반드시 큰 인물이 될 것이다."

형의 충고에 따라 마원은 자신의 계발에 힘써 나중에는 형의 말대로 「대기만성(大器晚成)」으로 역사에 남는 훌륭한 인물이 되었음은 물론이다.

우리 주위에도 이런 「대기만성(大器晚成)」형의 인물이 자주 등장하면 좋을텐데 말이다.

大同小異
대 동 소 이

大大大 (큰 대)
同同同同同同 (한가지 동)
小小小 (작을 소)
異異異異異異異異異異異 (다를 이)

크게 보면 똑같으나 작게 보면 각각 다르다.

出典 장자(莊子)의 천하편(天下篇)

하늘은 땅보다 낮고 산은 연못보다 평평하며 해는 중천에 뜨지만 나중에는 기울어지고, 만물은 태어나지만 나중에는 죽는다. 이것을 크게 보면 한 가지지만 작게 보면 각각 다르다(「대동소이(大同小異)」).

「대동소이(大同小異)」란 장자의 천하편인 위의 어구에서 나온 말이며, 주자(朱子) 또한 중용(中庸)을 해설하면서 「대동소이」하다는 표현을 쓰기도 했다. 이 장의 정의를 들자면 이 세상에는 「대동소이」한 점이 많으므로 정확한 분별력이 필요하다는 교훈일 것이다. 그 한 예를 들자면 남녀유별(男女有別)이란 말은 본래 남녀의 「대동소이」를 잘 분별하라는 것을 강조한 것이지만, 이상하게도 현재에는 남녀차별로 잘못 해석되고 있다.

대동(大同)이란 말은 장자뿐만 아니라 열자에도 나오고 서경에도 나오는데, 그 사상을 가장 구체적으로 설명한 것은 예기(禮記)의 예운편이다. 이것을 쉽게 풀이하자면 대강 다음과 같은 내용이 주를 이룬다.

큰 도(道)가 행해지면 사회 전체가 공정해져 현명한 사람과 능력있는 사람이 지도자로 뽑혀 신의가 존중되고 친목이 두터워진다. 고로 모든 사람들은 자기 부모만을 부모로 생각하지 않고 남의 부모도 자기 부모처럼 생각하며 남의 자식도 내 자식처럼 생각한다.

그리고 늙은이들은 여생을 편안히 마치고, 젊은이들은 각자 자신의 적성과 능력에 맞는 일을 하게 되며, 어린이들은 착하게 자라고, 홀로된 사람과 불구가 된 사람들은 모두 편안하게 보호를 받게 되고, 여자들은 적당히 한 곳으로 시집을 가 살게 된다. 또한 재물을 자기 집에다 몰래 감춰두는 일이 없으며, 자기의 노력을 자기 개인을 위한 것이라고 생각하지 않는다. 때문에 권모술수와 같은 것이 불필요하게 되니, 도둑이나 불량배 같은 것이 생길 수 없게 된다. 이런 사회를 가리켜 대동이라 한다.

이렇게 '대동'이란 말은 「대동소이(大同小異)」의 대동과 뜻이 같게 쓰여지며, 이런 경우에는 대체로 뜻이 같다. 그러나 '대동사상'이나 '대동사회'라는 말의 뜻은 그야말로 「대동소이(大同小異)」하므로 약간의 주의가 필요할 것이다.

다시 말해 '대동'이 플라톤의 유토피아 색채를 띠었다면 「대동소이」는 유토피아에 대한 분별력을 남녀유별처럼 하라는 뜻이 담겨 있다.

그 정의를 스탕달의 명언에서 구해 보자.

비록 당신이 젊은 여자에게 바보취급을 당하더라도 실망하지 말라. 그런 일은 훌륭한 남자에게 흔한 일이니까.

大義滅親
대 의 멸 친

大大大 (큰 대)
義義義義義義義義義義義 (옳을 의)
滅滅滅滅滅滅滅滅滅滅滅滅 (멸할 멸)
親親親親親親親親親親親親親親親 (친할 친)

대의를 위해 친족의 정도 희생시킨다.

出典 춘추좌씨전(春秋左氏傳)의 은공편(隱公篇)

춘추시대 때의 일이다. 위나라의 공자인 주우(州旰)가 환공을 죽이고 스스로 왕위에 올랐으나, 백성들이 그를 잘 따르지 않자 그는 반역의 일등공신이었던 석후(石厚)에게 이것을 해결하라고 명했다. 이에 석후는 위나라의 충신이며 지금은 은퇴한 아버지 석작(石碏)에게 민심을 얻기 위한 방법을 가르쳐달라고 간청했고. 석작은 이렇게 말했다.

"주왕신을 찾아뵙는 것이 상책이다. 그러기 위해선 왕실과 사이가 좋은 진나라에 직접 찾아가 부탁하거라."

그러자 석후는 주우에게 이 뜻을 전하고 주우와 함께 진나라를 향해 출발했다. 이에 석작은 은밀히 진나라에 사자를 보내,

"귀국을 방문하는 두 사람은 소인의 군주를 죽인 반역자이니 도착 즉시 그 죄를 묻고 적절한 처벌을 부탁드립니다."

라는 밀서를 전달했으며, 이에 따라 진나라에 도착한 석후와 주우는 즉시 붙잡혀 형장의 이슬로 사라졌다.

이 일화를 기록한 춘추 좌씨전의 필자는 끝으로,

"석작이야말로 충신의 이름에 어울린다. 그는 군신의 대의를 위해 주우를 벌주고 자신의 아들인 석후까지도 용서하지 않고 희생시켰다. 이것이 바로 대의멸친의 정의라는 것이다."

하며 석작을 칭송했다.

미국의 위대한 철학자인 J.로이스는 충성의 철학에 대해,

"충성이란 인간이 경험할 수 있는 가장 위대한 선(善)"

이라고 했다. 즉 최고의 선으로 충성은 개인이 어떤 동기로 충성했는가에 관계없이 언제나 선한 것이며 원인 그 자체가 나쁠 수도 있다고 주장했다.

그러나 충성은 비록 무분별한 원인에 의해 이루어진 것이라 할지라도 결코 나쁜 것이 아니라는 것이다. 이 장의 주인공 석작의 충성을 두고 한 말이다.

大義名分
대 의 명 분

一ナ大 (큰 대)
義義義義義義義義義義義義 (옳을 의)
名夕夕名名名名 (이름 명)
分分分分 (나눌 분)

큰 뜻을 펼치기 위해 지켜야 할 본분이나 도리.

대의명분은 실질적인 내용이라기보다는 세상을 향해 내세우는 명분이라는 뜻이 강하다. 그래서 혁명이나 전쟁을 일으키는 사람들이 자신의 정당함을 알리기 위해 내세우는 이념이나 철학을 대의명분이라고 한다.

중국 본토의 제후들이 가장 앞에 내세우는 대의명분으로는 존왕양이(尊王攘夷)가 있다.

盜 糧
도 량

盜盜盜盜盜盜盜盜盜盜盜盜 (도둑 도)
糧糧糧糧糧糧糧糧糧糧糧糧糧糧糧糧 (양식 량)

도둑에게 식량을 준다.

出典 사기(史記) 범수채택열전(范睢蔡澤列傳)

제나라가 크게 패한 까닭은 초나라를 정벌함으로써 한나라와 위나라를 어부지리로 살찌게 했기 때문이며, 이것은 마치 적의 군대를 빌려 도둑에게 식량을 보내준 꼴과 같은 이치다.

사기에 이처럼 기록돼 있듯이 「도량(盜糧)」의 정의는 '이익도 없는 전쟁을 벌려 적의 군대를 이롭게 하는 것'이다. 옛부터 이 「도량」을 인용해 큰 공을 세운 사람들이 많았으며, 사기의 범수채택열전(范睢蔡澤列傳)에 등장하는 범수(范睢)는 이것을 직접적으로 인용해 진나라에 큰 공을 세웠다.

이것을 굳이 현대전에 비유하자면 1960년대 미국이 월남전에 개입했다가 개망신을 당한 것이 그것이며, 덕분에 피의 대가를 톡톡히 얻어내 경제발전의 기초를 다진 한국의 경우도 여기에 해당될 것이다.

道不拾遺
도 불 습 유

道道道道道道道道道道道道道 (길 도)
不不不不 (아니 불)
拾拾拾拾拾拾拾拾拾拾 (주울 습, 열 십)
遺遺遺遺遺遺遺遺遺遺遺遺遺遺 (끼칠 유)

길에 떨어진 남의 물건은 줍지 않는다.

出典 사기(史記) 상군전, 공자세가, 한비자

전국시대 진나라의 효공을 섬겼던 상앙(商鞅)이 연대책임을 지는 연좌제(連坐制)와 신분고하를 막론하고 공적을 세운 사람들에게는 상을 주고 법을 어긴 자에게는 벌을 주는 신상필벌(信賞必罰)을 10년 동안 시행하자 백성들은 길가에 떨어진 남의 물건을 습득하지 않았고(「도불습유(道不拾遺)」) 백성들의 생활도 넉넉해졌다. 춘추시대 정나라의 재상이었던 자산(子産)이 농지분배와 계급사회의 특권의식에 쐐기를 박는 평등의 개념을 도입하고, 인재를 적재적소에 등용하는 데 온 힘을 기울이며 신상필벌로 5년을 다스리자 나라에는 도둑이 없어지고, 길에 물건이 떨어져 있어도 사람들은 줍지 않았고(「도불습유」) 며칠 뒤에는 임자에게 돌아갔다. 춘추시대 말기, 공자가 55세 때 노나라의 법무부장관이 되자마자 부정을 저지른 자를 잡아 처형했다. 그리고 3개월이 지나자 장사꾼이 폭리를 취하지 않으면서 상도덕이 바로 잡혔고, 풍기문란 행위가 사라졌으며 거리에 떨어진 물건을 슬쩍 줍는 사람도 없어졌다(「도불습유」). 치안이 바로잡혔다는 것이다.

공자는 원래 '정치란 법 위주로 하는 게 아니라 덕을 가지고 해야 한다'는 덕치(德治)주의자였지만 그 역시 「도불습유」를 위해선 법치(法治)를 택했던 것이다.

그래서 사기나 한비자에서 평하길, 나라가 바로잡힌 것은 덕(德) 때문이 아니라 법(法) 때문이었다고 공자의 인(仁)의 사상을 꼬집기도 했다.

어쨌든 그 문제는 사상가들에게 맡기고, 여기선 「도불습유(道不拾遺)」의 모델이 '태평성대'라는 것과 이것을 이루는 데 있어 공자는 3개월, 자산은 5년, 상앙은 10년이 걸렸다는 사실에 주목하자. 우리 주위의 「도불습유(道不拾遺)」를 위해서 말이다.

桃桃桃桃桃桃桃桃桃桃桃桃 (복숭아나무 도)
園園園園園園園園園園園園園 (동산 원)
結結結結結結結結結結結 (맺을 결)
義義義義義義義義義義義義 (옳을 의)

복숭아나무 정원의 의형제 결의

出典 삼국지연의(三國志演義)

"유비·관우·장비는 비록 성은 다르나 이미 결의형제를 맺었으니, 마음과 힘을 합해 곤란한 자를 도와 위로는 나라에 보답하고, 아래로는 백성들을 편안케 하겠습니다. 같은 해 같은 달 같은 날에 태어나지는 않았으나, 한 해 한 달 한 날에 죽기를 원합니다. 고로 하늘과 땅의 신령께서는 이 뜻을 굽어 살피십시오. 그리고 만약 우리들 중에 의리를 배반하고 은혜를 잊는 자가 있다면 하늘과 사람이 함께 죽여주십시오."

유비·관우·장비의 이 「도원결의(桃園結義)」 맹세문은 나관중이 쓴 '삼국지연의'의 초반을 압도하는 대목인 동시에 의리세계의 대명사로 자주 인용되기도 한다.

전두환 전 대통령도 군대시절 하나회 후배들에게 이 「도원결의(桃園結義)」의 장면을 애기할 때면 늘 신이 났고, 이들의 의리를 배우라는 말을 자주 했다 한다.

桃 源 境
도 원 경

桃桃桃桃桃桃桃桃桃桃桃 (복숭아나무 도)
源源源源源源源源源源源源源 (근원 원)
境境境境境境境境境境境境境 (지경 경)

무릉도원처럼 아름다운 곳. 유토피아.

出典 도연명(陶淵明)의 도화원시병기(桃花源詩并記)

도연명은 중국 동진 말기에서 송나라 초기에 걸쳐 살았던 시인으로, 이백과 두보 이전의 대표적인 시인으로 유명하다.

동진(東晉) 때 무릉(武陵)의 한 어부가 어느 날 배를 저어 강을 따라 올가갔다가 이상한 곳으로 빨려들어가게 됐다. 그 주위에는 도화(桃花)의 숲이 병풍처럼 펼쳐져 있었고 감미로운 향기를 풍기며 예쁜 복사꽃잎이 춤을 추듯이 휘날리고 있었다. 황홀경에 빠진 어부가 얼마를 더 가자 수원(水源) 근처 산에 터널이 보였고 어부는 배에서 내려 좁은 터널 안으로 들어갔다.

겨우 사람 한 명이 지날 정도의 입구가 오륙십보쯤 걸어가자 갑자기 환하게 넓어지면서 그 앞에 보이는 것은 이 세상 어느 곳에서도 구경하지 못한 아름다운 풍경이 장관의 극치를 이루고 있었다. 그곳 사람들은 남녀노소 불문하고 희희낙낙하며 한없이 즐거운 표정들이었다.

의외의 방문객에 깜짝 놀란 그곳 사람들은 어부를 정중하게 모시면서,

"우리의 조상들이 진(秦)나라 때 전란을 피해 이곳으로 피난 온 이래 한 번도 이곳을 나가보지 못해 바깥세상이 어떻게 돌아가는지 궁금합니다."

이에 어부가 그 동안의 세상 흐름에 대해 자세히 전달해 주자 그들은 깊은 감명을 받은 듯 어부를 극진하게 환대해 주었고 어부가 떠날 때,

"바깥 세상 사람들에게 우리들에 대한 소문을 내지 말아주십시오."

하며 신신당부했다. 그러나 어부는 이곳이 너무나 신기해 돌아오는 도중에 이곳을 다시 찾기 위해 요소마다 표시를 해놓고 집으로 돌아왔다. 그리고 어부는 즉시 고을 태수에게 이 경험담을 보고했고, 태수는 사람을 시켜 어부와 함께 그곳을 찾아가게 했으나 어부가 표시해 놓은 것이 전부 없어져 그곳을 찾을 수 없었다.

이때 유자기라는 군자가 이 말을 전해 듣고 그곳을 가보려고 무진장 애를 썼으나 그 뜻을 이루지 못하고 병이 들어 죽고 말았다.

그 후 사람들은 다시는 이곳을 찾으려 하지 않았다 한다. 고로 이 「도원경(桃源境)」의 이상향(理想鄕)은 도연명의 공상의 소산인 유토피아로서 그 끝이 안 보인다.

아울러 이 도원경에 대해 정의를 내리자면 이것은 도연명 만의 유토피아가 아닌 갈수록 각박해져만 가는 현실에 환멸을 느낀 현대이들이 갈망하는 유토피아인 것이다.

술과 국화꽃을 벗삼아 전원의 풍경 속에서 아름다운 시를 썼던 도연명, 그는 갔어도 그가 남긴

명언은 명심보감을 통해 우리에게도 잘 알려져 있다.

젊은 시절은 두 번 다시 오지 않고, 하루에 새벽은 두 번 다시 오지 않는다. 젊었을 때 부지런히 학문에 힘을 써라. 세월은 사람을 기다리지 않고 훨훨 날아가니까.

道道道道道道道道道道道道道(길 도)　(들을 청)
聽聽聽聽聽聽聽聽聽聽聽聽聽聽聽聽聽聽聽
塗塗塗塗塗塗塗塗塗塗塗塗塗(진흙 도)
說說說說說說說說說說說說說說(말씀 설)

큰 길에서 듣고 작은 길에서 말한다.

出典 논어(論語) 양화편(陽貨篇)

공자 왈(曰).

"큰 길에서 듣고 작은 길에서 말하는 것은(「도청도설(道聽塗說)」) 곧 덕(德)을 버리는 것이다"
라고 했다.

「도청도설(道聽塗說)」은 여기서(논어 양화편) 유래되었으며, 이 장의 정의에 대해 순자는 다음과 같이 충고했다.

"소인의 학문은 귀에서 들어와 곧바로 입으로 빠져나가 조금도 마음에 머무르게 하지 않는다. 입과 귀 사이에는 약 네 치 정도의 거리를 통하거늘 어찌 칠 척 장신을 훌륭한 것으로 만들 수 있겠는가. 옛 학문을 하는 사람은 자기 자신을 수련하기 위해 노력한 반면에, 지금 사람은 남에게 알려지기 위해 학문을 배운다. 그래서 소인은 묻지도 않은 말을 입 밖에 내뱉는다. 그렇다고 이것이 듣기 싫다고 하나를 묻는데 둘을 말하는 것은 수다라고 한다. 군자는 묻지 않으면 대답하지 않고, 질문을 하면 질문한 것만을 대답해 준다. 이것이 참된 군자다."

"도청도설 같은 인간들은 세상에 전혀 도움이 되지 않는다."
라고 공자와 순자는 충고한 것이다. 그것은 정부를 무너뜨리고 결혼을 파괴하고, 직업을 파멸시키고, 명성을 더럽히며, 가슴을 아프게 만들고, 꿈자리를 어지럽게 하고, 소화불량의 원인이 되며, 의혹의 씨를 뿌린다. 그건 또 슬픔을 낳게 하고, 죄 없는 사람의 베개를 눈물로 젖게 만들어, 그 이름조차 소름이 끼치게 만든다. 그것은 가십이라는 것이다. 회사 안의 가십, 직장 안의 가십, 파티석상에 나도는 가십 등은 신문 머릿기사를 만들어 내고 두통거리가 된다. 고로 당신은 세상에 떠도는 소문을 반복하기 전에 한번쯤 자신에게 반문해 보라. 그게 정말인가? 그게 정말 공평한가? 그게 필요한가? 만약 그렇지 않다면 입을 다물고 있어라.

이 글은 80년대 월 스트리트 저널 신문에 통단으로 실린 광고 내용이다. 소문처럼 무서운 것이 없다는 것을 적나라하게 보여준 광고 아닌 광고다.

세상이 어수선하면 소문이 난무하고, 추악한 행동이 뒤따른다. 물론 민주사회에서 의견이 다양한 것은 발전의 원동력이다. 그러나 참된 의견과 소문은 별개다.

　언제부터인가 우리 주위에서 홍수처럼 쏟아져 나오는 유언비어 중에는 앞서 말한 광고처럼 소름이 끼치는 내용이 많다. '늑대가 나타났다!'고 외친 양치기 소년의 거짓말을 믿는 「도청도설(道聽塗說)」하는 소인들이 많기 때문이다. 그러나 아무리 양치기 소년이 소리쳐도,

　"말이 성공하고 못하고는 듣는 사람의 귀에 달려있지, 말하는 사람에 의해 좌우되는 것은 아니다."

라고 셰익스피어의 뜻에 따른다면 양치기 소년은 재미가 없어 거짓말을 하지 않을 것이다. 그럼 공자님도 좋아하실 것이다.

塗炭之苦
도　탄　지　고

塗塗塗塗塗塗塗塗塗塗塗塗 (진흙 도)
炭炭炭炭炭炭炭炭炭 (숯 탄)
之之之之 (갈 지)
苦苦苦苦苦苦苦苦苦 (쓸 고)

진흙탕과 숯불속의 고통.

出典　서경(書經)의 상서중훼지고(尙書仲虺之誥)

　중국 역사상 대표적인 폭군으로 유명한 하(夏)나라의 걸왕(桀王)이 은(殷)나라 탕왕(湯王)의 혁명군에 의해 멸망했을 때, 탕왕은 무력혁명에 따라 왕위를 얻은 것을 부끄럽게 생각하고,

　"나는 후세 사람들이 내가 한 행동에 대해 구실을 삼을 것이 두렵다."

고 말했다, 이에 측근이었던 중훼(仲虺)가 왈(曰),

　"하나라에 있는 덕이 어두워 백성들이 도탄(塗炭)에 빠졌을 때 하늘이 왕에게 용기와 지혜를 주어 혁명이 성공한 것입니다. 이것은 천명입니다."

　이 말은 서경에서 유래되었으며, 걸왕의 폭정에 시달리는 백성들과 고난을 서경은 한마디로 도탄이라고 표현한 것이다. 이 말이 이제는 '도탄의 고통'이란 말의 어원이 되었듯이 '도탄'하면 중국의 사서뿐만 아니라 우리의 문헌에도 흔히 쓰이게 되면서 국민들의 고통을 대변하는 역할을 했다.

　「도탄지고(塗炭之苦)」의 도(塗)는 진흙탕물이며, 탄(炭)은 숯불을 말하듯이 도탄의 고통이란 마치 흙탕물에만 빠져도 괴로운데 거기에다 숯불구이까지 겹치니 그 고통이야 오죽하겠느냐는 것이다.

　사람에게 고통을 주는 방법 중에는 여러 가지가 있다. 그 중에서 힘 안들이고 최악의 고통을 주는 방법은 잠을 안 재우는 고문일 것이다. 그런데 독재국가도 아니면서 이런 고문을 공공연히 자랑스럽게 떠벌리는 우리의 국가기관이 있다. 그곳은 바로 피의자를 소환조사하면서 툭하면 밤을 꼬박 새우고 그 다음 날까지도 계속 심문을 가하는 철야수사기관이다.

　"새벽닭이 울어야 진실이 나온다"는 어느 수사관의 말이 그것을 증명한다.

　우리나라는 민주국가다. 고로 이런 「도탄지고(塗炭之苦)」를 자행하는 자는 김정일 나라에 보내는게 어떤지?

獨不將軍
독 불 장 군

獨獨獨獨獨獨獨獨獨獨獨獨獨獨(홀로 독)
不不不不(아니 불)
將將將將將將將將將將將(장수 장)
軍軍軍軍軍軍軍軍軍(군사 군)

혼자서는 장군을 못한다는 뜻.

① 남의 의견을 무시하고 혼자 모든 일을 처리하는 사람의 비유.

② 혼자서는 다 잘할 수 없으므로 남과 협조해야 한다는 뜻을 담고 있는 말.

③ 저 혼자 잘난 체하며 뽐내다가 남에게 핀잔을 받고 고립된 처지에 있는 사람.

讀書百遍義自見
독 서 백 편 의 자 현

讀讀讀讀讀讀讀讀讀讀讀讀讀讀
讀讀讀讀讀讀(읽을 독)
書書書書書書書書書書(글 서)
百百百百百百(일백 백)
自自自自自自(스스로 자)
見見見見見見見(볼 견, 나타날 현)

遍遍遍遍遍遍遍遍遍遍遍遍(두루 편)
義義義義義義義義義義義義(옳을 의)

책을 백 번 읽으면 그 뜻을 저절로 알게 된다.

出典 삼국지(三國志) 위지(魏志) 13권

후한 말기의 사람 동우(董遇)는 노자와 춘추좌전의 주석을 달 만큼 학문이 깊어 천자(헌제)의 글공부 상대로 주목받기도 했으나 그는 글을 배우겠다고 찾아오는 사람들에게,

"내게 배우기보다는 집에서 혼자 읽고 또 읽어보게. 그러면 자연히 그 뜻을 알게 될걸세."

하며 거절했다. 삼국지 위지 13권에 보면 동우는 가르치기를 즐겨하지 않았으며, 그에게 배우고자 찾아오는 사람들에게 '반드시 백 번을 읽으라' 했고, '글을 백 번 읽으면 그 뜻이 저절로 나타난다'고 말했다는 기록이 있다.

여기서 백 번이란 무엇이든지 간에 알 때까지 되풀이해 파고들면 그 진리를 자연스럽게 터득한다는 독학(獨學)의 뜻으로, 이 진리를,

"같은 책 같은 내용이지만 그것은 언제나 그대가 그것을 읽었던 어제와는 아무 관계가 없다"

라고 말한 브하그완의 사상과 일맥상통한다.

東家食西家宿
동 가 식 서 가 숙

東東京東東車東東 (동녘 동)
家家家家家家家家家 (집 가)
食食食食食食食食食 (밥 식)
西西西西西西 (서녘 서)
宿宿宿宿宿宿宿宿宿宿 (잘 숙)

동쪽 집에서 먹고 서쪽 집에서 자다.

出典 천평어람(天平御覽)

중국 송(宋)나라 때 이방(李昉)이 지은 『태평어람(太平御覽)』이란 책에 다음과 같은 이야기가 있다. 그 옛날 제(齊)나라에 아름다운 처녀가 있었는데, 어느 날 그 처녀에게 두 신랑감이 청혼해 왔다. 동쪽 집 총각은 인물은 별로였으나 부잣집 아들이었고, 서쪽집 총각은 미남이었으나 집은 매우 가난했다. 어느 한쪽을 선택하기 어려워진 처녀의 부모는 본인의 생각을 알아보자며 처녀에게 물었다. 이에 처녀의 부모가 딸에게,

"동쪽 총각에게 시집을 가고 싶으면 오른 손을 들고, 서쪽 총각에게 시집을 가고 싶으면 왼손을 들어라"라 하며 선택권을 주었다.

그러자 딸은 망설이지도 않고 두 손을 번쩍 들었다. 이에 깜짝 놀란 아버지가 그 이유를 묻자 딸 왈(曰),

"밥은 동쪽 집에서 먹고 잠은 서쪽집에서 자고 싶어서요."라고 하는 것이었다.

조선 때의 『대동기문(大東奇聞)』이란 책에도 다음과 같은 이야기가 실려 있다.

태조(太祖) 이성계(李成桂)가 조선을 개국한 후 조정에서 개국공신들을 불러 주연을 베풀었다. 이 자리에서 늙은 정승 배극령이 절세가인이었던 기생 설매의 손을 만지작거리며 음흉한 눈빛을 띠며 왈(曰),

"너는 동가식서가숙하는 기생이니 오늘밤은 내 수청을 드는 것이 어떤가?"

하자 설매 왈(曰),

"금상첨화입니다. 어제는 왕씨가 됐다가 오늘은 이씨가 되는 정승과는 아주 짝이 잘 맞을 테니까요,"

설매는 철새 같은 정승 배극령의 행동을 사정없이 꼬집으며 멋지게 되받아친 것이었다. 이에 정승의 얼굴은 홍당무가 됐고, 그 자리에 있던 고려의 유신들은 고개를 숙였음은 물론이다. 그러나 요즘 정치인들에게 기생이 그랬다가는 미친년 취급을 받고 따따블로 따귀를 맞을 것이다.

아마 그러기 전에 기생들이 먼저 철새들에게 아양을 떨며 「동가식서가숙(東家食西家宿)」을 하자고 꼬리를 칠 것이다. 그들은 직업관념이 뚜렷하다는 것을 보여주기 위해서 그게 아니면 이 장의 「동가식서가숙」 여주인공처럼 되기 위해서.

동가식서가숙이란 본래 일정한 거처 없이 떠돌아다니는 것을 말하던 것이었으나, 차츰 자기의 잇속을 차리기 위해 지조 없이 여기저기 빌붙어 사는 행태를 가리키게 되었다.

그런 의미에서 라 브뤼이예르의 명언을 들어보자.

변덕스런 여자란 그전부터 사랑하고 있지 않는 여자이며, 들뜬 여자란 다른 남자를 사랑하고 있는 여자다. 바람둥이 여자란 과연 자기가 사랑을 받고 있는 것인지 아니면 그 누구를 사랑하고 있는 것인지조차 잘 알지 못하는 여자다. 그리고 무관심한 여자는 그 누구도 사랑하지 않는 여자를 말한다.

 同同同同同同 (한가지 동)
工工工 (장인 공)
異異異異異異異異異異異 (다를 이)
曲曲曲曲曲曲 (굽을 곡)

연주의 기량은 같으나 연주된 곡의 정취는 다르다.

出典 한유(韓愈)의 진학해(進學解)

「동공이곡」이란 말은 학생이 당송팔대가(唐宋八大家)의 한 사람인 한유(韓愈)의 문장을 칭찬하는 대목에 나온다('진학해(進學解)').

"시(詩)가 올바르고 빛나는 것은 장자(莊子)와 굴원(屈原)의 이소(離騷)에 미치고, 태사(太史)에 기록된 것에 의하면 양웅(揚雄)과 사마상여(司馬相如)는 동공이곡이라고 했다. 그러나 선생님의 글은 그 가운데를 덮고 그 밖을 마음대로 한다고 볼 수 있다."

다시 말해 이 칭찬은 한유가 글을 짓는 방법은 옛날과 비슷하면서도 그 흥취는 다르다는 것이다. 그러나 현대인들은 이「동공이곡」의 의미를 칭찬보다는 '표현은 다르나 내용은 같다'는 경멸의 뜻으로 흔히 인용한다. 즉 똑같은 내용을 다른 것처럼 보이게 할 때 이 말을 이용한다. 착각은 「동공이곡(同工異曲)」이니까…….

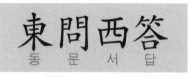 東東東東東東東東 (동녘 동)
問問問問問問問問問 (물을 문)
西西西西西西 (서녘 서)
答答答答答答答答答答答答 (대답 답)

동쪽을 묻는데 서쪽을 대답한다는 뜻으로, 묻는 말에 대하여 전혀 엉뚱한 대답.

묻는 내용을 이해 못하고 하는 대답.

표현을 그대로 보자면 질문을 이해하지 못했다고도 볼 수 있다. 그렇지만 실제로는 입장이 달라 상대방의 질문을 애써 무시하는 상황에서 쓰는 표현이다. 우리 속담에 이와 비슷한 게 있는데, '혼사 말하는데 상사 말한다.' 혼사(婚事)는 결혼이고 상사(喪事)는 초상이니까 동문서답도 정도껏 해야지 이건 좀 심했다.

同病相憐
동 병 상 련

病病病病病病病病病 (병들 병)
相相相相相相相相相 (서로 상)
憐憐憐憐憐憐憐憐憐憐憐憐 (불쌍히 여길 련)

같은 병을 앓고 있는 사람끼리는 서로 불쌍하게 여긴다.

出典 오월춘추(吳越春秋)

춘추시대 때의 인물인 오자서(伍子胥)가 실권자가 되었을 때 비슷한 처지의 백비(伯嚭)가 오자서에게 몸을 의탁하러 오자 오자서는 연민의 정을 느끼고 오왕 합려에게 천거해 대부벼슬을 시켰다.

그러자 관상가인 피리(被離)가,

"당신은 왜 백비를 한 번 보고 그렇게 믿는 겁니까?"

하며 오자서에게 걱정 어린 말을 해주었다. 이에 오자서는 이렇게 변명했다.

"그 이유는 백비가 나와 같은 원한을 품고 있기 때문입니다. 강가에서 부르는 옛 노래가 있잖소. 같은 병은 서로 불쌍히 여기고(「동병상련(同病相憐)」) 같은 근심은 서로 구원하며, 놀라서 나는 새는 서로 따라서 날고, 여울아래 물은 함께 따라 흐르듯이, 육친을 사랑하고 슬퍼하지 않는 사람이 어디에 있겠소?"

하자 피리(被離)가,

"그러나 내가 보는 바로는 그의 눈은 매와 같고, 걸음걸이는 범을 닮아 살인쯤은 보통으로 할 잔인한 관상이오. 그러므로 절대로 속마음까지 주어서는 안 될 것이오."

하며 충고했으나, 오자서는 이 충고를 무시하고 백비를 대부보다 더 높은 벼슬까지 밀어주었다.

그 결과 오자서는 피리(被離)가 예언한 대로 그 후 백비의 배신으로 인해 자살을 해야만 했고, 「동병상련」에 따르는 비극의 주인공이 됐다. 그리고 이런 경우는 우리 주위에도 흔히 나타나 이 고사가 퇴색될 정도로 비참한 사건이 많다.

정치판의 배신과 야합, 그리고 전직 대통령들의 「동병상련」과 '도행역시'의 결과가 그 좋은 예다. 여기서 전직 대통령이란 전씨와 노씨를 말함이니 다른 전직 대통령은 오해하지 마십시오.

"모든 사람들을 다 신용하지 말라. 단 가치 있는 사람은 신용하라. 전자는 어리석고 후자는 신중하니까." 라는 데모크리토스의 명언을 상기하면서.

오자서와 백비는 어떤 사이였을까?

이야기처럼 훗날, 두 사람은 합려의 아들 부차를 섬겼다. 이때, 오나라와 월나라가 크게 싸우는데, 백비는 월나라에게 뇌물을 받고 오자서를 모함에 빠뜨려 죽이고 만다. 결국 백비는 자기를 이끌어 준 은혜를 원수로 갚은 사람이 됐다.

東山再起
동 산 재 기

東 東 東 東 東 東 東 東(동녘 동)
山 山 山 (뫼 산)
再 再 冉 冉 再 再 (두번 재)
起 起 起 起 起 起 起 起 起 起 (일어날 기)

동산에서 재기하다.

出典 진서(晉書)의 사안전(謝安傳)

동진(東晉)의 정치가였던 사안(謝安)은 재능과 식견이 뛰어나 '지금의 정치 상황으로 관직에 머물러 있다가는 신상에 해롭다'고 판단하고 주위의 만류를 뿌리치며 고향인 동산(東山)으로 낙향해 은거했다.

동산은 경치가 빼어났으며, 사안은 서예의 대가로 이름이 높은 왕희지 등과 어울려 경치를 찬양하며 술을 마시고 시를 읊으며 속세를 잊고 즐겁게 지내고 있었다.

그 후 그는 40세가 되면서 세상이 변하자 그제서야 무거운 허리를 펴고 기지개를 폈다. 효무제가 즉위하면서 그를 재상으로 불러들였던 것이다.

이후 사람들은 「동산재기(東山再起)」하면 은퇴한 사람이 재기하는 것으로 받아들였고, 더 나아가서는 한 번 실패했다가 다시 세력을 회복하는 것을 뜻하며 '동산의 고와(高臥)'라고도 했다.

「동산재기」 그래서 현대인들이 이 말을 좋아하는 모양이다.

또 두산백과에는 이렇게 설명하고 있다.

「동산재기(東山再起)」란 「진서(晉書)」 사안전(謝安傳)에서 비롯된 말이다. 사안은 허난성 진군(陳郡) 양하(陽夏) 태생으로 동진(東晉) 최대의 명문 출신이다. 젊었을 때부터 재능과 식견이 뛰어나 조정에서 불렀으나 매번 사양하고 초야에 묻혀 살았다. 당시의 정치 상황이 출사(出仕)하기에 알맞지 않았기 때문이다. 그는 회계군의 동산(東山)에 집을 짓고, 아름다운 그곳의 산수에 묻혀 왕희지(王羲之)·지둔(支遁) 등과 어울리며 시를 짓고 술을 마시는 등 풍류를 즐겼다. 양주자사(揚州刺史) 유영(庾永)이 그의 평판을 듣고 몇 번이고 출사를 청하자 마지못해 한 달 남짓 관직에 있었지만 곧 사임하고 돌아와 버렸다. 주위 사람들이 서운하게 여기자 사안은,

"지금의 상황으로는 관직에 그대로 머무는 것이 신상에 해로울 것 같다."

고 답하며 들은 체도 하지 않았다. 국내에서는 문벌 세력이 서로 다투고 북쪽에서는 전진(前秦)이 호시탐탐 기회를 노리고 있었던 것이다.

그러다가 나이 40에 이르러, 문벌 세력을 제압한 정서대장군(征西大將軍) 환온(桓溫)이 청하자, 마침내 그의 휘하에 들어가 이부상서(吏部尙書)의 요직에까지 진급하였다. 그러나 환온이 제위를 넘보려 하자 이를 저지하고, 그 공으로 효무제(孝武帝)가 즉위한 후에는 재상이 되었다. 당시 북쪽에서는 전진 왕 부견(苻堅)이 산시, 쓰촨, 후베이 일대를 장악하고 세력을 뽐내고 있었다. 환온이 죽자, 부견은 100만 대군을 이끌고 동진을 향해 남하하기 시작하였다. 사안은 아우 사석(謝石)과 형

의 아들 사현(謝玄), 그리고 유뇌지(劉牢之) 등을 앞세워 비수(淝水)에서 전진군을 크게 무찔렀다.

동산재기란 이와 같이 사안이 동산에 은거하다가 관계에 나가 크게 성공한 것을 가리키던 말로, 오늘날에는 한번 실패했던 사람이 재기에 성공한 경우에까지 이 말을 사용하기도 한다.

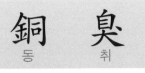

同同同同同同 (한가지 동)
牀牀牀牀牀牀牀牀 (평상 상)
異異異異異異異異異異異 (다를 이)
夢夢夢夢夢夢夢夢夢夢夢夢夢夢 (꿈 몽)

같은 침상(寢床)에서 서로 다른 꿈을 꾼다는 뜻

① 겉으로는 같이 행동하면서 속으로는 각기 딴 생각을 함을 이르는 말.

② 비유적으로, 같은 입장·일인데도 목표가 저마다 다름을 일컫는 말.

③ 기거(起居)를 함께 하면서 서로 다른 생각을 함.

銅銅銅銅銅銅銅銅銅銅銅銅銅銅 (구리쇠 동)
臭臭臭臭臭臭臭臭臭臭 (냄새 취)

돈 냄새가 난다.

出典 십팔사략(十八史略) 동한(東漢)

후한 천제 때 매관매직이 성행하면서 최열(崔烈)이란 자가 500만금으로 사도라는 벼슬을 사 권력을 과시하면서 그의 아들에게, 남들이 자기를 어떻게 평하냐고 물었다. 그러자 아들은 솔직하게 말해 주었다.

"아버님께서 사도의 자리에 오르자 사람들은 아버지를 멀리하고 비웃습니다. 그 이유는 아버님에게서 동취(銅臭)가 강하게 풍기기 때문입니다."

중국뿐만 아니라 우리나라에서도 한때 공공연히 매관매직이 성행됐을 때가 있었다. 그러나 지금은 그것이 정당에 공천을 받기 위해 내놓는 거액의 정치자금이란 용어로 발전됐으며, 문민정부가 탄생되기 전에는 아예 돈으로 대통령직까지 사려고 덤빈 어느 재벌총수도 있었다.

"돈이라면 신(神)도 웃는다."

라는 속담처럼「동취(銅臭)」의 위력이 대단함에는 틀림없다.

董狐直筆
동 호 직 필

董董董董董董董萱萱萱萱董董(감독할 동)
狐狐狐狐狐狐狐狐(여우 호)
直直直直直直直直(곧을 직)
筆筆筆筆筆筆筆筆筆筆筆(붓 필)

동호의 직선적인 붓.

出典 춘추좌씨전(春秋左氏傳)의 선공(宣公) 2년

동호의 곧은 붓이란 죽음을 두려워하지 않고 사실을 바르게 기록한다는 뜻이다.

춘추시대 진(晉)나라의 재상 조순(趙盾)이 폭군인 영공을 죽이자 역사기록관인 동호(董狐)는 궁정 기록에,

"조순이 임금을 시해했다." 라고 썼다.

이에 조순이 폭군을 죽인 것은 시해가 아니라며 기록을 수정할 것을 요구하자 동호는 의리적으로 볼 때 하극상은 역시 하극상일 뿐이라고 주장했다. 그러자 조순은,

"아! 시(詩)에 나의 생각이 스스로 이 근심을 남겼다라고 했듯이, 이것은 나를 두고 한 말이로구나."

하며 동호 주장에 따랐다.

그 후 공자께서 이 점에 대해,

"동호는 훌륭한 사관이다. 권력을 두려워하지 않고 사실대로 썼기 때문이다. 그리고 조순 또한 훌륭한 재상이다. 법과 의(義)를 위해 악명을 잠자코 받았으니까."

하며 논평을 가했다.

이후 사람들은 동호가 권세에 아부하지도 않고 무서워하지도 않으며 사실을 사실 그대로 역사에 기록한 떳떳한 행위에 찬사를 보내면서 「동호직필(董狐直筆)」을 비유해 정의로 삼았다.

"물론 대감께서 직접 영공을 시해하지는 않았습니다. 그러나 그때 대감은 정경으로서 국내에 있었고, 또 조정에 돌아와서는 범인을 처벌하려 하지도 않았습니다. 그래서 대감께서 공식적으로 시해자가 되는 것입니다."

동서고금을 막론하고 역사에 대한 기록과 평가는 간단하게 해결될 성질이 아니다. 특히 군사독재 기간이 길었던 우리나라의 현대 역사 평가가 그렇다. 여기에 관련된 인물들의 파워가 정부 각처에 존재해 있는 한 올바른 역사 평가는 기대하기 어려울 것이다.

그 날카로운 지적에 조순도 할 말이 없었다. 나중에 공자(孔子)는 이 사건에 관해 이렇게 말했다.

"법도대로 '올바르게 기록한 동호'는 훌륭한 사관이다. 법을 바로잡는 일의 중요성을 알고 오명을 그냥 뒤집어 쓴 조순 역시 훌륭한 대신이다. 다만, 국경을 넘었더라면 책임을 면할 수 있었을 텐데, 유감스럽다."

得龍望蜀
득 롱 망 촉

得 (얻을 득)
龍 (언덕 롱)
望 (바랄 망)
蜀 (나라이름촉)

농 지방을 얻자 촉 지방이 탐난다.

出典 후한서(後漢書) 광무기(光武紀)

후한(後漢)의 광무제(光武帝)가 제위에 오르면서 낙양을 수도로 정하고 세력을 확장하면서 농서의 땅을 손에 넣고 마지막 남은 촉 땅을 바라보며,

"인생이란 족함을 모른다고 했듯이, 농서를 손에 넣었으니 이제 촉을 얻어야겠다."
라고 말한 후 촉 땅을 공격해 전국을 완전 평정했다.

그 후 2백년이 흐르면서 조조와 유비·손권이 서로 불꽃을 튀기며 천하의 패권을 놓고 자웅을 겨룰 때 유비가 손권과 일전을 벌이고 있는 틈을 노려 조조는 한중을 공략하고 촉을 위협했다.

이때 조조의 명참모 사마중달이 조조에게,

"이 기세로 군사를 진격시킨다면 유비의 익수를 빼앗기는 시간문제입니다."
하며 공격명령을 기다렸다. 그러나 조조의 생각은 달랐다.

"인간이란 족(足)함을 모르기 때문에 고통을 받는 것이다. 나는 광무제가 아니다. 나는 이미 농을 손에 넣었는데 무엇 때문에 또 촉 땅을 얻으려 하겠는가." 하면서 굳이 위험을 무릅쓰지 않았다.

"위험을 피하려면 멈출줄도 알아야 한다."는 노자의 굴신철학을 조조가 인용한 것이다.

여기서 우리는 광무제의 '농을 얻고 또 촉을 탐냈던' 솔직성과 '농을 얻고 굳이 촉까지 바랄 필요는 없다'고 한 조조의 간웅(奸雄)을 비교하면 재미있는 대조가 이루어짐을 알 수 있다.

그리고 현재는 이 말이 변해 '바라는 것은 끝이 없다'는 뜻으로 쓰인다.

나폴레옹이 러시아를 멈추지 않고 계속 진격했다가 강추위에 참패했고, 히틀러가 러시아를 공격하면서 멈출 줄 몰라 대참패를 당한 것이 그 좋은 본보기이다.

이런 점에서 볼 때 조조의 상황판단은 이들보다 한 수 위가 되며, 광무제는 「득농망촉」의 승자로서 돋보였다고 볼 수 있겠다.

이 말에는 두 가지 일화가 있는데 「후한서(後漢書)」에 실린 것은, 광무제 유수 때의 일이다. 유수가 낙양에 막 입성했을 당시에는 각지의 세력이 저마다 황제를 일컬을 정도로 크게 성장해 있었다. 그중 농서의 외효와 촉의 공손술을 제외하고는 모두 광무제에게 토벌되었는데, 외효는 공손술과 손을 잡아 광무제에게 대항하려 했다. 그러나 공손술은 그것을 받아들이지 않았고, 후에 외효는 광무제와의 수호를 강화하려 했으나 그것도 실패로 끝났다. 결국 외효가 죽고 그의 땅인 농서가 광무제의 손에 들어왔다. 이때 그가 한 말이 "인간은 만족할 줄 모른다더니 이미 농을 얻고도 촉을 바라는구나"이다. 그 후 광무제는 바람대로 촉을 쳐서 천하를 평정하게 되었다.

故事成語

141

두 번째는 「삼국지(三國志)」에 실린 것으로, 삼국시대 위(魏)나라 조조(曹操)와 촉나라의 유비(劉備)가 한참 싸울 때였다. 조조는 촉에 연결되는 한중 땅에 쳐들어가 그 일대를 수중에 넣었다. 이때 조조의 부하 사마의가,

"조금만 더 진격한다면 촉의 본거지를 뺏을 수 있을 것입니다" 하고 말했다. 그러자 조조는,

"인간이 만족하기란 쉽지 않지만, 이미 농을 얻었으니 촉까지 바라는 것은 지나친 욕심이오."
라고 대답했다. 그리고 3년 후 조조는 한중으로 진격해 온 촉군과 공방전을 벌이다가 '계륵(鷄肋)'이라는 말을 남기고 철군하게 된다.

得魚忘筌
득 어 망 전

得得得得得得得得得得得(얻을 득)
魚魚魚魚魚魚魚魚魚魚魚(고기 어)
忘忘忘忘忘忘忘(잊을 망)
筌筌筌筌筌筌筌筌筌筌筌筌(통발 전)

고기가 잡히면 고기를 잡았던 통발은 잊는다.

出典 장자(莊子)의 외물편(外物篇)

전(筌)은 고기를 잡기 위한 도구이며, 고기가 잡히면 전은 잊어버리고(「득어망전」), 제(蹄)는 토끼를 잡기 위한 덫이며, 토끼가 잡히면 덫은 잊어버린다는 말의 뜻을 나타내는 것이며 뜻을 다 알면 그 말은 잊어버린다.

「득어망전(得魚忘筌)」의 근원은 장자 외물편에 있으며, 여기서 망전(忘筌), 망제(忘蹄), 망언(忘言)이란 말이 생겼고, 이것은 말을 초월한 진실을 파악한 경우에 쓰인다.

그리고 현재는 「득어망전(得魚忘筌)」 하면 보통 어떤 목적이 달성되면 그동안 도움이 되었던 것을 잊는다는 뜻으로 인용되며 '교토사양구팽'과 비슷하다.

고로 독자들은 「득어망전」을 잊기 전에 어서 '교토사양구팽'을 참고하기 바란다. 바로 이것이 이 장의 정의인 동시에 장자의 충고이니까.

登龍門
등 용 문

登登登登登登登登登登登登(오를 등)
龍龍龍龍龍龍龍龍龍龍龍龍龍龍龍(용 용)
門門門門門門門門(문 문)

용문에 오르다.

出典 후한서(後漢書)의 이응전(李膺傳)

후한의 환관들이 악행을 일삼았을 때 이 환관들과 맞서 싸운 정의파 관료들의 리더격인 이응(李膺)을 보고 많은 사람들은 '천하의 모범은 이응'이라고 칭찬하면서 그의 추천을 받는 것을 대

단한 명예로 여겼는데, 이것을 두고「등용문(登龍門)」이라 칭했다.

용문이란 황하 상류에 있는 협곡의 이름이며, 이 근처는 물 흐름이 매우 빨라 보통 물고기는 이 물줄기를 타고 오르지 못하는데, 만약 이 급류를 타고 오르는 물고기가 있다면 그 물고기는 곧 용으로 변한다는 전설이 깃든 곳이다. 우리 속담에,

"개천에서 용이 났다."는 말이 있듯이「등용문(登龍門)」은 대단한 출세를 하는 관문이란 뜻이다.

그런데 간혹가다 이「등용문」을 통과하지 않고도 출세를 하는 사람도 있다. 그 사람은 바로 가짜「등용문」을 통과한 가짜 박사들이다.

登登登登登登登登登登登登(오를 등)
泰泰泰泰泰泰泰泰泰泰(클 태)
小小小(작을 소)
天天天天(하늘 천)

태산에 오르면 천하가 작게 보인다.

"공자가 노나라 동산(東山)에 올라가 노나라를 보니 작게 보였고, 태산에 올라가 천하를 보니 천하가 작게 보였듯이, 바다를 구경한 사람은 큰 강물 따위는 물같이 보이지 않을 것이며, 성인(聖人)에게 학문을 배운 사람에게는 웬만한 학문은 싱겁게 들릴 것이다."

여기서 맹자는 중국 천하의 크고 작음을 통해 성인의 교훈이 훌륭하다는 것을 강조한 것이다. 다시 말해「등태소천(登泰小天)」하면 사람은 그가 처해 있는 위치에 따라 보는 눈이 달라진다는 뜻이다. 그렇다면 우리들은 지금부터라도 공자님의 명언을 듣고「등태소천(登泰小天)」에 따르자.

한 가지 새로 배운 것을 행동에 나타내고 혹은 현실에 이용한다는 것은 참으로 즐거운 일이다.

바닷물을 관찰하는 데는 방법이 있다. 반드시 그 움직이는 물결을 보아야 한다. 마치 해와 달을 관찰할 때 그 밝은 빛을 보아야 하는 것과 같다. 해와 달은 그 밝은 빛을 받아들일 수 있는 조그만 틈만 있어도 반드시 비추어 준다. 흐르는 물은 그 성질이 낮은 웅덩이를 먼저 채워 놓지 않고서는 앞으로 흘러가지 않는다. 군자도 이와 같이 도에 뜻을 둘 때 아래서부터 수양을 쌓지 않고서는 높은 성인의 경지에 도달할 수 없다.

燈燈燈燈燈燈燈燈燈燈燈燈燈燈(등잔 등)
下下下(아래 하)
不不不不(아니 불)
明明明明明明明明(밝을 명)

등잔 밑이 어둡다.

가까이 있는 것이나, 가까이에서 일어나는 일을 도리어 잘 모를 수 있다는 뜻의 속담.

143

燈火可親
등 화 가 친

燈燈燈燈燈燈燈燈燈燈燈燈燈燈燈 (등잔 등)
火火火火 (불 화)
可可可可可 (옳을 가)
親親親親親親親親親親親親親親親 (친할 친)

등불을 가까이 할 수 있다는 뜻.

한유(韓愈)가 아들의 독서를 권장하기 위해 지은 시『부독서성남시(符讀書城南詩)』중의 한 구절이다. 흔히 '등화가친의 계절'이라고 쓰고 가을을 가리키는 경우가 많다. 가을이 날씨가 서늘하고 하늘이 맑으며, 수확이 풍성해 마음이 안정되어 공부하기에 더없이 좋은 계절이라는 말이다.

한유는 당(唐)대의 대문호이자 사상가, 정치가이다. 문학적인 면에서는, 친구인 유종원(柳宗元) 등과 함께 종래의 형식적이고 수사적인 변문(騈文)에 반대하고, 소박하되 자유로우며 성인의 도를 담은 고문(古文)을 써야 한다고 주창하여 후일 당송팔대가(唐宋八大家)의 출현을 보게 하였다. 또 사상면에서는 공자(孔子)의 유교를 공고히 하기 위해 도교와 불교를 배척하였다.

헌종(憲宗)이 불골을 모신 것을 간한 '간불골표(諫佛骨表)' 상소 사건은 그가 죽음을 맞을 뻔했던 유명한 일화이다. 정치적으로도 성공하여, 헌종을 간하다가 한때 자사로 좌천되기는 하였지만, 차관급인 시랑에까지 올랐다. 죽은 후 문공(文公)이란 시호를 받았다. 그에게는 아들 창(昶)이 있었는데, 그는 자식의 교육에 남다른 관심을 가져, 다음과 같은 시를 지어 보내 독서를 권하였다.

시추적우제(時秋積雨霽) : 때는 가을이 되어, 장마도 마침내 개이고
신량입교허(新涼入郊墟) : 서늘한 바람은 마을에 가득하다.
등화초가친(燈火稍可親) : 이제 등불도 가까이 할 수 있으니
간편가서권(簡編可舒卷) : 책을 펴 보는 것도 좋지 않겠는가.

서늘한 가을 저녁, 밝은 등잔불 아래서 귀뚜라미 소리를 들으며 독서에 열중하고 있는 모습을 상상하게 만드는 구절들이다.

磨斧作鍼
마 부 작 침

磨磨磨磨磨磨磨磨磨磨磨磨磨磨磨 (갈 마)
斧斧斧斧斧斧斧斧 (도끼 부)
作作作作作作作 (지을 작)
鍼鍼鍼鍼鍼鍼鍼鍼鍼鍼 (바늘 침)

도끼를 갈아 바늘을 만든다는 뜻.

아무리 어려운 일이라도 끈기 있게 노력하면 이룰 수 있음을 비유하는 말이다.

이백(李白)이 학문(學問)을 도중(途中)에 그만두고 집으로 돌아가는 길에 바늘을 만들기 위해 도끼를 갈고 있는 한 노파(老婆)를 만났다. 그 노파(老婆)의 꾸준한 노력(努力)에 크게 감명(感銘)을 받은 이백(李白)이 다시 산 속으로 들어가 학문(學問)에 힘쓴 결과 학문(學問)을 완성(完成)했다.

馬耳東風
마 이 동 풍

馬馬馬馬馬馬馬馬馬馬 (말 마)
耳耳耳耳耳耳 (귀 이)
東東東東東東東東 (동녘 동)
風風風風風風風風風 (바람 풍)

말의 귀를 그냥 스치는 동풍.

出典 이백의 답왕십이한야독작유회(答王十二寒夜獨酌有懷)

'지금 세상은 투계(鬪鷄 = 닭싸움)기술이 능한 자가 천자의 사랑을 받으며, 무공을 세운 자들이 권력을 잡고 우쭐거리는 세상으로 변했네. 우리의 작품이 아무리 뛰어난 걸작이라 할지라도 그들의 눈에는 한 잔의 냉수만큼의 값어치도 없게 보일 것이며, 사람들은 이것을 듣고도 마치 동풍(東風)이 말의 귓가(馬耳)를 스치듯이 여길 뿐이네.'

이 글은 이백(李白)의 친구인 왕십이(王十二)가 '한야독작유회(寒夜獨酌有懷)'란 시를 통해 당시의 정치현실을 비판해 온 것에 대한 이백의 답신 내용 중 일부다.

여기서 「마이동풍(馬耳東風)」이란 말이 눈길을 끌며, 계속 되는 이백의 시에서 대시인으로서의 자부심이 강하게 풍긴다.

어목(魚目)이 우리를 비웃으며,

감히 명월(明月) 같기를 청하는구나.

생선 눈처럼 어리석고 타락한 자들이 명월 같은 시인의 지위를 탐내고 있다는 뜻이다.

"시(詩)는 역사보다 더 철학적이고 근엄하며 중요한 그 무엇이다. 역사가 말하는 것은 독특한 것들이지만 시가 말해 주는 것은 보편적인 성격을 띠고 있기 때문이다."

아리스토텔레스의 명언처럼 이백의 시가 말하는 「마이동풍」에 타락한 현대인의 현주소가 엿보인다. 보편적인 성격을 띠고 있는 시인들을 색안경을 끼고 보는 위정자들을 보고 한 말이다.

이백은 또 왕거일처럼 고결하고 뛰어난 인물이 지금 세상에 쓰이지 못함을 안타까워하며 세상을 탄식한다.

우리 인생 아차 하는 사이에 백 년도 채우지 못하니(人生飄忽百年內)

한 잔 술을 기울이며 만고의 시름 풀어 버리세(且須酣暢萬古情)

세상 돌아가는 꼴을 보아하니 참으로 한심하다. 닭싸움 솜씨가 뛰어나야지만 황제에게 총애를 받아 대로를 활보하고, 오랑캐를 막는 데 작은 공이라도 세워야지 충신 노릇하는 세상이다. 그런데 자네나 나나 그런 짓은 못하며 창가에 기대어 시를 읊을 뿐이니, 제아무리 걸작을 쓴들 한 잔 물보다 값어치가 없구나. 사람들이 이를 듣고 머리를 흔드는 것이 말의 귀에 동풍이 스치는 듯 하도다.

당시 황제였던 현종은 닭싸움을 몹시 좋아하여 싸움닭을 바친 이들을 기억했다. 이백과 왕거일은 그렇게 출세한 이들과 작은 공을 세운 이들이 날뛰는 세상에서 살고 있었다. 결국 시인들이 홀

룡한 작품을 써도 알지 못하니 '말의 귀에 동풍이 불어치는 격'이라고 안타까워한 것이다. 동풍은 동쪽에서 부는 봄바람이다. 봄바람은 부드러워 말의 귀를 스쳐 가도 아무런 자극을 주지 못한다. 말의 귀에 동풍이 스치듯 남의 말을 귓등으로 흘림을 빗대어 '마이동풍(馬耳東風)'이라 했다.

속담 '소 귀에 경읽기'와 비슷한 뜻이다. 부모님이 컴퓨터 게임을 그만 하라고 타이르거나, 책을 읽으라 해도 들은 척 만 척한다면 이 또한 마이동풍 아닐까?

麻麻麻麻麻麻麻麻麻麻麻(삼 마)
中中中中(가운데 중)
之之之之(갈 지)
蓬蓬蓬蓬蓬蓬蓬蓬蓬蓬蓬蓬蓬蓬(쑥 봉)

삼밭 가운데서 나는 쑥이라는 뜻.

구부러진 쑥도 삼밭에 나면 저절로 꼿꼿하게 자라듯이 좋은 환경(環境)에 있거나 좋은 벗과 사귀면 자연히 주위(周圍)의 감화(感化)를 받아서 선인(善人)이 됨을 비유해 이르는 말.

磨磨磨磨磨磨磨磨磨磨磨磨磨磨(갈 마)
杵杵杵杵杵杵杵杵(공이 저)
而而而而而而(어조사 이)　成成成成成成成(이룰 성)
針針針針針針針針針針(바늘 침)
鐵鐵鐵鐵鐵鐵鐵鐵鐵鐵鐵鐵鐵鐵鐵鐵鐵鐵(쇠 철)

철방망이를 갈아 바늘을 만든다.

出典 방여승람(方輿勝覽)

앞장에서 '마이동풍'에 대해 말했던 당나라의 천재시인 이백(李白)이 어렸을 때 이야기다. 어느 날 거리에 놀러 나갔던 꼬마 이백이 큰 쇠방망이를 숫돌에 갈고 있는 노파에게,

"무슨 일을 하고 계세요?" 하고 묻자 노파가,

"바늘을 만들려고……"

라고 대답했다, 이에 꼬마 이백이 기가 막혀 크게 웃자 노파 왈(曰),

"애야 비웃지 마라. 노력을 하면 쇠방망이로 언젠가는 바늘을 만들 수 있단다."

노파의 교훈에 크게 깨달은 꼬마 이백은 그 후 열심히 공부하고 노력해 유명한 대시인이 될 수 있었는데, 그 원동력은 「마철저이성침(磨鐵杵而成針)」의 결과였다.

"천재는 1%의 영감과 99%의 노력으로 만들어진다."

는 발명왕 에디슨의 천재관이 그대로 입증된 셈이다. 고로 머리가 나쁘다고 자책하는 사람들은 실망하지 마라.

馬革裹屍
마 혁 과 시

馬馬馬馬馬馬馬馬馬馬 (말 마)
革革革革革革革革革 (가죽 혁)
裹裹裹裹裹裹裹裹裹裹裹裹裹 (쌀 과)
屍屍屍屍屍屍屍屍屍 (주검 시)

말가죽으로 시체를 싸다.

出典 후한서(後漢書)의 마원전(馬援傳)

후한 광무제 때의 명장 마원(馬援)이,

"지금 흉노와 오환이 우리의 북쪽 변경을 혼란시키고 있다. 나는 이들을 끝까지 정벌하리라. 사내 대장부라면 당연히 싸움터에서 전사함을 영광으로 알고, 말가죽으로 시체를 싸는게「마혁과시(馬革裹屍)」) 소원이다."

라고 말한 다음 또다시 오랑캐 정벌에 앞장섰다.

'노익장'으로 유명한 마원은 그 후 62세 때 노익장을 과시하다가 군에서 병사했다. 이로써 그는 사내 대장부의 공약인「마혁과시」를 지킨 셈이다.

마원 같은 사람을 두고 톨스토이는 이렇게 말했다.

"죽고 나서 어떻게 되는가를 알 수 있는 사람이라면 죽음을 두려워하지 않는다."

莫逆之友
막 역 지 우

莫莫莫莫莫莫莫莫莫莫莫 (말 막)
逆逆逆逆逆逆逆逆逆逆 (거스릴 역)
之之之之 (갈 지)
友友友友 (벗 우)

조금도 거스름이 없는 친구

出典 장자(莊子) 대종사편(大宗師篇)

「막역지우(莫逆之友)」란 서로 거스르지 않는 친구라는 뜻으로, 아무 허물없이 친한 친구를 가리키는 말이다.

자사, 자여, 자리, 자래 4명은 서로 왈(曰),

"누가 생사존망(生死存亡)이 한 몸이라는 것을 알겠는가! 우리는 더불어 벗이 되자."

이 네 사람은 서로 마주보고 웃으며 마음에 거슬림이 없는「막역지우」가 되었으며 또한 자상호, 맹자반, 자금상 3명이 서로 마주보면서 왈(曰),

"그 누가 하늘로 올라가 안개 속에서 놀고 무한한 우주 속을 돌아다니며 삶을 잊고 무한을 즐길 수 있겠는가?"

이 세 사람도 서로 웃고 마음에 거슬림이 없는「막역지우」가 되었다.

이 얘기는 장자의 대종사편에 나오며 여기서 친한 벗을 뜻하는「막역지우」란 말이 유래되었다.

故事成語

"사람이라면 누구나 친구의 품안에서 휴식처를 구하고 있다. 그곳에서라면 가슴을 열고 마음껏 슬픔을 터놓을 수 있기 때문이다."

이 말은 괴테의 「막역지우」론이다.

挽 歌
만 가

挽挽挽挽挽挽挽挽挽挽 (당길 만)

歌歌歌歌歌歌歌歌歌歌歌歌歌歌 (노래 가)

장송곡.

出典 춘추좌씨전(春秋左氏傳)

주(周)나라 경왕 36년, 노나라의 애공과 오나라 부차가 연합해 제나라를 공격하자 제나라의 공손하(公孫賀)는 종자양과 여구명에게 필사적으로 싸우라고 격려한 다음 부하에게 「만가(挽歌)」를 부르게 했다.

이것이 「만가」의 기원이며 그 후 한고조(유방) 전성시대에도 「만가」의 유래가 전해진다. 유방이 한고조로 즉위하자 제왕(齊王)이었던 전횡(田橫)은 고조의 보복이 두려워 부하 5백 명과 함께 성으로 도망쳤다. 그후 전횡은 한고조가 죄를 용서하겠다는 말을 믿고 섬에서 나왔다가 낙양 근처에서 포로가 되자 한고조를 원망하며 스스로 목을 쳐 죽고 말았다.

그러자 섬에 남아 있던 5백 명도 전횡의 높은 절개에 감탄하고 자결했다. 이에 전횡의 제자인 해로(薤露)와 호리(蒿里)가 「만가」를 지어 전횡의 죽음을 애도했는데 그 가사내용은 다음과 같다.

"부추(薤) 위의 이슬은 쉽게 마르지만 그 이슬은 말라도 내일아침이면 또 내린다. 사람이 죽어 한 번 가면 언제 다시 돌아오겠는가."

그래서 사람들은 이때부터 「만가」를 해로가(薤露歌)라고 부르기도 했으며, 그 후 「만가」는 명군인 무제(武帝)시대에 이르러 그 빛을 발하기 시작했다. 무제는 '경국지색'에서 노래를 불렀던 궁중악사 이연년을 국립음악원 총재로 임명하고 「만가」를 연구케 한 것이다.

이에 이연년은 해로와 호리의 「만가」를 두 곡으로 나누어 전자는 장송곡으로, 후자는 상여꾼들에게 부르게 했다. 그래서 죽음을 서러워하는 말을 만(輓=挽)이라고 한 것은 여기서 유래된 것이다.

동양의 「만가」와 서양의 '장송곡'이 그래서 같다는 것이다.

만가는 일본어로는 반카(ばんか)라고 읽는다. 「만엽집(萬葉集)」에서 그 내용상의 분류에 따라 잡가(雜歌)나 상문(相聞)과 더불어 3대 분류중의 하나로 꼽힌다. 「만가」라는 명칭은 「문선(文選)」이나 그 밖의 중국문헌에 보이는 「만가(挽歌)」, 「만가시(挽歌詩)」에서 따온 것이며, 본래는 관(棺)을 끌 때에 부르는 노래라는 뜻이다. 그러나 장례 때에 부르는 노래를 비롯해, 죽은 사람을 애석해하면서 부르는 노래나 사람이 죽을 때 지어서 남기는 사세가(辭世歌), 혹은 역사상 또는 전설

상의 연고가 있는 곳과 묘지에서 불렀던 노래 등 만가의 세계는 다양한 전개를 보였다.

일본 고대의 장례 의식 때 가무(歌舞)를 한다는 것은, 「위지(魏志)」 왜인전(倭人傳) 등에 전해지는 사실이다. 그러나 그 가무는 주술적(呪術的)인 것이었으며, 그 전통이 그대로 만가로 이어지는 것은 아니었다. 만가는 죽은 사람을 애도하는 노래로, 중국문학의 매개(媒介)에 의해서 형성되어 간 새로운 노래의 영역이었다. 장례 의식 때의 가무와는 이질적(異質的)이며, 처음부터 서정(抒情)을 성격으로 하는 것이었다고 할 수 있다.

그밖에도 제사·좌주(題詞·左注)에 만가라고 기록한 것이 20수 있는 등, 「만엽집」에는 총 267수를 볼 수 있다(장가 54수, 단가 213수). 다만 권 3의 434 이하의 4수의 단가를 만가에서 제외하는 설이 많다는 것은 참고로 해야 한다. 「고금집(古今集)」 이후에는 만가라는 명칭을 대신하여 '애상(哀傷)'이라는 말이 불려지게 된다.

萬事休矣
만 사 휴 의

萬萬萬萬萬萬萬萬萬萬萬萬萬 (일만 만)
事事事事事事事事 (일 사)
休休休休休休 (쉴 휴)
矣矣矣矣矣矣矣 (어조사 의)

만사가 끝장이다.

出典 송사(宋史)의 형남고씨세가(荊南高氏世家)

약소국 중에서도 아주 보잘 것 없는 나라였던 형남(荊南)에 보훈왕이 즉위하면서 그는 만사를 전폐하고 제일 먼저 착수한 일이 아방궁 같은 누각을 세우는 일이었고, 거기다 한 술 더 떠 주지육림(酒池肉林)으로 세월을 보내면서 폭군 흉내까지 냈다.

그러자 폭정에 시달린 형남 사람들은 '나라는 이제 끝장났다'고 생각하고 「만사휴의(萬事休矣)」에 젖어 있었다. 그 후 얼마 안 가 송나라가 천하를 잡자 겁이 많은 보훈은 스스로 송나라의 신하가 되어 모든 실권을 송나라에 바침으로써 형남은 흔적도 없이 망하고 말았다.

만사(萬事)는 모든 것이라는 뜻이고, 휴의(休矣)란 끝장이라는 뜻으로, 정말 모든 게 끝장난 것이다.

여기에 어울리는 나라로는 북한이며, 여기에 어울리는 사람으로는 김정은이라는 말 또한 설득력이 있다.

"국가가 국민에게 매력을 잃은 것은 위정자들이 자기들은 국민의 노동을 공짜로 이용할 권리를 가지고 있다고 멋대로 생각하고 있기 때문이다." 라는 톨스토이의 명언처럼 김정은도 위정자의 권한을 착각하고 있기 때문에 북한주민은 「만사휴의」에 빠져 허우적거리고 있는 것이다.

형남의 백성들처럼 북한을 탈출한 전 강성산 총리의 사위 강명도씨의 말에 의하면 김정일은 괴팍하고 급한 성격에 가장 존경하는 인물은 히틀러라고 한다. 그는 히틀러를 존경하다 못해 히틀러의 '나의 투쟁'을 베고 잘 정도란다.

또「만사휴의」란 원나라 때 황제의 명으로 편찬된「송사(宋史)」형남고씨세가(荊南高氏世家)에서 비롯된 말이다. 당(唐)나라가 멸망한 후 중국에는 5대10국(五代十國)의 혼란이 계속되었다. 5대란 중원에서 흥망한 후량(後梁)·후당(後唐)·후진(後晉)·후한(後漢)·후주(後周)의 다섯 왕조를 말하고, 10국이란 지방에서 흥망을 거듭한 전촉(前蜀)·오(吳)·남한(南漢)·형남(荊南)·오월(吳越)·초(楚)·민(閩)·남당(南唐)·후촉(後蜀)·북한(北漢) 등 10 나라를 말한다. 형남은 10국 중 하나로, 당말에 형남 절도사로 파견되었던 고계흥(高季興)이 세운 나라이다. 고계흥 이후 4대 57년간 형남을 지배하다가 송조에 귀순하였다. 고계흥에게는 아들 종회(從誨)와 손자 보욱(保勖)이 있었다. 종회는 보욱을 남달리 귀여워했다. 특히 보욱이 어려서부터 병약하였기 때문에 그에 대한 종회의 사랑은 도가 지나칠 정도였다.

종회의 맹목적인 사랑을 받으며 자란 보욱은 안하무인일 수밖에 없었고, 게다가 허약하였으며, 음란하기까지 하였다. 그가 아직 어렸을 때 안하무인에 버릇 없는 보욱을 보고 주위 사람이 그를 꾸짖으며 쏘아본 적이 있는데, 보욱은 그저 실실 웃기만 하는 것이었다. 이 소리를 전해 들은 형남 사람들은 '이제 모든 것이 끝났구나(爲萬事休矣)'하며 탄식했다고 한다. 보욱은 자기 형에 이어 보위에 올라야 하는데, 이렇게 자부심도, 줏대도 없고 게다가 가치관마저 무너진 사람을 가지고는 나라의 운명을 어찌 해볼 도리가 없다는 의미였다.

오늘날도 만사휴의는 도무지 대책을 세울 방법이 없을 정도로 일이 틀어졌을 때 체념조로 사용된다. 형남 사람들의 예견은 틀리지 않아, 보욱은 즉위하면서 바로 궁궐 증축의 대공사를 일으켜 백성을 괴롭히더니, 음란함이 극에 달해 기생들과 군사들을 풀어 혼음을 시키면서 그것을 보고 즐겼다 한다.

萬萬萬萬萬萬萬萬萬萬萬萬萬萬 (일만 만)
壽壽壽壽壽壽壽壽壽壽壽壽壽壽 (목숨 수)
無無無無無無無無無無無無無 (없을 무) (지경 강)
疆疆疆疆疆疆疆疆疆疆疆疆疆疆疆疆疆

끝없이 오래도록 장수함.

글자의 뜻만 본다면 만 년 동안 끝이 없이 오래 산다는 뜻이니 과장이 심하다. 그 백분의 일인 백 년만 살아도 한없는 축복일 테니 말이다.

작자를 알 수 없는 우리나라 시조 가운데 이런 작품이 있다.

천세(千歲)를 누리소서, 만세(萬歲)를 누리소서.

무쇠 기둥에 꽃 피어 열음 열어 따드리도록 누리소서.

그 밖에 억만세(億萬歲) 외에 또 만세를 누리소서.

중국인들 못지않게 우리 조상님들도 글을 쓰실 때는 과장법을 즐기셨나 보다. 무쇠 기둥에 꽃이 피어 열매 열리면 따드릴 때까지 사시라니! 그런데 그것도 모자라 억만 년 더하기 만 년을 더? 그에 비하면 다음 작품은 이름을 걸었기 때문인지 과장법이 조금 덜하다.

조선 전기 서예가와 정치가로 활동했던 김구(金絿, 1488~1534)가 지은 시조다.

오리의 짧은 다리 학의 다리 되도록에

검은 가마귀 해오라비 되도록에

향복무강하사 억만 세를 누리소서.

그렇지만 불가능한 것은 마찬가지다. 오리 다리가 학의 다리가 되는 것은 고사하고 인간의 짧은 다리를 한 뼘만 늘여도 롱다리가 될 수 있을 텐데, 그것도 불가능하잖아. 게다가 까마귀가 하얀 해오라기가 되다니! 말이 안 된다.

무강(無疆)이란 끝이 없다는 뜻이다. 그래서 만수무강이 끝없이 오래도록 사시라는 뜻이라면 향복무강(享福無疆)은 끝없이 복을 받으라는 표현이다. 둘을 합하면 더 이상이 없겠다. 그러니 이런 뜻을 가진 표현이 없을 리가 없다.

萬萬萬萬萬萬萬萬萬萬萬萬萬(일만 만)
全全全全全全(온전 전)
之之之之(갈 지)
策策策策策策策策策策策策(채찍 책, 꾀 책)

만전을 기하는 비책

出典 　후한서(後漢書)의 유표전

삼국지의 간웅 조조와 북방의 원소가 대전투를 벌이고 있을 때 형주의 장관 유표는 우유부단한 성격으로 이 전투를 관망하고 있었다. 그러자 유표의 측근인 한승과 유선이 이런 상황을 보다 못해 유표에게,

"우리가 지금처럼 관망만 하고 있으면 양쪽으로부터 큰 원한을 받게 될 것입니다. 조조는 반드시 원소를 격파할 것이며 그 다음에는 우리를 공격할 것입니다. 그러므로 강자인 조조를 따르는 것이 현명하고 이것이야말로 만전지책(萬全之策)입니다."

라고 간언했다. 그러나 의심이 많은 유표는 이 말을 듣지 않고 망설이다가 결국은 이 일로 인해 후에 화를 당했다. 우유부단한 성격으로「만전지책(萬全之策)」을 따르지 않은 유표 같은 사람은 우리 주위에도 흔하다.

亡國之音
망 국 지 음

亡亡亡(망할 망)
國國國國國國國國國國國(나라 국)
之之之之(갈 지)
音音音音音音音音音(소리 음)

국가를 망하게 할 음악

出典 예기(禮記) 한비자(韓非子)의 십과편(十過篇)

"어지러운 음악은 원망과 화를 나게 만든다. 그것은 정치가 어긋났기 때문이며 나라가 망하는 음악은 슬픔과 그 백성이 곤궁하기 때문에 생긴다.

'예기'에 나오는「망국지음(亡國之音)」에 관한 설명이며, 한비자 십과편(十過篇)에는 다음과 같은 상징적인 일화가 엿보인다.

춘추시대 위나라 영공이 진나라로 가던 도중 복수 근처에서 한밤중에 절묘한 음악을 듣게 되자 영공은 동행했던 악사장 사연(師涓)에게 그 악보를 익히게 했다.

그리고 진나라에 도착한 영공은 진평공이 베푼 환영 리셉션에서 사연을 시켜 이 곡을 연주케 했다.

그러자 이때 진나라의 악사장 사광(師曠)이 이 곡을 제지하며,

"이 곡은 망국지음입니다. 끝까지 연주해서는 큰일납니다."

라고 말했다.

이에 의아하게 여긴 진평공이 그 이유를 묻자 사광은 두려운 표정을 지으며,

"이 음악은 그 옛날 은나라의 유명한 악사장 사연(師延)이 음탕한 주왕(周王)을 위해 만든 음탕한 곡입니다. 그리고 이 음악을 들은 주왕은 그때부터 이 음악에 미쳐서 정치를 등한시하다가 주무왕에게 멸망당했고, 이때 사연은 복수 근처로 도망쳐와 악기를 끌어안고 물에 빠져 죽은 다음 혼령으로 떠들아 다니며 이 곡을 지금까지도 연주하며 사람들을 홀리고 있다 합니다. 때문에 사람들은 이 곡을 망국지음이라고 단정하고 귀를 막고 다닌다고 합니다."

하며 간곡하게 음악을 중지할 것을 간청했다.

그러나 진평공은 이 간청을 무시하고 사연에게 이 음악을 끝까지 연주시켰다. 그러자 사광의 예언처럼 진평공은 음악으로 인해 별안간 생긴 폭풍우에 휘말려 정신을 잃고 쓰러졌다가 그 후 병을 얻어 죽고 말았다 한다.

역설적으로 표현하자면 이런「망국지음」이 따로 있는 것은 아니다. 자신이 해야 할 일을 망각하고 도에 지나치게 음악에 미치는 행동이 바로「망국지음」인 것이다.

"국민의 가요는 그들이 선천적으로 타고난 감성곽 충동, 그리고 사고방식에 대한 최선의 증인이며 그들 자신의 즐거운 입에서 나오는 사고방식이며 느낌의 진정한 주석(註釋)인 것이다."

독일의 철학자이며 문학가인 헤르더의 말처럼 국민의 가요는 축가를 대변하기도 한다. 우리나라

의 경우 일제 압박 당시의 국민가요와 현재까지 오는 과정 속에 애창됐던 국민가요가 그 좋은 증거다.

또 하나의 증거는 북한의 전투용 가요와 피비린내를 풍기는 가사 내용이 그것이다. 그것이란 바로 「망국지음」의 전초전이라는 뜻이다. 음악에 조예가 깊다는 김정일이 이 사실을 알고 있을까? 아마 모를 가능성이 크다.

望梅止渴
망 매 지 갈

望望望望望望望望望望望 (바랄 망)
梅梅梅梅梅梅梅梅梅梅 (매화 매)
止止止止 (그칠 지)
渴渴渴渴渴渴渴渴渴渴渴 (목마를 갈)

매실을 생각하며 갈증을 잊는다.

出典 세설신어(世說新語)

「망매지갈(望梅止渴)」은 '매실을 바라보며 갈증을 해소한다'는 뜻으로, 공상으로 마음의 위안을 얻는다는 말이다.

나관중(羅貫中)의 「삼국지연의(三國志演義)」에 다음과 같은 내용이 있다. 유비(劉備)가 조조(曹操)에게 몸을 의탁하고 있을 때, 하루는 조조가 유비를 불러 자리를 함께 하고는 손을 잡으며 다음과 같이 말하였다.

"나는 조금 전 후원의 매실이 익은 것을 보고 장수(張繡)를 정벌할 때의 기억이 나서 그대와 함께 담소하며 술이나 마시자고 불렀소. 그때는 행군 도중 물이 떨어져 병사들의 고통이 아주 심했는데, 내게 문득 한 가지 묘안이 떠올랐다오. 그래서 말채찍으로 앞을 가리키며 병사들에게 이렇게 말했소. '저 앞에는 넓은 매실나무 숲이 있는데, 그 매실은 아주 시고도 달아 우리 목을 축이기에 충분할 것이다. 잠시만 참고 힘을 내자.' 이 말을 들은 병사들은 매실의 신맛을 생각하고 입 안에 침이 돌아 갈증을 잊게 되었소. 그리고 오래지 않아 물 있는 곳을 찾아 다행히 갈증과 피로를 해소시켰다오."

삼국지의 간웅 조조가 초여름 어느 날 병사들을 이끌고 행군하는 도중 더위를 먹고 쓰러지는 병사들이 속출하면서 행군의속도가 둔하게 되자 조조는 앞쪽을 가리키며,

"병사들이여, 조금만 힘을 내라! 저기 보이는 앞산에 매실 숲이 있고 매실이 가득 달려 있다." 라고 소리쳤다. 이 말을 들은 병사들은 매실이란 말에 즉시 입안에 침이 고이면서 갈증을 해소하고 자신도 모르게 힘이 솟아나 행군 속도가 빨라졌다 한다.

이것이 바로 「망매지갈」이며 이 에피소드에서 엿보였듯이 조조는 역시 임시방편의 천재였다. 인간들은 누구나 성장기를 거쳐 사회인이 되면서부터 '선의의 거짓말'을 하는 경우가 있다. 거짓말도 사용하기에 따라 인간관계를 원만하게 하는 윤활유 역할을 한다는 것을 몸소 체험했기 때문이다.

철학적인 용어로는 '필요악'이며 '악의 철학'이라고도 한다. 심지어,

"신은 죽었다!"고 역설한 독일의 철학자 니체는,

"거짓말을 할 줄 모르는 자는 진리가 무엇인가를 모르는 자다."라고 주장할 정도다.

그렇다면 조조의 「망매지갈」은 '필요악'이라는 게 증명된 셈이다. 그런가 하면 낭만파의 극작가 클라이스트 또한 거짓말에 관한 진실을 역설적으로 다음과 같이 강조하여, 조조의 「망매지갈」을 현실적으로 합리화시켰다.

필요도 없이 거짓말을 하는 것은 죄악이며 비겁한 일이다. 그러나 부득이한 사정으로 인해 거짓말을 했을 때 자신과 타인이 함께 도움을 받고 행복해질 수 있는 바람직한 거짓말이라면 그 거짓말은 하나의 미덕이다.

望望望望望望望望望望望 (바랄 망)
洋洋洋洋洋洋洋洋洋 (바다 양)
之之之之 (갈 지)
嘆嘆嘆嘆嘆嘆嘆嘆嘆嘆嘆嘆嘆嘆 (탄식할 탄)

광활한 바다를 보고 한탄을 하다.

出典 장자(莊子)의 추수(秋收)

아주 먼 옛날 황하에 하신(河神)이 살고 있었는데, 그는 한 번도 그곳을 벗어나 다른 곳에 가본 적이 없었다.

그런데 어느 날 아침이었다.

그날도 어김없이 태양이 떠올라 황하의 수면에 찬란한 금색의 빛을 깔아 놓았다.

이때 하신이 그 모습을 바라보며 중얼거렸다.

"아, 내가 살고 있는 황하가 과연 넓기는 넓구나! 아마 이보다 더 큰 강은 세상에 없을 거야."

그러자 등 뒤에서 늙은 자라 한 마리가 나타나 말했다.

"그렇지 않아요. 저 태양이 솟아오르는 쪽에 북해라고 하는 바다가 있는데, 그 넓이는 이 황하와 비길 수 없을 만큼 크다고요."

이에 하신이 말했다.

"나는 본래 직접 눈으로 보지 않은 것은 믿지 않지."

자라는 한숨을 지으며 사라졌다.

그리고 나서 며칠이 지나 그곳에 많은 비가 내렸다. 때문에 황하의 물이 불어났고, 이를 본 하신은 '황하가 더욱 넓어졌다'는 생각에 기분이 뿌듯해졌다.

그는 문득 늙은 자라가 며칠 전에 하던 말이 생각나 호기심이 일었다. 그래서 그는 그 자라가 말하던 북해 쪽을 향해 헤엄쳐 갔다.

얼마 후에 하신은 드디어 말로만 듣던 북해에 도착했다. 그곳엔 파도가 심했다.

"북해에 오시게 된 것을 진심으로 환영합니다."

북해의 신이 하신에게로 헤엄쳐 오며 반갑게 맞아 주었다. 그리고는 주문을 외어 강한 파도를 잔잔하게 잠재웠다.

하신은 눈앞에 펼쳐진 끝없이 넓은 바다를 멍하니 바라보며 깊은 한숨을 쉬었다. (「망양지탄(望洋之嘆)」) 늙은 자라의 말이 맞았던 것이다.

그는 아무것도 모르고 큰소리쳤던 자신이 부끄러웠다.

옆에서 그 모습을 지켜보고 있던 북해의 신이 빙그레 웃으며 말했다.

"당신은 이제야 비로소 우물 안 개구리에서 벗어나게 되었군요."

이 고사처럼 요즈음에도 우리 주위에는 '관견(管見)' 같은 사람들이 많다. 다시 말해 우리 속담에 있는 '우물 안 개구리'처럼 좁은 소견을 갖고 있는 사람들이 아직도 많은 것이다.

우리는 자신이 살고 있는 세계가 최고인 양 큰소리만 쳐댈 것이 아니라, 보다 넓은 세계로 나가 한판 승부를 겨루어야 할 것이다.

亡亡亡 (망할 망)
羊羊羊羊羊羊 (양 양)
之之之之 (갈 지)
嘆嘆嘆嘆嘆嘆嘆嘆嘆嘆嘆嘆嘆嘆嘆 (탄식할 탄)

달아난 양을 찾다가 여러 갈래 길에 이르러 길을 잃었다는 뜻.

① 학문(學問)의 길이 여러 갈래로 나뉘어져 있어 진리(眞理)를 찾기 어려움.

② 방침이 많아 할 바를 모르게 됨.

산속 갈림길에서 양을 잃은 사람이 탄식하는 것이니까 다기망양(多岐亡羊)과 같은 의미.

양을 잃은 사람은 또 있습니다.

亡亡亡 (망할 망)
子子子 (아들 자)
計計計計計計計計計 (셈할 계)
齒齒齒齒齒齒齒齒齒齒齒齒齒齒齒 (이 치)

죽은 자식(子息) 나이 헤아리기라는 뜻

이미 지나간 쓸데없는 일을 생각하며 애석(哀惜)하게 여김.

買櫝還珠
매 독 환 주

買買買買買買買胃胃胃買買(살 매)
櫝櫝櫝櫝櫝櫝櫝櫝櫝櫝櫝櫝櫝櫝櫝(함 독)
還還還還還還還還還還還還還還還(돌아올 환)
珠珠珠珠珠珠珠珠珠珠(구슬 주)

나무상자에 현혹돼 독(나무상자)은 사고 주옥은 돌려주다.

出典 한비자(韓非子)의 외저설(外儲說)

매독환주(買櫝還珠)는 옥을 포장하기 위해 만든 나무상자는 사고 그 속에 든 비싼 옥은 돌려 준다는 뜻으로, 꾸밈에 현혹되어 정말 중요한 것을 잃는다는 말이다.

초나라에 옥(珠玉)을 파는 노인이 '훌륭한 옥을 넣는 상자가 좋으면 알맹이도 좋게 보여 더 비싸게 팔 수 있을 것'이라고 생각하고 목란으로 상자를 짜고 향나무로 향기를 붙이고 물참새의 털로 장식한 상자를 만들어 그 안에 옥을 넣은 다음 시장에 가서 팔았다.

그러자 이 상자는 여러 사람의 눈길을 끌었고, 즉시 어떤 사람에게 팔렸다. 그런데 이때 희한한 장면이 연출됐다. 상자를 산사람이 비싸게 산 상자를 갖고 가면서 상자 안의 옥은 노인에게 돌려 준 것이었다. 그 사람은 멋진 나무상자에 눈이 멀어 진짜 옥의 가치는 잊어버린 것이다.

이「매독환주(買櫝還珠)」의 고사는 마치 우리 주위에서 매일처럼 벌어지고 있는 요란한 광고와 호화스럽게 꾸민 포장지에 현혹돼 충동구매를 일삼는 사람들을 사정없이 꼬집는 것 같다.

또 다른 이야기도 있다.

옛날 진(秦)나라 왕이 그 딸을 진(晉)나라 공자한테 시집보낼 때 온갖 장식을 다하고 아름답게 수놓은 옷을 입은 시녀 70명을 딸려보냈다. 그런데 공자는 오히려 그 시녀들을 사랑하고 딸을 학대했다. 따라서 진나라 왕은 딸을 좋은 곳에 시집보낸 것이 아니라 시녀들을 좋은 곳에 시집보낸 꼴이 되었다.

또 어느 초나라 사람은 자기가 가진 구슬을 팔러 정나라로 갔다. 그는 목란(木蘭), 계초(桂椒)와 같은 향기로운 나무로 짜고 물참새의 털로 장식한 상자를 만들어 그 안에 옥을 넣어 내밀었다. 그런데 정나라 사람은 그 상자만 샀을 뿐 옥은 되돌려 주었다고 한다(買櫝還珠).

오늘날 세간의 학자들도 이와 같아서 모두 능란한 변설로 꾸미기를 잘하며, 군주는 또 그 화려함에 현혹되어 실질을 판단하지 못하고 있는 것 같다. 그러나 묵자의 언설은 성왕의 도를 전하고, 성인의 말씀을 논함으로써 세상 사람들을 감동시킨다. 만약 언설을 꾸미게 되면 사람들은 단지 그 꾸민 말과 표현에만 주의하여 실질은 잊게 될 것이니, 그것은 언설을 꾸미면 실질의 중요성이 묻히기 때문이다. 그래서 묵자는 그 말만 장황할 뿐 능변은 아닌 것이다.

이와 같이 매독환주란 표현의 화려함에 현혹되어 내용의 중요성은 잊는다는 비유로, 본래는 교언영색(巧言令色)과 같은 의미로 사용되었으나, 오늘날에는 호화롭게 꾸민 겉포장에 현혹되어 정말 중요한 실체를 잃는다는 의미로 두루 사용되고 있다.

麥秀之歎
맥　수　지　탄

麥麥麥麥麥麥麥麥麥麥麥(보리 맥)
秀秀秀秀秀秀秀(빼어날 수)
之之之之(갈 지)
歎歎歎歎歎歎歎歎歎歎歎歎歎歎歎(탄식할 탄)

보리만 무성하니 한탄이 절로 나온다.

出典　사기(史記) 송미자세가(宋微子世家)

「맥수지탄(麥秀之嘆)」이란 '보리가 무성하게 자란 것을 보고 탄식한다'는 뜻으로, 나라가 무너져 예전과 같지 않음을 슬퍼하는 것, 나라가 멸망하는 것을 탄식한다는 말이다.

공자가 논어에서,

"은나라에는 세 사람의 충신이 있었다."

라고 밝혔듯이 '망국지음'으로 악명을 떨친 폭군 주왕 밑에는 미자(微子)와 기자(箕子), 비간(比干)이 있었다.

미자는 주왕의 이복형으로 간절한 충언을 했으나 주왕이 듣지 않자 국외로 망명을 했으며, 기자 또한 미자처럼 충언을 했다가 무시를 당하자 목숨을 부지해 나라를 건지려는 생각으로 거짓으로 미친 행세를 하며 남의 집 종이 되어 숨어 살았다.

그런 반면에 비간은 심하게 충고를 하다가 주왕에게 능지처참을 당했는데 이때 주왕은,

"성인의 심장에는 7개의 구멍이 있다고 들었는데 정말 그런가?"

하며 죽은 비간의 심장을 열어보았을 정도로 악랄함이 극에 달했다. 그 후 '망국지음'으로 주왕이 죽고 은나라가 멸망하자 기자는 은나라의 옛 도읍에 도착해 아름답던 수도가 폐허로 변한 것을 보고 지난날의 감회와 무상함을 억누를 수가 없어 그 감정을 '맥수의 시'로 표현했다.

보리가 무성하고

벼 수수의 묘(苗) 또한 기름지구나.

저 사나운 주왕이

나의 말을 듣지 않았음이 슬프구나.

이 시에서 「맥수지탄」이란 고사가 유래됐으며, 나라의 쇠퇴함을 탄식하는 비유로 쓰여졌다.

또 다른 이야기도 있다.

고대 중국 은(殷)나라의 마지막 임금 주왕(紂王)은 군주로서의 직분을 잊고 술과 여색에 빠져 백성을 돌보지 않았으며, 미자(微子), 기자(箕子), 비간(比干) 등의 충직한 신하들의 충고도 듣지 않고 폭군으로 군림하였다. 주왕의 서형(庶兄)이기도 했던 미자는 자신의 간언이 받아들여지지 않자 비관하여 자결하려다가 결국 나라 밖으로 도망갔다. 주왕의 작은아버지이기도 했던 기자는 신하된 자가 간언하다가 받아들여지지 않았다고 하여 나라를 떠난다면 군주의 허물을 들추는 꼴이며, 자신이 백성의 기쁨을 뺏는 것이라 하고는 머리를 풀어헤치고 미친 척하다가 잡혀서 노예가

되었다. 비간은 기자가 노예가 되는 것을 보고 다시 간언을 했다가 주왕에게 죽임을 당했다.

결국 주(周)나라 무왕(武王)이 서쪽의 제후들을 규합해 쳐들어갔고, 주왕은 목야(牧野)에서 맞서 싸웠지만 패배하여 자살하였고, 은 왕조는 멸망하였다. 훗날 기자가 은나라의 옛 도성을 지나다가 슬픔과 한탄을 담아 시를 지었는데 그 시가 바로 「맥수지탄」이다.

孟母三遷之教
맹 모 삼 천 지 교

孟子子孟孟孟孟孟(맏 맹)　三三三(석 삼)
母母母母母(어미 모)　之之之之(갈 지)
遷遷遷遷遷遷遷遷遷遷遷遷遷遷(옮길 천)
教教教教教教教教教教教(가르칠 교)

맹자의 어머니가 맹자의 교육환경을 위해 세 번 이사를 하다.

出典 후한서(後漢書)의 열녀전(列女傳)

「맹모삼천지교(孟母三遷之教)」란 맹자의 어머니가 자식의 교육을 위해 세 번씩이나 이사했다는 뜻으로 붙여진 이름이다.

전한(前漢) 말의 학자 유향(劉向)이 지은 「열녀전(列女傳)」에서 비롯된 말이다. 맹자(孟子)는 이름이 가(軻)로, 공자가 태어난 곡부(曲阜)에서 멀지 않은 산둥성 추현(鄒縣) 출신이다. 아버지가 3살 때 돌아가셨기 때문에 어머니 손에서 교육을 받고 자랐다.

그의 어머니는 현명한 사람으로 아들 교육에 남달리 관심이 많아 단기지교(斷機之教)의 일화를 남긴 분이다. 그는 아들을 위해 이사를 세 번씩이나 할 정도로 열성적이었다.

맹자가 어머니와 처음 살았던 곳은 공동묘지 근처였다. 놀 만한 벗이 없던 맹자는 늘 보던 것을 따라 곡(哭)을 하는 등 장사지내는 놀이를 하며 놀았다. 이 광경을 목격한 맹자의 어머니는 안 되겠다 싶어서 이사를 했는데, 하필 시장 근처였다. 그랬더니 이번에는 맹자가, 시장에서 물건을 사고 파는 장사꾼들의 흉내를 내면서 노는 것이 아닌가. 맹자의 어머니는 이곳도 아이와 함께 살 곳이 아니구나 하여 이번에는 글방 근처로 이사를 하였다. 그랬더니 맹자가 제사 때 쓰는 기구를 늘어놓고 절하는 법이며 나아가고 물러나는 법 등 예법에 관한 놀이를 하는 것이었다.

맹자 어머니는 이곳이야말로 아들과 함께 살 만한 곳이구나 하고 마침내 그곳에 머물러 살았다고 한다. 이러한 어머니의 노력으로 맹자는 유가(儒家)의 뛰어난 학자가 되어 아성(亞聖)이라고 불리게 되었으며, 맹자 어머니는 고금에 현모양처(賢母良妻)의 으뜸으로 꼽히게 되었다.

그 후 사람들은 이것을 가리켜 「맹모삼천지교(孟母三遷之教)」라고 하여 교육환경의 중요성을 강조하는 모델로 삼았다.

이 이야기는 자녀교육에 있어서 환경이 미치는 영향이 얼마나 큰 것인가를 말해주는 것이며, 또한 어린이들이 얼마나 순진무구한가를 암시하는 것이기도 하다.

"어린이의 교육은 면학의 욕망과 흥미를 환기시키는 것이 가장 중요하다. 만약 그렇지 않다면 책을 등에 진 나귀를 기르는 꼴이 되어버릴 것이다."

몽테뉴의 명언처럼 교육은 환경에 따라 좌우된다는 것을 다시 한 번 강조한다. 특히 '신세대 학부모'들에게 맹자의 어머니를 본받으라는 것이다.

치맛바람을 일으키더라도 맹자의 어머니처럼 「맹모삼천지교(孟母三遷之敎)」 같은 치맛바람을 일으키라는 뜻이다. 만약 그렇지 않다면 댁의 자녀는 책을 등에 진 나귀가 될 테니까.

明鏡止水
명 경 지 수

明明明明明明明明(밝을 명)
鏡鏡鏡鏡鏡鏡鏡鏡鏡鏡鏡鏡鏡鏡鏡鏡鏡(거울 경)
止止止止(그칠 지)
水水水水(물 수)

밝은 거울처럼 정지된 물

出典 장자(莊子) 덕충부편(德充符篇)

노나라에 올자(兀子 : 형벌로 발목이 잘린 자)인 왕태(王駘)라는 사람이 있었는데, 그는 불구자일지라도 학문과 덕망이 뛰어나 제자가 되겠다고 찾아오는 사람들이 공자의 문하생들 수와 비길 만큼 '문전성시'를 이루었다.

이에 공자의 제자인 한 젊은이가 시기심이 나서 공자에게,

"제가 보기에는 다리 불구자에 별 볼일 없는 자 같은데 왜 수많은 사람들이 그 주위에 몰려드는 것인지요?"

라고 묻자 공자는,

"왕태는 이미 성인의 경지에 도달하신 분"

이라는 것을 설명한 다음 이렇게 평했다.

"사람이 자기의 모습을 물에 비쳐보고자 할 때는 조용히 고이고 정지된 상태의 수면을 거울로 삼듯이, 그분은 마음이 정지돼있는 물처럼 조용하기 때문에 모든 사람들이 그를 거울로 삼으려고 몰려드는 것이다."

이 고사는 장자의 덕충부편에 나오며 또한 응제왕편에는 다음과 같은 교훈을 남겼다.

"지인(至人)의 참된 마음가짐은 저 맑은 거울에 비유할 수 있으며, 밝은 거울(명경)은 만사를 타인이 거래하는 대로 맡기고 자신은 일절 참견하지도 않고 움직이지도 않는다. 미인이 오면 미인을, 추녀가 오면 추녀를 비쳐 어떤 상대라도 똑같이 대우해준다. 그렇다고 해서 그 비쳤던 물건들의 흔적을 남기지는 않는다. 이렇게 어떤 사물을 비추어주면서도 자신의 밝음과 맑음을 상하게 하는 법은 없다. 때문에 지인의 마음가짐도 사물에 차별이 없고 집착하지 않으므로 자유자재인 것이다."

이 말은 성인군자인 왕태가 그의 스승 백혼무인을 칭송하며 그 말을 인용한 것이며, 이 「명경지수」는 흔히 불도(佛道)에서 사용하기도 한다.

신도가(申徒嘉)는 형벌을 받아 다리를 잘린 사람으로 정자산(鄭子産)과 함께 같은 스승을 모시고 있었다. 정자산이 신도가에게 말하였다.

"내가 먼저 나가거든 자네가 머물러 있고, 자네가 먼저 나가면 내가 머물러 있음세."

이튿날 같은 방에 자리를 함께 하고 있을 때 정자산은 또 신도가에게 말했다.

"내가 먼저 나가거든 자네가 머물러 있고, 자네가 먼저 나가면 내가 머물러 있기로 하세. 지금 내가 나가려고 하는데, 자네는 머물러 있겠는가, 나가겠는가? 또 자네는 집정(執政)하는 나를 보고도 피하지 않으니 자네도 집정하는 나와 같단 말인가?"

이에 신도가가 말하였다.

"선생님 문하에서 집정이란 세속적 지위가 문제가 되는가? 자네는 자기가 집정임을 내세워 사람을 무시하고 있네. 듣건대 거울이 밝으면 먼지가 끼지 못하고, 먼지가 끼면 거울이 밝지 못하네. 어진 사람과 오래도록 함께 있으면 허물이 없어진다고 하네(鑑明則塵垢不止 止則不明也 久與賢人處則無過). 세상에는 잘못을 변명하는 사람은 많으나, 제 잘못을 인정하면서 그로 인해 받는 죄를 마땅하다고 생각하는 사람은 적네"하며 정자산을 꾸짖었다.

이와 같이 명경지수란 본래 무위(無爲)의 경지를 가리켰으나 후일 그 뜻이 변하여 순진무구한 깨끗한 마음을 가리키게 되었다.

明哲保身
명 철 보 신

明明明明明明明明(밝을 명)
哲哲哲哲哲哲哲哲哲哲(밝을 철)
保保保保保保保保保(보전할 보)
身身身身身身身(몸 신)

사리에 밝고 몸을 보전하라.

出典 서경(書經)의 설명편, 시경(詩經) 대아증민편(大雅烝民篇)

"천하의 사리에 통하고 무리에 앞서가는 것을 명철이라고 하며, 명철한 사람은 참된 정치도덕의 법을 정하는 분이십니다."

위의 말은 서경에 나오는 말이며 또한 시경에는 중산보의 덕을 찬양한 시가 명쾌한 느낌을 준다.

지엄하신 어명을 받들어
중산보가 그대로 행하는구나.
나라의 선과 악, 중산보가 밝혔다.
밝고 어질게 처신하여, 몸가짐을 바르게 하고, 아침 저녁으로 게을리하지 않고,
오직 임금 한 분만을 섬기었다.

明眸皓齒
명 모 호 치

明明明明明明明明(밝을 명)
眸眸眸眸眸眸眸眸眸眸(눈동자 모)
皓皓皓皓皓皓皓皓皓皓(흰 호)
齒齒齒齒齒齒齒齒齒齒齒齒齒齒齒齒(이 치)

맑은 눈동자와 흰 이라는 뜻으로, 미인을 형용해 이르는 말.

당(唐)나라 말기의 대시인으로 시성이라고도 불린 두보(杜甫)의 시 애강두(哀江頭)에 나오는 말이다. 당나라는 현종 말년에 현종이 양귀비(楊貴妃)에 빠져 국사를 돌보지 않는 바람에 총신 양국충(楊國忠)이 정권을 농단하며 나라 전체가 혼란에 빠졌다. 이 틈을 타고 하동(河東)·범양(范陽) 절도사를 겸하던 안녹산(安祿山)이 양국충 타도를 외치며 난을 일으켜 수도 뤄양을 함락하고 대연(大燕) 황제로 즉위하였다. 두보는 젊었을 때부터 각지를 떠돌며 이백(李白)·고적(高適) 등의 시인들과 교유해 관직에는 나가지 못하고 있었다.

난 중에 현종이 죽고 숙종이 영무(靈武)에서 즉위했다는 말을 들은 두보는 곧장 영무로 달려갔는데, 그 때 나이 45세였다. 그러나 그는 도중에 반군에게 체포되어 장안으로 압송되었다. 두보는 체포되기는 했지만 관직이 없는 몸이라 비교적 몸이 자유로워서 장안의 동남쪽에 있는 곡강(曲江)을 찾았다. 이곳은 당시의 왕후장상들이 자주 찾던 명승지였고, 현종도 여기서 양귀비와 즐거운 때를 보낸 적이 있다. 두보는 이 곳에서 옛 영화를 그리며 슬픔에 젖어 시를 지었는데, 이 시에서 양귀비의 모습을 그린 표현이 바로 명모호치이다. 양귀비는 피난길에 양국충을 죽인 군인들이 죽음을 요구해 마외역(馬嵬驛) 근처 불당에서 목매 죽었다. 두보의 시 애강두는 다음과 같다.

명모호치금하재(明眸皓齒今何在) : 맑은 눈동자 흰 이는 지금 어디 있는가
혈한유혼귀부득(血汗遊魂歸不得) : 피 묻어 떠다니는 영혼은 돌아오지 못하고
청위동류검각심(清渭東流劍閣深) : 맑은 위수는 동쪽으로 흐르고 검각은 깊기만 한데
거주피차무소식(去住彼此無消息) : 촉나라로 끌려가 사니 피차간 소식이 없네.

시의 제목에 보이는 강두란 곡강 유역의 지명이다. 두보는 장안에 억류된 지 1년 만에 탈출하여, 숙종의 행재소로 달려갔고, 그 공을 인정받아 하급 관직에 등용되었다.

名山大川
명 산 대 천

名名名名名名(이름 명)
山山山(뫼 산)
大大大(큰 대)
川川川(내 천)

이름난 큰 산과 큰 내, 경치 좋고 이름난 산천(山川).

名名多名名名(이름 명)
實實實實實實實實實實實實實實(열매 실)
相相相相相相相相相相(서로 상)
符符符符符符符符符符符(부신 부)

名實相符
명 실 상 부

이름과 실제가 서로 부합한다는 뜻.

명실상부(名實相副)라고도 한다. 후한(後漢)시기 위(魏)나라 군주였던 조조(曹操)가 대신인 왕수(王修)에게 쓴 편지인 「여왕수서(與王修書)」에 나오는 말이다. 왕수는 원소(袁紹)·원담(袁譚) 일가에 등용되어 신임을 얻고 충성을 다했다. 그러다 원담이 조조와의 대립 중에 격파당해 그의 목이 옥문에 걸렸다. 이 소식을 들은 왕수는 곧장 달려와 곡을 하며 자신을 죽여도 좋으니 원담의 시신을 수습하게 해달라고 청원하였다. 조조는 그의 충성심에 감동하여 수습을 허락하였다.

원담이 죽고 원씨 일가와 그 수하들의 땅과 재산은 자연히 조조의 차지가 되었다. 원씨 밑에서 관리를 한 자들은 대부분 집안에 엄청난 재물을 소유하고 있었는데, 왕수의 집에는 얼마 안 되는 곡식과 수백 권의 책만 있었다. 조조는 왕수의 청렴과 충직을 높이 사서 초빙하여 행사금중랑장 (行司金中郎將)으로 임명하였다. 그러자 원래 있던 신하들의 반대여론이 거세게 일어났다. 이에 조조는 왕수에게 편지를 보내 뭇사람들의 말에 흔들려 사양치 말라는 뜻을 전하며 이렇게 말했다.

"그대는 자신의 몸과 덕을 깨끗이 하여 본주에 그 명성을 날렸으며, 충성심과 능력으로 업적을 이루어 세상으로부터 아름다운 말을 듣고 있으니, 이름과 실질이 서로 부합되어 그 원대함이 다른 사람보다 뛰어났다[君澡身浴德, 流聲本州, 忠能成績, 爲世美談, 名實相符, 過人甚遠]."

조조는 왕수의 능력을 충분히 인정하고 있는 바, 소문으로 알고 있던 것과 실제가 같은 충성심 깊은 그를 진심으로 허여(許與)하고 자신의 신하로 삼고 싶어 하였다.

여기서 유래하여 명실상부는 명성에 걸맞은 실제 모습을 보이는 경우를 가리키는 말이다. 비슷한 말로 명부기실(名副其實), 명부기실(名符其實), 명불허전(名不虛傳) 등이 있다.

明明明明明明明明(밝을 명)
若若若若若若若若若(같을 약)
觀觀觀觀觀觀觀觀觀觀觀觀觀觀觀觀觀
觀觀觀觀觀觀(볼 관)　火火火火(불 화)

明若觀火
명 약 관 화

불을 보는 것 같이 밝게 보인다는 뜻.

더 말할 나위 없이 명백(明白)함.

은나라의 왕 반경은 도읍을 종엄에서 은으로 옮기려고 했다. 그러자 종엄에 뿌리를 내리고 있던 귀족들이 헛소문을 퍼뜨리기 시작했다. 자신들의 편안만을 생각했기 때문이다. 왕은 귀족들을 불러 나라를 위해 도읍을 옮겨야 하는 이유를 설명했다. 그리고 귀족들이 백성들을 부추겨 도읍을 옮기지 못하도록 하는 것을 '불을 보는 것처럼' 분명히 알고 있다고 경고를 했다.

毛遂自薦
모 수 자 천

毛毛三毛(터럭 모)
遂遂遂遂遂遂遂遂遂遂遂遂遂(이룰 수)
自自白自自自(스스로 자)
薦薦薦薦薦薦薦薦薦薦薦薦薦薦薦薦(천거할 천)

모수(毛遂)가 스스로 천거(薦擧)했다는 뜻.

자기가 자기를 추천(推薦)하는 것을 이르는 말. 오늘날에는 의미가 변질되어 일의 앞뒤도 모르고 나서는 사람을 비유적으로 이르는 말.

矛 盾
모 순

矛矛矛矛矛(창 모)
盾盾盾盾盾盾盾盾盾(방패 순)

창과 방패의 모순

出典 한비자(韓非子)의 난세편(難勢篇)

그 옛날 창과 방패를 파는 자가 사람들에게 방패의 견고함을 내세우며,

"이 방패는 어떤 창이라도 절대로 뚫지 못한다."

라고 열변을 토했다.

그리고 잠시 후 자기가 팔고 있는 창을 가리키며,

"이 창은 어떤 방패라도 뚫을 수 있다."

고 자랑했다. 그러자 구경꾼 한 사람이,

"당신의 창으로 당신의 방패를 뚫으면 어떻게 되는 것이냐?"

고 묻자 장사꾼은 꿀 먹은 벙어리처럼 아무 말도 못했다.

여기에서 「모순(矛盾)」이란 말이 생겼으며, 한비자의 악의 철학은 국가와 가정, 공과 사, 세력과 인의는 서로 양립할 수 없다는 것을 「모순」으로 냉정하게 지적한 것이다.

目不識丁
목 불 식 정

目目目目目(눈 목)
不不不不(아니 불)
識識識識識識識識識識識識識識識識識(알 식)
丁丁(고무래 정)

고무래를 보고도 고무래정자를 모르는 일자무식.

당나라 노룡지방의 절도사로 파견된 장홍정은 무능했지만 부친의 파워에 힘입어 벼슬길이 순탄했다.

그는 권세를 이용해 주위사람들에게 오만불손하고 무례와 방자하게 대했다. 이에 주위사람들이

불만을 표시하면 반성은커녕 도리어 화를 내며, "네놈들은 글자도 모르는 목불식정만도 못해!" 하며 업신여기기 일쑤였다. 그러자 참다 못한 부하들이 반란을 일으켜 장홍정을 잡아 가두자 이 소식을 들은 황제는 장홍정의 직책을 박탈하고 이렇게 말했다.

"네놈이 야말로 진짜 목불식정(目不識丁)이다."

우리 속담에 '낫 놓고 기역자도 모른다'는 말과 같은 뜻인 「목불식정」의 주인공에 대해 브하그완은 이렇게 지적한다.

"무식한 사람은 배우지 못한 사람이 아니라 자기 자신을 알지 못하는 사람이다."

木木木木(나무 목)
石石石石石(돌 석)
不不不不(아니 불)
傳傳傳傳傳傳傳傳傳傳(스승 부)

나무에도 돌에도 붙일곳이 없다는 뜻

가난하고 외로워서 의지(依支)할 곳이 없는 처지(處地)를 이르는 말.

木木木木(나무 목)
人人(사람 인)
石石石石石(돌 석)
心心心心(마음 심)

木人石心
목 인 석 심

몸은 나무 마음은 돌처럼 굳다.

出典 잔서(晉書) 하통전(夏統傳)

서진(西晉)의 수도인 낙양에서 얼마 떨어지지 않은 낙하 강가로 봄나들이를 간 태위 가충(賈充)은 그곳의 어떤 한 사람의 행동에 마음이 끌렸다.

그 사람은 강변에 작은 배를 띄우고 주위의 소란도 잊은 듯이 초연하게 약초를 햇빛에 말리며 순박한 미소를 짓고 있었기 때문이다. 이에 가충이 그를 불러,

"당신은 누구냐?"

고 묻자 그는 이름은 하통(夏統)이며 시골 강가 태생으로 모친의 약을 사러 이곳에 왔다고 대답했다. 호기심이 발동한 가충이,

"그대는 물가 태생이니 배를 잘 다루겠지. 어디 그 솜씨를 한번 보여 주겠나?"

하며 부탁하자 하통은 즉시 노를 저어 배를 중류로 몰았다. 하통의 배몰이 솜씨는 일품이었다. 하통이 모는 배는 마치 시위를 떠난 화살처럼 빠르게 움직였으며 그때마다 하얀 파도를 예술적으로 만들어 냈다.

이 멋진 장면에 가충은 하통에게 홀딱 반해 하통이 강가로 돌아오자마자 칭찬과 함께 노래를 청했다. 이에 하통이 발로 박자를 맞추며 구성진 가락과 속세를 초월한 노래를 부르자 가충은 너무나 감격해 노래가 끝나자마자 즉시 하통에게 관직에 오를 것을 제의했다.

그러자 하통은 그때부터 입을 굳게 다물고 아무 말도 하지 않았다. 이에 깜짝 놀란 가충은,

"이 사나이는 진짜 목민석심이야."

하며 감탄과 함께 찬사를 아끼지 않았고, 자신의 행동에 대해 부끄럽게 생각했다 한다.

그 후의 일은 전해진 바 없으나 하통의 「목민석심(木人石心)」 정신은 우리들이 본받아야 할 것 같다.

木 十 木 木 (나무 목)
鐸鐸鐸鐸鐸鐸鐸鐸鐸鐸鐸鐸鐸鐸鐸鐸鐸鐸鐸鐸 (목탁 탁)

나무 방울(목탁).

出典 논어(論語)의 팔일편(八佾篇)

위나라의 국경 검문소 관리인 봉인(封人)이 노나라 관리를 그만두고 이곳을 지나던 공자를 만나보고 나서 공자의 제자들에게 이렇게 말했다.

"하늘은 선생님을 한 나라에 머물게 하지 않고 목탁으로써 각 나라들을 돌게 하며 사람들을 가르쳐 인도하라는 사명감을 내리신 것입니다."

이 고사에서 '사회의 목탁이 되다'라는 말이 유래되었으며, 고로 이 장의 정의는 계몽정신에 있다.

그런 뜻에서 공자님을 삐뚤어진 우리 사회에 초빙해 「목탁(木鐸)」을 두드리게 하는 게 어떨는지.

글쎄다. 공자님의 목탁 정신이 현대의 소인들에게 얼마나 먹혀들까? 소인들에게 물어보면 알 수 있을까?

猫猫猫猫猫猫猫猫猫猫猫猫 (고양이 묘)
項項項項項項項項項項項項 (목 항)
懸懸懸懸懸懸懸懸懸懸懸懸懸懸懸懸懸懸 (매달 현)
鈴鈴鈴鈴鈴鈴鈴鈴鈴鈴鈴鈴鈴 (방울 령)

고양이 목에 방울 달기라는 뜻.

'묘두현령(猫頭懸鈴)'이라고도 한다. 실행할 수 없는 일을 공공연하게 의논한다는 말이다. 실현성이 없는 헛된 이론이라는 '탁상공론(卓上空論)'과 비슷한 뜻이다. 『순오지(旬五志)』에 나오는 다음 이야기에서 유래한 말이다.

쥐들이 늘 고양이 때문에 위험을 느끼자, 쥐 한 마리가 고양이의 목에 방울을 매달아 두면 그 방울소리를 듣고 고양이가 오는 것을 미리 알 수 있어서 죽음을 면할 수 있을 것이라는 제안을 하였다. 쥐들은 모두 좋은 의견이라고 기뻐하였으나, 큰 쥐가 "누가 고양이의 목에다 방울을 달아 놓을 수 있겠는가"하고 물었더니 아무도 없었다. 쥐들이 고양이가 오는 것을 미리 알려고 고양이의 목에 방울을 매다는 일을 의논하였지만 아무도 방울을 달 수 없었다는 우화에서 나온 말이다.

현실적으로 이루어지기 어렵고 불가능한 일을 공연히 꾸미는 것을 비유하는 말로서, 실행하기 어려운 일은 처음부터 계획하지 말아야 한다는 뜻이 담겨 있다.

武陵桃源
무 릉 도 원

武武武武武武武武 (호반 무)
陵陵陵陵陵陵陵陵陵陵陵 (언덕 능,릉)
桃桃桃桃桃桃桃桃桃桃 (복숭아나무 도)
源源源源源源源源源源源源 (근원 원)

이 세상을 떠난 별천지(別天地)를 이르는 말.

중국 진나라 때 무릉이라는 곳에 한 어부가 살았다. 어느 날, 고기를 잡던 어부는 복숭아꽃이 아름답게 핀 작은 산 하나를 발견했다.

"야, 이런 곳이 있었네. 고기잡이를 오래 해도 이런 곳은 처음 보네."

자세히 살펴보던 어부는 그 산 아래에 작은 동굴이 뚫려 있는 것을 보았다. 조심스레 동굴을 빠져나가자 야트막한 언덕과 연분홍빛으로 피어 있는 복숭아꽃, 그 사이사이로 자그마한 집들이 한 폭의 그림처럼 아름답게 펼쳐졌다. 그곳에 살고 있는 사람들은 아주 먼 옛날, 전쟁을 피해 그곳으로 숨은 사람들이었다.

"우리는 아주 행복해요. 바깥세상에서 무슨 일이 있는지, 지금이 몇 년도인지 아무것도 알지 못해요. 바깥세상 이야기 좀 들려주세요."

어부는 마을 사람들에게 극진한 대접을 받으며 세상 돌아가는 이야기를 재미나게 해 주었다.

"이제 그만 집으로 가 봐야겠습니다."

어부는 마을 사람들과 작별 인사를 하고 작은 동굴을 빠져나왔다.

"다음에 또 찾아오려면 길목마다 표시를 해 둬야겠다."

하지만 어부가 표시하려고 보니, 어느 길로 나온 것인지 도대체 길을 찾을 수 없었다. 그 뒤로 속세와 동떨어진 새로운 세상이나 아름다운 곳을 가리켜 '무릉도원'이라고 불렀다.

巫 正 亚 巫 亚 巫 巫 (무당 무)
丨 山 山 (뫼 산)
丶 亠 之 之 (갈 지)
夢 夢 夢 夢 夢 夢 夢 夢 夢 夢 夢 夢 夢 夢 (꿈 몽)

무산에서 꾼 꿈.

出典 문선(文選) 송왕(宋王)의 고당부(高唐賦)

그 옛날 선왕(先王)이 고당에서 낮잠을 자고 있을 때 꿈속에 요염한 여인이 나타나,

"당신을 사모하는 마음이 이곳까지 찾아오게 만들었습니다. 부탁합니다. 당신과 함께 잠들게 해주십시오."

하며 몸을 왕에게 맡겼다. 그리고 얼마 후 왕과 인연을 맺은 동침한 여인이 이별을 하면서 이런 말을 남겼다.

"저는 무산 남쪽에 있는 험준한 곳에 살며 아침에는 구름이 되어 산을 감싸고, 저녁에는 비가 되어 산을 내려와 아침 저녁으로 양대(陽臺) 아래서 당신을 그리워하고 있겠습니다."

잠시 후 묘한 꿈에서 깨어난 왕이 이튿날 아침 무산쪽을 바라보니 꿈속의 여인이 말한 대로 아름다운 빛을 받은 구름이 두둥실 떠 산을 감싸고 있는 게 아닌가.

그러자 왕은 그 여인을 생각해 그곳에 사당을 세우고 사당 이름을 조운묘(朝雲廟)라고 지었다.

이 고사는 전국시대의 초양왕이 송옥(宋玉)과 함께 운몽(雲夢)의 고당관에 갔을 때 여러 가지로 변하는 구름의 모습을 보고 그 이유를 묻자, 이에 송옥이 저 구름은 조운(朝雲)이라고 대답한 다음 들려준 얘기다.

그리고 여기서 말하는 '양대'는 무산 남쪽에 있다 해서 해가 잘 비치는 대(臺)라는 뜻인 동시에 성교의 뜻으로도 통용된다. 그래서 사람들은 은밀히 사랑을 나누는 것을 '양대'라 했고, 한 번 인연을 맺고 두 번 다시 만나지 못하는 경우를 양대불귀지운(陽臺不歸之雲)이라 했으며, 남녀가 성교하거나 밀회하는 것을 무산의 꿈에 비유하여 「무산지몽」이라고 했다.

그러나 꿈풀이에선 이 장의 꿈을 '훌륭한 인물과 귀인을 상봉하고 명예가 상승하며 재물이 생길 징조'라고 본다.

또 다르게 전해지는 글도 있다.

옛닐 어떤 왕이 고당관에서 연회를 열고 즐기다가 잠시 낮잠을 자게 되었는데, 꿈속에 아름다운 여인이 찾아와 말하기를,

"저는 무산에 사는 여인이온데, 왕께서 고당에 오셨다는 말을 듣고 잠자리를 받들고자 왔습니다" 하였다. 왕은 그녀의 아름다움에 빠져 스스럼없이 운우의 정(雲雨之情)을 나누었다. 헤어질 무렵이 되자 그 여인은 이런 말을 하였다.

"저는 무산 남쪽의 험준한 곳에 살고 있는 여인이온데, 아침에는 구름이 되고 저녁에는 비가 되어 양대 아래에서 아침 저녁으로 당신을 그리워하고 있을 것입니다(妾在巫山之陽 高山之岨 且爲朝雲 暮爲行雨 朝朝暮暮 陽臺之下)."

無爲而化
무　위　이　화

無無無無無無無無無無無無(없을 무)
爲爲爲爲爲爲爲爲爲爲爲爲(할 위)
而而而而而而(말이을 이)
化化化化(될 화)

무위로써 다스리면 화합이 따른다.

出典　노자(老子)

"내가 무위로써 다스리면 백성들은 스스로 화합하고, 내가 고요함을 좋아하면 백성들은 스스로 바르게 된다."

노자의 말이다. 고로 이 장의 정의는 노자에 있다.

"성인이 무위에 있으면 백성들은 자유자재로 활동할 것이며, 이때 성인이 지도자인 체하는 간섭을 하지 않고 백성들이 하는대로 내버려 둔다면 백성들의 활동은 더욱더 활발해져 밝은 세상이 된다."

노자철학의 핵심은「무위자연」에 있다. 고로「무위이화(無爲而化)」역시 자연본래의 소박함으로 돌아간다면 억지로 애쓰지 않아도 자연스럽게 이루어진다는 뜻이다. 그래서 '생각하는 사람'의 조각가 로댕도,

"자연은 언제나 완전하며 결코 잘못을 저지르지 않는다. 우리들의 입장, 우리의 눈에 잘못이 있는 것이다."

라는 말로 현대의 자연 파괴주의자에게 경종을 울려주었다.

말이 끝나자 여인은 자취를 감추었고, 왕은 퍼뜩 잠에서 깨어났다. 다음날 아침 왕이 무산 쪽을 바라보니 여인의 말대로 산봉우리에 아름다운 구름이 걸려 있었다. 왕은 여인을 그리워하며 그곳에 조운묘(朝雲廟)라는 사당을 세웠다. 그후로 무산의 꿈이 남녀간의 정교를 의미하게 되었다.

여기서 양대란 해가 잘 비치는 대라는 뜻인 동시에 은밀히 나누는 사랑을 말한다. 그래서 양대불귀지운(陽臺不歸之雲)이라 하면 한 번 인연을 맺고 다시 만나지 못하는 경우를 가리킨다. 무산지운(巫山之雲), 무산지우(巫山之雨), 운우지락(雲雨之樂), 운우지정(雲雨之情)과 같은 말이며, 운우지교(雲雨之交)도 이 이야기에서 비롯되었다.

無用之用
무 용 지 용

無無無無無無無無無無無無(없을 무)
用用用用用(쓸 용)
之之之之(갈 지)

쓸모없이 보이는 것이 때로는 유용하게 쓰인다.

出典 장자(莊子)의 인간세편(人間世篇)

산의 나무는 쓸모가 있어 벌목되어 해를 입고, 등불은 밝아지기 위해 자기 몸을 태우며, 육계(肉桂)는 식용이 되고, 옻나무는 도료용으로 벌목을 당하거늘 사람들은 유용만 알고 무용은 알려고도 하지 않는다. 안타까운 일이다.

위의 문장은 장자의 인간세편에 나오는 「무용지용(無用之用)」의 비유론이다. 그런가 하면 장자는 외물편에서 교묘한 비유를 들어 무용의 용을 명백하게 설명했다.

장자의 친구가,

"자네의 의논은 무용일 뿐이다."

하며 비평을 가하자 장자는,

"아니지. 무용하기 때문에 쓸모도 있는 거야. 땅바닥만 해도 그렇지. 인간이 서기 위한 땅만 있으면 그만인 것 같지만 만약 그 자리만 남기고 둘레 땅을 깊게 파버렸다면 과연 발밑의 땅이 도움이 되겠는가"라고 반문했다.

이에 친구가,

"그야 물론 도움이 안되겠지."

하자 장자 왈(曰),

"바로 그거야! 어떤 때는 쓸모가 없는 것이 또 어떤 때는 쓸모가 있게 된다는 이치야."

'무용'처럼 보이는 것에도 그 나름대로는 가치가 있으므로 장자는 다시 살펴보라고 충고한 것이다.

이렇게 생각하면 우리 주위에도 「무용지용」의 주인공이 얼마든지 있다. 별볼일 없던 사람이 크게 두각을 나타내고 버려진 재활용품이 다시 쓸모 있게 되는 것이 그것이다.

무용지물이라고 없애 버린다면 그것으로 끝장이다. 그러나 긴 안목으로 무용지물을 「무용지용」으로 만드는 재주가 있는 사람은 최후에는 기쁨으로 충만할 것이다.

학교 생활에서 열등생이었던 아인슈타인이 그랬고, 학교를 혐오하고 거의 절망상태에 있었던 처칠, 버나드 쇼, 가프차, 릴케, 보들레르, 발자크, 앙드레 지드, 헤르만 헤세 등등이 그랬다.

無恒産無恒心
무 항 산 무 항 심

無無無無無無無無無無無(없을 무)
恒恒恒恒恒恒恒恒(항상 항)
産産産産産産産産産産(날 산)
心心心心(마음 심)

늘 생업에 쪼들리면 떳떳한 마음도 없어진다.

出典 맹자(孟子) 양혜왕편(梁惠王篇)

「무항산무항심(無恒産無恒心)」은 항산이 없으면 항심이 없다는 말로, 생활이 안정되지 않으면 바른 마음을 견지하기 어렵다는 뜻이다.

맹자(孟子) 양혜왕(梁惠王)편 상(上)에 나오는 말이다. 맹자는 성선설(性善說)을 바탕으로 인(仁)에 의한 덕치(德治)를 주장한 유가(儒家)의 대표적인 학자이다. 어느 날 제(濟)나라 선왕(宣王)이 정치에 대하여 묻자, 백성들이 배부르게 먹고 따뜻하게 지내면 왕도의 길은 자연히 열리게 된다며 다음과 같이 대답하였다.

제나라의 선왕이 맹자에게 정치를 묻자 맹자 왈(曰),

"일정한 생업이 없어도(무항산) 떳떳한 마음을 가질 수 있는 것은 오직 뜻이 깊은 선비만이 가능한 일입니다. 그러나 백성들은 무항산이 되면 따라서 떳떳한 마음이 없어지게 됩니다(무항심). 그렇게 되면 그들은 방탕과 괴벽, 부정, 탈선 등 모든 악한 일을 저지르게 될 것이며, 이때 형벌로 그들을 다스린다면 그것은 곧 임금이 백성들을 그물질 하는 이치와 같은 것입니다. 고로 옛부터 현명한 임금들은 백성들의 생업에 항상 신경을 써 굶어죽는 사람이 없도록 하고 그들을 착한 길로 인도해 그들이 저항 없이 따라오게 만들었습니다."

우리 속담에 "곳집이 차야 예절을 안다"는 말에 부합하는 말이다. 항심이란 말은 우리가 많이 쓰고 있다. 변하지 않는 언제나 지니고 있는 떳떳한 마음이란 뜻이다. 이 이야기에는 망민(網民)이라는 말도 나온다. 백성들을 그물질한다는 말이다. 법률이 너무 까다로워 '이현령비현령(耳懸鈴鼻懸鈴)=(귀에 걸면 귀거리, 코에 걸면 코거리)'이 되는 경우를 '망민법(網民法)'이라고 한다.

이 고사를 현대식으로 풀이하자면 대통령은 대통령답게 국민의 최저생활을 보장하라는 것이다. 만약 그렇지 못한 대통령이라면 스스로 퇴진하라는 뜻이다. 맹자가 말한 '군자삼락'에 보면 대통령 노릇을 하는 것은 제외됐다. 그 이유는 대통령이 대단한 것인 줄 착각하지만 천만의 말씀. 대통령이란 자리는 하늘이 조금 높은 지위를 주었을 뿐이며 하늘같은 백성들을 어떻게 편안하게 살 수 있게 해주느냐에 달려 있다는 것이다.

「무항산무항심」을 유항산(有恒産)으로 유항심(有恒心)을 모든 국민들에게 심어줄 수 있는 지도자라면 굳이 그가 나서지 않아도 자연스럽게 왕도(王道)의 길이 열린다는 것이다.

그래서 철혈재상 비스마르크는 이렇게 말했다. 청년에게 권하고 싶은 말은 세 마디면 충분하다.

일을 하라! 더욱 열심히 일하라! 끝까지 일을 하라!

墨 守
묵 수

墨墨墨墨墨墨墨墨墨墨墨墨墨墨墨 (먹 묵)

守守守守守守 (지킬 수)

묵자가 끝까지 성을 사수하다.

出典 묵자(墨子)의 공수반편(公輸盤篇)

전국시대 때 송나라 사람인 공수반(公輸盤)이 초나라를 위해 운제계(雲梯械) : 사다리를 성에 대고 높이 올라가는 기계. 일명 구름사다리)를 만들어 송나라를 공격한다는 소문을 들은 묵자가 초나라를 방문해 공수반을 만난 자리에서 이런 말을 했다.

"나는 선생이 구름사다리를 만들어 약소국인 송나라를 공격한다는 말을 들었습니다. 송나라가 다소 당신을 푸대접했다 해서 아무 죄도 없는 송나라를 공격한다는 것은 결코 좋은 일이 아닐 것입니다."

하자 할 말을 잃은 공수반은 그 책임을 초왕에게 돌려대며 궁색한 변명을 늘어놓았다. 이에 묵자가 초왕을 만나게 해달라고 끈질기게 졸라대자 공수반은 마지못해 묵자를 초왕에게 안내했다. 이 자리에서 묵자는,

"부강한 나라가 빈곤한 나라를 치는 것은 비단옷을 입은 사람이 이웃집의 단벌 누더기옷을 훔치려는 행위와 다름없다."

는 역설을 펴 초왕을 설득했다.

이에 초왕이,

"공수반의 재주를 살펴볼 생각에서……"

하며 궁색한 변명을 하자 묵자는 초왕 면전에서 기선을 제압하기 위해 공수반을 상대로 모의성을 만든 다음 현대판 시뮬레이션 게임(현실적으로 있을 수 있는 상황을 모의 실험하는 게임)을 벌였다.

그 결과 공수반이 아홉 번씩이나 묵자가 사수하는 성을 공격했으나 끝내 성을 함락시키지 못했다. 이렇게 되자 초왕은 공수반의 구름사다리에 큰 결점이 있다는 사실을 깨닫고 초조감을 감추지 못했다. 그러자 이 틈을 노려 묵자는 초왕에게 이런 말을 해 쐐기를 박았다.

"공수반은 나를 죽이면 송나라를 공격할 수 있다고 생각했을지 모르나 그것은 큰 착각입니다. 설사 내가 죽는다 해도 이미 나의 제자 3백여 명이 내가 여기서 수비했던 기계를 만들어 가지고 송나라 성에서 당신들의 공격에 철저하게 대비하고 있을 것입니다."

그러자 초왕은 소득 없는 전쟁을 피하기 위해 송나라를 공격하지 않겠다고 묵자에게 약속했다. 이렇게 해서 묵자는 초나라의 침략을 미연에 방지할 수 있었으며, 이때부터 「묵수(墨守)」는 견고한 수비를 일컫는 말이 되었다.

반면에 현재는 어떤 전통과 아집 또는 지나친 편견에 사로잡혀 고집만을 내세우는 것도 「묵수」

와 같은 뜻으로 사용한다. 그러나 또 다른 각도에서 이「묵수」의 정의를 분석해 보면 약점도 엿보인다.

지금 시대는 세계화시대이니까 강대국으로부터의 개방 압력에 어쩔 수 없이 개방해야 할 우리의 입장에서 묵자의 설득력이 통하지 않기 때문이다.

刎頸之交
문 경 지 교

刎 刎 刎 刎 刎 刎 (목벨 문)
頸 頸 頸 頸 頸 頸 頸 頸 頸 頸 頸 頸 頸 頸 頸 (목 경)
之 之 之 之 (갈 지)
交 交 交 交 交 交 (사귈 교)

목이 잘릴 위험에도 생사고락을 같이 할 교제.

出典 사기(史記) 인상여열전(藺相如列傳)

「문경지교(刎頸之交)」는 서로 죽음을 함께 할 수 있는 막역한 사이를 이르는 말이다.

인상여(藺相如)는 조나라 사람으로서 혜문왕의 총신의 식객에 불과했으나, 그는 그 후 진나라 왕과 혜문왕이 회동할 때 달변으로 혜문왕을 궁지에서 구해 주면서 그 공으로 상경이란 높은 벼슬에 임명됐다. 그러자 명장 염파가 분개하며 불만을 토했다.

"그녀석은 원래 천한 신분에 입만을 놀려 나보다 위가 되었다. 그런 놈 밑에 내가 있다는 것은 큰 수치다. 기회가 오면 그놈에게 개망신을 주고 말테다."

하자 이 소문을 전해들은 상여는 일부러 염파를 피하고 꺼려했다. 이에 상여의 측근들이 불만을 표시하자 상여는 측근에게,

"염장군과 진나라 왕 중에서 어느 쪽이 무섭냐?"고 물었다.

"물론 진왕이지요."

라고 측근이 대답하자 상여는 이렇게 자신의 심정을 표시했다.

"당신들이 무서워하는 진왕을 나는 진나라 조정 안에서도 질책한 사람이다. 그런 내가 염장군을 두려워서 피했겠는가. 강대국인 진나라가 감히 우리나라를 공격하지 못한 이유 중에 하나는 염장군과 내가 있기 때문이다. 이럴 때 염장군과 내가 싸우게 되면 어느 한쪽은 쓰러지게 될 것이며, 그러면 그 틈을 노려 진나라가 우리나라를 공격할 것이다. 내가 염장군을 피한 것은 국가의 위급을 먼저 생각하고 개인의 원한을 뒤로 했기 때문이다."

그제야 가신들은 감복하여 사죄하고 물러갔다. 나중에 그 이야기를 전해 들은 염파는 자기가 몹시 경솔했음을 깨달았다. 스스로 옷통을 벗고 형구(荊具)를 짊어진 채 인상여를 찾아가 섬돌 아래 꿇어앉아 사죄했다.

"이 미련한 인간이 상공의 높으신 뜻을 헤아리지 못하고 버릇 없는 짓을 했습니다. 부디 벌해 주십시오."

인상여는 버선발로 달려 나가 염파를 맞아들여 따뜻한 말로 위로했고, 그로부터 두 사람은 '상대방을 위해 목이라도 내 줄 정도의 우정'을 맺었다고 한다.

그러자 이 말을 전해들은 염파는 크게 부끄러워하고 상여를 찾아가 진심으로 사죄했다. 그 후 그들은 서로가 서로를 위해 목이라도 내놓겠다는 「문경지교」를 맺었다. 여기서 「문경지교」란 말이 유래되었으며, 이 「문경지교」의 정의 속에는 의리에 죽고 사는 사나이들의 의리가 가슴이 벅찰 정도로 담겨있다. 다시 말해 상여의 충절이 사나이(염파) 가슴에 불을 당긴 것이다.

聞一知十
문 일 지 십

聞聞聞聞聞聞聞聞聞聞聞聞聞聞 (들을 문)
一 (한 일)
知知知知知知知知 (알 지)
十 (열 십)

하나를 들으면 열을 안다.

出典 논어(論語)의 공야장편(公冶長篇)

문일지십(聞一知十)은 논어(論語) 공야장(公冶長)편에 나오는 말이다.

3천 명의 제자를 두었다고 전하는 공자에게는 여러 재주를 가진 사람들이 많았는데, 그 중 자공(子貢)은 재산을 모으는데 남다른 재주가 있어 공자가 세상을 돌아다니는 자금의 대부분을 뒷받침했다. 또 안회(顔回)는 가난했지만 총명하고 영리하여 공자의 사랑을 듬뿍 받았다. 인(仁)이라는 말을 내린 유일한 제자가 안회였으며, 자공은 공자로부터 비록 제사에 쓰이는 보배로운 그릇과 같다는 칭찬을 들었지만, 스스로의 재주를 믿고 자만심이 강하여 지나침은 모자람만 못하다(過猶不及)는 경계를 듣기도 했다. 하루는 공자가 자공을 불러 안회에 대한 생각을 물었다. 자만심이 강한 자공의 속을 떠본 것이다.

공자가 자공에게,

"너와 회(顔回) 중 누가 더 잘 할까?"

라고 묻자 자공이 대답했다.

"제가 어찌 회를 넘볼 수 있겠습니까? 회는 하나를 듣고도 열을 알지만(「문일지십(聞一知十)」) 저는 하나를 들으면 겨우 둘 정도만 알 뿐입니다."

공자는 자공의 솔직 담백한 대답에 크게 만족해 했다고 한다. 안회는 예가 아니면 보지도 말고, 듣지도 말고 말하지도 행동하지도 말라는 공자의 가르침을 가장 잘 따랐던 사람으로, 공자가 늘 칭찬을 아끼지 않았기 때문이다. 그러나 천재는 요절한다고 했다.

공자가 제자 중에서 제일 아꼈던 제자는 안회(顔回)였다. 그러나,

"천재는 모든 사람으로부터 일류의 꽃으로 인정받으면서도 고독한 운명을 갖는다"

는 혜세의 말처럼 안회의 일생은 고독했고 32세에 요절했다.

이에 공자는,

"아! 하늘이 나를 망치게 하는구나."

하며 탄식했고, 또한,

"싹이 틀 때는 아름다우나 꽃 중에는 꽃이 피지 못하는 꽃도 있구나. 또 꽃은 피었으나 열매를 맺지 못하는 것도 있구나."

하며 안회를 꽃에 비유해 안타까워하기도 했다. 인(仁)을 지닌 천재였기에……

門門門門門門門門門 (문 문)
前前前前前前前前前 (앞 전)
成成成成成成成 (이룰 성)
市市市市市 (저자 시)

문 앞이 시장과 같다.

出典　한서(漢書)의 정숭전(鄭崇傳)

한나라 말기, 젊은 나이의 애제(哀帝)가 황제 자리에 오르자 조정 실권은 외척들에게 넘어갔다. 황후의 가문 사람들이었던 외척들 사이에서도 다툼이 생겨 나라가 어지러워지자 이를 보다 못한 정숭(鄭崇)이라는 사람이 애제에게 간절히 말을 올렸다.

"폐하, 지금 백성들 삶이 어렵습니다. 외척들을 물리치고 나라 질서를 바로잡으셔야 합니다. 그렇지 않으면 나라가 흔들릴 수 있습니다."

그의 충성심을 아는 터라 애제도 처음에는 그 말에 귀를 기울였다. 하지만 시간이 지나자 정치를 팽개친 채 놀기에 바빴다. 정숭이 다시 말을 올렸지만 애제는 더 이상 들으려 하지 않다가 이내 짜증을 냈다.

"그대는 틈만 나면 내게 잔소리하는군. 듣기 싫으니 물러가시오!"

그 탓에 병을 얻은 정숭은 벼슬을 내려놓고 물러나려 했지만 나라가 걱정스러워 참고 있었다. 이 때, '조창'이라는 벼슬아치가 있었다. 아첨을 일삼고 남을 고자질하던 그는 전부터 올곧은 성품의 정숭을 꺼림칙하게 여겼다. 애제가 정숭을 귀찮게 여기자 조창은 크게 기뻐했다.

'좋은 기회야! 황제께서 정숭을 멀리하시니 이 틈에 없애 버려야겠어. 그동안 눈엣가시 같은 이였는데 잘됐군!'

그리고 조창은 이런 말로 황제에게 정숭을 헐뜯었다.

"폐하, 정숭이 황실 여러 사람과 은밀하게 내통하고 있습니다. 그의 집 앞이 사람들로 붐빈다 하니 폐하께 불만을 품고 무슨 음모를 꾸미는지 참 의심스럽습니다. 미리 막지 않으면 역모가 일어날지 모릅니다."

애제는 이 말을 곧이듣고 정숭을 불러들였다.

"듣자 하니 그대 집 문 앞은 장터처럼 사람들로 붐빈다던데 어찌 된 일이오?"

"신의 집 문 앞은 장터와 같사오나 신의 마음은 맑은 물과 같사옵니다. 이를 깊이 헤아려 주시옵소서."

정승은 자기 마음이 다른 뜻 없이 물처럼 깨끗하다고 말했으나 애제는 그를 감옥에 가두었다. 다른 관리가 정승은 죄가 없다고 감쌌지만 듣지 않았다. 결국 정승은 옥에 갇혀 죽고 말았다.

'문전성시(門前成市)'는 권세를 드날리거나 부자가 되자,

"찾아오는 손님들로 집 앞이 시장을 이룬 듯하다"라는 뜻이다.

본디 "아첨꾼이 문 앞에 북적인다"라는 뜻이 강하지만 지금은 찾아오는 사람이 많음을 빗대어 이르는 말로 주로 쓰인다. 이를테면,

"그 가게는 장사가 잘돼 손님들로 문전성시를 이룬다"

라고 말할 수 있다. 정권이 바뀌면 '논공행상'이 따르고 실세의 집에는 어김없이 방문객들로 「문전성시」를 이룬다는 것이 그것이다.

반대로 실세에서 밀려난 사람의 집 문전은 한산해져 마치 참새떼가 몰려들어 새 그물을 칠 정도다. 이 권력의 무상함은 다음 장에 소개되는 '문전작라(門前雀羅)'에 자세히 설명하겠다.

門前雀羅
문 전 작 라

門門門門門門門門門 (문 문)
前前前前前前前前前 (앞 전)
雀雀雀雀雀雀雀雀雀雀 (참새 작)
羅羅羅羅羅羅羅羅羅羅羅羅羅羅羅羅羅羅羅 (그물 라)

문 밖에 손님이 끊겨 새 그물을 칠 정도.

出典 사기(史記) 급정열전(汲鄭列傳)

'문전작라(門前雀羅)'란 문 앞에 새그물을 칠 정도로 한산하다는 뜻으로, 문전성시와 반대 의미다.

전한 시대 무제(武帝) 때 급암(汲黯)과 정당시(鄭當時)라는 충신이 있었다. 급암은 의협심이 강하고 성품이 대쪽 같아서 황제 앞에서도 하고 싶은 말을 거침없이 다 하는 편이었다. 동료 대신들이 그 점을 나무라면, 급암은 이렇게 반박했다.

"폐하께서 이 사람이나 공들 같은 신하를 두심은 올바른 보필로 나라를 부강케 하고 백성들을 편안케 하시고자 함인데, 누구나 듣기 좋은 말만 하여 성총(聖聰)이 흐려지기라도 한다면 그보다 더한 불충이 어디 있겠소? 그만한 지위에 있으면 설령 자기 한 몸 희생을 각오하고라도 폐하를 욕되게 하진 말아야 할 것이오."

그런 반면 정당시는 후덕하고 겸손하며 청렴한 인물이었다. 자기를 찾아온 손님은 문밖에서 기다리는 일이 없게 하고, 벼슬아치의 사명감으로 집안일을 돌보지 않았으며, 봉록과 하사품을 받으면 손님이나 아랫사람들에게 아낌없이 나누어 주었다.

이 두 사람은 너무 개성이 강한 탓에 경계의 대상이었고, 그 바람에 벼슬살이가 순탄하지 못해

면직, 재등용, 좌천을 거듭했다. 이들이 현직에 있을 때는 방문객이 문전성시를 이루었지만, 불우한 신세가 되면서 모두 발길을 뚝 끊어버려 처량하기 그지없었다. 「사기(史記)」로 유명한 사마천(司馬遷)은 급암과 정당시의 전기를 쓰고 나서 다음과 같은 말로 야박한 세태를 비판했다.

"급암과 정당시 같은 현자라도 권세가 있으면 빈객이 열 배로 불어나지만, 권세를 잃으면 금방 떨어져 나간다. 그러니 보통 사람의 경우는 더할 나위 있겠는가! 하규(下邽)의 작공(翟公)만 하더라도 정위(廷尉)가 되었을 때는 빈객이 문전성시를 이루었으나, 면직이 되고 나니까 모두들 발길을 끊는 바람에 집안이 너무나 고적해 마치 '문 밖에 새그물을 쳐 놓은 것 「문전작라(門前雀羅)」' 같더라고 한탄했다."

사마천은 그런 다음 적공이 다시 복직하자 몰려오는 빈객들이 얄미워서 대문 밖에다 시 한 수를 써 붙였다.

> 한 번 죽고 한 번 삶에 곧 사귐의 정을 알고
> 일사일생즉지교정(一死一生 卽知交情)
> 한 번 가난하고 한 번 부유함에 곧 사귐의 태도를 알며
> 일빈일부즉지교태(一貧一富 卽知交態)
> 한 번 귀하고 한 번 천함에 곧 사귐의 정이 나타나네
> 一貴一賤 卽見交情(일귀일천즉현교정)

"정승댁 개가 죽으면 문상객이 문전성시를 이루지만, 정작 정승의 장례식 때는 문상객마저 뜸해 「문전작라」와 같다더라."

우리네 속담처럼 권력의 무상함은 극치를 이룬다.

未未未未未(아닐 미)
亡亡亡 (망할 망)
人人 (사람 인)

남편은 죽었는데 아직 죽지 못한 여자.

出典 춘추좌씨전(春秋左氏傳)

춘추시대 위나라 정공이 죽으면서 첩의 아들인 간(衎)을 후계자로 채택했으나 간은 아버지의 죽음을 슬퍼하기는커녕 무도하게 행동했다. 그러자 정공의 정실인 강씨가 몹시 분개하며 탄식했다.

"저놈은 반드시 나라를 망칠 것이며, 그 누구보다도 미망인인 나를 먼저 학대하고 해치려 들겠지. 아아, 하늘은 위나라를 버리셨구나. 내 아들을 세우지 않으시고."

이 「미망인(未亡人)」이라는 말은 춘추좌씨전에 기록돼 있으며, 이 말의 본뜻은 당시 순장(殉葬)의 풍습에 따라,

"당연히 죽어야 할 몸인데 아직도 살아있다."

는 죄악심을 느끼고 「미망인」에 국한해 겸손함을 자칭하는 말이다.

고로 속칭 과부를 보고 다른 사람이 미망인이라고 말하는 것은 큰 실례다. 그러나 현재는 실례의 수준을 넘어 지극히 예의를 표시하는 말로 쓰여지고 있다. 세월이 변하듯이.

또 다른 문헌을 보자.

춘추좌씨전(春秋左氏傳)에 몇 군데의 내용이 보인다. 모두 남편을 먼저 잃은 아내를 가리키고 있다. 노(魯)나라 장공(莊公) 28년조에 보면, 초(楚)나라의 영윤(令尹) 자원(子元)이 죽은 초 문왕의 부인을 유혹하기 위해 궁실 옆에다 건물을 짓고 은나라 탕왕이 시작했다는 만의춤을 추게 하였다. 그 음악 소리를 듣고 부인은 울면서,

"돌아가신 왕께서는 이 춤을 군대를 훈련하는 데 사용하셨다. 지금 영윤은 원수들을 치는 데는 생각이 없고 미망인의 곁에서 하고 있으니 이상하지 아니한가."

라고 하였다. 시종 하나가 이 사실을 자원에게 알리니 자원이,

"부인은 원수를 잊지 않고 있는데 오히려 내가 잊고 있구나"

하며 군사를 동원하여 정나라를 쳤다고 한다. 노나라 성공(成公) 9년조에는, 그 해 노나라의 백희(伯姬)가 송공(宋公)에게 시집가게 되어 계문자(季文子)라는 사람이 후행으로 송나라에 갔다가 임무를 무사히 마치고 돌아왔다. 성공은 위로의 연회를 베풀었는데, 계문자가 성공과 송공을 칭송한 후 출가한 희의 앞날을 축복하자, 선대 선공(宣公)의 부인이자 백희 어머니인 목강(穆姜)이,

"이번에 큰 신세를 졌습니다. 당신은 선대부터 지금까지 충성을 다하고, 미망인인 나에게까지 진력하여 주셔서 고맙기 그지없습니다." 고 하였다 한다.

노나라 성공(成公) 14년조에도, 위(衛)나라의 정공(定公)이 병이 들자 공성자(孔成子)·복혜자(宓惠子)로 하여금 첩실인 경사(敬似)의 아들 간(衎)을 태자로 삼게 하였다. 10월에 정공이 죽고, 부인 강씨가 곡을 마치고 쉬면서 보니 태자는 아무런 슬픈 기색을 보이지 않았다. 부인은 이를 보고 식음을 전폐한 채,

"저 못난 자식은 틀림없이 나라를 망칠 것이며, 먼저 미망인인 나를 학대하리라. 아, 하늘은 위를 저버렸는가?"

하였다는 기사가 보인다.

이처럼 미망인이런 순장의 풍습에 따라 남편이 먼저 죽은 부인을 가리키던 말로 오늘날 사용하기에는 적절치 않다는 논의가 제기되고 있다.

彌 縫 策
미 봉 책

彌彌彌彌彌彌彌彌彌彌彌彌彌彌彌彌(두루 미)
縫縫縫縫縫縫縫縫縫縫縫縫縫縫縫縫(꿰맬 봉)
策策策策策策策策策策策策策(채찍 책, 꾀 책)

해진 곳을 임시로 얽어맴.

出典 춘추좌씨전(春秋左氏傳) 주환왕전(周桓王傳)

춘추시대 초, 주나라의 환왕이 기울어진 주나라의 세력을 복구하고자 괵(虢), 채(蔡), 위(衛), 진(陳)나라의 군대를 연합해 정(鄭)나라의 장공(莊公)을 공격했다.

그러자 위기에 몰린 장공은 역부족을 타개하기 위해 어려(魚麗)의 진을 짜고(고기가게 안에 크고 작은 고기들이 꽉 들어차 있는 것곽 같은 포진) 전차를 앞머리에 세워 오승미봉(五承彌縫 : 보병을 후진으로 전차와 전차 사이의 빈틈을 메꾸도록 하는 것)책(策)으로 연합군을 맞아 일대격전 끝에 대승을 거두었다.

그리고 장공은 도망가는 적을 추격하려는 군사들에게 정지명령을 내리면서 이렇게 말했다.

"우리는 본래 방위수단으로 전쟁을 맞이했던 만큼 나라의 안전만 보장된다면 그로써 족해야 한다."

이것을 두고 춘추좌씨전에서는 '미봉(彌縫)'이라고 기록했다.

이 기록에서도 알 수 있듯이「미봉책(彌縫策)」은 일시적 땜질이 아닌 조금도 빈틈없는 전투포석이다. 다시 말해 땜질이 사후 수습책이라면「미봉책」은 사후 땜질이 필요 없게 미연에 방지하는 계책인 셈이다.

그런데 이 말이 세월 따라 변하면서 요즘은 이리저리 꾸며댄다는 뜻으로 변질돼 신문에 사건기사타이틀로 자주 인용될 정도로 유명해졌다. 1995년 4월 28일에 터졌던 대구지하철 가스폭발 때에도 어떤 신문은 1면 톱기사 제목으로 '또 미봉책인가'라는 말을 썼으며, 정부는 신문에서 지적했듯이 이 사건을 변질된「미봉책」으로 조기 수습해 국민들로부터 빈축을 사기도 했다.

그래서 어떤 사람은 28일의 대참사를 개탄하면서,

"도대체 소를 몇 마리나 잃어야 외양간을 고칠 것인지."

하며 정부의「미봉책」을 사정없이 꼬집었다. 꼬집힐 만하다.

또 다른 문헌.

허난성 수갈(繡葛)이라는 곳에서 환왕의 군사를 맞은 장공은,

"연합군의 좌군을 이루는 진은 어지러운 국내 정세로 전의를 잃고 있습니다. 그러므로 진나라 군사부터 먼저 공격하면 반드시 패주할 것입니다. 그렇게 되면 환왕이 이끄는 중군에 혼란이 올 것이며, 괵공이 이끄는 채, 위의 우군도 지탱하지 못하고 퇴각할 것입니다. 이때 중군을 공격하면 승리는 틀림없습니다."

하는 공자 원(元)의 진언을 받아들여 전차부대를 앞세우고 보병이 전차부대의 틈을 연결시키는 오승미봉(伍承彌縫)의 전법으로 토벌군을 격퇴하였다. 군사들이 도망하는 연합군을 계속 추격하려 하자, 장공은,

"군자란 약자를 업신여겨서는 안 되는 법이다. 하물며 천자를 무시할 수 있겠느냐. 나라의 안전만 보전하면 그뿐이다."

하고 이를 제지하였다. 이로써 장공은 이름을 천하에 떨치게 되었으며, 미봉책이란 말이 사서(史書)에 실리게 되었다.

이와 같이 미봉이란 본래 모자라는 부분을 보완하는 조금도 빈틈없는 전투 포석이었는데, 오늘날에는 그 뜻이 변질되어, 아랫돌 빼어 윗돌 막는 임시 변통의 입막음용 꾀라는 뜻으로 사용되고 있다.

尾尾尾尾尾尾尾(꼬리 미)
生生生生生(날 생)
之之之之 (갈 지)
信信信信信信信信(믿을 신)

미생의 신의.

出典 장자(莊子)의 도척편(盜跖篇)

옛날 노나라에 일단 약속을 하면 끝까지 지키는 것으로 유명한 미생(尾生)이 어느 날 냇가 다리 밑에서 애인을 만나기 위해 기다리고 있었다. 그러나 약속했던 애인은 오지 않고 그 대신 밀물로 인해 개울물이 점점 불어나면서 개울물이 그의 무릎에서 가슴으로 차 올랐다. 그런데도 그는 약속을 지키기 위해 그 자리를 끝까지 지키다가 결국은 익사하고 말았다.

이 사람을 바보 같다고 현대인들은 생각하기 쉽다. 그러나 꼭 그렇다고 볼 수 있을까? 그 해답을 1995년 아카데미 상을 휩쓴 '포레스트 검프'에서 찾아보자.

이 영화의 주인공인 '검프'는 지능지수가 75밖에 안되는 바보이면서도 미식축구선수로 유명해져 케네디 대통령과 악수까지 나누었으며, 또한 그는 월남전 때는 위험을 무릅쓰고 미련스럽게 부상당한 전우들을 모두 업어나른 다음 부상을 당해 병원에 입원했고, 그 전공으로 존슨 대통령으로부터 훈장을 받기도 했다.

그런가 하면 그는 병원에서 우연히 탁구를 배워 세계 선수권대회까지 나갔으며, 그 후 그는 죽은 전우와의 약속을 지키기 위해 새우잡이를 해 크게 성공했고, 하반신을 못쓰는 군대시절의 소대장을 찾아가 새우잡이 어선의 선장으로 모셨다는 등등의 대목은 현대의 영악하고 신의를 상실한 신세대들에게 신선한 충격을 주었다.

"검프의 순진스러움과 우직스러움은 90년대에의 안내자로서 이상적인 존재임에 틀림없다."

이렇게 미국의 타임지가 칭찬을 아끼지 않았듯이 이 영화에는 씹으면 씹을수록 진국이 우러나오는 말들이 많다.

"인생은 초콜릿 상자와도 같다. 먹어보기 전에는 그 속을 알지 못한다."

그의 마음은 한정 없이 곱다. 그가 미국전역을 달리자 추종자가 늘어나고 명사가 됐었는데, 이때 기자들의 왜 달렸느냐는 질문에 그는,

"이유도 없이 무엇인가를 하면 사람들은 이상하게 생각하겠지만, 나는 그냥 달리고 싶어서 달렸을 뿐이다."

라고 대답했다. 그리고 이 영화는 타락했던 첫사랑의 여인과 결혼하는 것으로 끝나면서 이런 감동적인 말을 남겼다.

"똑똑하지 않더라도 사람은 사랑을 할 수 있다. 사랑이 무엇인가를 알고만 있다면."

또한 이 영화의 감독은.

"이것은 희망에 관한 영화다."

라고 말했으며 검프에게,

"늘 좋은 일을 하라. 단 자기 양심이 그러라고 명령하지 않을 때는 별 문제지만 반드시 고맙다고 말하라. 설사 그렇게 생각하고 있지 않더라도."

이런 말을 주문해 타락한 현대인들에게 경종의 메세지를 던졌다.

고로 이 장의 정의는 '포레스트 검프 만세'다.

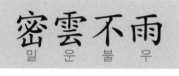

密密密密密密密密密密密 (빽빽할 밀)
雲雲雲雲雲雲雲雲雲雲雲雲 (구름 운)
不不不不 (아니 불)
雨雨雨雨雨雨雨雨 (비 우)

짙은 구름이 끼여 있으나 비가 오지 않는다는 뜻.

① 어떤 일의 징조(徵兆)만 있고 그 일은 이루어지지 않음.

② 은덕(恩德)이 아래까지 고루 미치지 않음을 이르는 말.

빽빽한 구름이 끼었으나 비가 내리지 않는다는 뜻으로, 일이 일어날 조짐은 많이 보이나 정작 성사가 되고 있지 않은 상태를 의미한다.

밀운불우란 말은 중국 유교 경전 중 하나인『주역』에 보인다.

『주역』은 64개의 괘(卦)라고 하는 각기 다른 형태의 기호로 우주의 삼라만상, 인간과 자연의 존재, 변화 양상을 설명한 책이다.

博而不精
박 이 부 정

博博博博博博博博博博博 (넓을 박)
而而而而而而 (말이을 이)
不不不不 (아니 불)
精精精精精精精精精精精 (정밀할 정)

널리 알지만 자세하지는 못하다는 뜻으로, 지식의 정도가 분야는 넓지만 깊이는 얕은 것을 말한다.

『후한서(後漢書)』「마융전(馬融傳)」에 유래하는 말이다. 마융(馬融)은 후한(後漢) 때의 학자로 고문 경학에 능통하여 『시(詩)』·『서(書)』·『역(易)』·『논어(論語)』·『효경(孝經)』·『노자(老子)』·『회남자(淮南子)』등의 경전을 쉽게 풀이한 글을 남겼다.

「마융전」에 따르면, 마융이 「춘추좌씨전(春秋左氏傳)」에 주석을 붙이려고 하면서 전대 경학자였던 가규(賈逵)와 정중(鄭衆)의 글을 보고,

"가선생은 정밀하나 두루 알지 못하고, 정선생은 두루 아나 정밀하지 못하니 정밀하면서 박식한 것으로는 누가 나보다 낫겠는가[賈君精而不博, 鄭君博而不精, 旣精旣博, 吾何加焉]."

라고 하고는, 「좌씨전」뿐만 아니라 「곡량전(穀梁傳)」과 「공양전(公羊傳)」을 포함한 삼전(三傳) 모두를 비교 분석한 「춘추삼전이동설(春秋三傳異同說)」을 지었다고 한다.

여기서 전하여 박이부정은 여기저기 관심 있는 분야는 많지만 앎에 깊이가 없는 것을 말한다. 비슷한 말로 두루 안다는 사람은 한 가지를 제대로 알지 못한다는 뜻의 박자부지(博者不知)가 있다. 반대말로는 아는 것이 넓고 크고 자세하고 깊은, 완벽한 학식을 가리키는 성어인 박대정심(博大精深)이 있다.

盤根錯節
반 근 착 절

盤盤盤盤盤盤盤盤盤盤盤盤盤 (소반 반)
根根根根根根根根根 (뿌리 근)
錯錯錯錯錯錯錯錯錯錯錯錯錯錯 (섞일 착)
節節節節節節節節節節節節節節節 (마디 절)

서린 뿌리와 뒤틀린 마디라는 뜻으로, 얽히고 설켜 해결하기 어려움.

出典 후한서(後漢書) 우후전(虞詡傳)

후한(後漢)의 제실(帝室)에는 특히 눈을 끄는 대목이 있다. 14명의 황제 중 12명까지가 20세도 못되어 즉위했다. 이 사실은 어머니인 태후가 정지를 하여 측근의 폐(弊)가 강해지는 것을 뜻한다. 이것도 그 무렵의 이야기다.

출생 후 백여일 만에 즉위한 상제(殤帝)가 재위 8개월 만에 죽자, 13세인 안제(安帝)가 왕위에 올랐다. 물론 어머니인 태후가 정사를 맡고 태후의 형인 등질이 대장군이 되었다. 그 무렵 서북 변경에서는 이민족의 세력이 강성하여 병주(幷州)와 양주(涼州)는 때때로 침략당하고 있었다. 등질

은 국비부족을 염려해서 양주를 포기하고 병주에 주력을 쏟으려고 했다. 이때 반대한 자가 있다. 낭중(郞中)의 적으로 이름은 우후(虞詡)라고 했다.

"함곡관의 서쪽에서는 장군이 나오고, 동쪽에서는 재상(宰相)이 나온다고 합니다. 옛부터 열사무인(烈士武人)으로서 관서의 양주 출신이 많지 않습니까. 이러한 땅을 이민족에게 맡긴다는 것은 결코 안될 말씀입니다."

좌중 인사들은 다 우후의 의견에 찬성했다. 등질은 이 사건으로 우를 심히 미워했다.

때마침 이때 조가현(朝歌縣)의 적(賊)이 그 군장(郡長)을 죽이고, 손을 댈 수 없을 정도로 폭력을 휘둘렀다. 등질은 이때다 싶어 우후를 조가현장으로 임명하여 적을 토벌토록 명했다. 이때 우의 지인이나 친구들은 한결같이 조문(弔問)을 했다고 한다. 기세가 당당한 적과 싸워서 전사할지도 모른다고 생각했던 것이다. 하나 우후는 태평스럽게 웃으며 말했다.

"꾸부러진 뿌리가 엉클어진 마디(節)에 부딪치지 않으면 날카로운 칼날의 진가도 알 도리(道理)가 없지 않은가."

우후(虞詡)는 자진하여 고난 속에 뛰어들어 거기서 자기의 힘을 시험해 보려고 한 것이다. 여기서 「반근착절(盤根錯節)을 만나 이기(利器)를 안다」라는 말이 즐겨 쓰이게 되었다. 평화시에는 사람의 능력을 알 수 없다. 곤란한 경우를 당해야 비로소 알 수 있다는 것이었다. 「반근착절(盤根錯節)」이란 말로 곤란을 상징하는 경우도 있다.

우후는 사실 「반근착절(盤根錯節)」에 견디어냈다. 그는 조가현에 도착하자 곧 행동을 개시했다. 전과자들을 불러모아 적 속으로 잠입시켰으며, 그 힘으로 적을 꾀어내서 죽이거나 여러 가지 기책(奇策)을 써서 마침내 적을 사산(四散)시켰다고 전해진다.

反反反反 (돌이킬 반)
哺哺哺哺哺哺哺哺哺哺 (젖먹일 포)
之之之之 (갈 지)
孝孝孝孝孝孝孝 (효도 효)

어미에게 되먹이는 까마귀의 효성이라는 뜻.

어버이의 은혜에 대한 자식의 지극한효도를 이르는 말.

이밀(李密 : 224-287)의 『진정표(陳情表)』에 나오는 말이다. 이밀은 진(晉) 무제(武帝)가 자신에게 높은 관직을 내리지만 늙으신 할머니를 봉양하기 위해 관직을 사양한다. 무제는 이밀의 관직사양을 불사이군(不事二君)의 심정이라고 크게 화내면서 서릿발 같은 명령을 내린다. 그러자 이밀은 자신을 까마귀에 비유하면서,

"까마귀가 어미새의 은혜에 보답하려는 마음으로 조모가 돌아가시는 날까지만 봉양하게 해 주십시오(烏鳥私情, 願乞終養)"라고 하였다.

까치나 까마귀에 대한 인식은 중국이나 한국이나 거의 같다. 보통 까치는 길조, 까마귀는 흉조라고 인식한다. 까마귀는 음침한 울음소리와 검은 색깔로 멀리 하는 새이며, 좋지 않은 의미로 많이 사용된다. 또한 까마귀는 시체를 먹는 불결한 속성이 있어 까마귀 밥이 되었다고 하면 곧 죽음을 의미한다. 이렇듯 까마귀는 불길의 대명사로 인식하고 있지만 인간이 반드시 본받아야 할, 간과할 수 없는 습성도 있다.

명(明)나라 말기의 박물학자 이시진(李時珍 : 1518~1593)의 『본초강목(本草綱目)』에 까마귀 습성에 대한 다음과 같은 내용이 실려 있다. 까마귀는 부화한 지 60일 동안은 어미가 새끼에게 먹이를 물어다 주지만 이후 새끼가 다 자라면 먹이 사냥에 힘이 부친 어미를 먹여 살린다고 한다.

伴食宰相
반 식 재 상

伴伴伴伴伴伴伴(짝 반)
食食食食食食食食食(밥 식)
宰宰宰宰宰宰宰宰宰(재상 재)
相相相相相相相相相(서로 상)

남의 음식에 곁붙어 얻어 먹는 재상.

出典 당현종(唐玄宗)의 현신(賢臣)인 요숭(姚崇)과 노회신(盧懷愼)의 관계를 말한데서 기인(起因)

당(唐)의 현종황제(玄宗皇帝)는 즉위한 이듬해(713) 연호를 개원(開元)이라 고치고, 태평공주 일파의 음모를 제거하자, 다음 개원 2년에는 백관의 주옥금수(珠玉錦繡)를 궁전 앞마당에 쌓아 놓고 불을 질렀으며, 백관에서 궁녀에 이르기까지 각각 그 직분에 걸맞는 의복을 규정하고 사치로 흐르는 것을 경계했다.

국가의 치란(治亂) 흥망(興亡)의 자취를 보면, 군주의 사치와 후궁의 문란이 쇠망하는 지름길이라는 것을 통감한 정치에 대한 현종의 굳은 결의가 거기 엿보인다.

그 결의로써 현종은 현상(賢相)을 잘 쓰고 나아가선 그 간언(諫言)을 들어 정사(政事)에 정려했고 또 문학 예술을 장려해서 「개원(開元)의 치(治)」라는 당(唐)의 최성기를 이루었다.

현종(玄宗)을 도와 「개원의 치」의 기초를 닦은 재상은 요숭(姚崇)이었다.

현종이 주옥금수를 불태워 사치를 훈계한 것도, 또 형벌을 바로잡고 부역과 조세를 감해서 민중의 부담을 가볍게 하는 한편 병농일치(兵農一致)의 개병제도를 고쳐 모병제도(募兵制度)로 한 것도 다 이 요숭(姚崇)의 건언(建言)에 의한 것이었다.

요숭(姚崇)은 백성을 위해 꾀하는 것이 나라를 번영시키는 길이라는 원칙을 관철시키는데 힘쓰고, 적어도 사사(私事)를 위해서는 희로(喜怒)를 나타내는 법이 없었으며, 정치의 재결이 신속 정확한 것에 있어서는 그 어떤 재상도 미치는 자가 없었다고 한다. 그 일례로서 「반식재상(伴食宰相)」이라는 말이 생겼다.

언젠가 요숭(姚崇)은 볼일 때문에 정무(政務)를 볼 수가 없어 황문감(黃門監)인 노회신(盧懷

愼)이 이를 대신했다. 노회신은 청렴결백, 무욕염담(無欲恬淡), 신변을 꾸미는 일이 없고 정무에 노력하는 사람으로서 요숭의 맘에 드는 국상(國相)이었으나, 요숭의 직무를 대행한 10여년동안 아무리 노력을 해도 요숭처럼 재결해 갈 수가 없어 정무를 크게 지체시켰다. 노회신은 자기가 멀리 요숭에게 미치지 못함을 피부로 느껴 알고, 그 후부터는 만사에 요숭을 추천하며 사사건건 요숭과 상의하게 되었다. 그 때문에 당시의 사람들은 노회신을 상반대신(相伴大臣)이란 뜻으로 「반식재상 (伴食宰相)」이라 불렀다.

이 말은 무능한 대신을 혹평하는 말로서 지금도 쓰이고 있으나, 당시의 사람들 마음으로서는 노 회신을 냉소한다기보다, 요숭에 대한 경의(敬意)에서 시작한 것이었다.

요숭 다음에는 송경(宋璟), 한휴(韓休) 등 현상(賢相)이 계속하여 「개원의 치」를 발전시켰으나 현종은 이 치세(治世) 후반에 총희(寵姬)인 무혜비(武惠妃)를 잃고 양귀비(楊貴妃)를 얻음으로써 정무(政務)에 권태를 느끼기 시작한다.

직언(直言)하는 자를 물리치고 자신들의 감언(甘言)을 좋아하며 주색에 빠졌는데, 정무를 후궁 의 환락으로 바꾸어 나라를 쇠망으로 이끈 종래의 군주와 같은 길을 걸었다.

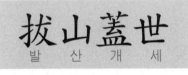

拔拔拔拔拔拔拔拔(뺄 발)
本本本本本(근본 본)
塞塞塞塞塞塞塞塞塞塞塞塞(막힐 색, 변방 새)
源源源源源源源源源源源源源(근원 원)

근본(根本)을 빼내고 원천(源泉)을 막아 버린다는 뜻.

사물(事物)의 폐단(弊端)을 없애기 위해서 그 뿌리째 뽑아 버림을 이르는 말.

나에게 큰아버지가 계심은 마치 의복에다 갓이나 면류관(冕旒冠)을 갖춘 것과 같고, 나무의 뿌 리와 물의 수원이 있는 것과 같고, 백성(百姓)들에게 지혜(智慧)로운 임금이 계신 것과 같다. 「백 부께서 만약 갓을 찢고 면류관(冕旒冠)을 부수고 근본(根本)을 뽑고 근원(根源)을 막으며 오로지 지혜(智慧)로운 임금을 버리신다면 비록 오랑캐일지라도 그 어찌 나 한 사람뿐이리오.」

拔拔拔拔拔拔拔拔(뺄 발)
山山山(뫼 산)
蓋蓋蓋蓋蓋蓋蓋蓋蓋蓋蓋(덮을 개)
世世世世世(인간 세)

힘은 산을 뽑고 기운은 세상을 덮을 만큼 용장한 기상을 뜻.

出典 사사기(史記) 항우본기(項羽本紀)

역발산개세(力拔山蓋世)라고도 한다.

초(楚)나라를 일으킨 항우(項羽)와 한(漢)나라를 일으킨 유방(劉邦)은 중원을 두고 다투던 당대 최고의 장수들이었다. 초나라와 한나라의 전세가 엎치락뒤치락하다가 드디어 해하(垓下)에서 최후의 결전을 맞게 되었다. 이때 항우는 군사도 적고 식량도 부족했을 뿐 아니라 한나라 병사들이 사방에서 초가(楚歌)까지 부르자 향수에 젖은 초나라 병사들은 대다수가 전의를 잃고 도망을 갔다. 자신의 운명이 다했다고 판단한 항우는 최후의 만찬을 벌였다. 술 몇 잔을 단숨에 들이킨 항우는 초라해진 자신을 바라보며 비분한 심정으로 다음과 같이 노래하였다.

역발산혜기개세(力拔山兮氣蓋世) 힘은 산을 뽑을 만하고 기운은 세상을 덮을 만하도다.

시불리혜추불서(時不利兮騅不逝) 때가 불리하니 오추마마저 가지 않는구나.

추불서혜가내하(騅不逝兮可奈何) 추마저 가지 않으니 난들 어찌하리

우혜우혜내약하(虞兮虞兮奈若何) 우미인아! 우미인아! 너를 어찌하리.

'역발산혜기개세'는 항우가 스스로 자신을 평가한 것으로, 한 시대를 풍미했던 영웅의 대담한 기개를 뜻하는 말이다. 이를 줄여 발산개세(拔山蓋世)라고 하며, 여기서 파생된 말로 개세지재(蓋世之才)가 있다.

傍傍傍傍傍傍傍傍傍傍傍(곁 방)
若若若若若若若若若(같을 약)
無無無無無無無無無無無無(없을 무)
人人(사람 인)

곁에 사람이 없는 것처럼 행동함.

出典 사기(史記) 자객전(刺客傳)

전국시대(戰國時代)도 거의 진(秦)의 통일로 돌아가 시황제의 권위가 군성(群星)을 눌렀을 때의 일이다. 위(衛)나라 사람으로 형가(荊軻)라는 자가 있었다.

선조(先祖)는 제(齊)나라 사람이었으나, 그는 위(衛)로 옮겨 살며, 거기서 경경(慶卿)이라 불리웠다. 책을 읽는 것과 검(劍) 쓰는 것을 즐겨했다. 국사(國事)에도 마음을 쓰고 있었으므로 위(衛)의 원군(元君)에게 정치에 대한 의견을 말했으나 쓰여지지 않았고, 그 후로는 제국을 표박(漂泊)하며 돌아다닌 듯하다. 사람 됨됨이 침착하여 각지에서 현인·호걸들과 사귀었으며, 그 유력(遊歷)하는 동안의 이야기로서 다음과 같은 것이 전해진다.

산서(山西)의 북부를 지날 때, 개섭(蓋聶)이라는 자와 검(劍)에 대해 논했다. 개섭이 화를 내고 노려보자, 형가는 곧 일어나 떠나버렸다. 어떤 사람이 개섭에게 형가하고 다시 한 번 논하면 어떠냐고 하자,

"아냐, 시험삼아 여관에 가보라, 벌써 떠나고 없을 테니까."

라는 대답이었는데, 사람을 시켜 가보니 과연 떠나버린 뒤였다. 이 말을 들은 개섭은,

"물론 그렇겠지. 방금 내가 노려보면서 위협을 주었으니까."

라고 말했다고 한다. 또 형가가 한단(邯鄲)에 갔을 때다. 노구천(盧句踐)이란 자와 쌍육(雙六)놀이를 하여 승부를 다투었다. 노구천이 화를 내며 소리치자 형가는 말없이 도망쳐 다시는 돌아오지 않았다고 한다.

그는 연(燕)나라로 갔다. 거기서 사귄 것이 개백장과 축(筑)의 명수인 고점리(高漸離)였다. 축(筑)은 거문고 비슷한 악기로서, 대(竹)로 현(絃)을 퉁겨서 소리를 낸다. 이 두 사람과 형가는 날마다 큰 길거리로 나가 술을 마셨다. 취기가 돌면 고점리는 축을 퉁기고 형가는 여기에 맞추어 노래하며 함께 즐겼다. 감상(感傷)이 극도에 달하면 함께 울기도 했다. 마치 곁에 아무도 없는 것 같이 (傍若無人).

「방약무인(傍若無人)」이란 말은『사기(史記)』의「자객전(刺客傳)」에 나오는 것이 처음이다. 곁에 아무도 없는 것같이 남의 눈치도 생각지 않고 제멋대로 행동하는 것을 말한다. 그때의 사람들은 대개가 이 형가의 행동을 그렇게 생각하고 있었겠지만, 「방약무인(傍若無人)」하면 제 고집만을 주장하는 무례함을 가르키는 것이 대부분이다. 일신이 골몰해서 「방약무인(傍若無人)」한 것과 그저 품성에 따라 그런 것과 사람에 따라 각각 다르다.

형가는 나중에 연나라 태자 단(丹)의 부탁을 받고 진왕(秦王)을 쓰러뜨리기 위해 죽음을 다짐한 길을 떠난다. 배웅하는 사람들 틈에 고점리도 있었는데, 그들은 마침내 역수(易水)에서 작별하게 되었다. 이때 고점리는 축을 퉁기고 형가는 이에 화(和)해서 저「풍소소(風蕭蕭)……」의 노래를 불렀다.

이 두 사람, 형가는 끝내 성사(成事)를 시키지 못한채 죽고, 고점리는 후에 장님이 되면서도 친구의 원수를 갚으려고 진왕(秦王)을 노리다가 역시 실패하여 형가의 뒤를 따라가게 된다.

그리하여 앞서 말한 노구천(盧句踐)은 형가에 대한 자기의 불명(不明)을 부끄럽게 생각했다고 한다. 그러나 이 역수(易水)에서 이별할 때, 두 사람은 그와 같은 일을 알 턱이 없었다. 한 사람은 축을 퉁기고 한 사람은 노래하며 마치 곁에 아무도 없는 듯 했었으리라.

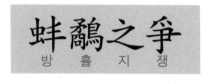

蚌蚌蚌蚌蚌蚌蚌蚌蚌蚌(방합 방)
鷸鷸鷸鷸鷸鷸鷸鷸鷸鷸鷸鷸鷸鷸鷸鷸鷸鷸鷸鷸鷸鷸(도요새 휼)　之之之之(갈 지)
爭爭爭爭爭爭爭爭(다툴 쟁)

조개와 도요새의 다툼.

즉 서로 다투다가 곁에서 바라보던 제3자인 어부에게 이익을 주게 되는 싸움을 가리키는 말.

이런 싸움이 현실 속에는 흔하다. 그런데도 사람들은 눈앞의 분함을 못 이겨 다투다가 이런 피해를 입곤 한다.

杯盤狼藉
배 반 낭 자

杯杯杯杯杯杯杯杯 (잔 배)
盤盤盤盤盤盤盤盤盤盤盤盤盤盤 (소반 반)
狼狼狼狼狼狼狼狼狼 (이리 낭)
藉藉藉藉藉藉藉藉藉藉藉藉藉藉藉藉 (깔개 자)

술자리가 끝난 이후의 난잡한 모습.

出典 사기(史記) 활계열전(滑稽列傳)

전국시대 초기, 제위왕(齊威王) 때였다. 순우곤(淳于髡)이란 아주 작은 사나이로 익살스러운 수다쟁이가 있었다. 때마침 제(齊)가 초(楚)의 공격을 받게 되어 조(趙)로 원병을 청하게 되었는데, 그때 곤이 제의 사신으로 조나라에 가서 보기 좋게 10만 정병을 얻는데 성공, 때문에 초는 손을 뗄 수밖에 없게 되었다. 바야흐로 제나라의 후궁에서는 축하연이 한창이었다.

제왕은 그 자리의 영웅 곤(髡)에게 물었다.

"선생은 얼마나 마시면 취하는가?"

"저는 한 되 술을 마셔도 취하고 한 말 술을 마셔도 취합니다."

곤(髡)은 수수께끼를 좋아하는 제왕(齊王)에게 수수께끼 같은 대답을 했다. 제왕은 곧 그 설명을 재촉했다.

"한 되 술을 마시고 취하는 사람이 어떻게 한 말 술을 마신단 말인가, 어서 말해보게."

곤(髡)은 뽐내면서 말했다.

"먼저 대왕에게서 술을 받는데, 제 옆에는 법의 집행관이 있고, 뒤에는 재판관이 있다고 가정합시다. 그때 저는 황공해하며 마시게 되므로 한 되도 채 못마시고 취하게 될 것입니다. 또 제 친척으로 근엄한 손님이 상대를 할 때는 몸을 바르게 하고 마시며, 자주 잔을 올리게 되므로 두 되도 마시지 못하고 취할 것입니다. 혹은 오래동안 만나지 못했던 친구하고 돌연 만나 환담하면서 마시면 5~6되로도 취할 것입니다."

곤(髡)의 이야기는 점차 열을 띠기 시작했다.

"만약 촌리(村里)의 화합이 있어 남녀가 섞여 앉아 술을 마시며, 육박(六博)=주사위놀이)이나 투호(投壺)를 하면서 손을 잡아도 좋고, 물끄러미 쳐다보아도 좋고, 제 곁에 귀고리나 비녀 등이 떨어져 있다면 저는 그만 기뻐서 8되 쯤 마시고, 두서너차례 취기가 돌 것입니다. 다시 날이 저물어 주연이 마침내 최고조가 되면, 술통을 치우고 남녀는 무릎을 맞대며 신발이 흩어져서 배반낭자(杯盤狼藉)가 되는데, 집안의 등불은 꺼지고, 주인이 나를 머물게 하고서 손님들은 돌려보내는 그러한 때 내 곁에서 얄팍한 비단옷의 가슴팍이 풀어지고, 은근한 체취가 풍기면 나는 그만 하늘에라도 오른 듯 1말의 술을 마실 것입니다."

이렇듯 술과 여자를 좋아하는 제왕을 기쁘게 해놓고, 교묘하게 간(諫)하는 것이었다.

"술이 극도에 달하면 어지러워지고, 즐거움이 극도에 달하면 슬퍼진다고 합니다만, 극도에 달하면 안됩니다. 극도에 달하면 나라가 쇠(衰)해집니다."

이로부터 제왕은 철야의 주연을 그만두고 곤(髡)을 제후의 주객(접대계장)으로 삼아 연회석에는 반드시 자기 곁에 앉게 했다고 한다.

이 이야기는 『사기(史記)』의 「활계열전(滑稽列傳)」에 있으나, 「배반낭자(杯盤狼藉)」는 여기서 비롯되어 주연이 막바지에 이르면 주석이 난잡해지는 것을 말한다.

이 이야기는 소식(蘇軾)의 명문(名文)인 「전적벽부」에도 씌어졌고, 식(軾)이 친구와 마시며 말하기를 '효핵(肴核=안주) 이미 다하고 배반낭자하다'고 되어 있다.

<洗盞更酌, 肴核旣盡 杯盤狼藉 相與枕藉乎舟中, 不知東方之旣白>

背水之陣
배 수 지 진

背背背背背背背背背 (등 배)
水水水水 (물 수)
之之之之 (갈 지)
陣陣陣陣陣陣陣陣陣 (진칠 진)

물을 등지고 진을 치다.

出典 출전 사기(史記) 회음후열전(淮陰侯列傳)

한고조(漢高祖)가 제위(帝位)에 오르기 2년 전(B.C 204)의 일이다. 한군의 일지대(一支隊)를 이끌고 있던 한신(韓信)은 위(魏)를 격파한 여세를 몰아 조(趙)로 진격했다.

한신(韓信)의 내습을 안 조왕헐(趙王歇)과 성안군 진여(陳余)는 급거 20만의 군사를 정경(井徑)의 협로 입구에 집결시키고, 견고한 성새를 쌓고 기다리고 있었다. 미리 내보냈던 첩자로부터 광무군 이좌차(李左車)의 한군이 정경의 협로에 들어오기 시작했을 때 단숨에 격멸해야 한다는 진언(進言)이 채택되지 않았다는 것을 안 한신(韓信)은 정경의 협로를 맹진(猛進)해서 그 출구 10리쯤 되는 곳에서 밤을 기다렸다가 한밤중에 다시 진군했다. 우선 2천명의 경기병(輕騎兵)을 골라, 각자에게 붉은 기를 한 자루씩 들게 했다.

"제군은 기병대(騎兵隊)다. 지금으로부터 대장의 명령에 따라 조군의 성새 근처 산에 숨으라. 내일의 전투에서 우리 군은 거짓 패주한다. 조군은 전력을 다해 추격해 올 것이다. 그때 제군은 조의 성새로 들어가 조의 기를 뽑아버리고 한의 붉은 기를 세우라."

다음에 만여 명의 군사를 정경의 출구에서 진격시켜 하수(河水)를 등지고 진을 치게 했다. 끝으로 본대를 협로 맨끝으로 진격시켰다. 이렇게 해서 날은 밝았다. 조군은 하수를 등지고 진을 치고 있는 한신의 군대를 보고, 크게 조소(嘲笑)했다. 얼마 후 한신은 대장기를 앞세운 본대를 이끌고, 북소리도 우렁차게 진격해 나아갔다. 조군도 성새에서 나와 응전했다. 수차의 각축전을 벌인 끝에 한신은 기고(旗鼓)를 버리고 예정한대로 퇴각하여 하수의 진과 합류했다. 기세를 탄 조군은 한신의 수급(首級)을 차지하고자 전군이 추격해 왔다. 과연 성새는 텅 비게 되어 아무런 저항도 없이 기병대가 침입해서 성벽의 기를 바꿨다. 하수를 등지고 있는 한신의 군대는 후퇴하고 싶어도 후퇴를 할 수 없어 분전(奮戰)에 분전을 거듭한 끝에 보기 좋게 조의 대군을 격퇴시켰다. 그래서 뒤로 밀린 조군이 돌아와 보니 성새에서 휘날리고 있는 것은 한나라의 적기(赤旗)였다. 앗! 하고 놀라 혼란에 빠지는 틈을 탄 한신의 군이 전후에서 협격, 승부는 간단히 끝났다.

싸움이 끝나고 축하연이 벌어졌을 때 부장들은 한신에게 물었다.

"병법에는 산을 등지고 물을 앞에 두고서 싸우라고 했습니다. 그런데 이번에는 물을 등지고 싸워 마침내 승리를 거두었습니다. 이것은 대체 어떻게 된 것입니까?"

"아니다. 이것도 훌륭한 병법의 한 수(手)다. 오직 제군들이 미처 깨닫지 못했을 뿐이다. 어떤 병서에 자신을 사지(死地)에 몰아넣어야 비로소 생(生)을 찾을 수가 있다고 적혀 있지 않은가. 그것을 잠시 응용한 것이 이번의 배수의 진(背水陣)이다. 아무튼 우리 군은 원정에 원정을 계속하고 보강(補强)한 군사들로 대개 구성되어 있으므로 참으로 혼성부대 같은 것이다. 이것을 생지(生地)에 두었다면 그냥 흩어져 버릴 것이다. 그래서 사지(死地)에다 몰아넣은 것뿐이다."

이 이야기는 『사기(史記)』의 「회음후열전(淮陰侯列傳)」과 『십팔사략(十八史略)』의 「서한(西漢), 한태조고황제(漢太祖高皇帝)」에 있다. 또한 주시대(周時代)의 병법가인 위료(尉繚)의 저서인 『위료자(尉繚子)』의 「천관(天官)」에는 '물을 등지고 진을 치면 절지(絕地)가 되고 언덕을 향해 진을 치면 폐군(廢軍)이 된다'라는 말이 있다.

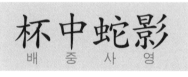

杯杯杯杯杯杯杯杯(잔 배)
中中中中(가운데 중)
蛇蛇蛇蛇蛇蛇蛇蛇蛇蛇蛇(뱀 사)
影影影影影影影影影影影影影影影(그림자 영)

술잔 속에 비친 활 그림자를 뱀으로 착각하다.

出典 진서(晉書) 악광전(樂廣傳)

진(晉)나라에 악광(樂廣)이란 사람이 있었다.

이 사람에게는 여러 가지 이야기가 따라 다닌다.

아직 나이 어린 8세 때, 길에서 놀고 있다가 위(魏)의 장군 하후현(夏候玄)을 만났는데, 하후현은 이 아이의 생김새가 깨끗하고 영리함을 사랑해서 학문을 권했다고 한다.

악광은 집안이 가난해서 혼자서 글을 읽으며 배우고 있었다. 그는 단정하고 침착해서 서두르지 않고, 남의 이야기를 잘 귀담아 듣는 성격이었다. 후에 이런 점을 인정 받아 수재(秀才)로 지목되어 관(官)에 기용되었는데, 역시 단정하고 겸손했다. 그가 말하는 것을 들은 많은 병사들은 그의 말을 평해서, '수경(水鏡)과 같이 깨끗하고 명료하여 구름이 걷힌 푸른 하늘을 보는 것 같다'고 감탄했다고 한다.

이 악광이 하남(河南)의 장관이었을 때 일이다.

친한 친구가 있었는데 오랫동안 찾아오지 않아 광(廣)은 이상하게 생각하고 그 까닭을 물어보았다. 그러자,

"요전 찾아뵙고 술대접을 받았을 때의 일입니다. 마시려고 한즉 잔 속에 실뱀이 보이지 않겠습니까. 기분이 나빴지만 어쩔 수 없이 마셨는데, 그 후부터 몸이 나빠졌습니다."

참 이상한 일이라고 광은 생각했다. 요전에 마신 것은 관청의 한 방이었다. 그곳 벽에는 활이 걸려 있었다.

그렇다, 활에는 뱀의 그림이 그려져 있었다.

광은 다시 그 사람을 불러 그 전과 같은 곳에서 술을 마셨다. 잔에 술을 붓고 그 친구에게 물었다.

"지금도 잔 속에 또 뱀이 보입니까?"

"그래요, 전과 같군요!"

"허허! 그 뱀은 저 활의 그림잘세."

객은 순간 깨닫고 병이 곧 나았다고 한다(晉書 樂廣傳).

의심을 품으면 아무것도 아닌 것에 신경을 쓰게 된다는 걸로 이 말이 쓰이게 되었다. '배중지사영(杯中之蛇影)' 하면 '뭐 걱정할 필요는 없습니다'라는 뜻이 된다. '의심(疑心)이 암귀(暗鬼)를 생각한다'라는 말과 일맥 상통되는 말이다.

요즘 말로 하면 노이로제 같은…….

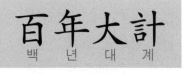

百百百百百百(일백 백)
年年年年年年(해 년)
佳佳佳佳佳佳佳佳(아름다울 가)
約約約約約約約約約(맺을 약)

백 년 동안의 아름다운 약속이란 뜻으로 결혼을 의미한다.

부부의 연을 맺어 일생을 동고동락하자는 약속을 하는 것으로 결혼을 의미하는 말이다. 백년가기(百年佳期), 백년언약(百年言約)이 같은 뜻으로 쓰인다. 이 외에 부부가 한평생 함께 사이좋게 산다는 뜻의 성어로 백년동락(百年同樂), 백년해락(百年偕樂), 백년해로(百年偕老) 등이 있다.

百百百百百百(일백 백)
年年年年年年(해 년)
大大大(큰 대)
計計計計計計計計計(셈할 계)

먼 앞날까지 내다보고 먼 뒷날까지 걸쳐 세우는 큰 계획.

만년지계(萬年之計)나 백년대계나 한 인간의 삶 속에서 결론을 볼 수는 없겠다. 그래서 두 표현

모두 먼 미래를 준비하는 계책이란 의미를 갖는다. 만년지계가 좀 더 강조된 표현이다. 일반적으로는 교육 정책을 백년대계라고 하는데, 교육이란 미래의 사회와 나라를 이끌어갈 인재를 기르는 정책이기 때문에 눈앞의 이익만을 살피면 안 된다는 의미에서 이렇게 표현하는 것이다.

한편 백년대계를 세우기 위해서는 갖추어야 할 자세가 있다.

百年河清
백   년   하   청

百百百百百百(일백 백)
年年年年年年(해 년)
河河河河河河河河(물 하)
清清清清清清清清清清(맑을 청)

황허강[黃河]의 물이 맑아지기를 무작정 기다린다.

出典 춘추좌씨전(春秋左氏傳) 양공 8년조(襄公8年條)

황허강(黃河)의 물이 맑아지기를 무작정 기다린다는 뜻으로, 아무리 기다려도 실현될 수 없는, 또는 믿을 수 없는 일을 언제까지나 기다린다는 것을 비유한 말이다.

춘추좌씨전(春秋左氏傳) 양공8년조(襄公八年條)에 나오는 이야기이다.

춘추전국시대 소국인 정(鄭)나라는 진(晉)나라와 초(楚)나라 등과 같은 대국의 틈바구니에서 나름대로의 생존 전략을 펼쳐 독립을 유지하는 데 급급하였다.

그런데 정나라가 초나라의 속국인 채(蔡)나라를 침공하여 공자 섭(燮)을 포로로 잡아가 화를 자초하였다. 초나라는 이를 자신에 대한 도전으로 간주하여 자낭(子囊)에게 정나라에 보복하라고 명령하였다.

국가 존망의 위기에 몰린 정나라는 대책을 강구하기 위해 중신 회의를 거듭 열었으나 말만 무성하고 결론이 나지 않았다. 항복하여 백성을 위험에서 구하자는 항복론자와, 진나라에 구원병을 요청하자는 주전론자로 나뉘어 양측의 의견이 팽팽히 대립하였다.

이때 자사(子駟)가,

"주(周)나라의 시에 황허강의 물이 맑아지기를 기다리는 것은 사람의 짧은 목숨으로는 아무래도 부족한 형편이다. 여러 가지를 놓고 점을 친다면 그물에 얽힌 듯 갈피를 잡지 못한다는 말이 있습니다[周詩有之曰 待河之淸 人壽幾何 非云詢多 職競作羅]."
라고 하였다.

이 말은 믿을 수 없는 진나라의 구원병을 기다린다는 것은 황허강의 물이 맑아지기를 기다린다는 이야기와 같은 뜻이다. 결국 자사의 주장이 수용되어 초나라에 항복하여 화친을 맺고 위기를 현실적으로 모면하였다. 백년하청은 보통 불가능한 일의 상징으로 비유된다.

현실적으로 불가능한 일을 하염없이 기다리는 것은 어리석은 일이므로, 상황을 지혜롭게 간파하여 실용적인 대책을 수립하는 것이 현명하고 효과적인 방법임을 의미하는 고사성어이다.

원말은 백년사하청(百年俟河淸)이다.

동의어는 천년하청(千年河淸), 비슷한 말은 부지하세월(不知何歲月)이다.

百年偕老
백 년 해 로

百百百百百百(일백 백)
年年年年年年(해 년)
偕偕偕偕偕偕偕偕偕偕 (함께 해)
老老老老老老(늙을 로)

부부(夫婦)가 서로 사이좋고 화락(和樂)하게 같이 늙음을 이르는 말.

『시경(詩經)』의 「격고(擊鼓)」에 나오는 이야기이다. 「격고」는 고향을 등지고 멀리 떨어진 전장에서 아내를 그리워하는 한 병사가 읊은 애절한 시이다.

죽거나 살거나 함께 고생하자던[사생결활(死生契闊)]

당신과는 굳게 언약하였지[여자성설(與子成說)].

섬섬옥수 고운 손 힘주어 잡고[집자지수(執子之手)]

단둘이 오순도순 백년해로하자고[여자해로(與子偕老)].

언제 죽을지도 모르고 고향에 돌아갈 때만 손꼽아 기다리는 병사의 심정을 그대로 그린 시이다. 전장에서 처량한 신세를 한탄하면서 하염없이 남편이 오기만을 기다리는 아내를 생각하니 억장이 무너지며, 생이별을 참고 견디어야 하는 병사의 심정이다. 한국 속담에 '검은 머리가 파뿌리가 되도록'이라는 말이 있듯이 부부가 한번 인연을 맺으면 죽을 때까지 같이 사는 것을 행복한 삶으로 간주한다. 보통 백이라는 숫자는 자연수 100을 가리키지만 때로는 많다는 뜻도 포함되어 있다. 백년해로에서 백년도 꼭 100년 동안을 말하는 것이 아니라 오랜 세월을 말한다. 백년해로를 의미하는 또다른 표현도 있다.

살아서는 같은 방을 쓰고[생즉동실(生則同室)],

죽어서는 같은 무덤을 쓰네[사즉동혈(死則同穴)].

百聞而不如一見
백 문 이 불 여 일 견

百百百百百百(일백 백)
聞聞聞聞聞聞聞聞聞聞聞聞聞(들을 문)
而而而而而而(어조사 이)   不不不不(아니 불)
如如如如如如(같을 여)   一(한 일)
見見見見見見見(볼 견, 나타날 현)

백번 듣는 것이 한 번 보는 것만 못하다.

出典 한서(漢書) 조충국전(趙充國傳)

한선제(漢宣帝)의 신작(神爵)원년(A.D 61) 서북에 사는 티벳계의 유목민인 강(羌)이 반란을 일으켰다.

이보다 앞서 강(羌)의 선령(先零)이란 한 종족이 황수(湟水) 북쪽에서 유목할 것을 허락받고 있었다.

그들은 풀(草)을 좇아 남안(南岸)까지 나타났다. 이때 진압을 맡았던 한(漢)의 장군이 불시에 선령(先零)의 주된 자 천여 명을 살해했으므로, 선령은 노해서 다른 강(羌)의 도움을 받아 한군을 공격한 것이다. 그 기세는 맹렬해서 한군은 대패하여 퇴각했다.

이때 선제(宣帝)는 어사대부(御史大夫) 병길(丙吉)을 후장군 조충국(後將軍 趙充國)에게 보내어 누구를 토벌군의 대장으로 삼았으면 좋겠느냐고 물었다.

조충국은 이때 나이 70을 넘고 있었다. 그는 상규(上邽) 사람으로 젊었을 때부터 대흉노전에 종사하고 있었다. 무제(武帝) 때 이사장군 이광리(貳師將軍李廣利)의 막하로서 원정했으나, 흉노의 기세가 강해 전군이 포위되었다.

이때 충국(充國)은 군사 백여 명을 이끌고 돌진, 몸에 20여 군데나 부상을 입으면서도 마침내 포위망을 뚫고 전군을 구출했다. 무제는 그 상처를 보고 놀라 거기장군(車騎將軍)에 임명했다. 이로부터 그의 대 흉노, 대강(對羌)의 생애가 시작된다. 그 인물됨은 침용(沈勇)하고 대략(大略)이 있어, 진정 하문을 받기에 알맞는 인물이었다.

그는 물음을 받자 대답했다.

"노신(老臣)보다 더 훌륭한 자는 없습니다."

이어 그는 선제(宣帝)에게 불려나가 다시 질문을 받았다.

"장군이 강(羌)을 친다면 어떤 계략을 쓸 것이며, 또 어느 정도의 군대가 필요한가?"

"백 번 듣는 것보다 한 번 보는 것이 더 잘 알 수 있습니다[百聞不如一見]. 대저 군에 관해서는 실지(實地)를 보지 않고 멀리서는 계획하기 어려운 것, 따라서 원컨대 금성군까지 나가서 도면을 그려 방책을 올리겠습니다."

그리하여 다시 자기에게 일임해 주기를 청했다. 선제는 웃으며 '좋다'고 했다고 한다(『한서(漢書)』「조충국편(趙充國篇)」).

「백문불여일견(百聞不如一見)」이란 여기서 나온 것이 최초다. 아마도 민간의 속담이 아니었던가 한다. 매우 널리 쓰이는 말이다. 서양 속담에는 「열 개의 소문보다 본 증거 하나」라는 말이 있다.

조충국(趙充國)은 금성에 도착한 후 자세하게 그 정세를 조사한 다음, 둔전(屯田)을 상책으로 할 것을 주장했다. 기병을 그만두고 보병 1만여 명을 남겨 이것을 각지에 분견(分遣)해서 평시에는 경작을 시키는 것이었다. 얼마 지나서 이 대책이 채백되어 충국은 거의 일년 동안 그곳에서 머물며 마침내 강의 반란을 진정시켰다. 그는 일견(一見)을 잘 살린 사람이었다.

白 眉
백 미

白白白白白 (흰 백)
眉眉眉眉眉眉眉眉眉 (눈썹 미)

흰 눈썹이란 뜻으로, 여럿 중에서 가장 뛰어난 사람이나 물건을 이름.

出典 삼국지(三國志)촉지(蜀志)·마량전(馬良傳)

위(魏)·오(吳)·촉(蜀)의 삼국이 정립해서 패권을 다투고 있던 소위 삼국시대의 일이다. 자(字)를 계상(季常)이라고 하는 명참모가 있었다. 마량은 호북성 출신으로 유비가 촉한을 세워 즉위하자 시중(侍中)에 임명되었다.

제갈공명(諸葛孔明)과도 친교를 맺었던 마량(馬良)은 형제가 다섯이었다. 다섯 형제는 모두 자(字)에 상(常)이란 글자가 붙어 있었기 때문에 세상 사람들은 그들 형제를 가리켜 '마씨오상(馬氏五常)'이라 일컬었다.

마량의 주군인 유비는 위(魏)와 오(吳)를 격파하고 한실(漢室)을 재흥시키는 것을 유일한 염원으로 삼고 양국과 격돌하고 있었다.

후에 제갈공명이 참가한 후부터는 촉의 위력도 크게 떨쳐 그 기세는 위(魏)와 오(吳)를 누르고 있었다.

허나 그 유비에게도 좌절은 있었다. 장무(章武) 3년 무협(巫峽)에서 오군(吳軍)과 대전하고 있던 유비는 반년에 걸친 전선교착에 애를 태운 나머지 군사(軍師) 공명과 상의도 없이 멋대로 군사를 진격시켰다가 대패를 하고 마량도 이 싸움에서 드디어 전사하고 말았다.

이 패전(敗戰)이 원인이 되어 유비는 이듬해 4월 공명에게 '만약 태자 유선(劉禪)이 어리석거든 귀하가 대신 황제가 되어 주기 바란다'는 유언을 남기고 죽었다. 사후를 부탁받은 공명은 유선을 잘 도와 양국과 싸웠다. 후에 공명은 위를 치기 위해 삼군을 이끌고 북방으로 진출했다. 그때 극히 중요한 촉군의 수송로에 해당하는 두 성의 수비를 맡고 나온 것은 마량의 동생 마속이었다.

형제가 모두 재주가 뛰어났으나, 그 중에서도 마량이 가장 뛰어났으므로, 그 고장사람들은 말하기를,

"마씨오상은 모두 뛰어나지만 그 중에서도 흰 눈썹이 가장 훌륭하다(馬氏五常 白眉最良)"
라고 하였다. 즉, 마량은 어려서부터 눈썹에 흰 털이 섞여 있었기 때문에 이렇게 불렸던 것이다.

이 때부터 같은 또래, 같은 계통의 많은 사람 중에서 가장 뛰어난 사람을 백미라 부르게 되었고, 지금은 사람만이 아니라 뛰어난 작품을 이야기할 때도 백미라 부른다.『삼국지』「촉지 마량전(蜀志馬良傳)」에 그 유래가 전한다.

伯牙絶絃
백 아 절 현

백아가 거문고의 줄을 끊다.

`出典` 백아(伯牙)와 종자기(鍾子期)의 이야기

춘추시대 백아(伯牙)라는 거문고의 명수가 있고, 그 친구인 종자기(鍾子期)는 듣는 명수였다. 백아가 거문고를 타서 높은 산들의 모습을 표현하려고 하면, 곁에서 그 소리에 귀를 기울이는 종자기(鍾子期)가,

"야! 굉장하다. 높이 치솟는 느낌인데. 마치 태산(泰山) 같애."

하고 칭찬해 주었으며, 흐르는 물의 기상을 표현하려고 하면,

"정말 좋다. 양양하게 물이 흐르는 느낌인데. 마치 장강이나 황하같아."

하고 기뻐해줬다.

이런 식이라 백아가 마음속으로 생각하고 거문고에 의탁하는 기분을 종자기는 정확하게 들어 판단해서 틀리는 법이 없었다.

어느 날 두 사람은 함께 태산 깊숙히 들어간 일이 있었다. 그 도중에 갑자기 큰 비(雨)를 만났으므로 두 사람은 어느 바위 밑에 은신했으나 아무리 시간이 지나도 비는 그치지 않고 물에 씻겨 흐르는 토사(土砂)소리만 요란했다. 겁에 질려 덜덜 떨면서도 역시 거문고의 명수인 백아는 언제나 떼어놓는 일이 없는 거문고를 집어들고 서서히 타기 시작했다.

처음에는 임우지곡(霖雨之曲), 다음에는 붕산지곡(崩山之曲), 한 곡을 끝낼 때마다 여전히 종자기는 정확하게 그 곡의 취지를 알아맞추고는 칭찬해 주었다.

그것은 언젠가의 일이었으나, 그때는 때가 때인 만큼 백아는 울음을 터뜨릴 정도의 감격을 느끼고, 느닷없이 거문고를 내려놓으면서 감탄하여 말했다.

"아! 이건 정말 굉장하구나 굉장해. 자네의 듣는 귀가 말일세. 자네의 그 마음의 깊이는 내맘 그대로가 아닌가. 자네 앞에 나오면 나는 거문고 소리를 속일 수가 없다네."

두 사람은 그만큼 마음이 맞는 타는 명수와 듣는 명수였다. 허나 그 후 얼마되지 않아 불행하게도 종자기는 병을 얻어 죽고 말았다. 그러자 백아는 그토록 거문고에 정혼(精魂)을 기울여 일세의 명인으로 불리워졌음에도 불구하고 그 애용하던 거문고를 부숴버리고 줄을 끊어 죽을 때까지 두 번 다시 거문고에 손을 대지 않았다. 그것은 종자기라는 얻기 어려운 친구, 다시 말해서 자기 거문고 소리를 틀림없이 들어주는 친구를 잃었기 때문이고, 두 번 다시 자기 거문고 소리를 정확히 들어줄 명수가 없다는 비탄(悲嘆)에서였다고 한다.

이 이야기는 참된 예술의 정신이라고 할 만한 것을 시사(示唆)해 준다. 그러나 예술의 세계뿐만

은 아니다. 어느 시대에고 또 어떤 사이에서도 내가 하는 일, 아니 그 일을 지탱해나가고 있는 내 기분을 남김없이 이해하는 참된 우인지기(友人知己)를 갖는다는 것은 무한의 행복이고, 또 그런 우인지기를 잃는 것은 보상 받을 수 없는 불행이라고 하지 않으면 안 된다. 우인지기의 죽음을 슬퍼할 때 곧잘 사람들은 「백아절현(伯牙絶絃)」을 말하며 유감의 뜻을 표명했다.

진실로 백아와 종자기 같은 교정(交情)을 맺고 있는 우인지기는 그리 많지 않을 것이다. 또 지기(知己)를 「지음(知音)」이라고 하는 것도 이 고사(故事)에서 나왔다.

白眼視
백   안   시

白白白白白 (흰 백)
眼眼眼眼眼眼眼眼眼眼眼 (눈 안)
視視視視視視視視視視視 (볼 시)

흰자위 눈으로 흘겨보다.

出典 진태(晋泰) 완적전(阮籍傳)

「백안시(白眼視)」란 흰자위 눈으로 흘겨본다. 바꿔 말하면 남을 차갑게 취급한다. 냉대한다. 싫어할 경우에 쓰는 말이다.

완적(阮籍)이란 사나이가 있었다. 가만히 있어도 보옥(寶玉)은 눈에 쉽게 띈다. 그 역시 사람들 틈에 섞여 있으면 눈에 띄는 얼굴이다. 말을 빌린다면 그 의기(意氣)가 대단한 것에 놀라게 된다.

또 자기 혼자만이 높은 산에 올라가 만족하고 있는 것 같은 점이 있고, 자기 생각대로 행동해서 남의 눈치를 살피는 일이 없었다. 그러면서도 기쁜지 슬픈지 언제나 안색은 변하지 않는다.

책을 읽기 시작하면 문을 닫아걸고 몇 달이고 밖에 나오질 않는다. 산엘 가도 며칠씩 돌아오지 않는다. 독서력은 발군(拔群)이나 특히 노자·장자 등 소위 도가(道家)의 자연철학을 좋아했다. 술을 좋아하고 노래하고 시를 읊으며 거문고도 능숙하게 탔다. 그러다가 기분이 고조되면 자기 몸이 어떻게 되든 잊어버리곤 했다. 그래서 한 사람의 사촌을 제외하고는 사람들이 모두 그를 미치광이 취급을 했다. 세상을 근심하는 마음은 다른 사람들의 배 이상으로 강했다.

그러나 당시는 후한(後漢)의 정치가 어지럽고 환관(宦官)이 세력을 잡아 옳은 말을 하는 학자나 관리를 제멋대로 감금하거나 죽이거나 했다.

그 결과 황건적(黃巾賊)이 일어났고, 그것을 없애자 이번에는 천하가 세 나라(三國)로 나뉘고 그 중의 하나였던 위(魏)나라의 대신인 사마중달(司馬仲達)의 자손이 진(晋)나라를 세우는 등, 이어서 왕조가 바뀌고 소위 난세가 계속되었다.

그래서 뭐든지 힘이라는 기풍이 꽉차게 되었다. 인텔리들은 절망하는 암흑시대가 되었다.

완적(阮籍)이 살고 있던 곳은 이와 같이 하여 위(魏)에서 진(晋)으로 움직이려고 하던 시대였다. 인텔리들은 이런 경우 어떻게 하겠느냐고 시사문제(時事問題)에 관해 관리들에게서 질문을 받는다. 자칫 잘못 생각하고 비판을 하면 주목을 당한다. 찬양하면 반정부당에게 이용을 당한다. 결국에 가서는 목숨이 위태로워진다. 그래서 훌륭한 인물로서 자기 명대로 사는 자는 적었다. 위나라 대신의 집안으로 이름이 알려진 아버지를 가진 완적(阮籍)은 위험을 느꼈다. 그래서 언제나 술에 취해 있었다. 덕택에 미친놈의 헛소리로 취급되어 위험은 피할 수가 있었다. 그가 바둑을 두고 있을 때, 어머니가 죽었다는 소식을 들었다. 바둑 상대는 그만 두자고 했지만 완적은 그대로 계속해서 승부를 냈다. 그리하여 두 말이나 되는 술을 마시고 큰 소리로 울부짖으며 피를 한 되나 되게 토하고 슬퍼했다. 어머니를 매장하고 최후의 이별을 할 때 오직 한 마디, 큰일 났다고 말했을 뿐이다. 그러나 어머니의 상(喪)을 입고 나서는 지독하게 여위어 뼈만 남아 목숨이 위태롭게 되었다.

이렇듯 세상에서 정해진 형식으로서의 예(禮)는 무시하나, 사실은 마음이 착한 사람이었다. 그래서 예의에 얽매이는 사람을 보면 눈을 옆으로 돌려 흰자위를 보인다. 보기도 싫다는 의사표시다.

혜희(嵇喜)가 어머니의 조상을 왔으나 완적은 형식적인 조상을 싫어해 백안을 보여 쫓아버렸다. 그 말을 들은 그 동생인 혜강(嵇康)은 술과 거문고를 들고 왔다. 완적은 아주 좋아하며 눈동자를 바로잡고(黑眼) 대했다.

百折不屈
백 절 불 굴

百百**百百百百**(일백 백)
折折**折折折折折**(꺾을 절)
不**不不不**(아니 불)
屈屈**屈屈屈屈屈屈**(굽을 굴)

백 번 꺾여도 굴하지 않는다는 뜻으로, 어떤 어려움에도 굽히지 않음.

백 번 꺾여도 결코 굽히지 않는 모습이 나왔다. 상대편 입장에서는 지긋지긋하겠지만 뜻을 이루기 위해서는 이 정도 어려움쯤이야 극복해야 한다.

栢舟之操
백 주 지 조

栢栢**栢栢栢栢栢栢栢栢**(잣나무 백)
舟舟**舟舟舟舟**(배 주)
之之**之之**(갈 지)
操操**操操操操操操操操操操操操操操**(잡을 조)

잣나무처럼 굳은 절개.

出典 시경(詩經)

서주(西周)도 말기에 들어서자 세상은 이미 음풍(淫風)이 성행하고, 정풍(正風)은 점차 그 모습을 감추기 시작하고 있었다. 따라서 올바른 예의의 전통을 전하고 의(義)를 지키는 풍습은 온 데 간 데가 없는 때였으나, 그런 세태 속에서 홀로 정절을 지킨 여성이 있었다. 그의 이름은 공강(共姜)이었다.

주(周)의 여왕(厲王 : BC878~828)때, 위국(衛國) 희후(僖侯)에게 여(余)라는 세자가 있었다. 영의 처를 강(姜)이라 하며 두 사람 사이는 지극히 화목했으나, 여가 불행하게도 일찍 세상을 하직했다. 젊어서 미망인(未亡人)이 된 강(姜)은 평생에 남편이라 부를 사람은 단 한 사람, 이제는 죽고 없는 남편, 여(余)에 대한 정절을 다하고자 굳게 결심했다. 여(余)는 공백(共伯)이란 시호를 받았으므로 강(姜)도 남편의 시호를 따라 공강(共姜)이라고 부르게 했다.

공강은 남편의 명복을 빌면서 혼자 조용히 여생을 보내려고 했으나, 어느 세상이고 남의 일에 공연히 참견하는 사람이 많아, 주위에서 그냥 내버려두지 않았다. 강의 어머니는 무슨 일이 있든지 딸을 다시 한 번 재가시키려고 연방 말을 걸어왔다.

"너를 처로 삼겠다는 사람이 많은데 네 맘에 드는 사람은 과연 누구일까."

"제 남편은 공백(共伯)님 단 한분이십니다."

공강(共姜)은 한결같이 이렇게 대답을 했으나, 어머니는 그렇다고 그냥 물러서지 않았다.

"아니, 네 남편이 어디서 금방이라도 살아서돌아온다는 말이냐, 여자는 젊었을 때가 꽃이다. 지금 때를 놓치면 어느 누가 네 뒷바라지를 해준다더냐. 이제 고집 그만 피우고 내말을 들어다오."

어머니는 딸의 앞날을 걱정하며 현실적으로 나가고자 했지만 젊은 강(姜)에게는 그런 현실적 득실(得失)을 애정이나 정절과 바꾸는 것은 도저히 용서할 수가 없었다.

그러나 이 문제에 대한 어머니의 권유는 끈질겼다. 그래서 스스로의 맹세를 써서 보이는 것이었다.

> 범피백주(汎彼栢舟)
> 재피중하(在彼中河)
> 담피양모(髧彼兩髦)
> 실유아니(實維我儀)지사시미타(之死矢靡它)
> 모야천지(母也天只)
> 불량인지(不諒人只)

백주(栢舟)는 하중(河中)에 떠 있고,

내 남편은 그이 뿐,

죽을 때까지 맹세는 변함이 없소.

길러주신 어머니의 은혜는 하늘과도 같지만

어찌하여 내 마음 몰라주실까요.

이 시는 시경(詩經)의 「용풍」에 있는 「백주(栢舟)」라는 시의 일장이나, 「백주지조(栢舟之操)」는 남편을 잃은 처가 정절을 지켜 재혼하지 않는 것을 말한다.

百尺竿頭
백 척 간 두

百百百百百百(일백 백)
尺尺尺尺(자 척)
竿竿竿竿竿竿竿竿竿(장대 간)
頭頭頭頭頭頭頭頭頭頭頭頭頭頭頭頭(머리 두)

백 자나 되는 높은 장대 위에 올라섰다는 뜻.

매우 위태롭고 어려운 지경임을 말한다. 막다른 위험에 놓이게 됨을 뜻하는 말로 '백척간두에 서다'로 쓰이며 줄여서 '간두(竿頭)'라고도 한다. 또, 노력한 위에 한층 더 노력하는 상태 또는 마음가짐을 뜻하기도 한다. 백척간두진일보(百尺竿頭進一步)라 하여, 어떤 목적이나 경지(境地)에 도달하였어도 거기서 멈추지 않고 더욱 노력함을 뜻하거나, 충분히 언사(言辭)를 다하였어도 더 나아가서 정묘(精妙)한 말을 추가함을 말한다.

1004년(경덕1) 송나라의 도원이 저술한 불교서적인 경덕전등록(景德傳燈錄)에 쓰여 있으며, 자신의 나태함을 극복하기 위하여 스스로 극한상태에 올려놓고 정신의 긴장을 늦추지 말라는 뜻이다.

百害無益
백 해 무 익

百百百百百百(일백 백)
害害害害害害害害害害(해할 해)
無無無無無無無無無無無無(없을 무)
益益益益益益益益益益(더할 익)

해(害)롭기만 하고 하나도 이로울 것이 없음.

모든 것이 다 해로울 뿐이고 이익은 하나도 없다는 말이다.

報怨以德
보 은 이 덕

報報報報報報報報報報報(갚을 보)
怨怨怨怨怨怨怨怨怨(원망할 원)
以以以以以(써 이)
德德德德德德德德德德德德德(덕 덕)

원수를 덕으로써 갚아라.

出典 노자(老子) 63장

해석이 필요없이 쉬운 말이다.

그리스도의 '오른쪽 뺨을 때리거든 왼쪽 뺨도 내놓으리라' 하는 교훈 역시 이 말처럼 원한에 대해 대처해야 할 인간의 태도를 말한 것이라 생각되나, 노자(老子)쪽이 상대에게 덕(德)을 베풀라고 말한 점에서 보다 적극적이다. 또 그리스도의 경우는 인인애(隣人愛)에 내한 비장한 헌신을 느끼나, 노자의 경우는 그 무엇인지 흐뭇한 느낌이 든다.

그리스도는 맞아도 채어도 십자가에 매달려도 상대를 미워하지 않고 상대가 하는대로 내버려두며 죽어간다는 비장한 상태를 상기시켜 주지만, 노자는 집안으로 침입한 도둑을 잡아 술대접을 하는 부잣집 영감을 상상케 한다.

원문에서는,

「무위(無爲)를 하고, 무사(無事)를 일삼고, 무미(無味)를 맛본다. 소(小)를 대(大)로 하고, 적음(少)을 많다(多)고 한다. 원한을 갚는데 덕으로써 한다.」(爲無爲, 事無事, 味無味, 大小多少, 報恩以德)으로 되어있다. 「무위(無爲)를 하고 무사(無事)를 일삼고」는 별항인 「무위화(無爲化)」를 참조하라.

「무미(無味)」란 「무위(無爲)」나 「무(無)」를 상징적으로 표현한 말이다. 「무위(無爲)」도 「무(無)」도 최고의 덕이다. 「도(道)」의 상태나 속성을 나타낸 말로 「도(道)」와 동의어라고 생각해도 좋다.

「도(道)」나 「무(無)」는 무한한 맛을 가지고 있을 것이다. 그렇지 않으면 「도(道)」라고 할 수가 없고 「무(無)」라고 할 수도 없을 것이다. 위스키의 맛이나 불고기의 맛 같은 것은 아무리 복잡한 맛을 지녔다고 해도 위스키 이상이 아니고 불고기 이상도 아니며 한정되어 있는 맛이다.

「소(小)를 대(大)로 하고, 소(少)를 다(多)로 한다」란 노자 일류의 역설적인 표현이나, 「남(他)을 다(多)로 하고 자기를 소(少)로 해서 남을 살피고 남에게서 빼앗으려는 마음을 버리라」는 뜻일 것이다. 원래 노자류로 말하면 대니 소니 하는 판단은 절대적인 입장에 설 수가 없는 것이다. 인간의 판단은 상대적인 것으로 「물(物)에는 소도 대도 없다」라는 것이 노자의 생각이다. 그러므로 남(他)을 다(多)로 하는 생각은 어리석은 생각이라고 할 수 있다.

이 장을 알기 쉽게 말하면, 「자진해서 무엇을 하려고 하지 말고, 남과 다투지 말고, 남에게서 빼앗지 말고, 무한한 맛을 알고, 자기에게 싸움을 걸고, 자기에서 빼앗으려고 하는 자에게는 은애(恩愛)를 베풀라」는 처세상의 교훈이다.

노자의 말, 특히 처세에 관한 말은 그 대개가 위정자에게 말하고 있다. 이 말도 그렇다. 그리하여 이것을 실행한 인간은 최고의 위정자이고 성인이다. 성인이란 이상적인 대군주다. 그래서 은애를 베푸는 상대는 국민이나 정복한 타국의 왕이다.

필자는 그리스도교에 대해서는 아무런 지식도 없으나, 「오른쪽 뺨을 맞거든 왼쪽 뺨을 내놓으라」는 것 역시 피치자(被治者)에게 하는 말이 아닌가 본다.

覆覆覆覆覆覆覆覆覆覆覆覆覆覆覆覆
覆覆(덮을 복)　　　　水水水水(물 수)
不不不不(아니 불)　　反反反反(돌이킬 반)
盆盆盆盆盆盆盆盆(동이 분)

한 번 엎어진 동이의 물은 다시 주워담지 못함.

出典 습유기(拾遺記)

주(周)의 서백(西伯-文王)이 어느 날 사냥을 나가려고 점을 쳤던 바 '얻는 것은 용(龍)도 아니고

200

이(驪)도 아니고 곰(熊)도 아니고 불곰(羆)도 아니고 호랑이(虎)도 아니고 비(貔)도 아니고 패왕(霸王)의 보좌(保佐)일 것이다'로 나왔다.

그래서 사냥을 나가 말을 달려 산야를 누볐으나 짐승은 한 마리도 없고 어느덧 위수(渭水) 근처로 나왔는데, 그 강가에서 보잘 것 없는 모습을 한 노인이 멀거니 물에 낚싯줄을 드리우고 낚시를 하고 있는 사람과 만났다. 말을 붙여보니 그 응답도 흥흥해서 대인물임을 알았다. 서백은이야말로 오늘의 점괘에 나온 인물이라 깨닫고,

"내 아버지(太公)는 언젠가 성인이 나타나 주(周)를 흥하게 해 줄 것이라고 고대하고 있었는데, 당신이야말로 바로 그 사람입니다. 부디 나를 위해 사부(師父)가 되셔서 이끌어 주십시오"
하고 그 노인을 수레에 태워 왕궁으로 안내했다.

이렇게 해서 이 노인 여상(呂尙)은 서백의 스승이 되어 주(周)의 번영을 가져왔는데, 태공이 기다리고 바라던 인물이라고 해서 태공망(太公望)이라 불렸다.

그 태공망 여상(呂尙)이 아직도 젊어 면학중(勉學中)에 있을 때, 마씨(馬氏)의 딸과 결혼했다. 허나 여상은 매일 집에 틀어박혀 독서삼매(讀書三昧), 도통 일을 하려는 기색이 없었다. 원래 풍부하지 못한 집이라 글이나 읽으면서 놀고 앉아 먹을 수는 없었다. 여상이 일을 하지 않으면 살림이 되지 않는 것은 당연하나, 여상은 살림 같은 것은 통 모른 채 하루 종일 책과 씨름만 하고 있었다. 한푼 벌이도 되지 않는 책만 읽으며 전혀 돈벌이를 못하는 남편에게 정이 떨어진 마씨(馬氏)는 마침내,

"난 도저히 이 집에서 당신과 함께 살아갈 수가 없으니까 오늘 친정으로 가겠습니다."
하고 자진해서 이혼장을 써서 내던지며 뒤도 돌아보지 않고 친정으로 가버렸다. 여상은 그래도 계속 가난과 싸우면서 학식을 쌓아 마침내 전술한 바와 같이 서백(西伯)을 만나 제(齊)나라에 제후로 봉해졌다.

그런데 이제는 훌륭하게 공(功)이 이루어지고 이름이 나타난 여상(呂尙)에게 어느 날 갑자기 마씨(馬氏)가 나타나 이런 소리를 했다.

"그전의 당신은 끼니도 잇지 못하는 가난뱅이였으므로 잠시 곁에서 떠나있었습니다만, 지금은 이렇게 출세를 하셨으니 저도 역시 당신의 처로 곁에서 모시게 해주십시오."

여상은 말없이 그릇에 하나 가득 물을 떠다가 그것을 뜰 흙바닥에 쏟아 놓고 마씨에게 그 물을 다시 그릇에다 주워 담으라고 했다. 마씨는 이상하게 생각하며 물을 주워담으려고 했지만 물은 이미 흙이 빨아들여 마씨가 주워올린 것은 약간의 젖은 흙뿐이었다. 그러자 여상은 천천히 말했다.

"한 번 엎질러진 물은 다시는 주워담을 수가 없는 법(覆水不返盆), 한 번 헤어진 자는 다시 어울릴 수가 없는 법이야."

즉 한 번 헤어진 처는 다시 또 합쳐질 수가 없다는 뜻이나, '국가의 일 역시 어찌 용이하겠는가.

복수는 거두어지지 않는다. 마땅히 이를 심사(深思)해야 한다'『後漢書』라든가, '비(雨)는 다시 하늘로 올라가지 못하고 복수는 다시 거두기 어렵다' 등과 함께 일단 끝이 난 일은 되돌릴 수가 없다는 뜻으로 쓰인다.

封庫罷職
봉 고 파 직

封封封封封封封封封 (봉할 봉)
庫庫庫庫庫庫庫庫庫 (곳집 고)
罷罷罷罷罷罷罷罷罷罷罷罷罷罷罷 (파할 파)
職職職職職職職職職職職職職職職職 (벼슬 직)

부정을 저지른 관리(官吏)를 파면(罷免)시키고 관고(官庫)를 봉하여 잠그는 일.

어사(御史)나 감사(監司)가 부정한 관리를 파면하고, 그 창고를 봉하여 잠그는 것을 가리킨다. 관가의 창고를 봉하여 잠근다는 것은 실질적으로 관리의 업무 수행을 정지시키는 것을 의미한다. 왕의 밀명으로 파견되었던 어사는 지방을 다니면서 관리들의 잘잘못을 살핀 뒤, 어진 관리는 청백리(淸白吏)라고 하여 상을 주고, 탐관오리(貪官汚吏)는 봉고파직을 시켰다.

어사가 출도하면 사열문박, 반열창고, 심리원옥, 유치죄인 등으로 수령의 업무에 대한 적정여부를 확인하였다. 불법사실이 발견되면 불법문서의 현착⇒ 봉고⇒ 서계⇒ 파직의 4단계를 거쳐서 처리하였다. 이와 비슷한 고사성어로는 봉고파출(封庫罷黜)이 있다.

不得要領
부 득 요 령

不不不不 (아니 불)
得得得得得得得得得得得 (얻을 득)
要要要要要要要要要 (중요할 요)
領領領領領領領領領領領領領領 (거느릴 령,영)

요령을 얻지 못함.

出典 한서 (漢書) 장건전(張騫傳)

한(漢)나라 무렵까지 만리장성 서쪽은 수수께끼였다. 모래바람이 휘몰아치는 사막, 북에는 흉노가 있어 때때로 남하하여 중국을 침범했다. 감숙(甘肅)에는 월씨(月氏)의 나라가 있었다. 그 남쪽에는 서장(티벳)의 강(羌)이 유목을 하고 있었으나, 사막을 넘어 그 서쪽에는 무엇이 있는지 거의 몰랐다. 그 무렵 멀리 서쪽으로 여행하여 그곳 상황을 전한 사람이 있었는데, 그 이름은 장건(張騫)이라고 한다.

한무제(漢武帝) 때 흉노는 그 최전성기에 있어 동으로는 열하, 서로는 투르케스탄에 이르는 땅을 누르고 한(漢)도 그때문에 큰 고초를 계속 겪고 있었다. 무제(武帝)는 때때로 포로로 잡힌 흉노의 말에 마음이 움직였다. 월씨(月氏)가 흉노에게 쫓겨 원주지를 버리고 멀리 서쪽으로 이동하게 되자 크게 흉노를 원망하고 있다는 것이다.

장건(張騫)은 곧 월씨의 왕과 만나, 무제의 뜻을 전했다. 그러나 사정이 달라져 있었다. 월씨는 이 서쪽으로 옮겨와서는 이미 남쪽에 있는 대하(大夏)를 속국으로 삼고 토지의 풍요함과 적의없는 것에 만족하고 있었다. 구원(舊怨)을 풀기 위해 멀리 흉노와 싸운다는 것은 어리석은 일이라고 생각하고 있었다. 장건은 대하까지 찾아가 획책을 했으나 월씨를 움직일 수는 없었다. 이것을 사서(史書)에서는 드디어 사명(使命)으로 하는 월씨의 요령을 얻지 못하고 머무르기 1년, 귀로에 올랐다.

요령(要領)에는 여러 가지 해석이 있다. 요(要)는 요(腰), 령(領)은 목덜미라는 것이 그 하나. 「여람(呂覽)」의 「계추기편(季秋記編)」에 「요령(要領)이 이어지지 않고, 수족(首足)이 있는 곳을 달리한다」라는 것은, 목과 허리가 따로따로 잘려져 있다는 뜻이다. 또 하나의 해석은 요령이란 옷(衣服)의 허리와 깃(襟)을 뜻하는 것으로, 옷을 뜰 때 이 두 곳을 쥐므로, 전의하여 주요한 점을 의미하게 되었다고 한다. 주요 점, 올바른 도리(道里)라는 뜻임에는 다름이 없다. 「부득요령(不得要領)」이라든가 요령이 좋다 나쁘다 하는 식으로 일상생활에 많이 쓰이게 되었다.

월씨에게서 출발한 장건(張騫)은 이번에는 곤륜산맥 북쪽 기슭을 따라 돌아왔다. 그런데 또다시 흉노에게 잡히고 말았다. 1년쯤 지나 그는 흉노의 내분을 틈타 탈출했고, 마침내 장안(長安)에 돌아왔다. 출발한지 13년, 처음 떠날 때 일행 중 그와 함께 돌아온 자는 단 한 사람 뿐이었다.

장건은 그 후에도 서역(西域)에 대해 힘을 썼다. 그리하여 그의 대여행은 월씨의 요령은 비록 얻지 못했지만 헤아릴 수 없는 것을 중국 역사에 넘기게 되었다. 동서역 교통이 여기서 열린 것이다. 서방국가부터는 포도와 명마(名馬), 보석, 석류, 수박, 악기인 비파 등등 그리고 한(漢)에서는 금과 비단 등이 운반되었다.

駙 馬
부 마

駙駙駙駙駙駙駙駙駙駙駙駙駙駙駙 (곁마 부)
馬馬馬馬馬馬馬馬馬馬 (말 마)

임금의 사위 또는 공주의 남편.

出典 수신기(搜神記)

진(晉)나라 때 간보(干寶)가 편찬한 수신기(搜神記)에 나오는 말이다.

옛날 중국의 농서(지금의 간쑤성)에 사는 신도탁(辛道度)이라는 젊은이가 있었다. 그는 학문이 뛰어난 스승을 찾아 옹주(雍州)로 가는 도중 날이 저물자 큰 저택에서 하룻밤을 묵게 되었다. 하녀가 안내한 안방으로 들어가니 밥상이 차려져 있었다. 식사를 마치자 안주인이 들어와서 자신은 진(秦)나라 민왕(閔王)의 공주로서 조(曹)나라로 시집갔다가 남편과 일찍 사별하고 23년 동안 혼자 지냈는데, 오늘 자신을 찾아주었으니 부부의 인연을 맺어 달라고 간청하였다. 신도탁은 처음에는 사양하였지만 애절한 간청을 이기지 못하고 며칠 동안 부부의 인연을 맺었다.

나흘째 되는 아침에 그녀는 더 이상 인연을 맺으면 화를 당한다고 하면서 헤어져야 한다고 하였다. 이별이 아쉬운 나머지 그녀는 정표로 신도탁에게 금베개를 주었다. 금베개를 받아 들고 대문을 나서서 뒤를 돌아보니 집은 온데간데 없고 잡초만 무성한 허허벌판에 무덤 하나만 있었다.

이후 신도탁은 금베개로 음식을 사 먹었는데, 우연히 왕비가 그 금베개를 발견하고 그를 잡아와 문초하였다. 신도탁이 자초지종을 이야기하니 왕비는,

"죽은 지 23년이 지났는데도 산 사람과 부부의 인연을 맺으니 당신이야말로 진짜 내 사위이다. 내 그대를 부마도위에 임명하겠다(遂封度爲駙馬都尉)"

라고 하였다.

그 후 진(秦)의 황비(皇妃)가 그 베개를 시장에서 발견하고 조사하여 신도탁의 일을 알게 되었다. 황비는 수상히 생각하고 무덤을 파헤쳐 관을 열어보니 장례 때 넣어준 물건은 다 있었으나 오직 금베개만 없어졌다. 여자의 몸을 조사해본즉 정교(情交)한 흔적이 역력했다. 그래서 황비는 비로소 신도탁의 이야기가 진실이라는 것을 알고, 그야말로 내 사위라고 부마도위의 벼슬을 주었으며, 금백거마(金帛車馬)를 하사하여 본국으로 돌아가게 했다. 이 일로 해서 후인은 여서(女壻)를 부마라고 하게 되었다.

부마는 원래 천자가 타는 부거(副車 : 예비수레)를 끄는 말이라는 뜻이며, 그 말을 맡아 보는 관리를 부마도위라 한다. 부마도위의 봉록이 재상에 버금가자 이후부터는 오직 천자의 사위에게 부여되는 벼슬이 되었다. 따라서 부마도위는 보통 줄여서 부마라고 하는데, 왕의 사위 또는 공주의 남편을 뜻하는 말이 되었다.

不足懸齒牙
부 족 현 치 아

不不不不 (아니 불) 足足足足足足足 (발 족)
懸懸懸懸懸懸懸懸懸懸懸懸懸懸懸懸懸懸 (매달 현)
齒齒齒齒齒齒齒齒齒齒齒齒齒齒齒 (이 치)
牙牙牙牙 (어금니 아)

치아 사이에 두기는 부족하다.

出典 사기(史記) 숙손통전(叔孫通傳)

진(秦)의 2세황제 원년 기현(鄿縣)의 대택향(大澤鄕)에서 농민군을 이끌고 반기를 날리며 일어난 진승(陳勝)·오광(吳廣)은 서진하여 순식간에 진(陳)에 입성했으며, 국호를 장초(張楚)라 하고 진승은 왕을 칭했다.

그 소식을 들은 2세황제는 박사들을 모아 대책을 꾀했다. 박사들 30여 명은 한결같이 진승을 반역자라 하고, 곧 출병해서 이를 토벌해야 한다고 주장했다.

그러자 2세황제는 얼굴에 불쾌한 기색을 나타냈다. 농민병의 봉기를 자기에 대한 반역이라고 한 말이 2세황제의 자존심을 상하게 한 것이었다. 그때 숙손통(叔孫通)이 앞으로 나와 말했다. 숙손

통은 설(薛)의 사람인데 문학으로 진에 임관되어 임시로 박사들 틈에 끼어 진제(秦帝)의 자문(諮問)에 응하고 있었던 것이다.

"박사님들의 말은 잘못입니다. 지금은 천하가 통일되어 군현은 다 병비(兵備)를 폐하고 있습니다. 더구나 위로 영명(英明)하신 폐하 밑에 법령이 아래로 골고루 포고되어 사람들은 다 편안히 직업에 종사하면서 진(秦)을 섬기고 있습니다. 반역한 자가 나타날 리가 없습니다. 그들은 한낱 도적의 무리로서 곧 군(郡)에서 잡아 처단할 것입니다. 걱정하실 필요는 없습니다."

2세황제는 그 말에 만족하여 숙손통에게 비단 20필, 옷 1벌을 하사하고 박사로 승격시켰다. 그리하여 진승을 반역자 취급하는 사람들을 다 처벌했다.

그러나 농민군은 도적떼가 아니고 분명히 진(秦)에 반기를 든 자였다. 숙손통이 감히 이것을 도적이라고 말한 것은 1세황제에게 영합하기 위해서가 아니고, 무사히 진에서 도망치기 위한 계략이었다. 그는 이미 진(秦)의 멸망을 내다보고 있었던 것이다. 그는 곧 고향인 설로 도망쳤다. 설은 이미 조의 항량(項梁)에게 항복했고, 숙손통은 항량에게 사신(仕臣)했다.

그 후 항량의 조카 항우가 한의 유방과 천하를 다투었으며, 한(漢)의 5년 유방이 마침내 항우를 멸망시키고 천하를 통일하여 즉위해서 한고조(漢高祖)가 되었다.

숙손통은 이보다 앞서 유방이 초(楚)의 도읍 팽성(彭城)에 입성했을 때 유방에게 항복하여 훗날 고조의 유신(儒臣)으로써 한의 모든 제도 제정에 힘을 다했다.

그런데 처음 말의 「치아(齒牙)」란 치(齒)와 아(牙), 즉 말의 끝, 힘의 끝이란 뜻이다. 따라서 「치아 사이에 둔다」 혹은 「치아에 건다(懸)」란, 일을 논하는 것, 그 반대인 「치아 사이에 두기는 부족하다」 혹은 「치아에 걸기에는 부족하다」는, 특히 '말할 정도의 것이 못된다'라는 뜻이 된다.

釜釜釜釜釜釜釜釜釜釜
中中口中 (가운데 중)
之之之之 (갈 지)
魚魚魚魚魚魚魚魚魚魚魚 (고기 어)

솥 속의 고기라는 뜻으로, 생명에 위험이 닥쳤음을 비유해 이르는 말.

얼마 남지 않은 목숨 또는 피하려고 해야 피할 수 없는 궁지에 몰린 것을 말한다.

후한(後漢) 때 양익(梁翼)이란 대신이 있었는데, 자기 아우와 함께 무려 20년간이나 권력을 휘두르며 온갖 비행을 저질러 악명이 높았다. 어느 해 양익은 황제의 승인을 받아 각 지방을 순찰하며 관리들의 업무 태도를 조사할 8명의 사자(使者)를 선발했다. 그중의 한 사람인 장강(張綱)은 기개가 있는 선비였다. 일단 사자로 선발되기는 했으나 평소에 양익의 횡포를 매우 못마땅하게 여기던 그는 수레바퀴를 흙 속에 파묻어 버리면서 이렇게 개탄했다.

"산개와 이리 같은 양익 형제가 조정의 요직을 차지하고 앉아서 온갖 비리를 저지르고 있는데,

여우나 살쾡이에 지나지 않는 지방 관리를 조사한들 무엇하리?"

그리고는 즉시 붓대를 잡고 황제에게 올리는 상소문을 썼다. 물론 양익 형제를 탄핵하는 내용이었다. 그런 장강에게 양익이 앙심을 품은 것은 말할 필요도 없는 일이었다.

'건방진 놈! 감히 우리 형제의 일을 가지고 이러쿵저러쿵하여 폐하의 심기를 불편하게 만들어? 어디 두고 보자.'

이렇게 이를 갈던 양익은 장강을 도적떼가 득실거리는 광릉군(廣陵郡)의 태수로 좌천시켜 버렸다. 험한 곳에 가서 시달리다가 죽으라는 뜻이었다. 그렇지만 그것은 장강에게 오히려 기회였다. 불평 한 마디 없이 오히려 속으로 쾌재를 부르며 임지로 내려간 장강은 주위의 만류도 무릅쓰고 혼자 도적떼의 소굴을 찾아갔다. 그 두목은 장영(張嬰)이란 자였는데, 죽음을 두려워하는 빛도 없이 태연히 찾아온 장강을 보고는 오히려 놀랍고 감복하여 정중히 맞아들였다. 장강은 장영에게 사람의 도리와 세상 이치를 설명하면서 개과천선할 것을 권했고, 그 당당하면서도 진정어린 태도에 감명을 받은 장영은 마침내 벌떡 일어나 무릎을 꿇고 머리를 조아리며 말했다.

"이런 생활을 하는 것이 어찌 올바른 길이겠으며 오래 지속될 수 있겠습니까? 저희들도 사람이고 지각이 있는 이상 결국은 '솥 안에 든 물고기 신세나 다름없다는 것'을 잘 알고 있습니다. 아무쪼록 저희들이 살 길을 열어 주십시오."

장강은 기꺼이 그 항복를 받아들여 사면 조치를 취하고, 잔치를 열어 그들을 위로했다. 그런 다음 각자 고향으로 돌아갈 수 있도록 해 주었다고 한다.

附附附附附附附附(붙을 부)
和和和和和和和和(화할 화)
雷雷雷雷雷雷雷雷雷雷雷雷雷(우레 뢰)
同同同同同同(한가지 동)

우레 소리에 맞춰 함께한다는 뜻.

자신의 뚜렷한 소신 없이 그저 남이 하는 대로 따라가는 것을 의미함.

焚焚焚焚焚焚焚焚焚焚焚焚(태울 분)
書書書書書書書書書書(글 서)
坑坑坑坑坑坑坑(구덩이 갱)
儒儒儒儒儒儒儒儒儒儒儒儒儒(선비 유)

책을 불태우고 선비를 생매장(生埋葬)하여 죽인다는 뜻.

진(秦)나라의 시황제(始皇帝)가 학자들의 정치(政治) 비평(批評)을 금하기 위하여 경서(經書)를 태우고 학자(學者)들을 구덩이에 생매장하여 베푼 가혹한 정치를 이르는 말.

不俱戴天之讐
불 구 대 천 지 수

不不不不 (아니 불)
俱俱俱俱俱俱俱俱俱 (함께 구)
戴戴戴戴戴戴戴戴戴戴戴戴戴戴戴戴戴 (일 대)
天天天天 (하늘 천) 之之之之 (갈 지)
讐讐讐讐讐讐讐讐讐讐讐讐讐讐讐讐讐讐讐讐讐 (원수 수)

한 하늘을 함께 이고 살 수 없을 만큼 도저히 용서할 수 없는 원수.

`出典` 예기(禮記) 곡례(曲禮)상(上)

아버지의 원수와는 같은 하늘을 이고 살아갈 수 없다. 따라서 같은 세상에 살려둘 수 없어 반드시 죽여야 한다. 형제의 원수는 집에 가서 무기를 들고 온다는 식의 여유가 없다. 언제나 무기를 휴대하고 있다가 즉시 죽여야 한다. 친구의 원수는 나라를 같이하고 살 수 없다. 역시 죽여야 한다.

이상은『예기(禮記)』의 곡례(曲禮)에 있는 말이나, 일독해서 알 수 있듯이, 원수를 갚는 예(禮)를 설명하고 있다. 한말로 예의범절이라고 해도 일일이 들면 한이 없으리만큼 있겠으나, 원수를 갚는 예(禮)까지 설명되어 있는 것은 너무나도 자상하다.

그런데 이 원수를 갚는 예의인데, 적은 모조리 죽이지 않으면 안된다. 부모·형제·붕우의 적은 용서할 수가 없다고 한다.

남의 자식된 자, 겨울에는 부모의 몸을 따뜻하게 하고, 여름에는 서늘하게 한다. 또 밤에는 부모가 편안히 주무실 수 있게 하고, 아침에는 문안을 드리도록 한다. 친구들과 다투면 그 누가 부모에게 미칠지도 모르므로 다투지 않도록 하는 것이다.

이와같이 온건한 것과는 달리 아주 험하기 짝이 없는 이야기다. 그러나 잘 생각해보면 이 두 가지 예(禮)에는 공통된 생각이 있다. 그것은 유교(儒敎)에서 역설하고 있는 것으로 사람과 사람과의 영구불변의 관계, 군신·부자·부부·형제·붕우의 다섯가지 관계를 절대시하고 있는 생각이다.

남녀는 중매가 없는 한, 이성의 이름을 알아서는 안된다. 또 약혼이 결정되지 않는 한 교제를 해서도 안되고 서로 친해서도 안된다.

이와 같이 남녀관계도 엄연하다. 오늘날의 젊은 남녀에게서 보면 옛날 이야기 정도로 생각할 것이다. 그러나 고대 씨족사회의 지배계층 간에서는 이와 같은 일이 진정으로 믿어지고 있었다. 거기에는 앞에서 말한 다섯 가지 인간관계, 붕우를 제외하고는 전부 종(縱)으로의 종속관계를 반드시 유지할 필요가 있었다. 거기서 예(禮)가 생기고 원수를 갚는 예(禮)까지 생겨야할 이유가 있었다.

예(禮)란 질서를 유지하기 위한 규제이나, 오늘날의 법률에 해당되는 것과 도덕에 해당되는 것 두 가지로 나눌 수 있을 것이다. 고대사회에 있어서는 이 두 가지가 아직 미분화상태에 있었다. 다 같이 예(禮)로써 의식되고 있었다고 생각된다. 허나『예기(禮記)』의 예는 후자인 도덕에 해당되며, 당시의 풍습관을 말한 것이라고도 할 수 있다. 원수를 갚는 예도 그 하나였던 것이다.

「불구대천지수(不俱戴天之讐)」는 첫머리에서 인용(引用)한 글에서 나온 것으로, 도저히 용서할 수 없는 놈이란 뜻에 쓰인다.

不 問 馬
불　문　마

不不不不(아니 불)
問問問問問問問問問問(물을 문)
馬馬馬馬馬馬馬馬馬馬(말 마)

말에 대해서는 묻지 않다.

出典　논어(論語) 향당편(鄕黨篇)

공자(孔子)가 관아에서 집에 돌아와보니 자기 집에 불이 나서 마굿간이 고스란히 타버렸다. 그 소리를 들은 공자는,

"말은 무사한가?"

라고 묻지 않았다고 한다. 그가 먼저 물은 것은,

"누가 다치지 않았는가?"

라는 것이었다.

보통 사람 같으면 무엇보다도 먼저, "말은 무사한가?"

라고 물었을 텐데 역시 대 성인(聖人)이라 가축은 둘째로 생각하여 문제시 하지 않고, 인간의 안부를 먼저 걱정했다. 특히 '말에 대해 묻지 않았다'는 점으로 보아 공자가 가지고 있던 말은 상당한 일품(逸品)이었을 것이다.

廐焚. 子退朝曰, 傷人乎, 不問馬.

不入虎穴不得虎子
불　입　호　혈　부　득　호　자

不不不不(아니 불)　入入(들 입)
虎虎虎虎虎虎虎(범 호)
穴穴穴穴穴(구멍 혈)　子子子(아들 자)
得得得得得得得得得得(얻을 득)

호랑이 굴에 들어가지 않으면 호랑이 새끼를 얻을 수 없다.

出典　출전 후한서(後漢書) 반초전(班超傳)

중국 최초의 역사책인 「사기(史記)」의 편찬법을 따르고 그것보다 더욱 정밀하며 학자풍인 문장이라고 하는 전한(前漢)의 역사책인 『한서(漢書)』의 편찬을 시작한 사람은 후한(後漢) 초인 반표(班彪)였는데, 그 뜻을 이어받아 완성시킨 것은 그 장남인 반고(班固)와 누이동생인 반소(班昭)였다.

이 형과 누이동생 사이에 끼어서 자라난 반초(班超)는 학자답고 인텔리 냄새를 풍기는 사나이처럼 생각되기 쉬우나 실은 그렇지 않았다. 교양이 풍부하고 변설이 능숙한 인물로서 자질구레한 형식에 구애받지 않고 언제나 큰 인물이 되고자 생각했다. 그러나 그의 집안이 가난한데다가 역사자료 수집으로 더욱 가난해졌으므로 지리한 관리생활로 하루하루를 보내고 있었다.

평범한 서기직(書記職)에 싫증이 난 그는 마침내 —사나이 대장부로 태어나 뜻을 세우지 못하

고 살겠는가. 전한(前漢) 때 서역(西域)을 복종시킨 저 장건(張騫)과 같이 멀리 국외에서 큰 공을 세우고 영지(領地)를 받아 버젓하게 살고 싶다. 언제까지 붓하고 씨름만 하고 있을 수가 있겠는가.—직을 내동댕이 쳐버리고 말았다.

동료들은 어림도 없는 소리를 지껄이는 놈이라고 비웃었으나, 반초(班超)는 소인배들이 내 마음을 이해할 수 있겠느냐고 상대를 하지 않았다. 그런 까닭으로 그는 뒷날 쓸데없는 일에 말려들어 면직을 당했으나, 흉노를 공격하는 두고(竇固)를 따라 그 군사적 재능을 인정받게 된 것은 거의 40이 될려고 하는 무렵이었다.

그후 반초는 서쪽의 선선(鄯善)—누란(樓蘭)에 사자(使者)로 떠났다.

처음에는 선선왕이 정성껏 후대를 했으나, 날이 지남에 따라 숙사(宿舍)에 그냥 처박히게 해두고 돌보지도 않을 정도의 냉우(冷遇)를 했다. 이것은 틀림없이 북쪽 흉노에게서 사신이 왔기 때문에 우리들을 적당히 취급하고 있는 것이라고 생각한 반초는 어느 날 왕의 시종을 불러내어 흉노의 사신이 있는 곳을 물어서 알게 되자 그대로 감금해 버렸다.

그날 밤 즉시 반초는 부하 36명을 모아 자리를 베풀고 나서,

"요즘 우리를 냉대하는 것은 여러분도 다 아는 일. 자칫 잘못하면 우리를 흉노에게 넘겨서 포로로 만들 수작이 분명하다."

하고 일동의 의견을 물었다. 적지 깊숙히 들어온 이상, 목숨은 반초에게 맡겨놓고 있다는 일동에게 반초는 말했다.

"호혈에 들어가지 않으면 호자를 얻지 못한다. 이제 길은 단 하나, 밤을 타서 흉노의 사신을 화공(火攻)해버리자. 그렇게 하면 선선왕도 혼쭐이 나서 우리들의 말을 들어줄 것이다." 라고.

부하 중에는 문관(文官)하고 의논을 해야한다는 자도 있었으나, 반초는,

"일의 성부(成否)는 오늘 당장 지금에 있다. 졸대기 관리들에게 말했다가 일만 탄로나면 어떻게 할 것인가, 목숨을 잃고 이름을 남기지 못하는 결과를 초래하는 것은 사내대장부가 할 일이 아니다."

하고 화를 냈다.

중의일결(衆議一決), 어둠을 이용해서 부하들은 흉노의 숙소를 포위했다. 때마침 불어닥치는 대풍(大風) 속에서 반초는 부하들에게 명령했다.

"10명은 뒷켠에서 기다렸다가 불길을 보거든 북을 치고 함성을 올려라. 기타는 칼과 활을 가지고 앞문에서 나오는 흉노들을 협공하라."

이렇게 해서 화공(火攻)을 당한 흉노병들은 대혼란, 반초는 3명을 때려 죽이고 30여 명의 목을 베었다. 그리고 백여 명의 적은 불타죽었다. 흉노들 사신 목을 본 선선왕이 한(漢)에 복종을 맹세한 것은 말할 나위도 없다.

끝으로 이 말은「不入虎穴 焉得虎子」라는 반어체(反語體)로 강조해서 쓰이기도 한다.

鵬程萬里
붕 정 만 리

붕새는 단숨에 9만리를 난다.

出典　장자(莊子) 소요유편(逍遙遊篇)

붕(鵬)이란 사전에 보면 큰 새, 상상상(想像上)의 큰 새 이름이라고 씌어 있다. 말하자면 고대 중국인의 소박한 공상의 소산으로 동물학상 조류의 무슨 과에 속하는 새냐고 캘 필요는 없다. 하여간 엄청나게 큰 새라고 생각하면 된다. 그 붕(鵬)에 관해 기록된 가장 대표적인 문장은『장자(莊子)』의 개권(開卷) 제1장「소요유편(逍遙遊篇)」처음에 있는 1절로 거기에는,

"북해(北海) 끝에 곤의 크기는 몇 천리인지 모른다. 곤이 변해서 붕(鵬)이란 이름의 새가 된다. 붕의 등허리도 몇 천리(千里)인지 모른다. 이 새가 한 번 힘을 내서 날으면 그 날개는 하늘 전체를 뒤덮는 구름이 아닌가 생각되고, 해면이 한꺼번에 뒤집힐 듯한 대풍(大風)이 불면 그 바람을 타고 북해 끝에서 남해 끝까지 날으려고 한다. 제해(齊諧)라는 이 세상의 불가사의를 잘 아는 사람의 말에 의하면 '붕이 남해로 날아 옮기자면 바닷물에 날갯짓을 3천리, 회오리바람을 타고 오르기 9만리, 6개월동안 계속 날은 다음 비로소 그 날개를 접고 쉰다고 한다'라고 씌어있다.

장자는 이 붕(鵬)을 빌어 세속의 상식을 초월한 무한히 큰 것, 그 아무것에도 사로잡히지 않는 정신의 자유세계에 소요하는 위대한 자의 존재를 시사하려고 했으나, 그래도 곤(鯤)—사전에는 고기의 알(魚卵)이라고 씌어있다)이란 지미지소(至微至小)한 것을 큰 물고기의 이름으로 하고, 그 곤이 새로 변한 것이 붕(鵬)이라고 하니 아주 기발한 착상이다.

그것은 어쨌든 이상『장자(莊子)』의 문장을 바탕으로 하여 여러 가지 숙어가 생겨났다.

우선 붕곤「鵬鯤」또는「곤붕(鯤鵬)」이라 하면 상상을 초월한 지대한 사물을 비유한 것이고「붕배(鵬背)」「붕익(鵬翼)」하면 거대(巨大)한 것의 비유, 특히 붕익(鵬翼)은 거대한 항공기 등의 형용에 잘 쓰인다. 그것에 준(準)하면「붕박(鵬搏)」(鵬의 날갯짓),「붕비(鵬飛)」,「붕거(鵬擧)」는 크게 분발해서 일을 하려고 하는 비유이고,「붕도(鵬圖)」「붕정(鵬程)」은 범인으로서는 생각도 미치지 않는 원대한 사업·계획을 비유하는 말이란 점도 절로 납득이 갈 것이다.

최후로 장자는 이 9만리를 나는 대붕(大鵬)—속박되는 일이 없는 위대한 존재자와의 대비(對比)로써 상식의 세계에 만족하고 얕은 지혜를 농(弄)하며 스스로 족하다 생각하는 비소(卑小)한 범속배의 천박함을 척안(斥鷃—작은 물새)에 비유하여 이렇게 풍자한다.

"구만리를 날으는 대붕을 보고, 척안은 도리어 그것을 비웃으며 '저것 봐라, 저 붕이란 녀석은 도대체 어디로 갈려고 하느냐. 우리들은 힘껏 뛰어 올라도 기껏해야 5,6칸으로 내려와서는 쑥이 무성한 위를 날을 뿐이지만 그래도 충분히 날으는 재미는 있거든. 그런데 저녀석은 도대체 어디까지

날아갈 작정이지?' 하고 빈정댄다. 결국 왜소(矮小)한 것은 위대한 것의 마음이나 행동을 알 터이 없다. 대와 소의 차이점이다.

여기서「붕안(鵬鷃)」이란 말도 쓰인다. 대소의 현격이 심한 것의 비유다.

誹誹誹誹誹誹誹誹誹誹誹誹誹誹 (비방할 비)
謗謗謗謗謗謗謗謗謗謗謗謗謗謗 (헐뜯을 방)
之之之之 (갈 지)
木木木木 (나무 목)

헐뜯는 나무.

出典 전설(傳說)

요(堯)·순(舜) 두 임금은 고대 중국인의 소박한 사념(思念) 속에서 태어난 이상적인 성천자(聖天子)다. 물론 그것은 유사(有史)이래로 아주 멀리 몇 천년이나 거슬러 올라간 전설시대의 인물이므로, 그 역사적 실제성을 의심하면 얼마든지 의심할 수가 있다.

요순말살론은 이미 역사학의 상식이라해도 좋다. 그럼에도 불구하고 고전고서(古傳古書)를 통해 요순의 존재는 고대인의 가슴속에서 말살될 수 없어 오히려 뚜렷하고 선명하게 이어오고 있다. 이것 역시 그러한 요순의 이상정치의 일단을 말하는 전설의 하나다.

제요 도당씨(帝堯陶唐氏)는 성이 이기(伊耆), 이름은 방훈(放勳) 제곡(帝嚳)의 아들로 그 인(仁)은 하늘(天)과 같고, 그 지(知)도 신(神)과 같으며, 자비심이 지극한 총명한 천자로서, 하늘을 공경하고 사람을 사랑하는 이상정치를 펴서 천하사람들로부터 추모받고 있었다. 그의 주거(住居)는 끝도 다듬지 않은 갈대지붕이고, 겨우 세 층의 흙 계단이 딸린 보잘것 없는 조촐한 집으로서 부유해도 남에게 뽐내지 않고 귀(貴)해도 남을 깔보지 않으며, 오로지 정치가 올바르게 될 것만을 염두에 두고 있었다.

그는 자기의 정사가 자기 혼자만의 생각이면 혹 잘못이 있지 않을까 하는 생각에서 궁문 입구에 커다란 북을 매달아 놓고 또 다리 앞에 네개의 나무로 엮은 기둥을 세웠다. 북은「감간의 북(敢諫之鼓)」라 이름하여 누구라도 요의 정치에 불비한 점을 발견한 자는 그 북을 쳐서 거리낌 없이 자기의 의견을 말하도록 하고, 기둥은「비방의 나무(誹謗之木)」라 이름하여 누구라도 요의 정치에 불만이 있는 자는 그 기둥에 불평이나 불만을 써 붙여서 자기의 희망을 주장하도록 하기 위해서였다.

「감간(敢諫)」은 감히 간한다, 즉 반대의견의 상신이고,「비방(誹謗)」은「남을 흘뜯어 책망하는 것」이다. 요는 이런 것에 의해 한층 적확하게 민의의 소재와 동향을 알고, 자기 반성의 자료로도 삼아 민의를 반영한 정치에 힘썼다는 것이리라.

일설에는「감간의 북」은 요(堯)가,「비방의 나무」는 순(舜)의 일이라고 전해지는 바도 있다.

또 다른 일설에서는 요(堯)가 「진선의 정(進善之旌)」과 「비방의 나무(誹謗之木)」를 세웠다고도 한다. 「진선의 정」은 정(깃발)을 큰 길가에 세워 선언(善言)—정치에 대한 좋은 의견이 있는 자로 하여금 그 정 밑에서 자유롭게 의견을 발표시켰다고 한다.

아뭏든 이것은 국민에 의한 데모크라시의 단계와는 아주 먼 고대 제왕의 전제정치이기는 하나 민의에 정치의 근본을 두겠다는 이념을 나타내는 것, 혹은 또 정치에 우리들의 의견도 참작해 달라는 백성들의 의사·원망을 나타내는 것으로서 흥미롭다.

悲悲悲悲悲悲悲悲悲悲悲悲 (슬플 비)
憤憤憤憤憤憤憤憤憤憤憤憤憤憤憤 (분할 분)
慷慷慷慷慷慷慷慷慷慷慷慷慷 (슬플 강)
慨慨慨慨慨慨慨慨慨慨慨慨慨慨 (슬퍼할 개)

아주 슬프고 분(憤)한 느낌이 마음속에 가득 차 있음.

슬프고 분함을 뜻하는 '비분'과, 불의나 불법을 보고 의기가 북받치어 원통하고 슬픈 마음을 일컫는 '강개'가 합쳐진 말이다. 즉 의롭지 못한 일이나 잘못되어 가는 세태가 슬프고 분하여 마음이 북받침을 강조한 표현이다.

개인적인 원한이나 슬픔으로 인해 생기는 원통한 마음을 표현할 때는 거의 쓰지 않고, 국가의 운명이 풍전등화에 처하거나 세상의 풍속이 몹시 어지러워 개탄하는 경우에 많이 쓴다. 우국지사나 난세(亂世)의 충신들이 세상이 돌아가는 형세를 보고 자신도 모르게 울분이 터져 밖으로 표출되는 모양을 나타낸 말이다.

따라서 분하고 원통한 마음을 품는다는 뜻의 함분축원(含憤蓄怨), 몹시 분하여 이를 갈며 속을 썩인다는 뜻의 절치부심(切齒腐心)과는 뜻이 다르다. 다시 말해 비분강개는 자연스럽게 표출되는 마음의 움직임인 데 비해, 함분축원과 절치부심은 스스로 마음을 일으켜 분한 마음을 품는 작위적인 표현이라는 점에서 구분된다.

髀髀髀髀髀髀髀髀髀髀髀髀髀髀髀髀髀 (넓적다리 비)
肉肉肉肉肉肉肉 (살 육)
之之之之之 (갈 지)
嘆嘆嘆嘆嘆嘆嘆嘆嘆嘆嘆嘆嘆嘆 (탄식할 탄)

보람있는 일을 하지 못하고 헛되이 세월만 보내는 것을 한탄함을 비유한 말.

出典 삼국지(三國志)의 촉지(蜀志)

건안(建安) 원년(196) 조조(曹操)는 천도(遷都)한 허창(許昌)으로 헌제(獻帝)를 맞이하여 스스로 대장군이라 칭하고 조정의 실권을 장악했다.

그 무렵, 유비(劉備)는 점차 혹성(惑星)으로써 주목되고 있었으나, 조조의 사주를 받은 여포(呂布)와 원술(袁術)의 협박을 받아 조조에게 몸을 의탁했다. 스스로 한실(漢室)의 후예로써 한실의 부흥에 뜻을 두고 있는 그는 거기장군(車騎將軍)인 동승(董承)과 결탁, 은근히 조조를 죽이려던 계획이 노출되게 되자 아슬아슬하게 탈출하여 기주(冀州)로 이어 여남(汝南)으로 전전(輾轉)했다. 그동안 6년이란 세월이 흘렀다. 그 무렵 조조와 나란히 점차 진출해온 것은 강동(江東)땅에 웅거한 손씨였다.

유비는 조조에게 쫓겨 다시 형주(荊州)에 있는 유표(劉表)에게로 달려갔다. 이 유비의 유랑(流浪)과는 관계없이 조조는 원술(袁術)·여포(呂布)·원소(袁紹)를 격파하고 하북(河北)을 제압하고 있었다. 이에 대항하는 것은 손견(孫堅)의 뒤를 이은 오(吳)의 손권(孫權) 정도였고, 유비가 몸을 의지하고 있는 유표(劉表)는 영지를 지킬 뿐, 천하를 엿보는 그릇이 못되었으므로, 유비는 겨우 객장(客將)이란 형식으로서 신야(新野)라는 작은 성(城)을 맡아가지고 있는데 지나지 않았다. 관우(關羽)·장비(張飛)라는 호걸은 있으나, 아직 일정한 기반도 실력도 없었다. 언제가서야 마상(馬上)에서 천하(天下)에 패(覇)를 외쳐 한실(漢室)을 부흥시킬 수 있단 말이냐. 유비는 자신이 안타까웠다. 그래서 그날도 유표하고 술을 마시고 있었는데, 잠시 후 변소로 간 그는 자기 허벅지에 살이 붙어 있는 것을 알았다. 마상에서 천하를 손아귀에 넣으려고 하는 몸이—술자리로 돌아온 그는 개연(慨然)히 눈물을 흘렸다. 신장 7척 5촌, 팔을 내리면 무릎 밑까지 닿았다는 거구인 그가 한탄하고 있는 것을 보고 유표가 이상히 여겨 물었다.

"도대체 어떻게 된건가?"

유비는 이렇게 대답했다.

"아냐, 이제까지는 언제나 안장에서 떠난 일이 없이 비육(髀肉—허벅다리 살)이 쓸려서 하나도 없었는데 지금은 말을 타지 않아 허벅지에 살이 많이 붙어버렸습니다. 헛된 세월을 보내 이미 노년이 되려고 하는데 도대체 어느 때가 되어야 공업(功業)을 세울 수 있을는지 그걸 생각하니 슬퍼서 눈물이 나오는군요."

「비육지탄(髀肉之嘆)」은 그 후에도 수년 계속되었으나, 헌제(獻帝) 13년 그는 적벽(赤壁)의 싸움에서 일약 용맹을 날려 형주(荊州)를 영유했으며, 이어 같은 15년 양자강 중류의 요충인 강릉(江陵)에 진출했을 때에는 위(魏)의 조조, 오(吳)의 손권과 견줄 수 있는 촉(蜀)의 유비로서의 소지(素地)를 닦아 놓았다.

그가 강릉으로 나왔다는 소식을 듣고 조조는 아연 실색, 마침 글씨를 쓰고 있다가 자기도 모르게 들고 있던 붓을 떨어뜨렸다고 한다. 이어 촉으로 진출한 그는 촉한제국을 세워 삼국의 하나로서 밀지도 밀리지도 않는 지위를 확보했다.

삼국지(三國志) 촉지(蜀志)형주에서 「비육지탄(髀肉之嘆)」을 말한 십수년 후의 일이다. 참으로 실력을 기르면서의 고난(苦難)에 찬 세월이었다.

飛入火夏蟲
비 입 화 하 충

飛飛飛飛飛飛飛飛飛 (날 비)
入入 (들 입)　火火火火 (불 화)
夏夏夏夏夏夏夏夏夏 (여름 하)
蟲蟲蟲蟲蟲蟲蟲蟲蟲蟲蟲蟲蟲蟲蟲蟲蟲蟲蟲 (벌레 충)

날아와 불에 뛰어드는 여름 벌레.

出典　양서(梁書) 도개전(到漑傳)

이 말은 스스로 멸망의 길을 초래하는 것, 재앙 속으로 몸을 던지는 것을 비유한 말이다.

양(梁)의 도개(到漑)는 자(字)를 무관(茂灌)이라 하며, 근직하고 총명한 데다가 학문에 뛰어나 고조(高祖)의 신임이 두터웠다. 경(鏡)이란 아들이 있었으나 일찍 죽어 손자인 신(藎)이 뒤를 이었는데, 역시 총명해서 고조의 사랑을 받았다.

어느 때 신(藎)이 북고루(北顧樓)에 올라 시(詩)를 지을 것을 명령받고 곧 지어 올리자 고조는 그것을 보고 개(漑)에게 내주며,

"신(藎)은 상당한 수재(秀才)다. 그래서 생각한 것인데 너의 지금까지의 문장은 아마도 신의 손을 빌린 것이 아닌가?"

하고 개에게 다음과 같은 문장을 하사했다.

"벼루에 먹을 갈아 글을 전하고, 붓은 털을 날려 편지를 쓰나, 비아(飛蛾)가 불로 들어가는 것 같아 어찌 몸을 불타게 하는 것을 멈추게 할 수 있겠는가.(이것이 「날아 불로 뛰어드는 여름벌레(飛入火夏蟲)」의 出典). 반드시 노년에는 그것이 찾아온다. 그러니 그것을 소신(少藎)에게 돌려주라. 그대도 이젠 아주 늙었다. 아무리 애써 명문을 지어도 자기의 손(損)이 될 뿐이다. 이제 귀여운 손자에게 이름(명예)을 물려주라……."

개(漑)가 호동왕(湖東王)인 역(繹)을 모시고 있을 때, 조고는 왕에게 말했었다.

"개(漑)는 너를 모시고 있을 인물이 아니다. 네 선생이다. 무슨 일이 있을 때에는 반드시 상의를 하라."

개(漑)는 신장이 8척이 넘고 위풍이 당당하며 거조(擧措)도 단정했다. 게다가 청렴결백하게 일을 보며 스스로 수양에 힘써 검약을 위주로 삼았다. 방은 텅 비어 단 한 개의 의자 뿐, 시녀도 없고 하사받은 거복(車服) 이외는 화려하게 꾸미지 않았는데, 관이나 신발은 10년에 한 번씩 바꿀 정도였다. 출사복(出仕服)도 지어 입고, 천자 출어(出御)로 통행금지에 걸리면 조관(朝官)이란 증명서를 내보일 정도였다. 고조는 개(漑)가 특히 마음에 들어 언제나 장기 상대로, 저녁에 시작한 장기가 새벽이 되는 수가 비일비재였다.

개(漑)의 집 뜰에 별난 돌이 있었는데, 고조는 장난삼아 이 돌과 「예기(禮記)」 한 부를 걸고 내기장기를 두었던 바 개가 장기에서 졌는데도 통 돌을 내놓지를 않았다. 그래서 조고는 내기에서 졌으니 어서 돌을 가져오라고 재촉을 했다. 개는,

"폐하를 모시고 있는 몸이 어찌 예(禮—禮記)를 잃을 수가 있겠습니까?"

하고 대답해서 고조는 크게 웃었다고 한다.

非一非再
비 일 비 재

非 非 非 非 非 非 非 非 (아닐 비)
一 (한 일)
再 再 再 再 再 再 (두번 재)

같은 일이 한두 번이 아님이란 뜻으로, 한둘이 아님.

즉 하나 둘이 아니라 수두룩함을 가리킴. 하나도 아니고 둘도 아니다, 따라서 수없이 많다는 뜻이다.

이와 비슷한 말로 '무수(無數)하다'란 말이 있는데, 글자 뜻은 '수가 없다' 인데, 셀 수 없을 만큼 많은 것을 가리키는 표현이다.

氷山一角
빙 산 일 각

氷 氷 氷 氷 氷 (얼음 빙)
山 山 山 (뫼 산)
一 (한 일)
角 角 角 角 角 角 角 (뿔 각)

빙산의 뿔 하나라는 뜻.

대부분이 숨겨져 있고 외부로 나타나 있는 것은 극히 일부분에 지나지 않음을 비유한 말.

氷炭不相容
빙 탄 불 상 용

氷 氷 氷 氷 氷 (얼음 빙) 不 不 不 不 (아니 불)
炭 炭 炭 炭 炭 炭 炭 炭 炭 (숯 탄)
相 相 相 相 相 相 相 相 (서로 상)
容 容 容 容 容 容 容 容 容 容 (얼굴 용)

얼음과 숯은 서로 용납되지 않는다.

出典 사기(史記) 활계(滑稽)전(傳)

한무제(漢武帝) 때 유별나게 남다른 명신으로서 동방삭(東方朔)이란 사나이가 있었다.

대단한 박식가(博識家)로 무엇을 물어도 모르는 것이 없이 무제(武帝)의 심심찮은 좋은 말상대였으나, 어전(御前)에서 나온 식사를 먹고 나서는 그 나머지를 싸서 품에 넣고 물러나는가 하면 하사받은 옷을 어깨에 걸치고 퇴출한다. 그래서 세인(世人)들은 삭(朔)을 미친 사람 취급을 했으나, 장본인은 눈 하나 깜작하지 않고,

"궁정에서 빈들대고 있는 은자라네."

그렇게 흰소리를 치면서(史記滑稽傳) 그래도 볼 것은 똑똑하게 보고, 그것을 시문(詩文)으로 풍

자했다. 「문선(文選)」에는 「객(客)의 난(難)에 답한다」 「비유선생의 논(非有先生之論)」이 있고, 초사(楚辭)에는 「칠간(七諫)」이 수록되어 있다.

이것도 역시 굴원(屈原)을 생각하며 지은 것으로, '마음이 끓어 뜨겁기가 탕(湯)과 같고, 빙탄(氷炭)은 서로 나란히 할 수가 없다'라는 문구가 보인다.

얼음은 불을 만나면 꺼지고, 불은 얼음을 얻으면 멸한다. 즉 충녕(忠佞)이 함께 있을 수 없음을 비유한 것이다.

또 이렇게 설명하기도 한다.

초사(楚辭) 칠간(七諫)의 자비(自悲)에 나오는 말이다. 초사(楚辭)는 굴원(屈原)의 작품과 후대 사람들이 굴원을 위해 지은 작품들을 수록해 놓은 책이다.

빙탄불상용이라는 말이 나오는 구절은 다음과 같다.

얼음과 숯이 서로 같이할 수 없음이여, 내 처음부터 목숨이 같지 못한 것을 알았노라. 홀로 고생하다 죽어 낙이 없음이여, 내 나이를 다하지 못함을 안타까워하노라.

빙탄불가이상병혜(氷炭不可以相並兮)

오고지호명지부장(吾固知乎命之不長)

애독고사지무락혜(哀獨苦死之無樂兮)

석여년지미앙(惜予年之未央)

굴원은 간신들의 모함을 받아, 나라를 위하고 임금을 위하는 일편단심을 안은 채 멀리 고향을 떠나 귀양살이를 하는 신세가 되었다.

자신을 모함하는 간신들과 나라를 사랑하는 자신은 성질상 얼음과 숯이 함께 있을 수 없는 그런 운명을 지니고 있다. 자신은 목숨이 길지 않음을 알고 있다. 그마저 다 살지 못하고 객지에서 죽어 갈 생각을 하면 안타까울 따름이다.

결국 굴원은 멱라수에 몸을 던져 물고기 배 속에 장사 지냈다고 한다. 그래서 '어복충혼(魚腹忠魂)'이라는 말까지 생겨났다. 성질이 정반대여서 도저히 서로 융합될 수 없는 사이를 '빙탄간(氷炭間)'이라고 한다. 빙탄상용이라는 말도 많이 쓰인다.

氷氷氷氷氷 (얼음 빙)
炭炭炭炭炭炭炭炭炭 (숯 탄)
之之之之 (갈 지)
間間間間間間間間間間間 (사이 간)

얼음과 숯의 사이란 뜻.

① 둘이 서로 어긋나 맞지 않는 사이. ② 서로 화합(和合)할 수 없는 사이.

四顧無親
사 고 무 친

四 四 四 四 四 (넉 사)
顧 顧 顧 顧 顧 顧 顧 顧 顧 雇 雇 雇 顧 顧 顧 顧 顧 (돌아볼 고)
無 無 ᵹ ᵹ 无 無 無 無 無 無 無 無 (없을 무)
親 親 亲 親 亲 亲 辛 親 親 親 親 親 親 親 親 (친할 친)

사방을 돌아보아도 친척이 없다는 뜻.

자기 주변에 의지할 만한 사람이 아무도 없다는 말.

어디에도 기대지 못하고 홀로 살아가고 이겨내야 하는 신세를 이르는 말이다.

비슷한 뜻을 가진 말로 사고무인(四顧無人), 사고무탁(四顧無托), 고립무원(孤立無援), 고립무의(孤立無依), 고성낙일(孤城落日), 혈혈단신(孑孑單身), 천애고아(天涯孤兒) 등이 있다.

舍己從人
사 기 종 인

舍 舍 舍 舍 舍 舍 舍 舍 (집 사)
己 己 己 (몸 기)
從 從 從 從 從 從 從 從 從 從 從 (좇을 종)
人 人 (사람 인)

자기의 이전 행위를 버리고 타인의 선행을 본떠 행함.

'자기를 버리고 타인(他人)을 좇는다'는 뜻으로, 자기 개인의 이익과 욕심을 버리고 다른 사람의 선량한 행실을 본떠서 따른다는 것을 말한다. 조선 중기의 학자이자 문신인 이황(李滉 : 1501~1570)의 『퇴계집(退溪集)』에 나오는 다음 구절에서 유래한 성어(成語)이다.

"자기를 버리고 다른 사람을 따르지 못하는 것은 배우는 사람의 큰 병이다[不能舍己從人 學者之大病]. 천하의 의리는 끝이 없는데 어떻게 자기 자신만 옳고 남을 옳지 않다고 할 수 있는가?[天下之義理無窮 豈可是己而非人] 사람이 질문을 하면, 곧 얕고 가까운 말이라도 반드시 마음에 담아두고 잠깐 뒤에 대답하며, 즉시 질문에 응하여 답하지 말라[人有質問 則淺近說 必留意 少間而答之 未嘗應聲而對]."

자기 자신의 생각이나 의견만을 내세우지 않고 다른 사람의 뜻을 좇는다는 뜻인데, 타인의 말과 행동을 본받아 자신의 언행(言行)을 바로잡는다는 말이다.

四面楚歌
사 면 초 가

四 四 四 四 四 (넉 사)
面 面 面 面 面 面 面 面 (낯 면)
楚 楚 楚 楚 楚 楚 楚 楚 楚 楚 楚 楚 楚 (초나라 초)
歌 歌 歌 歌 可 歌 歌 歌 歌 歌 歌 歌 歌 歌 (노래 가)

사면에소 초나라 노래가 들리다.

出典 사기(史記) 항우본기(項羽本紀)

초패왕(楚霸王) 항우(項羽)는 한왕(漢王) 유방(劉邦)과 5년 동안에 걸쳐 천하의 패권을 다투었으나 「힘(力)」과 「기(氣)」만을 믿은 나머지 범증(范增)과 같은 모장(謀將)에게까지 버림을 받고 점차 유방에게 눌려 마침내 천하를 양분해서 이와 강화(講和)했다. 하나 장량(張良)·진평(陳平)의 계략에 의해 동(東)으로 돌아가는 도중 해하(垓下)에서 한신(韓信)이 지휘하는 한군(漢軍)의 포위에 빠지고 말았다. 한(漢)의 5년(B.C 202)의 일이다.

항우(項羽)는 싸움에 패하여 군사도 줄고 식량도 떨어졌다. 밤이 되었는데, 어디서인지 노래소리가 들려왔다. 혹은 멀리, 혹은 가까이 동쪽에서도 서쪽에서도 북에서도 남에서도 노래소리가 들려오지 않는가. 귀를 기울이니 그것은 초나라의 노래였다. 장량의 계략이었다. 과연 초나라의 출정병 —농민들은 그리운 고향의 노래소리를 듣고 고향생각이 간절해서 전의를 잃고 타락해 갔다. 한군(漢軍)에게 항복한 초나라 구강(九江)의 병사들이 노래를 불렀던 것이다.

항우는 사면초가(四面楚歌)를 듣고 당황하면서 말했다.

"한은 이미 초를 점령했단 말이냐, 이 어찌 이렇게도 많은 초인(楚人)이 있단 말이냐?"

사면초가(四面楚歌)—고립무원의 중위(重圍)에 빠진 것이다. 이젠 끝장이구나 하고 생각한 항우는 일어나 장막 안으로 들어가 결별연(訣別宴)을 열었다.

항우의 군중에 우미인(虞美人)이라는 총희(寵姬)가 있었는데, 그림자와 같이 언제나 항우의 곁에서 떠나지 않았다. 또 추(騅)라는 준마(駿馬), 오추마가 있어 항우는 언제나 이 말을 타고 다녔다.

항우는 우미인이 불쌍했다. 그는 비가강개(悲歌慷慨)하여 스스로 시를 지어 노래했다.

힘(力)은 산을 뽑고 기(氣)는 세상을 덮는다.   때는 불리하고 추(騅)는 가지 않는다.

추는 가지 않는다. 어찌 할 것인가? 우(虞)야, 우(虞)야, 너는 어찌할 것인가.

반복해서 노래하기를 몇 번, 우미인도 이별의 슬픔을 가득 담고 애절하게 따라 불렀다.

한병(漢兵)은 이미 땅을 차지해 사방에 초가(楚歌)의 소리.

대왕의 의기도 다되니 천천히 어찌 살아남겠는가.

귀신이라도 꺾을 듯한 항우의 얼굴에 몇 줄기 눈물이 흘렀다. 좌우도 다 울어 누구 하나 고개를 드는 자가 없었다. 비분(悲憤)의 기(氣)가 당(堂)에 넘치고, 우미인은 항우의 품속에 기댄다. 허나 이젠 어찌 할 도리가 없다.

어찌 뻔뻔스럽게 살기를 바라겠느냐고 노래한 우미인은 과연 항우에게서 보검을 빌어 그 부드러운 살갗에 꽂고 자결해 버렸다. 그날 밤, 겨우 8백 여기를 이끌고 탈출한 항우는 이튿날 한군(漢軍) 진영으로 돌입, 스스로 제 목을 쳐서 31세로 생을 마감했다. 고향이 그리워 일단 오강(烏江)까지 달려가긴 했으나, 패한 자가 뻔뻔스럽게 강동으로 돌아가는 것을 부끄럽게 생각하고 자결한 것이었다.

우미인(虞美人)의 피가 떨어진 땅 위에 봄이 오자 단려(端麗)한 꽃이 피었다. 그 꽃은 우미인이 살아 있던 그 날의 모습 같이 상냥하고 우미인의 정결(貞潔)한 피와 같이 붉고 영웅 항우의 운명을 슬퍼한 우미인의 마음같이 슬픈 듯 바람에 나부끼고 있었다. 사람들은 이 꽃을 우미인이 되살아난 것으로 생각하고 우미인초(개양귀비)라고 불렀다.

邪不犯正
사 불 범 정

邪邪邪邪邪邪邪 (간사할 사)
不不不不 (아니 불)
犯犯犯犯犯 (범할 범)
正正正正正 (바를 정)

바르지 못한 것은 바른 것을 감히 범하지 못한다는 뜻.

사불벌정(邪不伐正), 사불승정(邪不勝正)이라고도 한다. 당(唐)나라 때 유속(劉束)이 쓴 필기 소설집『수당가화(隋唐嘉話)』에 다음과 같은 이야기가 나온다. 당 태종(太宗) 때에 서역에서 온 승려가 주술로 사람을 죽일 수도 살릴 수도 있다고 하였다. 태종이 날쌘 기병 중에 용맹한 자로 하여금 승려의 말을 시험해보도록 하였다. 그의 말처럼 죽기도 하고 살아나기도 하는 것이었다. 임금이 태상경(太常卿) 부혁(傅奕)에게 이 사실을 말하자 부혁이 말했다.

"이는 요사스런 술법입니다. 제가 듣기로 사악함은 바름을 범할 수 없다고 합니다. 저에게 주술을 걸어보도록 하십시오. 절대 통하지 않을 겁니다.(臣聞邪不犯正, 若使咒臣, 必不得行)"

임금이 승려를 불러 부혁에게 주술을 걸어보게 하였다. 부혁은 주술을 다 받았으나 전혀 반응이 없었다. 그러더니 얼마 있다 승려가 갑자기 마치 공격을 받은 것처럼 고꾸라져서 다시 깨어나지 못했다.

이 고사에서 전하여 사불범정은 옳지 못한 방법으로는 옳은 방법을 이길 수 없다는 뜻으로 쓰인다. 비슷한 말로 모든 일은 반드시 바른 곳으로 돌아간다는 뜻의 사필귀정(事必歸正)이 있다.

砂上樓閣
사 상 누 각

砂砂砂砂砂砂砂砂砂 (모래 사)
上上上 (위 상)
樓樓樓樓樓樓樓樓樓樓樓樓 (다락 누,루)
閣閣閣閣閣閣閣閣閣閣閣閣 (집 각)

모래 위에 지은 누각이라는 뜻으로, 어떤 일이나 사물의 기초가 튼튼하지 못한 것을 비유.

似而非者
사 이 비 자

似似似似似似似 (같을 사)
而而而而而而 (어조사 이)
非非非非非非非非 (아닐 비)
者者者者者者者者者 (놈 자)

겉으로는 그것과 같아 보이나 실제로는 전혀 다르거나 아닌 것.

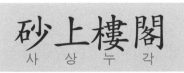 出典 맹자(孟子) 진심편(盡心篇)

맹자의 제자 만장(萬章)이 스승에게 물었다.

"공자는 진(陳)으로 가셨을 때 '어찌 돌아가지 않는가, 우리 당(黨)의 사(士)는 광간(狂簡)으로써 진취(進取), 그 처음을 잊지 않는다'고 말씀하셨는데 어째서 노(魯)의 광사(狂士) 같은 것을 생각하셨을까요?"

"공자는 「중도(中道)」의 사람을 구하셨으나, 그것을 얻지 못했으므로 그에 버금되는 광견(狂獧)의 사람을 구하셨던 것이다."

만장(萬章)은 계속해서 '「狂」·「獧」'에 대한 설명을 구했다.

"광(狂)이란 뜻만은 커서 「옛사람, 옛사람」 하고 입버릇처럼 말하며, 덕을 사모하나 행동이 그것을 따르지 못하는 자이고, 중도(中道) 즉 중정(中正)한 행동을 하는 사람에게는 미치지 못하나, 그에 버금가는 얻기 어려운 인물이다. 견(獧)이란 적극성은 없으나 사악한 행동은 하지 않는 자로서, 이것도 범인으로서는 좀체로 할 수 없는 일로 광자(狂者)에 버금가는 자다."

공자의 말씀에,

"우리 문을 지나고 우리 방으로 들어가지 않건만, 나의 유감으로 생각지 않는 것은 오직 향원(鄉原)뿐일까, 향원은 덕의 적이니라고 했는데, 향원이란 어떤 인물을 말하는 것일까요?"

만장(萬章)은 다시 묻는다. 향원 즉 일향(一鄉) 속에서 근직한 선비라고 불리우는 자(原은 愿으로 謹의 뜻)는 훌륭한 사람같이 여겨지는데 어째서 공자가 그것을 공격하는지 의문을 가졌던 것이다. 맹자(孟子)는 대답했다.

"광자(狂者)를 악평해서 행실과 말이 일치되지 않는 주제에 옛사람 옛사람 하고 어째서 그렇게 뽐내고 있단 말이냐?"고 하고, 또,

"자기 하나만의 행실에만 조심하고, 남의 일에 대해서는 조금도 상관을 하지 않는가, 이 세상에 태어난 이상 이 세상 일을 하면 좋은데"

하고 견자(獧者)를 나무라며 속세에 아첨하는 것이 향원(鄉原)이라는 것이다.

특별히 꼬집어서 비난할 점은 없다. 충직 염결한 군자같이 보인다. 그러나, 이것은 다만 세속에 아첨해서 남에게 좋은 소리를 듣고, 자기도 만족하고 있는 것으로, 결코 함께 성인의 길을 행할 인물은 아니다. 그러므로 '덕(德)의 적(賊)이다'라는 말을 듣는다.

공자는 이렇게도 말하고 있다.

"사이비(似而非)한 자를 미워한다. 가리지(수(莠)는 잡초나 벼의 묘(苗)와 비슷해서 한층 방해가 된다. 말을 잘하는 자를 미워하는 것은 정의를 혼란케 하기 때문이다. 똑같이 향원을 미워하는 것은 그것이 덕(德)을 어지럽히기 때문이다.

군자란 도덕의 근본 이치를 반복 실천할 따름이다. 세상에 아첨하는 법은 없다. 그렇게 되면 세상의 사악도 없어질 것이다."

이상의 문답은 「맹자(孟子)」의 「진심편(盡心篇)」 하(下)에 기록되어 있다. 도덕교육을 주장하는 높으신 분이나, 선생님들에 「사이비한 자」가 없었으면 좋겠다.

射人先射馬
사　인　선　사　마

射射身身身身身身射射 (쏠 사)
人人 (사람 인)
先先先先先先 (먼저 선)
馬馬馬馬馬馬馬馬馬馬 (말 마)

사람을 쏘려거든 먼저 그 말을 쏴라.

出典　두보(杜甫)의 시(詩)

그 사람을 쏘아 떨어뜨리자면 먼저 그가 타고 있는 말을 쏘라는 것이 이말의 뜻이다. 그러면 말은 놀라서 뛰어서 주인을 떨어뜨리거나 또는 말이 움직이지 못하거나 해서 간단히 그 사람을 잡을 수가 있다는 뜻이다.

어떤 목적을 달성하려면 그것과 가장 관계가 깊은 것을 우선 손에 넣어라. 그러면 길이 열릴 것이라는 것을 말한 성어(成語)다.

예를 들어 어떤 사람에게 접근하려고 할 때, 그 사람이 가장 신뢰하는 친구나 부하와 친해져 정보를 얻어 접근을 꾀하는 등이 좋은 본보기일 것이다.

두보 시 중에 이런 것들이 있다.

활을 쏘려면 강한 것을 - 만궁당만강(挽弓當挽强)
화살을 쏘려면 긴 것을 - 용전당용장(用箭當用長)
사람을 쏘려면 말을 쏴라 - 사인선사마(射人先射馬)
적을 치려면 우두머리를 치고 - 금적선금주(擒賊先擒主)
사람을 죽이는데도 한이 있네 - 살인역유한(殺人亦有限)
나라를 세우면 국경이 있네 - 입국자유강(立國自有疆)
마구 죽일 필요는 없다. - 기재다살상(豈在多殺傷)

이때의 황제 현종(玄宗)이 부질없이 영토 확장을 꾀하며 서쪽 변경으로 군대를 파견한 것을 요새에서 나와 무용(無用)한 싸움에 피를 흘린 병사의 입장에서 비판한 연작(連作) 9수 중의 하나다.

천보(天寶) 말년의 작품이라고 하며 전반은 옛 민요나 속담일 것이라고 한다.

최초의 2구(二句), 「활을 쏘려면 강한 것을 쏴라, 화살을 쓰려면 긴 것을 쓰라」는 목적을 달성하기 위해서는 어지간한 것은 그만 두고 강한 활·긴 화살을 쓰라는 말이다.

다음 두 구(二句), 「사람을 쏘려면 먼저 말을 쏴라, 적을 잡으려면 먼저 우두머리를 잡으라」는 말은 목적을 달성하기 위해서는 누를 수 있는 급소, 그런대로의 방법이 있다 라는 뜻이다.

제4구는「적을 잡으려면 먼저 우두머리를 잡으라」(擒賊先擒主)로 되어 있는데, 무슨 일이든 요점(要點)을 제어하라. 지엽(枝葉) 말절(末節)에 구애받지 말고 그 근원을 적중시켜라는 뜻으로 쓰인다.

이와 같이 이 시의 절반에서 많은 성어가 나온 것은 두보 시대에 이미 속담으로서 통용되고 있었다는 것을 짐작할 수가 있다.

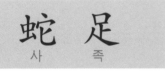

師師師師師師師師師師 (스승 사)
弟弟弟弟弟弟弟 (아우 제)
同同同同同同 (한가지 동)
行行行行行行 (행할 행)

스승과 제자(弟子)가 함께 길을 간다.

스승과 제자가 한 마음으로 연구(研究)하여 나아감.

蛇 足
사   족

蛇蛇蛇蛇蛇蛇蛇蛇蛇蛇蛇 (뱀 사)
足足足足足足足 (발 족)

뱀의 다리.

`出典` 사기(史記) 초세가(楚世家) 전국책(戰國策) 제책(齊策)

초(楚)나라 회왕(懷王) 6년(B.C 323)의 일이다. 초(楚)는 영윤(令尹)−(楚의 官名 宰相)인 소양(昭陽)에게 군사를 주어 위(魏)를 치게했다.

소양은 위(魏)를 격파하고 다시 군사를 이동시켜 제(齊)를 공격하려고 했다. 제(齊)의 민왕(閔王)은 이것을 우려하여 마침 진(秦)의 사신으로서 내조(來朝)하고 있던 진진(秦軫)에게 어떻게 하면 좋은가 하고 의논했다.

"걱정하실 필요는 없습니다. 제가 가서 초(楚)에게 싸움을 중지시키겠습니다."

진진(秦軫)은 곧 초군(楚軍)에게로 달려가 진중에서 소양과 회견하며 말했다.

"초나라의 법에 대해 묻겠습니다. 적군을 격파하고 적장을 죽인자에게는 어떤 은상을 내리십니까?"

"상주국(上柱國)에 임명되고 상급 작위인 규(珪−옥)를 하사받습니다."

"상주국(上柱國)보다 더 위인 고위 고관이 있습니까?"

"영윤(令尹)입니다."

"지금 당신은 이미 영윤(令尹)입니다. 즉 초나라의 최고 관직에 있습니다. 그런 당신이 제(齊)나라를 공격해 보았자 별 수 없지 않습니까? 예를 하나 들어보죠.

어떤 사람이 하인들에게 큰 잔 하나 가득 술을 주었는데, 하인들이 제각기 말했습니다. '여러 사람이 이것을 마시면 마음껏 마실 수가 없다. 땅에 뱀을 그려 제일 먼저 그린 자가 혼자서 마시기로 하자' '좋아' 그래서 일제히 그리기 시작했는데, 좀 있다가 한 사람이 '내가 제일 먼저 그렸다' 하고 술잔을 집어들더니 '다리까지도 그릴 수 있지' 하면서 다리를 그리기 시작했습니다. 다리를 다 그렸을 때 늦게 뱀을 그린 자가 그 술잔을 빼앗아 마시면서 '뱀에 무슨 다리가 있나, 자넨 지금 다리를 그렸다. 이긴 뱀이 아냐' 하고 말했다고 합니다.

이미 당신은 초나라의 대신입니다. 그리하여 위(魏)를 공격해서 위군을 격파하고 그 장군을 죽였습니다. 그 이상의 공적은 없습니다. 최고 관직 위에는 이제 더 가해야 할 관직도 없는 것입니다. 그런데 당신은 또 군사를 이동시켜 제(齊)를 공격하려고 하십니다. 또 승리를 거두어도, 당신의 관직은 현재 이상으로 오르지 못합니다. 만약 패한다면 자신을 죽이고 관직은 박탈되고 초에서 이러쿵 저러쿵 비난을 받을 것입니다. 이래서는 뱀을 그리고 다리까지 그린 것과 같습니다. 싸움을 중지하고 제(齊)에 은혜를 베푸는 것이 좋을 것입니다. 그렇게 하시는 것이 얻을 수 있는 것을 충분히 얻고, 또 잃는 것이 없는 술(術)이라고 하는 것입니다."

소양(昭陽)은 그렇구나 생각하고 군사를 거두어서 떠났다.

이 이야기는 『사기(史記)』의 초세가(楚世家)와 「전국책(戰國策)」에 있다. 양자(兩者)의 서술에는 다소 차이는 있으나 대체로는 같다. 사족(蛇足-쓸데 없는 일을 한다-)라는 말은 이 이야기에서 유래됐다.

四 四 四 四 四 (넉 사)
通 通 通 通 通 通 通 通 通 通 通 (통할 통)
八 八 (여덟 팔)
達 達 達 達 達 達 達 達 達 達 達 (통달할 달)

길이 사방 팔방으로 통해 있음. 길이 여러 군데로 막힘 없이 통함.

통신망이나 교통망이 잘 발달되어 있는 곳을 가리켜 사통팔달이라고 한다. 사통오달(四通五達)도 같은 뜻이다.

이번에는 그저 통달(通達)한 것도 마땅치 못해서 4+8 즉 12개로 나누었다. 한편 통달은 도나 사물의 이치에 정통한 것을 가리킬 때도 쓴다.

事必歸正
사 필 귀 정

事事事事事事事事(일 사)
必必必必必(반드시 필)
歸歸歸歸歸歸歸歸歸歸歸歸歸歸歸歸歸歸(돌아갈 귀)
正正正正正(바를 정)

무슨 일이든 반드시 옳은 이치대로 돌아간다.

<금도끼 은도끼> 이야기의 부지런한 나무꾼은 정직하게 대답한 덕분에 잃어버린 쇠도끼는 물론이고, 금도끼와 은도끼까지 모두 얻게 되었다. 하지만 같은 동네에 사는 게으르고 욕심 많은 나무꾼은 산신령을 속이려다가 자기가 가지고 간 쇠도끼마저 잃고 말았다. 다른 사람을 부러워하고 남의 것을 탐내다 보면 오히려 자기가 가진 것마저 잃을 수 있다. 하지만 정직하고 부지런히 자기 할 일을 하면 모든 일이 뜻대로 이루어진다.

四海兄弟
사 해 형 제

四四四四四(넉 사)
海海海海海海海海海海(바다 해)
兄兄兄兄兄(맏 형)
弟弟弟弟弟弟弟(아우 제)

세상의 모든 사람들이 다 형제다.

出典 논어(論語) 안연편(顔淵篇)

사해형제(四海兄弟)는 사해동포(四海同胞)라고도 한다.

공자의 제자로 사마우(司馬牛)라는 사람이 있었다. 이 사마우에게는 환퇴(桓魋)라는 대악당인 형이 있었다. 환퇴는 공자를 죽이려고 한 적도 있었다. 사마우는 아주 슬퍼하며,

"남에게는 다 형제가 있으나 나만이 형제를 잃고 독신입니다" 라고 말했다.

공자의 고제자로 보좌격이었던 자하(子夏)는 그것을 위로해서 다음과 같이 말했다.

"죽고 사는 것이 다 천명(天命)이고, 부귀 역시 천운(天運)에 의한다 - 라는 말을 들었다. 군자는 공경해서 잃지 않고, 남에게 공손히 해서 예(禮)가 있으면 사해(四海)가 다 형제. 그러므로 군자라면 형제가 없는 것을 걱정하지 않아도 좋은 것이 아닌가"

라고. 또 어느 때 사마우가,

"군자란 어떤 인간입니까?"

하고 선생에게 물었다. 공자가 대답하기를,

"군자는 걱정근심을 하거나 겁을 내거나 하지 않는 것이다"

하자 사마우는 다시,

"걱정하지 않고 겁내지 않으면 군자라고 할 수 있습니까?"

하고 물었다. 공자는,

"안으로 반성을 해서 떳떳하다면 무엇을 걱정하고 무엇을 겁내겠는가."

하고 대답했다.

사마우와 자하, 사마우와 공자의 이 두 이야기는 다같이 「논어(論語)」의 안연편(顔淵篇)에 나온다. 「내성불구(內省不疚)」는 많이 쓰이는 말이다.

크게 떳떳치 못하면서도 얼굴도 잘난체 자랑하고 그것을 호언(豪言)하는 사람도 있다. 사마우에 대한 논어의 이야기는 환퇴라는 포악무도한 형이 있었다는 것을 모르면 뚜렷해지지 않는다.

司馬牛憂曰 人皆有兄弟 我獨亡, 子夏曰, 商聞之矣 死生有命 富貴在天, 君子敬而無失 與人恭而有禮 四海之內 皆爲兄弟也 君子何患乎無兄弟也(「商聞之矣」의 「商」은 子夏)

司馬牛問君子, 子曰 君子不憂不懼, 曰不憂不懼斯謂之君子矣乎子曰 內省不疚, 夫何憂何懼.

山 山 山(뫼 산)
高 高 高 高 高 高 高 高 高 高(높을 고)
水 水 水 水(물 수)
長 長 長 長 長 長 長 長(긴 장)

산은 높고 물은 유유(悠悠)히 흐른다는 뜻.

군자의 덕이 높고 끝없음을 산의 우뚝 솟음과 큰 냇물의 흐름에 비유한 말.

중국 송(宋)나라 범중엄(范仲淹)의 「동려군엄선생사당기(桐廬郡嚴先生祠堂記)」에 나오는 말이다. 엄선생은 후한 때 은사(隱士)인 엄광(嚴光)으로, 동한(東漢)을 개국한 광무제(光武帝) 유수(劉秀)와 친구였는데 광무제가 즉위한 뒤 그에게 벼슬을 내렸으나 받지 않고 부춘산(富春山)에 은거하며 평생을 보냈다. 후대에 많은 사람들이 그의 청절(淸節)을 지킨 기개를 우러러보았다. 범중엄은 엄주(嚴州)의 태수가 되자 엄광이 머물렀던 엄주 땅에 엄광의 강직한 인품과 고결한 뜻을 기리기 위해 사당을 지었다. 그 기문에 다음과 같은 말을 남겼다.

"구름 낀 산이 푸르고 강물은 깊고 넓도다. 선생의 유풍은 산처럼 높고 저 물처럼 장구하리라.[雲山蒼蒼, 江水泱泱, 先生之風, 山高水長.]"

절친한 벗이 황제가 되어 명예와 재물을 누릴 수 있었음에도 불구하고 높은 지위를 사양하고 일생을 산속에서 낚시질로 보낸 엄광의 절개가 후세에 길이 전해지길 바란 마음이 담긴 말이다.

여기서 전하여 산고수장은 인품이 뛰어난 사람의 고결한 뜻이 오래도록 전해지는 것을 말한다.

山 山 山(뫼 산)
紫 紫 紫 紫 紫 紫 紫 紫 紫 紫 紫 紫 (자주빛 자)
水 水 水 水 (물 수)
明 明 明 明 明 明 明 明 (밝을 명)

산빛이 곱고 강물이 맑다는 뜻으로, 산수(山水)가 아름다움을 이르는 말.

山戰水戰
산 전 수 전

山山山 (뫼 산)
戰戰戰戰戰戰戰戰戰戰戰戰戰戰戰 (싸움 전)
水水水水 (물 수)

산에서의 싸움과 물에서의 싸움이라는 뜻.

세상의 온갖 고난(苦難)을 다 겪어 세상일에 경험이 많음을 이르는 말로서, 산전은 산에서 싸우는 것이고, 수전은 물에서 싸우는 것으로, 육지에서 싸우는 것보다 강력한 체력과 고도의 전술이 필요하며 피해와 희생 또한 만만치 않은 만큼 훨씬 어렵다. 따라서 강도 높은 훈련을 받지 않거나 경험이 많지 않은 평범한 병사를 이끌고 산전수전을 치르면 실패하기 쉽다. 산전수전을 겪었다는 것은 군사적인 면으로는 백전노장 또는 역전의 용사를 말한다. 일반적인 의미로는 모진 풍파를 다 겪어 정신적 및 육체적으로 강인한 사람을 뜻하며, 어지간한 시련에는 조금도 동요하지 않는 사람을 말한다.

山海珍味
산 해 진 미

山山山 (뫼 산)
海海海海海海海海海海 (바다 해)
珍珍珍珍珍珍珍珍珍珍 (보배 진)
味味味味味味味味 (맛 미)

산과 바다의 산물(産物)을 다 갖추어 아주 잘 차린 진귀(珍貴)한 음식이란 뜻.

위응물(韋應物 : 737~804)이 저술한『장안도시(長安道詩)』에 나오는 말이다. 중국에서는 인간의 기본적인 욕망 가운데 하나인 식욕을 만족하기 위해서 다양한 음식이 발달되어 있다. 중국인들은 스스로가 '백성은 먹는 것을 하늘처럼 여긴다[民以食爲天]'라고 할 정도로 먹는 것을 즐기고 중시한다. 따라서 요리 수가 많으며, 별의별 음식이 등장하게 되었다. 이런 음식을 산해진미라고 한다. 위응물은 당(唐)나라 시인이며, 청년 시절에 임협(任俠)을 좋아해 현종(玄宗)의 경호책임자가 되기도 하였다. 당나라 자연파 시인의 대표적인 인물이다.

중국에서는 각 지방마다 독특한 맛과 향취를 가진 음식을 가지고 있는데, 그 특징을 지방의 이름으로 요리의 특성을 구분한다. 대표적인 것으로는 매운맛이 특징인 사천요리, 고급요리의 대명사로 불리는 산동요리, 삶고 찌고 볶아내는 특징을 가진 호남요리, 식재료를 섬세하게 다루는 호북요리 등이 있다.

산해진미는 몇 가지로 나눌 수 있다. 진식(珍食 : 진기한 음식)으로, 연와(燕窩 : 바다 제비집 요리), 녹근(鹿筋 : 사슴 힘줄 요리), 부포(鳧脯 : 뜸부기 포) 등이 있다. 기식(奇食 : 기이한 음식)으로, 타봉(駝峰 : 낙타 혹으로 만든 음식), 은이(銀耳 : 버섯의 일종) 등이 있다. 잔식(殘食 : 잔인한 음식)으로, 성순(猩脣 : 고릴라 입술로 만든 음식), 후뇌(원숭이 뇌로 만든 음식), 웅장(熊掌 : 곰 발바닥으로 만든 음식) 등이 있다.

殺身成仁
살 신 성 인

殺殺殺殺殺殺殺殺殺殺殺(죽일 살)
身身身身身身身(몸 신)
成成成成成成成(이룰 성)
仁仁仁仁(어질 인)

인의(仁義)를 위하여 목숨을 바친다.

出典 논어(論語) 이인편(里人篇)

공자 고제자의 한 사람인 증자(曾子)는 ── 부자(夫子)의 도(道)는 충(忠)과 서(恕)뿐<夫子之道忠恕而已矣>(「論語 里人篇」).

(선생님의「도(道)」는 충과 서로 돌아간다)고 말하고 있다. 충(忠)이란 인간사회를 지배하는 초월적인 존재인 하늘(天)에 의해 규정된 질서와 법칙에 대해 자신을 허(虛─無我)하게 해서 따르는 정신, 서(恕)란 충, 즉 자신을 허하게 해서 하늘에 따르는 정신을 그대로 남에게 미치게 하는 마음인데, 따라서 충·서란 한말로 말해서 '자기에게 사로잡히지 않는 진실한 성의(誠意)로 남을 생각하는 마음'이라고 해도 좋다.

이 충서를 공자는 인(仁)이라 부르고 있다. 증자가 지적한 바와 같이 충·서 즉 인(仁)이 공자로서는 얼마나 근본적인 관념이었던가는 완성된 인간인「군자(君子)」에 대해,

──군자, 인(仁)을 떠나 어찌 이름을 얻겠는가.<君子去仁, 惡乎成名>(「論語 里人篇」)

(군자는 인(仁)을 떠나서는 군자다운 이름을 얻을 수가 없다)는 뜻.)라고 말하고 있는 점으로서도 쉽게 상상된다. 그러나, 공자로서는 인(仁)이란 덕목이 어떤 것인가를 아는(知) 것만으로는 무의미하다. 중요한 것은 자신이「군자(君子)」다울 것. 다시 말해서 자신의 정신을 인(仁)그것으로 바꾸는 것이었다.

──공자가 말하기를 지사인인(志士仁人)은 생(生)을 구하되 이로써 인(仁)을 이룩한다.

(공자가 말하기를 참된 인간이 되고 싶다 하는 뜻이 있는 사(士)나 인(仁)의 사람은 생명을 아껴 인(仁)에 배반하는 것같은 짓은 하지 않으며, 생명을 던져서 인(仁)을 성취하는 법이다.)라는 유명한 말은 공자가 진리라고 믿는 것 앞에 스스로 죽음을 맹세한 중대한 결의를 나탄낸 것이라고 보아도 좋다.

증자는 이 공자의 도의 엄함을 이렇게 설명하고 있다.

──사(士)는 이로써 홍의(弘毅)하지 않을 수 없다. 임(任)은 중하고 길은 멀다. 인(仁)으로써 자기의 소임으로 한다. 아니 중하지 않을손가. 죽어서야 비로소 그친다. 아니 멀지 않을손가.

(士不可以不弘毅, 任重而道遠, 仁以爲己任, 不亦重乎, 死而後已, 不亦遠乎)(論語泰伯篇).

(군자란 융한 것이 절박하지 않고, 또 확고한 마음을 가지고 있지 않으면 안된다. 왜냐하면 지고 있는 짐은 무겁고, 그것을 운반해야할 길은 멀기 때문이다. 그 지고 있는 짐이란 인(仁)이다. 그 어찌 무겁지 않을 건가. 죽을 때까지 계속 노력하지 않으면 안된다. 어찌 멀다하지 않겠는가.)

故事成語

보통 남을 위해 자신의 목숨을 희생시키는 것을 「살신성인(殺身成仁)」이라고 하는데, 공자의 경우 「성인(成仁)」을 위해 「살신(殺身)」할 결의를 숨기고 있었던 것으로, 보통용법은 이 말을 지나치게 감상화(感傷化)하고 있다고 볼 수 있다. 그것은 그렇다 치고 근래에는 「활신성불인(活身成不仁)」하는 도배(徒輩)가 어찌도 그리 많은지…….

三綱五倫 (삼강오륜)

三三三 (석 삼)
綱綱綱綱綱綱綱綱綱綱綱綱綱綱 (벼리 강)
五五五五 (다섯 오)
倫倫倫倫倫倫倫倫倫倫 (인륜 륜)

유교 도덕의 바탕이 되는 세 가지 강령과 다섯 가지의 인륜을 이르는 말.

삼강(三綱)은 유교 도덕이 되는 세가지 뼈대가 되는 줄거리로서, 군위신강(君爲臣綱), 부위부강(夫爲婦綱), 부위자강(父爲子綱)이며, 오륜(五倫)은 군신유의(君臣有義), 부자유친(父子有親), 부부유별(夫婦有別), 장유유서(長幼有序), 붕우유신(朋友有信)을 말함.

三顧草廬 (삼고초려)

三三三 (석 삼)   (돌아볼고)
顧顧顧顧顧顧顧顧顧顧顧顧顧顧顧顧顧顧顧
草草草草草草草草草草 (풀 초)   (오두막집 려)
廬廬廬廬廬廬廬廬廬廬廬廬廬廬廬廬廬廬

유비가 제갈공명을 세 번이나 찾아가 군사(軍師)로 초빙한 데서 유래한 말.

제갈량의 [出師表(출사표)]에 나오는 말이다. 삼국시절(三國時節)의 유현덕(劉玄德)이 와룡강(臥龍江)에 숨어 사는 제갈공명을 불러내기 위해 세 번이나 그를 찾아가 있는 정성을 다해 보임으로써 마침내 공명의 마음을 감동시켜 그를 세상 밖으로 끌어낼 수 있었던 이야기에서 비롯된 말이다.

"신은 본래 포의(布衣)로서 몸소 남양(南陽)에서 밭갈이하며 구차히 어지러운 세상에 목숨을 보존하려 했을 뿐, 제후들 사이에 이름이 알려지기를 바라지는 않았습니다. (선제(先帝) : 유현덕)께서 신의 천한 몸을 천하다 생각지 않으시고, 황공하게도 스스로 몸을 굽히시어 세 번이나 신을 초막(草幕) 속으로 찾아오셔서 신에게 당면한 세상일을 물으시는지라, 이로 인해 감격하여 선제를 위해 쫓아다닐 것을 결심하게 되었던 것입니다."

이 일 이전에도 은(殷)나라 탕왕(湯王)이 삼고지례(三顧之禮)로 이윤(伊尹)을 맞이한 일이 고전(古典)에 나온다. 그러므로 삼고초려는 유비가 처음 행한 일이 아닌 듯하다. 지금은 이 말이 신분이나 지위가 높은 사람이 자기 신분과 지위를 잊고 세상 사람들이 대단치 않게 보는 사람을 끌어내다가 자기 사람으로 만들려고 하는 겸손한 태도와 간곡한 성의를 뜻하는 말로 쓰이게 되었다.

三三五五
삼 삼 오 오

三三三 (석 삼)
五五五五 (다섯 오)

세 명씩 혹은 다섯 명씩, 각기 무리지어 흩어져 있는 사람들의 모습을 이르는 말이다.

당(唐)나라 시인 이백(李白)의 「채련곡(采蓮曲)」이라는 작품에 나온다.

약야계(若耶溪) 옆의 연꽃 따는 아가씨들[若耶溪傍采蓮女]

연꽃 사이에 두고 웃고 이야기 나누네[笑隔荷花共人語].

햇빛은 새로 화장한 얼굴 비춰 물속까지 환하고[日照新妝水底明]

바람이 향기로운 소매 날려 공중에 펄럭이네[風飄香袂空中擧].

언덕 위엔 뉘집의 풍류 즐기는 사내들인가[岸上誰家遊冶郎]

삼삼오오 짝 지어 수양버들 사이에 비추누나[三三五五映垂楊].

자류마(紫騮馬) 울며 지는 꽃 속으로 들어가니[紫騮嘶入落花去]

이것 보고 주저하며 부질없이 애끊는다오[見此踟躕空斷腸].

강가에서 연꽃 따는 여인네들을 노래한 시로 질박하고 청려(淸麗)한 시어가 돋보이는 이백의 작품이다. 위 시구에서처럼 삼삼오오는 사람들이 서너 명씩 무리지어 몰려다니는 모습, 아주 많은 인원의 군중은 아니지만 소소하게 모여 무리를 이룬 것을 가리키는 말이다.

三旬九食
삼 순 구 식

三三三 (석 삼)
旬旬旬旬旬旬 (열흘 순)
九九 (아홉 구)
食食食食食食食食食 (밥 식)

삼순, 곧 한 달에 아홉 번 밥을 먹는다는 뜻.

집안이 가난하여 먹을 것이 없어 굶주린다는 말.

일순(一旬)은 열흘로 삼순(三旬)은 삼십일, 즉 한 달이다. 한 달 동안 아홉 번 밥을 먹는다는 뜻으로, 끼니도 겨우 때울 만큼 궁핍한 것을 말한다.

중국 전한시대(前漢時代) 유향이 지은 설화집인 『설원(說苑)』에 유래한다. 총 20편으로 이루어져 있으며 선진시대부터 서한(西漢) 초기에 이르기까지 역사, 일화, 전설 등이 주제 별로 수록되어 있다. 그중 「입절(立節)」편은 절의를 지킨 이들의 고사를 열거하고 있는데, 노나라의 학자이자 공자의 손자, 『중용』의 저자로 알려져 있는 자사가 위나라에 머물 때의 고사가 다음과 같이 전한다.

자사가 위나라에 있을 때 덧옷도 없이 거친 옷을 입고 20일에 고작 아홉 끼만을 먹었다(子思居於衛, 縕袍無表, 二旬而九食). 공자의 제자인 자공(子貢)을 사사한 전자방(田子方)이 이 소식을 듣고 두꺼운 여우 가죽옷을 주려고 하였으나 그가 받지 않을까 염려해 이렇게 말했다.

"나는 남에게 물건을 빌려줄 때엔 즉시 잊어버리고 남에게 물건을 줄 경우엔 버리는 것과 같이 한다."

그러나 역시 자사는 거절하였다. 이에 전자방이 직접 물었다.

"내게는 있고 그대에겐 없기에 주는 것인데 왜 받지 않는 것이오?"

자사가 말했다.

"내 비록 가난하나 차마 내 몸을 스스로 구렁텅이로 처넣을 수는 없소."

당장 궁핍한 생활을 하고 있을지라도 어떠한 명분이 없는데 받는 것은, 흙구덩이에 처박혀 쓸모 없는 존재가 되는 것이나 마찬가지일 정도로 옳지 않다고 여긴 것이다. 자사의 절개와 의리는 지킬 줄 아는 면모를 보여주는 일화이다.

이 고사에서는 자사의 그의 가난한 형편을 이순(二旬)에 구식(九食)이라고 하였는데, 긴 시간 몇 끼니 밖에 해결하지 못하는 처지를 전하는 말로 쓰였다. 또 중국 진나라의 시인 도연명이 지은 시 「의고(擬古)」에는 다음과 같은 구절이 나온다.

동방에 한 선비가 있으니 입은 옷이 항상 완전하지 못하네.

한 달에 밥은 겨우 아홉 번 먹고 갓은 십 년 만에 한 번 쓴다네.

[東方有一士, 被服常不完. 三旬九遇食, 十年著一冠.]

이처럼 삼순구식은 빈궁한 생활을 비유하는 말로, 비슷한 성어로는 위에서는 비가 새고 아래로 는 습기가 찬다는 뜻으로 가난한 집을 형용하는 말인 상루하습(上漏下濕)이 있다.

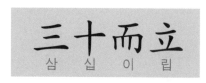

三三三 (석 삼)
十十 (열 십)
而而而而而而 (말이을 이)
立立立立立 (설 립)

서른 살이 되어 자립한다는 뜻.

학문이나 견식(見識)이 일가를 이루어 도덕 상으로 흔들리지 아니함을 이르는 말.

나이 삼십에 이르러, 비로소 어떠한 일에도 움직이지 않는 신념이 서게 되었다는 공자(孔子)의 경험담. 서른 살을 이르는 말.

三三三 (석 삼) 十十 (열 십) 六六六六 (여섯 육)
計計計計計計計計計 (셈할 계)
走走走走走走走 (달릴 주) 上上上 (위 상)
爲爲爲爲爲爲爲爲爲爲爲 (할 위)

서른여섯 가지 계책 가운데 도망치는 것이 가장 좋은 계책

出典 제서(齊書) 왕경칙전(王敬則傳)

삼십육계 중 줄행랑이 제일. 누구나 다 아는 말이다. ─허나, 그리 간단하지도 않다. 어떤 책에서는 '꾀하는 일은 많으나 도망가야할 때는 도망 가서 몸의 안전을 지키는 것이 최상책이라'고 하는데, 바꿔서 말하면 '어찌할 바를 모를 때에는 도망치는 것이 제일 좋은 방법이다'가 된다. 또 다른 책에서는 '최상책'까지는 같은데, 이것은 '비겁한 자를 비난하는 말'이라고 했다. 이런 뉘앙스는 어디서 나왔을까?

위(魏)·오(吳)·촉한(蜀漢) 삼국의 싸움도 끝나고 천하가 진(晉)으로 통일된 지도 어언 40년, 진은 내란과 흉노의 습격으로 망하여 그 양자강 남쪽으로 옮겨갔는데, 북방 황하유역에는 북에서 또는 서에서 많은 이민족이 흘러 들어왔다. 이렇게 쑥대밭 같이 어지러워져 세력 분포도 점차 남북으로 크게 둘로 나뉘어,제각기 자기 나라 안에서 일어난 남북 양조(兩朝)의 싸움이 쉴새없이 계속되게 된다. 이런 남북조 시대의 일이다. 북방에서는 선비족(鮮卑族)이 세운 위(魏)가 세력을 더해가고, 남조는 제(齊)나라 시대였다. 송(宋)의 마지막 황제였던 순제(順帝)는 제왕(齊王)인 소도성(蕭道成)과 왕경칙(王敬則) 등의 압력으로 나라를 제(齊)에 빼앗기고 살해되었다.

그리하여 지금 그 왕경칙은 반군을 이끌고 제도(齊都) 건강(建康─南京)을 향해 진격하고 있었다. 그는 회계(會稽)의 태수가 되어 있었으나 지금 황제하고는 오랫동안 싸움을 계속해서 자식들도 다 살해된 바 있었다. 그래서 아주 결정을 지어버린 생각이었다. 그 도중에 그는 황제측에서 퍼뜨린 소문을 들었다. '왕경칙이 도망가는 모양이다'라는 것이었다. 경칙은 내뱉듯이 말했다.

"단장군(檀將軍)의 계략은 여러 가지가 있었다고 하는데, 도망치는 것이 제일 좋은 책략이었다. (단공(檀公)의 삼십육책(三十六策)은 도망치는 것이 상책(上策)이다. 네놈들이야 말로 어서어서 도망치는 것이 좋을 거다)……"

이에 이어 이 말은 「단도제(檀道濟)가 위군을 피한 것을 힐난한 것이다」라는 주석을 달고 있다.

왕경칙은 이윽고 제나라 군사에게 포위되어 도망도 치지 못하고 목이 잘렸으나 「삼십육계(三十六計)……」라는 말만은 남아 후인(後人)들의 입에 오르게 되었다. 그런데 이런 소리를 들은 단도제(檀道濟)란 어떤 사람이었을까.

단도제는 전대(前代)인 송(宋)을 섬긴 명장이었다. 송의 기반을 쌓아올린 무황제 때부터 군사(軍事)를 맡고 북방의 대적인 위나라 군사와 수차에 걸쳐 싸워 공을 세워 왔다.

그 무렵 위의 기세는 더욱 더 강성해서 연(燕)나라, 양(凉)나라도 그의 말발굽에 망해 버렸다. 단도제는 이런 적을 막아야 하기 때문에 늘 마음 편할 날이 없었다. 그는 용병법이 노련했으며, 그가 살아있는 동안에는 송나라 땅을 별로 잃지 않고 단단히 지키고 있었다. 명장 단도제의 이름은 점차 높아졌으나, 그를 미워하고 시기하는 무리는 그를 모략 중상할 기회를 은근히 엿보고 있었다.

전왕(前王)의 장례식 때 참언(讒言)이 왕의 귀에 들어갔다. 전국시대의 군왕은 자기 부하 장군의 힘이 강대해지는 것을 늘 두려워했다.

참언은 그대로 적중되어 마침내 단도제는 잡혀 왕 앞에 끌려 나왔다. 사형은 결정적이었다. 그때 그는 두건을 벗어 그것을 왕 앞에 내던지며 불길같은 두 눈을 부릅뜨고 왕을 노려보며 외쳤다.

"왕이여, 이 단도제를 죽이다니, 그것은 스스로 만리장성을 허물어버리는 것과 같소이다!"

도제의 죽음을 전해듣자, 위군은 춤을 추며 좋아했다. 과연 송나라의 원가(元嘉)38년 겨울 위왕 불리(佛貍)는 백만이란 대군을 이끌고 굳게 얼어붙은 강을 건너 송(宋)으로 침입했다. 이 철기(鐵騎) 앞에 송군은 싱거울 정도로 쉽게 쳐들어갔다. 이르는 곳마다의 마을은 약탈당하고 남자들은 참살되었다. 위군은 창 끝에 갓난애를 꿰들고 춤을 추었다고 한다. 모든 집은 불타버렸으므로 봄이 되어 돌아온 제비도 집 지을 곳이 없어 숲에다 집을 지었다. 건강(建康)의 사람들도 앞을 다투어 피난길에 올랐다.

이무렵 왕은 석두성(石頭城)에 있었으나, 성벽 망대에서 멀리 북쪽을 바라보고 긴 한숨을 쉬며 탄식했다.

"아아! 단도제만 있었더라면 저 호군(胡軍)에게 이렇게까지는 짓밟히지 않았을 것을……"

「삼십육계주위상책」이라고 하여 비난을 받던 단도제란 이런 인물이었다. 그는 송의 지주(支柱)였고, 스스로도 분명히 그렇게 생각하고 있었던 것이다. 강대한 위군과 싸워 한 번은 후퇴하는 것이 「상책」이었던 경우도 많았을 것이다. 자기와 병력을 「보전하는」 것은 송을 위해 사실 필요했으리라. 도망친다고 해도 여러 모로 뜻이 있는 법이다. 하지만 이렇게 해서 시작된 이 말도 성어(成語)로써 독립하여 쓰이게 되었다.

三三三 (석 삼)　人人 (사람 인)
成成成成成成成 (이룰 성)
市市市市市 (저자 시)
虎虎虎虎虎虎虎 (범 호)

세 명이서 시장에 호랑이가 나타났다고 하면 믿게 된다.

出典 전국책(戰國策) 위편(魏篇)

전국시대의 위혜왕(魏惠王)은 그리 훌륭한 왕이라고 말할 수는 없으나, 아주 일화가 풍부한 재미있는 인물이다. 맹자가 이 혜왕을 만나 아무리 왕도(王道)를 설명해도 이해를 하지 못했던 모습은 「孟子」의 양혜왕편에 자세하다.

그런데 삼인성시호(三人成市虎)의 고사(故事) 역시 이 혜왕이 주인공이다. 「전국책(戰國策)」의 위(魏)편에 나오는 일화로, 참언(讒言)이 얼마나 쉽사리 믿어지는가를 말해주는 것이고, 또한 이 왕의 우둔(愚鈍)을 전하는 이야기이기도 하다. 방총(龐葱)이란 자가 위(魏)의 태자와 함께 조나라의 한단(邯鄲)으로 인질로써 가게 되었을 때 방총이 혜왕에게 말했다.

"여기 어떤 한 사람이 시장에 호랑이가 나왔다고 하면 왕께서는 그 말을 믿으시겠습니까?"

"누가 믿겠는가!"

"그럼 두 사람이 똑같이 시장에 호랑이가 나왔다고 하면 어떻게 하시겠습니까?"

"역시 의심스럽지!"

"그럼 세 사람이 똑같이 말하면 왕께서도 믿으시겠습니까?"

"그건 믿지!"

"애당초 시장에 호랑이가 나온다는 것은 있을 수 없는 일입니다. 그러나 세 사람씩이나 같은 말을 하면 시장에 틀림없이 호랑이가 나온 것이 됩니다. 저는 지금부터 양(梁)을 떠나 한단(邯鄲)으로 갑니다만, 한단은 양에서 시장보다는 훨씬 멉니다. 더구나 제가 떠난 뒤 제 일에 대하여 이러쿵저러쿵 말을 하는 사람이 아마도 세 사람 정도가 아닐 것입니다. 왕이시어, 부디 귀를 기울이지 마시도록!"

"안심하라! 나는 말야, 내 자신의 눈 밖에 믿지 않으니까."

이렇게 하여 혜왕과 헤어진 방총(龐葱)이 출발하자마자 바로 왕에게 참언하는 자가 나타났다. 후일 인질이 풀려 귀국한 것은 태자뿐이고, 방총은 혜왕의 의심을 받아 위(魏)로 돌아오지 못하는 몸이 되고 말았다.

말이란 참으로 무섭다. 말이란 무(無)에서 유(有)를 만들고, 더구나 그 유(有)를 지극히 그럴듯싫게 착각시킨다.

三人行必有我師
삼 인 행 필 유 아 사

三三三 (석 삼) 人人 (사람 인)
行行行行行行 (행할 행)
必必必必必 (반드시 필) 有有有有有有 (있을유)
我我我我我我我 (나 아)
師師師師師師師師師 (스승 사)

세 사람이 같이 가면 반드시 나의 스승이 있다.

出典 논어(論語) 술이편(述而篇)

「세사람이 모이면 반드시 모범이 있다」라는 뜻이다.

「논어(論語)」에 있는 말인데, 공자(孔子)가 한 말이다. 원문은 이 다음에 그 좋은 점을 골라 모범으로 삼고, 그 좋지 못한 점을(자기에게도 있으면 그것을)고친다」고 하며 끝이 난다.

현대 중국어에서도 이 성어(成語)는 쓰이나 「(어떤 일을)하면」이 「함께 간다면」으로 바꿔서 쓰는 편이 많다. 그것은 원문(原文)의 「삼인행필유아사(三人行必有我師)」는 上「三」下「四」로 음조(音調)가 나쁘므로 삼인동행 필유아사(三人同行 必有我師)하고 상하의 밸런스를 잡았기 때문일 것이다.

그런데 삼(三)이란 수는 ① 수를 헤아릴 때의 三, ② 一도 안되고 二도 안되고 三이 아니면 안될 때의 三으로 세 가지의 사용법이 있다.

①은 문제가 없으나, ②는 어느 정도 많다는 뜻, 아주 많은 것은 아니다. 저기 한 때, 여기 한 때

하고 사람이 있을 때「三三五五」라고 한다. ③의 경우는 一에서 무엇인가 나타났다. 二에서 두번째로 다른 것이 나타났다. 三에서 이제까지의 어느쪽도 아닌 것이 나타났다라는 것. 따라서 제3자의 입장에 선다고 하면 양쪽의 어느쪽도 아닌(보는 쪽의)입장, 비판하는 쪽의 입장에 서게 된다. 헤에겔의 이른바 테에제(正), 안티 테에제(反—對立物)을 넘어서서 요약하는 던 테에제(合—止揚)라는 것과 비슷하다.

노자(老子)는 말했다.「도(道)는 一을 낳고, 一은 二(陰과 陽)를 낳고, 二는 三(陰陽과 눈에 보이지 않는「沖氣」라는 것)을 낳고, 이렇게 해서 三은 만물을 낳는다」고.(第四二章)

새로운 것을 탄생시키는 중요한 수로 三을 본절에서는 헤에겔과 같다.

또 청(淸)의 왕중(汪中)은 三이란 수가 완성된 것이다. 九는 수의 끝이라고 주장하고 있다.

三은 그 자체 필요한 요소를 품고 있으므로 충분한 수다. 九는 수의 배열의 끝, 그 이상은 그때까지의 반복에 지나지 않으므로—라고, 말하는 것이 아닌지. 어쨌든 三과 九를 존중한다는 것도 그런 의미에서다.

그럼 이 성어의 경우는 어떤가.

「三인이 행하면」이란 것을「몇 사람이 하면」하고 막연히 해석하는 것도 좋으나「반드시 모범은 있다」고 하는 이상, 역시 다른 요소를 품는 것으로써「三」을 쓰고 있는게 확실하다. 따라서 ③의 해석을 취해야 할 것이다.

이와 같이 다른 요소를 품는 완성된 수의 三이므로, 그것을 기점으로 보고「사물은 三을 넘지 않는다[事物不過三]」(「西逸記」三十一」)이란 말도 생겼다. 또 다른 요소를 품는 수이므로 그것이 적당하게 서로 보태고 서로 협력하면 三이 三 이상의 힘이 되는 수도 있다.

중국 속담에,「三인이 마음을 같이하면 황토도 금이 된다」(三仁同心 黃土變金).

「三인의 피직인(皮職人)은 제갈공명보다 낫다」(三人皮匠 勝如諸葛亮).

그리고 수가 많은 쪽으로 강조한 것이「중인(衆人)이 섭(柴)을 주으면 불길은 높아진다」(衆人拾柴 火焰高).「중지(衆志)는 성(城)이 된다」(衆志成城).

이런 속담도 있다. 그런데 어느 정도 수가 증가되면 반대로 일이 잘 되지 않는 수도 있다. 그래서「三인으로서는「理」란 글자를 둘러메고 갈 수 없다」(三個人 臺不過理學)라는 속담도 있는 것이다.

三三三 (석 삼)
日日日日 (날 일)
天天天天 (하늘 천)
下下下 (아래 하)

사흘 간의 천하라는 뜻.

① 권세의 허무를 일컫는 말. 극히 짧은 동안 정권을 잡았다가 실권(失權)함의 비유. ② 발탁되어

234

어떤 지위에 기용(起用)되었다가 며칠 못 가서 떨어지는 일의 비유. ③ 갑신정변이 3일 만에 실패했으므로 이를 달리 일컫는 말.

조선말기, 왕궁에는 청나라에 등을 기대고 있던 수구파 민씨 일가와 김옥균, 박영효 등 친일 개화파가 왕권을 둘러싸고 대립하고 있었다. 고종 21년(1884), 개화파의 일원인 김옥균(신영균)은 민씨 일가를 몰아내고 청으로부터의 완전한 독립을 선언할 것을 왕(신성일)에게 간언하고 왕도 이를 수락한다. 1884년 12월 4일, 우정국(郵政局) 개국 축하연이 있던 날, 김옥균을 비롯한 개화파는 갑신정변(甲申政變)을 일으켜 수구파를 제거하고 실권을 잡는 데 성공한다. 그러나 명성황후가 청의 위안스카이(袁世凱, 원세개)에게 원병을 요청하면서 김옥균의 독립을 향한 꿈은 3일 만에 물거품이 되고 개화파는 인천을 거쳐 일본으로 망명한다.

三三三(석 삼)
從從從從從從從從從從從(좇을 종)
之之之之(갈 지)
道道道道道道道道道道道道(길 도)

여자가 따라야 할 세 가지 도리.

여자는 어려서 어버이게 순종(順從)하고, 시집가서는 남편에게 순종하고, 남편이 죽은 뒤에는 아들을 따르는 도리.

삼종(三從)이란 결혼하기 전에는 아버지를, 결혼해서는 남편을, 남편이 죽으면 자식을 따라야 한다는 것으로『예기(禮記)』「교특생(郊特牲)」과『의례(儀禮)』「상복전(喪服傳)」 등의 유교 경전에 나온다. 중국 전한(前漢) 시기에 완성된 이 예서(禮書) 들은 2천년 이상의 역사를 통해 동아시아 유교 문화권 사람들의 행위를 지시해왔다.

여자의 평생을 가족인 남성에게 종속되도록 규정한 것은 여자에게는 스스로 생각하고 실천할 능력이 없다고 여겼기 때문이다. 이에 따라 여자가 태어나면 아버지의 소속인으로 합법화되고, 결혼하면 남편의 소속인으로 합법화되어 자신의 보호자에게 일정한 의무와 정신적 성실성을 바쳐야 한다. 즉 아버지에 대해서는 효와 공경의 의무를, 남편에 대해서는 정절과 신의의 의무를 갖도록 하는 것이다. 이로부터 남자는 여자를 끌어주고 여자는 남자를 따라가는 여필종부(女必從夫)가 남녀 또는 부부의 이상적인 모습이 된다.

예제(禮制)를 통해 남을 따르는 자의 역할이 부여된 여성은 이에 부합하는 본성과 도덕을 요구받게 된다. 즉 여자는 순종의 본성을 가진 자로 자신을 고집하거나 주장하지 않으며, 그런 본성에 충실한 것을 미덕으로 여겨야 하는 것이다. 반면에 주장과 고집이 강한 여자는 나라와 가문을 망치게 된다며 각종 교훈서를 통해 지속적으로 유포하였다.

긴 역사를 통해 종인자(從人者)의 도리를 몸으로 익힌 여성들은 평소 혹은 자기 결정을 요구하는 위급한 상황에서 '삼종지도'로서 자신을 설명하고 합리화하였다. 『열녀전(列女傳)』의 「노지모사(魯之母師)」편에는 남편 없이 자식들과 사는 한 어머니를 소개하는데, 친정 나들이를 계획하면서 그 아들들에게 허락을 받고자 한다. 어머니의 논리는 바로 '여자에게는 삼종(三從)의 도가 있어 무슨 일이든 독단으로 생각하여 처리해서는 안 된다'는 것이다. 또 『삼강행실도』의 「열녀도(烈女圖)」에 소개된 대부분의 여성들과 조선왕조실록에 무수히 등장하는 죽은 남편을 따라 죽은 대부분의 열녀들은 자신의 행위를 삼종지도(三從之道)로 합리화하였다.

삼종지도로 표출된 여성의 존재 방식과 그 실천의 방법들은 역사 속에서 지속적으로 개발되었다. 예컨대 『경국대전』의 '개가녀 자손 금고법(改嫁女子孫禁錮法)'은 삼종지도에서 파생되어 나온 것으로, 개가한 여자의 자손을 벼슬에서 배제하겠다는 것이다. 곧 개가(改嫁)는 '따라야 할 남편'을 배신한 것으로 삼종의 규범을 어긴 것으로 해석된 것이다. 또 조선후기 사회의 실상을 보여주는 『심리록(審理錄)』에는 남편에게 불리한 증언을 한 아내에게 삼종지도에 어긋난 행위라며 벌을 내린다. 즉 "삼종지도에 따라 남편에게 의탁해야 하는 도리가 있어 살아서는 한집에서 같이 살고, 죽어서는 같은 무덤에 묻히는 것이니 부부된 의리가 소중하지 아니한가?"라고 한다. 죄를 지은 남편보다는 남편을 배신한 아내의 죄가 더 크다는 것이다.

三三三 (석 삼)
遷遷遷遷遷遷遷遷遷遷遷遷遷遷 (옮길 천)
之之之之 (갈 지)
敎敎敎敎敎敎敎敎敎敎敎 (가르칠 교)

맹자의 어머니가 맹자의 교육환경을 위해 세 번 이사를 하다.

出典 후한서(後漢書)의 열녀전(列女傳)

「맹모삼천지교(孟母三遷之敎)」란 맹자의 어머니가 자식의 교육을 위해 세 번씩이나 이사했다는 뜻에서 붙여진 이름이다.

전한(前漢) 말의 학자 유향(劉向)이 지은 「열녀전(列女傳)」에서 비롯된 말이다. 맹자(孟子)는 이름이 가(軻)로, 공자가 태어난 곡부(曲阜)에서 멀지 않은 산둥성 추현(鄒縣) 출신이다. 아버지가 3살 때 돌아가셨기 때문에 어머니 손에서 교육을 받고 자랐다.

그의 어머니는 현명한 사람으로 아들 교육에 남달리 관심이 많아 단기지교(斷機之敎)의 일화를 남긴 분이다. 그는 아들을 위해 이사를 세 번씩이나 할 정도로 열성적이었다.

맹자가 어머니와 처음 살았던 곳은 공동묘지 근처였다. 놀 만한 벗이 없던 맹자는 늘 보던 것을 따라 곡(哭)을 하는 등 장사지내는 놀이를 하며 놀았다. 이 광경을 목격한 맹자의 어머니는 안 되겠다 싶어서 이사를 했는데, 하필 시장 근처였다. 그랬더니 이번에는 맹자가, 시장에서 물건을 사고파는 장사꾼들의 흉내를 내면서 노는 것이 아닌가. 맹자의 어머니는 이곳도 아이와 함께 살 곳이 아니구나 하여 이번에는 글방 근처로 이사를 하였다. 그랬더니 맹자가 제사 때 쓰는 기구를 늘어 놓고 절하는 법이며 나아가고 물러나는 법 등 예법에 관한 놀이를 하는 것이었다.

맹자 어머니는 이곳이야말로 아들과 함께 살 만한 곳이구나 하고 마침내 그곳에 머물러 살았다고 한다. 이러한 어머니의 노력으로 맹자는 유가(儒家)의 뛰어난 학자가 되어 아성(亞聖)이라고 불리게 되었으며, 맹자 어머니는 고금에 현모양처(賢母良妻)의 으뜸으로 꼽히게 되었다.

그 후 사람들은 이것을 가리켜「맹모삼천지교(孟母三遷之敎)」라고 하여 교육환경의 중요성을 강조하는 모델로 삼았다.

이 이야기는 자녀교육에 있어서 환경이 미치는 영향이 얼마나 큰 것인가를 말해주는 것이며, 또한 어린이들이 얼마나 순진무구한가를 암시하는 것이기도 하다.

"어린이의 교육은 면학의 욕망과 흥미를 환기시키는 것이 가장 중요하다. 만약 그렇지 않다면 책을 등에 진 나귀를 기르는 꼴이 되어버릴 것이다."

몽테뉴의 명언처럼 교육은 환경에 따라 좌우된다는 것을 다시 한 번 강조한다. 특히 '신세대 학부모' 들에게 맹자의 어머니를 본받으라는 것이다.

喪喪喪喪喪喪喪喪喪喪喪喪 (죽을 상)
家家家家家家家家家家 (집 가)
之之之之 (갈 지)
狗狗狗狗狗狗狗狗 (개 구)

상가집 개.

出典　사기(史記) 공자세가(孔子世家)

노정공(魯定公) 14년, 공자는 노나라에서 선정(善政)을 펴고 있었으나 왕족인 삼환씨(三桓氏)와 의견이 맞지 않아 마침내 노나라를 떠났다.

이리하여 그때부터 공자는 10 수년 동안 위(衛)·조(曹)·송(宋)·정(鄭)·채(蔡) 등 널리 제국 편력에 나날을 보내고 그의 이상(理想)을 실현할 수 있는 곳을 찾았다.

공자가 정(鄭)나라로 갔을 때의 일이다.

당시 공자의 뒤에는 그를 존경하는 여러 제자들이 가르침도 배울 겸 스승을 보살피기 위해 따라다녔는데, 공자는 어쩌다가 길거리에서 그 제자들을 잃어버리고 말았다. 성인 군자 치고 영악한 사람이 없는 법이어서, 공자는 어디가 어딘지 분간도 못한 채 동문 옆에 우두커니 서 있었다.

무작정 그러고 있으면 자기를 찾는 제자들 중의 누군가가 나타나리라는 막연한 믿음이 있어서였다. 한편, 제자들은 그들 나름대로 걱정이 태산 같았다. 어수룩하고 세상 물정 모르는 늙은 스승이 염려된 제자들은 각자 나뉘어 찾아 나서기로 했다. 그 중 제자 자공(子貢)은 행인들을 붙들고 스승의 인상착의를 말하며 저잣거리를 헤매고 다니다가 어떤 사람을 만났는데, 그 사람은 아주 걸쭉한 입담으로 이렇게 말하는 것이었다.

"동문 옆에 웬 노인네가 서 있는 걸 봤는데, 그 양반이 아마도 노형이 찾는 분 아닌지 모르겠구려. 생김새는 이마가 요(堯)임금 같고, 목은 순(舜)임금과 우(禹)임금을 섬긴 고요(皋陶)와 비슷하며, 어깨는 명재상 자산(子産)을 닮았습디다. 그렇지만 허리 아래로는 우임금보다 세 치 정도는 짧아 보였고, 맥 빠져 우두커니 서 있는 모습은 주인이 황망중이라 미처 얻어먹지 못해 기운 빠진 '상갓집 개'를 연상케 합디다."

"동문 곁에 서있는 사람은 그 이마(額)는 요(堯)와 비슷하고, 그 목은 고요(皋陶—舜)와 禹를 섬기던 賢相)와 같고, 그 어깨는 자산(子産—공자보다 좀 앞선 시대의 정나라 賢相)처럼 전부가 옛날 성현이라 불리던 사람들과 꼭 비슷합니다. 그러나 허리에서 아래는 우(禹)에 미치지 못하기를 세(三)치, 그 피로하고 뜻(志)을 얻지 못한 꼴은 떠돌이 집 잃은 개 같았습니다."

이건 틀림없는 우리 스승이라고 판단하고 제자들은 동문으로 달려가 공자와 다시 만났다.

거기서 자공이 정나라 사람이 한 말을 공자에게 전하자 공자는 빙그레 웃으면서 이렇게 말했다.

"용자(容姿)에 대한 비평은 꼭 맞는다고는 할 수 없으나, 떠돌이 집 없는 개(혹은 상가(喪家)에서 주인이 돌보아 줄 틈이 없어 굶주리고 떠돌아다니는 개)란 정말로 맞는 말이구나"(「史記」 공자세가(孔子世家)).

상가집 개(喪家之狗)란 여기서 유래하나, 공자는 그 편력하는 동안에 자기를 쓰려고 하는 군주를 만나지 못해, 그 품고 있는 사상을 살리지 못하고 아픈 마음을 안고서 마치 상가집의 개모양 심신이 지칠대로 지쳐 노나라로 돌아갔다.

傷傷傷傷傷傷傷傷傷傷傷傷傷 (상할 상)
弓弓弓 (활 궁)
之之之之 (갈 지)
鳥鳥鳥鳥鳥鳥鳥鳥鳥鳥鳥 (새 조)

활에 놀란 새, 즉 활에 상처(傷處)를 입은 새는 굽은 나무만 보아도 놀란다는 뜻.

① 한번 놀란 사람이 조그만 일에도 겁을 내어 위축(萎縮)됨을 비유해 이르는 말. ② 어떤 일에 봉변(逢變)을 당한 뒤에는 뒷일을 경계함을 비유하는 말.

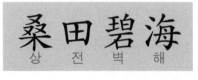

桑桑桑桑桑桑桑桑桑桑 (뽕나무 상)
田田田田田 (밭 전)
碧碧碧碧碧碧碧碧碧碧碧碧碧碧 (푸를 벽)
海海海海海海海海海海 (바다 해)

뽕나무밭이 푸른 바다가 되었다라는 뜻.

세상이 몰라 볼 정도로 바뀐 것. 세상의 모든 일이 엄청나게 변해버린 것.

塞翁之馬
새 옹 지 마

塞塞塞塞塞塞塞塞塞塞塞塞塞(막힐 색, 변방 새)
翁翁翁翁翁翁翁翁翁翁翁(늙은이 옹)
之之之之(갈 지)
馬馬馬馬馬馬馬馬馬馬(말 마)

변방(邊方)에 사는 노인의 말이라는 뜻.

세상만사는 변화가 많아 어느 것이 화(禍)가 되고, 어느 것이 복(福)이 될지 예측하기 어려워 재앙(災殃)도 슬퍼할 게 못되고 복도 기뻐할 것이 아님을 이르는 말과, 인생의 길흉화복은 늘 바뀌어 변화가 많음을 이르는 말이다.

중국 국경 지방에 한 노인이 살고 있었다. 그러던 어느 날 노인이 기르던 말이 국경을 넘어 오랑캐 땅으로 도망쳤다. 이에 이웃 주민들이 위로의 말을 전하자 노인은,

"이 일이 복이 될지 누가 압니까?"

하며 태연자약(泰然自若)했다. 그로부터 몇 달이 지난 어느 날, 도망쳤던 말이 암말 한 필과 함께 돌아왔다. 주민들은,

"노인께서 말씀하신 그대로입니다."

하며 축하하였다. 그러나 노인은,

"이게 화가 될지 누가 압니까?"

하며 기쁜 내색을 하지 않았다. 며칠 후 노인의 아들이 그 말을 타다가 낙마하여 그만 다리가 부러지고 말았다. 이에 마을 사람들이 다시 위로를 하자 노인은 역시,

"이게 복이 될지도 모르는 일이오."

하며 표정을 바꾸지 않았습니다. 그로부터 얼마 지나지 않아 북방 오랑캐가 침략해 왔습니다. 나라에서는 징집령을 내려 젊은이들이 모두 전장에 나가야 했습니다. 그러나 노인의 아들은 다리가 부러진 까닭에 전장에 나가지 않아도 되었습니다.

이로부터 새옹지마란 고사성어가 생겨났습니다.

'인간만사 새옹지마(人間萬事 塞翁之馬)'란 말도 자주 쓰지요. '인간 세상에서 일어나는 모든 일이 새옹지마니 눈앞에 벌어지는 결과만을 가지고 너무 연연해하지 말아라.' 하는 뜻이다.

先見之明
선 견 지 명

先先先先先先(먼저 선)
見見見見見見見(볼 견, 나타날 현)
之之之之(갈 지)
明明明明明明明明(밝을 명)

앞을 내다보는 안목(眼目)이라는 뜻.

장래(將來)를 미리 예측(豫測)하는 날카로운 견식(見識)을 두고 이르는 말.

先公後私
선 공 후 사

先先先先先先 (먼저 선)
公公公公 (공변될 공)
後後後後後後後後後 (뒤 후)
私私私私私私私 (사사 사)

사(私)보다 공(公)을 앞세움이란 뜻.

『사기(史記)』「염파인상여열전(廉頗藺相如列傳)」에 다음과 같은 이야기가 나온다. 진(秦)나라 소양왕(昭襄王)이 조(趙)나라 혜문왕(惠文王)에게 우호를 위한 연회를 제안하였다. 진나라의 위세에 겁이 난 혜문왕이 가기를 꺼려했는데, 명장군인 염파(廉頗)가 가지 않으면 조나라가 약하다는 것을 보여주는 것이라며 상대부 인상여(藺相如)가 수행하도록 해서 보냈다. 진왕이 조왕에게 악기를 연주시키려는 등 치욕을 당할 뻔하였는데 인상여가 용맹과 기지를 발휘하여 무사히 회담을 마치고 돌아왔다. 인상여의 공을 인정한 혜문왕은 그를 재상으로 삼았고, 이에 지위가 염파보다 높아졌다. 염파는 자신이 조나라의 장수로서 나라를 위해 싸운 큰 공이 있는데 인상여가 말재간으로 자신보다 높은 위치에 올랐다며 화를 냈다. 이를 들은 인상여가 갖은 핑계를 대고 염파와 마주치지 않으려 하고 늘 피해 다니니 인상여의 식객들이 비겁하고 부끄럽다고 하였다. 이에 인상여가 말했다.

"막강한 진나라 왕도 욕보인 내가 염장군을 두려워하겠는가? 나와 염장군이 있기에 진나라가 우리 조나라를 쳐들어오지 못하는 것이다. 그런데 그 두 호랑이가 싸우면 형세가 둘 다 살아남지 못할 것이다. 내가 그를 피하는 것은 나라의 급한 일이 먼저이고 사사로운 원한은 나중이기 때문이다."

이 얘길 들은 염파는 인상여의 대문 앞에 찾아가 사죄하였고, 둘은 서로 목을 내놓아도 아깝지 않을 우정을 나누었다.

이 고사에서처럼 개인의 사정이나 이익보다 공공의 일을 우선시한다는 뜻으로 선공후사라는 말을 쓰며, 공직에 있는 사람의 마음가짐, 책임의식으로 자주 인용된다. 비슷한 뜻으로 사사로운 감정을 버리고 공공을 먼저 위한다는 말인 멸사봉공(滅私奉公)이 있다. 반대로 공적인 일을 빙자하여 개인의 이익을 꾀한다는 뜻의 빙공영사(憑公營私)라는 성어가 있다.

先從隗始
선 종 외 시

先先先先先先 (먼저 선)
從從從從從從從從從從從 (좇을 종)
隗隗隗隗隗隗隗隗隗隗隗隗 (험할 외)
始始始始始始始 (비로소 시)

현인(賢人)을 맞으려면 먼저 가까이 있는 곽외(郭隗)부터 대우를 잘 해야 함.

〔出典〕 전국책(戰國策) 연책(燕策)

전국시대(戰國時代) 연(燕)이 제(齊)에게 격파되어 그 영토의 태반이 아직도 제의 지배아래 있을 때,

─연의 소왕(昭王)은 왕위에 오르자 전심전력 국위 선양과 실지 회복에 힘쓰고 특히 인재(人材)와 이재(異才)를 구하는데 열심이었다.

어느 날, 소왕이 재상 곽외(郭隗)에게 나라를 일으키는데 충분한 인재는 어떻게 하면 얻을 수 있겠느냐고 물었다. 곽외는 이렇게 대답했다.

"저는 이런 이야기를 듣고 있습니다. 예날 어느 군공(君公)이 천금을 내걸고 천리마(千里馬)를 구하려고 했으나, 3년이 지나도 손에 들어오지 않았습니다. 그러자 한 사람의 연인(涓人─궁중의 연락이나 청소를 하는 사람)이「제게 명령해 주십시오」하고 자원했으므로 천금을 내주며 말을 구해오라고 했습니다. 그 사나이는 3개월쯤 걸려 천리마가 있는 곳을 알아냈으나, 아깝게도 그 사나이가 도착하기 한 발자국 차이로 말이 죽어버렸습니다. 그래서 그 사나이는 무엇을 생각했는지 죽은 말의 뼈를 5백금에 사가지고 왔다고 합니다. 군공(郡公)은 크게 노하여,

"내가 바라는 것은 산 말이다! 죽은 말을 5백금이나 주고 누가 사오라고 했느냐"

고 소리치자 그 사나이는,

"어닙니다. 잠시 제 말씀을 들어 주십시오. 천리마라면 죽었더라도 5백금으로 사겠다고 하였으니 산 말이라면 얼마나 많은 돈을 줄 것인가, 하고 사람들은 생각할 것입니다. 염려하지 않아도 멀지 않아 반드시 희망하시는 말이 찾아올 것입니다"

하고 대답했다고 하는데, 과연 1년 안에 천리마를 끌고 온 자가 세 사람이나 되었다고 합니다.

"지금 왕께서 진정한 현재를 구하시는 것이라면 우선 저에게 스승의 대접을 취하십시오.(먼저 외로부터 시작하라─先從隗始) 외(隗) 같은 사람도 저렇게 후대를 받고 있는데 하고 저보다 훨씬 현명한 자가 어찌 천리길을 멀다 하겠습니까."

소왕은 그럴듯하게 느끼고 외(隗)를 위해 황금대(黃金臺)라는 궁전을 세우고, 이를 사부(師父)로서 대우했다. 이것이 순식간에 제국에 전해져 천하의 현재들은 앞을 다투어 연(燕)으로 모여들었다. 조(趙)의 명장 악의(樂毅)가 오고, 음양설의 시조(始祖)인 추연(鄒衍)이 오고, 대정치가인 극신(劇辛)이 왔다. 이들「천리마」의 도움으로 소왕은 얼마 안 가서 드디어 제국(諸國)과 함께 제(齊)를 격파하여 숙년의 원수를 갚을 수가 있었다(「戰國策」燕·昭王).

이것이「외(隗)부터 시작하라(先從隗始)」의 고사(故事)이나, '손쉬운 나부터 시작하라'는 뜻에서 바뀌어 지금은 '말한 자부터 시작하라'는 뉘앙스로 쓰고 있는 듯하다.

또 노인이 취직을 희망할 때「사마(死馬)의 뼈를 사주시기 바랍니다」라는 말을 쓴다.

王必欲致士, 先從隗始), 黃賢於隗者豈遠千里哉.

先則制人
선 즉 제 인

先先先先先先 (먼저 선)
則則則則則則則則則 (곧 즉)
制制制制制制制制 (지을 제, 억제할 제)
人人 (사람 인)

선수를 치면 상대편을 제압할 수 있다.

出典 사기(史記) 항우본기(項羽本紀)

진(秦)의 2세 원년(元年 B.C 209) 7월 안휘성 대택향(大澤鄕)에서 진(秦)의 폭정에 반항하여 봉기한 진승(陳勝)·오광(吳廣)의 농민군은 하남성에서 구육국(舊六國)의 귀족―위(魏)의 구관료(舊官僚)였던 장이(張耳)와 진여(陳余), 기타의 세력을 합쳐 파죽지세(破竹之勢)로 진(秦)의 수도 함양(咸陽)을 향해 진격하고 있었다.

강동(江東)의 회계군 군수였던 은통(殷通)도 이에 호응하고자 군도(郡都)인 오중(吳中)에서 유력자인 항량(項梁)을 불러 의논했다. 항량은 진군(秦軍)에게 패사한 초(楚)의 명장 항연(項燕)의 아들이었으나, 사람을 죽이고 조카 항우와 함께 오중으로 피신해와 있었는데, 타고난 재주인 병법을 교묘하게 이용하여 부역 등에서 주인을 구사하여 장사인 항우와 함께 오중에서 외경(畏敬)되고 있는 실력자였다.

은통은 항량을 불러 이렇게 의논을 했다.

"이제 강서지방은 다 반기를 들었는데, 그 형세를 보면 이미 하늘이 진(秦)을 멸망시킬 시운(時運)이 되었다고 본다. 선즉제인(先則制人)이 된다는 말이 있다. 그래서 그대와 환초(桓楚) 두 사람에게 거병(擧兵)의 지휘를 위임하고 싶네."

은통은 시류(時流)의 버스를 놓치지 않고자 초(楚)의 귀족이고 병법에도 능통한 실려자인 항량을 이용하려고 했으나, 그러나 소위 엿장수 맘대로는 되지 안았다. 환초(桓楚)가 도망하여 행방불명이었던 것이다. 항량은 그것을 이용했다.

"환초는 지금 도망 중이라 지금 어디 있는지 아무도 모릅니다. 조카 항우만이 알고 있습니다."

그렇게 말하고 항량은 방에서 나가 항우와 귓속말을 하고 나서 다시 방으로 들어와 앉았다.

"항우를 불러 환초를 소환하도록 명령을 내려 주십시오."

"그렇게 하지."

"그럼" 하고 항량은 항우를 불러들였다. 잠시 후 항량은 항우에게 눈짓을 했다.

"해치워!"

항우는 휙 칼을 뽑아 철석 은통의 목을 베었다.

"선수를 치면 곧 남을 제압하고, 후수가 되면 남에게 제압을 당한다."

를 실제로 행한 것은 은통이 아니고 항량과 항우였다. 항량은 스스로 회계군수가 되어 군서(郡署)를 점령했고, 8천의 정병을 고스란히 손에 넣어 재치있게 거병(擧兵)했다.

이것은 「사기(史記)」의 「항우본기(項羽本紀)」에 실려있는 기록이나, 『한서(漢書)』의 「항적전(項籍傳)」에는 「선발(先發)하면 남을 제압하고, 후발(後發)하면 남에게 제압당한다」라는 것이 있는데, 이것은 은통(殷通)의 말이 아니고 항량(項梁)의 말로서 기록되어 있다. 또 『수서(隋書)』의 「이밀전(李密傳)」에도 「선발하면 남을 제압한다. 이 기(機)를 잃어서는 안된다」는 말이 보인다. 또 「늦으면 곧 남에게 제압당하게 된다」는 흔히 「늦으면 남에게 제압된다」로 쓰이고 있다.

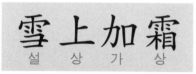

雪雪雪雪雪雪雪雪雪雪雪 (눈 설)
膚膚膚膚膚膚膚膚膚膚膚膚膚膚 (살갗 부)
花花花花花花花花 (꽃 화)
容容容容容容容容容容 (얼굴 용)

눈처럼 흰 살결과 꽃처럼 고운 얼굴이란 뜻.

　미인(美人)의 용모(容貌)를 일컫는 말.

雪雪雪雪雪雪雪雪雪雪雪 (눈 설)
上上上 (위 상)
加加加加加 (더할 가)
霜霜霜霜霜霜霜霜霜霜霜霜霜霜霜霜 (서리 상)

눈 위에 또 서리가 덮인다는 뜻으로, 불행한 일이 겹쳐서 일어남을 이르는 말.

엎친데 덮침.

雪中松柏
설 중 송 백

雪雪雪雪雪雪雪雪雪雪雪 (눈 설)
中中中中 (가운데 중)
松松松松松松松松 (솔 송)
柏柏柏柏柏柏柏柏柏 (잣 백)

눈 속의 송백이라는 뜻.

　소나무와 잣나무는 눈 속에서도 그 색이 변치 않는다 하여, 절조(節操)가 굳은 사람을 비유해 이르는 말.

　소나무와 잣나무는 한 겨울의 혹독한 추위를 견디고 늘 푸른 모습을 유지한다고 하여, 심지가 굳고 지조가 변치 않는 지사(志士)를 상징하고 비유하는 말로 많이 쓰인다. 시련에 부딪혀도 꿋꿋하게 버티는 마음가짐을 가져야 한다는 경계의 의미로 인용된다. 같은 뜻으로 송백지절(松柏之節), 송백지조(松柏之操), 세한송백(歲寒松柏), 상풍고절(霜風高節) 등이 있다.

世有伯樂然後千里馬
세 유 백 락 연 후 천 리 마

世世世世世(인간 세)
有有有有有有(있을 유)
伯伯伯伯伯伯(맏 백)
千千千(일천 천)
樂樂樂樂樂樂樂樂樂樂樂樂樂樂(즐길 락)
里里里里里里里(마을 리)
然然然然然然然然然然然然(그럴 연)
後後後後後後後後後(뒤 후)
馬馬馬馬馬馬馬馬馬馬(말 마)

세상에 백락이 있은 연후에 천리마가 있다.

出典 한유(韓愈)의 잡설(雜說) (下)

하루에 천리를 달리는 명마(名馬)란 좀체로 있는 것이 아닌 것같이 생각되지만 실은 그렇지 않다.「천리마(千里馬)」는 언제나 있는 것이나, 많은 말 중에서 그 말을 골라내는 백락(伯樂—옛날 손양(孫陽)이란 사람이 곧잘 말의 상을 보았으므로 백락(伯樂)이라 칭했으나 원래는 천마(天馬)를 맡아보는 별 이름이다)이 어느 때나 있다고 할 수 없는 것이다. 눈이 정확한 백락이 없으면 아무리 천리마라 해도 평생 발견되지 못하고, 하찮은 주인이나 그 사용인에게 짐말 취급을 받아 혹사 당한 끝에 마굿간 안에서 죽어가는 신세가 되고 만다. 무엇 하나 세상에 나타내는 것도 없고, 누구도 천리마라고 불러주지 않는 것은 당연하다. 천리마를 기르려면 한 섬의 조를 먹을지도 모른다. 그런데 주인이 알아주지 않고 그에 걸맞는 취급을 하지 않으면 천리의 재능을 가지고 있는 말도 충분히 그 능력을 나타낼 수 없을 뿐더러 보통 이하의 일밖에 못하게 된다.

이것은 한유(韓愈-退之)의『雜說』(下)에 나오는 이야기이다.

「세상에 백락이 있은 연후에 천리마가 있다」는 말은 영웅·호걸을 천리마, 명군(名君)·현상(賢相)을 백락에 비유해서 아무리 우수한 인재라도 명군 현상을 만나 그 적재적소에서 그것에 상응하는 대우를 받지 못하면, 모처럼의 재능이나 수완도 살릴 수 없다는 뜻이다.『초사(楚辭)』에도「백락 이미 죽어 기(驥)는 과연 어디로 갈 것인가」라고 했는데 세상의 샐러리맨 제씨, 정치가 제현도 아닌게아니라 사실 그렇다고 수긍을 할 것이다.

약간 취지는 다르나, 백락의 이야기로 이런 것이「전국책(戰國策)」에 나와 있다.

명마를 가지고 있는 사나이가 어느 날 백락을 찾아와 말했다.

"나는 한 마리의 준마(駿馬)를 기르고 있습니다. 이 말을 팔려고 아침 일찍 시장에 내놓았는데 사흘이 돼도 누구 한 사람 사려고 하지 않습니다. 그래서 이것을 한 번 감정하러 와 주셨으면 합니다. 와주신다면 실례입니다만 사례금을 드리겠습니다."

백락은 승락을 하고 시장으로 나가 말의 주위를 천천히 돌고 나서 아주 감탄한 듯 바라본다. 더구나 돌아올 때에는 정말 미련이 있는 듯한 얼굴로 돌아다 보고 또 돌아다 보았다.

그 모양을 보고 있던 사람들은 그 말을 사려고 다투어 값을 올려, 마침내 하루아침 사이에 말값이 10배나 올라버렸다고 한다. 이것은「백락의일고」라는 고사다.

小心翼翼
소 심 익 익

小小小 (작을 소)
心心心心 (마음 심)
翼翼翼翼翼翼翼翼翼翼翼翼翼翼翼翼翼 (날개 익)

마음을 작게 하고 공경한다. 매우 조심하고 삼간다.

出典 시경(詩經) 대아편(大雅篇)

「소심익익(小心翼翼)」은 『詩經』에 나오는 시로, 이 시는 주선왕(周宣王—B.C 827~782)이 대부(大夫)인 중산보(仲山甫)에게 명하여 제(齊)나라 도성을 쌓게 했을 때 역시 같은 주조(周朝)의 명신(名臣) 윤길보(尹吉甫)가 그 행사를 빛내기 위해 지어서 보낸 것이라고 한다.

제(齊)의 도성을 쌓을 때 윤길보가 보냈다고 전해지는 그 사실은 차치하고, 이 시의 전편(全篇)은 재상의 경력을 가진 중산보의 덕을 찬양한 것이다.

사마천(司馬遷—漢 B.C 145~86)의 『史記』에 의하면 선왕(宣王)은 그 29년(B.C 789)에 강씨(姜氏)라는 이민족과 천모(千畝)에서 싸워 남방에서 징집한 군을 잃고 말았으므로 태원(太原)지방의 백성을 호별점검하여 새로 병(兵)을 징집하고자 했다. 그러자 중산보(仲山甫)가 '민(民)을 요(料)하지 마십시오' (덮어놓고 정사(精查)해서는 안됩니다)고 간(諫)했으나 왕은 듣지 않았다는 기사가 보인다.

이것은 선왕(宣王)이 만년이 되어 점차 폭군화한 사실의 하나를 일례로 삼아 기록한 것이다. 그만큼 선왕(宣王)을 모시고 공론(公論)을 계속 주장한 중산보(仲山甫)에게는 자연히 인망(人望)이 모였으리라. 「증민(烝民)」은 주조(周朝)의 정치를 돕기 위해 하늘이 중산보를 낳게 한 것이라 칭송하고 그 중산보(仲山甫)의 덕을 이렇게 노래하고 있다.

중산보지덕(仲山甫之德) 중산보의 덕이야말로

유가유칙(柔嘉維則) 부드럽고 아름답고 법도가 있어

영의영색(令儀令色) 위의와 용모가 아름답구나

소심익익(小心翼翼) 만사를 조심하며 처리하고

고훈시식(古訓是式) 옛날의 가르침을 본받아

위의시력(魏儀是力) 위의를 갖추기에 힘을 썼고

천자시약(天子是若) 천자의 어지를 받들어 뫼셔

명명사부(明命使賦) 어명을 천하에 널리 폈다.

소심익익(小心翼翼)이란 따라서 '세심하게 마음을 써서 삼가한다'라는 뜻이다. 오늘날에는 바뀌어서 소담(小膽)을 형용하는 말로서 쓰인다.

백옥지점 상가마야(白玉之玷 尚可磨也) 옥의 티는 갈아서 없앨 수 있으나,

사은지점 불가위야(斯言之玷 不可爲也) 말의 티는 어찌할 수가 없는 것이다.

小人閑居爲不善
소 인 한 거 위 불 선

小小小 (작을 소)　　人人 (사람 인)
閑閑閑閑閑閑閑閑閑閑閑 (한가할 한)
居居居居居居居居 (살 거)
爲爲爲爲爲爲爲爲爲爲 (할 위)
不不不不 (아니 불)　善善善善善善善善善善善善 (착할 선)

소인배는 한가하게 지내면 나쁜 짓을 한다.

出典　논어(論語)·대학(大學)

　소인(小人)이란 글자 그대로 작은 사람이란 뜻도 있다. 걸리버 여행기에 나오는 난장이 나라의 경우가 그 보기다. 또 어린이라든가 젊은 사람이란 뜻으로 쓰이는 경우도 있다. 어른(大人)에 대한 소인(小人)이란 경우가 그것이다.

　그러나 가장 많이 쓰이는 것은 사려가 없는 인간이라든가, 근성이 뒤틀린 소인배를 가리켜 말하는 경우다. 예를 들어 '여자와 소인은 기르기 어렵다' 『논어(論語)』 「양화편(陽貨篇)」 등으로 불리울 때의 소인은 자제심이 없어 어떻게 처치하기 곤란한 인간을 가리켜 한 말이다. 하기야 이 말은 남녀평등인 오늘날에는 여성들의 맹렬한 반발을 사겠지만, 남존여비시대의 이 말이 『논어』에 있는 공자의 말로서 무게가 있는 명언(名言)이었던 것이다.

　『논어』에는 그밖에 소인을 군자와 대조시켜 헐뜯는 말이 빈번하게 나온다. 예를 들어 '자왈(子曰) 군자는 의(義)를 깨우치고 소인은 이(利)에 깨우친다' (里仁)라든가,

　'군자는 화(和)해서 동(同)하지 않고 소인은 동(同)해서 화(和)하지 않는다(子路)'라든가, 주워대자면 굉장히 많다. 『논어』뿐만 아니라 다른 중국 경전에도 똑같이 군자와 대비시켜 소인의 어리석음을 비판하는 말이 심심찮게 나온다. 『논어』에 있는,

　"소인은 한거해서 불선(不善)을 한다."

라는 것도 그 한 보기다. 한거(閑居)란 혼자 있다는 뜻. 남이 보지 않는 곳, 혹은 남이 모르게 하는 경우 소인은 그 본성을 나타내어 좋지 않는 짓을 하는 법이다, 라는 것이 '소인 한거해서 불선을 하다'라는 말의 뜻이다.

　언행에 표리가 있고 남 앞에서 좋은 말을 하며 좋은 사람마냥 행세하고 싶은 자는 왕왕 뒤에서 무슨 짓을 할지 모른다.

　'교언영색(巧言令色) 선의인(鮮矣人)' 『논어』 「양화편(陽貨篇)」이라든가 '소인의 과실은 반드시 꾸민다' (『論語』 「子張篇」)라든가 하는 공자의 말은 참으로 긍경(肯綮)의 값어치가 있는 말이다.

　'꾸미는 자'는 꾸밀 필요가 없을 때, 「한거(閑居)」했을 때, 꾸밈을 버리고 꾸미지 않은 본성을 나타낸다. 따라서 한거했을 때와 남의 앞에 나아갔을 때 표리를 두지 않는 것, 꾸밈을 버리고 언제나 있는 그대로의 자기일 것이 중요하게 된다. 그러니만큼 독거(獨居)했을 때야말로 자기에 대해 엄하게 하지 않으면 안된다. 소인이 한거해서 불선을 하는 데 대해 『대학(大學)』에서, '군자는 반드시

그 홀로 있음을 삼간다'고 한 것은 그 때문이다. 한거하고 홀로 있을 때, 소인과 군자의 차이가 확실해진다는 이 말에는 인간의 본성에 대한 날카로운 통찰을 엿볼 수가 있다.

하기야 개중에는 『대학』에서의 군자란 신분이 높은 귀족을 가리키고, 소인이란 신분이 천한 평민을 말한 것으로 이런 문구(文句)에는 서민(庶民)을 천시하는 봉건적인 냄새가 짙다고 비판하는 사람도 있으나, 그런 비판을 넘어서 이런 말에 흐르고 있는 인간관의 깊이가 그것을 오늘날까지 사람들의 입에 전하고 있다고 볼 수 있다.

◆ 繋(힘줄 얽힌 곳 경, 발 고운 비단 계, 힘줄 경)

小貪大失
소 탐 대 실

小小小 (작을 소)
貪貪貪貪貪貪貪貪貪貪貪 (탐할 탐)
大大大 (큰 대)
失失失失失 (잃을 실)

작은 것을 탐하다가 오히려 큰 것을 잃음.

이 성어의 정확한 출처는 알기 어려우나, 북제 유주(北齊 劉晝)의 『신론(新論)』에 수록된 일화에서 유래된 것으로 추정된다.

전국시대 진(秦)나라 혜왕(惠王)은 촉(蜀)나라를 공격하려고 했으나, 촉으로 가는 길을 알지 못해 실행치 못했다. 이에 혜왕의 신하는 촉의 제후가 욕심이 많은 것을 이용해 공략하는 방안을 제안했고, 혜왕은 이를 채택하여 실행하였다. 혜왕은 신하들로 하여금 돌로 된 소 다섯 마리를 만들게 하고 화려한 비단으로 치장하였다. 그후 돌로 만든 소가 지나간 자리 군데군데에 황금을 쏟게 하여, '소가 금똥을 눈다(牛便金)'는 소문을 퍼뜨렸다. 혜왕이 이 돌로 된 소를 촉나라 제후에게 우호의 예물로 보내겠다고 전하자, 이를 들은 촉나라 제후는 신하들을 보내 소를 맞이했다. 촉의 신하들은 돌로 된 소를 촉의 성도까지 끌고 갔고, 이 때문에 촉으로 향하는 길을 알게 되어 혜왕은 군사를 일으켜 촉을 칠 수 있었다. 그 결과 촉나라 제후는 사로잡히고 촉나라는 패망하였다.

촉후의 물욕에 의해 나라가 망한 일화를 빗대어, 작은 욕심에 눈이 어두워져 큰 것을 잃는다는 뜻으로 주로 쓰이는 말이다.

이 고사와 같은 의미의 「명주탄작(明珠彈雀)」이 있는데 후에 설명하겠다. 즉, 「새를 잡는데 구슬을 쓴다」는 뜻으로, 작은 것을 얻으려다 큰 것을 손해 보게 됨을 이르는 말이다.

束 束 束 束 束 束 束 (묶을 속)
手 手 手 手 (손 수)
無 無 無 無 無 無 無 無 無 無 無 無 (없을 무)
策 策 策 策 策 策 策 策 策 策 策 策 (채찍 책, 꾀 책)

손을 묶인 듯이 어찌 할 방책(方策)이 없어 꼼짝 못하게 된다는 뜻.

뻔히 보면서 어찌할 바를 모르고 꼼짝 못한다는 뜻.

또한 속수(束手)라고도 한다. 눈앞에 버젓이 안타까운 상황이 벌어지고 있는데도 아무런 방안을 낼 수 없는 답답한 상황을 가리킨다. 비슷한 뜻으로 일주막전(一籌莫展), 계무소출(計無所出) 등이 있다. 반대말로 여러 가지 계책을 다 써본다는 뜻의 기관산진(機關算盡), 천 개의 방책과 백 개의 계략이라는 뜻의 천방백계(千方百計) 등이 있다.

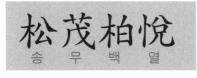

送 送 送 送 送 送 送 送 送 送 (보낼 송)
舊 舊 舊 舊 舊 舊 舊 舊 舊 舊 舊 舊 舊 舊 舊 舊 舊 (예 구)
迎 迎 迎 迎 迎 迎 迎 迎 (맞을 영)
新 新 新 新 新 新 新 新 新 新 新 新 新 (새 신)

묵은해를 보내고 새해를 맞는다는 뜻.

① 묵은해를 보내고, 새해를 맞이함. ② 구관(舊官)을 보내고, 신관(新官)을 맞이함.

'송구영신'은 원래 '송고영신(送故迎新)'에서 유래된 말이다. '송고영신'은 구관을 보내고 신관을 맞이한다는 말인데, 여기서 말하는 구관은 이전의 관리를, 신관은 새로 부임하는 관리를 이르는 말이다. 구관을 보내고 신관을 맞이하는 것처럼, 묵은해를 보내고 새해를 맞이할 때 '송구영신'이라는 말을 쓰는데 연하장이나 새해 인사말에서 많이 쓴다.

松 松 松 松 松 松 松 松 (솔 송)
茂 茂 茂 茂 茂 茂 茂 茂 茂 (우거질 무, 무성할 무)
柏 柏 柏 柏 柏 柏 柏 柏 柏 (잣 백)
悅 悅 悅 悅 悅 悅 悅 悅 悅 悅 (기쁠 열)

소나무가 무성(茂盛)하면 잣나무가 기뻐한다는 뜻.

남이 잘되는 것을 기뻐함을 비유하여 이르는 말.

소나무가 무성하게 자라는 것을 보고 옆에 있는 측백나무가 기뻐한다는 뜻으로, 벗이 잘되는 것을 즐거워한다는 말이다. '백(柏)'을 잣나무로 번역하기도 하는데, 원래는 측백나무를 가리키는 말이었다. 뒤에 잣나무와 혼동되면서 측백나무보다는 잣나무로 쓰는 경우가 많다.

소나무와 잣나무는 상록교목으로 겨울이 되어도 푸른 빛을 잃지 않아 예부터 선비의 꼿꼿한 지조와 기상의 상징으로 함께 어울려 쓰였다. 송백지조(松柏之操 : 송백의 푸른 빛처럼 변하지 않는

지조), 송백지무(松柏之茂 : 언제나 푸른 송백처럼 오래도록 영화를 누림) 등이 그 예이다.

　이처럼 소나무와 잣나무는 항상 푸르면서도 서로 비슷하게 생겨 흔히 가까운 벗을 일컫는 용어로도 사용된다. 송무백열이 대표적인 예로, 벗이 잘되는 것을 기뻐하는 일이야말로 바람직한 인간 관계의 시작이자 사람됨의 근본 도리이다. 이런 까닭으로 춘추전국시대 초(楚)나라의 백아는 자신의 거문고 소리를 알아주던 절친한 벗 종자기(種子期)가 죽자, 거문고 줄을 끊어 버리고 다시는 타지 않았다. 고사성어로 백아절현(伯牙絶絃)이라고 하는데, 이 말은 사람이 평생을 살아 가면서 진정한 벗 한 명을 얻기가 그만큼 어렵다는 것을 뜻한다.

　송무백열과 같은 뜻의 사자성어로는 혜분난비(蕙焚蘭悲)가 있다. 혜란이 불에 타니 난초가 슬퍼한다는 뜻으로, 벗의 불행을 슬퍼한다는 말이다. '혜(蕙)'는 난초의 한 종류이다.

宋宋宋宋宋宋宋(송나라 송)
襄襄襄襄襄襄襄襄襄襄襄襄襄襄襄襄(도울 양)
之之之之(갈 지)
仁仁仁仁(어질 인)

송나라 양공의 인정, 남에게 전혀 도움이 안 되는 동정 또는 배려.

出典　춘추좌씨전(春秋左氏傳)·십팔사략(十八史略)

　송나라 양공(襄公)의 자애(慈愛)(연민)라는 것이 이 말의 뜻이다.

　송(宋)은 소국(小國)이다. 원래 은(殷)의 후예로 은의 제사를 단절시키지 않으려는 배려에서 봉해진 나라다. 따라서 작위는 최고인 공작이기는 하나 당초부터 기반은 약했다. 거기다 지리적으로 남북 세력들에 끼어있어 끊임없이 전화(戰禍)를 입어 국위는 더욱더 떨치지 못했다.

　이 소국을 배경으로 패자(覇者)가 되어 보겠다는 어림도 없는 생각을 한 것이 양공(襄公)이다. 재위는(B.C 650~637년) 동시기의 제후로서, 제(齊)에는 제환공(齊桓公) 효공(孝公), 진(晉)에는 혜공(惠公), 진(秦)은 목공(穆公), 초(楚)는 장왕(莊王). 이 틈에 끼어 양왕의 야망은 과연 이루어질 것인가……. 송(宋)의 환공(桓公) 30년, 환공이 병들어 눕게 되었다. 태자인 자보(玆父)는 자기가 물러나고 이복형(異服兄)인 목이(目夷—子魚)에게 자리를 양보하겠다고 말하고 나섰다. 하나 환공은 태자의 생각은 훌륭하다고 인정했으나, 그것을 채택하지는 않았다.

　다음 해인 31년 봄, 환공이 죽고 태자 자보(玆父)가 즉위했다. 이것이 양공(襄公)이다. 양공은 목이(目夷)를 재상으로 맞이했다. 마침 이때 제환공이 제후를 규구(葵丘)의 땅으로 소집했다. 양공은 아직 부군(父君)의 장례를 끝내지 못했으나 그 소집에 응했다.　◆ 父 : 아비 부, 남자 미칭 보, 아버지 부, 자 보

　양공 7년, 송(宋)에 천변지이(天變地異)가 계속되었다. 심한 비와 함께 운석(隕石)이 퍼부었다. 계속해서 강풍이 몹시 불어 역(鶂—물새의 일종, 날개가 강하다고 함)까지도 그바람에 불려갔다.

　그 이듬해 제환공이 죽었다. 그러자 양공은 환공을 대신해서 패자가 되려는 야심을 품었다. 4년

후(양공12년) 봄, 영내인 녹상(鹿上)으로 초왕(楚王)을 초청하고 자기가 제후의 맹주가 되는데 대해 양해를 구했다. 초성왕(楚成王)은 그것을 인정한다고 대답했다.

"소국에는 소국으로서 갈 길이 있습니다. 맹주가 되려고 하면 반드시 화(禍)를 초래하게 됩니다."

재상인 목이(目夷=子魚)가 말렸으나 양공은 듣지 않았다. 그리하여 그해 가을 제후를 영내인 우(盂)로 불러 회맹(會盟)했다.

"아아! 일이 잘못되어 가는구나. 이런 야망이 제후를 상대로 통할 리가 없다."

하고 목이(目夷)는 한탄했는데, 과연 염려한 대로 초왕(楚王)은 회맹석상에서 양공을 잡아 놓고 송에 공격을 가해왔다. 그해 겨울이 되어 제후가 박(亳)땅에서 회를 했을 때에야 양공은 겨우 석방되었다. 하나 목이(目夷)는 안심이 되지 않았다.

"아직 멀었다. 그냥 끝날 리는 없다."

이듬해인 13년 여름, 양공은 초의 속국 정(鄭)을 공격했다. 목이(目夷)는 절망했다.

"아아! 이제 송(宋)도 끝장이구나."

과연 가을이 되자 초(楚)는 정(鄭)을 구원하려고 송(宋)을 공격해왔다. 양공은 응전하려 했다.

"하늘은 이미 오래 전에 우리 상(商—은(殷)을 말한다. 송(宋)은 그 후예다)을 버리고 계십니다. 아무리 몸부림을 쳐도 가망이 없습니다."

목이(目夷)가 필사적으로 말했으나 양왕은 듣지 않았다.

11월, 양왕이 인솔하는 송군(宋軍)은 초군(楚軍)과 홍수(泓水) 근처에서 마주쳤다. 미처 포진을 못한 초군이 겨우 도하를 시작했다. 이것을 본 목이(目夷)가 앞으로 나와,

"적은 우세, 아군은 열세, 정면으로 충돌을 하면 승부가 되지 않습니다. 적이 강을 건너기 전에 공격을 가해야 합니다."

그러나 양공은 상대를 하지 않는다. 그 틈에 초군은 도하를 끝내고 진영을 정비하기 시작했다. 여기서 다시 목이(目夷)가 진언했으나 양공은,

"아니야, 진영이 완료된 후라야 한다." 하고 좀체로 공격 명령을 내리지 않는다.

결국 적의 임전태세가 완료된 다음 송군은 공격을 가하기 시작했다. 결과는 참패였다. 양공 자신도 허벅지에 화살이 꽂혀 부상을 입은 형편이었다.

"도대체 무엇을 하고 있는 거냐?"

양공을 비난하는 소리로 온 나라 안이 떠들석했으나, 그러나 양공은 잘못을 인정하려고 하지 않는다.

"적이 곤란한 틈을 노려 공격하는 것은 군자가 취할 길이 아니다. 상대의 진형이 정비되지 않았는데 어찌 진격 명령을 내릴 수가 있겠는가."

목이(目夷)는 이런 양공의 생각을 가차없이 비판했다.

"싸움이란 승리가 목적이다. 이 경우 평시의 예의는 적용되지 않는다. 그런 생각이라면 처음부

터 싸우지 말고 노예가 돼버리면 좋지 않은가."

정(鄭)은 초의 원군으로 위기를 면했다. 그래서 정은 초의 성왕을 지성껏 모셨다.

그런데 귀국할 때 성왕은 정(鄭)의 공주 두 사람을 측실(側室)로서 데리고 돌아갔다.

정(鄭)의 대부 숙첨(叔瞻)이 지독하게 화를 냈다.

"야만인 같은 놈이 도저히 제명에 죽지는 못할 것이다. 이쪽이 예법을 갖추고 있는데 그 무슨 짓이냐. 그래서는 도저히 패자는 되지 못할 것이다."

이 해 진(晉)의 공자 중이(重耳)가 망명하던 도중 송(宋)에 들렀다. 초(楚)에게 혼이 난 후라 장래 진(晉)에 원조를 얻으려는 생각에서 양공은 중이(重耳)를 후하게 대접하고 선물로서 말 80필을 보냈다. 그러나 2년 후 여름 홍수 싸움에서 입은 상처가 원인이 되어 양공은 덧없이 세상을 떠나고 말았다.

"양공은 홍수 싸움에서 패했으나 그럼에도 불구하고 식자(識者)들 사이에서는 양공을 찬양하는 견해가 있다. 그 까닭은 예의가 무너져 가는 현상을 걱정하기 때문이다. 그런 견해로 보면 양공의 예의심은 찬양받을 가치가 있다."

이것은 태사공(太史公)의 평이다.

"송양지인(宋襄之仁)하면 일반적으로 '무익한 정'을 뜻한다. 공리적(公利的)인 생활에 길들여진 눈에는 송양공은 어리석은 사람으로 비친다. 하나 사마천의 양공에 대한 평가는 의외로 높다. 그것 없이는 인간 존재의 뜻이 없어져버리는 '근원의 것' 그것을 사마천은 지적하고 있는 것이다.

首丘初心
수 구 초 심

首首首首首首首首首 (머리 수)
丘丘丘丘丘 (언덕 구)
初初初初初初 (처음 초)
心心心心 (마음 심)

여우가 죽을 때에 머리를 자기가 살던 굴 쪽으로 바르게 하고 죽는다는 말.

『예기(禮記)』「단궁상편(檀弓上篇)」에 나오는 말이다. 은나라 말기 강태공의 이름은 여상(呂尙)이다. 그는 위수가에 사냥나왔던 창(昌)을 만나 함께 주왕을 몰아내고 주(周)나라를 세웠다. 그 공로로 영구(營丘)라는 곳에 봉해졌다가 그곳에서 죽었다. 하지만 그를 포함하여 5대손에 이르기까지 다 주나라 천자의 땅에 장사지내졌다. 이를 두고 당시 사람들은 이렇게 말했다.

고지인유언 왈호사정구수인야(古之人有言 曰狐死正丘首仁也 : 음악은 자연적으로 발생하는 것을 즐기며 예란 그 근본을 잊어서는 안 된다. 옛사람이 말하기를, 여우가 죽을 때 머리를 자기가 살던 굴 쪽으로 향하는 것은 인이라고 하였다.)

이 말에서 유래하여 고향을 그리워하는 마음, 또는 근본을 잊지 않는 마음을 일컫는다.

首鼠兩端
수　서　양　단

首首首首首首首首首 (머리 수)
鼠鼠鼠鼠鼠鼠鼠鼠鼠鼠鼠鼠 (쥐 서)
兩兩兩兩兩兩兩兩 (두 양)
端端端端端端端端端端端端端 (끝 단)

얼른 결정을 못하는 우유부단 또는 이모저모 살피는 기회주의.

出典 사기(史記) 위기후(魏其侯)·무안후전(武安侯傳)

한(漢)나라 때 두영(竇嬰)과 전분(田分)이란 두 귀족이 있었는데, 두 사람 다 황실의 외척이었다. 위기후(魏其侯)란 작호(爵號)를 가진 두영은 5대 황제인 문제(文帝)의 처 두황후(竇皇后)의 친정 조카였고, 작호가 무안후(武安侯)인 전분은 6대 황제인 경제(景帝)의 처 왕황후(王皇后)의 이복 동생이었다. 처음에는 두영이 대장군으로서 지위도 높고 나이도 훨씬 위였기 때문에 전분은 그 앞에서 마치 아랫사람처럼 꿇어앉아 공경하는 태도로 일관했다.

그러나 문제가 죽고 경제의 시대가 되면서 상황이 달라졌다. 현임 황제의 처남인 전분은 차츰 신분이 존귀해져 재상이 되고 무안후로 봉작되면서 오히려 두영을 내려다볼 정도로 막강한 세력을 구축하기에 이르렀다. 말하자면 입장이 뒤바뀐 것이다. 경제가 죽은 뒤의 무제(武帝) 때, 하루는 조정의 문무대신들이 큰 잔치에 모였다. 술자리가 무르익었을 때 전분이 건배를 하자, 좌중의 사람들 모두 엎드리며 공경을 나타냈다. 그렇지만 뒤이어 두영이 건배를 했을 때는 몇 명만 호응했을 뿐 나머지는 마지못한 형식적 예우에 그치고 말았다. 그 꼴을 보고 심사가 뒤틀린 사람은 두영의 친구인 관부(灌夫) 장군이었다.

"이런 소인 아부배들 같으니!"

"흠, 그래, 좋다!"

"한참 아랫것들이 어른이 축배를 권하는데도 본 척도 않고 계집애처럼 귀엣말만 지껄이는 거나!"

"아니, 관부 장군. 정불식과 이광은 동과 서 두 대궐의 경비 담당이라는 막중한 직책에 있는 장수들이오. 아무리 나잇살 더 자셨기로서니 너무 심한 말 아니오?"

"소장은 심했다고 생각하지 않소이다. 이 사람이 설령 오늘 죽는다 하더라도 저런 작자들은 안중에도 없소이다."

관부가 정작 그 소리를 해 주고 싶은 상대는 전분 바로 그였다. 어쨌거나 관부가 휘저어 놓는 바람에 그 날 술자리는 흥이 깨져 버렸고, 사과하라거니 못한다거니 아웅다웅하다 보니 전분과 두영의 싸움으로까지 번지고 말았다. 결국, 이 일은 무제의 귀에 들어갔다. 무제는 조정 중신들이 파벌 싸움을 벌인 것이 못마땅하기도 하고 걱정도 되었다. 그래서 다음날 아침 조회 때 거론하여 시시비비를 가리고자 했다. 그러나 누구를 보고 물어도 어느 쪽이 잘못했다고 딱 부러지게 대답하는 사람이 없었고, 모두 전분이나 두영의 눈치를 살피며 얼버무리는 것이었다. 무제는 마지막으로 한

안국(韓安國)을 보고 물었다.

"경은 어떻게 생각하는가?"

한안국은 어사대부로서, 지금으로 치면 검찰총장쯤 되는 사람이었다. 그러나 한안국 역시 그 미묘한 국면에 어느 한쪽의 원한을 살 발언을 할 만큼 미련하지는 않았다.

"폐하, 황공하오나 양쪽 다 일리가 있어서 흑백을 가리기가 어렵습니다."

그 대답을 들은 무제는 분위기로 봐서 신통한 대답을 듣기는 글렀다고 판단하여 조회를 끝내 버렸다. 내친 김에 두영 일파의 코를 납작하게 만들어 놓아야겠다고 속으로 잔뜩 벼르고 있던 전분은 황제가 자리를 떠나 버리는 바람에 수포로 돌아가자 애매한 한안국에게 버럭 소리를 질렀다.

"이 일은 시비가 분명한데, 공은 어째서 '구멍에서 대가리만 내밀고 이쪽저쪽 살피는 쥐새끼(首鼠兩端)'처럼 처신하는 거요?" ◆ 竇 : 구멍 두, 嬰 : 어린아이 영, 어릴 영

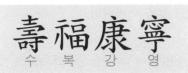

壽壽壽壽壽壽壽壽壽壽壽壽壽壽 (목숨 수)
福福福福福福福福福福福福福 (복 복)
康康康康康康康康康康 (편안 강)
寧寧寧寧寧寧寧寧寧寧寧寧寧 (편안할 녕, 영)

오래 살고 복되며 건강(健康)하고 편안(便安)함.

오래 살고 행복을 누리며 건강하고 편안한 삶을 유지하는 것을 수복강녕으로 표현한다. 사람은 태어나고 반드시 죽음으로 이어지는 까닭에, 목숨을 부지할 수 있는 시간이 길어지기를 염원한다. 이것이 생명 애착이며, 이른바 수명장수(壽命長壽)로 표현하듯, 수명 연장을 위한 염원적 의미로 해석된다. 오래 사는 일은 행복을 누리는 것을 전제한다. 그러므로 단순한 수명 연장이 아니라, 복을 겸비한 수복과 연계된다. 또한 인간은 활동하는 생물체의 속성을 안다. 그러므로 몸이 튼튼하고 마음이 편안한 이른바 강녕을 추구하게 된다. 여기에 수복과 강녕은 우리 생활에서 중요한 염원적 덕목이며, 지향하는 종착점이 되고 있다.

手手手手 (손 수)
不不不不 (아니 불)
釋釋釋釋釋釋釋釋釋釋釋釋釋釋釋釋 (풀 석)
卷卷卷卷卷卷卷卷 (책 권)

손에서 책을 놓지 않는다는 뜻.

항상 손에 책을 들고 글을 읽으면서 부지런히 공부하는 것을 이르는 말이다. 어려운 환경에서도 배우기를 좋아하는 사람이 항상 책을 가까이 두고 독서하는 것을 가리킨다.『삼국지(三國志)』「오지(吳志)」'여몽전(呂蒙傳)'에 나오는 말이다.

중국에서 후한(後漢)이 멸망한 뒤 위(魏)·오(吳)·촉한(蜀漢) 세 나라가 정립한 삼국시대에 오

나라의 초대 황제인 손권(孫權)의 장수 여몽(呂蒙)은 전쟁에서 세운 공로로 장군이 되었다. 손권은 학식이 부족한 여몽에게 공부를 하라고 권하였다.

독서할 겨를이 없다는 여몽에게 손권은 자신이 젊었을 때 글을 읽었던 경험과 역사와 병법에 관한 책을 계속 읽고 있다고 하면서 후한의 황제 광무제(光武帝)는 변방일로 바쁜 가운데서도 손에서 책을 놓지 않았으며[手不釋卷], 위나라의 조조(曹操)는 늙어서도 배우기를 좋아하였다는 이야기를 들려주었다. 그래서 여몽은 싸움터에서도 학문에 정진하였다.

그뒤 손권의 부하 노숙(魯肅)이 옛친구인 여몽을 찾아가 대화를 나누다가 박식해진 여몽을 보고 놀랐다. 노숙이 여몽에게 언제 그만큼 많은 공부를 했는지 묻자, 여몽은,

"선비가 만나서 헤어졌다가 사흘이 지난 뒤 다시 만날 때는 눈을 비비고 다시 볼 정도로 달라져야만 한다[刮目相對]"라고 말하였다.

『삼국지』에 나오는 여몽의 고사로, 손권이 여몽에게 부지런히 공부하라고 권유하면서 말한 '수불석권'은 손에서 책을 놓을 틈 없이 열심히 글을 읽어 학문을 닦는 것을 의미한다.

袖手傍觀
수　수　방　관

袖袖袖袖袖袖袖袖袖袖(소매 수)　手手手手(손 수)
傍傍傍傍傍傍傍傍傍傍(곁 방)
觀觀觀觀觀觀觀觀觀觀觀觀觀觀觀觀觀觀
觀觀觀觀觀觀(볼 관)

팔짱을 끼고 보고만 있다는 뜻.

어떤 일을 당하여 옆에서 보고만 있는 것을 말함.

해야 할 일에 간섭하지 않고 그대로 둔다는 것으로, 내가 상관할 일이 아니라는 뜻의 오불관언(吾不關焉)과 비슷한 말이다.

옛날에는 옷에 주머니가 거의 없었으므로 소매가 의복의 주머니 역할을 하였다. 아무런 생각없이 습관적으로 가만히 있을 때나 날씨가 추운 날에는 주머니 대신에 소매에 손을 넣기도 하였다.

'수수방관'은 소매에 손을 넣는다는 뜻의 수수(袖手)와 곁에서 바라보기만 한다는 방관(傍觀)이라는 말에서 유래하였다. 가까운 곳에서 큰 일이 일어났으나, 해결하려고 하지 않고 관심없이 팔짱을 끼고 바라보기만 한다는 뜻이다.

우리 속담의 '강건너 불구경하듯 한다'와 같은 뜻으로, 자기와는 상관없는 일이라고 다른 사람의 일에 관심이 없는 태도를 보일 때 쓰인다. 어떤 해야 할 일에 전혀 관여하지 않고 그대로 내버려둔다는 말이다.

漱石枕流
수 석 침 류

漱漱漱漱漱漱漱漱漱漱漱漱漱漱 (양치질할 수)
石石石石石 (돌 석)
枕枕枕枕枕枕枕枕 (베개 침)
流流流流流流流流流流 (흐를 류)

돌로 양치질하고 흐르는 물을 베개 삼다.

出典 진서(晉書) 손초전(孫楚傳)

진(晉)나라 초기 손초(孫楚)라는 사나이가 있었다. 자(字)는 자형(子荊)이라 하며 문재(文才)가 있어 무리에서 뛰어났다. 부(父)도 조부(祖父)도 상당한 고관에 이른 집안에서 태어났으나 향리에서는 도무지 시원치가 못했다. 언젠가 인재 등용관이었던 대중정(大中正)이 손초의 친구인 왕제(王濟)에게 손초의 인물에 관해 물어본 일이 있다. 거기 대하여 왕제는 이렇게 대답했다.

"그 사나이는 당신께서 직접 보신다고해도 알아보실 수 없는 인물입니다. 제가 보는 점에서 말한다면 손초란 사나이는 천재영박(天才英博), 무시무시할 정도로 뛰어나 타인하고 함께 볼 수는 없는 인물입니다."

당시에는 노장학이 성해서 은일(隱逸)을 구하는 경향이 강했고, 세속적인 도덕명분을 경시하여 노장의 천리를 논하는 것이 중시되었으며 이것을 청담(淸淡)이라 칭하면서 사대부간에 유행되었는데 그 첨단에 완적(阮籍)·혜강(嵇康)등 소위 죽림칠현(竹林七賢)이란 그들이 있었다. 손초도 젊었을 때 그런 풍조를 따라 산림에 은신하려고 했지만 40이 넘어 석포(石苞) 밑에서 참군(參軍) 노릇을 하며 석포를 위해 오주손호(吳主孫皓)에서 보내는 투항권고문 등을 작성했다. 후에 풍익(馮翊)의 태수가 되어 원강(元康) 3년((293)에 죽었다고 하므로 60세가 되었음직하다.

그 손초가 젊었을 때 일이다.

속세를 떠나 산림 속으로 은신하기를 생각하고 친구인 왕제에게 흉중을 털어놓았다. 그때 '돌을 베개삼고 흐름에 양치한다' 즉 돌을 베개로 벌렁 눕고 골짜기에서 흐르는 물로 양치질하는 생활을 하고싶다는 것을 잘못 알아듣고 '돌로 양치질하고 흐름을 베개삼는다'고 해버렸다. 왕제는 그 말을 듣고 따졌다.

"흐르는 물을 베개로 벨 수 있는가, 그리고 돌로 어떻게 양치질을 할 수 있단 말인가?"
하고 말하며 웃었다.

그리고 손초는 곧 대답했다.

"흐름을 베개로 한다는 것은 자네 옛날의 은자인 허유(許由)와 같이 쓸데없는 소리를 들었을 때 귀를 씻으려고 하는 것이고, 돌로 양치질한다는 것은 이를 닦으려는 것일세."

이 이야기는 진서(晉書) 손초전(孫楚傳),『세설신어(世說新語)』속에 있는데 남에게 지기 싫은 마음이 강함을 비유하는 말로서 자고로 많이 쓰인다.

손초의 말을 절절히 체감하는 요즘이다. 법무부장관 아들 '황제 휴가' 의혹을 둘러싸고 벌어지는 일들 탓이다. 추 장관은 자신이 관여했다는 야당 의원 주장에 "소설을 쓰시네"라고 비아냥댔지만 관련 정황과 증언이 잇따른다. 뒤늦게 입장문을 내고,

"국민께 송구하다"고 하면서도 뭐가 송구한지는 밝히지 않았다. 검찰개혁 완수를 다짐한 건 생뚱맞다.

"제가 보좌관에게 (군부대에) 전화를 시킨 사실이 없다" 면서도 "확인하고 싶지 않다" 는 무책임한 태도로 일관한다.

문재인 대통령은 취임사에서 "잘못한 일은 잘못했다고 말씀드리겠다. 거짓으로 불리한 여론을 덮지 않겠다"고 했다. 현실은 그 화려한 수사와는 딴판이다. 잘못이 뻔히 보이는데도 "법적으로 문제가 없다"고 강변하는 여권의 행태가 되풀이되고 있다.

修飾邊幅
수 식 변 폭

修修修修修修修修修修修 (닦을 수)
飾飾飾飾飾飾飾飾飾飾飾飾 (꾸밀 식)
邊邊邊邊邊邊邊邊邊邊邊邊邊邊邊邊邊邊 (가 변)
幅幅幅幅幅幅幅幅幅幅幅 (폭 폭)

변폭을 닦고 꾸미다라는 말로, 중요하지 않은 겉치레에만 신경쓴다는 뜻.

出典 후한서(後漢書) 마원(馬援傳)

건무(建武) 4년 10월, 마원(馬援)은 서주상장군 외효(西州上將軍隗囂)의 사신으로써 촉(蜀)의 수도 성도(成都)로 갔다.

이 무렵 신(新)의 왕망(王莽)의 말년부터 시작된 대동란은 점차 큰 세력에 흡수되고 있었다. 각지에서 일어난 농민의 대폭동이나 호족(豪族)들의 군대가 혹은 합체되고 혹은 망해서 흩어진 가닥들이 지금 커다란 동아줄로 꼬아지고 있었다. 그리하여 중첩한 산의 너머 중원(中原)과 멀리 떨어진 촉(蜀)에서는 공손술(公孫述)이 황제를 칭하고 있었다. 그는 처음 촉도(蜀都)의 일개 병사였었으나, 유현군(劉玄軍)의 횡포를 분개하는 사람들과 함께 군사를 일으켜 이를 격파하고 파촉(巴蜀)지방을 통일했다. 파촉은 상공업이 성하고 운남, 관동과의 무역도 있어 부(富)는 천하 제일이라는 곳이다. 공손술은 여기에 웅거하여 점차 세력을 더해가는 낙양의 유수(劉秀)와 농서(隴西)에 웅거하는 외효하고 병립하고 있었다. 그리하여 외효는 유수, 공손술 중 누구하고 연합을 해야할 것인가를 탐색하기 위해 마원을 보낸 것이다.

마원은 원래 공손술하고는 동향(同鄕)이고 게다가 구지(舊知)의 사이였다. 그로서는 공손술이 기꺼이 맞이해서 손을 마주 잡고 이야기 할 것을 예상하고 또 기대하고 있었다. 그런데 사태는 전혀 예상 밖이었다. 공손술은 황제라 칭한 후 이미 4년이나 지나고 있었다.

면회를 신청받은 공손술은 곧 만나주지 않았다. 먼저 좌석을 화려하게 꾸미게 하고 백관을 좌우에 벌려 세우고 나서 마원을 안내시켰다. 한참만에 공손술은 수레를 타고, 난기(鸞旗)를 휘

날리면서 화려한 군사(軍士)의 호위아래 출어(出御)했다. 층계 앞에서 수레를 내리자 점잖게 높은 좌석에 앉았다. 그러면서 말했다.

"자네가 내 부하가 된다면 후(侯)로 봉해 대장군의 자리를 주겠네."

마원은 아무 대답도 하지 않고 자리에서 벌떡 일어났다. 그리하여 자기를 붙잡고 만류하려는 사람들에게 내뱉듯 말했다.

"지금 천하의 자웅은 아직 결정되지 않았다. 만약 천하를 취하려거든 선비(士)를 후하게 대우해야 한다. 식사 중이라면 씹고있던 음식을 토해내고 곧 영접해야 한다. 그런데 그는 소용도 없는 옷깃을 신이 나서 꾸민다(수식변폭(修飾邊幅). 그래서야 어찌 천하의 현사(賢士)들을 머물게 할 수 있겠는가."(『後漢書』馬援傳)

변폭(邊幅)이란 포백(布帛)의 가장자리다. 별것도 아닌 포(布)의 가장자리를 꾸민다는 말로 공손술의 의식과 내용이 일치하지 않는 것을 꾸짖었던 것이다.

여기서 불필요한 허식을 이 말로 나타낸다.

마원은 그 후 유수(劉秀)를 만나고 그 태도에 감탄, 그에게 시신(侍臣)했다.

그리고 그 후 9년, 공손술은 유수가 보낸 대군의 공격을 받아 성도에서 멸망한다. 때에 관계 없이 인재(人材)를 쓰는 데는 유수(劉秀)편이 나았다. 그러나 일개 병사(兵士)에서 황제가 된 공손술(公孫述)이 위의(威儀)를 갖추어 거드름을 피운 것도 어딘가 웃을 수만은 없는 느낌이 든다.

水水水水 (물 수)
魚魚魚魚魚魚魚魚魚魚魚 (고기 어)
之之之之 (갈 지)
交交交交交交 (사귈 교)

매우 친밀하게 사귀어 떨어질 수 없는 사이.

出典　삼국지(三國志) 촉지(蜀志·諸葛亮傳)

한(漢)의 재흥(再興)을 목적하는 유비(劉備)가 때마침 몰아치는 풍설을 무릅쓰고, 관우·장비에게 핀잔을 받으면서도 세 번 와룡강(臥龍岡)의 제갈공명(諸葛孔明)을 찾은 것은 공명도 지적한 바와 같이 아직 거점으로 할 지반이 없었기 때문이었다.

후한(後漢) 최후의 황제인 헌제(獻帝)를 세워 제멋대로 행동을 자행하던 대신 동탁(董卓)이 멸망하자, 아버지 대부터 양자강 하류에 있는 오(吳)를 본거지로 한 손책(孫策)은 주유(周瑜) 등 지모(智謀)가 뛰어난 인재를 모으고, 그 아들인 손권(孫權)도 노소(魯蕭)등 인재를 초빙해서 착착 강동에 세력을 쌓고 있었다.

한편 산동(山東)에서 황하유역을 제압하고 있던 조조(曹操)는 헌제(獻帝)에게 접근하여 실력과 대의명분을 함께 손에 넣으려고 꾀하고 있었다.

그와 같은 정세 속에서 유비는 남쪽의 유표(劉表)를 의지하고 있었으나, 그 부인이나 아이들은 유비가 영토를 탐내고 있는 것이 아닌가 하여 경계하고 있었다.

유비가 서서(徐庶)의 권유로 공명과 만날 결심을 한 것은 이런 배경에서 자기가 걸어야 할 길에 대해 갈피를 잡지 못하고 있었기 때문이었다.

공명은 빈틈없이 이와 같은 주위 형세를 지적하고 나서 기세를 타고 있는 북쪽 조조를 상대로 지금 싸움을 해서는 불리하며 차라리 지반을 확고히 굳히고 있는 오(吳)의 손권을 자기편을 만들어 무엇이 어떻든 간에 양자강 상류의 촉(蜀)으로 들어가 그곳을 근거지로 하고 북쪽을 공격할 것을 권했다.

갈피를 잡지 못하고 이리저리 망설이고 있다가 그 말에 속이 후련해진 유비는 공명을 군사로서 맞이하고 침식을 같이하게 되었다.

당시 37세인 공명에게 그토록 머리를 숙일 필요는 없다고 하는 관우·장비에게,

"내가 공명과 함께 지내는 것은 물고기가 물 속에 있는 것과 같다는 것(물이 있어야 물고기는 비로소 물고기답게 된다), 부디 두 번 다시 이러쿵 저러쿵 말을 하지말아 주게."

하고 말했다.

그 후 유비는 촉으로 들어가 남만(南蠻)을 정벌해서 배후를 튼튼하게 굳히고, 오(吳)와 함께 조조를 격멸하려는 삼국의 싸움이 시작된다.

여기서 「수어지교(水魚之交)」하면 주군과 그 신하의 끊을래야 끊을 수 없는 사이를 말하는 것이나, 지금은 군신에 한하지 않고 깊은 교우관계에도 쓰이고 있다.

제갈량은 자가 공명(孔明)이고 낭사군 양도현(琅邪郡 陽都縣) 사람이며, 한나라 사예교위 제갈풍(司隷校尉 諸葛豊)의 후손이다. 아버지 제갈규(諸葛珪)는 자가 군공(君貢)이며, 한나라 말기에 태산군승(太山郡丞)을 지냈다.

壽壽壽壽壽壽壽壽壽壽壽壽壽壽 (목숨 수)
辱辱辱辱辱辱辱辱辱辱 (욕될 욕)
多多多多多多 (많을 다)

오래 살면 욕됨이 많음.

出典 장자(莊子) 천지편(天地篇)

장자(莊子)는 선진(先秦―戰國時代)에 있어서 가장 특이한 사상가의 한 사람이다. 그는 공자를 조(祖)로 하는 유가(儒家)의 사람들이 강조하는 인의도덕(仁義道德)을 잔꾀가 많은 인간의 작위(作爲)로써 배척하고 있는 그대로 있는 것― '자연(自然)'을 사랑하고 그 어떤 것에도 사로잡히지 않는 정신적 자유경지―「도(道)의 세계」에 동경을 보냈다. 더구나 그는 그 사상을 그의 특이한 풍

자와 비웃음과 우화를 빌어 표현했다. 그의 저서『장자(莊子)』속의「천지편(天地篇)」에 나오는 이 이야기도 그러한 그의 우화(寓話)의 하나로서 읽을 것이고, 물론 사실(史實)은 아니다. 그옛날 성천자로서 유명했던 요(堯)라는 지방을 순회했을 때의 일이다. 그곳의 수비관원이 공손히 요임금 앞으로 나와 인사를 드렸다.

"오오! 성인(聖人)이시여, 삼가 성인님의 장래를 축복하겠습니다. 우선은 성인님께서 만수무강하시기를······"

"아냐 아냐" 요(堯)는 뜻있는 미소를 지으며 대답했다.

"나는 오래 살기를 바라지 않네." "그러시다면 임금님의 부(富)가 더욱더 풍부해지시기를······"

"아냐 아냐, 나는 부(富)를 더하고 싶은 생각은 꿈에도 하지 않네."

"그러시다면 임금님의 자손이 번창하시도록······"

"아냐 아냐, 그것도 나는 바라지 않는 일이야." "이건 참······"

수비관원은 이상하다는 듯 요임금의 얼굴을 바라보며 되물었다.

"수(壽)와 부(富)와 자손 번창은 누구나가 바라는 일인데 임금님께서는 그것을 바라지 않으시다니요."

"요컨대 사내자식이 많으면 그 중에는 못난 것도 생겨서 도리어 걱정거리가 된다. 부(富)하면 부할수록 쓸데없는 일이 생기고, 수(壽)하면 욕(辱)을 남기게 될 처지에 빠지는 수도 많아질 게 아닌가(수즉다욕(壽則多辱). 이 세가지는 어느 것이나 다 내 몸의 덕을 기르는데 무용지물이라고 볼 수밖에 없네."

이 말을 듣는 수비관원은 요임금에게 들리지 않을 정도로 이렇게 중얼거렸다.

"체, 싱겁기 짝이 없군. 요(堯)는 성인이라고 들었는데, 지금 말하는 것으로 미루어 보아 기껏해야 군자 정도의 가치밖에 없는 사내임을 알았다. 아이들이 많더라도 각기 분에 맞는 적당한 직업을 맡기면 아무 걱정도 없을 것이고, 돈이 많아지면 많아진 만큼 남에게 나누어 주면 아무 걱정도 없을 텐데, 진정한 성인이란 메추리같이 둥지를 고르지 않고, 병아리처럼 무심하게 먹고 새가 날아간 뒤 흔적이 없는 것같이 자유자재여야 한다. 세상이 올바르면 모든 사람들과 함께 그 번창함을 즐기는 것이 좋고, 올바르지 않으면 몸에 덕을 닦아 은둔하는 것도 좋고, 천년이나 오래 살아 세상이 싫증이 나면 그때는 신선이 되어 저 흰구름을 타고 옥황상제의 나라로 가서 노는 것도 좋다. 병(病)·노(老)·사(死)의 삼환(三患)을 걱정할 필요도 없고 몸이 언제나 재앙이 없다면 오래 산다고 해서 아무런 욕될 것이 없잖은가."

이런 소리를 하고 수비관원은 발길을 돌렸다. 보기 좋게 허점을 찔린 꼴이 된 요(堯)는 순간 정신이 퍼뜩 들어 뒤를 쫓아가,

"기다려라, 조금 더 그대의 말을 듣고 싶다." 고 소리쳤으나 그 사람은,

"원 귀찮게시리!" 하고 버럭 소리를 지르더니 뒤도 돌아보지 않고 어디론가 사라지고 말았다.

장자는 이 우화로써「유가(儒家)」적 성인인 요(堯)와 대비시켜가며「도(道)」의 세계에서 사는 자유자재인(自由自在人)─「도가(道家)」적 성인의 모습을 시사하려고 했던 것이다.

豎子謀與不足
수 자 모 여 부 족

豎豎豎豎豎豎豎豎豎豎豎豎豎豎豎(더벅머리 수)
子了子(아들 자)
謀謀謀謀謀謀謀謀謀謀謀謀謀謀謀(꾀할 모)
與與與與與與與與與與與與與(더불어 여)
不不不不(아니 불)　足足足足足足足(발 족)

수자와 더불어 꾀하기는 아직 부족하다.

出典 사기(史記) 항우(項羽本紀)

한(漢)의 원년(B.C 206), 진(秦)을 멸망시키고 수도 함양(咸陽)으로 제일 먼저 들어간 유방(劉邦)은 패상(霸上)으로 되돌아가 제후의 도착을 기다리고 있었다. 한 발 늦게 홍문(鴻門)으로 진주한 항우는 유방이 이미 진의 제보를 독점했다는 밀고를 듣고,

"좋아, 내일 공격이다" 하며 길길이 날뛰었다. 항우의 군은 40만, 유방의 군은 10만이었다. 경쟁자인 유방을 멸망시키는 절호의 기회라고 보고 모장(謀將)인 범증(范增)은 항우를 설득했다.

"재보와 여자를 좋아하는 유방이 관중으로 들어가 근신하고 있는 것은 야심이 있기 때문입니다. 놓치지 마시고 허점을 찌르십시오."

그런데 항우의 숙부인 항백(項伯)이 이 계획을 자기와 친한 유방의 손님격인 장량에게 몰래 알렸다. 유방은 항백에게 뒷일을 부탁했다. 항백은 항우의 노여움을 달래어 일단 공격을 중지시켰다. 이튿날 아침 유방은 일부러 몇 사람을 데리고 항우를 방문했다. 이렇게 해서 유명한 홍문연(鴻門宴)이 개최된 것이다.

먼저 입성한 무례를 사과하는 유방의 말을 듣고 항우의 기분은 다소 풀렸다.

연회 도중에 범증은 항우에게 자주 눈짓을 하고 허리에 찬 옥결(玉玦)을 들어 어서 빨리 죽일 것을 신호했으나 항우는 응할 낌새가 없다. 참다 못한 범증은 항우의 종제인 항장(項莊)을 불러 칼춤을 핑계로 도중에서 유방의 목을 치도록 명했다. 항장(項莊)이 항우의 허락을 얻어 춤을 추기 시작했다. 항백은 이것을 보자 보통 일이 아니라 생각하고 자기도 같이 시작했다. 항장이 유방의 목을 치려고 해도 항백이 교묘하게 항우 앞을 가로막아 칼을 쓰지 못하게 한다. 장량은 위기를 느끼고, 자리에서 일어나 번쾌를 불렀다. 번쾌는 주군이 위험하다는 말을 듣더니 방패로 위병(衛兵)을 밀어젖히고 장막을 걷어올린 뒤 딱 버티고 서서 항우를 노려보았다. 두발이 곤두서고 부릅뜬 눈은 찢어질 것 같았다. 항우는 깜짝 놀라며 몸을 사렸다.

"저건 누구냐?"

"같이 온 번쾌이옵니다." 장량이 대답했다.

"음, 상당한 장사(壯士)로군, 술을 줘라."

번쾌는 선 채로 큰 그릇의 술을 단숨에 마셨다. 항우는 또 고기를 주라고 했다. 그 고기는 날(生)돼지고기였다. 하나 번쾌는 태연히 방패를 도마 삼아 생돼지고기를 잘라 먹었다.

"더 마시겠는가?" 항우가 말했다. 번쾌는 거기서 유방의 처지를 변호하고 항우는 소인배의 말을 믿고서 공로자인 유방을 죽이겠는가 하고 대들었다.

좌석의 분위기가 어색해졌다. 이어서 유방은 번쾌를 화장실로 데리고 갔다. 이 때 위기를 넘기고 있었던 것이다. 유방은 간도(間道)를 따라 패상으로 도망치고 말았다. 최대의 위기를 모면하고 도망친 것이었다. 뒤에 남은 장량은 유방과 약속한 대로 유방이 도착되었을 때를 기해 연회석으로 들어와 유방이 보내는 선물이라고 하며 항우에게 백벽(白璧) 한 쌍, 범증에겐 자루가 달린 주기(酒器) 한 쌍을 헌상(獻上)하고서 무례를 사과했다. 선물을 보자 범증은 모래를 씹는 듯한 느낌이 들었다. 휙 칼을 뽑아 그것을 쳐 깨뜨리며,

"아아! 수자(竪子)하고는 함께 꾀할 수 없구나. 항왕의 천하를 빼앗는 자는 패공(沛公―劉邦)일 것이다."

하고 한탄했다. 수자(竪子云云)―이런 철부지(罵語)는 의논상대가 되지 않는다―은 항우를 비난한 것, 항장(項莊)을 비난한 것이라는 이설(異說)이 있으나 그것은 따질 필요가 없다. 수자(竪子)란 말은 『左傳』에 보인다. 또 「수자(竪子)의 이름을 오르게 한다(竪子成名)」(『史記』孫子傳) 「수자(竪子)는 가르쳐야 한다.」『史記』留侯世家)라는 말도 있다.

水滴穿石
수 적 천 석

水 水 水 水 (물 수)
滴 滴 滴 滴 滴 滴 滴 滴 滴 滴 滴 (물방울 적)
穿 穿 穿 穿 穿 穿 穿 穿 穿 (뚫을 천)
石 石 石 石 石 (돌 석)

물방울이 바위를 뚫는다는 뜻.

작은 노력이라도 끈기 있게 계속하면 큰 일을 이룰 수 있다는 말이다.

송(宋)나라 때 장괴애(張乖崖)라는 사람이 있었다. 그가 숭양현(崇陽縣)의 현령으로 재직할 때 일인데, 하루는 관아의 이곳저곳을 살펴보며 돌아다니다가 문득 창고에서 급히 나오는 관원 한 사람과 딱 마주쳤다. 관원이 흠칫하는 것을 보고 수상쩍다는 생각이 들어 불러 세웠다.

"자네 지금 왜 여기서 나오나?"

"아, 예, 저어……"

상대방은 우물쭈물하며 대답을 못 했다. 장괴애는 즉시 나졸들을 불러 관원의 몸수색을 시켰는데, 아니나 다를까, 그의 상투 속에서 엽전 한 닢이 나왔다.

"네 이놈, 이게 웬 돈이냐?"

"……"

"필시 창고에서 훔친 것이렷다?"

"아이고, 죽을 죄를 지었습니다. 용서해 주십시오."

마침내 관원은 땅바닥에 머리를 짓찧으며 사죄했다. 장괴애는 일단 그를 옥에 가두었다가 다음 날 재판을 열었다. 그리고는 사형 판결을 내리자, 관원은 펄쩍 뛰며 항변했다.

"아니, 이럴 수가 있습니까? 고작 돈 한 푼 훔쳤다고 사형이라니요!"

그 말을 듣는 순간, 장괴애의 얼굴이 노여움으로 붉게 물들었다. 그는 큰 소리로 호통을 쳤다.

"닥쳐라, 이놈! 보아하니 네놈은 상습범이 아니더냐. 하루 한 닢이면 백 날이면 백 닢, 천 날이면 천 닢이다. 먹줄에 쓸려 나무가 잘라지고, '물방울이 돌에 떨어져 구멍을 낸다'는 것을 모르느냐? 네놈이야말로 우리 고을 재정을 망칠 놈이로다."

守株待兎
수 주 대 토

守守守守守守(지킬 수)
株株株株株株株株株株(그루 주)
待待待待待待待待待(기다릴 대)
兎兎兎兎兎兎兎(토끼 토)

그루터기를 지켜 토끼를 기다린다는 뜻.

고지식하고 융통성(融通性)이 없어 구습(舊習)과 전례(前例)만 고집함.

원래 그루터기를 지켜보며 토끼가 나오기를 기다린다는 뜻으로, 『한비자(韓非子)』「오두편(五蠹篇)」에 나오는 말이다.

한비(韓非)는 요순(堯舜)의 이상적인 왕도정치를 시대에 뒤떨어진 사상이라고 주장하여 그를 반대하는 사람들에게 이런 이야기를 하였다.

송(宋)나라에 한 농부가 있었다. 하루는 밭을 가는데 토끼 한 마리가 달려가더니 밭 가운데 있는 그루터기에 머리를 들이받고 목이 부러져 죽었다. 그것을 본 농부는 토끼가 또 그렇게 달려와서 죽을 줄 알고 밭 갈던 쟁기를 집어던지고 그루터기만 지켜보고 있었다. 그러나 토끼는 다시 나타나지 않았고 그는 사람들의 웃음거리가 되었다.

이는 곧 낡은 관습만을 고집하여 지키고, 새로운 시대에 순응하지 못하는 것을 가리킨 말이다.

水淸無大魚
수 청 무 대 어

水水水水(물 수) 大大大(큰 대)
淸淸淸淸淸淸淸淸淸淸(맑을 청)
無無無無無無無無無無無無(없을 무)
魚魚魚魚魚魚魚魚魚魚魚(고기 어)

물이 맑으면 대어는 없다.

出典 후한서(後漢書) 반초전(班超傳)

후한(後漢) 초의 일이다. 반초(班超)의 아버지인 반표(班彪)는 사가(史家)로서 유명했고, 그 형인 반고(班固)는 『한서(漢書)』의 저술로 유명했다. 또 그의 누이동생인 반소(班昭)는 문학에 뛰어난 재주가 있었다. 말하자면 학문일가라고 할만한 반씨집에서 초(超)만이 유별났다. 반초는 두뇌보다는 웅대한 마음과 건장한 육체를 장점으로 삼고 있었다.

이런 이야기가 전해지고 있다.

어렸을 때 집안이 가난해서 관청의 임시고용원으로 서류를 베끼는 일에 밤낮을 골몰하고 있었다. 어느 때, 붓을 놓고 한탄하면서 말했다.

"멀리 시녁땅에서 공을 세워 제후가 되고 싶다. 이런 글씨 쓰기란 정말 멍청이 짓 같다."

이런 말을 들은 주위 사람들은 기가 막혀 크게 웃었다. 그러자 그는,

"자네들 소인들이 진정한 남자의 마음을 알 수 있겠는가"

하고 뽐냈다고 한다. 과연 기회는 찾아들었다.

명제(明帝)의 영평(永平)17년 가사마(假司馬)의 관(官)으로 서역(西域)에 사신으로 나가 선선국(鄯善國)에서 이름을 날린 이야기는 유명하다.(「虎穴不入不得虎子」).

그 후 서역(西域)에 머물기를 30년, 서역 제국은 다 한(漢)을 두려워하고 그 아들을 수도 낙양(洛陽)으로 보내어 복종을 맹세했다. 반초는 화제(和帝)때 서역도호(西域都護-西域總督)가 되고, 이어 정원후(定遠侯)에 봉해져 연례의 숙원이 달성되었다. 영원(永元) 14년 귀국이 허락되었으나 8월에 수도에 도착, 9월에 병사했다. 그런데 이 반초가 서역도호를 그만두었을 때 임상(任尙)이란 사나이와 교체를 하게 되었다. 그래서 임상은 사무 인계차 반초를 방문했다.

"부디 서역을 통치하는 방법을 가르쳐주십시오."

"글쎄 자네의 성질을 살펴보니 지나치게 엄하고 급한 것 같군. 원래 물이 너무 맑으면 대어(大魚)는 숨을 곳이 없어 살 수가 없다네(水淸無大魚). 그처럼 정치는 너무 엄하고 급해서는 못쓰네. 대범하고 조급하게 서두르지 않고, 간이(簡易)를 취지로 삼아야 하네."

임상은 마음에도 없는 대답을 하고 그 자리에서는 물러났으나, 나중에 불평스럽게 말했다.

"반초는 굉장한 책략이 반드시 있을 것이라고 나는 믿었는데 듣고 보니 아주 평범하기 짝이 없구나."

결국 임상은 반초의 말을 일고(一顧)도 하지 않았다. 그러나 반초가 말한대로 임상은 변경의 평화를 잃고 말았다.

이상의 이야기는 『후한서(後漢書)』의 「반초전(班超傳)」에 있고 『십팔사략(十八史略)』에도 나와 있다. 임상이란 사나이는 오늘날 말하면 일부 인텔리타입과 같은 생각이 든다. 깔끔한 것은 좋으나 그것이 지나쳐 남이 따르지 않고 고독하게 지내는 타입이다. 「물이 맑으면 대어가 없다」는 그런 생활방식을 다소 역설적인 말로 표현한 것이다. 그리고 『공자가어(孔子家語)』에 「공자 말하기를 물이 지극히 맑으면 대어가 없다. 사람이 지극히 살피면 곧 무리(徒)가 없다」라는 말이 있다. 이런 말에서 「물이 맑으면 고기가 살지 않는다」가 나왔다.

宿虎衝鼻
숙 호 충 비

宿宿宿宿宿宿宿宿宿宿宿宿 (잘 숙)
虎虎虎虎虎虎虎 (범 호)
衝衝衝衝衝衝衝衝衝衝衝衝衝衝 (찌를 충)
鼻鼻鼻鼻鼻鼻鼻鼻鼻鼻鼻鼻鼻 (코 비)

잠자는 범의 코를 찌른다는 뜻.

가만히 있는 사람을 건드려서 화(禍)를 스스로 불러들이는 일을 말한다.

脣亡齒寒
순 망 치 한

脣脣脣脣脣脣脣脣脣脣脣 (입술 순)
亡亡亡 (망할 망)
齒齒齒齒齒齒齒齒齒齒齒齒齒齒齒齒 (이 치)
寒寒寒寒寒寒寒寒寒寒寒寒 (찰 한)

입술이 없으면 이가 시리다는 뜻.

가까운 사이의 한쪽이 망하면 다른 한쪽도 그 영향(影響)을 받아 온전(穩全)하기 어려움을 비유하여 이르는 말이다.

춘추 시대 말엽 패자(覇者)의 한 사람인 진(晉)나라 헌공(獻公)은 괵(虢)나라와 우(虞)나라를 집어삼킬 야심을 품고, 중신들을 상대로 계책을 물었다. 대부 순식(荀息)이 앞으로 나와서 말했다.

"괵나라와 우나라는 이빨과 입술의 관계나 다름없습니다. 그렇기 때문에 이들이 연합하여 대항할 가능성이 다분하고, 그렇게 되면 일이 순조롭지 못할 것입니다. 가장 좋은 방법은 가까운 우나라를 회유하여 길을 빌려 먼저 괵나라를 쳐서 항복을 받아 낸 다음에 그 여세를 몰아 우나라를 집어삼키면 될 것입니다."

"우나라가 순순히 들을까? 이쪽의 의도를 짐작하지 못할 리 없을 텐데."

"그렇더라도 시도해 볼 만하지요. 우나라의 군주 우공(虞公)은 재물이라면 사족을 못 쓴다고 합니다. 진귀한 보석과 좋은 말을 선사하여 우공의 탐욕을 자극하면 십중팔구 틀림없이 들을 것입니다."

그렇지만 헌공은 주저했다. 그 두 가지 다 자기가 아끼는 귀중한 물건이기 때문이었다. 순식이 말했다.

"무얼 망설이는 겁니까? 우나라를 정복하게 되면 주었던 물건을 되찾아 오게 될 것 아니겠습니까? 지금은 단지 일시적으로 맡겨 두는 셈일 뿐이지요."

그 말을 듣고서야 헌공은 순식의 기발한 제안을 채택했다. 선물을 가지고 우나라에 찾아간 사신은 우공(虞公)에게 이렇게 말했다.

"저희 임금께서는 지금 괵나라를 정벌하고자 하십니다. 그러니 전하께서 저희 군사들이 지나갈 수 있도록 길을 빌려 주시면 나중에 괵나라에서 얻은 재보의 절반을 드리겠습니다."

이미 예물을 받고 기분이 매우 흡족한 우공이 그 제의를 받아들이려고 하자, 대신 궁지기(宮之奇)가 간곡히 말했다.

"전하, 괵나라는 우리와 한 몸이나 다름없습니다. 그 괵나라가 망하면 우린들 무사하겠습니까? 옛 속담에도 '덧방나무와 수레는 서로 의지하고[보차상의(輔車相依)], 입술이 없어지면 이가 시리다'고 했습니다. 우리와 밀접한 관계인 괵나라를 치려고 하는 진나라에게 어떻게 섣불리 길을 빌려 준다는 것입니까?"

공박을 당한 우공은 불쾌하여 얼굴을 찌푸리며 반박했다.

"경은 뭔가 오해하는가 보군. 진나라와 우리는 모두 주황실(周皇室)에서 갈라져 나온 한 집안 출신이오. 그런 관계인데 진나라가 우리한테 해를 입히겠소?"

"그럼 괵나라는 한 집안 출신이 아니란 말씀입니까? 마찬가지 관계지만, 진나라는 이미 한 집안의 정리를 저버린 지 오랩니다. 지난 일을 기억해 보십시오. 진나라는 같은 종친인 제(齊)나라 환공(桓公)과 초(楚)나라 장공(莊公)의 일족도 죽인 적이 있습니다. 그런 무도한 진나라의 말을 곧이곧대로 믿을 수는 없습니다."

그러나 우공은 궁지기의 간언을 묵살하고 진나라의 제안을 받아들이고 말았다. 실망한 궁지기는 매우 낙심하여 집으로 돌아가며 중얼거렸다.

"아아, 임금이 밝지 못하여 마침내 이 나라가 망하는구나!"

그는 집에 도착하자마자 짐을 꾸리도록 하여 가족을 데리고 우나라를 떠나고 말았다. 그 해 겨울, 진나라군은 우나라를 지나가서 괵나라를 멸하고, 돌아가는 길에 단숨에 우나라를 공격하여 정복해버렸다. 포로로 잡혀 끌려가는 우공은 궁지기의 충언을 받아들이지 않은 자신의 잘못을 후회하며 머리를 짓찧고 싶었으나, 수레에 묶인 몸이라 그나마도 할 수 없었다.

脣脣脣脣脣脣脣脣脣脣脣 (입술 순)
齒齒齒齒齒齒齒齒齒齒齒齒齒齒齒 (이 치)
輔輔輔輔輔輔輔輔輔輔輔輔輔 (도울 보)
車車車車車車車 (수레 거)

입술과 이, 덧방나무와 수레바퀴처럼 서로 의지하고 도와야 제 구실을 다할 수 있다.

出典 좌전(左傳)

진헌공(晉獻公)하면 후처 여희(驪姬)를 사랑한 나머지 이복(異腹) 태자 신생(申生)이 살해되고 중이(重耳—後에 文公)는 망명한다는 사태를 불러일으켰으나, 역사적으로 생각하면 패자인 진문공(晉文公—重耳)을 위한 기초를 쌓아준 사람이라고도 할 수 있다. 헌공(獻供)은 제환공(齊桓公)이 패업에 애를 쓰고 있을 무렵 조금씩 주위의 소국을 병합해 갔다. 앞으로 말하고자 하는 것은 헌공(獻公)이 우(虞)와 괵(虢)을 멸망시켰을 때의 이야기다. 헌공은 전부터 괵을 치려고 했으나 그러자면 우(虞)를 지나야만 했다. 전에 양마(良馬)와 미옥(美玉)의 뇌물을 우공(虞公)에게 보내어 괵을 친 일이 있었다. 그러나 이번에야말로 진정 괵을 멸망시키려 생각하고 다시 길을 빌릴 것을 우(虞)에 신청했다. 주혜왕(周惠王)22년 B.C 655)의 일이다.

우(虞)나라에서는 궁지기(宮之奇)라는 현신이 열을 올려가며 우공에게 간했다.

"괵은 우하고 일체이므로 괵이 망하면 우도 망할 것입니다. 속담에도「보거상의(輔車相依) 순망치한(脣亡齒寒)」이라고 하지 않습니까. 바로 우와 괵과 같은 관계를 말한 것이라고 생각합니다. 원수라고도 생각할 수 있는 진(晉)나라에게 우리나라를 통과시키다니 말도 안됩니다."

"아니야, 진(晉)은 우리의 종국(宗國)이니까 해를 가할 리가 없네."

우공은 태평스런 소리를 하므로 궁지기는 다시 설득했다.

"가계(家系)를 말씀하신다면 괵도 역시 동종(同宗)입니다. 그런데 어떻게 우하고만 친하겠습니까? 가령 친하다해도 이처럼 믿을 수가 없습니다."

"허나 나는 신을 모시는데 언제나 훌륭한 것을 바쳐 깨끗하게 살고자 애를 쓰고 있으므로 신이나를 보호해 주시지 않겠나."

"신은 한 개인을 친애하지는 않습니다. 그 사람의 덕이 있는 것을 보고 나서야 친애합니다. 덕이 없으면 백성이 편안하지도 못하고, 신도 제사를 받아들이지 않습니다. 신을 믿어서는 안됩니다."

그러나 아무리 설득을 해도 뇌물에 눈이 어두워진 우공은 듣지 않았다. 결국 궁지기(宮之奇)의 말을 따르지 않고 진(晉)의 사신에게 길을 빌려주겠다고 허락했다. 궁지기는 소심한 사람이었으므로 화가 몸에 미칠 것이 두려워 일족을 이끌고 우에서 떠났다. 떠나기에 앞서,

'晉은 괵을 정벌하고나서 반드시 우를 멸망시킬 것이다'고 예언했다.

과연 그해 12월 진은 우의 영토에서 공격을 개시해 괵을 멸망시켰다. 괵공(虢公)은 주(周)로 도망쳤다. 진군은 돌아오는 도중 우에 숙영(宿營)하고 있다가 불의를 찔러 우를 멸망시키고 우공과 대부 정백(井伯)을 잡았다. 그리고 이 두 사람을 진후(晉侯)의 딸이 진목공(秦穆公)에게 시집갈 때 그 수행원으로 보내버렸다.

이상은 『좌전(左傳)』에 있는 내용이다. 표제는 「보거상의(輔車相依)」라고도 하며 어느 쪽도 결할 수 없는 밀접한 관계를 말한다.

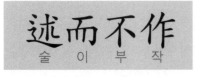

述述述述述述述述述 (지을 술)
而而而而而而 (말이을 이)
不不不不 (아니 불, 불)
作作作作作作作 (지을 작)

저술한 것이지 창작한 것이 아니라는 말

出典 논어(論語)술이(述而篇)

『신역(新譯)성서(聖書)』의 「요한복음서」에는—태초에 말씀이 있었다. 말씀은 하나님과 함께 있었다.

라는 것이 있는데 씨족제 봉건사회의 사람이었던 공자도 태초에 길이 있고 길은 하늘과 함께 있었다고 생각하고 있었다.

따라서 공자는 만약 태초에 있었던 길을 그대로 현실사회에 부활시킬 수가 있다면 이 세상은 곧 「황금시대(黃金時代)」가 될 것이다, 라고 확신하고 이 「길(道)」의 모습을 알려고 하는데 진췌(盡瘁)한 것이다. 태초에 있었으므로 「도(道)」는 당연히 옛(古)에서 구하지 않으면 안된다.

─자 말씀하시기를, 자기도 태어나면서부터 「도(道)」를 알고 있었던 것은 아니다. 옛것을 좋아하여 힘써 이것을 구한 자이다.

<子曰, 我非生而知之者 好古敏以求之者也>(『論語』述而篇)

─자 말씀하시기를 옛것을 익히고 새것을 아는 이로써 스승으로 한다(子曰 溫故知新, 可以爲師矣)(同爲政篇)

─자가 말씀하시기를 옛것을 배워 거기서 새로운 가치를 찾아내는 사람이라면 스승으로 우러러도 좋다.

라는 것도 있어, 공자가 얼마나 태초에 있었던 도(道)를 애써 추구(追求)했는지 알만하다.

공자는 이 성과를 제자들에게 강술(講述)했을 뿐아니라 『시경(詩經)』이나 『서경(書經)』을 오늘날의 형식으로 정리하고 『춘추(春秋)』를 편찬하고 『예(禮)나 악(樂)』을 제정하여 후세에 전했다고 하나, 태초에 있었던 「도(道)」를 있었던 그대로 현실 사회에 실현시키는 것이 목적이었으므로, 거기에는 의당 공자 자신의 개인적인 자의(恣意)는 가해지지 않고 있다. 공자는 어떤 경우에도 오직 그 자신이 『전에 실재했다』고 믿었던 것을 그대로 조술(祖述)하고 있는 것이다.

─자가 말씀하시기를, 자기는 있었던 일을 말하고 있는 것으로, 새로 창안(創案)하고 있는 것은 아니다. 옛것을 믿고 옛을 좋아하므로 심중 은근히 은(殷)나라의 현인(賢人)인 노팽(老彭)이란 사람을 본받고 싶다고 생각하고 있다.<自曰 述而不作, 信而如古, 竊比於老彭>(『論語』述而篇)

이런 말로 보아도 이에 대한 사정은 미리 짐작할 수 있다.

공자가 술이부작(述而不作)한 것은 공자의 학문의 필연적인 귀결이었으나, 중국 사회가 오래 정체(停滯)되어 있었기 때문에 선철(先哲)의 말을 「설명하고」 자설을 「만들지 않는다」라는 것이 학자가 일반의 태도였고 이것이 다시 역작용(逆作用)해서 중국문화를 정체시키는 커다란 원인이 된 것은 다툴 수 없는 사실이다.

그러나 중국에 한하지 않고 우리나라에서도 보수적인 경향을 띤 사람들에게는 「술이부작」하는 형의 인물이 아직도 많은 것 같다. 공자는 이 태도를 일관시켜 그 자신의 학문의 기본을 만들었으나, 후세의 아류(亞流)들이 「말만 할 뿐」 아무것도 「만들지」 않은 것은 결국 자기가 끌리는 「권위(權威)」에 배궤(拜跪)하는데만 만족하고 공자와 같이 인간에게 절실한 「진실(眞實)」을 사랑하려고 하지 않았기 때문이다.

是是非非
시 시 비 비

是是是是是是是是是 옳을 시, 이 시
非非非非非非非非 (아닐 비)

옳은 것은 옳다, 그른 것은 그르다고 한다는 뜻.

사리(事理)를 공정하게 판단(判斷)함을 이르는 말.

『순자(荀子)』「수신(修身)」편에 나오는 말이다.

"옳은 것을 옳다 하고 그른 것을 그르다고 하는 것은 지혜로운 일이요, 옳은 것을 아니라고 하고 그른 것을 옳다고 하는 것은 어리석은 일이다[是是非非謂之知, 非是是非謂之愚]."

참과 거짓을 분명하게 가려내는 것이 지혜이며 그와 반대로 하는 것은 어리석음이다. 여기서 전하여 일의 이치를 공정하고 올바르게 분별하는 것을 시시비비라고 한다.

始終如一
시 종 여 일

始始始始始始始 (비로소 시)
終終終終終終終終終 (마침 종, 마칠 종)
如如如如如如 (같을 여)
一 (한 일)

처음이나 나중이 한결같아서 변(變)함 없음.

처음과 끝, 시작과 마무리가 한결같아야 한다는 의미. 모든 일을 하는데 있어서 용두사미(龍頭蛇尾)가 되지 않도록 처음 시작과 같이 마무리가 잘 이루어져야 한다는 뜻이다. 소태산대종사는 이 회상을 창립하는 요령으로 11가지 조목을 제시하는 중에 입교한 후 시종이 여일해야 함을 들고 있다.

始終一貫
시 종 일 관

始始始始始始始 (비로소 시)
終終終終終終終終終 (마침 종, 마칠 종)
一 (한 일)
貫貫貫貫貫貫貫貫貫貫貫 (꿸 관)

처음부터 끝까지 한결같이 관철(貫徹)함.

앞서 본 수미일관(首尾一貫)과 다를 게 없는 표현이다. 시종여일(始終如一)도 같은 뜻인데, 여일(如一)은 '한결같다'는 뜻이다. 그러니까 시종여일은 '처음부터 끝까지 한결같다.'

食指動
식 지 동

食食食食食食食食食 (밥 식)
指指指指指指指指指 (손가락 지, 가리킬 지)
動動動動動動動動動動 (움직일 동)

집게손가락이 움직인다는 말.

주(周)의 정왕(定王) 2년(B.C 605) 즉 노선공(魯宣公)4년이고 정영공(鄭靈公)원년에 초나라 사람이 커다란 나라를 정영공에게 헌상(獻上)했다. 공자(公子)인 송(宋=자(字)는 자공(子公)과 자가(子家 이름은 歸生)는 참내(參內)하려 하고 있었다. 그때 자공(子公)의 식지(食指) 즉 둘째 손가락이 움직였다. 그래서 식지가 움직이는 것을 자공(子公)에게 보이며 말했다.

"언제나 내 손가락이 이렇게 움직일 때는 반드시 진미(珍味)를 먹게 되거든요."

참내해 보니, 요리인이 커다란 자라를 요리하고 있는 참이었으므로, 두 사람은 서로 쳐다보며 웃었다. 영공이 까닭을 물었으므로 자가(子家)가 실은 이러이러했다고 사실을 말씀드렸다.

그런데 자공(子公)과 자가(子家)에게 음식을 대접하게 되었을 때, 자공(子公)이 불려나간다. 그것은 자공(子公)에게 요리를 먹이지 않게 하기 위해서였다. 그저 식지(食指)가 움직인 것을 무효화시켜 보려는 단순한 생각에서 한 짓이었으나, 자공은 화를 내며 손가락을 솥에 물들여(染指) 즉 솥에다가 손가락을 집어넣었다가 빼내어 훌쩍 빨고 나가 불이나케 퇴출해버렸다.

영공(靈公)은 그 말을 듣고 화를 내며 자공을 죽이려고 생각했으나, 자공 역시 영공에게 선수를 뺏기지 않고자 자가(子家)에게 의논을 했다. 그런데 자가는,

"늙은 짐승도 죽이는 것은 꺼림칙한데, 더구나 주군(主君)을 어떻게……"

하며 받아들이지 않는다. '그렇다면' 하고 자가(子家)를 공공연하게 폭로시켜 모함코자 했으므로 자가는 겁을 먹고서 자공의 말을 들었다.

『좌전(左傳)』에 적혀 있지만 사실은 자가(子家)가 공(公)을 죽인 것이 아니다. 자가(子家)에게 자공(子公)을 억누를 힘이 있었기 때문이다. 그래서 유식자(有識者)는 '자가(子家)는 인(仁)이기는 했으나 무(武)가 아니어서 참으로 뛰어나 있었다고는 할 수 없다'고 말하고 있다. 모름지기 군(君)을 죽였을 경우 군(君)의 이름을 드는 것은 군(君)이 무도(無道)했기 때문이고, 신(臣)의 이름을 드는 것은 신(臣)에게 죄가 있는 것이다.

그래서 이 경우는「군신(君臣)이 다 나빴던 것이다」라는 뜻을 말하고 있는데, 아뭏든 식사(食事)에 대한 원한(怨恨)이란 큰 것이다.

식지(食指)란 집게손가락을 말하는 것으로, 공영달(孔穎達)은 다섯개의 손가락을 거지(巨指)·식지(食指)·장지(將指)·무명지(無名指)·소지(小指)라 하고, 발에서는 큰발가락(엄지)을 장지(將指)라고 하는데, 손에서는 중지(中指)가 장지(將指)이며 식지(食指)는 식사 때만 쓰인다고 말하고 있다.

'식지가 움직인다'는 말은 식욕이 있다던가 사물에 대한 욕망을 느낄 때 쓰이고, 또 앞에서 나온 염지(染指—손가락을 물들인다)라는 말은 물건에 손가락을 대어 핥아보는, 즉 맛을 보는 것에서 다시 사물을 착수한다든가 과외의 이익을 얻을 때 쓰인다.

身言書判
신 언 서 판

身身身身身身身(몸 신)
言言言言言言言(말씀 언)
書書書書書書書書書書(글 서)
判判判判判判判(판단할 판)

중국(中國) 당대의 관리(官吏) 전선(銓選)의 네가지 표준(標準).

    곧 인물을 선택하는 네 가지 조건이란 뜻으로, 사람을 평가할 때나 선택할 때가 되면 첫째 인물이 잘났나, 즉『身』, 둘째 말을 잘 할 줄 아는가 즉『言』, 셋째 글씨는 잘 쓰는가 즉『書』, 넷째 사물(事物)의 판단이 옳은가 즉『判』의 네가지를 보아야 한다 하여 이르는 말.

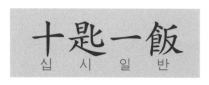

十伐之木
십 벌 지 목

十十(열 십)
伐伐伐伐伐伐(칠 벌)
之之之之(갈 지)
木木木木(나무 목)

'열 번 찍어 안 넘어가는 나무가 없다'는 뜻.

    ① 어떤 어려운 일이라도 여러 번 계속하여 끊임없이 노력하면 기어이 이루어 내고야 만다는 뜻.

    ② 아무리 마음이 굳은 사람이라도 여러 번 계속하여 말을 하면 결국 그 말을 듣게 된다는 뜻.

十匙一飯
십 시 일 반

十十(열 십)
匙匙匙匙匙匙匙匙匙匙匙(숟가락 시)
一(한 일)
飯飯飯飯飯飯飯飯飯飯飯飯(밥 반)

열 사람이 한 술씩 보태면 한 사람 먹을 분량이 된다는 뜻.

    여러 사람이 힘을 합하면 한 사람을 돕기는 쉽다는 말.

十中八九
십 중 팔 구

十十(열 십)
中中中中(가운데 중)
八八(여덟 팔)
九九(아홉 구)

열에 여덟이나 아홉이란 뜻

    ① 열 가운데 여덟이나 아홉이 된다는 뜻. 곧, 거의 다 됨을 가리키는 말.

    ② 거의 예외 없이 그러할 것이라는 추측(推測)을 나타내는 말.

阿鼻叫喚
아 비 규 환

阿阿阿阿阿阿阿阿 (언덕 아)
鼻鼻鼻鼻鼻鼻鼻鼻鼻鼻鼻鼻鼻鼻 (코 비)
叫叫叫叫叫 (부르짖을 규)
喚喚喚喚喚喚喚喚喚喚喚 (부를 환)

아비(阿鼻) 지옥(地獄)과 규환(叫喚) 지옥(地獄)이라는 뜻.

여러 사람이 비참(悲慘)한 지경(地境)에 처하여 그 고통(苦痛)에서 헤어나려고 비명(悲鳴)을 지르며 몸부림침을 형용(形容)해 이르는 말이다.

'아비(阿鼻)'는 범어 Avici의 음역으로 '아(阿)'는 무(無), '비(鼻)'는 구(救)로서 '전혀 구제받을 수 없다'는 뜻이다. 아비지옥은 불교에서 말하는 8대 지옥 중 가장 아래에 있는 지옥으로 '잠시도 고통이 쉴 날이 없다' 하여 무간지옥(無間地獄)이라고도 한다. 이곳은 오역죄(五逆罪)를 범한 자들이 떨어지는 곳이다. 즉 부모를 살해한 자, 부처님 몸에 피를 낸 자, 삼보(보물·법물·승보)를 훼방한 자, 사찰의 물건을 훔친 자, 비구니를 범한 자 등이다. 이곳에 떨어지면 옥졸이 죄인의 살가죽을 벗기고 그 가죽으로 죄인을 묶어 불수레의 훨훨 타는 불 속에 던져 태우기도 한다. 야차들이 큰 쇠창을 달구어 입·코·배 등을 꿰어 던지기도 한다. 이곳에서는 하루에 수천번씩 죽고 되살아나는 고통을 받으며 잠시도 평온을 누릴 수 없다. 고통은 죄의 대가를 다 치른 후에야 끝난다.

'규환(叫喚)'은 범어 raurava에서 유래한 말로 8대 지옥 중 4번째 지옥이다. '누갈'이라 음역하며 고통에 울부짖는다 하여 '규환'으로 의역한다. 이곳에는 전생에 살생·질투·절도·음탕·음주를 일삼은 자들이 떨어지게 된다. 이들은 물이 펄펄 끓는 가마솥에 빠지거나 불이 훨훨 타오르는 쇠로 된 방에 들어가 뜨거운 열기의 고통을 받게 된다. 너무 고통스러워 울부짖으므로 '규환지옥'이라고도 한다. 아비지옥과 규환지옥은 너무나 고통스러워 울부짖는 곳이다. 그러므로 이 지옥에서처럼 차마 눈뜨고 보지 못할 참상을 가리키는 말이다.

阿修羅場
아 수 라 장

阿阿阿阿阿阿阿阿 (언덕 아)
修修修修修修修修修 (닦을 수)
羅羅羅羅羅羅羅羅羅羅羅羅羅羅羅羅 (그물 라)
場場場場場場場場場場場 (마당 장)

끔찍하게 흐트러진 현장.

① 전란이나 그밖의 일로 인해 큰 혼란 상태에 빠진 곳. 또는, 그 상태. ② 아수라왕(阿修羅王)이 제석천(帝釋天)과 싸운 마당.

'阿修羅'는 산스크리트 'asur'의 음역(音譯)이다. '아소라', '아소락', '아수륜' 등으로 표기하며 약칭은 '수라(修羅)'라고 하는데, '추악하다'라는 뜻이다.

아수라는 본래 육도 팔부중(八部衆)의 하나로서 고대 인도신화에 나오는 선신(善神)이었는데 후에 하늘과 싸우면서 악신(惡神)이 되었다고 한다. 그는 증오심이 가득하여 싸우기를 좋아하므로 전신(戰神)이라고도 한다. 그가 하늘과 싸울 때 하늘이 이기면 풍요와 평화가 오고, 아수라가 이기면 빈곤과 재앙이 온다고 한다. 인간이 선행을 행하면 하늘의 힘이 강해져 이기게 되고, 악행을 행하면 불의가 만연하여 아수라의 힘이 강해진다. 아수라는 얼굴이 셋이고 팔이 여섯인 흉칙하고 거대한 모습을 하고 있다.

인도의 서사시 '마하바라타'에는 비슈누신의 원반에 맞아 피를 흘린 아수라들이 다시 공격을 당하여 시체가 산처럼 겹겹이 쌓여 있는 모습을 그리고 있다. 피비린내 나는 전쟁터를 아수라장이라 부르는 것도 여기에서 유래되었다. 그러므로 눈뜨고 볼 수 없는 끔찍하게 흐트러진 현장을 가리키는 말이다.

我我我我我我我(나 아)
田田田田田(밭 전)
引引引引(끌 인)
水水水水(물 수)

자기 논에만 물을 끌어넣는다는 뜻.

자신의 경작지에만 물을 넣는다는 말로, 본인의 이익부터 먼저 챙기는 모습을 가리킨다. '제 논에 물 대기'라는 속담과 같은 말이다. 어떤 정황에 대해 자신의 입장에 맞추어 해석하고 자기에게 유리한 쪽으로 궤변을 늘어놓는 처사를 두고 비판의 의미로 '아전인수 격이다'라는 표현이 자주 쓰인다.

비슷한 말로 가당치 않은 말을 억지로 갖다 붙여 자기주장에 맞도록 우기는 것을 뜻하는 견강부회(牽强附會)가 있다. 반대말로는 처지를 바꾸어 상대방 입장까지 배려하여 행동한다는 뜻의 역지사지(易地思之)가 있다.

惡惡惡惡惡惡惡惡惡惡惡惡(악할 악)
事事事事事事事事(일 사)
走走走走走走走(달아날 주)
千千千(일천 천)　里里里里里里里(마을 리)

나쁜 일은 천 리를 달린다.

出典　중국(中國)의 속담(俗談)

20세 전후의 아주 예쁜 식모 반금련(潘今連)은 돈 많은 주인이 유혹을 했으나 고개를 끄덕거리지 않았기 때문에 남들이 싫어하는 추남 무태랑에게 시집을 가게 되었다.

그것이 불만인 반금련, 마침 그때 시중을 들었던 시동생, 호랑이를 주먹으로 쳐 죽인 무송(武松)이 6척이 넘는 씩씩한 사나이에게 정신을 빼앗겨 수단을 다해서 이번에는 자신이 유혹의 손길

272

을 뻗었으나 마음이 착실하고 똑바른 무송은 말없이 집을 나간다.

얼마 후 공용으로 길을 떠나게 된 무송, 은근히 형에게 충고하고 출발했다. 그 틈을 타 약국집 나리인 서문경은 옆에 있는 찻집을 발판으로 반금련과 밀회했다. 반달도 되지 않아 '호사불출문(好事不出門). 악사주천리(惡事走千里)'라는 옛부터 전해오는 말과 같이 동네에 알려지고, 모르는 것은 주인 뿐이라는 형편. 그 후 곧 시작되는 서문경의 비도(非道)……하고 쓰면 누구나 다 아는 수호지(水滸志)의 일절이다.

그런데 이 속담이 멀리는 송대(宋代)의 시인 손광헌(孫光憲)의 기록물인 『북몽쇄언(北夢瑣言)』에는 옛말로서 인용되고, 또 거의 같은 시대의 선(禪)의 수행자를 위한 어록집(語錄集), 도원(道原)의 『전등록(傳燈錄)』에도 보이나 다같이 주(走)자 대신 행(行)으로 쓰고 있다.

또 현대 중국어에서는,

'괴사전천리(壞事傳千里)' (壞―惡의 뜻)로 되어 있으나 기타는 같다.

그래서 이 성어(成語)는 악사행천리(惡事行千里)→괴사전천리(壞事傳千里)로, 시대에 따라 변형된 점에서 민간의 속담인 것을 알 수 있다.

결국 '좋은 일은 좀체로 남에게 알려지지 않으니'라는 전반을 생략하고 '나쁜 일을 하면 곧 멀리까지 알려진다'라는 후반의 말은 '나쁜 짓을 하지 말라' 하고 훈계할 때 쓰는 경우가 많다.

또 다른 문헌에는 이렇게 실려 있다.

악사행천리(惡事行千里)나 악사전천리(惡事傳千里) 또는 악사천리(惡事千里)라고도 한다. 중국에서는 속담처럼 사용되어 온 말로, 앞에 호사불출문(好事不出門:좋은 일은 문 밖으로 퍼져 나가지 않음)이 붙어 대구(對句)를 이룬다.

이 말은 중국 송(宋)나라 때 손광헌(孫光憲)이 지은 『북몽쇄언』에 실린 "이른바 좋은 일은 문 밖으로 퍼지지 않고, 나쁜 일은 천 리를 간다고 하였으니, 선비와 군자가 그것을 경계하지 않을 수 있겠는가(所謂好事不出門, 惡事行千里, 士君子得不戒之乎)"라는 말에서 유래되었다고도 한다.

또는 같은 송나라 때 도원(道原)이 지은 『경덕전등록(景德傳燈錄)』의 선문답, 곧 "어떤 승려가 소종선사에게 '달마조사께서 서쪽에서 오신 뜻이 무엇인지요'라고 물으니, 소종선사는 '호사불출문, 악사행천리'라고 대답하였다(僧問紹宗, 如何是西來意? 紹宗曰, 好事不出門, 惡事行千里)"라는 구절에서 유래되었다고도 한다.

이후 『수호지』나 『서유기』 등의 대중소설에서도 사용되어 널리 쓰이게 되었다. 우리나라 속담의 '발 없는 말이 천 리를 간다'와 그 의미가 비슷하다고 할 수 있겠다.

安貧樂道

安安安安安安 (편안 안)
貧貧貧貧貧貧貧貧貧貧貧 (가난할 빈)
樂樂樂樂樂樂樂樂樂樂樂樂樂樂 (즐거울 락)
道道道道道道道道道道道道 (길 도)

가난을 편안히 여기고 도를 즐긴다는 뜻.

재화에 대한 욕심을 버리고 인생을 그저 평안히 즐기며 살아가는 태도를 말한다.

중국의 성인(聖人) 공자는 수많은 제자들이 있었지만 그 중에서도 안연(顔淵)을 가장 사랑하고 아꼈다고 한다. 『논어』에는 안연과 관련한 대목이 많이 나오는데, 공자가 안연을 애정한 이유를 알 수 있다.

「술이(述而)」편에,

"나물밥에 물을 마시고 팔을 베고 눕더라도 즐거움이 또한 그 속에 있으니, 떳떳하지 못한 부귀는 나에게 뜬구름과 같다.[飯疏食飮水, 曲肱而枕之, 樂亦在其中矣, 不義而富且貴, 於我如浮雲.]" 라고 하여 먹는 것이 하찮아도 누리는 것이 보잘것없어도 욕심 부리지 않고 만족하는 삶을 추구하는 공자의 말이 나온다. 이 점을 가장 잘 지킨 제자가 바로 안연이다. 「옹야(雍也)」편에 다음과 같은 문장이 있다.

"어질다 안회여. 한 그릇의 밥과 한 표주박의 음료로 누추한 시골에 있는 것을 다른 사람들은 그 근심을 견뎌내지 못하는데, 안회는 그 즐거움을 바꾸지 않으니, 어질다 안회여.[賢哉回也. 一簞食一瓢飮, 在陋巷, 人不堪其憂, 回也不改其樂, 賢哉回也.]"라고 하였다.

가난한 생활과 어려운 처지에도 부족하다 여기지 않고 겸손하게 학문에 정진하는 태도에서, 공자는 안연을 최고의 제자로 뽑았고, 공자의 어록에도 그러한 평가가 많이 남아있다. 안연의 이같은 곤궁한 처지에 구애되지 않고 자신이 가려는 길을 묵묵히 밟아나가는 삶의 태도를 가리켜 안빈낙도라고 한다. 속세를 떠나 산수에 머무는 은사(隱士)의 처세, 청빈하고 맑은 기풍을 비유하기도 한다.

비슷한 뜻으로 안분지족(安分知足), 단표누항(簞瓢陋巷), 단사표음(簞食瓢飮), 일단사일표음(一簞食一瓢飮) 등이 있다.

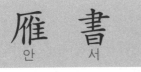

雁雁雁雁雁雁雁雁雁雁雁 (기러기 안)
書書書書書書書書書書 (글 서)

기러기 발에 묶어 먼 곳에 소식을 전하는 편지나 문서.

出典 한서(漢書) 소식전(蘇軾傳)

끝없는 하늘, 그리하여 그 아래 눈길 닿는 한 끝없이 계속되는, 바다와 같은 호수, 또 그 호수 둘레의 대밀림(大密林). 인기척이라곤 없다. 하나 지금 그 어느 오두막에서 그 호숫가로 나온 사나이가 있었다. 손에는 활과 살, 머리에는 모피를 뒤집어쓰고 수염은 덥수룩하여 얼굴을 가린다. 틀림없는 산사람 같았다. 하나 그 눈동자 속에는 맑고도 굴하지 않는 정신이 빛나고 있었다. 머리 위로 끽끽거리며 울고 지나가는 소리에 그는 무심코 하늘을 올려다 본다.

"기러기가 벌써 북쪽으로 가고 있구나."

이 사람 이름은 소무(蘇武)라고 했다. 소무는 한(漢)의 중랑장(中郞將)이었다. 무제(武帝)의 천한 원년(天漢元年), 그는 포로교환을 위해서 사절로서 북쪽 흉노의 나라로 갔다. 하나 흉노의 내분(內紛)에 휩싸여 사절단은 전부 체포되어 흉노에게 항복을 하거나 그렇지 않으면 죽거나 하는 위험 속에 빠졌다. 그러나 소무만은 끝까지 항복을 하지 않았다. 그래서 그를 산속 동굴에다 감금하고 음식도 주지 않았으나 그는 바위에 붙은 이끼를 씹고 눈(雪)을 먹으며 주림을 견뎠다. 소무가 며칠이 되어도 죽지 않자 흉노는 이것은 신(神)이 아닌가 하여 겁을 먹고 드디어는 북해(北海—바이칼호) 기슭, 인기척도 없는 곳으로 보내어 양을 치게 했다. 하나 그에게 주어진 양은 전부 숫놈뿐이었다. 그리고 이렇게 말을 했다.

"이 숫놈이 새끼를 낳으면 고국으로 돌려보내 주겠다."

그곳에 있는 것은 하늘, 숲, 그리고 매서운 추위와 굶주림 뿐이었다. 어느 날 도적이 양을 다 훔쳐갔다. 그는 들쥐를 잡아먹으면서도 흉노에게 항복을 하려고 하지 않았다. 언젠가는 한(漢)으로 돌아갈 수 있을 것이라는 기대에서가 아니다. 그저 항복하기가 싫었던 것이다.

이 황량한 땅끝으로 유배되어 이미 몇년이란 세월이 지났는지 그것마저 희미했다. 가혹하고 단조로운 나날, 그러나 넓고 넓은 하늘을 가로지르는 기러기는 소무에게 그 고향을 생각하게 했다.

무제가 죽고 다음 소제(昭帝)의 시원(始元)6년(B.C 81), 한(漢)의 사신이 흉노에게 왔다. 한의 사신은 앞서 흉노에게 사절단으로 왔다가 소식불명이 된 소무를 돌려달라고 요구했다. 흉노는 소무가 이미 죽어 이 세상에 없는 사람이라고 대답했다. 진위(眞僞)를 확인해 볼 도리가 한사(漢使)에게는 없었다. 그러나 그날 밤의 일이다. 앞서 소무와 함께 와서 지금은 이곳에 머물고 있는 상혜(常惠)라는 자가 한사(漢使)를 찾아와 무엇인가를 알렸다. 다음 회견 때 한사(漢使)는 말했다.

"한나라 천자께서 상림원(上林苑)에서 사냥을 하고 계실 때 한 마리의 기러기를 쏘아 잡으셨다. 그런데 그 기러기 다리에는 비단 헝겊이 매어져 있고, 헝겊에는 이렇게 써 있었다. 소무는 대택(大澤) 속에 있다고, 따라서 소무는 살아 있는 것이 명백하다."

흉노의 선우(禪于—酋長)는 놀라는 빛을 보이며 무엇인가 신하들과 귓속말을 주고 받고 나서 대답했다.

"요전에 한 말은 잘못이다. 소무는 살아 있는 것 같다." 거짓으로 꾸민 말을 용하게 적중했다. 곧 사람을 바이칼호로 급파해서 소무를 데려왔다. 머리와 수염은 희어졌고, 떨어진 모피를 걸친 모습은 양치기 그대로였으나, 그 손에는 한(漢)의 사신이란 것을 증명하는 부절(符節)이 단단히 쥐어져 있었다. 소무는 고국으로 돌아가게 되었다. 잡혀 북해 기슭에서 굶주림과 추위와 싸우기 19년이란 세월이 흘렀다.

이 고사가 근원이 되어 편지나 문안을 안서(雁書)라고 말하게 되었다. 또 안찰(雁札), 안신(雁信)이라고도 한다.

安安安安安安(편안 안)
心心心心(마음 심)
立立立立立(설 립, 입)
命命命命命命命命(목숨 명)

천명(天命)을 깨닫고 생사·이해를 초월하여 마음의 평안을 얻음.

유일·절대의 최고신을 내세우지 않는 불교나 유교, 또는 그리스·로마의 사상가들이 궁극의 경지를 추구한 결과, 아무것에 의해서도 흐트러지지 않는 완전히 평정(平定)한 편안함에 달한 마음의 상태이다.

안심(安心)은 불교용어이고, 입명(立命)은 『맹자(孟子)』의 진심장(盡心章)에서 온 말인데, 후세에 선종(禪宗)에서 이 말을 받아들여 선수행을 통하여 견성(見性)의 경지에 다다른 것을 가리키는 말로 쓰고 있다. 그리스어로는 아파테이아(apatheia)라 하고, 불교에서는 니르바나[涅槃:열반]라고 한다.

眼眼眼眼眼眼眼眼眼眼眼 (눈 안)
下下下(아래 하)
無無無無無無無無無無無無(없을 무)
人人 (사람 인)

눈 아래에 사람이 없다는 뜻.

① 사람됨이 교만(驕慢)하여 남을 업신여김을 이르는 말.

② 태도(態度)가 몹시 거만(倨慢)하여 남을 사람같이 대하지 않는 것.

눈 아래에 사람이 없다는 뜻으로, 다른 사람을 존중하지 않고 무례하고 뻔뻔하게 행동하는 사람 또는 그러한 자세를 이르는 말이다. 눈앞에 아무도 없는 듯이 행동하는 모습에서 예의에 벗어난 태도, 혼자 우쭐해서 다른 사람을 신경 쓰지 않는 자세를 비유하는 말이다. 주로 됨됨이가 교만하고 방자하여 건방지게 행동하고도 부끄러워할 줄 모르는 태도, 남을 업신여겨 소홀히 대하고 분별없이 함부로 잘난 체하는 사람을 가리킨다.

같은 뜻의 성어로 안중무인(眼中無人), 방약무인(傍若無人), 오만불손(傲慢不遜), 오만무도(傲慢無道), 오만무례(傲慢無禮), 망자존대(妄自尊大) 등이 있다.

暗中摸索
암 중 모 색

暗暗暗暗暗暗暗暗暗暗暗暗 (어두울 암)
中中中中 (가운데 중)
摸摸摸摸摸摸摸摸摸摸摸摸 (찾을 모)
索索索索索索索索索索 (찾을 색)

어둠 속에서 더듬어 찾는다는 뜻으로, 방법을 모르는 채 실마리를 찾아냄.

出典 수당가화(隋唐佳話)

암중모색(暗中摸索)이란 어둠 속에서 손으로 더듬어 물건을 찾는다는 뜻으로 찾는데 아주 고생하는 것이다.

그러나 이「암중모색」은 어둠 속에서 더듬어 손어림으로 찾아낼 수가 있다는 반대 의미로 쓰이는 것이 본래의 의미다.

『수당가화(隋唐佳話)』라는 책에 나와 있는 이야기다. 당나라의 허경종(許敬宗)이란 학자는 성질이 경홀(輕忽), 즉 경망해서 남의 얼굴을 곧 잊어버리는 버릇이 있다. 학자이므로 학문에 있어서는 기억력이 좋을텐데 어찌된 셈인지 세상사에 대해서는 통 아는 것이 없을 뿐 아니라 남의 얼굴을 잊거나 잘못 알거나 했다.

"저 사나이의 경망증도 대단해" 하고 사람들은 수군거렸다.

그 말을 전해들은 허선생은,

"세상에 알려져 있지 않은 보통 인간의 얼굴 같은 걸 기억하는 것은 불필요한 노력 낭비다"하며 큰소리를 치고 나서 자기가 존경하는 문단의 대가의 이름을 하손(何遜)·유효작(劉孝綽)·심약(沈約)·사조(謝朓)하고 죽 들고나서, 이런 사람들이라면 암중모색(暗中摸索)해도 역시 알 수 있다고 말했다.(暗中摸索著 亦可識＜著는 助辭＞)

일반적으로는「암중모색」은 말 그대로「어둠속 더듬기」또는「어림짐작으로 맞춘다」라고 할 때 쓰고 있다. 이와 비슷한「암중비약(暗中飛躍)」은 어둠 속에서 날뛴다. 남모르게 활동하는 것이 있으나 이것은 출전은 없고 국산 한문이다.

許敬宗性輕傲, 見人多忘之, 或謂不其聰, 曰, 卿自難識若遇何(遜)·劉(孝綽)·沈(約)·謝(朓)暗中摸索著 亦可識.

壓 卷
압 권

壓壓壓壓壓壓壓壓壓壓壓壓壓壓壓壓壓 (누를 압)
卷卷卷卷卷卷卷卷 (책 권)

다른 문서를 누른다.

「압권(壓卷)」이란 서책 중에서 가장 뛰어난 것. 한 권 중에서 여기다 하고 감탄하는 시문(詩文)을 말한다. 이것이 전용(轉用)되어 많이 있는 것 중에서 특히 눈에 띄는 뛰어난 것을 압권(壓卷)이

라고 한다.

옛날 과거(科擧) 성적을 채점해서 이름을 발표할 때 최우등으로 급제한 사람의 답안(卷)은 최후로 끄집어내어 다른 답안 위에 올려 놓는 습관이 있었다. 즉 이 가장 우수한 답안(卷)이 다른 모든 답안(卷)을 누르는(壓) 모양이 된다. 이것이 압권(壓卷)이란 말이 생겨난 고사(故事)다.

殃及池魚
앙 급 지 어

殃殃殃殃殃殃殃殃殃 (재앙 앙)
及及及及 (미칠 급)
池池池池池池 (못 지)
魚魚魚魚魚魚魚魚魚魚魚 (고기 어)

재앙이 뜻하지 않은 곳에 미친다는 이야기.

出典 여씨춘추(呂氏春秋) 필기편(必己篇)

춘추시대 송나라에 사마환(司馬桓)이란 사람이 있었다. 아주 훌륭한 보주(寶珠)를 가지고 있어 때마침 죄(罪)에 걸리자 재빨리 그 보주를 가지고 도망쳐 버렸다.

그런데 환이 보주를 가지고 있다는 말을 들은 왕은 어떻게든 그것을 자기 손에 넣으려고 마음먹었다. 그래서 사람을 보내 환을 찾고 그것을 숨긴 곳을 묻게 했다.

환을 찾은 사람들이 보주를 어디에 두었느냐고 묻자, 환은 아주 냉정하게,

"아, 그 보주 말인가? 그건 내가 도망칠 때 이미 연못에 던져버렸지"

라고 대답했다.

어떤 수단을 써서라도 보주를 손에 넣고 싶었던 왕은 환의 이 대답을 듣자 곧 신하들에게 명령해서 그 연못 속을 찾아보게 했으나, 물이 가득한 연못을 아무리 더듬어 보아도 나올리가 없었다. 그래서 나중에 는 그 연못 물을 퍼내게 했다.

얼마나 큰 연못이었는지 몰라도 아뭏든 많은 사람들이 동원되어 부지런히 연못 물을 퍼내 보았으나 바닥이 콘크리트로 되어 있는 풀과는 달리 그리 쉽게 보주를 찾을 수가 없었다. 많은 사람들이 갑자기 물을 퍼냈으므로 놀란 것은 연못 속의 물고기들, 이리저리 몰리며 도망쳐 돌아다녔다. 연못은 말끔하게 치워졌으나 보주는 나오지 않았고 수난을 당한 것은 죄없는 물고기들이었다.

또 이런 이야기도 있다.

춘추전국시대 때 초(楚)나라 왕궁에서 기르고 있던 원숭이가 도망쳤으므로 그것을 잡으려고 원숭이가 도망친 숲의 나무와 가지들을 다 잘라버렸다.

또 어느 때 성문에 화재가 나자 옆에 있는 연못에서 물을 퍼와 소화작업을 했으므로 역시 연못 물이 말라버려 연못 속의 물고기들은 전부 죽어버렸다.(「杜弼 檄梁文」)

앞의 것과 같이 이 이야기도 역시 뜻하지 않은 곳으로 재앙이 파급된다. 후릿불에 봉변을 당한다는 뜻이나, 바꾸어서 화재의 뜻에 비유하기도 한다.

민간에 구전되는 이야기이기에 문헌에 기술된 형태도 다양하지만, 대체로 그 요지는 같다. 서로 관련을 맺고 있던 사이가 아니었음에도 불구하고, 어느 누구도 의도하지 않았지만 중간에서 발생한 사건으로 인해 우연히 엉뚱한 사람이 영향을 받게 되는 상황을 가리킨다. 우리말 속담에 '고래 싸움에 새우등 터진다.'의 경우와 같다.

같은 뜻의 성어로 같은 고사에서 유래하는 지어지앙(池魚之殃)이 있다. 뜻밖에 닥쳐온 불행을 의미하는 횡래지액(橫來之厄), 횡액(橫厄)도 있다. 반대말로는 입술이 없으면 이가 시리다는 뜻으로, 서로 떨어질 수 없는 밀접한 관계를 의미하는 순망치한(脣亡齒寒)이 있다.

이 이야기는 『전국책(戰國策)』에 있으나 이것에서 「방휼지쟁(蚌鷸之爭)은 어부(漁夫)에게 이를 준다」라는 말이 생겼다. 「방휼지쟁」도 「어부지리」도 「양쪽이 다투고 있을 때 제삼자에게 이익을 차지하게 하는 것」을 뜻한다.

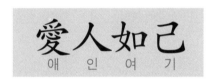

愛愛愛愛愛愛愛愛愛愛愛愛愛 (사랑 애)
人人 (사람 인)
如如如如如如 (같을 여)
己己己 (몸 기)

남을 자기 몸같이 사랑함.

哀哀哀哀哀哀哀哀哀 (슬플 애)
乞乞乞 (빌 걸)
伏伏伏伏伏伏 (엎드릴 복)

애처롭게 하소연하면서 빌고 또 빎.

매우 긴급한 상황에 처하여 다른 해결 방법이 없을 때 체면 따위를 차리지 않고 상대방에게 부탁하는 모습을 이른다. 자신의 딱하고 안타까운 형편을 털어놓으며 도움을 청한다는 말로, 같은 뜻을 가진 성어로는 만 가지로 사정을 말하여 애처롭게 빈다는 뜻의 만단애걸(萬端哀乞)이 있다.

愛愛愛愛愛愛愛愛愛愛愛愛愛 (사랑 애)
別別別別別別別 (다를 별)
離離離離離離離離離離離離離離離離 (떠날 이)
苦苦苦苦苦苦苦苦苦 (쓸 고)

불교(佛敎)에서 말하는 팔고(八苦)의 하나. 사랑하는 사람과 헤어져야 하는 괴로움.

불교용어로 팔고(八苦) 중 하나이다. 팔고는 불교에서 중생들이 받는 여덟 가지 괴로움을 가리킨다. 불교에서는 전생에 지은 소행에 따라 현세에 대가를 치르거나 갚음을 받는다고 하는 인과

응보의 원리를 설명하면서, 괴로움의 종류를 여덟 가지로 구체화한다. 팔고는 생고(生苦)·노고(老苦)·병고(病苦)·사고(死苦)·애별리고(愛別離苦)·원증회고(怨憎會苦)·구부득고(求不得苦)·오음성고(五陰盛苦)이다. 순서대로 앞에 네 가지 괴로움은 사고(四苦)라고 하여 인생의 네 가지 고통인 생로병사(生老病死)로 인한 아픔을 의미하기도 한다.

애별리고는 사랑하는 사람과 헤어지는 괴로움, 원증회고는 원망하거나 미워하는 사람을 우연히 마주하는 괴로움, 구부득고는 원하는 바를 이루지 못하고 얻고자 하는 것을 얻지 못하는 괴로움이다. 오음성고는 오음(五陰)이 성하게 일어나서 만들어지는 괴로움이라는 뜻으로, 오음 즉 오온(五蘊)은 색온(色蘊)·수온(受蘊)·상온(想蘊)·행온(行蘊)·식온(識蘊)을 가리킨다. 오온은 산스크리트어 pãnca-skandha의 역어로, 한 존재를 구성하는 요소를 의미한다. 색(色)은 물질적인 육체, 수(受)는 의식적인 감각과 감정, 상(想)은 마음속에 떠올리는 관념, 행(行)은 의지나 욕구를 가지고 하는 행위, 식(識)은 구별하고 인식하는 마음의 본체를 가리킨다. 이처럼 인간이라는 존재가 하나의 물질적인 요소인 색온과 나머지 네 가지 정신적인 요소로 이루어진다고 보는 것이 오온이다.

생로병사로 인한 생고·노고·병고·사고와 오음성고의 경우가 개인적인 괴로움이라면, 애별리고·원증회고·구부득고는 사회생활, 인간관계에서 빚어지는 고통으로 분류할 수 있다. 이처럼 삶에는 다양하고 많은 괴로움이 있다는 것을 인식하고 이를 수행을 통해 극복해야 한다는 것이 불교에서 말하는 수행의 논리이다.

愛愛愛愛愛愛愛愛愛愛愛愛愛 (사랑 애)
之之之之之 (갈 지)
重重重重重重重重重 (무거울 중)

매우 사랑하고 소중(所重)히 여김.

애중(愛重) 또는 중애(重愛)와도 같은 뜻이다. 지(之)는 사랑하고 소중히 여기는 대상을 가리키는 대명사의 역할로, 어떤 사람이나 사물을 매우 아끼는 것, 사랑하는 마음이 지극한 대상을 의미한다. 애지중지는 주로 부모가 자식을 지극하게 돌보는 모습, 또는 자신이 아끼는 물건이나 값어치가 나가는 귀한 보물 등을 소중히 보관하는 일을 가리킬 때 사용된다. 애지석지(愛之惜之)와 같은 말이다.

野壇法席
야 단 법 석

野野野野野野野野野野野 (들 야)
壇壇壇壇壇壇壇壇壇壇壇壇 (제단 단)
法法法法法法法法 (법 법)
席席席席席席席席席席席 (자리 석)

야외(野外)에서 크게 베푸는 설법(說法)의 자리.

『불교대사전』에 나오는 말이다. '야단(野壇)'이란 '야외에 세운 단'이란 뜻이고, '법석(法席)'은 '불법을 펴는 자리'라는 뜻이다. 즉, '야외에 자리를 마련하여 부처님의 말씀을 듣는 자리'라는 뜻이다. 법당이 좁아 많은 사람들을 다 수용할 수 없으므로 야외에 단을 펴고 설법을 듣고자 하는 것이다. 그민큼 말씀을 듣고자 하는 사람이 많기 때문이다. 석가가 야외에 단을 펴고 설법을 할 때 최대 규모의 사람이 모인 것은 영취산에서 법화경을 설법했을 때로 무려 3백만 명이나 모였다고 한다. 사람이 많이 모이다 보니 질서가 없고 시끌벅적하고 어수선하게 된다. 이처럼 경황이 없고 시끌벅적한 상태를 가리켜 비유적으로 쓰이던 말이 일반화되어 일상생활에서 흔히 쓰이게 되었다.

藥房甘草
약 방 감 초

藥藥藥藥藥藥藥藥藥藥藥藥藥藥藥藥藥藥 (약 약)
房房房房房房房房 (방 방)
甘十廿甘甘 (달 감)
草草草草草草草草草草 (풀 초)

약방의 감초라는 속담으로 흔히 사용되는 말이다.

감초(甘草)는 콩과에 속하는 다년생 초본식물로 국로(國老), 밀초(蜜草) 등의 별칭으로도 불린다. 황기, 당귀, 인삼 등과 함께 대표적인 한약재이다. 단맛이 있고 해독·항염증작용·부종 억제 등 여러 효용이 있어 많은 처방에 유용하게 쓰인다. 우리나라 대표적인 한의학 의학서『향약집성방』, 『의방유취』,『의림촬요』,『동의보감』 등에서 각종 병에 유효한 약재료로 수없이 많이 등장한다. 예를 들면 원기와 소화를 돕는 사군자탕(四君子湯), 가슴이 답답하고 땀을 나며 기운이 없고, 입이 마르고, 귀가 먹는 증상, 맥이 허하고 빠른 증상을 치료하는 처방인 오미자대보폐탕(五味子大補肺湯), 설사 증상과 가슴에 열감이 있으면서 입 안이 마르고 갈증이 나는 번갈(煩渴) 증상을 치료하는 백출산(白朮散) 등의 처방에 약재로 쓰인다.

특히 중화작용이 탁월하여 두루 쓰이는데, 조선 중기 때 문신 윤선도의 문집『고산유고』의 「갑신소(甲申疏)」에는 "감초는 다른 약들을 중화시키고 백 가지 독을 없애기 때문에 국로(國老)라고도 부르는데, 인재에 비유하면『서경』「진서(秦誓)」에서 말한 단단일개신(斷斷一介臣 : 한결같고 포용력 있는 덕을 갖춘 인물)이 여기에 해당하니, 비록 다른 약들이 있더라도 이것이 없으면 어렵습니다." 라고도 하였다.

이처럼 감초가 어느 약재 조제에나 빠지지 않고 첨가되듯이, 어떤 자리나 일을 진행할 때 반드시 필요한 사물 또는 사람, 빠뜨리면 안 될 만큼 중요한 역할을 하는 대상을 의미하여 약방감초라고 한다. 주로 어느 모임이나 구성에 없어서는 안 될 존재를 가리키는데, 부정적으로 쓰여서 쓸데없이 여기저기 참견을 많이 하는 사람에 빗대어 말하기도 한다.

良禽擇木
양 금 택 목

良良良良良良良 (어질 양)
禽禽禽禽禽禽禽禽禽禽禽禽禽 (새 금)
擇擇擇擇擇擇擇擇擇擇擇擇 (가릴 택)
木木木木 (나무 목)

좋은 새는 나무를 가려서 둥지를 튼다는 뜻.

어진 사람은 훌륭한 임금을 가려 섬김을 이르는 말.

인(仁)과 예(禮)와 도덕(道德)의 정치를 표방하고 그것을 널리 펴서 사람다운 사람이 사는 세상을 만들겠다는 포부를 안고 고향 노(魯)나라를 떠나 편력길에 오른 공자의 발걸음이 위(衛)나라에 들어섰을 때의 일이다. 공자는 우선 그곳의 실력자인 공문자(孔文子)를 찾아가 만났는데, 그는 천하가 알아주는 유가(儒家)의 시조가 찾아왔으므로 대단히 기뻐하며 반겨 맞았다. 그러나 정작 공자가 역설하는 치국(治國)의 도(道)에는 별로 관심을 두지 않고, 오히려 대숙질(大叔疾)을 공격하는 문제를 화제로 삼으면서 그에 대한 조언을 구하는 것이었다.

매우 실망한 공자는 이렇게 대답했다.

"이 사람은 제사에 대해서는 제법 아는 것이 있으나, 전쟁에 대해서는 전혀 아는 것이 없소이다."

그리고는 자리를 털고 일어나 객사(客舍)로 돌아오자마자 제자들에게 떠날 준비를 하라고 지시했다.

제자들은 스승의 행동을 이해할 수가 없었다.

"아니 선생님, 오자마자 왜 서둘러 떠나려 하시는 겁니까?"

"똑똑한 새는 좋은 나무를 가려서 둥지를 튼다고 했다. 마찬가지로 벼슬살이를 하려면 훌륭한 군주를 찾아 섬겨야 하지 않겠느냐."

요컨대 위나라에는 자기가 표방하는 '도덕적 이상의 정치 실현'에 기대를 걸 만한 임금도 벼슬아치도 없다는 뜻이었다.

그 말을 전해들은 공문자는 당황하여 한달음에 공자를 찾아와서 사과했다.

"이 사람이 결코 딴 뜻이 있어서 그렇게 여쭤봤던 것이 아닙니다. 단지 이 나라의 현안 문제에 관해 선생의 몇 마디 조언을 얻고자 했던 것이니 언짢게 여기지 마십시오."

그리고는 위나라에 머물러 달라고 간곡히 매달렸다. 공자 역시 지금 불쑥 떠나 봤자 반겨 맞이해 줄 제후가 정해져 있지도 않을 뿐 아니라 그동안의 편력에서 별다른 소득을 얻지 못하여 진력이 나기도 했으므로, 공문자의 요청을 받아들이기로 했다. 그러나 그때 마침 노나라에서 사람이 찾아와 임금의 뜻을 전하고 귀국을 강력히 종용했으므로 내친 김에 노나라로 수레를 몰았다.

羊頭狗肉
양 두 구 육

羊羊羊羊羊羊(양 양)
頭頭頭頭頭頭頭頭頭頭頭頭頭頭頭頭 (머리 두)
狗狗狗狗狗狗狗 (개 구)
肉肉肉肉肉肉肉 (고기 육)

양(羊) 머리를 걸어놓고 개고기를 판다는 뜻.

송(宋)나라 때 지어진『오등회원(五燈會元)』에서 유래하는 말이다.

춘추시대(春秋時代) 제(齊)나라의 영공(靈公)은 여인들이 남장하는 것을 보기 좋아하였다. 그의 특이한 취미가 온 나라에 전해지자 제나라 여인들이 온통 남자 복장을 입기 시작했다. 이를 전해들은 영공은 남장을 금지시켰지만 지켜지지 않았다. 그러던 중 당대 명성있는 사상가인 안자(晏子)를 우연히 만나 금령이 지켜지지 않는 까닭을 물었다. 안자는 다음과 같이 대답했다.

"군주께서는 궁궐 안에서는 여인들의 남장을 허하시면서 궁 밖에서는 못하게 하십니다. 이는 곧 문에는 소머리를 걸어놓고 안에서는 말고기를 파는 것과 같습니다. 어찌하여 궁 안에서는 금지하지 않으십니까? 궁중에서 못하게 하면 밖에서도 하지 않을 것입니다."

이 말을 듣고 영공은 궁중에서도 남장을 금하게 하였고 한 달이 지나 제나라 전국에 남장하는 여인이 없게 되었다.

이후 여러 문헌과 구전에 의해 원문의 소머리는 양머리로, 말고기는 개고기로 바뀌어 쓰이고 있다. 양두구육은 이처럼 겉으로는 좋은 명분을 내걸고 있으나 알고 보면 실속이 없이 졸렬한 것을 말한다. 비슷한 성어로는 양두마육(羊頭馬肉)·표리부동(表裏不同)·명불부실(名不副實)이 있고, 반대말로는 명실상부(名實相符)·명불허전(名不虛傳) 등이 있다.

梁上君子
양 상 군 자

梁梁梁梁梁梁梁梁梁梁梁 (들보 양)
上上上 (위 상)
君君君君君君君 (임금 군)
子子子 (아들 자)

들보 위의 군자. 도둑을 가리키는 비유.

出典 후한서(後漢書) 진식전(陳寔傳)

후한(後漢) 말, 진식(陳寔)이란 사람이 태구현(太丘縣)의 장(長)이 되어 있었다. 거만하지도 않고 남의 괴로움을 잘 알고, 공무를 처리하는데 공정했으므로 잘 다스려지고 있었다. 그런데 어느 해 농사가 흉년이 들어 백성들이 고통을 겪고 있을 때의 일이다.

진식(陳寔)이 책을 읽고 있자니 한 사나이가 그 방으로 숨어들어와 살짝 들보 위에 엎드렸다. 도둑이다. 진식은 모른체 하고 그 꼴을 보고 있었다.

진식은 잠시 후 그는 아들과 손자들을 그 방으로 불러들여 정색을 하고 훈계를 했다.

"무릇 사람은 스스로 노력하지 않으면 안된다. 불행한 사람이라해도 다 본성이 그런 것은 아니다. 행실이 습관이 되고, 습관이 본성이 되어 나쁜 짓을 하게 된다. 지금 들보 위에 있는 군자도 그렇다."

그러자 갑자기 소리가 들렸다. 진식의 말에 감동되어 도둑이 뛰어내린 것이다. 그는 방바닥에 머리를 조아리며 죄 받기를 자청했다. 진식은 그를 물끄러미 보고 있었다.

"자네의 얼굴이나 모습을 보니 나쁜 사람 같지는 않네. 아마도 가난에 못이겨 한 짓이겠지."

그리고 나서 비단 두 필을 주어 돌려 보냈다.

그 일이 있은 후부터는 그의 관할 구역에는 도둑의 그림자가 끊어졌다고 한다.

"양상군자(梁上君子)라고 해서 도둑을 가리키는 말은 여기서 생겼다. 또 바뀌어서 쥐를 말할 때도 이 말을 쓰게 되었다.

그로부터 군자(君子)라고 하는 비유도 다소 비꼬는 느낌을 주어, 오히려 그것이 말에 들어있는지 후세에 곧잘 쓰이게 되었다. 진식은 비꼬는 말로 쓴 것이 아니었는데…… .

그는 이 세상의 괴로움을 잘 이해하는 사람이었다. 젊어서부터 현(縣)의 관리가 되어 잡역(雜役)으로 일을 하면서도 언제나 손에서 책을 놓지 않고 공부했다. 그것을 인정받아 대학(大學)에서 배울 것이 허락된 사람이다.

한때 살인혐의를 받아 잡힌 적도 있었으나, 물론 죄가 없어 석방은 되었고, 그가 나중에 순찰관(巡察官)이 되었을 때 자기를 잡아갔던 사람을 찾아 그를 채용했다고 한다.

그 무렵은 궁중의 환관(宦官)이 득세를 해서 유교(儒敎)를 받드는 관료와 심하게 다투어 이것을 탄압했다. 소위「당고(黨錮)의 금(禁)」이 있을 때였다. 진식(陳寔)도 그 탄압 때 잡혔다. 소식을 듣고 다른 사람들은 도망쳤으나 그는 '나까지 도망치면 백성들은 누구를 믿고 살겠는가'라고 기꺼이 포박되었다고 한다. 후에 당고가 풀렸을 때 대사마(大司馬)인 하진(何進) 등이 중앙에 나와 높은 자리에 앉기를 권했으나 끝까지 거절했다.

84세로 그가 죽었을 때 은나라 안에서 그를 제사지낸 자가 3만이 넘었다고 한다.

良 良 良 良 良 良 良 (어질 양)
藥 藥 藥 藥 藥 藥 藥 藥 藥 藥 藥 藥 藥 藥 藥 藥 藥 藥
苦 苦 苦 苦 苦 苦 苦 苦 苦 (쓸 고)　　　　　　(약 약)
口 口 口 (입 구)

좋은 약은 입에 쓰다.

出典 사기(史記) 유후세가(留侯世家)

무관(武關)을 돌파하여 진(秦)의 근거지인 중원(中原)에 제일 먼저 들어간 유방(劉邦)은 패상(覇上)에서 진(秦)의 자영(子嬰)이 바친 제왕의 인(印)을 받고, 다시 수도 함양(咸陽)으로 들어갔다.

그것은 기원전 26년의 일이다. 유방은 아직 천하를 통일하지 못했지만 이것이 한(漢)의 원년(元年)이 되었다.

술과 여자를 좋아하는 유방은 장대(壯大)한 진의 아방궁으로 들어가자 화려한 장막, 훌륭한 말, 수많은 재보, 거기다 몇 천 명이라는 궁녀에 눈이 어지러워져 나는 여기서 살겠다고 하며, 항복한 자영(子嬰)을 죽이자고 했다.

수행장(修行將)인 번쾌에게 쓸데없는 살인은 하지말라고 타이르던 유방도 그 아방궁의 매력에는 참을 수가 없었던 모양이다.

이번에는 유방에게 번쾌가 말했다.

"하여간 이 궁전에서 나가주십시오." 하고.

그러나 유방은 듣지 않았다. 그것을 안 참모인 장량(張良)은 궁전을 보인 것이 잘못이라고 생각하면서 유방에게로 갔다.

"애당초 진(秦)이 도리에 어긋나는 짓만 해서 인심이 떠났기 때문에 주군(主君)께서 이렇듯 진의 영지를 점령할 수가 있게 된 것입니다. 천하를 위해서 적(賊)을 제거한다면 검소한 생활을 해야 합니다. 지금 진의 땅으로 들어오자마자 환락(歡樂)에 젖는다면 그야말로「저 호화로웠던 하(夏)의 걸왕(桀王)을 도와 잔혹한 짓을 한다」라는 결과가 됩니다. 게다가 '충언(忠言)은 귀에 거슬리나 행실에는 이(利)가 되고, 좋은 약이 입에는 쓰나 병에는 잘 든다(忠言逆耳利於行, 良藥苦口利於病)」이라고 합니다. 부디 번쾌의 말을 들어주십시오."

겨우 제정신으로 돌아간 유방은 진(秦)의 장고를 봉인(捧印)하고 다시 패상으로 돌아갔으므로 인망(人望)이 오른 것은 두말할 나위도 없다.

본디 유방의 경쟁자인 항우(項羽)는 그 조상이 대대로 초(楚)의 장군이고 항(項)이라는 영지(領地)를 가지고 있던 귀족 출신인데 비해 유방은 농민 출신이었다. 그런데 역시 같은 농민 출신인 진승(陳勝)과 같이 실패를 하지 않은 것은, 부하가 능했기 때문이기도 하다. 즉 부하가 존경해서 따르는 인품의 소유자였기 때문이라고도 할 수 있다.

젊었을 때의 유방은, 진(秦)의 수도 함양에 인부(人夫)로서 징집되었으나 진시황의 거동을 보고 깊은 한숨과 함께 말했다.

"아아! 남자로 태어난 이상 저렇게 돼야 한다"고.

나중에 사수(泗水)라는 시골 정장(亭長—驛長)이 되어 시황제의 역산능(酈山陵)을 조영(造營)하기 위해 인부를 호송하게 되었다. 그러나 도망자가 속출해서 이래서는 함양으로 가도 죄가 될 뿐이라고 생각한 끝에 밤에 술을 많이 마시고,

"여봐! 너희들 맘대로 가거라. 나도 도망치겠다"

하고 해산을 선언했으나 10여 명이 뒤따라 왔다고 한다. 이것이 부하를 거느리게 된 시초였다.

그 후 앞서 봉기(蜂起)해서 세력을 잡은 진승의 명령으로 할당된 장정(壯丁)을 보내지 않으면

안되게 되었을 때, 겁을 먹고 있는 고향인 패(沛)의 사람들 대신 수 백명을 이끌고 참가한 것이 거병(擧兵)의 시초로, 말하자면 그것은 남을 대신한 후보자였다.

한편 젊었을 때의 항우에게 글을 가르쳤지만 가망이 없어 검술을 가르쳤는데, 그것도 안돼 숙부 항량(項梁)이 화를 내자,

"쓰는 것은 이름만 쓸 줄 알면 되고, 검술은 한 사람 상대로는 신이 안 난다. 일만명 쯤을 상대로 하고 전술(戰術)을 배우고 싶다"

고 말했다.

나중에 남방으로 시찰을 온 시황제를 보고,

"저따위 녀석이라면 내가 되겠다"

고 소리쳐 숙부 항량이 당황해서 입을 틀어막을 정도로 기세가 강한 거인(巨人)이었다. 그리하여 항량(項梁)과 함께 회계(會稽)의 태수를 죽이고 정병 8천을 손에 넣어 말하자면 순조로운 거병을 했다(→「先則制人 참조」).

그러기에 이제까지의 과정으로서는, 유방보다도 항우가 왕자로서 알맞는 길을 걸었다고 볼 수 있다.

그러나 유방이 행동을 고치기 시작한 것이 이 장량의 충언에서 시작되었다면, 장래 그가 왕자다운 내용을 갖추어 가는 것도 이때부터였다. 장량의 충언은 귀에 거슬리기는 하나, 유방의 행동에 이(利)롭게 된것이다.

그럼 이번에는 이 말의 역사를 살펴보기로 하자.

『사기(史記)』보다도 더 오랜 모습을 남기며, 한대(漢代)까지 전해진 고서(古書)의 말을 모았다는 『공자가어(孔子家語)』에는 공자가 한 말로서 장량의 말 순서를 반대로 한,

"양약은 입에 쓰나 병에 이롭고, 충언은 귀에 거슬리나 행실에 이롭다(良藥苦於口而利於病, 忠言逆於耳而利於行)"

했으므로 이것이 원형이 아닌가 한다.

그러나 전 3세기 전반에 활약한 한비자(韓非子)와 그 학파의 논문집인『韓非子』에서는「양약은 입에 쓰나 지자(知者)는 권해서 이를 마신다. 그는 들어가서 나의 병을 낫게 함을 알기 때문이다. 충언(忠言)은 귀에 거슬리나, 명주(明主)는 이를 듣는다. 그것은 공을 이룸을 알기 때문이다」라고, 어떤 효력이 있는가를 알고 있기 때문이라고 자세한 이유를 들고 있다.

이렇게 보아 오면『韓非子』가 원래의 발상(發想)을 남기고 있는 듯 생각되나, 어쨌든 제5세기 춘추시대 말부터 전3세기 한대(漢代) 초에 걸쳐 정형화(定型化)된 속담이라고 보아도 좋을 것 같다.

뒷날 시대가 바뀜에 따라 조자(助字)인「而」를 버리고「良藥苦口 利於病, 忠言逆耳 利於行」이 되고 현대 중국어의 문맥(文脈)으로 들어가서는 어디서나 쓸 수 있도록「良藥苦口 忠言逆耳」라고 다시 압축시켜 쓰이는 경우가 많다.

그래서 '양약은 입에 쓰다'라고 말하면 아래의 구 '충언은 귀에 거슬린다'의 뜻을 포함하는 것으로, 충언은 듣기 힘드나 실제로는 효험이 있다라는 뜻을 포함시켜 남에게 충고할 경우 등에 쓰이게 되었다.

같은 일을 뒤쪽에서 말한 것이 「교언영색선의인(巧言令色善矣人)」이다.

魚魚魚魚魚魚魚魚魚魚魚魚 (고기 어)
頭頭頭頭頭頭頭頭頭頭頭頭頭頭頭頭 (머리 두)
肉肉肉肉肉肉肉 (고기 육)
尾尾尾尾尾尾尾 (꼬리 미)

물고기는 대가리 쪽이 맛이 있고, 짐승 고기는 꼬리 쪽이 맛이 있다는 말.

漁漁漁漁漁漁漁漁漁漁漁漁漁 (고기잡을 어)
夫夫夫夫 (지아비 부)
之之之之 (갈 지)
利利利利利利利 (이할 리)

두 사람이 맞붙어 싸우는 바람에 엉뚱한 제3자가 덕을 본다는 뜻.

出典 전국책(戰國策)

전국시대의 연(燕)은 중국의 북동부에 있어, 서(西)는 조(趙)에, 남(南)은 제(齊)에 접하고 있었으므로 끊임없이 이 두 나라에게 위협을 느끼고 있었다. 연(燕)의 소왕(昭王)하면 악의(樂毅)를 장군으로 제(齊)를 공격한 이야기로 유명하나, 조(趙)에 대해서는 경계를 게을리하고 있지 않았다.

어느 때 연(燕)이 기근으로 곤경에 빠져 있을 때 조(趙)가 약점을 노려 침략하려고 했다. 연(燕)은 많은 병력을 제(齊)로 보내고 있을 때인만큼 조(趙)하고 일을 벌이고 싶지 않았다. 그래서 소대(蘇代)에게 부탁하여 조왕(趙王)을 설득해 보기로 했다.

소대(蘇代)는 합종책(合從策)으로 유명한 소진(蘇秦)의 동생으로 형이 죽은 후 그 종횡가(縱橫家)로서의 사업을 잇기 위해 연왕쾌(燕王噲—소왕(昭王)의 아버지)에게 교묘히 접근했으며, 소왕의 세상이 된 후까지도 제(齊)에 있으면서 여러 모로 연(燕)을 위해 힘을 쓴 사나이다.

그는 소진(蘇秦)만큼 큰 일은 하지 못했으나, 그 동생답게 세 치 혀끝을 놀려 각종 책략을 농(弄)했다. 이 때도 조(趙)의 혜문왕을 자신있게 설득했다.

"저는 오늘 귀국으로 올 때, 역수(易水=연(燕)과 조(趙)와 국경을 이루는 강)를 지났습니다만, 무심코 강변을 본즉 무명조개가 입을 벌리고 햇볕을 쪼이고 있었습니다. 그때 도요새(비가 오는 것을 예지하는 새)가 마침 왔다가, 그 무명조개의 살을 쪼았으므로 그 무명조개는 크게 놀라 급히 껍질을 닫아 그 새의 부리를 물고 놓지 않았습니다. 어떻게 될까 하고 저도 모르게 걸음을 멈추고 보고 있으려니까 도요새가,

"이대로 있다가 오늘도 비가 오지 않고 내일도 비가 오지 않으면 너는 죽는 수밖에 없다."

고 했습니다.

허나 무명조개도 지지 않고,

" '내가 오늘도 놓지 않고, 내일도 놓지 않으면 너는 죽는다'고 하면서 양쪽이 다 고집을 부리고 말다툼을 할 뿐, 서로 화해를 하려고 하지 않았습니다. 그러고 있을 때 운이 나쁘게도 어부가 왔으니 큰일이 났습니다. 둘 다 간단히 어부에게 잡히고 말았습니다. 제 머릿속을 번개같이 어떤 생각이 스쳐갔습니다. 왕께서 지금 연(燕)을 공격하실 생각이지만, 연(燕)이 무명조개라면 조(趙)는 도요새입니다. 연과 조가 헛되이 다투어서 백성들을 피폐시키면 저 강대한 진(秦)이 어부가 되어 힘 안들이고 두 나라를 집어삼킬 것입니다."

조의 혜문왕도 인상여(藺相如)의 염파(廉頗)같은 명신을 쓴 현명한 왕이었으므로, 소대(蘇代)의 말을 못알아들을 리 없었다. 조(趙)와 접하고 있는 진(秦)의 위력을 생각하자 연을 공격하는 것은 득책이 아니다 생각하고 침공을 중지시켰다.

漁漁漁漁漁漁漁漁漁漁漁漁漁漁 (고기잡을 어)
人人 (사람 인)
之之之之 (갈 지)
功功功功功 (공 공)

조개와 황새가 서로 싸우는 판에 어부(漁夫)가 두 놈을 쉽게 잡아서 이득을 보았다는 뜻.

두 사람이 다툼질한 결과 아무 관계도 없는 사람이 이득을 얻게 됨을 빗대어 하는 말.

어부지리(漁父之利)와 같은 뜻이다.

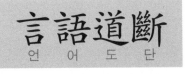

言言言言言言言 (말씀 언)
語語語語語語語語語語語語 (말씀 어)
道道道道道道道道道道道道 (길 도)
斷斷斷斷斷斷斷斷斷斷斷斷斷斷斷斷斷 (끊을 단)

말할 길이 끊어졌다는 뜻.

곧, 너무나 엄청나거나 기가 막혀서, 말로써 나타낼 수가 없음.

원래 불교 용어이다. 심오하고 미묘하여 말로 표현할 방법이 없다는 뜻이다. 『보살영락본업경』, 줄여서 『영락경(纓絡經)』 또는 『현재보경(現在報經)』이라고도 하는 대승불교 경전에 나오는 말이다.

"언어의 길이 끊어지고 마음이 가는 곳이 사라진다[言語道斷, 心行處滅.]"

궁극의 진리는 언어의 길이 끊겨서 말로 설명할 수 없고, 마음 속 생각으로 갈 곳이 사라져서 생각할 수 없다. 최고 경지의 진리는 사람의 말이나 문자로는 표현할 수 없고 사람의 생각으로는 미칠 수 없다는 말이다.

여기서 전하여 언어도단은 대화로 의논하여 담판을 지을 수 없는 문제 또는 기가 막히고 어이가 없어서 말이 안 나오는 상황에 비유하여 쓰인다.

言中有骨
언 중 유 골

言言言言言言言(말씀 언)
中中中中(가운데 중)
有有有有有有(있을 유)
骨骨骨骨骨骨骨骨骨骨(뼈 골)

말 속에 뼈가 있다는 뜻.

예사(例事)로운 표현 속에 만만치 않은 뜻이 들어 있다.

한자어의 뜻을 그대로 옮겨 속담처럼 '말 속에 뼈가 있다'는 표현으로도 많이 쓰인다. 상대방의 허물이나 과실을 명백하게 지적하지 않고 에둘러 말하는 표현방식으로, 명백하게 지적할 때보다 효과가 크다. 이처럼 언중유골의 표현을 써서 상대방의 급소를 찌르는 말을 담언미중(談言微中)이라고 한다.

인생을 현명하게 살아가는 데 도움을 주는 격언(格言)이나 속담 등에 이와 같은 언중유골이 특히 많다. 말 속에 말이 있다는 뜻의 언중유언(言中有言)도 언중유골보다 약하기는 하지만, 예사로운 말 같으나 그 속에 또다른 뜻이 들어 있다는 점에서 뜻이 통한다.

반대로 말 속에 직접 뜻이 나타나 있는 것을 언중유의(言中有意)라고 한다. 이는 말에 직접 나타나지 않은 다른 뜻이 있다는 언외지의(言外之意)의 반대말로, 언외지의 역시 언중유골과 비슷한 뜻을 가지고 있다.

余桃罪
여 도 죄

余余余余余余余(나 여)
桃桃桃桃桃桃桃桃桃桃(복숭아나무 도)
罪罪罪罪罪罪罪罪罪罪罪罪(허물 죄)

복숭아 반쪽을 남긴 죄.

出典 한비자(韓非子) 세난편(說難篇)

옛날 위(衛)나라에 미자하(彌子瑕)라는 소년이 있었는데, 그 아름다움으로 주군에게 다시 없는 총애를 받고 있었다.

어느 때 그 어미가 병이 들자 한밤중에 몰래 그 사실이 미자하에게 전해졌다. 미자하는 무단으로 주군의 수레를 타고 가서 어머니 병문안을 했다.

위(衛)나라의 법으로써 몰래 주군의 수레를 쓰면 발을 자르는 형을 받기로 정해져 있었다. 그것을 감히 어겼던 것이다. 하나 그 말을 들은 주군은 도리어 칭찬을 했다.

"효행이 지극하구나. 어머니를 위해 발을 잘리는 형벌도 잊다니"

또 어느 날 주군하고 과수원에서 놀았다. 미자하는 복숭아 하나를 먹다가 그 맛이 좋았으므로 나머지를 주군에게 바쳐 먹게 했다. 주군은 말했다.

"이 어찌 애정이 이리도 섬세한가. 자기가 먹는 맛도 잊고 내게 먹이다니."

하나 어느 날 미자하의 용모도 쇠하고 총애도 식어 벌을 받게 되었다. 주군은 소리치며 말했다.

"이놈은 그 언젠가 나를 속이고 내 수레를 탔다. 더구나 먹다 남은 복숭아를 내게 먹였다."

이 비유는『한비자(韓非子)』55편 중「세난편(說難篇)」에 보인다. 여기서「여도죄(餘桃罪)」라고 하면 총애가 식은 후 먼저 사랑받고 칭찬받던 일이 반대로 미움 받고 죄의 근원이 되는 것을 말하게 되었다.『전국책(戰國策)』의 위영공(衛靈公)에 옹저(癰疽), 미자하(彌子瑕)의 두 충신이 있었다고 했으므로 이야기는 그 무렵의 것일 것이다.

「세난(說難)」은 유세의 어려움과 그 법을 설명하고 있다. 전국 때에 유세책들이 그 포부를 펴려고 하면, 우선 각국 주군에게 잘 보여야 했다. 한비(韓非)는 그것을 논한 것이다. 설득의 어려움은 자기의 지(知)나 변(辯)이나 종횡으로 의견을 펼 수 있는지 없는지가 문제가 아니다. 상대의 마음을 통찰해서 꼭 들어맞게 설득하는 일이다,라고 한비(韓非)는 말한다. 그래서 그러기 위한 여러 경우와 방법을 이어간다. 예를 들어—상대가 신중에는 이익을 노리고, 표면은 명예나 절의(節義)를 숭상한다는 듯한 얼굴을 하고 있을 때 정면으로 명절(名節)을 말한다면, 표면으로는 듣는 척 하면서도 실제로는 중요시 하지 않는다. 귀인(貴人)에 대해 그 개인으로서는 불가능한 것을 강요하고, 그칠 수 없는 일을 억지로 권하면 내몸은 위태롭다. 상대가 뽐내는 점을 칭찬하고 부끄럽게 생각하는 것을 말하지 말라. 개인적으로 꼭 하고 싶어 하는 것은 공을 위한 것이라고 하면서 이를 강요하라. 저쪽의 말에 찬성할 때는 반드시 미거(美擧)라고 밝히고 그래서 그것이 상대의 개인적인 이익도 된다는 점을 슬며시 암시한다. 한비(韓非)는 계속해서 말하기를 우선 군주에게 접근하고 나서 시비(是非)를 직언(直言)하여 뜻을 말하라고 한다. 그리고 보기를 들어 자설(自說)을 굳힌다. 그 속에 여도(餘桃)의 이야기도 나온다. 한비(韓非)는 말한다. 미자하의 행위 그 자체에는 변화가 없다. 전에 칭찬받던 일이 죄의 원인이 된 것은 애증(愛憎)이 바뀌었기 때문이다. 애증의 움직임을 살피면서 말하는 것은 극히 중요하다고.

"세난(說難) 일편에 실려 있는 것은 전국시대의 숨막힘, 그리고 애절함이다. 그리하여 이것이 우리들에게 호소하는 것은 이것이 그저 전국시대인 옛날 일이 아니라는 점일 것이다.「여도죄(餘桃罪)」도 그 보기에서 빠지지 않는다.

逆 鱗
역 린

逆逆逆逆逆逆逆逆逆逆 (거스릴 역)
鱗鱗鱗鱗鱗鱗鱗鱗鱗鱗鱗鱗鱗鱗鱗鱗鱗鱗鱗鱗鱗 (비늘 린)

절대자의 치명적인 약점이나 허물을 건드림.

出典 한비자(韓非子) 세난편(說難篇)

"유세가가 대신을 논하면 군주는 이간질로 여기고, 하급 관리를 논하면 권력을 팔아 사사로이 은혜를 베풀려는 것으로 여기고, 군주의 총애를 받는 자를 논하면 그의 힘을 빌리려는 것으로 여기고, 군주가 미워하는 자를 논하면 군주 자신을 떠보려는 것으로 여긴다."

유가와 법가 사이에 징검다리를 놓은 사상가 한비는『韓非子』세난(說難)과 난언(難言)에서 말의 어려움을 실감나게 들려준다. 그에 따르면 유세(遊說)가 어려운 것은 내 지식으로 상대를 설득하지 못하는 것이 아니다. 유세가 진짜 어려운 건 상대의 의중을 헤아려 거기에 내 말을 맞추는 일이다. 한비는 그러면서 용(龍) 얘기를 꺼냈다.

"무릇 용이란 짐승은 잘만 길들이면 등에 타고 하늘을 날 수도 있다. 하지만 턱밑에 한 자쯤 거꾸로 난 비늘(逆鱗)이 있는데, 이걸 건드리면 누구나 죽임을 당한다. 유세하는 자가 군주의 역린을 건드리지만 않는다면 목숨을 잃지 않고 유세도 절반쯤은 먹힌 셈이다."

한비는 최고의 화술은 수려한 언변이 아니라 상대의 마음을 읽는 독심(讀心)임을 강조한다. 유세의 핵심은 상대의 치명적인 약점인 역린(逆鱗)을 건드리지 않고 감싸는 것이라 한다.

동양인, 특히 한국인이 좋아하는 용이 나왔으니 용에 관한 얘기를 덧붙인다.

옛날 중국의 어떤 사람이 천만금을 주고 용 잡는 기술을 완벽히 익혔다.

한데 세상에 나와 용을 잡으려니 용이 없었다. 겉은 그럴듯해도 정작 쓰임새가 없는 것을 이르는 도룡술(屠龍術)의 배경이 된 얘기다.

대선 시즌의 단골 메뉴 잠룡(潛龍)은『주역』이 출처다. 잠룡은 물에 잠겨 아직 날 준비가 안 된 용이고, 현룡(見龍)은 물속에서 내공을 갖춰 날 채비를 하는 용이다.

말은 곧 그 사람의 인품이다. 입으로 타인의 상처를 헤집지 마라. 손자는,

"적을 포위해도 한쪽은 열어두라"

고 했다. 입은 약으로 써라. 역린을 가려주는 붕대로, 상처를 치유하는 연고로 써라.

그렇다면 과연「역린(逆鱗)」은 군주에게만 있는 것일까? 민본 개념을 굳이 언급하지 않더라도 백성에게도 역린은 있다. 민심이 천심이니 하늘에도 없을 리 없다. 하늘을 거스른 자, 즉 역천자가 망한다는 사실은 두말할 필요 없다. 하늘의 질서를 거스르는 것은 군주의 마음에 어긋나는 것에 비할 바가 아니기 때문이다. 하늘에는 해와 달이 뜨고 지는 질서와 바람, 구름, 물, 대기 등 자연의 조화인 날씨가 있다. 이를 거스르면 엄청난 대가를 치르게 된다. 인간의 탐욕이 불러온 기후변화

와 기상이변이 바로 그 대가다. 최근 유럽을 덮친 극단적인 폭염은 기후위기의 증거이며, 폭염을 비롯해 집중호우, 위협적인 태풍이 갈수록 심해지고 있다. 우리 눈앞에 가까이 온 기상재해들을 보며 하늘의 질서를 어지럽히는 인간의 모습을 반성해 본다. 용을 길들여 하늘을 날 수는 없어도 하늘의 역린을 건드리는 어리석음을 지금 당장 멈춰야 한다.

易易易易易易易易(바꿀 역, 쉬울 이)
地地地地地地(땅 지)
思思思思思思思思(생각 사)
之之之之(갈 지)

처지(處地)를 서로 바꾸어 생각함이란 뜻.

상대방(相對方)의 처지에서 생각해보라는 말이다.

『맹자(孟子)』의 「이루편(離婁編)」하(下) 29장에 나오는 '역지즉개연(易地則皆然)'이라는 표현에서 비롯된 말로 다른 사람의 처지에서 생각하라는 뜻이다. 무슨 일이든 자기에게 이롭게 생각하거나 행동하는 것을 뜻하는 '아전인수(我田引水)'와는 대립된 의미로 쓰인다.

우(禹)는 중국 하(夏)나라의 시조로 치수(治水)에 성공한 인물로 알려진 인물이다. 후직(后稷)은 신농(神農)과 더불어 중국에서 농업의 신으로 숭배되는 인물로 순(舜)이 나라를 다스릴 적에 농업을 관장했다고 전해진다. 맹자는 우 임금과 후직은 태평성대에 세 번 자기 집 문 앞을 지나면서도 들어가지 못해 공자가 그들을 어질게 여겼으며, 공자의 제자인 안회(顔回)는 난세에 누추한 골목에서 한 그릇의 밥과 한 바가지의 물로 다른 사람들은 감내하지 못할 정도로 가난하게 살면서도 안빈낙도(安貧樂道)의 태도를 잃지 않아 공자가 그를 어질게 여겼다고 하였다. 그러면서 맹자는 "우와 후직, 안회는 모두 같은 길을 가는 사람으로 서로의 처지가 바뀌었더라도 모두 같게 행동했을 것(禹稷顔回同道 … 禹稷顔子易地則皆然)"이라고 평하였다. 곧, 맹자는 안회도 태평성대에 살았다면 우 임금이나 후직처럼 행동했을 것이며, 우 임금과 후직도 난세에 살았다면 안회처럼 행동했을 것이라며 "처지가 바뀌면 모두 그러했을 것"이라는 뜻으로 '역지즉개연(易地則皆然)'이라는 표현을 사용한 것이다.

이처럼 '역지즉개연(易地則皆然)'이라는 표현은 오늘날 쓰이는 '역지사지(易地思之)'의 의미와는 다르게 태평한 세상과 어지러운 세상을 살아가는 삶의 태도를 나타내는 의미로 쓰였다.

그런데 맹자는 같은 문장에서 우 임금과 후직에 대해 논하면서 "우 임금은 천하에 물에 빠지는 이가 있으면 자기가 치수를 잘못해서 그가 물에 빠졌다고 생각했고, 후직은 천하에 굶주리는 자가 있으면 자기의 잘못으로 그가 굶주린다고 생각해서 이처럼 (백성 구제를) 급하게 여겼다(禹思天下有溺者 由己溺之也 稷思天下有飢者 由己飢之也 是以如是其急也)"고 말하였다. 여기에서 '다른 사람의 고통을 자기의 고통으로 생각한다'는 뜻의 '인익기익(人溺己溺)', '인기기기(人飢己

飢)'라는 말이 나왔는데, 그와 유사한 의미를 '역지즉개연'이라는 표현을 변형하여 '다른 사람의 처지에서 헤아려 보아야 한다'는 뜻의 '역지사지(易地思之)'라는 말로 나타낸 것으로 추정된다. 오늘날에도 '인익기익', '인기기기'라는 표현은 역지사지와 유사한 의미로 널리 사용된다.

한편『맹자』「이루편」에는 "남을 예우해도 답례가 없으면 자기의 공경하는 태도를 돌아보고, 남을 사랑해도 친해지지 않으면 자기의 인자함을 돌아보고, 남을 다스려도 다스려지지 않으면 자기의 지혜를 돌아보라(禮人不答反其敬 愛人不親反其仁 治人不治反其智)"는 말도 나온다. 이 말도 자기 중심의 시각이 아니라 상대의 시각에서 헤아려 보라는 삶의 지혜를 나타낸다.

連理枝
연   리   지

連連連連連連連連連連連 (연할 연)
理理理理理理理理理理理 (다스릴 리)
枝枝枝枝枝枝枝枝 (가지 지)

뿌리와 다른 나뭇가지가 서로 엉켜 마치 한나무처럼 자라는 현상.

出典 후한서(後漢書) 채옹전(蔡邕傳)

후한말의 문인 채옹(蔡邕)은 경전의 문자 통일을 꾀하고 비(碑)에 써서 태학문(太學門)밖에 세운 것으로 알려졌지만, 그 밖에 효자로서도 유명한 사람이었다.

그의 어머니는 병든 몸으로 말년에는 줄곧 병상에 누워 있었다.

옹(邕)은 병간호에 정신을 쏟아 3년 동안 옷을 벗고 편안하게 잠을 자 본 적이 없었다. 특히 어머니의 병이 위중해진 후 100일 동안에는 잠자리에 들지도 않았다.

그러다가 어머니가 사망하자 그는 무덤 곁이 초막을 짓고, 거기서 복상(服喪)을 하며, 형식뿐이 아니라 시종여일하게 예법에 정해진 그대로 실행을 했다.

후에 옹(邕)의 방 앞에는 두 그루의 나무가 났는데, 그 나무는 자라면서 차츰 서로 붙어 나무 결까지 하나가 되고 말았다.

세상 사람들은 그것을 기이(奇異)하게 생각하여 옹의 효도가 이 진기한 현상을 가져왔다고 떠들며 원근 사람들이 많이 이 나무 구경을 왔다고 한다.

이상은『후한서(後漢書)』의「채옹전(蔡邕傳)」에 기록되어 있는 말로, 여기서는 가지(枝)에 대하여 기재가 없고 그저 '나무가 나서 나무 결이 이어졌다'고만 기록돼 있을 뿐이고, 또한 연리(連理)를 효(孝)와 결부시켜 말하고 있으나, 후에는 오히려 송(宋)의 강왕(康王)의 포학(暴虐)에 굴하지 않았던 한빙(韓憑)과 그의 처 하씨(何氏) 또는 식씨(息氏)의 부부애의 이야기로 탈바꿈 되었다.

백거이(白居易)의 장한가(長恨歌)에 현종황제와 양귀비가 서로 맹세한 말로서, 하늘에 있어서는 원컨대 비익(比翼)의 새가 되고, 땅에 있어서는 원컨대 연리(連理)의 가지가 되겠다.

(「비익조(比翼鳥)」는 날개가 하나밖에 없어 한 마리가 홀로는 날 수가 없고 두 마리가 나란히

합쳐야 비로소 두 날개가 되어 날 수가 있다고 한다.)의 두 문구가 있는데, 이것은 명백히 부부의 깊은 애정을 비유한 말로써 쓰이고 있다.

그럼 우리 주변에 실제로 이런 나무가 있는지 알아보자.

연리지란 뿌리가 다른 나뭇가지가 서로 엉켜 마치 한나무처럼 자라는 매우 희귀한 현상으로 남녀 사이 혹은 부부애가 진한 것을 비유하며 예전에는 효성이 지극한 부모와 자식을 비유하기도 하였다.

경상북도 청도군 운문면에 소나무 연리지가 유명하며, 충청북도 괴산군 청천면 송면리의 소나무도 연리지로 알려져 있다. 또 충청남도 보령시 오천면 외연도에는 동백나무 연리지가 있으며, 마을 사람들에게 사랑을 상징하는 나무로 보호되고 있다.

필자도 이곳들을 답사해 보고 싶다.

緣緣緣緣緣緣緣緣緣緣緣緣緣緣緣 (인연 연)
木木木木 (나무 목)
求求求求求求求 (구할 구)
魚魚魚魚魚魚魚魚魚魚魚魚 (고기 어)

나무에 올라가 물고기를 구하다.

出典 맹자(孟子) 양혜왕(梁惠王篇) (上)

주(周)나라 신정왕(愼靚王)3년 B.C 318), 맹자는 양(梁)나라를 떠나 제(齊)나라로 갔다. 맹자 나이 50이 지나서였다.

동방의 제(齊)는 서방의 진(秦)·남방의 초(楚)와 더불어 전국 제후 중에서도 대국(大國)이었다. 선왕(宣王)도 여간한 기량인(器量人)이 아니었다. 맹자는 그 점에 매력을 느끼고 있었다. 하나 시대가 요구하는 것은 맹자가 설파하는 왕도정치가 아니고 부국강병이며 외교상의 책무도 원교근공책(遠交近攻策)이나 합종책(合從策)과 연횡책(連橫策) 등이었다.

선왕(宣王)은 맹자에게 춘추시대의 패자였던 제(齊)의 환공, 진(晉)나라 문공의 패업을 듣고 싶다고 했다. 선왕은 중국 통일이 관심사였다.

"도대체 왕께서는 전쟁을 일으켜 신하의 생명을 위태롭게 하고, 이웃나라 제후와 원한을 맺는 것을 좋아하십니까?"
하고 맹자가 물었다.

"아냐, 좋아하지는 않지. 그걸 부득이 하는 것은 내게 대망(大望)이 있어서지."

"왕의 그 대망이란 것이 무엇인지 말씀해 주십시오."

인의(仁義)에 바탕을 둔 왕도정치를 말하는 맹자를 앞에 놓고 선왕은 다소 무안감을 느꼈다. 웃음으로 얼버무릴 뿐 말하려고 하지 않는다. 맹자는 다시 말을 걸었다.

"전쟁의 목적은 의식(衣食)이겠습니까, 인생의 오락이겠습니까?"

"아냐, 내 욕망은 그런 것이 아니야."

선왕은 맹자의 교묘한 언변술에 말려들고 말았다. 맹자는 다시 맹렬하게 추궁했다.

"그렇다면 이미 다 알겠습니다. 영토를 확장하여 진(秦)이나 초(楚)같은 대국이 인사를 드리러 오게 하고, 중국 전토를 지배해서 사방의 민족들을 거느리고 싶으신 거지요? 하나 그런 이제까지의 방법(일방적인 무력)으로 그것을 얻으려고 하시는 것은 마치 나무에 올라가 물고기를 얻고자 하는 것과 같습니다."

천하통일을 무력으로 꾀하려는 것은,

"나무에서 물고기를 구하는 것"과 같은 것으로, '목적과 수단이 맞지 않으므로 불가능하다'는 말을 듣고 선왕은 놀라며 의외로 생각했다.

"그토록 무리한가?"

"네, 나무에 올라가 물고기를 구하는 것보다 더 무리입니다. 나무에서 물고기를 구하는 것은 물고기를 구하지 못할 뿐 뒤따르는 재난은 없습니다. 그러나 왕과 같은 방법(일방적인 무력 사용)으로 대망(영토확장)을 달성하려고 하시면 심신(心身)을 다하되 결국 백성을 잃고 나라를 파(破)하는 대재난이 닥칠 뿐, 좋은 결과는 오지 않습니다."

"뒤에 재난이 있게 되는 까닭을 가르쳐 주지 않겠나?"

하고 선왕은 무릎을 내밀며 바싹 다가 앉았다.

이렇게 해서 맹자는 교묘하게 대화의 주도권을 그 손에 쥐고 인의(仁義)에 기반을 둔 왕도정치론을 당당히 설명해 갔다.

榮枯盛衰
영 고 성 쇠

榮榮榮榮榮榮榮榮榮榮榮榮榮榮 (영화 영)
枯枯枯枯枯枯枯枯枯 (마를 고)
盛盛盛盛盛盛盛盛盛盛盛 (성할 성)
衰衰衰衰衰衰衰衰衰衰 (쇠할 쇠)

영화(榮華)롭고 마르고 성(盛)하고 쇠(衰)함이란 뜻.

개인이나 사회(社會)의 성하고 쇠함이 서로 뒤바뀌는 현상을 말한다.

영고(榮枯)는 꽃이나 풀이 활짝 피어 무성할 때와 시들어 말라 죽었을 때를 가리켜, 모든 만물이 잘 되고 흥할 때와 기울어지고 무너지는 순간이 있음을 비유하는 말이다. 성쇠(盛衰)도 마찬가지로 융성하고 쇠퇴하는 대조적인 상황을 가리킨다.

두 단어가 합쳐진 말인 영고성쇠는 늘 좋은 일만 있을 수만도 없고 매번 나쁜 순간만 있지는 않다는 세상 일의 보편적인 이치를 이른다.

같은 뜻으로 흥망성쇠(興亡盛衰)가 있다.

寧爲鷄口勿爲牛後
영 위 계 구 물 위 우 후

爲爲爲爲爲爲爲爲爲爲爲(할 위)
口口口(입 구)　勿勿勿勿(말 물)
後後後後後後後後後(뒤 후)
鷄鷄鷄鷄鷄鷄鷄鷄鷄鷄鷄鷄鷄鷄鷄鷄鷄鷄鷄(닭 계)　牛牛牛牛(소 우)

차라리 닭의 머리가 될지언정 소의 뒤는 되지 말라.

出典　사기(史記) 소진전(蘇秦傳)

　　주연왕(周燕王) 35년 소진(蘇秦)은 연문후(燕文侯)를 설득, 다음 해에는 초위왕(楚威王)을 설득해서 소위 합종(合從)에 성공했던 것이다. 그동안 약 1년, 독특한 변설로 사자분신(獅子奮迅)의 활약을 한 셈이 된다. 처음 그는 주왕(周王)을 설득했으나 상대도 하지 않았고, 진왕(秦王)을 찾았으나 적당히 경원(敬遠)당하고, 또다시 조(趙)의 숙후(肅侯)에게로 갔으나 조왕의 동생에게 미움을 받아 접근할 수가 없었다. 그러나 계속해서 연왕(燕王)을 찾았을 때, 겨우 만나게 되어 비로소 여기에 합종(合從)의 일각(一角)이 성립되었다.

　　소진은 문후에게 연(燕)이 서쪽 조(趙)로부터 공격을 받지 않는 것은 조나라가 진나라와 싸워 여유가 없기 때문인데, 만약 조(趙)가 연(燕)을 공격하면 여지없이 지게 된다. 따라서 조(趙)와 동맹을 맺으라,고 설득했다. 조나라를 겁내고 있던 약소국인 연(燕)이었으므로 문후(文侯)는 기꺼이 소진의 설을 받아들여 거마금백(車馬金帛)을 주어 조(趙)로 보냈다. 조(趙)는 한 번 거절을 당한 나라였으나 그 원인을 이룬 조왕(趙王)의 동생이 죽었으므로, 때는 이때라고 소진은 일세일대(一世一代)의 변설을 휘둘렀다. 그는 주후(周侯)의 덕을 찬양하는 한편 천하의 형세를 차근차근 설명하여 조(趙)가 고립될 것을 근심하며 합종의 필요성을 강조했고, 그 방법을 구체적으로 설명했다. 숙후는 감격해서,

　　"나이 어린 나에게 정말 친절하게 천하안태의 계획을 말씀해 주셨다."
라고 말하고, 소진에게 수레 백승(車百乘), 황금 천일(黃金千鎰…1鎰은 24兩), 백벽(白璧) 백쌍, 금수천단(錦繡千段)을 마련해주고 제후를 결합시키기 위해 출발시켰다. 여기『합종』의 운동자금이 확보된 셈이다.

　　소진은 용약 나머지 4개국을 돌면서 설득을 개시했다. 혹은 칭찬을 하고, 혹은 위협하기도 하며 6국의 동맹이 되지 않으면 진(秦)에 대항할 수 없다는 점을 주장했다. 그는 한(韓)·위(魏)·제(齊)·초(楚)의 순으로 설득했으나, 제각기의 국정에 따라 비슷한 점을 말했다. 한(韓)의 선혜왕(宣惠王)의 경우는 이런 투였다.

　　"한(韓)은 9백여리 사방이고, 병졸은 수십만이 있습니다. 활(弓)·칼(刀)·창(戟)·궁현(弓弦)·방패 등 무기는 완비되고 병졸은 한 사람이 100인을 당하는 용사들입니다. 이런 강대한 힘을 가지고, 또 현명한 대왕이 계시면서 진(秦)에게 사신(仕臣)을 한대서야 천하의 웃음거리가 될 것입니

다. 또 진(秦)은 영토를 확장할 야심이 한정이 없고, 또 대왕의 영토에는 한정이 있어 싸움도 없이 깎이어 갈 뿐입니다. 세속(世俗)의 속담에도 이런 말이 있습니다.

"차라리 계구(鷄口)가 될지언정 우후(牛後)는 되지 말라. 진(秦)에게 시신(侍臣)하는 것은 우후(牛後)하는 것으로, 나는 대왕을 위해 부끄럽게 생각합니다." 한왕은 그만 소진의 말에 말려들어 분연히 안색을 바꾸더니 팔을 펴고 눈을 부릅뜨며 칼을 잡고 하늘을 우러러 보면서 탄식했다.

"아무리 어리석은 나라도 진(秦)에게는 절대로 시신(侍臣)할 수 없다. 지금 각하(閣下)는 조왕의 명을 받아 정말 잘 가르쳐 주었다. 나라를 걸고 따르겠다."

어쨌든 이런 식으로 이해가 상반되는 6국을 일차 단결시킨 것은 소진의 공이다. 그러나 이것이 도리어 진의 책동을 불러일으켜 『합종(合從)』이 성립된 다음 해에는 제(齊)와 위(魏)가 선동을 당해 조(趙)를 치게 되었으며 벌써 파탄이 생기게 되었다.

이상은 『사기(史記)』의 「소진전」에 있다. 표제인 「계구(鷄口)」는 닭의 머리, 「우후(牛後)」는 소의 엉덩이로 「닭의 머리는 작으나 귀하고, 소의 엉덩이는 크나 천하다」 즉 「작은 것의 우두머리는 되어도 큰 것의 엉덩이는 되지 말라」는 뜻이다.

五五五五 (다섯 오)
里里里里里里里 (마을 리)
霧霧霧霧霧霧霧霧霧霧霧霧霧霧霧霧霧霧霧霧 (안개 무)
中中中中 (가운데 중)

오리나 되는 안개속처럼 갈피를 잡을 수 없음.

出典 후한서(後漢書) 장패전(張霸傳)

환관(宦官)과 외척이 정치를 손아귀에 넣고 있던 후한(後漢) 화제(和帝) 때 장패(張霸)라는 성도 출신의 학자가 있었다. 장패 곁에는 언제나 100여 명이 넘는 제자들로 북적거렸다. 그를 존경하는 선비들뿐만 아니라 벼슬아치들까지 그와 가까이하려고 애썼다. 하지만 그는 세속의 때묻은 이들과 섞이고 싶지 않아 산속에 숨어 살았다. 그렇다 보니 집이 가난해 약초를 캐다 팔아서 생계를 이어 갔다.

"자네, 소문 들었나? 장패 선생이 화음산 기슭에 산다는구먼. 난 그쪽으로 옮겨 갈 생각이네."

"그래? 나도 그곳으로 옮겨 가겠네."

장패가 사는 곳에는 그를 쫓아온 사람들로 다시 붐볐다. 얼마 지나지 않아 화음산 남쪽 기슭에 시장이 생길 정도였다. 그런데 장패는 학문뿐만이 아니라 도술에도 뛰어나 사방 5리를 안개로 뒤덮을 수 있었다. 그래서 만나고 싶지 않거나 귀찮은 사람이 찾아오면 안개를 일으켜 자신이 있는 곳을 숨기곤 했다.

화제가 병몰(病沒)하고 이어 상제(殤帝)도 8개월로 죽어 안제(安帝)가 즉위했을 때에는 시중

(侍中—측근의 顧問官)이 자리에 있었다.

상제와 안제의 정치 실권은 등태후(鄧太后)—화제(和帝)의 황후(皇后)와 그의 오빠인 등척(鄧騭)이 쥐고 있었다. 나는 새도 떨어뜨리는 그 등척이 장패의 명성을 듣고 사교를 청해왔을 때 장패는 머뭇거리면서 대답을 하지 않았다. 모두들 그의 융통성 없음을 비웃었으나 얼마 후 그는 70세로 병사했다.

오리(五里)나 이어지는 짙은 안개 속으로 말려들어가면 동서를 통 알 수 없게 된다. 어떻게 했으면 좋을지 몰라 쩔쩔 매게 된다. 그런 뜻으로 쓰이나, 요컨대 사물의 방침에 가망성이 서지 않는다든가, 마음이 어지러워 어찌할 바를 모른다든가 할 때 그것을 비유해서 쓰게 된다.

황제가 지남차를 만들어 안개 속에서 방각(方角)을 알고 적을 격파했다는 이야기가 전해지고 있는 중국에 알맞는 고사(故事)이나 물론 진실은 불명이다.

참고삼아 안제(安帝)가 죽고, 다음 충제(沖帝) 역시 3개월 만에 죽어 질제(質帝)가 있을 때, 배우(裴優)가 안개를 일으켜 나쁜 짓을 하다가 발각되어 체포되었는데, 장해에게 방술을 배웠다고 해서 장해도 덤으로 2년 동안 옥살이를 했다.

그는 옥중에서 경전을 읽었고『위서(尉書)』의 주(註)를 만들었다. 후에 사실무근이 밝혀져 석방된 후 질제(質帝) 다음에 즉위한 환제(桓帝)의 건화(建和) 3년, 다시 조서를 내려 초빙했으나 역시 병을 이유로 사관하지 않고 70세로 세상을 떠났다.

吾吾吾吾吾吾 (나 오)
鼻鼻鼻鼻鼻鼻鼻鼻鼻鼻鼻鼻鼻鼻 (코 비)
三三三 (석 삼)
尺尺尺尺 (자 척)

내 코가 석 자라는 속담과 같은 말이다.

본인의 사정도 감당하기가 어려워 남의 사정을 돌볼 겨를이 없음을 이르는 말이다.

조선 후기 학자 홍만종이 1678년 지은 문학평론집『순오지』에서 유래한 성어이다.『순오지』는 조선의 속담, 시가(詩歌), 유교·불교·도교에 관한 일화, 속자(俗字 : 획을 간단히 만든 생활 한자) 등 다양한 내용이 담겨 있는 문헌으로, 원문에는 '오비체수삼척(吾鼻涕垂三尺)'이라 기록되어 있는데, 이를 줄여 오비삼척이라 부르는 것이 보편적이다.

'내 콧물이 흘러내리는 것이 삼척이라 내 상황이 어려우니 어찌 남을 돕겠는가'라는 의미이다.

烏飛梨落
오 비 이 락

烏烏烏烏烏烏烏烏烏烏 (까마귀 오)
飛飛飛飛飛飛飛飛 (날 비)
梨梨梨梨梨梨梨梨梨梨梨 (배 이, 리)
落落落落落落落落落落落落落 (떨어질 락)

까마귀 날자 배 떨어진다는 말.

어떤 행동을 하여서 그 결과로 나타난 일이 있자, 공교롭게 남의 혐의를 받을 만한 딴 일이 뒤미쳐 일어남을 비유하여 이르는 말이다.

옛날에 까마귀 한 마리가 배나무에 앉아 까악까악 울고 있었다. 하필이면 그때 배가 떨어졌고 밑을 지나가던 독사 한 마리가 머리를 맞아 죽게 되었다. 화가 머리끝까지 난 독사는 죽는 순간 독을 내뿜었다. 그 독을 맞은 까마귀도 그 자리에서 죽고 말았다.

뱀은 멧돼지로, 까마귀는 암꿩으로 다시 태어났다. 어느 날 멧돼지가 된 뱀이 암꿩이 된 까마귀를 보고는 있는 힘껏 돌을 굴렸다.

"이제 죽었겠지? 속이 다 후련하다."

때마침 지나가던 사냥꾼이 죽은 암꿩을 발견하고는 집에 가져가 부인과 함께 맛있게 먹었다. 얼마 뒤 죽은 암꿩은 사냥꾼 부부의 아이로 다시 태어났다.

"나를 죽였겠다? 멧돼지를 잡아 혼쭐을 내 줘야지."

자라서 사냥꾼이 된 아이는 멧돼지를 다시 만나게 되었는데, 멧돼지는 도망치다가 우물 속으로 뛰어들었다. 사냥꾼은 멧돼지가 죽었는지 확인하기 위해 우물 속을 들여다보았다. 그런데 멧돼지는 온데간데없고 지장보살이 우물 안에 있었다. 지장보살은 불교에서 어리석은 사람들이 바른 생각을 하도록 가르쳐 주는 자비로운 보살이다.

"나는 지장보살이다! 너희 둘이 쓸데없이 서로 죽이기에 잠시 멧돼지의 모습으로 변했던 것이다. 이제 원한을 풀어라."

이렇게 해서 까마귀와 뱀의 원한은 끝이 났다. 그 뒤로 '오비이락'이라는 말은 아무 관계없는 일이 같이 일어나 괜한 오해를 받게 된다는 뜻으로 쓰였다.

五十步百步
오 십 보 백 보

五五五五 (다섯 오)
十十 (열 십)
步步步步步步步 (걸음 보)
百百百百百百 (일백 백)

정도의 차이는 있을망정 근본적 차이는 없다는 뜻.

出典 맹자(孟子) 양혜왕(梁惠王篇)

맹자(孟子)는 서력기원전 371년에 출생했다는 설이 있으나 확실치 않다. 오(五)·사(四)·삼(三) 세기로 계속된 전국시대의 극성기, 즉 4세기 중엽에 살고 있던 사람이다.

그 난맥(亂脈)한 세상에서 인도주의적인 공자의 가르침을 펴고, 인의의 도(仁義之道)를 말하며 다니던 맹자는 당시 사람들 눈에는 상당히 괴이쩍은 존재로 비쳤을 것이다. 더구나 맹자는 철저한 이상주의자로 남에게 자설(自說)을 말할 때에는 그의 말투가 안하무인격이었다. 또 그만큼 기백이 담긴 날카로운 변설을 전개했다.

당시의 사상가나 책략가 지혜자들은 여러 왕을 상대로 유세하고 다녔는데, 맹자도 역시 많은 왕들을 만나 유세를 펼쳤다. 위(魏)나라의 왕인 혜왕(惠王)에게 초청을 받았을 때의 이야기다. 혜왕은 수도를 양(梁―개봉(開封))으로 옮겼으므로 양혜왕이라고도 한다.

위나라는 당시, 서로는 호랑(虎狼)이라는 별명이 붙은 무서운 진(秦)에게 압박되고 ―실은 이 압박에 견디지 못해 동쪽인 양(梁)으로 천도한 것이다.― 또 동쪽의 제(齊)나라와의 싸움에서는 재삼 대패(大敗)하여 역경(逆境) 속에서 허덕이고 있었다. 혜왕(惠王)은 이름 있는 현사(賢士)나 일재(逸才)를 불러 의견을 듣고 또는 채용을 하는 등 극력 국운 만회에 노력하고 있었다. 맹자도 그렇게 해서 초빙된 것이다.

혜왕 왈,

"선생이시여, 천리를 멀다 않고 찾아와 주신 것은 다름 아닌 내 나라를 강하게 해주시겠다는 뜻에서겠지요?"

맹자 왈,

"왕의 나라가 강해지거나 말거나 그런 것은 뒤로 밀고, 나는 인(仁)과 의(義)에 대해 말씀드리고자 왔습니다."

두 사람의 대화는 이렇게 시작된다. 이 말은 『맹자(孟子)』 첫머리에 나온다.

그런데 이야기는 진전되어 여러 가지 점에 미친다. 맹자는 거기에 잠시 체재했다. 혜왕은 자기의 기대와는 빗나갔으나 그래도 맹자의 이야기이므로 꾹 참고 들었다. 어느 날 혜왕이,

"선생이시어, 당신의 백성을 생각하라는 가르침. 변변치 못한 저이오나 상당히 노력하고 있다고 생각합니다. 예를 들어 내나라 하내지방(河內地方)에 흉년이 들었을 때에는 젊은 사람들은 하동지방(河東地方)에 이주시키고, 남은 노유자들에게는 하동의 곡식을 운반해다 먹이고, 그 반대로 하동지방에 기근이 들었을 때는 젊은 사람들은 하내로 이주시키고, 하내의 곡식을 하동으로 운반하는 등 극력 애를 쓰고 있습니다만 백성들은 나를 따라 모여들지를 않습니다. 이웃의 백성은 여전히 수가 줄지 않고 우리나라 백성은 수가 늘지도 않습니다. 백성을 생각하라는 선생님의 생각으로 볼 때 이것은 어찌된 일입니까?"

맹자 왈,

"왕께서는 전쟁을 좋아하시죠? 어디 하나 비유해서 말을 해보겠습니다. 전장(戰場)에서 서로 격전을 벌리고자 개전을 알리는 북소리가 우렁차게 울렸다고 합시다. 백병전이 전개되었습니다. 하나 어떤 병사는 아주 겁을 먹어 갑옷과 투구를 벗어던지고 창을 끌면서 정신없이 도망을 쳤습니다.

그리하여 백보 쯤 가서 섰습니다. 그러자 또 한 명 도망친 자가 있어 이놈은 50보에서 머물러 백보를 도망친 놈에게 '겁쟁이'라고 하며 비웃었다고 합시다. 어떻습니까? 왕이시어……"

혜왕 왈,

"하하, 바보 같은 짓이지, 50보나 백보나 도망치기는 마찬가지 아닌가."

맹자 왈,

"그것을 아신다면 왕이시어, 인접 국민보다 백성이 많아지기를 바라는 왕의 희망도 이것과 비슷한 일이 아닐까요? "

이렇게 해서 맹자는 자기가 말하고 싶은 요점의 중심으로 혜왕을 끌고 갔다. 그 중심이란 맹자의 사상체계의 중핵(中核)을 이루는 왕도(王道), 즉 왕자의 길이다. 이 왕도하고 정면으로 부닥치면 이야기가 지루해진다. 그래서 맹자는 왕이 가장 좋아하는 전쟁이야기를 꺼내어 흥미를 갖게 한 것이다.

원문에서는 「50보로써 백보를 비웃으면 곧 어떠한가」(以五十步 笑百步則何如)하고 묻는데 대해 혜왕은 「불가하다. 다만 백보가 되지 않을 뿐 이 역시 달아난 것이다(不可直不百步耳是亦走也)」하고 대답했다.

인접국의 정치나 왕의 정치나 맹자의 왕도(王道)에서 보면, 아무리 혜왕이 백성을 생각한다해도 50보 백보의 차이로 결국은 같은 것. 참으로 백성을 생각하는 왕자의 방법으로는 도망치느냐 안 치느냐 정도의 본질적인 차이가 있다.

왕도란 평소부터 백성의 생활 안정을 꾀하고 그 안정 위에 쌓아올려지고 백성을 주인으로 하여 백성을 위해 존재하는 애정과 예의에 찬 도덕국가, 교육이 보편화된 문화국가를 목적으로 하는 것이며, 또 그 이외에는 아무것도 목적하지 않는 것이다. 그 나라의 강대 여부는 왕도로서 관심 밖의 일이었다.

吳吳吳吳吳吳吳 (나라 오)
越越越越越越越越越越越 (넘을 월)
同同同同同同 (한가지 동)
舟舟舟舟舟舟 (배 주)

오나라 사람과 월나라 사람이 같은 배를 탔다.

出典 손자병법(孫子兵法)

「손자(孫子)」란 책이 있다. 중국의 유명한 병법서로서 춘추 때 오국(吳國)에 있던 손무(孫武)가 쓴 것으로 되어있다. 손무는 오왕 합려(闔閭)를 섬겨 서로는 초도(楚都)를 함락시키고, 북으로는 제(齊)와 진(晉)을 격파했다는 명장(名將)이다. 하나 전국시절 제(齊)에 있었던 손빈(孫臏)이 저자라는 설도 있다. 형을 받아 절름발이가 되고 불운한 운명을 걸어 마침내는 대장군이 된 유명한 병법가다.

　그러나 그것은 어쨌든 『손자(孫子)』가 대 병법서임에는 변함이 없다. 그 설명하는 바는 명쾌하고 문장이 간결하며 엄해서 서릿발 같은 느낌이 있다. '그를 알고 나를 알면 백전이 위태롭지 않다'는 등 많은 구(句)가 이 책에서 나왔다. 이 「오월동주(吳越同舟)」도 그 중 하나라는 것이 제11편의 「구지(九地)」에 보인다.

　용병법(用兵法)에는 9개의 지(地)가 있다. 손자는 이렇게 말하기 시작한다. 그 구지(九地)의 최후의 것이 사지(死地)다. 바로 싸우면 살 길이 있고, 겁을 먹고 있으면 망해버리는 필사(必死)의 지(地)다. 그럼, 어떻게 해야하나? 사지(死地)에 있을 때에는 곧 싸우라고 손자는 단언한다. 진퇴가 불가능한 필사(必死)의 장소다. 병졸의 마음을 하나로 하여 싸우고 활로(活路)를 열라고 한다.

　군사를 사지에 두고 싸우는 중요성을 여러 모로 말한 다음 손자는 다시 이렇게 말한다.

　"따라서 용병을 잘하는 장군의 대비(對備)는 예를 들어 솔연(率然)과 같다. 솔연이란 이국(異國)의 상산(常山)에 있는 큰 뱀이다. 그 머리를 치면 꼬리가 날라오고, 꼬리를 치면 머리가 습격해 온다. 허리를 치면 머허리와 꼬리가 동시에 덤벼든다. 이처럼 기운을 하나로 뭉치는 것이 필요하다. 그럼, 군사를 솔연케 해서 수미(首尾)가 서로 구하도록 하는 것인가?

　그렇다. 그리고 가능하다. 오(吳)·월(越)은 옛부터 적국이다. 따라서 국인(國人)들 간에서도 서로 미워하고 있다. 그러나 오인(吳人)과 월인(越人)이 같은 배를 타고 강을 건넌다고 치자. 만약 큰 바람이 불어 배가 뒤집히려고 한다면 오인도 월인도 평소의 악감정을 잊고 서로 좌우의 손이 되듯 필사적으로 도울 것이다. 바로 이것이다. 전거(戰車)와 말을 서로 단단히 묶고, 수레바퀴를 땅에 파묻는다. 이렇게 해서 적의 공격에 대비해도 최후에 믿음이 되는 것은 그것이 아니다. 믿음이 되는 것은 필사적으로 하나로 뭉친 병사들의 마음이다.

　「오월동주(吳越同舟)」란 말은 여기서 나왔다. 지금은 전투에 한하지 않고 사이가 좋지 않은 동지끼리 공동행동을 할 때 쓴다. 또 사이가 좋지 않은 사람들이 그저 동석(同席)하고 있을 때도 쓰인다. 좌우의 손처럼 서로 돕는다는 것은 그리 쉽지가 않은 모양이다.

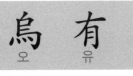

烏烏烏烏烏烏烏烏烏烏 (까마귀 오)
有有有有有有 (있을 유)

사물(事物)이 아무 것도 없이 됨.

出典 　사마상여(司馬相如)의 문장(文章)

　「오(烏)」는 조(鳥)의 머리쪽 한 획이 없는 글자다. 까마귀는 조금 멀리서 보면 눈이 보이지 않기 때문일 것이다. 「오(烏)」자가 붙는 숙어(熟語)로 지금도 쓰이는 것은 「오유(烏有)」다. 깨끗이 불타버려 아무것도 남지 않았을 때「오유(烏有)로 돌아갔다」고 한다. 까마귀처럼 새까맣게 타버렸다는 뜻은 아니다. 까마귀하고는 관계가 없이 오(烏)라는 발음을 빌렸을 뿐이다. 한(漢)나라 학자 사마상여(司馬相如)의 문장에 나오는 가공인물(架空人物)「오유선생(烏有先生)」은 이 세상에 실패하지 않는 인물을 말한다.

「오합지중(烏合之衆)」은 규율이 없는 모임, 이것은 동한(東漢) 광무제의 장(將) 경엄(耿弇)의 전기에 있다.「돌기(突騎―선두에 서서 달리는 기병(騎兵)을 띄어 오합지중(烏合之衆)을 짓밟다」라고 한다.

「오훼(烏喙)」는 까마귀의 부리, 욕심이 많은 인상(人相)을 가리킨다. 전국시대의 월왕 구천(越王句踐)을 가리키는 말로 충신 범려(范蠡)가「장두오훼(長頭烏喙)」, 환난(患難)은 같이 할 수 있으나 안락(安樂)은 같이할 수 없다(越王爲人長頭烏喙, 可與共患難, 不可與共樂)고 도망쳤다.

「수지오지자웅(誰知烏之雌雄)」은 사물의 시비선악(是非善惡)이 서로 분명하지 않은 것, 이것은 『詩經』에 있는 문구다.

「오조지사정(烏鳥之私情)」. 자식이 어버이를 봉양하려는 마음. 효자로서 이름 높은 이밀(李密)이란 사람의 『진정서(陳情書)』에 나온다. 까마귀는 '반포(反哺)'라고 하여 어버이를 양육해 은혜를 갚은 것으로 생각되었다.

「오두백(烏頭白)」은 무리한 주문(注文). 진왕(秦王)이 인질(人質)이 된 연(燕)나라 태자 단(丹)에게 까마귀의 머리가 희어지고, 말에 뿔이 나면 용서하겠다고 말했다.

「오토(烏兎)」는 일월(日月)을 말한다. 태양에는 다리가 셋 달린 까마귀(三足烏)가 있다는 전설. 토끼는 달을 상징한다.

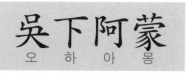

吳吳吳吳吳吳吳 (나라 오)
下下下 (아래 하)
阿阿阿阿阿阿阿阿 (언덕 아)
蒙蒙蒙蒙蒙蒙蒙蒙蒙蒙蒙蒙蒙 (어릴 몽)

세월이 지나도 학문의 진보가 없이 그냥 그대로 있는 사람을 이르는 말.

出典 삼국지(三國志) 강표전(江表傳)

「비부오하아몽(非復吳下阿蒙)」이 전문(全文)이다. 한참동안 만나보지 못한 동안에 놀랄만큼 장족(長足)의 진보를 한 사람을 「비부오하아몽(非復吳下阿蒙)」이라고 한다.

위(魏)·오(吳)·촉한(蜀漢)이 정립(鼎立)해서 싸우고 있던 삼국시대의 어느 날 오왕 손권은 신하들에게 다음과 같은 말을 했다.

"학문이란 자기 스스로가 개척해 나가야 한다. 저 여몽(呂蒙)은 처음에 아무런 학문도 없었다. 나는 그에게 배울 것을 권했다. 한 번 시작하자 여몽은 끊임없이 계속했다. 그러는 동안 노숙(魯

肅)이 몽(蒙)하고 의논을 해 보았다. 그런데 노숙이 당해낼 수 없으리만큼 박식이었다. 노숙은 기뻐하며 몽의 등을 쓰다듬으며 말했다고 한다.

"그대가 무략(武略)에 뛰어나 있는 것은 잘 알고 있었으나, 이렇게 학식도 넓어져 이젠 오(吳)에 있을 때의 몽(蒙)하고는 아주 딴판이로구나(非復吳下阿蒙)."

하자 아몽은 의기양양 말했다.

"대저 사(士)란 헤어져 3일이 지나면 다음에 만날 때 눈을 부비고 보아야 한다. 나날이 진보되는 것이다"(士別三日 即更刮目相對).

아몽(阿蒙)의 아(阿)는 애칭이다. 젊어서부터 그를 알고 있던 노숙(魯肅)은 여몽(呂蒙)을 이렇게 불렀던 것이다. 이것을 출전(出典)으로 하여 비부오하아몽(非復吳下阿蒙)이란 말이 학문이 진보되었을 때 또는 면목을 일신했을 경우를 나타내는데 쓰이게 되었다. 반대로「오하아몽(吳下阿蒙)」이라고만 하면 옛 그대로 있어 조금도 진보되지 않은 자나 학문이 없는 보잘것 없는 인물을 말한다. 그것은 어쨌든 여몽(呂蒙)의 진보는 손권(孫權)에게는 아주 큰 수확이었다.

손권이 형 손책의 뒤를 이어 조조와 유비하고 대립했을 때 그를 잘 보좌한 것은 주유(周瑜)였다.

주유(周瑜)는 4만이나 되는 조조의 대군을 적벽(赤壁)에서 대파하여 오(吳)의 힘을 강화시켰으나, 뜻을 다 이루지 못하고 죽었다. 그가 최후까지 걱정하고 있었던 것은 유비의 세력이 호남성에서 확립되어 오(吳)의 서진을 막게 되는 점이었다. 그는 유비를 칠 것을 헌책하고자 벼르고 있는 동안 그만 병사했다.

노숙(魯肅)이 뒤를 이어 손권을 도왔다. 그의 방법은 주유하고는 달랐다. 유비를 도리어 강화시켜 동맹해서 강대한 위의 조조와 대결하려고 했다. 그래서 이 기회를 잡아 유비는 촉(蜀)을 탈취(奪取)하여 삼국 정립의 형세가 되었다. 유비의 장(將)으로 용맹을 떨치던 관우는 형주를 지키고 있었다. 유비와 오와의 약속에서는 촉으로 들어가면 형주(荊州)는 오(吳)에게 돌려주게 되어 있었다. 그런데 모르는 척 했다.

이때 노숙이 죽어, 그 뒤를 이어 손권을 보좌한 것이 여몽(呂蒙)이다. 그는 손권에게 권하여 은근히 조조와 연락했으며, 관우가 중원으로 출격하고 있는 틈을 타 그 근거지를 습격했다. 계략은 공(功)을 나타내어 오(吳)는 관우의 여러 성을 차례로 함락시키고 그리하여 마침내는 용장 관우도 잡혀 한풍(寒風) 속에서 목이 떨어지고 말았다. 오(吳)의 지반(地盤)은 이 여몽의 책(策)에 의해 거의 굳혀졌다고 할 수 있다. 확실히 여몽은 이제 오하의 아몽은 아니었던 것이다.

烏烏烏烏烏烏烏烏烏烏 (까마귀 오)
合合合合合合 (합할 합)
之之之之 (갈 지)
眾眾眾眾眾眾眾眾眾眾眾眾 (무리 중)

烏合之眾
오 합 지 중

어중이떠중이, 맹목적(盲目的)으로 모인 무리.

出典 문선(文選) 진기총론(晉紀總論)

전한말(前漢末) 외척인 왕망(王莽)은 모든 권력을 손아귀에 쥐고 평제(平帝)를 죽이고서(A.D 5) 유자영(孺子嬰)을 세웠으며 다시 스스로 시황제라 칭했지만, 마침내 나라를 빼앗아 국호를 신(新)이라고 고친 것은 서력 9년의 일이었다. 그러나 정치에 실패하여 각지에 반적(叛賊)이 횡행하고 그 중에서도 녹림(綠林)의 병이나 적미(赤眉)의 적(賊)이 강성했는데 천하는 대혼란에 빠지고 말았다.

이 때를 당해 일어난 것이 후에 후한(後漢)의 광무제가 된 유수(劉秀) 등의 군사로 각처에서 왕망의 군사를 격파하고 23년에는 경제(景帝)의 자손인 유현(劉玄)을 세워 황제로 삼고 이로써 왕망을 멸망시켜 다시 한(漢)의 세상으로 되돌려 놓은 것이다. 하나 왕망이 멸망했다고 하지만 천하가 조용해진 것은 아니다. 각지에 군웅이 할거하고 적미의 적도 아직 기세를 올리고 있어 대사마(大司馬)로써 유수는 유현 아래 있으며 군사(軍事)에 여념이 없었다. 그중 한단(邯鄲)에 웅거한 왕랑(王郞)은 원래 역자(易者)였으나 나야말로 성제(成帝)의 아들 유자여(劉子輿)라고 엉뚱한 소리를 하는가 하면 군사를 크게 모아 천자라 칭하고 그 기세가 대단했으므로 이듬해 24년 유수는 군대를 이끌고 징벌하기로 했다.

그런데 하북성(河北省)의 상곡(上谷) 태수 경황(耿況)은 전부터 유수의 인격을 사모하고 있었으므로, 아들 경감을 유수의 휘하로 보내기로 했다. 경엄(耿弇)은 이때 나이 21세, 준민(俊敏)한 데다가 사려가 깊고 게다가 병법을 좋아했기 때문에 아주 기뻐하며 유수의 휘하로 달려갔다.

길을 떠난 경엄(耿弇)이 도중까지 오자 왕랑이 한단에서 군사를 일으켜 천자를 칭하고 있다는 정보가 들어왔다. 그러자 부하인 손창(孫倉)과 위포(衛包) 두 사람은 갑자기 마음이 변해,

"유자여는 성제의 아들로 한(漢)의 올바른 혈통을 이어받은 분이다. 이런 사람을 놓아두고 도대체 어디로 가려는 것인가?"

하고 떠들어대는 형편. 경엄(耿弇)은 상투 끝까지 화가 치밀어 이 두 사람을 끌어내 칼을 뽑아들고 말했다.

"왕랑이란 원래 이름도 없는 도적이다. 그것이 유자여라고 하면서 황자의 이름을 사칭하여 난을 일으키고 있는 것이다. 내가 장안에 다녀오고나서 상곡(上谷)·어양(漁陽)의 군대를 몰아 태원(太原)·대군(代郡) 방면으로 나가 특수 돌격대를 투입해서 왕랑의 군사같은 오합지중을 짓밟으면 썩은 나무를 쓰러뜨리는 것과 같아 왕랑을 포로로 잡게 될 것이다. 너희들은 그런 사리를 모르고 적

과 한 패가 된다면 곧 패망해서 일족의 멸망을 당하리라."

그러나 두 사람은 결국 왕랑군으로 도망쳐 버렸으므로 경엄(耿弇)은 억지로 붙잡으려고는 하지 않고, 유수(劉秀)에게로 길을 재촉했다. 그리고 유수를 도와 많은 무공을 세우고 후에 건의대장군(建儀大將軍)에 임명되었다.

오합지중(烏合之衆)이란 원래 까마귀가 모인 것같이 통제가 잡혀있지 않은 군중을 가리켜 말하는 것으로『후한서(後漢書)』에는 왕랑(王郎)을 가리키는 말로서 각처에 보인다.『문선(文選)』에 보이는 우보(于寶)의『진기총론(晉紀總論)』에도 진(晉)을 대혼란에 빠뜨려 동천(東遷)시킨 근원이 된 한왕 유연(漢王劉淵)등을 가리켜 '신기(新起)의 구(寇), 오합지중'이라고 했으며, 그 오합지중에게 천하가 뒤범벅이 된 것은 정치가 어지러웠기 때문이라고 한다. 그 주(註)에 증자(曾子)의 말을 들어「오합지중은 처음에는 서로 기뻐하니(相歡) 후에는 반드시 서로 못잡아먹어 이를 간다」고 했고, 또「부분이 없다」어중이떠중이의 모임이라는 뜻이다.

屋上架屋
옥 상 가 옥

屋屋屋屋屋屋屋屋屋 (집 옥)
上上上 (위 상)
架架架架架架架架架 (시렁 가)

지붕 위에 또 지붕을 씌운다. 일이 쓸데없이 중복됨.

出典 세설신어(世說新語)

후한(後漢)말의 난세, 소위 삼국시대에 촉(蜀)과 오(吳)를 멸망시킨 위(魏)는 천하를 통일하자 국호를 진(晉−서진(西晉)이라 고치고(280) 도읍을 낙양(洛陽)에다 두었다. 한편 멸망은 당했으나 오(吳)의 옛도읍지였던 건업(建業)(揚都…南京)은 양자강 기슭에 자리잡고 뒤로는 산이 둘러있어 풍광명미한 도성으로 여전히 강남의 중심지였다.

그 무렵 낙양에 유중(庾仲)이란 시인이 있어 현란한 양도(揚都)의 번화함과 풍경을 칭찬하는 시를 지었다. 그 시에「三二京 四三都」라는 글귀가 있고, 그 표현이 특히 뛰어났다고 하여 평판이 높았다. 도읍 사람들은 모두 앞을 다투어 가며 이 시를 베껴 벽에 붙여놓고 감상했다. 그래서 종이가 부족하게 되어「낙양의 종이값이 올랐다(洛陽紙貴)」는 상황을 빚었다.

하나, 이 시를 본 사태부(謝太傅─太傅란 太師, 太保와 어깨를 나란히 하는 삼공의 하나)라는 고관이 코웃음을 치며 말했다.

"뭐야, 저 시(詩)는 마치 지붕 밑에 또 지붕을 만든 것(屋下架屋) 같구나. 똑같은 소리를 반복한 데 지나지 않아. 이런 것을 가지고 떠들어대는 놈들의 심사(心事)를 모르겠다" (『世說新語』)

또 다른 하나의 이야기. 이것은 북제(北齊─南北朝時代의 北朝의 一國)의 안지추(顏之推)라는 학자가 지은『안씨가훈(顏氏家訓)』이란 책의 서문에 이렇게 씌어 있다.

"진(晉)이래 훈고학(訓詁學)이란 유학(儒學)의 연구방법이 정해져서 학자들은 서로 다투어 옛 학자들이 서술한 책을 현대문으로 고쳐 쓰는 일을 하고 있다. 하나, 이들 학자들이 쓰고 있는 것은 다 그 이론을 세우는 방법이 중복되어, 같은 것을 되풀이하고 있는데 지나지 않는다. 마치 지붕 밑에 지붕을 세우고 마루 위에 다시 마루를 까는 것과 같다. 헛된 노작(勞作)뿐으로 아무런 가치도 없다."

이상과 같이 원전(原典)은 다「옥하가옥(屋下架屋)」으로 되어 있으나, 오늘날에는 보통「옥상가옥(屋上架屋)」으로 쓰이고 있다.

또 이렇게 씌어 있는 곳도 있다.

동진(東晉) 유중초(庾仲初)가 수도(首都) 건강(建康 : 남경)의 아름다움을 묘사한 양도부(揚都賦)를 지었을 때 그는 먼저 이 글을 친척인 세도재상 유양(庾亮)에게 보였다. 유양은 친척의 정의(情誼)를 생각해서 과장된 평을 해 주었다.

"그의「양도부」는 좌태충(左太沖)이 지은 삼도부(三都賦)와 조금도 손색이 없다"

했다. 그러자 사람들은 앞다투어 그 글을 베껴 가느라 장안의 종이 값이 오르는 형편이었다. 그러나 이와 같은 경박(輕薄)한 풍조(風潮)에 대해 태부(太傅)로 있는 사안석(謝安石 : 이름은 석(石))은 이렇게 나무라는 말을 했다.

"그건 안 될 소리다. 이것은 지붕 밑에 지붕을 걸쳤을 뿐이다."

결국 남의 것을 모방해서 만든, 서툰 문장이라는 뜻이다.

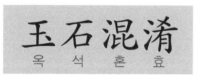

玉玉玉玉玉 (구슬 옥)
石石石石石 (돌 석)
混混混混混混混混混混 (섞일 혼)
淆淆淆淆淆淆淆淆淆淆 (성 효)

옥과 돌이 섞여 있다. 훌륭한 것과 보잘 것 없는 것이 뒤섞여 있음.

出典 포박자(抱朴子)

옥석혼효(玉石混淆)란 말은 옥(玉) 즉 경옥(硬玉)이나 연옥(軟玉)이 돌과 섞여 있는 점에서 좋은 것과 나쁜 것, 훌륭한 것과 그렇지 못한 것, 사람으로 치면 현우(賢愚)가 한데 섞여 뒤범벅이 되어 있는 것을 기리키고 있다.

진(晉)의 갈홍(葛洪)이 지은『포박자(抱朴子)』에 대략 다음과 같이 말하고 있는데, 그 속에 보이는「옥석혼효(玉石混淆)」란 말이 출전이다.

"「시경(詩經)」이니「서경(書經)」이니 하는 정경(正經—경전(經典))이 도의(道義)의 대해(大海)라면 제자백가(諸子百家—전국시대(戰國時代))의 유교(儒敎)이외의 사상가(思想家)의 서(書)는 그것을 더하고 깊게 하는 강의 흐름이며, 방법은 달라도 역시 덕(德)을 위주로 하는 점에서는 변함이 없다. 고인(古人)은 재능을 얻기 어려움을 개탄하고 곤산의 옥(崑山之玉)이 아니라고 해서 야광주(夜光珠)를 버리나, 성인의 서(書)가 아니라고 해서 수양에 도움이 되는 말을 버리거나 하지는 않았었다.

그런데 한위(漢魏)이래 가어(嘉語)가 많이 나와 있는데도 그것의 가치 판단을 할 수 있는 성인이 나타나지 않고, 견식이 좁은 패거리들은 좁은 안목에 사로잡혀 자의(字義)의 해석에만 신경을 쓰되 기이(奇異)한 점을 가볍게 여겨 불필요한 것으로 치고, 소도(小道)해서 볼만한 것이 못된다든가 광박(廣博)해서 사람들의 사고를 어지럽게 하는 것이라고 말하고 있다. 진애(塵埃)도 쌓이면 태산이 되고, 많은 색이 모여 눈도 부시게 아름다움을 이루는 것을 모르는 것이다. 천박(淺薄)한 시부를 감정하는가 하면 의의 깊은 자서(子書—諸子의 書)를 가볍게 여겨 유익한 금언을 깔보는가 하면 실이 없고 공허한 것을 그럴듯하게 생각한다. 참됨과 거짓이 반대가 되고 옥과 돌이 혼효한다는 것으로, 아악도 속악과 같이 보고, 아름다운 옷이나 누더기 옷을 똑같은 것으로 생각하면서 모두들 태평스럽게 지내고 있는 것은 참으로 한탄스럽기 짝이 없다." (外篇 尙博)

갈홍(葛洪)은 자(字)를 추천(椎川)이라 하고, 젊었을 때 고학하며 유학을 배웠으나 신선양생지도(神仙養生之道)에 대단한 흥미를 가지고 있었다. 그의 종조부(從祖父)인 갈현(葛玄)이 선인이 되어 갈선옹(葛仙翁)이라 불리운데서 그는 소갈선옹(小葛仙擁)이라 불렸으며, 스스로는 포박자(抱朴子)라고 했다. 그 현(玄)의 제자인 정은(鄭隱)이 현(玄)의 연단(煉丹)의 비술을 계승하고 있었으므로, 그는 정은에게서 그 비술을 습득했던 것이다.

원제(元帝)가 승상이었을 때, 그 밑에서 군공을 세워 관내후(關內侯)가 되었으나, 그후 교지(交趾)에서 단사(丹砂)가 나온다는 말을 듣고 찾아가 나부산(羅浮山)에서 단(丹)을 반죽하고 있었다. 언젠가 그를 존경하고 있던 광주(廣州)자사(刺史), 등악(鄧嶽)에게 「스승을 찾아 멀리 떠나려고 한다. 날을 택해서 출발한다」고 전해왔으므로, 악(嶽)은 만사를 젖혀놓고 작별인사를 하고자 달려가 보았더니, 갈홍은 앉은채로 잠자듯이 죽어있었다. 안색이 살아있는 것과 조금도 다름이 없고, 시체 역시 부드러워 관에 넣으려고 할 때 그 무게가 아주 가벼웠다고 하며, 세상에서는 시해(尸解), 즉 육신을 남겨놓고 신선이 된 것이라고들 말했다. 그때 나이 81세였다.

갈홍의 저서에는 『포박자(抱朴子)』 내외편(內外篇) 70권과 『신선전(神仙傳)』 등이 있는데 『포박자(抱朴子)』의 내편에서는 신선지도를 주로 서술하고 외편에서는 정치 도덕 등을 논하고 있다.

溫故知新
온 고 지 신

溫溫溫溫溫溫溫溫溫溫溫 (따뜻할 온)
故故故故故故故故故 (연고 고)
知知知知知知知知 (알 지)
新新新新新新新新新新新新 (새 신)

옛것을 익히고 그것을 미루어서 새것을 앎.

다시 말하면, 옛 학문(學問)을 되풀이하여 연구(研究)하고, 현실(現實)을 처리(處理)할 수 있는 새로운 학문을 이해하여야 비로소 남의 스승이 될 자격(資格)이 있다는 뜻이다.

『논어(論語)』「위정(爲政)」편에 나온 말로 공자는 스승의 자격에 대해 다음과 같이 말했다. 옛것을 익히고 새로운 것을 알면 스승이 될 수 있다.[溫故而知新, 可以爲師矣.]

공자가 말한 옛 것은 태평성대(太平聖代)였던 주(周)나라 때의 여러 문물과 제도를 가리킨다. 당시 혼란한 세상을 바로잡는데 훌륭한 이전 시대의 문물과 정신을 배우고 본받는 것이 선행되어야 함을 강조한 말이다.

이처럼 온고지신은 과거의 전통과 역사, 학문을 먼저 충분히 익히고 그 바탕 위에서 새로운 것을 배워야 함을 말한다. 특히 공자는 지식을 전수하는 역할이라는 점에서, 참다운 스승에게 요구되는 중요한 덕목이자 태도로써 언급하였다.

유의어로는 옛 법을 본받아 새로운 것을 만들어 낸다는 뜻의 법고창신(法古創新)이 있다.

溫柔敦厚
온 고 지 신

溫溫溫溫溫溫溫溫溫溫溫 (따뜻할 온)
柔柔柔柔柔柔柔柔柔 (부드러울 유)
敦敦敦敦敦敦敦敦敦敦敦敦 (도타울 돈)
厚厚厚厚厚厚厚厚厚 (두터울 후)

온화하고 정이 두텁다는 뜻으로, 유교 경전 『시경(詩經)』을 집약하여 표현한 말이다.

『예기』「경해(經解)」편에 유래하는 말이다. 경해는 경서를 해석한다는 뜻으로 육경, 즉 『시경』·『서경』·『악경(樂經)』·『역경(易經)』·『예기』·『춘추』의 여섯 가지 경서에 대한 해설이 공자의 말로 기록되어 있다.

"그 나라에 들어가 보면 그 나라의 가르침을 알 수 있다. 그 사람됨이 온화하고 돈후한 것은 『시경』의 가르침이요, 소통하여 원대함을 아는 것은 『서경』의 가르침이요, 광박하고 선량함은 『악경』의 가르침이요, 깨끗하고 고요하고 정미함은 『역경』의 가르침이요, 공손하고 검소하며 장중함은 『예기』의 가르침이요, 사례를 취합하여 시비를 판단함은 『춘추』의 가르침이다.[入其國, 其教可知也, 其爲人也, 溫柔敦厚, 詩教也, 疏通知遠, 書教也, 廣博易良, 樂教也, 潔静精微, 易教也, 恭儉莊敬, 禮教也, 屬辭比事, 春秋教也.]"

경서 각각의 교화적 성격을 집약한 말이다. 온유돈후는 『시경』을 배우고 익힘으로써 얻게 되는 본질을 요약한 말로, 인자하고 친절한 너그러운 인품을 이른다.

臥薪嘗膽
와 신 상 담

臥臥臥臥臥臥臥臥 (누울 와)
薪薪薪薪薪薪薪薪薪薪薪薪薪薪薪 (섶 신)
嘗嘗嘗嘗嘗嘗嘗嘗嘗嘗嘗嘗嘗嘗 (맛볼 상)
膽膽膽膽膽膽膽膽膽膽膽膽膽膽 (쓸개 담)

섶에 누워 쓸개를 핥는다는 뜻으로, 목적을 달성하기 위해 어떤 고난도 감수함.

出典 십팔사략(十八史略) · 사기(史記) 월세가(越世家)

주경왕(周敬王) 24년 오왕(吳王) 합려(闔閭)는 월왕(越王) 구천(句踐)과 초리(樵李)의 싸움에서 싸워, 월의 군략에 걸려 패했다. 합려는 적의 화살에 손가락에 상처를 입었는데, 패주하는 바람에 충분한 치료를 하지 못한 채 겨우 형(陘)이라는 곳까지 도망쳤을 때, 갑자기 그 상처가 악화되어 죽었는데, 임종 때 그는 반드시 월에 복수를 하여 자기의 분함을 풀어주도록 태자인 부차(夫差)에게 유명(遺命)을 했다.

아버지의 뒤를 이어 오왕(吳王)이 된 부차의 귀에는 언제나 그 아버지의 유명이 들렸다. 눈에는 언제나 그 분해하던 임종시의 아버지 형상이 보였다. 그는 무슨 일이 있어도 아버지의 원한을 풀어야겠다는 굳은 결의로 밤마다 장작 위에 누워(臥薪), 아버지의 유한(遺恨)을 새롭게 하며 복수심을 갈고 갈았다. 뿐더러 그는 자기 방에 출입하는 자에게는 반드시 아버지의 유명을 소리쳐 말하게 했다.

"부차여, 네 아버지를 죽인자는 월왕 구천이란 것을 잊어서는 안된다!"

"네, 결코 잊지 않겠습니다. 3년이내에는 반드시 원수를 갚겠습니다."

부차는 그럴 때마다 이렇게 대답했다. 그것은 임종 때 그가 아버지에게 대답한 말과 똑같은 말이었다. 이리하여 그는 낮이고 밤이고 복수를 맹세하고, 오로지 병(兵)을 훈련시켜 때가 오기를 기다렸다.

월왕 구천은 그것을 알자, 기선을 잡아 오를 치려고 그 양신(良臣)인 범려(范蠡)의 간언도 듣지 않고 군사를 일으켰다. 부차는 이것을 영격(迎擊), 양군은 오(吳)의 부초산(夫椒山)에서 격돌했으나 부차의 격한 복수의 일념으로 단련된 오군에 의해 월군은 대패하여 구천은 패잔병을 이끌고 겨우 회계산(會稽山)으로 도망쳤다.

오군은 추격해서 그 산을 포위했다.

진퇴양난에 빠진 구천은 나라를 버리고 오왕의 신하가 된다는 조건으로 항복을 자원했다.

분전하다가 죽기는 도리어 쉽다. 그러나 죽으면 그 뿐이다. 월나라를 다시 일으키기 위해서는 살아서 치욕을 참는 수밖에 없다는 범려의 충언(忠言)을 따른 것이다.

월왕 구천에게 항복을 받은 오왕 부차는 승자의 도량(度量)으로 구천을 용서했다.

구천은 고국으로 돌아갈 수는 있었으나, 그 나라는 이제 오의 속령이고 스스로는 오왕의 신하가 된 몸이다. 전에 부차가 장작 위에 누워 망부(亡父)의 유한을 되새기듯, 지금 구천은 언제나 곁에 쓸개를 매달아 놓고 기거할 때나 음식을 먹을 때나 언제나 그 쓴 맛을 핥아(상담(嘗膽) '회계의치욕' …이것은 '항복의 치욕이라는 뜻'을 되씹어 복수심을 자극했다.

그는 또 스스로 경작하고 부인은 스스로 길삼하며 조의조식에 만족했으며, 사람을 잘 써서 그의 충언을 듣고 언제나 마음을 닦는 고난을 참아 오로지 국력의 재흥을 꾀했다.

하나 그 복수는 용이하게 달성될 수가 없었다. 구천이 회계산에서 오에게 항복한지 12년이 지난해의 봄, 오왕 부차는 기(杞)의 황지(黃池)에 제후를 모아놓고 천하의 패자가 되었다. 부차는 득의의 절정에 있었다. 그때까지 오래도록 은인자중(隱忍自重)하고 있던 구천은 범려와 함께 부차의 부재(不在)를 노려 느닷없이 오나라로 공격해 들어갔다. 구천은 오의 잔류군을 크게 격파했으나 아직 결정적인 타격을 가할 수는 없었다.

그 후 4년, 구천은 다시 오를 공격했다. 입택(笠澤)에서 월군은 오군에 대승하고 그대로 오에 머물러 각지에서 오군을 패퇴시켰다. 그리하여 2년 후, 다시 입택에 집결한 월군은 오의 수도인 고소(姑蘇)에 육박, 이듬해 오왕 부차를 고소성에 포위하여 마침내 항복을 받았다.

겨우 회계의 치욕을 설욕(雪辱)한 구천은 부차를 용동(甬東)으로 귀양보내 그곳에서 여생을 마치게 하려고 했으나, 부차는 구천의 호의를 거절하고 스스로 목을 쳐 자살했다.

구천은 군을 다시 북으로 진격시켜 회하(淮河)를 건넜으며 제(齊)·진(晉)의 제후와 서주(徐州)에서 만나고 오를 대신해서 천하의 패자가 되었다(『十八史略』『史記』越世家).

복수심을 품고 언제나 그것을 생각하며 신고(辛苦)하는 것을 「와신상담(臥薪嘗膽)」이라고 하는데, 바로 이 오왕 부차와 월왕 구천의 고사에 의한 것이다. 또 오와 월이 서로 구적시(仇敵視)한데서 극히 사이가 좋지 않은 것을 「오월지간(吳越之間)」이라고 한다.

臥龍鳳雛
와 룡 봉 추

臥臥臥臥臥臥臥臥 (누울 와)
龍龍龍龍龍龍龍龍龍龍龍龍龍龍龍 (용 룡)
鳳鳳鳳鳳鳳鳳鳳鳳鳳鳳鳳鳳鳳鳳 (봉새 봉)
雛雛雛雛雛雛雛雛雛雛雛雛雛雛雛雛雛 (병아리 추)

누운 용과 봉황(鳳凰)의 새끼라는 뜻.

누운 용은 풍운을 만나 하늘로 올라 가는 힘을 가지고 있고, 봉황(鳳凰)의 새끼는 장차 자라서 반드시 봉황(鳳凰)이 되므로, 때를 기다리는 호걸(豪傑)을 비유해 이르는 말이다.

蝸牛角上之爭
와 우 각 상 지 쟁

蝸蝸蝸蝸蝸蝸蝸蝸蝸蝸蝸蝸蝸蝸蝸(달팽이 와)
牛牛牛牛(소 우) 角角角角角角角(뿔 각)
上上上(위 상) 之之之之(갈 지)
爭爭爭爭爭爭爭爭(다툴 쟁)

달팽이 더듬이 위에서의 싸움.

出典 장자(莊子)

전국시대는 중원의 제후가 패권을 다투어, 약육강식하는 무력항쟁에 나날을 보내던 시대다. 이 피투성이 현실을 냉철하게 내다보고 와우(달팽이) 각상의 싸움과도 같은 어리석은 행위라고 단정해버린 것은 같은 시대에 살던 풍자철학자인 장주(莊周)였다. 따라서 그의 저서『장자(莊子)』의 「칙양편(則陽篇)」에 있는 이 이야기의 발단은 정확한 역사적 사실에 기초를 두고 등장인물도 대개 실재하던 인물이기는 하나, 결국은 역시 장자 일류의 우언(寓言)—지어낸 이야기로서 미독(味讀)해야 한다.

양혜왕(梁惠王)은 제(齊)나라의 위왕(威王)과 맹약을 했으나 후에 이것을 위왕이 배반했으므로 노하여 은밀히 자객을 보내어 위왕을 암살하려고 꾀했다.

혜왕의 부하인 공손연(公孫衍)은 그 계획을 알자 암살 같은 것은 수치스럽고 비겁한 행위라 생각하여 왕 앞에 나아가 당당히 실력으로 제나라에 쳐들어가 이것을 응징하는 것이 좋은 방법이라고 주장했다. 또 하나 다른 부하인 계자(季子)는 그 이야기를 듣자 병난을 일으켜서 백성들을 괴롭히는 것은 수치스럽고도 무도(無道)한 행위라 생각하고 왕에게,

"싸움을 좋아하는 자는 나라를 어지럽히는 자이니 그 말을 들으시면 안됩니다."

라고 반대했다. 또 한 사람의 부하 화자(華子)는 그 말을 듣자, 또 눈쌀을 찌푸리며 왕에게 이러이러하니 하고 말했다.

"그들 논자(論者)는 다같이 나라를 어지럽히는 자들로써 이런 무리를 평해서 나라를 어지럽힌다고 하는 자 역시 시비(是非)의 분별에 사로잡혀 있는 점에서 똑같이 나라를 어지럽히는 자라고 말하지 않을 수 없습니다."

"그래, 그럼 어떻게 하면 좋겠는가?"

"시비(是非)의 분별에서 떠난『도(道)』의 입장에서 사물을 생각하셔야 합니다."

그 말을 듣자 재상 혜자(惠子)는 기회가 좋다고 보고 현자로서 이름 높은 대진인(戴晉人)을 혜왕에게 인견(引見)시켰다. 현자는 곧 왕을 향해 말하기 기작했다.

"와우(蝸牛)—달팽이라는 것이 있습니다만 알고 계십니까?"

"알고말고."

"그 달팽이의 왼쪽 촉각에는 촉씨(觸氏)라는 자가, 오른쪽 촉각에는 만씨(蠻氏)라는 자가 나라를 세우고 있습지요. 서로 영토를 다투어 전쟁을 시작하고 전사자 수만, 도망치는 적을 쫓기 15일

이 되어서야 비로소 창을 거두었다고 합니다."

"무슨 바보 같은 소리, 거짓말 아닌가?"

"그렇습니다. 그럼 이것을 진실한 사실에다 비유해 보겠습니다. 도대체 당신은 이 우주의 사방 상하에 제한이 있다고 생각하십니까?"

"아냐, 제한은 없지."

"그렇다면 마음을 그 무궁한 세계에 오르게하고 있는 자에게는 사람의 왕래 교통하는 지상의 나라 같은 것이 있는 것 같기도 하고 없는 것 같기도 한 극히 보잘 것 없는 것이라고 말할 수 있겠죠."

"음, 그럴 듯한데."

"그 나라들 중에 위(魏)라는 나라가 있고, 위나라 속에 양(梁)이라는 도읍이 있고, 그 양(梁) 속에 왕이 계십니다. 우주의 무궁에 비하면 제나라를 칠 것인가 안 칠 것인가 하며 망설이는 왕과, 와우각상의 촉씨, 만씨하고 대체 얼마만큼의 차이가 있겠습니까?"

혜왕은 쓴웃음을 지으며 말했다.

"글쎄 같을지도 모르지."

대진인(戴晉人)이 퇴출하자 그렇듯 자신만만하던 혜왕도 맥이 빠진 모양, 나중에 배알하고자 나오는 혜자(惠子)에게,

"그 사나이는 대단한 인물이다. 성인이라도 미치지 못하겠는걸."

하고 탄식 섞인 말을 중얼거렸다. 그래서 혜자는 지체없이 이렇게 말했다.

"그렇습니다. 관(筦)을 불면 '획' 하는 소리가 납니다만, 칼자루의 작은 구멍을 불면 그냥 바람이 새버리고 말 뿐입니다. 세상 사람들은 요(堯)·순(舜)을 성인이라고 칭찬이 대단하나, 이것을 저 대진인 앞에 내놓으면 그야말로 '획' 하고 빠져나가는 숨결과 같아 도저히 비교가 되지 않을 것입니다."

完 壁
완 벽

完完完完完完完(완전할 완)
壁壁壁壁壁壁壁壁壁壁壁壁壁壁壁壁壁(둥근옥 벽)

흠 없는 완전한 옥구슬이란 뜻.

出典　사기(史記) 인상여(藺相如傳)

완벽(完璧)의 벽(璧)은 고리 모양으로 다듬어진 질이 좋은 옥(玉), 따라서 「완벽」이란 티끌만한 흠도 없는 훌륭한 옥의 상태이고, 또 훌륭한 것을 그대로 무사하게시리 제자리에 되돌린다는 뜻도 된다. 이 말의 출처가 고사는 역시 완전히 되돌린다는 쪽으로 이런 이야기가 있다.

전국시대 조(趙)나라의 혜문왕(惠文王)은 세상에서도 진귀한 「화씨벽(和氏璧)」이란 아주 값비싼

구슬(璧)을 애장하고 있었다. 본디는 사랑하는 부하인 무현(繆賢)이 딴곳에서 손에 넣은 것을 혜문왕이 강제로 빼앗은 것인데 그것은 어쨌든 이제는 조나라의 이름 있는 진보(珍寶)로서 그 이름은 원근에 퍼지고 있다.

조나라 서쪽에는 당시 겨우 강성해진 진(秦)나라가 있었다. 그 진나라의 소양왕(昭襄王)은 조나라에 전해오는 진보, 화씨벽(和氏璧)의 소문을 듣고 어떻게 해서든 그것을 손에 넣으려고 여러 모로 애를 썼었다. 그래서 조나라로 사신을 보내어 진나라 땅 15성과 「화씨벽」을 교환하지 않겠냐고 수작을 부렸다. 조나라로서는 지극히 난감한 문제였다. 거절을 하면 그것을 구실삼아 싸움을 걸어올 위험이 있고, 수순히 구슬을 내주면 트집 잡기를 좋아하는 소양왕이라 그것을 받고 나서 15성에 대해서는 시치미를 뗄런지도 모를 일이다.

그래서 혜문왕은 중신들을 모아놓고 구수회의를 열었는데, 무현(繆賢)이 앞으로 나오며,

"진나라의 수작은 난처한 문제입니다만, 우리 막하에 있는 식객에 인상여(藺相如)라는 지모와 용기를 겸비한 사나이가 있습니다. 그라면 진나라로 보내도 이 난국에 처해서 호락호락하게 지고 오지 않을 것입니다."

고 했다. 곧 인상여를 불러 보니 과연 당당한 체구도 믿음직한 사나이었다. 조금도 겁먹지 않고 진나라로 사신 갈 것을 승낙했다.

진나라에서는 조나라의 사신이 왔다는 소리를 듣고, 곧 대면할 차비를 차렸다.

소양왕은 내주는 구슬을 받아들고 아주 좋아하며,

"좋구나 좋아, 이것이 그 유명한 구슬이란말이지. 역시 훌륭하구나."

하고 줄지어 서있는 총희 근신들에게도 내주어 돌려보게 하면서 아주 자기 것이 된 것처럼 생각하는 눈치였다. 그러면서도 교환조건으로 내건 15성에 대해서는 도무지 내색하질 않았다. 그 꼴을 본 인상여는 미리 이런 일이 있을 것을 예감하고 있었으므로 눈썹하나 움직이지 않고 조용히 앞으로 나가 말했다.

"그 구슬에는 한군데 아주 작은 흠이 있습니다. 그것을 알려드리고 싶습니다."

그 말을 듣고 소양왕은 아무 생각없이 구슬을 내주었는데, 인상여는 구슬을 손에 쥔채 기둥 앞까지 뒷걸음질을 치고 나서 노여움의 형상(形相)도 무시무시하게 소양왕을 노려보며 외쳤다.

"왕이시여, 우리 조나라는 귀국과의 정의를 중시했기 때문에 이처럼 나를 시켜 구슬을 지참시킨 것입니다. 하나 왕은 이제 구슬만을 받고, 약속한 15성을 내주실 생각이 없으시다는 것을 알았습니다. 따라서 이 구슬은 제가 거두겠습니다. 안된다고 하면 제 머리와 함께 이 구슬을 이 기둥에 부딪쳐 깨버리겠습니다……"

소양왕도 구슬이 깨져버리면 끝장이 나므로 낯빛도 부드럽게 교환조건을 실행하겠다고 맹세했으나, 인상여는 왕이 도저히 그 약속을 지킬 성의가 없다고 보고, 구실(口實)을 붙여 구슬을 가지고 숙소로 돌아오자 그길로 종자를 변장시켜 구슬을 조나라로 보내버렸다.

소양왕으로서는 처음부터 15성을 내줄 생각은 티끌만큼도 없었던 것은 사실이다. 구슬을 도로 빼앗긴 것은 원통하나, 자기 쪽에도 잘못이 있었다. 자기를 속인 인상여를 괘씸하게 생각은 했으나, 반면 호탕한 사내라고 믿어졌기에 떠들썩하는 신하들을 억제하고 정중히 대접한 후 무사히 조나라로 돌려보냈다.

完全無缺
완 전 무 결

完完完完完完完 (완전할 완)
全全全全全全 (온전 전)
無無無無無無無無無無無無 (없을 무)
缺缺缺缺缺缺缺缺缺缺 (이지러질 결)

충분하게 구비하여서 결점이나 부족한 것이 없음.

모든 요건이 충족되어 부족함이나 결점이 없는 상태를 이른다. 매우 품질이 좋게 만들어진 물건 혹은 인품·식견이 매우 훌륭한 사람을 가리키는 경우에 쓰인다.

같은 말로 『사기』 「염파인상여열전(廉頗藺相如列傳)」에 나오는 티가 없는 아름다운 옥구슬에서 유래하는 완벽(完璧)이라는 성어가 있다.

王者之民
왕 자 지 민

王王王玉 (임금 왕)
者者者者者者者者者 (놈 자)
之之之之 (갈 지)
民民民民民 (백성 민)

왕자(王子)의 백성(百姓)이라는 뜻.

왕자는 덕이 크므로 정치를 베풀게 되면 백성이 모두 그 덕화(德化)를 입어 침착(沈着)하고 활달(豁達)해짐을 이르는 말이다.

外柔內剛
외 유 내

外外外外外 (바깥 외)
柔柔柔柔柔柔柔柔柔 (부드러울 유)
內內內內 (안 내)
剛剛剛剛剛剛剛剛剛剛 (굳셀 강)

겉으로 보기에는 부드러우나 속은 꿋꿋하고 강(強)함.

겉으로는 부드럽고 순하게 보이지만 속마음은 실제로 단단하고 강하다는 뜻으로 내강외유(內剛外柔)라고도 한다. 굳셈과 부드러움을 모두 지니고 있다는 뜻의 강유겸전(剛柔兼全)과 비슷한 말이다.

중국 『당서(唐書)』의 「노탄전(盧坦傳)」에 나오는 이야기에서 유래한 말이다. 노탄은 중국 당나라 허난성[河南省] 출신으로 관직에 올랐을 때 상관인 두황상(杜黃裳)이 노탄에게 '어느 집안의 자제가 주색(酒色)에 빠져 재산을 탕진하는데 왜 보살피지 않는가'하고 물었다.

노탄은 '재물에 대한 욕심이 없는 청렴한 관리는 축재하지 않을 텐데 재물이 많은 것은 곧 다른 사람을 착취해 얻은 것이다. 방탕한 생활로 재물을 다 써 잃는다면 다른 사람을 착취해 거둔 재물을 다시 그들에게 되돌려 주는 일'이라고 하였다.

황제가 절도사(節度使) 이복(李復)의 후임으로 요남중(姚南仲)을 임명하자 군대감독관인 설영진(薛盈珍)은 요남중이 서생(書生)이었다고 하며 반대하였다. 이에 대해 노탄은 '요남중은 외유중강(外柔中剛)이고, 설영진이 요남중의 인사에 동의하지 않는다면 이에 따르지 않겠다'고 말하면서 설영진을 비판하였다. 노탄의 말에 나오는 외유중강의 '중강'이라는 말은 '내강'과 같은 뜻이다.

遼遼遼遼遼遼遼遼遼遼遼遼遼遼遼 (멀 요)
東東東東東東東東 (동녘 동)
之之之之 (갈 지)
豕豕豕豕豕豕豕 (돼지 시)

요동의 돼지.

出典 문선(文選) 후한서(後漢書) 주부전(朱浮傳)

요동지방의 돼지라는 것이 말의 뜻이다.

후한(後漢)의 세조 광무제(光武帝)가 보위에 오르고 낙양(洛陽)에 도읍한 뒤 얼마 되지 않았거니와 천하는 아직 전화의 여신(餘燼)이 꺼지지 않고 각지에서 제위(帝位)를 잠칭하는 자가 할거하고 있을 때이다.

대장군·유주(幽州)—奉天 西北地方)의 牧—長官)인 주부(朱浮)가 제군(諸郡)에 있는 많은 곡창(穀倉)을 개방시켜 현사(賢士)를 모으고 천하를 안정시키고자 하는 일이 있었다.

이때 어양(漁陽)—北京以東, 天津以北)의 태수(太守)로 있는 팽총(彭寵)은 「천하가 아직 안정되지 않고 군의 식량으로서 보지(保持)하기 위해」라는 이유 아래 함부로 곡창을 개방하는 것을 금했다. 그러나 광무제를 도운 공으로 교만해지고 족함을 모르는 총(寵)은 은근히 자립해서 난(亂)을 획책코자 했다. 주부(朱浮)는 총의 금령(禁令)에 크게 불만을 품고 총의 금령을 무시하며 도리어 총의 불온한 동정을 낙양에 보고했다. 이것을 알게 된 총은 크게 노하며 군사를 일으키고 주부(朱浮)를 치고자 했으므로 주부는 일문(一文)을 만들어 총에게 보내되 그 비(非)를 책했다.

"귀하는 준수의 지위에 있으면서 오직 군량만을 아끼고 있으나, 나는 나라의 적을 토멸(朝敵討滅)할 책임이 있으므로 현사(賢士)가 필요하다. 이것은 진정 국가의 사업이다. 내가 귀하를 참언(讒言)했다고 의심되거든 직접 천자에게 가서 주상(奏上)하는 것이 좋을 것이다. 귀하가 경황(耿況)과 함께 천자를 도와 다같이 국은(國恩)을 받고 있는데, 귀하만이 자랑을 일삼고 그 공이 천하에 드높다고 생각하고 있는가. 귀하는 이런 이야기를 아는가. 「옛날 요동(遼東)지방에서 백두(白

頭)의 돼지새끼가 나왔으므로 이건 희귀한 돼지라 왕에게 바치려고 한 사람이 있었는데, 그 돼지를 가지고 강동(江東)까지 갔을 때 그곳의 돼지는 다 흰돼지였으므로 크게 부끄러워 그냥 돌아갔다」고 한다. 만약 귀하의 공적을 조당(朝堂)에서 논한다면 귀하보다 못지 않은 공 높은 군신속에서 귀하는 그야말로 요동시(遼東豕)에 지나지 않는다는 것을 알게 될 것이다.”

그리고 다시 조정에 반기를 드는 어리석음을 간하며,

“지금 천하가 몇 리(幾里)며, 열군이 몇성(幾城)인가, 어찌 구구한 어양(漁陽)을 가지고 천자와 원수를 맺겠는가?”

고 말하고 있다. 그러나 교만심이 가득찬 총(寵)은 스스로 연왕(燕王)이라 칭하며 조정에 반기를 들었다가 2년 후에 토벌당하고 말았다.

「요동시(遼東豕)」는 팽총처럼 남이 본다면 별로 이상하거나 대단치도 않은 공을 가지고 자랑하는 어리석음을 가리켜 그것을 비웃을 때 쓰이게 되었다.

많이 쓰이는 비슷한 말에 「정중지와(井中之蛙)」가 있으나, 이것은 견식이 좁고 작은 세계에서만 뽐낼 수 밖에 없다는 뜻으로 쓰인다.

樂樂樂樂樂樂樂樂樂樂樂樂樂樂樂 (즐거울 락, 좋아할 요)
山山山 (뫼 산)
水水水水 (물 수)

지혜로운 사람은 물을 좋아하며 어진 사람은 산을 좋아한다.

出典 논어(論語) 옹야편(雍也篇)

공자 왈(曰),

“지혜 있는 사람은 물을 좋아하고, 어진 사람은 산을 좋아한다. 지혜 있는 사람은 움직이고, 어진 사람은 조용하며, 지혜 있는 사람은 즐겁게 살고, 어진 사람은 장수할 것이다.”

이 말은 논어의 유명한 말로서 지혜 있는 사람과 어진 사람을 비교한 것이 매우 돋보인다.

즉 지혜 있는 사람의 마음은 밝고 깨끗해 이해심이 깊고 넓어 흐르는 물처럼 시대와 환경에 따라 새로워진다는 뜻이며, 반면에 어진 사람은 산을 사랑할 수밖에 없다. 그 이유는 산은 움직이지 않고 영원히 변하지 않고 고요하기 때문이라는 것이다. 그래서 공자는 지혜 있는 사람은 물처럼 움직이기 때문에 즐겁게 살고, 어진 사람은 산처럼 조용하기 때문에 장수한다고 본 것이다.

더 자세한 내용은 지자요수인자요산(智者樂水仁者樂山)에 설명하겠다.

欲速不達
욕 속 부 달

欲欲欲欲欲欲欲欲欲欲欲 (하고자할 욕)
速速速速速速速速速速速
不不不不 (아닐 부, 아니 불)
達達達達達達達達達達達達 (통달할 달)

빨리 하고자 하면 도달(到達)하지 못함.

빨리 하려고 욕심을 내면 오히려 미치지 못함.

우리 속담에 '아무리 바빠도 바늘허리 매어 못 쓴다'는 말이 있다. 아무리 바쁘다고 실을 바늘귀에 매지 않고 중간쯤에 매어 꿰맬 수는 없으니까. 모든 일에는 거쳐야 할 과정이 있다. 빨리 하고자 욕심을 내다가는 오히려 더 시간이 걸릴 수도 있음을 나타내는 말이다. 『논어』에 나오는 공자님 말씀이다다. 제자 자하가 한 마을의 읍장이 되어 공자에게 어떻게 다스려야 할지 묻는다.

그러자 공자왈,

"빨리 하려고 하지 말고 작은 이익에 눈을 주지 말아라. 서두르면 이루지 못할 것이요, 작은 이익을 보면 큰일을 이룰 수 없느니라."

龍龍龍龍龍龍龍龍龍龍龍龍龍龍龍龍 (용 용)
頭頭頭頭頭頭頭頭頭頭頭頭頭頭頭頭 (머리 두)
蛇蛇蛇蛇蛇蛇蛇蛇蛇蛇蛇 (뱀 사)
尾尾尾尾尾尾尾 (꼬리 미)

머리는 용(龍)이고 꼬리는 뱀이라는 뜻.

① 시작은 좋았다가 갈수록 나빠짐의 비유.

② 처음 출발은 야단스러운데, 끝장은 보잘것없이 흐지부지되는 것을 말함.

송나라, 용흥사에 진존숙이라는 고승이 있었다. 어느 날, 그가 한 승려와 마주앉아 선문답을 나누었다. 진존숙이 첫머리를 던지자, 승려가 갑자기 큰소리로 "에잇!" 하고 갈(喝)했다. 진존숙은 순간 흠칫했지만 수양이 높은 스님답게 곧 평정을 찾고 빙그레 웃으며 말했다.

"한번 크게 꾸지람을 들었소이다!"

그러자 승려가 다시 "에잇!" 하고 호통쳤지만 소리만 지를 뿐 그 다음은 묵묵부답으로 딴청만 부렸다. 이에 진존숙은 생각에 잠겼다.

'흠, 그럴 듯하지만 참다운 도를 아직 깨우치지 못했군. 모르긴 해도 용 머리에 뱀 꼬리는 아닌지 의심스럽구나.'

"그대의 호통에는 힘이 있소. 한데 마무리는 무엇으로 할 생각인가?"

그러자 승려는 답변을 피한 채 슬그머니 사라지고 말았다.

'용두사미(龍頭蛇尾)'는 '용 머리에 뱀 꼬리'라는 뜻이다. 시작은 크지만 보잘것없이 흐지부지 끝남을 꼬집는 말이다. 용두사미가 되지 않으려면 차곡차곡 내실을 다지는 행동이 필요하다.

愚公移山
우 공 이 산

愚愚愚愚愚愚愚愚愚愚愚愚愚 (어리석을 우)
公公公公 (공변될 공)
移移移移移移移移移移移 (옮길 이)
山山山 (뫼 산)

우공이 산을 옮기다.

出典 전국책(戰國策) 연책(燕策)

우공이 산을 옮긴다는 말은 어리석어 보이는 일일지라도 끊임없이 노력하면 마침내 큰일을 이룰 수 있다는 말이다.

태행산(太行山)과 왕옥산(王屋山)은 사방 700리, 높이 1만길(仞)이나 되며, 원래는 기주(冀州)의 남쪽 하양(河陽)의 북쪽에 있었다.

북산(北山)의 우공(愚公)이란 사람은 나이 이미 90에 가까와 이 두 산에 이웃하며 살고 있었으나, 산이 북쪽을 막아 왕래가 불편하므로 온집안 사람들을 불러모아 놓고 이렇게 의논을 했다.

"나는 너희들과 있는 힘을 다해서 험한 산을 깎아 평지로 만들고 예주(豫州)의 남쪽까지 한길을 닦으며 또 한수(漢水)의 남쪽까지 갈 수 있도록 하고 싶은데 어떻게들 생각하느냐?"

일동은 일제히 찬성한다는 뜻을 표명했으나 그 마누라만이 의심스러움을 말했다.

"당신의 힘으로는 작은 언덕도 파헤치지 못할 것인데 태행이나 왕옥 같은 큰 산을 어떻게 처리하겠는가. 거기다 파낸 흙이나 돌은 어디다 처리할 생각인가."

고 말했다. 그러나 다른 사람들은,

"그 흙이나 돌은 발해의 해변이나 은토(隱土)의 끝에라도 내다버리지."

하고 대단한 기세여서 결국 결정이 되어 우공(愚公)은 세 아들과 손자들을 데리고 돌을 깨고 흙을 파내어 그것을 발해 해변으로 운반하기 시작했다.

우공(愚公)의 옆집에 사는 경성씨(京城氏)의 과부댁에서는 겨우 7~8세 밖에 안되는 아들이 있었는데, 그 아이도 아주 좋아하며 같이 거들었지만 1년이 지나도 겨우 발해까지 1왕복을 끝내는 정도였다.

황하(黃河)가에 사는 지수(智叟)라는 사람이 그것을 보고 웃으며 우공에게 충고했다.

"영감님의 어리석음도 대단하군요. 앞날이 얼마 남지 않은 영감님의 그 약한 힘으로는 산의 한쪽 귀퉁이도 파내지 못할텐데 이런 큰 산의 흙이나 돌을 어쩌자는 셈입니까?"

하자 북산의 우공은 딱하다는 듯 탄식을 하며 이렇게 대답했다.

"자네 같은 천박한 생각 밖에 못하는 사람에게는 도저히 이해가 가지 않겠지. 자네의 생각은 저 과부댁 외아들 생각만도 못해. 알겠나? 가령 앞날이 얼마 안되는 내가 죽는다고 해도 아이들은 다시 손자를 낳고, 그 아이가 또 아이를 낳고, 손자가 생겨 자자손손 끊이지 않네. 그런데 산은 더 커지지는 않아. 그렇다면 언젠가는 틀림없이 평지가 될 때가 오지 않겠나."

지수(智叟)는 그 말을 듣고 어안이 벙벙했으나, 더 놀란 것은 그 두 산의 주인인 사신(蛇神)이다. 산을 파내는 일이 언제까지나 계속되어서는 큰 일이라고 그 사정을 천제(天帝)에게 호소했으므로 천제는 우공의 진심에 감탄, 힘센 신(神) 과아씨(夸娥氏)의 두 아들에게 명하여 태행·왕옥의 두 산을 등에 짊어지게 한 다음, 하나는 삭동(朔東)의 땅으로, 다른 하나는 옹남(雍南)의 땅으로 옮겨놓았으므로 그 후부터는 익주의 남, 한수의 남에는 낮은 야산도 보이지 않게 되었다.

이상이 『열자(列子)』의 「탕문편(湯問篇)」에 나오는 「우공(愚公), 산을 옮긴다」의 우화의 줄거리다. 평야 개척을 주제로 한 토지건설로서의 민속학적 의의도 충분히 엿볼 수 있으나, 그것보다도 애써 그치지 않으면 대사도 반드시 성공한다는 비유로서 읽는 것이 재미있다. 우공과 지수(智叟)와 그 누가 참된 우(愚)고 지(智)냐 하는 것도 문제다. 그래서 이 우화를 평해서,

"무릇 천하지사, 우공의 마음이라면 늦어도 한 번은 성취될 것이다. 그러나 세상에서 지(智)라는 말을 듣는 사람은, 대개 지수(智叟)같은 마음으로 우공이 산을 옮긴다는 말을 들으면 그 어리석음을 웃을 정도로 아무 일도 성취하지 못한다. 그렇다면 세상에서 말하는 소위 우(愚)란 도리어 지(智)가 되고, 세상에서 말하는 지(智)는 도리어 우(愚)다."

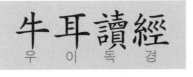

牛牛牛牛(소 우)　　耳耳耳耳耳耳(귀 이)
讀讀讀讀讀讀讀讀讀讀讀讀讀讀讀讀
讀讀讀讀(읽을 독)
經經經經經經經經經經經經(글 경)

쇠귀에 경 읽기란 뜻.

우둔(愚鈍)한 사람은 아무리 가르치고 일러주어도 알아듣지 못함을 비유하여 이르는 말이다.

'소귀에 경 읽기'라는 속담의 한역이다. 조선 후기에 제작된 속담집, 잡서인 『순오지』, 『이담속찬』, 『동언해(東言解)』 등에 '우이송경(牛耳誦經)'이라는 말로 전한다.

소의 귀에 대고 아무리 경전을 읽어준다 한들 도통 알아듣지 못한다는 데서 어리석고 둔한 사람을 비유하는 말이다. 좋은 말을 들려주거나 가르침을 주어도 애초에 관심이 없거나 자신의 의사와 반대되는 의견이어서 귀 기울여 듣지 않는 경우에도 쓰인다.

같은 뜻의 성어로 마이동풍(馬耳東風), 대우탄금(對牛彈琴) 등이 있다.

雲雲雲雲雲雲雲雲雲雲雲雲(구름 운)
泥泥泥泥泥泥泥泥(진흙 니)
之之之之(갈 지)
差差差差差差差差差(다를 차)

구름과 진흙 차이란 뜻.

① 사정(事情)이 크게 다르다는 경우(境遇)에 쓰는 말. ② 서로의 차이가 매우 큼.

구름과 진흙처럼 차이가 크다는 뜻이다. 삼성경제연구소가 기업 임원 대상 유료 정보사이트인 '세리 CEO' 회원을 대상으로 '2005년 회사 경영상 가장 큰 이슈·화두를 담은 사자성어'에 대해 설문조사한 결과 운니지차(雲泥之差)가 1위로 꼽혔다.

기업 임원들에게 운니지차는 국내 산업의 양극화를 의미한다고 연구소는 설명했다. 2위는 급변하는 대내외 경제 환경에 대응키 위해 스피드 경영의 중요성이 크게 대두됐다며 '별처럼 매우 급하고 빠르다'는 뜻의 급어성화(急於星火)였다. 숙아유쟁(熟芽遺爭, 싹은 틔웠으되 쟁점은 남았다)이라는 사자성어도 나왔다.

遠遠遠遠遠遠遠遠遠遠遠遠(멀 원)
交交交交交交(사귈 교)
近近近近近近近近(가까울 근)
攻攻攻攻攻攻攻(칠 공)

먼 나라와 화친하고 가까운 나라를 공격하는 수법.

出典 전국책(戰國策)·사기(史記)

위(魏) 나라의 책사(策士) 범수(范雎)는 다국과 내통하고 있다는 참언(讒言)으로 하마터면 목숨을 잃을뻔 했으나 동정자 정안평(鄭安平)의 도움으로 진(秦)의 사신 왕계(王稽)를 따라 진도(秦都) 함양(咸陽)으로 들어갔다. 그러나 '진왕(秦王)의 나라는 누란(累卵)보다 위태하다'라는 솔직한 말을 왕이 좋아하지 않아 잠시 그 뛰어난 변설을 휘두를 기회가 없었다.

소양왕(昭襄王) 36년(B.C 271) 기다리고 기다리던 기회가 찾아들었다. 당시 진(秦)에서는 소양왕의 어머니 선태후(宣太侯)의 동생인 양후(穰侯)가 재상 자리를 차지하고 절대(絶大)한 세력을 가지고 있었다. 그 세력을 믿고 제(齊)를 침공해서 자기 영토인 도(陶)의 땅을 확장시키려고 꾀했던 것이다. 이것을 안 범수(范雎)는 왕에게 왕계(王稽)를 통해 문서를 제출하고 배알(拜謁)을 청했다.

"인주(人主)는 사랑하는 바를 상주고, 미워하는 바를 벌합니다. 명주(明主)는 이와는 달리 상은 반드시 유공(有功)에게 가하고, 형(刑)은 반드시 유죄(有罪)에게 내립니다."

로 시작된 일문(一文)은 다행히도 왕의 마음에 들었다. 천자인 왕계(王稽)에게까지 칭찬하는 말을 할 정도였다.

마침내 사람들을 물리치고 인견(引見)한 후부터는 겸손하고 삼가하면서 가르침을 청하는 것이었다.

범수는 말했다.

"한(韓)·위(魏) 두 나라를 지나 저 강한 제(齊)를 치는 것은 득책(得策)이 아닙니다. 약간의 군사로는 제(齊)가 눈도 깜짝하지 않을 것이고, 그렇다고 대군을 출동시키는 것은 진(秦)으로서 좋지 않습니다. 가급적 자국(自國)의 병력을 절약하고, 한(韓)과 위(魏)의 병력을 전면적으로 동원하려는 것이 왕의 생각이나, 동맹국을 신용할 수 없다는 것을 알면서 남의 나라를 지나서 공략하는 것은 어떨까요?

제(齊)의 민왕(湣王)이 악의(樂毅)에서 패한 원인은 멀리 떨어져 있는 초(楚)를 쳤기 때문에 동맹국의 부담이 지나치게 무거워져서 이반(離反)해 버렸기 때문입니다. 그래서 천하의 웃음거리가 되고 말았습니다. 득을 본 것은 바로 옆에 있는 한(韓)과 위(魏)로, 말하자면 적군에게 군사를 빌려주고 도둑에게 식량을 내준 것과 같은 것, 지금 왕께서 취해야할 방법으로는 먼 나라하고는 서로 사귀고, 가까운 나라를 치는, 즉 원교근공책(遠交近攻策)이 제일입니다. 한 치의 땅을 얻으면 왕의 촌토이고, 한 자의 땅을 얻으면 왕의 한 자의 땅이 아닙니까. 이해득실이 이렇게 분명한데 멀리 치는 것은 잘못이 아닐까요?"

이상은 대략『전국책(戰國策)』의「진(秦)소양왕(昭襄王)」에 의했으나『사기(史記)』의 범수(范雎·채택(蔡澤)열전(列傳)의 문장도 거의 같다.

이로부터 범수는 진의 객경(客卿)이 되고, 다시 재상에 임명된 다음 응후(應侯)로 봉해져 군사 관계의 일을 도맡게 되었다.

그리하여 이후 원교근공책(遠交近攻策)은 진(秦)의 국시(國是)로써 마침내 천하를 통일하는데 지도원리의 역할을 다하게 되었다.

遠水不救近火
원 수 불 구 근 화

遠遠遠遠遠遠遠遠遠遠遠 (멀 원)
水水水水 (물 수)　不不不不 (아니 불)
救救救救救救救救救救 (구원할 구)
近近近近近近近近 (가까울 근)　火火火火 (불 화)

먼 곳에 있는 물은 가까운 곳의 불을 끄지 못한다는 뜻.

出典 한비자(韓非子)

「원수(遠水)는 근화(近火)를 구하지 못한다」란, 먼 것은 화급(火急)할 때 도움이 되지 않는다는 비유로 그 근원은『한비자(韓非子)』의「설림(說林)상(上)」에 보인다.

노(魯)나라 목공(穆公)이 그 공자(公子)들을 진(晉)과 형(荊)에 섬기도록 했다. 그 무렵 노는 인국인 제(齊)의 위협을 받고 있었으므로, 진(晉)과 형(荊) 같은 강국과 친교를 맺었다가 위협을 당했을 때 그들 나라의 구원을 얻으려는 속셈에서였다. 목공의 그런 생각을 이서(犁鉏)가 간했다.

"사람을 월(越)에서 빌어다가 익사자(溺死者)를 구하려고 하면 월인이 헤엄을 아무리 잘 친다 해도 물에 빠진 아이는 반드시 살지 못한다. 실화(失火)했을 때 물을 바다에서 퍼오려고 하면 아무리 바닷물이 많다고 해도 불은 반드시 끄지 못한다. 원수(遠水)는 근화(近火)를 구하지 못한다. 지금 진(晉)과 형(荊)이 강하다고 해도 제(齊)는 가깝다. 노나라의 근심은 그것으로 구원되지 못한다."

　월나라 사람이 헤엄을 잘 친다고 해서 물에 빠진 사람을 구하기 위해 월나라로 사람을 부르러 간다는 것은 말이 안된다. 월나라는 멀기 때문이다. 바다에는 물이 많다고 해서 불을 끄기 위해 바닷물을 끌어오려해도 그동안에 집은 다 타버린다. 진(晉)과 형(荊)은 강국이기는 해도 노나라하고는 멀리 떨어져있다. 노가 바로 옆에 있는 제나라에게 침공을 당했을 때 노나라에 도움은 되지 않는다. 원수(遠水)는 근화(近火)를 구할 수가 없다.

故事成語

怨徹骨髓
원　철　골　수

怨怨怨怨怨怨怨怨怨 (원망할 원)
徹徹徹徹徹徹徹徹徹徹徹徹徹徹徹 (통할 철)
骨骨骨骨骨骨骨骨骨骨 (뼈 골)
髓髓髓髓髓髓髓髓髓髓髓髓髓髓髓髓
髓髓髓髓髓 (골수 수)

원한이 골수에 사무침.

出典　한서(漢書)

　주(周)나라의 천하가 어지러워져 세상은 춘추시대가 되었다. 진(秦)의 목공(穆公)은 명신인 백리혜(百里傒), 건숙(蹇叔) 등의 헌책(獻策)을 써서 착착 국력을 키웠으며 춘추오패(春秋五霸)의 하나가 되었다.

　목공은 진(晉)을 도와 그 옆에 있는 정(鄭)나라를 치려고 했으나, 두 명신이 입을 모아 그 무모함을 간했으므로 우선은 그 충언을 들었다. 그러나 암만해도 단념할 수 없는 목공은 수년이 지나자 마침내 군사를 일으켰다. 진병(秦兵)은 동으로 진군, 진(秦)의 일부를 지나 주(周)의 북문(北門)에 접어들었다.

　그무렵 정(鄭)나라 상인인 현고(弦高)라는 사나이가 소를 팔려고 주나라에 와 있었는데, 진격해 온 진병(秦兵)에게 잡힌다면 큰일이고 그렇다고 고국(故國)으로 진격해 들어가는 진군(秦軍)을 가만히 보고만 있을 수도 없어 이것은 한 번 선수를 쳐야겠다고 생각하고 끌고 온 소를 송두리째 진군(秦軍)에게 헌납했다.

　"정(鄭)나라 임금은 대국인 진(秦)이 우리나라를 응징하려고 벼르고 있다는 말을 듣고 진군(秦軍)의 장병들을 위로하기 위해 12마리의 소를 진군(秦軍)에 보내라고 명령했습니다. 부디 받아주십시오."

　이 말을 들은 세 사람의 진군(秦軍) 대장은 부하들과 이마를 맞대고 의논했다.

　"정(鄭)나라 놈, 제법 눈치가 빠르지 않아, 이쪽 작전을 눈치챈 이상 정나라 토벌은 그만두고 진(晉)의 일부인 활(滑)을 빼앗는 편이 좋겠다."

　진군(秦軍)은 거센 물결모양 활(滑)로 침입했다.

　당시 진(晉)나라에서는 오패의 한 사람이었던 문공(文公)이 사망, 아직 그 장사도 치르지 못하고 있었으므로 황태자인 이오(夷吾—襄公)는 노했다.

"무례하기 짝이 없는 진(秦)이다. 내가 아버지를 잃고 난처해 있는 틈을 타 우리 영지를 침범하다니."

바로 용장을 파견해서 진군(秦軍)을 철저하게 때려부셨다. 진군은 대패하여 단 한 사람도 살아남지 못하고 전원이 전사 또는 포로로 잡혔다.

세 사람의 대장도 물론 잡혀 양공(梁公) 앞에 끌려나왔다. 그런데 문공의 부인 즉 양공의 어머니는 진(秦)나라 목공의 딸이었으므로 곧 양공에게로 가서 세 사람 목숨을 살려주기를 청했다.

"저 세 사람을 죽여서는 안돼요. 싸움에 패한 이 세 사람에 대해 목공의 원망은 골수에 박혀 있을 것이다. 그러니 세 사람을 진으로 돌려보내고 목공께서 하시고 싶은대로 하게 내버려 둬라."

양공도 과연 옳다 싶어 세 사람을 돌려보냈다.

그런데 목공은 성밖까지 나와 세 사람을 맞이했다. 그리고 세 사람을 보자 소리를 내어 울기 시작했다.

"내가 정나라를 공격해서는 안된다고 하는 두 명신(名臣)의 말을 듣지 않기 때문에 이런 꼴이 된 것이다. 그대들 세 사람에게 무슨 죄가 있겠는가."

목공은 이 세 사람을 벌주지 않고 더욱 중용(重用)했다.

이 「원입골수(怨入骨髓)」에서 「원철골수(怨徹骨髓)」라는 말이 생겼다.

또 다른 이야기도 있다.

같은 춘추전국시대, 오(吳)와 월(越)은 숙명적인 구적(仇敵)으로서 싸우고 있었다. 그 몇번째인가의 싸움에서 아버지를 살해당한 오왕 부차(吳王夫差)는 이를 갈면서 분해했다.

주경왕(周敬王) 24년 오왕(吳王) 합려(闔閭)는 월왕(越王) 구천(句踐)과 초리(檇李)의 싸움에서 싸워, 월의 군략에 걸려 패했다. 합려는 적의 화살에 손가락에 상처를 입었는데, 패주하는 바람에 충분한 치료를 하지 못한 채 겨우 형(陘)이라는 곳까지 도망쳤을 때, 갑자기 그 상처가 악화되어 죽었는데, 임종 때 그는 반드시 월에 복수를 하여 자기의 분함을 풀어주도록 태자인 부차(夫差)에게 유명(遺命)을 했다.

아버지의 뒤를 이어 오왕(吳王)이 된 부차의 귀에는 언제나 그 아버지의 유명이 들렸다. 눈에는 언제나 그 분해하던 임종시의 아버지 형상이 보였다. 그는 무슨 일이 있어도 아버지의 원한을 풀어야겠다는 굳은 결의로 밤마다 장작 위에 누워(臥薪), 아버지의 유한(遺恨)을 새롭게 하며 복수심을 갈고 갈았다. 뿐더러 그는 자기 방에 출입하는 자에게는 반드시 아버지의 유명을 소리쳐 말하게 했다.

"부차여, 네 아버지를 죽인자는 월왕 구천이란 것을 잊어서는 안된다!"

"네, 결코 잊지 않겠습니다. 3년이내에는 반드시 원수를 갚겠습니다."

"이놈, 월왕 구천(越王句踐)아, 아버지를 살해당한 원한은 앞으로 10년동안은 낮도 씻지 않고 목욕을 하지 않아도 골수에 사모쳐 잊지 않겠다. 잊지마라 구천아, 반드시 이 원수는 갚고 말테니까."

이 말은 또 『漢書』의 「오왕비열전(五王濞列傳)」에도 보이나, 이 「원입골수(怨入骨髓)」 「원철골수(怨徹骨髓)」가 생겼다.

이 세상을 살아가면서 남에게 원한을 받지 않도록 바른 삶이 돼야하며, 원한을 앙갚음하면 후일 또 자식이나 주위 사람에게 원한이 되풀이 되므로, 원철골수(怨徹骨髓)가 없는 삶이 돼야 한다.

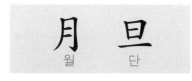

月 月 月 月(달 월)
旦 旦 旦 旦 旦(아침 단)

매월 초하루.

出典 십팔사략(十八史略)

후한(後漢—35~220)도 전한(前漢)처럼 이 황후의 일족(외척이라고 한다)과 환관(宦官—형(刑)에 의해 거세된 사나이를 궁정 안채에서 쓰고 있었다. 이것을 환관이라고 한다)의 세력에 골치를 앓았었다. 제10대인 환제(桓帝)때, 그 환관이 결속하여 기개와 절조가 있는 선비 2백여 명을 죽인 「전당고(前黨錮)의 화(禍)」가 일어나고, 다음 영제(靈帝)때도 7백여 명이 살해되고 다시 그 문하생에서 친구 친척까지 유형이나 투옥을 당한 「후당고(後黨錮)의 화(禍)」가 생겼다.

이런 사건 때문에 정치는 어지러워지고 한실의 위광(威光)도 쇠해져 천하는 소연(騷然)해지기 시작했으나 이것에 박차를 가하는 사태가 발생했다. 그것은 「태평도(太平道)」라는 사교의 유행이었다.

「태평도(太平道)」란 하북(河北)의 장각(張角)이라는 사나이가 시작한 당시의 신흥종교이나, 황제(黃帝—삼황(三皇)오제(五帝)의 한 사람)나 노자(老子)의 학설에 엉터리 이론을 붙인 것으로, 정치가 올바르지 못하면 민중들이 이런 것에서까지 구원을 찾게 되는 것으로, 어쨌던 천하가 소연해진 틈을 타, 순식간에 수십만의 신도를 모으게 되었다.

이렇게 세력을 얻은 장각(張角), 이번에는 천하를 자기의 소유물로 만들어버리겠다는 야망을 일으켜, 영제(靈帝) 17년, 종도(宗徒)를 이끌고 군사를 일으켰다. 그 기세가 성해서 순식간에 전국으로 퍼졌다. 반란군은 자기들을 표시하기 위해 황색건(黃色巾)을 쓰고 있었으므로 「황건적(黃巾賊)」이라고 부르고 이 난을 「황건의 난」이라고 불렀다.

그런데 이쯤 되면 궁정 안에서 권모술수에 의해 남을 해치는 재주밖에 없는 환관으로서는 손을 쓸 수도 없었다. 당고(黨錮)의 화가 일어났을 때 잡아 감금했던 인사(人士)들을 허겁지겁 풀어주어 토벌을 시키는 동시에 전국의 유력자들에게 누구누구를 가리지 않고 토벌을 명했다. 무슨 일이 생겼으면 하고 목을 길게 빼고 기다리고 있던 야심만만한 패거리들은 다투어 군사를 일으켰으나 그 중에도 지모(智謀)가 뛰어난 조조(曹操)—삼국지(三國志)에 등장하는 위(魏)의 조조(曹操)는 반란군을 크게 격파하고 천하에 이름을 올렸다.

그 밖의 사람들도 용전하여 각지에서 반란군은 마구 무찔러져 격파되고, 수령 장각도 병사하여 그렇듯 기세를 올리던 대란(大亂)도 겨우 끝장이 났다. 하나, 수그러지지 않은 것은 군사를 일으켰던 패거리들, 들어올렸던 주먹을 내려칠 곳이 없다. 그래서 거병의 명목을「횡포한 환관을 응징한다」로 변경하고 군사들을 그대로 이끌고 기회를 노리고 있었다. 영제(靈帝)가 재위 20년에 죽자 원소(袁紹)라는 장군이 먼저 일어나 군사를 이끌고 궁중으로 난입하여 환관이란 이름이 붙은 자 2천여 명을 모조리 죽였는데, 다시 동탁(董卓)이란 장군도 다음에 즉위한 유제(幼帝)를 쿠데타로 추방시켜 후한왕조(後漢王朝)에 종지부를 찍고 마침내 삼국지 이야기의 발단으로 들어가는데, 그 것은 뒤로 미루고,

황건적(黃巾賊)을 토벌하여 대공(大功)을 세운 조조는 젊었을 때부터 두목타입으로 가사는 통 돌보지 않고, 호걸들과 교제하면서 좋아하고 있었는데, 마침 그 무렵 하남성(河南省) 여남(汝南)이라는 곳에 허소(許劭)와 그의 사촌형 정(靖)이라는 두 사람의 명사가 살고 있었다.

이 두 사람은 매달 초하룻날, 향당(鄕黨)의 인물을 골라서는 비평을 하고 있었다. 그 비평이 극히 적절했으므로「여남(汝南)의 월단평(月旦評)」이라고 항간에서 평판이 되어 들으러 가는 사람이 많았다. 이 인물평이 너무나도 유명했으므로 이로부터 인물비평을「월단평(月旦評)」약해서「월단 (月旦)」이라고 말하게 되었다.

그 평판을 들은 조조는 곧 허소(許劭)를 찾아가 물었다.

"이 '나'라는 사람은 어떤 사나인지 비평을 해주시지 않겠나?"

난폭자라 이름이 높은 조조라 허소도 조심해서 좀체로 입을 열지 않았으나 조조의 성화에 못이겨 겨우 입을 열었다.

"태평시절에는 당신이 유능한 관료에 지나지 않았으나, 세상이 어지러워지면 난세에 알맞는 간웅(姦雄)이 될 인물이다" (治世能臣, 亂世姦雄).

이 말을 듣고 조조는 기뻐했다. 그래서 황건적을 토벌하기 위해 거병(擧兵)을 결심했다고 한다 (「十八史略」). 이때 조조가 허소(許劭)에게 가지 않았더라면 아니 허소가 그런 비평을 하지 않았더라면은『삼국지(三國志)』는 탄생하지 않았을지도 모른다. 역사란 정말 재미있는 것이다.

月下氷人
월 하 빙 인

月月月月 (달 월)
下下下 (아래 하)
氷氷氷氷氷 (얼음 빙)
人人 (사람 인)

달빛 아래에 있는 노인, 얼음판 위의 사람. 남녀의 인연을 맺어 주는 사람.

出典 진서(晉書)

당(唐)나라 때, 위고(韋固)라는 청년이 있었다. 아직 홀몸이라 몸도 가볍게 이곳저곳으로 여행을 하고 있었다. 그리하여 송성(宋城)이란 곳에 왔을 때의 일이다.

푸르게 흐르는 듯한 월광이 줄지어 있는 집들의 지붕을 비치고 있고, 밤은 깊어 거리에는 왕래하는 사람의 그림자도 드물었다. 그는 무심코 어느 길모퉁이에서 발걸음을 멈추었다. 이상한 노인이 있었기 때문이다. 노인은 땅바닥에 앉아 곁에 놓인 보따리에 몸을 기대고 열심히 책을 들치고 있었다. 노인의 흰 수염에도, 훨훨 넘어가는 책장에도 푸른 월광은 흐르고 있었다. 위고(韋固)는 노인 옆으로 다가갔다.

"이 야심한 밤에 무얼하고 계십니까?"

노인은 조용히 고개를 들었다.

"나 말인가? 지금 이 세상의 결혼에 대해 찾아보고 있다네."

"그 보따리에는 무엇이 들어있습니까?"

"자, 보게. 붉은 끈이 가득하지? 이것이 부부를 붙잡아매는 끈이지. 한 번 이 끈으로 잡아매면 그 두 사람은 아무리 멀리 떨어져 있어도 어떤 원수 사이라도 반드시 맺어지게 되지."

위고(韋固)는 총각이었다.

"제 아내가 될 신부감은 지금 어디 있겠습니까?"

하고 물었다.

"자네 처말인가? 이 송성(宋城)에 있네. 이것 봐, 저 북쪽에서 야채를 팔고 있는 진(陳) 할머니가 있지, 그가 안고 있는 젖먹이가 장차 자네 아내될 아이라네."

그리 반가운 이야기는 아니다. 그리고 그 말을 믿고 싶지도 않았기 때문에 위고(韋固)는 그냥 가버리고 말았다. 그 후 14년이 지나 위고(韋固)는 상주(相州)에서 관원노릇을 하고 있었는데, 군(郡)의 태수 딸과 결혼을 하게 되었다. 신부는 16~17세로 젊고 아름다웠다. 위고(韋固)는 행복했다. 그럼 그 노인의 예언은 역시 거짓이었단 말인가?

어느날 밤 위고는 처에게 그 가족상황을 물어보았다. 그러자 처는 이렇게 말했다.

"저는 실인즉 태수님의 양녀입니다. 친아버지는 송성(宋城)에서 관리를 하고 있을 때 돌아가셨습니다. 그때 저는 아직 젖먹이었습니다. 그러나 친절한 유모가 있어서 채소를 팔아가며 저를 길러 주셨답니다. 지금도 저는 친할머니의 가게를 가끔 생각하곤 합니다. 당신은 송성(宋城)을 아십니까? 그 거리 북쪽에 있답니다…….(『續幽怪錄』)

또 이런 이야기도 있다.

진(晉)나라 때 색담(索紞)이라는 용한 점장이가 있었다. 어느 때 호책(狐策)이란 사람이 꿈 해몽을 해달라고 왔다.

"나는 얼음 위에 서있었다. 얼음 밑에는 누군가 사람이 있어 그 사람하고 이야기를 했었다."

색담(索紞)은 이렇게 대답했다.

"얼음 위는 양(陽)이고 밑은 음(陰)이다. 양과 음이 이야기를 했다는 것은 그대가 혼인중매를 해서 그것이 잘 성사될 징조다. 혼인이 성립되는 것은 얼음이 풀릴 때다."

그의 말대로 얼마 후 호책(狐策)에게 태수로부터 부탁이 왔다. 자기 아들과 장씨의 딸을 결혼시키고 싶은데 그 중매를 부탁하는 것이었다. 이 한 쌍은 경사롭게 결혼을 하게 되었다. 식을 올린 것은 봄, 얼음도 풀리고 시냇물은 소리치며 흐르고 있었다.(『晉書』藝術傳)

이 월하노(月下老) 빙상인(氷上人)이란 말을 묶어 월하빙인(月下氷人)이라 부르게 되었다. 하나 푸르게 흐르는 월광이나 맑게 얼어붙은 얼음이 이야기에 관련되는 것은 재미있는 일이다. 어느 나라에도 그런 날 밤, 그런 무렵에는 젊은 총각들이 자신도 모르게 미래의 아름다운 처를 꿈꾸는 것이 아닐까?

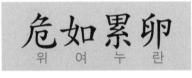

危危危危危危(위태할 위)
如如如如如如(같을 여)
累累累累累累累累累累累(여러 누)
卵卵卵卵卵卵卵(알 란)

위태롭기가 계란을 쌓은 듯하다.

出典 한비자(韓非子)

때는 바야흐로 전국시대다. 일예일능(一藝一能)에 뛰어난 자는 모두 실력으로 출세해보려고 필사적인 노력을 계속하고 있었다. 그 중에서도 종횡가(縱橫家)라고 불리우는 제후 사이를 유세하며 돌아다니는 변설사(辯舌士)의 지위는 공전절후라고 할 만큼 높았었다. 위나라의 빈곤한 가정에서 태어난 범수(范雎)도 종횡가가 되려고 결심한 사람이었다. 하나 아무리 실력주의 세상이 왔다고 해도 씨도 이름도 없는 사나이가 출세의 실마리를 잡는다는 것은 용이한 일이 아니었다. 먼저 고향에서 중대부인 수가(須賈)에서 사관(仕官)했는데 그를 따라 제(齊)나라로 갔을 때 부하로 간 범수가 주인인 수가보다 인기가 좋았으므로 아주 수가의 기분을 상하게 하고 말았다. 그래서 귀국 후 수가가 위나라의 재상인 위제(魏齊)에게 일 있는 일 없는 일을 나쁘게 고자질했으므로 야단이 났다.

"너는 제나라하고 통하고 있었지?" 하고 곧 부하에게 명해서 지독하게 매질을 한 다음 거적에다 싸서 화장실에다 집어넣는 형을 가했다. 범수는 틈을 보아 보초병을 매수해서 탈출, 구사일생으로 친한 친구 정안평의 집에 잠복하고 이름도 장록(張祿)이라고 고쳤다. 언제든 기회만 있으면 진(秦)나라로 들어가려고 은근히 마음 먹고 있을 때, 진나라 소왕의 사신으로 왕계(王稽)라는 자가 왔다. 정안평은 그 숙소를 방문했다.

"당신에게 추천하고 싶은 훌륭한 인물이 있습니다. 하나 그 사람에겐 원수가 있어서 낮에는 데리고 올 수가 없습니다."

밤을 틈타 찾아온 장록을 보고 왕계는 갖은 고생 끝에 정과 함께 본국으로 데리고 가서 이렇게 아뢰었다.

"위나라 장록선생은 천하의 외교관입니다. 진나라 정치를 비판해서「진왕의 나라는 누란(累卵)보다 위태롭다」고 했으나, 이 나를 채용하면 귀국은 안태하게 될 것이다. 불행히도 서신을 올리고 싶었지만 이제까지 기회가 없었다, 고 말하고 있습니다. 이것이 선생을 모시고 온 신의 이유입니다."

진왕은 이 불손하기 짝이 없는 손을 후대하려고 하지 않았다. 그러나 역시 전국시대의 왕자답게 별로 처벌할 생각도 하지 않고 우선 하객(下客)으로서 머물게 해두었다. 범수가 참된 재능을 발휘하기 시작한 것은 그 후 얼마 가지 않아서부터였다.(史記范雎傳)

또 다음과 같은 이야기도 있다. 춘추시대에 조(曹)라는 소국이 진(晉)과 초(楚)사이에 끼어 그럭저럭 독립을 유지하고 있었다. 진(晉)에 내분이 있어 공자(公子) 중이(重耳)는 망명 도중 조나라를 지났다. 그때 조공(曹公)의 태도가 아주 불손했다. 전부터 중이의 갈비뼈는 서로 연결되어 마치 통뼈같다는 소문을 듣고 있던 조공은 공자를 발가벗겨 그것을 구경했다. 오직 조(曹)의 대신인 이부기(釐負羈)만은 밤중에 은밀히 사람을 보내어 황금을 올렸다.

"제가 보는 눈으로는 진공자께서 만승의 임군다은 훌륭한 기상이십니다. 다시 환국하게 되시면 반드시 조의 무례를 벌주실 것입니다. 지금 이때 공자께 뜻을 전해 놓으시는 것이 장래를 위해 좋을 것입니다."
라고 말하는 처의 말을 옳게 여겼기 때문이었다.

그 후 10년, 진(秦)나라에 몸을 위탁하고 있던 공자는 그 원조로 진(晉)에 돌아가 진군(晉君)이 되었다. 이것이 춘추오패의 한 사람인 진문공(晉文公)이다. 다시 3년이 지나자 문공은 과연 군사를 일으켜 조(曹)를 치기 시작했다. 이부기(釐負羈)가 공격을 면한 것은 말할 나위도 없다.

그러므로 예(禮)는 중요한 것이다. 조(曹)는 소국으로 진·초 사이에 끼어 있다. 그 나라의 위태로움은 누란과 같지 않은가, 그 주제에 무례한 태도를 취한 것이 잘못이었던 것이다,라고『한비자(韓非子)』의「십과(十過)」에 나오는 이야기다.

故事成語

衛正斥邪
위 정 척 사

衛衛衛衛衛衛衛衛衛衛衛衛衛衛衛 (지킬 위)
正正正正正 (바를 정)
斥斥斥斥斥 (내칠 척)
邪邪邪邪邪邪邪 (간사할 사)

바른 것을 지키고 옳지 못한 것을 물리친다는 뜻.

조선 시대 후기에, 정학(正學), 정도(正道)로서의 주자학(朱子學)을 지키고, 사학(邪學), 사도(邪道)로서의 천주교(天主敎)를 물리치려던 주장(主張).

19세기 중반 서구의 침략이 촉발시킨 일종의 '유교적 근본주의' 운동이다. 위정척사파는 정학(正學)인 유학을 지키고 기타의 종교와 사상을 이단, 사학(邪學)으로 배척하면서 개화에 저항하였다. 위정척사파는 병인양요(1866) 이래 쇄국정책을 지지했으며, 운양호사건(1875)을 계기로 문호개방 논의가 본격화될 때 개항에 반대하였다. 또한 위정척사론은 양반 중심의 신분제를 지키고자 하였다.

국내 학계엔 위정척사론이 우리의 근대사상으로 전환, 발전할 수 있었으며, 민족주의적 성격을 가졌던 것으로 보는 시각이 있다. 이에 대해 강만길은 위정척사론은 본질적으로 중세적 질서를 유지하기 위한 이론으로써 근대화 과정에서 극복되어야 사상으로 규정했다. 위정척사론은 국가체제의 근대적인 개혁문제에 관해서는 합리적인 방법을 제시하지 못하였으며, 그 목적이 국권의 수호에 한정되었을 뿐, 개화기에 우리 역사가 지향하고 있던 국민국가 건설을 위한 방안을 제시하기에는 거리가 너무 멀었다는 것이다.

韋編三絶
위 편 삼 절

韋韋韋韋韋韋韋韋韋 (가죽 위)
編編編編編編編編編編編編編編編 (엮을 편)
三三三 (석 삼)
絶絶絶絶絶絶絶絶絶絶絶 (끊을 절)

책을 맨 가죽끈이 세 번 끊어짐.

出典 사기(史記) 공자세가(孔子世家)

'무두질한 가죽(韋)의 끈(編)이 세 번 닳아서 끊어진다'라는 것이 이 말의 뜻이다.

중국에서 종이가 발명된 것은 후한(後漢) 원흥(元興) 원년이며, 채윤(蔡倫)에 의해서였다고 하나, 그 이전에는 책이라고 하면 대나무(竹)로 만든 것이었다.

대를 길쭉하게 쪼개고 불에 쪼여서 기름을 뺀 것을 「간(簡)」 또는 「죽간(竹簡)」이라 하고, 나무로 만든 것을 「목간(木簡)」이라고 했다. 거기다 금속으로 글자를 새기거나 모필로 쓰거나 해서 몇 개를 삼실이나 무두질한 가죽끈(韋)으로 엮어매어 그 한 뭉치를 책(策) 또는 책(冊)이라고 했다.

우리들이 지금 문장의 단위로 제1편, 제2권, 제1책이라고 하는 것은 여기서 나온 말이다. 즉 삼실(麻絲)이나 가죽끈으로 엮어서 철해진 한 뭉치의 간(簡)이「편(篇—編한 것)」둘둘 만 것이「권(卷)」, 철한 한 뭉치의 간(簡)이「책(冊)」으로「일책(一冊)」이「一篇」보다 큰 단위로 쓰이게 된 것은 종이로 만든 책이 나오게 된 이후부터였다.

그런데 공자(孔子)가 한 일에는 여러 가지가 있으나, 후세에 남긴 영향의 크기로 보면 제자 양성과 그 시대까지 전해진 고전(古典)의 편찬이다. 그 중에서도 고전 편찬은 그의 으뜸가는 공적이라고 할 수 있는데 그것은 차치하고, 옛 노래의『시경(詩經)』, 정치기록인『서경(書經)』, 고인의 판단을 포함한 점시(복서(卜書)인『역경(易經)』, 역사의『춘추(春秋)』, 사회생활의 양식에대한『예기(禮記)』의 다섯가지 고전(古典)이 많건 적건 공자의 진력에 의해 남겨진 것으로, 이들 고전을 정리 편찬하기 위해서는 공자 역시 상당한 독서를 했으리라.

그것을 나타내는 증거로 공자는 만년(晩年)에 역(易)을 즐겨하고 해설을 달면서 역경(易經)을 읽는 동안 그것을 철(綴)한 가죽끈이 세번씩이나 닳아 끊어졌다.(讀易韋編三絶)『史記』孔子世家.

그리고「三」이란 수는 자주, 약간, 등의 뜻으로 쓰이므로, 문자 그대로 3번에 한하지 않으나, 그것은 어쨌든 가죽끈이 끊어질 때까지란 상당한 횟수를 읽은 것으로 여기서「위편삼절(韋編三絶)」하면 몇 번이고 반복해서 읽는다, 힘껏 독서한다, 따라서 열심히 공부하는 것을 말하는 고사성어(故事成語)가 되었다.

끝으로 지금은「篇」이나「編」을 같게 쓰는 수가 있으나, 원래는「篇」이 竹簡→문장의 분량을 말하는 조동사(助動詞)로 명사(名詞)취급을 하고,「編」은 竹簡·木簡을 철하는 끈→책을 편집한다는 뜻으로 기본은 동사 취급하는 말이다.

공자는 기원전 551년 춘추시대(春秋時代) 주(周)나라의 제후국이었던 노(魯)나라 추읍(陬邑)(지금의 산둥성 취푸(曲阜)에서 아버지 숙량흘과 어머니 안징재(顔徵在) 사이에서 태어났다. <사기史記> '공자세가(孔子世家)'에서는 공자의 선조를 송(宋)나라 사람 공방숙(孔防叔)이라고 기록하고 있어 그를 송나라 출신이라고 보기도 한다. 어머니 안징재는 공자를 가졌을 때 니구산(尼丘山)에서 백일 동안 기도를 드렸다고 하며, 후일 공자의 이름이 구(丘)이고 자(字)인 중니(仲尼)에 니자가 들어간 것도 기도를 드렸던 니구산에서 유래했다고 한다. 공자는 세 살 되던 해 아버지를 여의고 홀어머니 슬하에서 가난하게 자랐다.

唯唯唯唯唯唯唯唯唯唯唯 (오직 유)
恐恐恐恐恐恐恐恐恐恐 (두려울 공)
有有有有有有 (있을 유)
聞聞聞聞聞聞聞聞聞聞聞聞聞 (들을 문)

혹시나 또 무슨 말을 듣게 될까 겁난다는 뜻.

한가지 착한 일을 들으면 다음에 듣게 될 착한 것과 겹치기 전에 어서 다 배워 익히려는 열심(熱心)인 태도(態度)를 말한다.

"자로는 전에 들은 것이 있으나 그것을 미처 실행하지 못하였으면 행여 또 좋은 말을 듣게 될까 두려워하였다.[子路, 有聞, 未之能行, 唯恐有聞.]"

자로는 공자의 제자 공문십철(孔門十哲) 중 한 사람으로 이름은 중유(仲由)이다. 공자가 여러 나라를 주유하며 유세할 때 곁에서 보좌한 제자로 후에 위(衛)나라 대부의 읍재(邑宰)가 되었다. 위 구절은 이미 들은 좋은 말이 있고 아직 그 말을 실행에 옮기지 못했는데 또 좋은 말을 듣게 되면 이것도 저것도 제대로 실천하지 못할까봐 두려워했다는 뜻이다. 늘 스스로 되돌아보고 좋은 말은 반드시 실천에 옮기려고 했던 자로의 성품을 보여주는 구절이다. 『맹자』「공손추 상(公孫丑上)」편에도,

"자로는 사람들이 자기의 허물을 말해주면 기뻐하였다.[子路, 人告之以有過則喜.]"라는 말이 나온다.

여기서 전하여 유공유문은 좋은 말을 듣게 될까 두려워한다는 뜻으로, 좋은 말이란 반드시 실천에 옮겨야 그 훌륭한 의미가 완성되는데, 이미 알고 있는 좋은 말을 미처 행하기도 전에 또 다른 말을 듣게 될까 염려한다는 말이다. 이치에 맞는 말은 듣기만 하는 것이 아니라 몸소 익히고 체득하여 배우고자 한 자로의 강직한 인품을 보여주는 고사에서 유래하였다.

有有有有有有 (있을 유)
口口口 (입 구)
無無無無無無無無無無無無 (없을 무)
言言言言言言言 (말씀 언)

입은 있으나 말이 없다는 뜻.

변명(辨明)할 말이 없다는 뜻이다.

말을 할 수 있는 입은 있지만 할 말이 없는 상황, 잘못이 명백히 드러나 변명의 여지가 없는 경우에 쓰인다. 입이 열 개라도 할 말이 없다, 입이 광주리만 해도 말 못한다 등의 속담에서처럼 핑계될 말이 없는 입장에 대해 비유적으로 이르는 말이다.

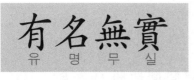

有有有有有有 (있을 유)
名名名名名名 (이름 명)
無無無無無無無無無無無無 (없을 무)
實實實實實實實實實實實實 (열매 실)

이름만 있고 실상(實相)은 없음.

『국어(國語)』「진어(晉語)·숙향하빈(叔向賀貧)」편에는 다음과 같은 이야기가 실려있다.

중국 춘추시대 진나라의 대부 숙향(叔向)이 한선자(韓宣子)를 만나러 갔다. 한선자는 대부보다 높은 경(卿)의 지위에 있었다. 덕행으로 이름이 알려진 한선자였지만 형편은 좋지 못했다. 그가 가난한 사정을 토로하였는데 숙향은 위로는커녕 축하한다고 하는 것이었다.

이에 한선자가 말했다.

"나는 경대부라는 이름만 있지 그에 걸맞은 실제가 없네. 부도 명예도 없이 자네들과 어울리지도 못하고 있어서 근심하고 있는데 그대는 어찌 나에게 축하를 한단 말인가(吾有卿之名而無其實, 無以從二三子, 吾是以憂, 子賀我何故?)?"

숙향이 대답하였다.

"예전에 높은 관직인 상경(上卿)에 이른 난무자(欒武子)는 사사로이 이익을 취하지 않았습니다. 보통 상대부(上大夫)가 일졸(一卒 : 100사람이 경작하는 토지)의 봉록을 받았는데 그만큼도 갖고 있지 않았지요. 집안에는 제사 지낼 그릇도 없을 지경이었지만, 늘 덕행을 펼치고 법제를 잘 따라 제후들에게 명망이 높았습니다. 당시 군주인 진여공(晉厲公)이 교만하고 사치에 빠져 대부들을 죽이거나 내쫓고 총애하는 여인들의 형제들을 그 자리에 앉히는 등 정사를 돌보지 않자, 이에 난무자와 살아남은 다른 대부들이 나서서 여공을 죽이고 공자(公子) 희주(嬉周)를 세워 새로운 군주 도공(悼公)이 즉위하였습니다. 군주를 죽이는 대역죄를 저질렀으나 난무자의 행동은 혼란에 빠진 나라를 구한 정당한 것이어서 아무도 책임을 따지는 이가 없었지요. 난무자가 죽은 뒤에는 그의 아들 난환자(欒桓子)가 그 관직을 물려받았지만 오만방자하고 탐욕스러웠습니다. 화를 당했어야 마땅하지만 아버지의 여덕 덕분에 죽음은 면했지요. 그 손자 난회자(欒懷子)는 부친의 과오를 바로잡고 조부의 덕행을 따르려고 하였지만 그전에 부친이 저지른 만행 때문에 초(楚)나라로 도망갈 수밖에 없었습니다. 한편 진나라의 또 다른경이었던 극소자(郤昭子)는 재산이 왕실의 반에 해당하고 집안에 많은 군사를 가지고 있었지만 자신의 재산과 세력을 믿고 나라에서 함부로 날뛰다가 결국 그 시신이 조정에 걸리고 그 가문 전체가 멸문을 당했습니다. 그 집안에 대부가 다섯이고 경이 셋으로 권세가 컸지만 하루아침에 멸한 것은 덕이 없었기 때문입니다. 당신이 난무자만큼 가난하기는 하지만 덕행을 베풀 줄 알기에 경하드리는 것입니다."

이에 한선자가 예를 갖추어 고개를 숙이며 말했다.

"내가 망하는 길로 향하고 있었구만. 자네가 날 구해주었네. 자네의 가르침에 나 뿐만 아니라 우리 가문 전체가 고마움을 표하겠네."

높은 지위에 상응하지 못하는 살림살이를 근심하는 한선자에게, 숙향은 부와 명예가 부족할까 염려하기 보다는 지위에 어울리는 덕행을 베풀지 못할까 걱정해야 한다는 것을 축하한다는 말로 넌지시 일깨운 일화이다. 여기서 유명무실은 지위만 높을 뿐 그만큼의 재물은 갖고 있지 않다는 의미로 쓰이고 있다.

이와 같이 겉만 그럴 듯하고 속은 비어 있다는 성어로는 허유기표(虛有其表), 공유허명(空有虛名), 명과기실(名過其實) 등이 있으며, 반대로 실제 모습이 명성에 걸맞은 경우를 의미하는 명실상부(名實相符), 명불허전(名不虛傳), 명부기실(名副其實), 명부기실(名符其實) 등이 있다.

有無相生
유 무 상 생

有有有有有有 (있을 유)
無無無無無無無無無無無無 (없을 무)
相相相相相相相相相 (서로 상)
生生生生生 (날 생)

있고 없음은 서로 상대하기 때문에 생겨난 것.

出典 노자(老子)

이것과 비슷한 말에 「유무상통(有無相通)」이란 말이 있는데, 또 뜻하는 바도 다르다. 「유무상통」이란 『사기(史記)』의 「유무를 교역(交易)하는 자 길이 통하다」라는 말에서 나온 것이나, 그 뜻은 피차 있는 것과 없는 것을 서로 교환하고 서로 유통한다는 말이다.

「유무상생(有無相生)」은 노자(老子) 제2장에 있는 말, 또 「유(有)는 무(無)에서 생긴다」는 같은 뜻의 말이 제40장에도 보인다.

제2장에는 「천하가 다 미(美)의 미(美)다움을 알면 이것은 악일 뿐, 다 선(善)의 선(善)함을 알면 이것은 불선(不善)일 뿐, 고로 유무(有無)는 상생(相生)하고, 난이(難易)는 상성(相成)하고, 장단(長短)은 상교(相較)하고……」라는 말이 있다.

이것을 쉬운 말로 고치면 「이것이 미(美)라고 인지(認知)하는 것은 타면에 악(惡)이 있다는 것을 동시에 인지(認知)하는 일이다. 선(善)과 불선(不善)의 관계도 역시 같다. 이와 같이 하나의 존재는 그것과 대립하는 존재를 인정함으로써 존재한다. 유(有)는 무(無)가 있음으로써 존재하고, 난(難)은 이(易)에 의해, 장(長)은 단(短)에 의해 존재한다」는 것이 된다. 이 세상은 모든 관계에 있어서 존재한다. 존재는 전부 상대적이고 모든 가치도 또 상대적이라는 것을 말한 것이다. 이 생각은 노자(老子)의 인식론의 기본을 이루는 것이고 또 우주 구성의 원리이기도 하다.

상식세계에 있어서 무(無)라는 존재는 없다. 존재하는 것은 유(有)다. 그러나 노자류로 말하면 무엇이든 유는 존재하지 않는다. 무와 유의 이 관계를 방이나 들창은 공간 즉 무(無)가 있음으로써 방이나 들창으로서 존재한다는 비유로 나타낸다. 또 「천지(天地之間)은 그 아직도 풀무같은 것인가, 허(虛)이면서 다함이 없고, 움직여서 드디어 나온다」라는 비유로 나타낸다. 풀무는 무(無)가 있음으로써 비로소 풀무로서 존재한다.

이 비유는 또 하나의 다른 뜻을 느끼게 한다. 풀무는 존재하나 활동함으로써 시시각각으로 모양을 바꾼다. 따라서 모양으로써 존재하는 것은 변화하는 것이다. 생성소멸(生成消滅)상태에 있어서 계속되는 것이다. 존재가 활동한다는 것은 그런 것으로, 그 활동을 가능케 하는 것이 무(無)

인 것이다. 무(無)는 무한한 힘을 가지고 유(有)를 생(生)한다. 풀무는 어디까지나 비유이므로, 무(無)와 유(有)의 관계를 완전히 설명할 수는 없어도 상당히 적절한 비유다.

제40장에서는 「반(反)은 도(道)의 동(動)이고, 약(弱)은 도(道)의 용(用)이다. 천하만물은 유(有)에서 생(生)하여 유(有)는 무(無)에서 생한다」라고 말한다.

도(道―진리(眞理))에서 보면 움직인다는 운동은 돌아간다는 운동이다. 어디론가 나아가고 있다는 것은 돌아가고 있다는 것이다. 물건이 그 어떤 형(形)을 취하고 있다는 것은 모든 것이 없어지고 있다는 것이다. 또 강한 상태―그 무엇인가를 하고자하는 상태―는 운동이 정지된 약한 상태, 의지(意志)가 없어진 정적상태로 돌아가고 있는 것으로 그것이 도(道)의 작용인 것이다. 유(有)는 무(無)에서 생(生)하여 무로 돌아간다. 존재한다는 것은 없어진다는 것이다. 이상이 이 장의 뜻이다. 「그 근원으로 복귀한다」라든가 「무극으로 복귀한다」라든가 노자가 말하는 것도 이 뜻이다.

『노자(老子)』 모두(冒頭)의 유명한 말 「무명(無名)은 천지(天地)의 시작으로, 유명(有名)은 만물(萬物)의 어머니」라는 것도 유무의 관계를 설명한 것으로 보아도 좋다. 무(無)가 유(有)인 천지를 낳고, 다시 발전하여 만물을 낳는다. 무(無)가 있고 다음에 유(有)가 있다는 것은 시간적으로 무(無)가 먼저 존재한다는 말은 아니다. 유(有)와 함께 무(無)가, 무(無)와 함께 유(有)가 존재하고 있다고 보아야 할 것이다. 따라서 유명(有名)의 어머니도 무명(無名)한 것도 실은 하나라고 해도 좋다. 절대적인 세계에 서면 유(有)도 무(無)도 하나인 것이다. 이 하나(一)를 체득하는 것을 노자(老子)는 「일을 안는다(抱一)」 또는 포박(抱朴)이란 말로 나타낸다. 일(一)을 안은 인간은 조화가 잡힌 통일을 획득할 수가 있다. 또 일(一)이란 노자(老子)가 말하는 현(玄)인 그대로의 현(玄)한 길이고, 자연이고 실제다.

그러나 노자도 어느 편인가 하면 무(無)를 강조하고자 무(無)가 튕겨낸 유(有)와 그 활동을 아무런 가치도 없는 것처럼 취급했다. 그것은 인간이 유(有)의 세계에만 사로잡혀 무(無)의 가치를 전혀 몰랐기 때문이다. 무(無)를 보다 본원적인 것으로 생각하고 「유(有)는 무(無)에서 생긴다」고 말했던 것이다.

有有有有有有 (있을 유)
備備備備備備備備備 (갖출 비)
無無無無無無無無無無無 (없을 무)
患患患患患患患患患患 (근심 환)

평소에 준비가 철저하면 후에 근심이 없음을 뜻하는 말.

출전(出典)은 『서경(書經)』과 『좌씨전(左氏傳)』이다. 춘추시대에 진(晉)나라의 도공(悼公)에게는 사마 위강(司馬魏絳)이라는 유능한 신하가 있었는데 그는 법을 엄히 적용하는 것으로 이름이 났다. 그런 그가 도공의 동생인 양간(楊刊)이 군법을 어기자 그의 마부를 대신 잡아다 목을 베어 죽인 적이 있었다. 양간이 형에게 호소하기를,

"지금 사마 위강에게는 눈에 뵈는 것이 없나 봅니다. 감히 제 마부를 목을 베어 죽여 우리 왕실을 욕보였습니다."

도공은 자초지종을 듣지도 않고 사마 위강을 잡아오라고 하였다. 이때 곁에 있던 양설이라는 신하가 위강을 변호하였다.

"위강은 충신으로 그가 그런 일을 했다면 반드시 연유가 있었을 것입니다."

이 말을 듣고 도공이 내막을 알게 되어 위강은 더욱 신임을 받게 되었다.

어느 해 정나라가 출병하여 송(宋)나라를 침략하자 송은 진나라에 구원을 요청하였다. 진의 도공은 즉시 노(魯)와 제(齊), 조(曹)나라 등 12개국에 사신을 보내 연합군을 편성하여 위강의 지휘로 도성을 에워싸고 항복을 요구하여 마침내 정나라는 연합국과 불가침조약을 맺게 되었다. 한편 초(楚)나라는 정나라가 북방과 화친을 맺자 이에 불만을 품고 정나라를 침공하였다. 초나라의 군대가 강성함을 안 정나라는 초나라와도 화의를 맺었다. 이러한 정의 태도에 화가 난 12개국이 정나라를 다시 쳤으나 이번에도 진의 주선으로 화의를 맺자 정나라는 도공에게 감사의 뜻으로 값진 보물과 궁녀를 선물로 보내왔고 도공은 이것을 다시 위강에게 하사하려고 했다. 그러자 사마 위강은,

"편안할 때에 위기를 생각하십시오(居安思危). 그러면 대비를 하게 되며(思則有備), 대비태세가 되어 있으면 근심이 사라지게 됩니다(有備則無患)"라며 거절하였다.

唯唯唯唯唯唯唯唯唯唯唯 (오직 유)
我我我我我我我 (나 아)
獨獨獨獨獨獨獨獨獨獨獨獨獨獨 (홀로 독)
尊尊尊尊尊尊尊尊尊尊尊 (높을 존)

오직 나만 홀로 높다는 뜻으로, 불경에서 유래한다.

오늘날에는 주로 자기가 가장 훌륭하다고 믿는 독선적인 태도를 가리켜 쓰인다.

중국 송(宋)나라 승려 보제(普濟)가 편찬한『오등회원』권제일(卷第一)에 다음과 같은 말이 나온다.

"세존이 막 세상에 태어나셔서 한 손으로 하늘을 가리키고 한 손으로 땅을 가리키며 일곱 걸음을 두루 걸으시고 사방을 둘러보시며 말했다. '하늘 위와 하늘 아래 오직 내가 홀로 존귀하다.'

[世尊才生下, 乃一手指天, 一手指地, 周行七步, 目顧四方曰 : '天上天下, 唯我獨尊.']"

『오등회원』은 중국 불교 선종 역사서로 총 20권으로 되어 있다.『경덕전등록(景德傳燈錄)』,『천성광등록(天聖廣燈錄)』,『건중정국속등록(建中靖國續燈錄)』,『연등회요(聯燈會要)』,『가태보등록(嘉泰普燈錄)』의 다섯 종의 책, 총 150권 분량을 축약 정리한 것이다.

인용구절의 세존(世尊)은 석가모니에 대한 존칭 중 하나로 석가세존(釋迦世尊)의 준말이다. 석가모니가 인간 세상에 태어나자마자 손을 쓰고 두 발로 사방을 걷고 말을 하며 '천상천하 유아독존'이라고 했다는 뜻인데, 경전상의 탄생 설화라고 할 수 있다.

유아독존의 아(我)는 석가모니 자신이나 특정 한 사람을 지칭한 것이 아닌 진실한 자아, 천하 우주에 참된 본체인 자신을 뜻한다. 말하자면 불교에서 말하는 자유자재의 번뇌가 없는 대아(大我), 진아(眞我)이다. 나아가 열반의 경지에 이른 성대한 존재로서 불법을 따르는 이들에게 부처가 가장 존귀하다는 의미로 해석하기도 한다.

본래의 뜻과 달리 후대에는 글자 뜻 그대로 오직 나만이 높고 훌륭하다는 의미로 쓰이는 경향이 강하다. 함부로 자신을 높이고 잘난 체 한다는 뜻의 망자존대(妄自尊大), 자고자대(自高自大), 다른 사람에 대한 배려심이 전혀 없이 콧대 높게 행동하는 교만한 태도를 의미하는 경거망동(輕擧妄動), 안하무인(眼下無人) 등과 같은 뜻으로 쓰인다.

柳暗花明
유 암 화 명

柳柳柳柳柳柳柳柳柳 (버들 유)
暗暗暗暗暗暗暗暗暗暗暗暗 (어두울 암)
花花花花花花花花 (꽃 화)
明明明明明明明明 (밝을 명)

버들은 무성(茂盛)하여 그윽이 어둡고, 꽃은 활짝 피어 밝고 아름답다는 뜻.

강촌(江村)의 봄 경치(景致)를 이르는 말이다.

육유(陸遊)는 송(宋)나라의 유명한 애국 시인이었다. 강력한 금(金)나라의 침략을 받아 국운이 끝날 위기에 처하자, 송나라 조정은 죽더라도 끝까지 싸우자는 주전파와 무릎을 꿇더라도 현실적 이익을 챙기자는 주화파로 갈라져 시끄럽기 그지없었다.

결국 주화파가 득세하고 말았는데, 주전파에 속해 있던 육유는 실권을 장악한 진회(秦檜) 등 주화파로부터 미움을 받아 출세의 길이 막혀 융흥(隆興)의 통판(通判)이라는 보잘것 없는 자리로 쫓겨 가게 되었다. 그러나 관리보다는 천부적인 시인인 육유는 한낱 시골 벼슬아치로 평생을 허비할 생각은 추호도 없었다. 그래서 융흥에서 생활한 지 오래지 않아 고향인 절강성의 산음(山陰)을 향해 떠났다. 도중에 그의 발길이 임천(臨川)에 이르렀을 때, 문득 친구인 이호(李浩)가 그곳에 살고 있다는 사실을 깨달았다.

'참 그렇지. 이 친구를 만나지 않고 여길 지나갈 수야 있나.'

육유는 속으로 기뻐하며 이호를 찾아갔는데, 마침 이호는 정강지부(靖江知府)의 사령장을 받아 출발하려고 하는 참이었다.

"이게 얼마만인가? 자네가 조금만 늦게 왔어도 못 만나고 엇갈릴 뻔했네 그려."

"정말 그럴 뻔했군. 아무튼 좋은 자리로 가게 되었다니 내 일처럼 기쁘네. 부디 성공하길 빌겠네."

"고마워. 자네도 다시 출사할 수 있는 기회가 올 게야."

"나는 이제 벼슬살이에 대한 미련은 버린 사람이라네."

이런저런 이야기를 하다가 두 사람은 헤어졌고, 융흥을 출발한 지 한 달 만에 육유는 마침내 고향인 산음에 도착했다. 마음 속으로 그렸던 대로 고향은 맑은 물과 녹음이 우거진 숲, 아름답게 피고 널린 각종 꽃들로 육유를 반겨 주었다. 그의 고향은 참으로 경치가 좋은 곳이었고, 육유는 그런 고향에 돌아오기를 참 잘 했다고 생각했다. 그는 외딴 집에 틀어박혀 글을 읽기도 하고, 밖에 나가서 산책을 하기도 했다. 시골이기 때문에 글을 읽는 사람은 없었고, 친구라곤 해야 모두 농사나 짓는 어릴 적 친구들 뿐이었다. 그런 전원 생활에 흠뻑 빠져 있던 어느 해 4월, 육유는 마을에서 들려오는 북 소리, 퉁소 소리에 그만 흥이 났다. 그것은 농민들이 봄을 즐기는 잔치 소리였다.

'그렇다. 이렇게 방 안에만 틀어박혀 있을 게 아니라 어디 멀리 돌아다니다가 오는 게 좋겠어.'

이렇게 생각한 육유는 집을 나섰다. 그리하여 마을을 벗어나 길을 따라 무작정 걸었다. 그러다 보니 난생 처음인 어느 깊은 산 속으로 들어가게 되었는데, 지세는 험하고 길은 울퉁불퉁해서 고생스럽기가 여간 아니었다. 조금 걱정이 되기도 했지만 기왕 나선 걸음이고 해서 용기를 내어 앞으로 앞으로 나아갔다. 한 산봉우리 모퉁이를 돌았을 때, 그의 눈 앞에 뜻밖의 풍경이 펼쳐졌다. 십여 채의 가옥의 올망졸망한 작은 마을이 있었는데, 복사꽃이 온통 뒤덮고 있어서 '여기가 선경(仙境)이 아닐까?' 싶을 정도였다.

'세상에! 이런 아름다운 곳도 있었던가?'

육유가 이렇게 생각하며 마을에 들어서자, 마을 사람들이 함빡 몰려나왔는데 그중 가장 연장자인 듯한 노인이 말했다.

"어서 오십시오. 이 마을에서는 외부인을 보기는 드뭅니다. 귀한 손님이 오셨으니 우리 집으로 모시겠습니다."

뜻밖의 환대에 육유는 기쁘지 않을 수 없었다. 그의 앞에는 정성스럽게 차린 푸짐한 음식상이 나왔고, 주위의 사람들은 더할 수 없이 친절했다. 육유는 술과 음식을 배불리 먹고 매우 즐거운 시간을 보냈다. 며칠 동안 술과 인정과 경치에 취하여 그 마을에 머문 육유가 마침내 돌아갈 뜻을 비치자, 마을 사람들이 이구동성으로 말했다.

"내년 봄에도 꼭 한번 오십시오. 기다리고 있겠습니다."

육유는 약속하고, 마을 사람들의 배웅 속에 귀로에 올랐다. 집으로 돌아온 육유는 이 경험을 살려 '유산서촌(遊山西村)' 이라는 유명한 칠언 율시를 지었는데, 그 제2연에서 이렇게 읊었다.

첩첩산중 길 없는 길을 가다 보니

산중수부의무로(山重水復疑無路)

'버들 그늘 깊고 꽃 밝은' 마을이 있었네

유암화명우일촌([柳暗花明又一村)

唯唯唯唯唯唯唯唯唯唯唯 (오직 유)
一 (한 일)
無無無無無無無無無無無無 (없을 무)
二二 (두 이)

唯一無二
유 일 무 이

둘이 아니고 오직 하나 뿐이라는 뜻으로, 오직 하나밖에 없음.

有有有有有有 (있을 유)
害害害害害害害害害害 (해할 해)
無無無無無無無無無無無無 (없을 무)
益益益益益益益益益益 (더할 익)

有害無益
유 해 무 익

해는 있으되 이익(利益)이 없음.

殷殷殷殷殷殷殷殷殷殷 (나라 은)
鑑鑑鑑鑑鑑鑑鑑鑑鑑鑑鑑鑑鑑鑑鑑鑑鑑鑑 (거울 감)
不不不不 (아니 불)
遠遠遠遠遠遠遠遠遠遠遠遠 (멀 원)

殷鑑不遠
은 감 불 원

은나라의 거울은 먼 데 있지 않다.

出典 시경(詩經)

은왕조(殷王朝)를 반성할 자료로 삼을 거울(鑑)은 그리 멀지는 않다. 바로 앞시대에 있다. (그러므로 그것을 생각하고 조심하라는 뜻).

올림픽의 기원이 된 제1 올림피아경기가 그리스에서 열린(전776)것은 중국에서 주왕조(周王朝)가 견융(犬戎)이라 불리우는 부족의 압력에 못견뎌 그때까지 살고 있던 산간인 호경(鎬京)에서 동쪽 평야인 낙양(洛陽)에 도읍을 옮길 무렵에 해당된다.

따라서 그 이후는 동주(東周), 이전을 서주(西周)로 구별하는데, 그보다 약 100년 전 즉 저9세기 주왕조에서 다음과 같은 노래가 유행했다.

문왕은 말했다. 오호라 너 은나라여,

사람들이 말하지 않는가,

『쓰러진 나무를 다시 세워보니

가지나 잎은 아직 달려 있어도

뿌리는 이미 못쓰게 되어 있다』고

은나라의 거울은 멀지는 않다. (殷鑑不遠)

하(夏)의 그대 세상에 그것은 있다.(在夏后之世)

그때의 제왕인 호(胡)는 후에 여왕(厲王─잔인한 왕)이란 이름을 얻었듯이, 무참한 짓을 눈 하나 깜짝하지 않고 헤치웠다. 곁의 신하들이 걱정한 나머지 3백 년쯤 전인 주왕조의 선조인 문왕의 말,「은감불원 재하후지세」를 끌어내어 여왕(厲王)을 풍자했던 것이다.

불만은 폭발되고 여왕은 쿠데타에 의해 조정에서 쫓겨났으며, 공백화가 정치를 맡아 중국으로서는 최초의 공화제(共和制)가 출현했다.

그럼 문왕(文王)은 왜 이런 말을 했는가.

주(周)의 선조라곤 하지만 문왕은 원래 그 전의 은왕조(殷王朝)의 보좌역으로 삼공(三公)의 한 사람이었다. 서양에서는 트로이의 목마로 유명한 트로이전쟁이 한창이던 무렵이다. 중국에서는 은의 주왕(紂王)이 달기(妲己)라는 여성에게 눈이 어두워져「주지육림(酒池肉林)」의 놀이에 정신이 없었다.

마음에 거슬리는 자는 훨훨 타는 불 위에 가로질러 놓은 구리기둥 위를 걷게 한다. 기름이 칠해져 있어 미끄러져 불 속으로 떨어져 타죽는다는 형벌이었다.<포락지형(炮烙之刑)>

그래서 삼공은 일제히 입을 모아 주왕을 비판했다. 결국 구후(九侯)·악후(鄂侯) 두 사람은 살해되고 문왕(당시는 서백(西伯)이라 불리웠다)은 옥에 갇히게 되었다. 진심으로 주왕을 간한 비간(比干)은 네 그 마음 속이 보고싶다고 가슴을 칼로 헤쳐 살해되는 판이었다.

그렇게 해서 문왕의 아들은 군사를 일으켜 주왕을 멸망시키고, 주왕조를 세워 무왕(武王)이 된 것이다. 그럼「재하후지세(在夏后之世)」란 무슨 말인가.

하(夏)는 은(殷)보다 앞섰던 왕조의 이름, 전설적인 제왕 우(禹)가 선조인데 전12세기까지 약 5백년간 계속되었다고 한다. 그 하왕조가 망한 것은 17대 왕인 걸왕(桀王) 때였는데 역시 말희(妹喜)라는 여성을 기쁘게 해주기 위해 닥치는대로 호화판을 벌려 국력을 쇠약하게 만든 것이 원인이었다. 이 멋대로 노는 걸왕이 지상을 지배하는 태양이라고 국민들은 생각했다. 강렬한 빛을 발하는 태양을 가리키며,

"그대는 언제 망하는가, 우리들도 그대와 함께 망한다"

고 저주를 했다.

비교적 힘이 있었던 상(商)이라는 부락의 우두머리인 탕(湯)은 이것을 보고, 이윤(伊尹)을 참모로 군사를 일으켜 걸왕을 타파했으며, 상(商)이란 나라를 세웠다. 곧 은왕조의 무왕(武王)으로 중국 최초의 혁명이었다.

그래서「재하후지세(在夏后之世)」란 하(夏)의 걸왕이 인심을 잃어 멸망한 것을 가리킨다.

이 하·은·주의 세 왕조를「삼대(三代)」라고 하는데, 어느 것이나 다 비슷한 길을 걸어 이 성어(成語)는 그와 같은「역사는 되풀이된다」를 바탕으로 삼고 있다.

따라서 원래는 주로 주군(主君)을 간하는데 쓰이던 말이었으나, 지금은 이전의 실패나 남의 실패를 자기의 반성재료로 하라고 할 때 쓴다. 그리하여「타산지석」이나「전거복후거계(前車覆後車戒)」와 비슷한 말이 되어 버렸다.

隱忍自重
은 인 자 중

隱隱隱隱隱隱隱隱隱隱隱隱隱隱隱隱 (숨을 은)
忍忍忍忍忍忍忍 (참을 인)
自自自自自自 (스스로 자)
重重重重重重重重重 (무거울 중)

밖으로 드러내지 아니하고 참고 감추어 몸가짐을 신중(愼重)히 함.

『사기』「오자서열전(伍子胥列傳)」에,

"오자서는 장강(長江)에서 곤궁에 빠졌을 때에도 길에서 구걸을 할 때에도 마음속으로는 단 한 순간도 초(楚)나라를 잊은 적이 없었을 것이다. 그러므로 인내를 자제하여 공명을 이루었으니 기상이 굳센 대장부가 아니면 누가 이렇게 할 수 있겠는가?[方子胥窘於江上, 道乞食, 志豈嘗須臾忘郢邪? 故隱忍就功名, 非烈丈夫孰能致此哉?]"라는 말이 나온다.

은인(隱忍)은 숨기고 참는다는 뜻으로, 주로 분하거나 슬픈 감정을 가슴 속에 꾹꾹 눌러두고 참으며 겉으로 드러내지 않는 모습을 의미한다. 또 자중(自重)은 스스로 말과 행동을 삼가고 조심하는 태도를 의미한다. 자기 자신을 아끼고 소중히 여긴다는 뜻도 있다.

은인자중은 이 두 단어가 합쳐진 말로, 어떤 사정이 있더라도 겉으로 표현하기보다는 묵묵히 삭히고 참으며 처신을 조심히 하는 성격이나 태도를 의미한다. 최종적으로 어떤 일을 도모하기 위해 중요한 시점을 기다리는 상황에, 평소 행동거지가 신중한 사람의 성품을 가리킬 때 쓰인다.

陰德陽報
음 덕 양 보

陰陰陰陰陰陰陰陰陰陰陰 (그늘 음)
德德德德德德德德德德德德 (덕 덕)
陽陽陽陽陽陽陽陽陽陽陽陽 (볕 양)
報報報報報報報報報報報 (갚을 보)

사람이 보지 않는 곳에서 좋은 일을 베풀면 반드시 그 일이 드러나서 갚음을 받음.

손숙오가 어렸을 때의 일이다. 어느 날 밖에서 놀다가 머리가 둘 달린 뱀을 보고 죽여서 묻어 버렸다. 그런 다음 집으로 돌아와 끼니를 거르면서 고민하였다. 이를 이상히 여긴 어머니가 그 까닭을 물었다. 손숙오가 울면서,

"머리 둘 달린 뱀을 본 사람은 죽는다고 들었습니다. 아까 그걸 보았습니다. 머지않아 나는 죽어 어머니 곁을 떠날 것입니다. 그것이 걱정됩니다."라고 하였다. 어머니는,

"그 뱀은 어디 있느냐?" 하고 물었다. 손숙오가,

"또 다른 사람이 볼까봐 죽여서 묻어 버렸습니다."라고 말하였다.

말을 다 들은 어머니는,

"남모르게 덕행을 쌓은 사람은 그 보답을 받는다[陰德陽報]고 들었다. 네가 그런 마음으로 뱀

을 죽인 것은 음덕이니, 그 보답으로 너는 죽지 않을 것이다."라고 하였다.

어머니의 말대로 장성한 손숙오는 재상의 자리에까지 나아갔다. 초나라 장왕(莊王) 때의 일이다. 손숙오의 고사는 개인주의가 만연한 오늘날에는 그 시사하는 바가 크다. 차후로 발생할 희생을 자신으로 마감하겠다는 대아의 정신이 더욱 커보인다.

泣斬馬謖
읍 참 마 속

泣泣泣泣泣泣泣泣 (울 읍)
斬斬斬斬斬斬斬斬斬斬 (벨 참)
馬馬馬馬馬馬馬馬馬馬 (말 마)
謖謖謖謖謖謖謖謖謖謖謖謖謖謖 (일어날 속)

눈물을 머금고 마속의 목을 벤다는 뜻.

사랑하는 신하를 법대로 처단하여 질서를 바로잡음을 이르는 말이다.

촉나라 제갈량이 위나라와 싸울 때 일이다. 제갈량은 위나라를 물리칠 작전이 있었으나 꼭 한 곳이 불안했는데 바로 촉군 식량을 옮기는 가정 지역이었다. 이곳을 위군에게 빼앗긴다면 촉군은 독안에 든 쥐 꼴이라 누구에게 맡길지 큰 고민거리였다. 이때, 한 장수가 나섰다.

"승상, 제가 그 땅을 지키겠습니다. 위나라 군사는 그 그림자도 얼씬거리지 못하게 할 테니 맡겨 주십시오."

스스로 청한 사람은 마속이었다. 그는 젊지만 재주가 뛰어나고 앞으로가 기대되는 인물이라 제갈량이 아끼는 신하였다. 하지만 그가 선뜻 결단을 내리지 못하고 망설이자 마속이 다시 간청했다.

"오랫동안 병법을 배운 제가 가정 하나를 지키지 못하겠습니까? 싸움에서 패한다면 군법에 따라 엄하게 벌 받겠으니 믿어 주십시오."

"각오가 그렇다니 한번 맡겨 보지. 만에 하나 실패한다면 그대 목숨을 거두겠네."

그러고는 곧바로 계략을 일러 주었다.

"가정은 세 면이 절벽이라 기슭에 진을 치면 위나라 군이 접근하지 못할 것이네."

마침내 군사를 이끌고 가정에 도착한 마속은 지형을 가만히 살피다 빙그레 웃었다.

'이곳은 적군을 끌어들여 역습하기 꼭 알맞군. 그렇다면 산기슭이 아니라 산꼭대기에 진을 쳐야겠구나. 이번에 공을 세워 승상께 내 실력을 보여 드려야지.'

마속은 제갈량이 내린 명령을 어기고 산 위에 진을 쳤지만 그의 작전은 빗나갔다. 위군이 산기슭을 둘러싸 물을 끊어 버리자 마속과 촉나라 군사들은 궁지에 몰렸기 때문이다. 마속은 하는 수 없이 군사를 이끌고 내려왔으나 이를 미리 눈치 챈 위군에게 당해 크게 패하고 말았다.

마침내 마속이 군법으로 벌을 받게 되자 신하들이 이를 말렸다.

"마속은 뛰어난 인재입니다. 그를 잃으면 나라에 손실이니 승상께서 용서해 주십시오."

"마속이 아까운 인재임을 모르는 바 아니지만 군법은 누구에게나 공정해야 하오. 그를 용서하면 군대 질서가 서지 않아 더욱 큰 손실이 오겠지. 인재일수록 더 엄히 벌해야만 대의가 바로 서지 않겠소?"

마속이 끌려가자 제갈량은 소매로 얼굴을 가리고 자리에 엎드려 통곡했다. 이를 본 주위 신하들과 군사들도 그 마음을 헤아리고 모두 울었다.

應接不暇
응 접 불 가

應應應應應應應應應應應應應應應(응할 응)
接接接接接接接接接接接(이을 접)
不不不不(아니 불)
暇暇暇暇暇暇暇暇暇暇暇暇暇(겨를 가)

응대하여 맞이할 겨를이 없다.

出典 세설신화(世說新話)

이 말은 남북조의 송대(宋代)에 엮어진 『세설신화(世說新話)』에 나온다. 산음(山陰)의 길은 지금의 회계(會稽)에 있지만 진(晉)나라 사람으로 중서령까지 되고 특히 풍아(風雅)한 취미와 그 글씨로 유명한 왕자경(王子敬)이 그 도중(道中)에 대해 이렇게 말했다고 한다.

"산음(山陰)의 길은 희한하다. 치솟은 산이나 계류가 계속 눈앞에 나타난다. 그것이 차례로 번쩍거리며 나타날 때에는 하나하나 응접(인사)할 틈도 없을 정도다. 모든 산의 단풍이 드는 하늘이 높은 가을이나, 고요하고 쓸쓸한 겨울이 지나면, 모든 생각을 다 잊게 한다."

왕자경이 응접할 겨를이 없었던 것은 나타나는 아름다운 산수에 대해서이나, 이 말은 그런 경우에만 쓰지는 않게 되었다. 인간 세상에서 응접에 겨를이 없었던 것은 지극히 많았던 것이다.

전국시대의 사람들은 끊임없는 전란에 고생을 하고 쓰라린 일도 꼬리를 물고 일어났을 것이다. 가난한 사람들은 월말이 되면 외상값 지불에 골치를 앓는다. 좋은 일, 궂은 일, 계속해서 나타나 생각할 여유조차 없을 만큼 바쁜 것이 응접불가(應接不暇)다. 산천의 아름다움에 넋을 잃을 정도라면 참으로 행복하다는 것이 아닐까?

意氣揚揚
의 기 양 양

意意意意意意意意意意意意意(뜻 의)
氣氣氣氣氣氣氣氣氣氣氣(기운 기)
揚揚揚揚揚揚揚揚揚揚揚(날릴 양)

의기(義氣)가 드높아 매우 자랑스럽게 행동하는 모양.

자랑스러워 뽐내는 모양(模樣)을 말한다.

춘추시대 제나라에는 안자라는 유명한 재상이 있었다. 재상은 나라에서 아주 높은 직책이었다. 그래서 안자가 마을을 지나간다고 하면 사람들이 나와 서로 얼굴을 보려고 했다.

안자는 됨됨이가 겸손하고 점잖았다. 그래서 수레에 앉아 외출할 때도 자기 직책을 뽐내지 않고

343

늘 고개를 숙이고 있었다고 했다. 오히려 그의 마부가 고개를 빳빳이 들고 자기가 대단한 사람인 것처럼 의기양양해서 수레를 몰고 다녔다.

어느 날 마부의 아내는 안자가 탄 수레가 집 앞을 지나간다는 소식을 듣고 문 뒤에 숨어서 살그 머니 내다보았다. 그런데 아내가 보니 재상인 안자는 조용히 앉아 있는데, 남편은 으스대고 거들먹 거리며 수레를 몰고 가는 거야. 마부의 아내는 그런 남편의 모습이 창피했다.

疑心生暗鬼
의 심 생 암 귀

疑疑疑疑疑疑疑疑疑疑疑疑疑疑 (의심 의)
心心心心 (마음 심)   生生生生生 (날 생)
暗暗暗暗暗暗暗暗暗暗暗 (어두울 암)
鬼鬼鬼鬼鬼鬼鬼鬼鬼鬼 (귀신 귀)

의심을 하면 귀신이 생긴다.

出典 열자(列子)

의심은 암귀(暗鬼)를 낳게 한다.—선입관(先入觀)은 왕왕 판단의 정확성을 잃는다고 고쳐 말해 도 좋을 것이다.

그 한 보기로써 열자(列子)는 「설부편(說符篇)」에서 다음과 같은 우화(寓話)를 써놓고 있다.

어떤 사람이 가지고 있던 도끼를 잃어버렸는데, 누군가가 훔쳐간 것이 아닌가하고 생각하니, 암 만해도 옆집 아들이 수상하다고 생각되었다. 자기하고 만났을 때의 거동도 슬금슬금 도망치려는 듯한 태도였고, 안색이나 말투도 어딘가 겁을 먹고 있는 듯 했다. 도끼를 훔친 것은 틀림없이 그놈 이라고 생각되었다. 그런데 잃어버린 도끼는 자기가 산골짜기에 놓아두었다가 잊어버렸던 것으로, 후에 그곳을 파헤쳤을 때 갑자기 나타났다. '이거 야단났구나'하고 집으로 돌아왔으나, 그때 다시 옆집 아들을 보니 이번에는 일거일동이 별로 수상해 보이지 않았다.

즉 자기 선입감이 수상하지도 않은 사람을 수상하게 봤다는 것이다. 그래서 속담에 의심생암귀 (疑心生暗鬼)니, 또는 「만사분착(萬事紛錯) 모두 의(意)에서 생긴다」 라는 말이 있다. 아주 인정의 기미(幾微)를 꿰뚫는 말이다.

「설부편(說符篇)」에 또 하나 이런 이야기가 있다.

어떤 사람의 뜰에 있는 오동나무가 말라 죽었다. 그러자 옆집 노인이,

"말라죽은 오동나무를 집에 두면 재수가 없다던데……:"

하고 충고해 주므로, 그 사람은 헐레벌떡 그 나무를 잘라버렸는데, 옆집 노인은 땔감으로 쓰기 위 해 나를 속이고 자르게 했구나, 같은 이웃에 살면서 그런 음흉한 짓을 한단말이요. 하고 노발대발 했다고 한다.

그럼 이것은 어떻게 해석했으면 좋을까. 옆집 노인이 음흉한 생각에서 했다면 다시 말할 필요도 없지만, 그렇지 않다면 친절한 충고가 상대의 의심암귀에 의해 얼토당토 않은 혐의의 씨가 된 셈

이다.

이 이야기를 좀 더 재미있게 꾸민 것이 『한비자(韓非子)』의 「세난편(說難篇)」이다. 그것은 이렇다.

송나라에 어떤 부자가 살고 있었다. 오랜 장마가 계속되어 저택의 담이 무너졌을 때 아들이 그것을 보고,

"빨리 수리해 놓지 않으면 도둑이 들지도 모릅니다."

라고 충고하고, 또 옆집 노인도 같은 충고를 했다. 그러자 그날 밤 과연 도둑이 들어 물건을 훔쳐갔는데, 이 부잣집에서는 아들에게는 선견지명이 있다고 칭찬하고, 옆집 노인에게는 암만해도 수상하다고 혐의를 걸었다고 한다.

즉 같은 충고를 해도 듣는 사람의 선입감으로 선견지명이라고도 생각하고, 도둑의 혐의도 걸게 된다. 인간의 마음이란 도무지 믿을 것이 못되는 모양이다.

以德服人
이 덕 복 인

以以以以以 (써 이)
德德德德德德德德德德德德德 (덕 덕)
服服服服服服服服 (입을 복)
人人 (사람 인)

덕으로써 사람을 복종(服從)시킴.

以三寸之舌彊於百萬師
이 삼 촌 지 설 강 어 백 만 사

以以以以以 (써 이)
三三三 (석 삼)
寸寸寸 (마디 촌)
之之之之 (갈 지)
舌舌舌舌舌舌 (혀 설)
彊彊彊彊彊彊彊彊彊彊彊彊彊彊彊 (굳셀 강)
於於於於於於於於 (어조사 어)
百百百百百百 (일백 백)
萬萬萬萬萬萬萬萬萬萬萬萬 (일만 만)
師師師師師師師師師 (스승 사)

세 치 혀는 백만대군보다 강하다.

> **出典** 사기(史記) 평원군전(平原君傳)

때는 전국시대(戰國時代)다. 서쪽의 웅국(雄國)인 진의 침략전에 동방의 제국이 있는 지혜와 힘을 다하여 어떻게든 살아남으려고 필사적으로 몸부림 치던 때의 이야기다.

조(趙)는 진군(秦軍)에게 포위되고 왕의 일족으로 평원군(平原君)같은 천하에 이름을 떨친 현자도 있었으나, 진의 소양왕이 이끌고 온 운하(雲霞)같은 대군을 감당하지 못해 수도 한단성(邯鄲城)의 운명도 끝장에 가까워졌다. 아무튼 쥐 한 마리의 값이 전도(錢刀) 30매가 될 정도로 식량 사정은 급박해져서, 유일한 타개책은 외국의 원병을 얻을 수 있느냐 없느냐에 달려 있었다. 물론 제국에 구원을 청하고는 있었으니 서한을 보낸다는 그런 시간이 걸리는 수단으로서는 효과가 오

르지 않아 어디서도 반응이 없었다. 멸망 직전 상태에 있는 조(趙)를 구하기 위해 군사를 움직였다가 만에 하나 실패를 하면 강한 진의 창끝이 다음에는 내게로 돌려질 것은 뻔한 일이다. 이 약육강식 시대에 물에 빠져 허덕이는 남을 구하기 위해 그저 수영에 자신도 없는 자가 몸을 날려 뛰어들 사람이 어디 있겠는가.

그래서 마침내 평원군 자신이 초왕(楚王)을 설득하게 되었다. 평시부터 평원군과 그리 사이가 좋지 않았던 조(趙)의 효성왕(孝成王)의 표정은 어두웠다.

"조나라의 운명이 걸린 사신이다. 부탁한다."

평원군은 3천 명이나 되는 식객 중에서 20명을 뽑아 출발할 예정이었으나 이 대임(大任)에 적당한 인물로 19명까지는 무난히 뽑았지만 나머지 한 명에서 막히고 말았다. 이리저리 생각을 거듭하고 있을 때, 모수(毛遂)라는 식객이 나타나,

"꼭 나를……"

하고 자천(自薦)을 하는 것이었다. 이렇다할 재주도 없어 극히 눈에 띄지 않는 사나이었으므로 평원군도 놀랐다.

"그대는 내게 온지 몇 해나 되는가?"

"3년이옵니다."

"현사(賢士)가 세상에 있을 때에는 마치 송곳이 주머니 속에 있는 것 같아 곧 날카로운 끝을 나타낸다. 그대는 3년이나 있으면서 남의 소문에 한 번도 오르지 못했다. 따라서 아무런 재능도 없다는 것이 되지 않겠는가?"

"주머니 속에 넣어 주셨더라면 끝이 아니라 자루까지 너와 있었을 것입니다" (「낭중지추(囊中之錐」)

이렇게 하여 20명 중에 끼인 모수(毛遂)를 모두들 깔보았으나, 모수에게는 자신이 있었다. 도중에서 논의(論議)를 걸었다가 논파(論破)당한 것은 19명 쪽이었다.

초(楚)의 고열왕(考烈王)과 평원군과의 조초동맹(趙楚同盟)의 교섭은 난항이었다.

"선생, 한 번 나서보십시오."

하고 19명이 모수(毛遂)에게 부탁했다. 모수는 곧 계단으로 달려 올라갔다. 손은 칼자루를 단단히 쥐고 있었다.

"아침부터 반나절이 지나도록 아직 결판을 못짓고 있으니 이게 무슨 꼴입니까?"

고열왕(考烈王)이 야단을 쳤으나 눈 하나 깜짝하지 않고,

"왕께서 노하시는 것은 초나라의 대병력을 배후에 갖고 계시기 때문이죠. 그러나 보십시오. 왕과 저하고의 사이는 불과 10보의 거리가 있을 뿐입니다. 대병력도 소용이 없습니다. 내 손에 왕의 목숨이 쥐어져 있습니다. 그런데 초(楚)같은 대국이 끽소리 한 번 치지도 못하고 진(秦)나라에 머리를 숙인다는 것은 말도 안되는 이야기. 합종(合從)을 권하는 것은 초(楚)를 위해서입니다."

"……자네 말이 옳군. 나라를 걸고 자네 의견에 좇겠네."

"맹약(盟約)하실 결심이 서셨습니까?"

"그렇다."

"그럼, 닭과 개와 말의 피를 여기에……"

그래서 곧 초나라 시종들에 의해 그것이 준비되었다.

"먼저 왕께서 피를 마십시오. 다음에는 우리 주상, 그 다음에 수(遂)가 받겠습니다."

식이 무사히 끝나자, 모수(毛遂)는 왼손에 동반(銅盤)을 들고 오른손으로 19명을 불렀다.

"다함께 피를 당하(堂下)에서 마시도록. 그대들 같은 사람을 쓸모도 없으면서 남의 덕으로 공을 세우는 자라고 한다."

이렇게 하여 조국(趙國)은 망국의 위기를 면했으나, 사람을 보는 눈이 밝다고 자랑하던 평원군도 이번만은 손을 들었다.

"모선생에게는 큰 실례를 했군요. 선생은 초나라로 한 번 사신을 간 것 뿐으로 조의 국위를 구정대려(九鼎大呂)보다 무겁게 했습니다. 모선생의 세 치 혀는 백만대군보다 강하다고 하겠습니다. 앞으로는 함부로 남을 평가하지 않도록 하겠습니다."

현인(賢人) 평원군이 반성한 말이다.(「史記」平原君傳)

以心傳心
이 심 전 심

以以以以以 (써 이)
心心心心 (마음 심)
傳傳傳傳傳傳傳傳傳傳傳 (전할 전)

마음에서 마음으로 전한다는 뜻.

出典 전등록(傳燈錄)

「마음으로서 마음에 전한다」는 것으로 원래가 불교에서 나온 말이다.

「전등록(傳燈錄)」이란 불전(佛典)에 있는 「법부가섭 이심전심(法付迦葉以心傳心)」이란 말이 출전이다.

「염화미소(拈花微笑)」라고도 한다.

석가(釋迦)가 영산(靈山)이란 곳에서 많은 제자를 모았다. 그때 석가(釋迦)는 연꽃 하나를 따들고 여러 제자들에게 보였다. 그런데 많은 제자들은 그것이 무엇을 뜻하는지 몰라 조용해졌다. 누구 하나 입을 열어 말하는 자가 없었다. 제일로 지목되는 고제자 가섭(迦葉)만이 그것을 보고 파안미소(破顔微笑) 빙그레 웃었다.

그래서 석가(釋迦)는,

"내게 정법안장 열반묘법(正法眼藏涅槃妙法), 실상무상 미묘법문(實相無相 微妙法文)이 있고 불립문자(不立文字), 교외별전(敎外別傳), 즉 문자(文字)나 말로 표현할 수 없는 오의(奧義…매우 깊은 뜻)를 가섭에게 준다"고 말했다고 한다.

以熱治熱
이 열 치 열

以 以 以 以 以 (써 이)
熱 熱 熱 熱 熱 熱 熱 熱 熱 熱 熱 熱 熱 熱 熱 (더울 열)
治 治 治 治 治 治 治 治 (다스릴 치)

열(熱)은 열로써 다스린다는 뜻.

힘에는 힘으로 또는 강(强)한 것에는 강한 것으로 상대함을 이르는 말.

'이에는 이, 눈에는 눈'이라는 말이 있다. 세계에서 가장 오래된 법전인 함무라비 법전의 철학인데, 받은 대로 돌려준다는 의미 즉 교화보다는 보복에 중점을 두었다는 것을 알 수 있다. 이열치열 또한 그와 비슷한 의미를 갖고 있다. 힘에는 힘으로 대적한다는 의미가 담겨 있으니까. 그 외에 더운 음식 또는 땀 흘리는 방식으로 더위를 이겨낼 때도 이 표현을 쓴다.

같은 것으로 같은 것을 다스리는 것은 또 있다.

以夷制夷
이 이 에 이

以 以 以 以 以 (써 이)
夷 夷 夷 夷 夷 夷 (오랑캐 이)
制 制 制 制 制 制 制 制 (지을 제, 억제할 제)

오랑캐로 오랑캐를 제어한다는 뜻.

적을 이용하여 또 다른 적을 통제한다는 말이다.

중국 남조(南朝)시대 송(宋)나라의 범엽(範曄)이 지은 『후한서(後漢書)』 「등훈전(鄧訓傳)」에 나오는 말이다. 장화(章和) 2년(88년), 한(漢)나라의 호강교위(護羌校尉) 장우(張紆)가 이민족 중 하나인 강족(羌族)의 소당강(燒當羌) 미오(迷吾)를 주살한 일이 있었다. 강족이 분노하여 원수를 갚으려 모략을 꾸민다는 소문이 전해지자 조정에서는 호강교위를 인품과 능력이 모두 뛰어난 등훈(鄧訓)으로 교체하였다. 당시 한나라 변방 안쪽에는 또 다른 이민족인 소월지(小月氏) 호족(胡族)들이 살고 있었다. 복수를 꿈꾼 강족 미오의 아들 미당(迷唐)은 변새 아래까지 와서 바로 한나라 등훈을 공격하지는 못하고 먼저 그 근처에 살던 호족을 위협하였다. 그러자 등훈은 강족이 호족을 건드리지 못하게, 호족은 강족에 대항하여 일어나지 못하게 둘 사이를 막았다. 조정의 책략가들은 등훈을 비판하며, 강족과 호족이 서로 공격하여 싸우는 것이 한나라 조정에 유리하므로 오랑캐를 이용해 오랑캐를 공격해야지 그들이 싸우는 것을 막아서는 안 된다고 하였다.[議者咸以羌胡相攻, 縣官之利, 以夷伐夷, 不宜禁護.]

이에 등훈은 장우가 함부로 살인을 저질러서 강족에게 분노를 샀고 호족에게도 신뢰를 얻지 못하고 있다며, 오히려 지금 위급한 상황에 놓여있을 때 그들을 은덕으로 위로하고 감싸주어야 후에 좋은 기회로 이용할 수 있다고 항변하였다. 결국 조정에서는 등훈의 의견에 따라 두 민족 간의 싸움을 방관하지 않기로 하였다. 등훈이 변방의 성문을 열어 호족 여인들과 아이들이 들어와 살게 하고 군대를 보내 그들의 거주지 근처를 수비하게 하니, 호족이 등훈의 은혜에 감사하며 이후 그의 명을 따랐다. 책략가들은 강족과 호족의 싸움을 붙이는 것이 한나라에게 이익이 된다고 하였지만, 결국 등훈의 말대로 하여 강족은 물러나고 호족은 등훈을 따르게 되었다. '이이제이(以夷伐夷)' 보다 등훈의 은덕이 더 효과적인 방법이었던 것이다.

여기서 전하여 이이제이란 주변 두 나라 간의 싸움을 유도하거나 방조하여 제삼자로서 이득을 보는 것을 이른다. 말 그대로 적을 이용하여 적을 통제하는 것이다. 견제되는 여러 세력에 일일이 대항하기 어려울 때 자신은 한 걸음 뒤로 물러나고 상대 세력들 간의 갈등, 싸움을 이용하는 전략을 뜻하며 이이벌이(以夷伐夷), 이이치이(以夷治夷)와 같은 말이다.

李下不整冠
이 하 부 정 관

李李李李李李李李
下下下(아래 하)　不不不不(아니 불)
整整整整整整整整整整整整整整整整(가지런할 정)
冠冠冠冠冠冠冠冠(갓 관)

오얏나무 아래서는 관을 고쳐쓰지 않는다.

出典　열녀전(列女傳)

전국시대, 주열왕(周熱王)6년(B.C 370) 제(齊)는 위왕(威王)이 왕위에 있어 즉위한지 9년이 되었으나, 국내는 좀처럼 다스려지지 않고 국정은 영신(佞臣)인 주파호(周破胡)가 손아귀에 넣고 있었다.

파호는 현사 유능한 인제를 시기하여 즉묵(卽墨)…산동성(山東省)의 대부가 현명한 선비였는데 그것을 비방하고, 오히려 아대부(阿大夫)는 멍텅구리였는데도 오히려 그를 칭찬하곤 했다. 위왕(威王)의 후궁에는 우희(虞姬)라는 여자가 있어 파호의 행동을 보다 못해 우희는 왕에게 호소했다.

"파호는 속이 검은 사람입니다. 등용하시면 안됩니다. 제(濟)에는 북곽선생(北郭先生)이라는 현명하고 덕행이 높은 분이 계시니까 그런 분을 등용하는 것이 좋을 것입니다."

그런데 이 말이 파호의 귀에 들어가고 말았다. 파호는 우희를 눈엣가시로 생각하여 어떻게든 이것을 모함하고자 우희와 북곽선생의 사이가 수상하다고 떠들어댔다. 왕은 구층이나 되는 누각 위에 우희를 감금하고 관원에게 조사를 시켰다. 파호는 손을 써서 그 관원을 매수하고 있었으므로, 그 관원은 있는 일 없는 일을 꾸며대어 우희를 벌주려고 했다. 그러나 왕은 그 조사 방법이 수상함을 알고, 우희를 불러 직접 사실여부를 알아보았다.

"저는 10여년동안 진심으로 왕을 위해 힘을 다하고 있었습니다만, 지금 간사한 자의 함정에 빠지고 말았습니다. 제가 결백하다는 것은 뚜렷합니다만 만약 제게 죄가 있다고 하면 그것은「과전불납리(瓜田不納履)하고 이하부정관(李下不整冠)」이란 의심받을 일을 피하지 않았던 점과, 구층탑에 감금되었어도 누구 한 사람 변명을 해주는 사람이 없었다는 것이 저의 부족함입니다. 가령 죽음을 내리신다 해도 저는 이 이상 더 변명할 생각은 없습니다. 그러나 오직 하나, 왕께서 들어주십시오. 지금 군신들은 다 나쁜 짓을 하고 있으나, 그 중에서도 파호(破胡)가 가장 심합니다. 왕께서는 국정을 파호에게 일임하고 계시지만, 이래서는 나라의 장래가 극히 위험하다는 말씀입니다.」

우희가 진심으로 이렇게 말하는 것을 들은 위왕(威王)은 갑자기 꿈에서 깨어나는 듯한 느낌이 들었다. 그래서 즉묵대부(卽墨大夫)를 만호(萬戶)로써 봉하고, 영신(佞臣)인 아대부(阿大夫)와 주파호(周破胡)를 팽살(烹殺)시켜 내정을 바로잡았으므로 제(齊)는 크게 안정이 되었다.(『열녀전(列女傳)』

이 이야기에 나오는「과전불납리 이하부정관(瓜田不納履·李下不整冠)」이란 말은 오이가 익은 밭에서는 신발을 바꿔신으면 마치 오이를 도둑질하는 것 같이 보이고, 오얏이 익은 나무 아래서 손을 들어 관을 고쳐쓰면 마치 오얏을 따는 것 같이 보이므로, 그렇듯 남에게 의심 받을 짓은 삼가라는 뜻이다.

『문선(文選)』악부(樂府)에 '군자는 미연에 방지하되 혐의있는 곳에 있지 아니하며, 과전(瓜田)에서 신발을 바꾸지 말고, 이하(李下)에서 관을 고쳐쓰지말며 수숙(嫂叔)과 친원(親援)하지 않고, 장유(長幼)는 비견(比肩)하지 않고……' 운운하는 것이 보인다.

益益益益益益益益益益(더할 익)
者者者者者者者者者(놈 자)
三三三(석 삼)
友友友友(벗 우)

사귀어 자기에게 유익한 세 부류(部類)의 벗이라는 뜻.

정직(正直)한 사람, 친구(親舊)의 도리(道理)를 지키는 사람, 지식(知識)이 있는 사람을 이르는 말로서, 삼익우(三益友)라고도 하는데, 심성이 곧은 사람, 신의가 있는 사람, 지성을 갖춘 사람을 가리킨다.

人間萬事塞翁之馬
인 간 만 사 새 옹 지 마

人人 (사람 인)
間間間間間間間間間間間 (사이 간)
萬萬萬萬萬萬萬萬萬萬萬萬 (일만 만)
事事事事事事事事 (일 사)
之之之之 (갈 지)

塞塞塞塞塞塞塞塞塞塞塞塞 (막힐 색, 변방 새)
翁翁翁翁翁翁翁翁翁翁 (늙은이 옹)　馬馬馬馬馬馬馬馬馬馬 (말 마)

인생에 있어서 길흉화복은 항상 바뀌어 미리 헤아릴 수가 없다는 뜻.

`出典` 회남자(淮南子)

옛날 중국 북방에 사는 이민족을 총칭해서 호(胡)라 하고, 한민족이 크게 두려워했다. 이것은 그 호지(胡地)와의 국경에 있는 성새(城塞)근처에서 생긴 이야기다.

이곳에 점술(占術)에 능한 노옹(老翁)이 살고 있었는데, 어느 날 아무 까닭도 없이 옹의 말(馬)이 호지로 달아나 버렸다. 남선북마(南船北馬)라고 하는 북지(北地)에서 말을 잃은 것은 대형 사고다. 근처 사람들이 그 딱한 사정을 위로해 주기 위해 찾아왔다. 그러자 옹(翁)은 조금도 걱정하는 낯빛 없이 말했다.

"전화위복이란 말이 있지않습니까. 과히 걱정할 필요는 없겠죠."

과연 수개월이 지나자 그 말은 어찌된 일인지 호지의 좋은 말을 데리고 돌아왔다. 사람들은 곧 축하인사를 하러 왔다. 하나,

"이게 또 무슨 화근이 될지 모르죠."

하고 조금도 반가운 기색이 보이지 않았다.

노옹의 집은 좋은 말이 많아졌으나 나중에 말타기를 좋아하는 아들이 말에서 떨어져 다리가 부러져 절름발이가 되었다.

그래서 동네 사람들이 또다시 위로하는 말을 하러 왔다.

"아닙니다. 이게 또 어떤 다행한 일이 될지도 모릅니다."

노옹은 천하태평이었다.

그 후 1년쯤 지나서 호인(胡人)들이 성새(城塞)로 쳐들어왔다. 마을의 젊은이들은 전원 활을 들고 싸워 열에서 아홉은 전사했다. 그러나 노옹의 아들은 불구자였으므로 전쟁에 소집을 면해 부자가 다 같이 무사했다고 한다.

이 이야기는 『회남자(淮南子)』의 「인간훈(人間訓)」에 나와 있다. 하나 그 앞에도 같은 취지의 이야기가 실려 있다.

옛날 송나라에 착한 일을 많이 한 사람의 집에서 검은 소가 흰 송아지를 낳는다는 길상(吉祥)이 두 번씩이나 있었다. 하나 그때마다 아버지와 아들이 차례로 장님이 되는 불행한 결과가 생겼다. 그러나 그 후 초나라에게 공격을 받아 보통 사람들은 지독한 고초를 겪었으나 이 부자만은 장

님이었기 때문에 생명을 부지할 수가 있었을 뿐더러 싸움이 끝난 후 눈이 다시 보이게 되었다고 한다.

어느 것이나 '화복(禍福)은 꼰 새끼줄과 같다' (「사기(史記)남월전(南越傳)」의 좋은 표본으로서 「인간만사새옹지마」는 앞서의 이야기에서 나와 「인간의 길흉화복이란 정하기 어렵다」를 뜻하고 있다. 또 그저 「새옹지마(塞翁之馬)」라고도 한다. 원(元)나라 중 회기(晦機)의 시에,

「인간만사새옹지마(人間萬事塞翁之馬) 추침헌중청우면(推枕軒中聽雨眠)」이란 것이 있는데 이것이 이 말을 최초로 쓴 것일 것이다.

이상 두 이야기는 화복이 그저 전환하는 것이고, 인간의 우연성을 가리키고 있는 듯 생각되나, 『회남자(淮南子)』의 본의는 '우연으로 보이는 것도 다 인간이 스스로 초래(招來)하는 것이다' 라는 점에 있는 듯하다. 그것은 「인간훈」 첫머리의 일부에 '화가 닥침은 사람이 스스로 이것을 낳게 한다'고 씌어있기 때문이다.

因果應報
인 과 응 보

因因因因因因 (인할 인)
果果果果果果果果 (실과 과)
應應應應應應應應應應應應應應 (응할 응)
報報報報報報報報報報報 (갚을 보)

원인(原因)과 결과(結果)는 서로 물고 물린다는 뜻.

① 과거 또는 전생의 선악의 인연에 따라서 뒷날 길흉 화복(禍福)의 갚음을 받게 됨을 이르는 말.

② 좋은 일에는 좋은 결과가, 나쁜 일에는 나쁜 결과가 따름.

줄여서 응보(應報), 과보(果報)라고도 한다. 본래는 불교용어로 원인과 결과는 서로 맞물려 이어져 있다는 말이다.

중국 당나라의 율종승(律宗僧) 도세(道世)가 불교의 세계관에 대하여 백과사전처럼 엮은 책인 『법원주림(法苑珠林)』의 「유무삼매경(惟無三昧經)」 편에는 다음과 같은 구절이 나온다.

"선을 생각하는 자는 선한 과보를 얻고, 악을 생각하는 자는 악한 과보를 얻는다(一善念者, 亦得善果報, 一惡念者, 亦得惡果報.)."

불교에서는 생사가 윤회하는 현상 이면에 인과 관계가 있다고 본다. 현재에 경험하는 일상의 모든 것은 과거의 행위의 결과이며, 지금에 행하는 모든 것은 다가올 미래에 그 결과로서 일어난다는 것이다. 원인과 결과가 과거·현재·미래 삼세(三世)에 호응하여 나타나므로, 과거에 선한 일을 했으면 현재에 좋은 보답을 받게 되고, 현재에 나쁜 짓을 하면 미래에 그 죄에 대한 대가를 받게 된다는 것이다.

여기서 전하여 인과응보는 이미 저지른 잘못에 대해 합당한 처벌이 이루어져야 함을 강조하거나, 현재에 일어난 어떤 일은 근본적인 이유를 따져보면 그럴 수밖에 없었던 것이므로 반성해야

한다는 의미에서 많이 쓰인다.

　비슷한 성어로 종두득두(種豆得豆), 자업자득(自業自得), 양호유환(養虎遺患), 자업자박(自業自縛), 자작지얼(自作之蘖), 자작자수(自作自受), 출이반이(出爾反爾) 등이 있다.

人生感意氣
인 생 감 의 기

人人 (사람 인)　　生生生生生 (날 생)
感感感感感感 感感感感感感 (느낄 감)
意意意意意意意意意意意 (뜻 의)
氣氣氣氣氣氣氣氣氣氣 (기운 기)

사람의 생은 의지와 용기에 감동한다는 뜻.

出典 당시선(唐詩選)

　당초(唐初), 아직 천하가 충분히 평정되지 못했을 때의 일이다. 당시 위징(魏徵)은 남에게 알려질 정도의 인물은 아니었으나, 무엇이든 한 번 공업(功業)을 세워보아야겠다고 생각하고 있었다.

　후에 위징(魏徵)은 당태종(唐太宗)을 보좌하는 명신이 되어 정관(貞觀) 17년에 나이 64세로 사망했을 때 태종이,

　"남을 거울로 삼으면 자기 행동의 정당 여부를 알 수 있는 것이나, 나는 거울 삼을 인물을 잃었다" 고 하며 한탄한 이야기는 유명하다. 그러나 당시는 아직 당(唐)에 사신(仕臣)한 직후로서, 그리 이름이 알려져있지 않았다. 위징(魏徵)은 이미 나이 40고개를 넘고 있었다. 그는 대지(大志)를 품고 산동의 서세적(徐世勣)을 설복하여 이름을 떨쳐보려고 생각했다. 그래서 그 뜻을 자원하자 고조(高祖)는 그것을 인정해 주었으므로 그는 용약 동관(潼關)을 출발했다.

　『당시선(唐詩選)』의 권두를 장식하는 위징(魏徵)의 「술회」(감회를 서술한 노래)라는 시(詩)는 이때의 심정을 노래한 것이다. 자기의 마음을 이해해준 군은(君恩)에 보답하여 옛 절의(節義)가 있는 사람과 같은 위업을 세우려는 정렬이 가득 찼으나, 다소 공명욕의 냄새가 코를 찌르는 느낌이 없지 않다.

　시(詩)는 「중원(中原) 다시 사슴을 쫓는다」로 시작되어 다음과 같은 내용을 노래한다.

　수말(隋末)의 천하는 삼같이 어지러워져 군웅(群雄)이 서로 패권을 다툰다. 자기도 문필을 내던지고 여러 모로 계획을 세웠으나 그 결과는 도저히 뜻대로 되지 않는다. 그러나 난세를 구하려는 기개(氣槪)는 마음에 불타고 있다.

　후한(後漢)의 등우(鄧禹)가 광무제(光武帝)와 만나 「공명(功名)을 죽백(竹帛)에 드리운다」(공명(功名)을 책에 남긴다)것에 마음을 쓴 것 같이 자기도 천자를 뵙고 그 허락을 받았다. 이제야 산동(山東)을 진압시키기 위해 동관을 출발한다. 전한(前漢)의 종군(終軍)은 고조에게서 긴 끈(纓)을 받아 남월왕을 결박지어 왔다는 일이나, 력식기(酈食基)가 역시 고조 때 수레에서 내리지 않고 제왕(齊王)을 설득했던 일을 생각하고 자기도 그들을 본받아 역사에 이름을 남기고 싶다.

그러나 나의 앞길은 험하다. 구불구불 언던길 천리의 대평원,고목에는 으스스하게 새가 울고, 산중에서는 슬픈 듯한 야원(野猿)의 울부짖음, 이 험난함을 생각하면 정말 겁이 나나, 감히 발걸음을 내딛는 까닭은 천자가 나를 국사(國士)로서 대우해 주는 그 은혜를 생각하기 때문이다.

계포무이낙(季布無二諾), 계포에게 이낙(二諾)이 없고 후영중일언(侯嬴重一言)후영은 일언을 중히 여긴다.

인생감의기(人生感意氣) 인생의기를 느끼노니

공명수부론(功名誰復論) 공명 누가 또 논하랴

한초(漢初)의 초(楚)나라 사람으로 임협(任俠)의 사(士)인 계포(季布의『계포일낙(季布一諾)" 참조)나, 전국말(B.C 257) 위(魏)의 신릉군(信陵君)이 조(趙)를 구하려고 할 때, 노령 때문에 종군(從軍)할 수 없으므로 혼백(魂魄)이 되어 따르겠다고 신능군과 약속하고 그 한 마디의 약속을 지켜 자살(自殺)한 절의(節義)의 사람 후영(侯)과 같이 폐하에게 맹세한 이상 자기도 산동을 진정하지 않을 수가 없다. 인간은 필경 마음이 통하는 것을 바라고 있는 것으로 자기도 천하의 지우(知遇)에 감격했다. 이젠 공명 같은 것은 논외다.

작자가 강조하고 있는 것은「인생의기를 느낀다」나「공명 누가 또 논하랴」라고는 해도 그 근본에「공명욕」이 있는 것은 부정 못한다. 여기서는「공명」을 위해「생사(生死)를 누가 또 논하랴」의 뜻일 것이다.

人人 (사람 인)
之之之之 (갈 지)
常常常常常常常常常常常 (항상 상)
情情情情情情情情情情 (뜻 정)

사람이라면 누구나 가지는 보통의 인정(人情), 또는 생각.

사람으로서 가지는 일반적인 감정이라는 뜻으로 인정(人情)도 같은 말이다. 사람이라면 누구나 갖게 되는 보편적인 마음들, 또는 다른 생명체와 구분되는 인격을 지닌 인간만이 느끼는 심리상태를 가리키기도 한다. 어떤 상황에서 사람으로서 취하게 되는 대응이나 반응에 대해 그 윤리적 정당성, 당연함을 가리켜 쓰이기도 한다.

一 (한 일)
刻刻刻刻刻刻刻刻 (새길 각)
三三三 (석 삼)
秋秋秋秋秋秋秋秋秋 (가을 추)

매우 짧은 시간이 삼 년 같다는 뜻.

「매우 짧은 시간이 삼 년 같다」는 뜻으로, 몹시 기다려지거나 지루한 느낌을 이르는 말.

일각여삼추(一刻如三秋).

몹시 기다려지거나 지루한 느낌을 이르는 말. 일각여삼추(一刻如三秋).

一刻千金
일 각 천 금

一(한 일)
刻刻刻刻刻刻刻刻(새길 각)
千千千(일천 천)
金金金金金金金金(쇠 금)

극히 짧은 시간도 귀중하고 아깝기가 천금의 값어치가 있다는 뜻.

出典 소동파(蘇東坡)의 춘야행(春夜行)

"무얼 꾸물거리고 있지,「타임 이즈 머니」,「일각천금일세」라고 한다. 영어와 한문, 양쪽을 써서 뜻을 강조한다.

영어의 '시간은 돈이다'라는 뜻으로「일각천금(一刻千金)」이란 말이 쓰이나, 원래의 뜻은 그런 사무적인 바쁨이 아니고 지극히 한가로운 것이다.

「일각(一刻)」이란 옛날의 한시간 즉 지금의 2시간이다. 일각이 천금의 값어치가 될만큼 중요한 때라는 것이다.

송(宋)나라 소동파(蘇東坡)의 유명한 시(詩)에서 온 말이다.

춘야(春夜)

춘소일각치천금(春宵一刻値千金)

화유청향월유음(花有淸香月有陰)

가관누대성적적(歌管樓臺聲寂寂)

추천원낙야침침(鞦韆院落夜沈沈)

이 시 중에서「聲」을「人」이라고 한 것도 있고,「寂寂」이「細細」로 된 것도 있다.

풀이하면,

'봄날 달밤의 한때는 천금의 값어치가 있고,

꽃에는 밝은 향기가 있고, 달은 희미하게 흐려져 있다.(으스름달밤)

노래부르고 피리불던 누대도 소리없이 적적하고,

그네가 걸려있는 내정(內庭)은 밤만 깊어간다.

이「일각천금(一刻千金)」과 비슷한 문구에「일자천금(一字千金)」이 있다. 이것도 글자 한 자에 천금의 값어치가 있으리만큼 훌륭한 시문이란 뜻으로 쓰인다. 그러나 일자천금(一字千金)의 경우는「일각천금」과 달라 간단한 형용은 아니다.

진(秦)나라 여불위(呂不韋)가 『여씨춘추(呂氏春秋)』라는 책을 지었을 때, 진(秦)의 수도인 함양(咸陽) 성문 앞에 내걸고 천금을 그 위에 매달아, 한 자라도 더 써넣거나 지우고 할 수 있는 자에게는 그 돈을 준다는 포고(布告)를 냈다는 이야기가 있다.

「일확천금(一攫千金)은 한 웅큼으로 천금을 얻는 것, 한번에 거대한 이익을 얻는 것, 한번에 막대한 이익을 본다는 뜻이나, 그것과 비슷한 것에 「일척천금(一擲千金)」이 있다. 담대(膽大)하게 거는 것으로, 고적(高適)의 시(詩)에 「일척천금도시담(一擲千金都是膽)」이란 말이 있다.

一擧兩得
일 거 양 득

一(한 일)
擧擧擧擧擧擧擧擧擧擧擧擧擧擧擧擧(들 거)
兩兩兩兩兩兩兩兩(두 양)
得得得得得得得得得得得(얻을 득)

한 가지 일로써 두 가지 이익을 얻는다는 뜻.

出典 춘추후어(春秋後語)

옛날 변장자(辯莊子)라는 힘이 센 사나이가 여관에 투숙하고 있었다. 호랑이가 나타났다는 소문을 듣고 잡으러 나가려고 했다.

그때 여관 심부름꾼이 그를 말리면서,

"그렇게 서두를 필요가 없습니다. 천천히 기다리세요. 호랑이 두 마리가 소를 잡아먹으려고 하거든요. 조금 있으면 두 마리의 호랑이가 소를 서로 먹으려고 싸울 것입니다. 두 마리가 싸우면 작은 놈은 견디지 못해 죽을 것이고, 큰놈도 이기기는 했지만 상당한 상처를 입었을 것이며 힘도 빠졌을 것입니다. 그때 그 허덕이는 놈을 찔러 죽이면 한번에 두 마리의 호랑이를 잡게 됩니다. 일거양득(一擧兩得)입니다."

변장자(辯莊子)는 그 심부름꾼의 말을 듣자 옳다고 생각하고 그대로 했다. 그는 아주 쉽게 상처를 입고 허덕이는 호랑이를 잡아, 한번에 두마리의 호랑이를 잡았다고 평판이 높았다.(춘추후어(春秋後語))

이 이야기에는 배경이 있다.

중국 전국시대에 한(韓)과 위(魏) 두 나라가 1년 이상이나 싸움을 계속하고 있었다.

진혜왕(秦惠王)은 그 어느 한쪽을 돕고자 부하들과 의논했으나 좀처럼 의견이 일치되지 않았다. 그때 진진(陳軫)이란 슬기로운 부하가 이 「일거양득」의 이야기를 했다. 그래서 혜왕(惠王)은 그 어느 한쪽을 구하는 것은 그만두고, 잠시 방관하고 있다가 한쪽이 지고 이긴쪽도 기진맥진한 틈을 이용해 공격해서 한 번에 두 나라를 다 멸망시켜 버렸다.(戰國策·楚策)

「일전쌍조(一箭雙鳥)」란 한 개의 화살로 두 마리의 새를 쏜다는 말이고, 「일석이조(一石二鳥)」는 동양의 고사(故事)가 아니고, 영어의 kill to birds with one stone(하나의 돌로 두 마리의 새를 죽인다)의 번역이다.

一簞食一瓢飮
일 단 사 일 표 음

一 (한 일) 食食食食食食食食食食 (밥 식, 먹을 사)
簞簞簞簞簞簞簞簞簞簞簞簞簞簞簞簞 (대광주리 단)
瓢瓢瓢瓢瓢瓢瓢瓢瓢瓢瓢瓢瓢瓢瓢瓢 (바가지 표)
飮飮飮飮飮飮飮飮飮飮飮飮飮 (마실 음)

한 대광주리의 밥과 표주박 한 바가지 물이란 뜻.

出典 논어(論語) 옹야편(雍也篇)

공자(孔子)의 제자는 3천명, 그 중 고제자가 72명, 보통 이것을 「칠십자(七十子)」라고 하는데, 이 70자 중에서도 공자가 「현(賢)」이라 칭하고 「인(仁)」이라 칭하어 거의 완벽한 인격을 갖추게 된 인물로서 가장 신뢰하고 있는 것이 안회(顔回―字는 子淵)다.

자왈 오여회언종일, 불위여우, 퇴이성기사, 역족이발, 회야불우(子曰 吾與回言終日, 不違如愚, 退而省其私, 亦足以發, 回也不愚(「論語」 爲政篇) (공자가 말하기를 회(回)와는 하루 종일 이야기를 하고 있어도 내 생각과 틀리는 말은 하지 않으므로 바보같이 보인다. 하나 내 앞에서 물러난 뒤에 혼자서 하고 있는 것을 보면 계발되는 점이 있다. 안회(顔回)는 결코 바보가 아니다.) 고 공자는 찬탄(讚嘆)하고 있으나, 그것은 제자들 중에서 총명하기로 이름난 단목사(端木賜―자 공(子貢))까지도,

―(賜也何敢望回, 回也聞一以知十)(「論語」 公冶長篇)

(나같은 것이 어찌 안회하고 어깨를 견줄만한 인간이 되겠다고 생각하겠는가, 안회는 하나를 듣고 열을 아는 사람입니다.)

하고 두 손을 들었다. 그 영지(英知) 때문일 것이다. 공자는 양친의 야합(野合)이란 그늘진 곳에서 태어났기 때문에 평생 「하늘이 인정하는 인간」이 되고자 태어난 그대로의 자기자신을 부정하느라고 고투를 계속했으나, 정상적인 부부관계에서 태어난 안회는 태어난 그대로의 자신에 만족하고, 그 자아(自我)를 하늘에 의해 부여된 공정한 것으로 믿고 있는 그대로 육성하면 족했다. 아마도 공자는 그와 같은 안정된 자연스러움을 가장 사랑하고 동경(憧憬)마저 느끼고 있으리라.

―자왈, 현재회야, 일단사일표음, 재누항, 인불감기우, 회야불개기락, 현재회야(子曰, 賢裁回也, 一簞食一瓢飮, 在陋巷, 人不堪其憂, 回也不改其樂, 賢哉回也)(「論語」 公冶長篇)

(공자가 말하기를 현인(賢人)이구나, 회는. 도시락에 한 줌 밥과 한 모금의 표주박 물, 게다가 뒷골목 누옥에서 산다. 다른 인간이라면 불안이나 초조에 견디지 못할 것이나, 회(回)는 태연히 도(道)에 골몰하여 자신의 즐거움을 고치려고 하지 않는다. 현인이구나 회는)

명리(名利)와 세욕(世慾)에 사로잡히지 않고서 자기자신을 『하늘』에 맡겨놓고 『하늘의 가르침』 자체에 귀일하는 것을 무상의 즐거움으로 삼고, 자기의 운명에 대해 아무런 회의나 저항도 없다. 그 여유있는 모습이야말로 공자로서는 다른 것과 바꿀 수 없는 귀한 것이었다.

「일단사 일표음(一簞食一瓢飮)」이란 말은 여기서 나와 청빈한 생활을 형용하는데 쓰이게 되었다.

一網打盡
일 망 타 진

一 (한 일)
網網網網網網網網網網網網網網 (그물 망)
打打打打打 (칠 타)
盡盡盡盡盡盡盡盡盡盡盡盡盡盡 (다할 진)

한꺼번에 죄다 잡는다는 말.

出典 송사(宋史) 인종기(仁宗紀)

송조(宋朝) 제4대의 황제를 인종(仁宗)이라고 한다. 당시 북에는 글안(거란(契丹))이 기세를 올리고 있고 남에서는 오랫동안 중국의 일부였던 안남(安南)이 독립했는데, 송은 건국이래 외정(外征)이 언제나 실패하여 인종황제의 대외정책도 주로 이런 나라들을 회유(懷柔)하는 연약한 외교에 시종했지만 내치(內治)에서는 볼만한 것이 적지 않았다.

황제의 성품이 공검(恭儉)하여 백성을 사랑하고, 현재(賢才)를 등용하여 학술을 장려했으므로 군비는 완벽하지 못했으나, 현능(賢能)한 인재가 조야에 가득해 나라는 잘 다스려졌으며 한(漢)의 문제(文帝)와 어깨를 견주는 인군(仁君)이라 일컬어졌었다. 당시의 명신으로서는 한기(韓琦), 범중엄(范仲淹), 구양수(歐陽修), 사마광(司馬光), 주돈이(周敦頤), 장재(張載), 정호(程顥), 정이(程頤)등 현재까지 이름이 남아있는 훌륭한 사람들이 있어 인종황제를 잘 보좌했다. 세상에서 이를 '경력의치(慶曆之治)'라고 한다.

그러나, 그러니만큼 조의(朝議)에 명론탁설(名論卓說)이 배출해서 갈피를 잡지 못하는 수도 있었는데, 나중에는 신하들이 당파를 만들어 대항하며 양당이 번갈아 정권을 잡는다는 현대 정당정치의 견본같은 상태였다. 따라서 20년동안에 내각이 17번이나 바뀌었다는 단명한 내각시대가 나타나 세상에서는 이것을 경력의 당의(慶曆之黨議)라고 칭한다.

그런데 이 인종황제 밑에 청렴하고도 강직하기로 이름 높은 두연(杜衍)이 국무총리가 되었다. 당시의 습관으로서 황제가 장관들하고 의논을 하지 않고 마음대로 은조(恩詔)를 내리는 일이 있었는데, 이것을 내강(內降)이라고 했다. 그런데 국무총리가 된 두연(杜衍)은 이런 습관이 천하의 정도를 어지럽히는 처사라고 반대를 하여 내강이 있어도 자기 수중에서 묵살해버리고 은조의 조지(詔旨)가 10여통 모이면 그대로 황제에게 되돌려 보냈다.

황제는 어느 날 구양수에게 말했다.

"짐이 내강을 해도 두연이 그냥 무시해버리고 있는 것을 알고 있는가? 짐에게 은조를 내려달라고 청해 오는 자가 많으나, 결국 두연이 깔아뭉개고 있으니 아무리 내강을 해도 소용이 없다고 단념을 시키고 있는데, 그 수효는 두연이 무시해버리는 수효보다 많다."

하나 두연의 이 행동은 성지(聖旨)를 맘대로 거역하는 짓이라고 궁정내외에서 비난이 컸으며, 특히 두연 때문에 성지가 무시된 자들은 두연을 원망하며 그가 실각(失脚)할 기회를 노리고 있었다.

마침 두연의 사위인 소순흠(蘇舜欽)이 공금을 유용하여 신(神)을 제사하고 손(客)을 향응한 일이 있었다. '됐다' 하고 손뼉을 친 것은 어사(관리의 죄를 규명하는 담당관)의 장관인 왕공진(王拱辰). 평소부터 두연의 태도를 못마땅하게 여기고 있던 터였으므로, 이것으로 두연을 모함해 버려야겠다고 소순흠 등을 옥에 잡아가두고 엄하게 조사하여 몇사람에게 죄를 주었다. 그리고서 나는 「일망타진했다」하며 의기양양해 있었다.

이런 사건 때문에 그렇듯 첨렴결백했던 두연도 마침내 겨우 70일로 국무총리직에서 물러나게 되었다. (「宋史」仁宗紀『十八史略』)

어느 시절, 어느 나라에서나 지나치면 뜻하지 않은 함정에 빠지게 되는 법이다. 게으르지 않고, 쉬지 않고, 일하지 않고, 적당히 한다는 것이 관리들의 보신비결(保身秘訣)인듯 싶다.

日暮途遠
일 모 도 원

日 日 日 日 (날 일)
暮 暮 暮 暮 暮 暮 暮 暮 暮 暮 暮 冀 暮 暮 暮 (저물 모)
途 途 途 途 全 余 余 途 途 途 途 (길 도)
遠 遠 遠 遠 遠 遠 袁 袁 袁 袁 遠 遠 遠 遠 (멀 원)

날은 저물고 갈길은 멀다.

出典 사기(史記) 오자서열전(伍子胥列傳)

오왕(吳王) 요(僚)의 5년(楚平王 7년 B.C 522) 초에서 오자서(伍子胥)가 도망쳐 와 오왕 요와 공자(公子) 광(光)을 뵈었다.

오자서의 아버지 오사(伍奢)는 초의 평왕(平王)의 태자 건(建)의 태부(太傅―皇子의 養育官, 三公의 하나)였다. 평왕 2년, 마찬가지로 소부(少傅―三公의 버금이 되는 官)인 비무기(費無忌)가 태자를 위해 진(秦)에서 데리고 온 여자를 평왕(平王)에게 권하고 태자에게서 떠나 왕자에게 아첨하여 그 총임(寵任)을 얻었으나, 태자의 보복을 겁내 언제나 태자를 왕에게 참언(讒言)했다. 왕은 진에서 온 여자에게 반해버려 비무기의 참언을 믿고 태자를 초의 동북국경인 성부(城父)의 수비관으로 보냈다.

비무기는 태자를 변경지방으로 쫓아보낸 다음에도 마음이 놓이지 않아 마침내 왕에게 태자 기제후와 손을 잡고 왕에게 반기를 들고 있다고 말했다. 왕은 그 말을 믿고 태부인 오사(伍奢)를 불러 엄하게 문책했으나 오사는 도리어 왕이 참적(讒賊)의 말을 듣고 골육인 태자를 가볍게 보는 것을 간힐(諫詰)했다. 그 때문에 오사(伍奢)는 유폐(幽閉)당하고 태자는 송(宋)으로 도망쳤다. 그래도 또 비무기는 오사(伍奢)의 두 아들, 오상(伍尙)과 오자서(伍子胥)의 보복을 겁내 태자의 음모는 두 아들이 권유했다고 왕에게 참언했다. 왕은 두 아들을 잡기 위해,

"오면 네 아비를 용서하고 오지 않으면 네 아비를 죽인다."

고 알렸다. 이때 형 오상(伍尙)은 아버지와 함께 죽고자 잡히고, 동생 오자서(伍子胥)는 아버지의 원수를 갚으려고 도망쳤다. 때는 평왕(平王) 7년, 오상(伍尙)은 아버지와 함께 살해되고 송으로 도

망쳐 간 오자서는 태자 건과 함께 정(鄭)을 쳐서 오(吳)로 온 것이다.

　오왕 요와 공자 광을 뵌 오자서는 공자 광이 왕위를 은근히 탐내며 자객을 구하고 있는 것을 알고, 전제(專諸)라는 자객을 발견해서 이를 공자 광에게 권하고 자신은 농삿일을 하면서 공자 광이 목적을 달성하는 날을 기다렸다.

　오왕 요의 12년(B.C512) 초평왕(楚平王)이 죽고 비무기(費無忌)가 평왕에게 권한 진녀(秦女)의 몸에서 출생한 진(軫―昭王)이 위에 올랐다. 당연히 비무기는 1년도 못되어 내분이 생겨 비무기는 살해되었다. 오자서(伍子胥)는 그가 노리는 원수 두 사람을 계속 잃게 되었다. 하나 초로 쳐들어가 아버지와 형의 원수를 갚겠다는 소원은 조금도 둔해지지 않았다. 비무기가 살해되던 해, 오왕 요는 초의 내분을 틈타 단숨에 이를 치고자 대군을 초로 진격시켰다. 그 틈에 공자 광은 전제(專諸)를 시켜 왕 요를 암살시키고 스스로 왕위에 올랐다. 오왕 합려(闔閭)가 이사람이다.

　그로부터 오자서는 손무(孫武)와 함께 합려를 도와 여러 차례 초로 진격했는데 마침내 합려 왕 9년 초의 수도인 영(郢)을 함락시켰다. 오자서는 아버지와 형의 원수를 갚으려고 소왕(昭王)을 찾았으나 소왕은 이미 운(鄖)으로 도망쳐 목적을 달성하지 못했다. 그래서 평왕의 무덤을 파고 그 시체에 3백대의 매질을 하여 오랫만에 원한을 풀었다.

　오자서가 초에 있을 때 진교가 있던 신포서(申包胥)라는 자는 이때 산중에 피해 있었으나 사람을 통해 오자서의 보복이 너무나도 심한 것을 책망하고 그 행위를 천리(天理)에 어긋난다고 말했다. 그에 대하여 오자서가 대답한 말이 표제의 말이다.

　"나는 지금 해는 지고 길은 멀다. 그래서 나는 도행(倒行)해서 이것을 역시(逆施)할 뿐."

　즉 자기는 나이 들고 늙었으나 할 일은 많다. 그래서 이치에 따라서 행할 겨를이 없다.(『史記』伍子胥列傳)

　표제의 말만을 따로 떼어 보면「기(期)하는 바는 큰데(늙어서) 쉽게 달성할 수 없다」라는 비유다.

一 (한 일)
罰罰罰罰罰罰罰罰罰罰罰罰罰罰 (벌줄 벌)
百百百百百百 (일백 백)
戒戒戒戒戒戒戒 (경계할 계)

한 사람을 벌주어 백 사람을 경계(警戒)한다는 뜻.

　전국시대의 병법가 손자(孫子)는 이름이 무(武)로, 제(齊)나라 사람이다. 그가 병법(兵法)이라는 특기를 가지고 오왕(吳王) 합려를 만났다. 합려가 말했다.

　"그대의 병서는 나도 모두 읽었다. 실제로 군을 지휘해 보여주겠는가?"

　"좋습니다."

　"여인들이라도 좋은가?"

"좋습니다."

합려는 궁녀 180명을 모았다. 손자는 이것을 2대(隊)로 나눈 뒤, 왕의 총희(寵姬) 두 사람을 각각 대장으로 삼았다. 그런 다음 나머지 궁녀들에게는 갈래진 창[戟]을 들게 하고 명령하였다.

"앞으로 하면 가슴을 보고, 좌로 하면 왼손을 보고, 우로 하면 오른손을 보고, 뒤로 하면 등을 보라."

이렇게 군령을 선포하고 군고(軍鼓)를 쳐서 명령하자 궁녀들은 크게 웃을 뿐이었다. 손자가 말했다.

"군령이 분명하지 않아 명령이 제대로 전달되지 못한 것은 주장(主將)의 책임이다."

다시 큰소리로 세 번 되풀이 하고 다섯 차례 설명하고 나서 군고를 쳐서 호령했다.

그러나 이번에도 크게 웃을 뿐이었다. 손자가 말했다.

"군령이 분명하지 않아 명령이 제대로 전달되지 못한 것은 주장의 책임이다. 그러나 이미 군령이 분명한 데도 따르지 않는 것은 대장의 책임이다."

하고는 칼을 뽑아 두 총희를 베려고 하였다. 대 위에서 이것을 보고 있던 합려가 전령을 보내왔다.

"장군의 용병술(用兵術)을 잘 알았다. 그들을 용서해 줄 수 없을까."

손자가 말했다.

"신이 이미 명령을 받아 장군이 되었습니다. 장군은 진중에 있는 한 임금의 명령이라 할지라도 들을 수 없는 경우가 있습니다."

마침내 두 총희의 목을 베어버렸다. 그리고는 차석의 시녀를 대장으로 삼았다. 다시 군고를 울리자 궁녀들은 수족처럼 움직이고 동작이 모두 규칙에 들어맞아 감히 소리지르는 사람 하나 없었다. 손자는 전령을 보내 왕에게 보고했다.

"군병은 이미 정돈되었습니다. 몸소 열병하심이 어떠하올지. 왕의 명령이라면 물이면 물, 불이면 불 가운데라 할지라도 뛰어들 것입니다."

합려가 말했다.

"장군은 피로할테니 휴식을 위하여 숙사로 가라. 내려가서 볼 생각은 없다."

손자가 말했다.

"왕께서는 한갓 용병의 이론을 좋아하실 뿐, 실제로 응용하시지는 못하는 것 같습니다."

이것으로 합려는 손자를 장군에 기용했다.

오나라가 서쪽으로는 초(楚)나라를 꺾고 북으로는 제나라, 진(晉)나라를 위협하여 명성을 제후 사이에 떨쳤는데, 손자의 힘이 컸다.『사기(史記)』「손자오기열전(孫子吳起列傳)」중 손자의 일화이다. 여기서 '일벌백계'는 '하나에게 본을 보임으로써 전체에게 경종을 울리는 방법'으로 쓰였다. 그리고 이런 방법은 고래로 무리를 통솔할 때 자주 이용되어 왔다. 그러나 한편으로는 이것이 능력 없는 지휘자에게는 자칫 무리하게 이용되는 수도 있어, 오늘날의 젊은이들에게는 좋은 뜻으로 해석되지 않는다.

一石二鳥
일 석 이 조

一(한 일)
石石石石石(돌 석)
二二(두 이)
鳥鳥鳥鳥鳥鳥鳥鳥鳥鳥鳥(새 조)

한 개의 돌을 던져 두 마리의 새를 맞추어 떨어뜨린다는 뜻.

한 가지 일을 해서 두 가지 이익을 얻음을 이르는 말.

적은 노력으로 큰 성과를 거두는 경우를 일컫는 말 가운데 대표적인 표현이다. 돌 하나로 두 마리 새를 잡다니! 산탄총(散彈銃)도 아니고 놀랍다. 이와 비슷한 우리 속담으로는 '도랑치고 가재 잡는다'가 있다.

一葉落天下知秋
일 엽 락 천 하 지 추

一(한 일) 天天天天(하늘 천) 下下下(아래 하)
葉葉葉葉葉葉葉葉葉葉葉葉葉(잎 엽)
落落落落落落落落落落落落落(떨어질 락)
知知知知知知知知(알 지)
秋秋秋秋秋秋秋秋秋(가을 추)

오동잎 하나 떨어지는 것을 보고 천하가 가을인 줄 알 수 있다.

出典 회남자(淮南子)

「남비 안에서 요리되고 있는 고기 맛을 보려면 남비 속의 고기를 전부 먹어봐야 알 수 있다는 법은 없다. 그 한 조각만 먹어봐도 남비 속의 고기 전부의 맛을 알 수가 있다. 또 습기가 차지 않는 깃털과 습기가 잘 차는 숯을 저울에 달아 공기가 건조되어 있는지 습기가 차있는지를 알 수도 있다. 이런 것은 작은 것을 가지고 큰 것을 밝히는 것이다. 또 오동나무 잎이 하나가 단풍이 물들어 떨어지는 것을 보면 가을이 깊어서 연말이 가까움을 알고, 독안의 물이 얼어 있는 것을 보면 온세상이 추워진 것을 알 수 있다. 이것은 손쉬운 것을 보고 먼 것을 추찰하는 것이다.」

이것은 전한(前漢)의 유안(劉安—B.C122)이 전술한 『회남자(淮南子)』라는 책에 있는 「설산훈(說山訓)」이란 장(章)에 적혀 있는 말이다.

이 중에 「일엽견락 세장지모(一葉見落 歲將知暮—한 잎이 떨어지는 것을 보고 해가 장차 저물어 가는 것을 안다), 도병중빙 지천하한(睹瓶中氷 知天下寒)(병 속의 얼음을 보고 천하의 추움을 안다)」는 이자경(李子卿)의 『추충부(秋蟲賦)』에서 「一葉落天地秋」로 되고, 『문록(文錄)』에는 당인(唐人)의 시로서 「(一葉落天下知秋)」로 되어 나오고 있다.

『회남자(淮南子)』에서의 의미는 작은 현상에서 큰 근본을 알아야 한다는 것이다. 지금은 도리어 작은 징후에서 쇠망(衰亡)하려는 형세를 살피는 보기로써 쓰이고 있다.

一字千金
일 자 천 금

一(한 일)
字字字字字字(글자 자)
千千千(일천 천)
金金金金全全金金(쇠 금)

한 글자에 천금의 가치가 있다는 뜻.

出典 사기(史記) 여불위전(呂不韋傳)

때는 전국시대의 말엽. 천하의 제패를 노리는 제후들은 일예일능(一藝一能)에 뛰어난 자들을 객(客)으로서 다투어 불러모았다. 이것이 곧 식객이다. 그 중에서도 제(齊)나라의 맹상군은 수천, 초(楚)나라의 춘신군(春申君)은 삼천, 조(趙)나라의 평원군(平原君)은 수천, 위(魏)나라의 신릉군(信陵君)은 삼천의 식객수를 자랑했던 것이다. 그러나 이 식객들은 오늘날의 거후 기식객(寄食客)과는 달라 누구나 다 심상치 않은 재주와 고집을 지니고 있는 인간으로 제후들도 그들을 자기 곁에 잡아 두기 위해 적잖은 신경을 써야 했다.

예를 들어 가산(家産)을 탕진하면서 제후의 식객을 슬하에 모으고「천하의 선비를 동나게」했다는 말까지 듣던 맹상군은 귀천의 구별 없이 전부 자기와 동등하게 대우하고 또 그들과 이야기를 할 때는 언제나 서기를 병풍 뒤에 숨겨, 그들과 이야기하는 동안에 알려지는 그들 친척들의 주소를 적게 한 다음 나중에 사람을 시켜 물건을 보내주었다고 한다.

또 이런 이야기도 있다. 조(趙)의 평원군이 식객을 외교사절로써 초(楚)의 춘신군에게 보냈다. 평원군의 식객은 자기가 초(楚)에서 얼마나 우대를 받고 있는가를 자랑하고자 일부러 대모(玳瑁)로 비녀를 만들고, 패도(佩刀)에는 주옥으로 장식을 하고, 화려한 옷차림으로 춘신군의 식객에게 대면을 청했다. 그런데 나타난 상대를 한 번 본 순간 그는 악 소리와 함께 얼굴이 홍당무가 되고 말았다. 그 까닭은 춘신군의 식객들은 하나같이 주옥으로 장식한 신을 신고 있었던 것이다.

그런데 그 무렵, 제후에게 질세라 하고 열을 올려가며 식객을 긁어모은 사나이가 있었다. 한낱 상인으로서 몸을 일으켜 이제는 강국 진(秦)의 상국(相國─국무총리)이 되어 어린 왕 정, 즉 후의 시황제를 조종하여 위세를 떨치고 있는 여불위(呂不韋)다. (呂가 실은 시황제의 아버지다) 시황제의 아버지 장양왕이 첩복(妾腹)의 아들이었기 때문에 조(趙)의 인질이 되어 용돈에도 궁한 생활을 하고 있을 때,「기화(奇貨) 놓칠세라」하고 눈독을 들여 막대한 투자를 하고 마침내 오늘의 영화를 획득한 여불위다. 신릉군, 춘신군, 평원군, 맹상군이 부지런히 식객을 모아들여 그 수효를 자랑하고 있는 것을 듣고, 참고 있을 수가 없었다.「강대한 점으로 세상에 이름이 난 우리 진국(秦國)이 이런 일에서 그놈들에게 뒤져서야 될말이냐」고 원래가 상인이라 돈을 물쓰듯 해서 식객을 모았으므로 각처에서 모여든 자의 수가 3천에 달했다.

이쯤 되면 그의 욕심은 더욱더 부푼다. 이 무렵 각국에서 현자들이 저서를 내었는데, 특히 제·초를 섬긴 바 있는 유학자 순경(荀卿) 등이 탁세(濁世)를 한탄, 수만언(數萬言)의 책을 발간했다는 말을 듣자 「좋다, 나도 한 번 해봐야지」하는 생각이 들었다. 그래서 식객들에게 명하여 만든 것이 20여만어(語)로 된 대책이다.

"어떠냐, 천지만물 고금의 일은 전부 이 책에 들어있다. 이런 큰 사업을 내가 아니고 누가 하겠는가" 하고 기고만장한 그는 이 대책을 자기가 편집한 것으로 삼아 『여씨춘추(呂氏春秋)』라 이름 붙였다. 게다가 한 짓이 또 재미있다. 이 『여씨춘추(呂氏春秋)』를 도읍인 함양 성문 앞에 진렬시키고 그 위에 천금(千金)을 매달아 놓고선 커다란 광고판을 세웠다.

「능히 한 자를 증손(增損)하는 자가 있으면 천금을 주겠다.」

즉 이 책의 문장을 첨삭할 수 있는 자에게는 한 자에 대해 천금의 상금을 내겠다는 것이다. 정말 사람들을 바보 취급하는 짓이었으나, 이것도 실은 상혼에서 나온 수단으로 식객 유치수단이었던 것이다.(『史記』呂不韋傳)

一 (한 일)
場場場場場場場場場場場場 (마당 장)
春春春春春春春春春 (봄 춘)
夢夢夢夢夢夢夢夢夢夢夢夢夢夢 (꿈 몽)

一場春夢
일 장 춘 몽

한바탕의 봄꿈처럼 헛된 영화나 덧없는 일이란 뜻.

인생의 허무(虛無)함을 비유하여 이르는 말.

북송(北宋)의 조령치(趙令畤)가 지은 『후청록(侯鯖錄)』에 전하는 말이다. 중국 송나라 최고의 문장가인 소동파(蘇東坡)는 1097년부터 3년간 해남(海南) 창화(昌化)에서 유배생활을 했다. 어느 날 그가 큰 표주박 하나를 메고 노래를 흥얼거리며 산책을 하다가 70세가 넘어 보이는 한 노파를 만났다. 노파는 소동파의 모습에 놀라고 또 안타까워하며 이렇게 말했다.

"지난날의 부귀영화는 그저 한바탕의 꿈에 지나지 않는구나."

당시에 문장으로 천하를 놀라게 했던 사람이 지금은 그저 초라한 모습으로 시골길을 걷고 있는 것을 보면서 노파는 인생의 참모습을 발견한 것이었다.

철저한 계획과 준비가 없이 막연하게 먼 미래의 꿈만 꾼다면 어떠한 인생도 허무하게 끝날 수 밖에 없다는 뜻으로 많이 사용된다. 한치 앞을 내다볼 수 없는 인생을 살면서 한결같이 노력하는 자세가 필요하다는 의미를 내포하고 있다.

유의어로 「침중기(枕中記)」의 고사에서 유래하는 한단지몽(邯鄲之夢), 노생지몽(盧生之夢), 황량일몽(黃粱一夢), 여옹침(呂翁枕) 등이 있다. 당(唐)나라 한단(邯鄲) 지역에서 노(盧)씨 성을 가진 서생이 도사 여옹(呂翁)의 베개를 빌려 잠깐 눈을 붙인 사이에 부귀영화의 꿈을 꾸었다는 이야기이다. 나비가 된 꿈이라는 『장자(莊子)』의 호접지몽(胡蝶之夢)도 같은 의미로 쓰인다.

一觸卽發
일 촉 즉 발

一 (한 일)

觸觸觸觸觸觸觸觸觸觸觸觸觸觸觸觸觸觸觸 (닿을 촉)

卽卽卽卽卽卽卽卽卽卽 (곧 즉)

發發發發發發發發發發發 (필 발)

한 번 닿기만 하여도 곧 폭발한다는 뜻.

조그만 자극에도 큰 일이 벌어질 것 같은 아슬아슬한 상태를 이르는 말.

日就月將
일 취 월 장

日日日日 (날 일)

就就就就就就就就就就就就 (나아갈 취)

月月月月 (달 월)

將將將將將將將將將將將 (장차 장)

날마다 달마다 성장하고 발전한다는 뜻.

학업이 날이 가고 달이 갈수록 진보함을 이름.

일장월취(日將月就), 일진월보(日進月步)라고도 한다. 조금씩 쌓아나가 많은 것을 이루는 것 또는 끊임없이 노력하여 발전해 나아가는 것을 가리키는 말이다.

『시경』「주송(周頌)」의 '경지(敬之)'에 유래하는 말로 다음과 같은 구절이 있다.

나는 못난 소인배로 비록 총명하지도 신중하지도 않지만[維予小子, 不聰敬止.]

날로 이루고 달로 넓혀나가 배움을 이어나가 광명에 이를 것이니[日就月將, 學有緝熙于光明.]

맡은 일을 도와 나에게 밝은 덕행을 보여주오[佛時仔肩, 示我顯德行.]

원래 이 시는 중국 주(周)나라의 제2대 성왕(成王)에게 신하들이 경계의 말을 올리자, 성왕이 신하들의 말을 마음에 되새기며 답한 것이다. 자신의 자질이 부족하지만 부지런히 노력하면 학문이 높은 곳에 이를 것이니 그런 왕이 될 수 있도록 신하들 역시 훌륭한 학문과 행실을 보여주기를 부탁하는 내용이다.

이와 비슷한 뜻으로 일신우일신(日新又日新)이 있다.

一片丹心
일 편 단 심

一 (한 일)

片片片片 (조각 편)

丹丹丹丹 (붉을 단)

心心心心 (마음 심)

한 조각의 붉은 마음이란 뜻.

① 한결같은 참된 정성(精誠), 변치 않는 참된 마음을 이름. ② 오로지 한 곳으로 향한, 한 조각의 붉은 마음. ③ 진정에서 우러나오는 충성(忠誠)된 마음.

붉은 마음이란 참된 마음, 충성심처럼 변치 않는 마음을 가리킵니다. 따라서 예전 선비들은 이러한 마음을 매우 소중하게 여겼지요.

그럼 고려 말의 충신 정몽주 선생의 시조 한 편을 감상해 보자.

이 몸이 죽고 죽어 일백 번 고쳐 죽어

백골(白骨)이 진토(塵土)되어 넋이라도 있고 없고

임 향한 일편단심(一片丹心)이야 가실 줄이 있으랴.

백골(白骨)은 사람이 죽어 시간이 지나 뼈가 하얗게 변한 것이고, 진토(塵土)는 흙먼지란 뜻이다. 그러니까 죽은 지 오랜 시간이 흘러 뼈가 먼지로 변한다는 말이다.

그렇다면 정몽주 선생만 일편단심을 가졌을까? 그렇지 않다.

까마귀 눈비 맞아 희는 듯 검노매라

야광명월이 밤인들 어두우랴

임 향한 일편단심이야 고칠 줄이 이시랴

사육신 가운데 한 분인 박팽년(1417~1456)의 시조다. 역시 일편단심은 임을 향한 마음이다. 박팽년에 관한 일화는 여러 개가 전해오는데, 특히 세조가 조카 단종의 왕위를 빼앗자 경회루 연못에 뛰어들어 죽고자 할 때 성삼문이 살아서 훗날을 도모하고자 만류했다는 이야기는 유명하다.

一 (한 일)
壺壺壺壺壺壺壺壺壺壺壺壺 (항아리 호)
天天天天 (하늘 천)

하나의 호리병 속의 하늘이라는 뜻.

出典 후한서(後漢書)

호중천(壺中天)이라고도 한다. 좁은 곳에 틀어박혀 혼자서 남모르게 즐기고 있는 사람을 가리켜 「호중 천지를 즐기고 있다네」라든가 「호중거(壺中居)라네」하고 말한다.

소천지 혹은 별세계란 뜻이다. 그리스 말의 미쿠로스·코스모스, 영어의 마이크로코즘(microcosm) 같다. 여남(汝南)이란 곳에 비장방(費長房)이란 사람이 있었다. 그는 시장(市場)의 감독이었는데, 그 시장에서 약을 파는 노인이 있었다.

가게 앞에 늘 항아리를 하나 걸어두고 있었다. 장사가 끝나면 노인은 언제나 그 항아리 속으로 뛰어들어 모습을 감추었으나 아무도 그것을 모르고 있었다.

비장방이 어느 날 관청 들창에서 그것을 보자 이상히 여기고 노인을 만나러 가서 그 항아리 속으로 같이 들어갔다. 항아리 속은 훌륭한 보석으로 화려하게 꾸민 호화스런 방이 있고 미주가효(美酒佳肴)가 가득 진열되어 있었다. 거기서 노인과 같이 술을 싫컷 마시고 다시 항아리에서 나왔다는 이야기.(『後漢書』方術傳)

이 약을 파는 노인은 선인(仙人)이었다.

옹(翁)은 이 사실을 말하지 않기를 굳게 맹세시켰다.

그 후 옹(翁)은 관청으로 비장방(費長房)을 찾아와,

"나는 선인(仙人)인데 과실(過失)이 있어서 인간세계로 내려왔었다. 이제 이곳에서 떠나게 되어 하직인사를 하러 왔다. 아래에 술을 가지고 왔으니 함께 마시자."

고 했다. 비장방은 부하에게 그것을 가지고 오라고 했으나, 술을 담은 그릇이 무거워 들 수가 없었다. 10명이 들어올리려고 해도 꿈쩍도 하지 않았다. 그 말을 들은 옹(翁)은 직접 계단을 내려가 한손가락으로 들고 들어왔다. 술잔은 한되들이 정도였으나, 두 사람이서 이틀동안 아침부터 밤까지 마셨으나 술은 얼마든지 나왔다고 한다.

당나라 시인 원진(元稹)의 시에,

호중천지건곤외(壺中天地乾坤外)라는 구가 있다.

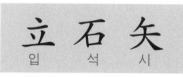

一(한 일)
攪攪攪攪攪攪攪攪攪攪攪攪攪攪攪
攪攪攪攪 (거둘 확) 千千千 (일천 천)
金金金金金金金金 (쇠 금)

한꺼번에 많은 돈을 얻는다는 뜻.

노력함이 없이 벼락부자가 되는 것.

한 번에 천금을 얻다. 즉 단 한 번에 큰 재산이나 이익을 얻는 것.

천(千)이란 숫자는 단순히 1000을 나타낸다기보다는 아주 큰 숫자를 가리키는 것이 일반적이다. 그래서 천릿길 하면 대단히 먼 길을 뜻하고, 천추(千秋) 하면 천 번의 가을 즉 오랜 세월을 가리키고, '몸이 천근같다'는 표현은 피곤해서 몸을 움직이기 힘들 만큼 무겁다는 뜻이다. 그 외에도 천길 낭떠러지, 천고(千古)의 세월, 천리안(千里眼) 같은 표현이 있다. 천금(千金)은 당연히 큰 재산을 가리킨다.

立立立立立 (설 립, 입)
石石石石石 (돌 석)
矢矢矢矢矢 (화살 시)

화살이 서 있는 돌을 꿰뚫다.

出典 사기(史記) 이장군전(李將軍傳)

명장(名將)에도 곧 장군의 장군다운 그릇과 무공에 뛰어난 막하 장수로서 알려진 자가 있다. 한(漢)나라의 이광(李廣)이나 그 손자인 이능(李陵)같은 사람은 틀림없이 후자에 속한다. 천하에 용맹을 휘날린 장군이 계속 배출된 것도 그럴 것이, 농서(隴西)의 이장군 집안은 선조 대대로 무인의 혈통을 자랑하고 있었다.

이곳 농서지방은 호지(胡地)에 가깝다. 바로 북에 접하는 올도스사막은 흉노(匈奴─북방의 유목 야만민족)의 전진기지가 되어 있고, 고을의 주변에는 육반산맥(六盤山脈)의 지맥이 뻗혀 있다. 국경도시다운 거친 분위기에 싸여 어린시절을 보낸 이광(李廣)은 나중에 정식으로 무술 훈련을 받게 되자 눈부시게 두각을 나타내기 시작했다. 무장의 아들로서 부끄럽지 않으리만큼의 풍채는 자연히 몸에 배어 있었으니 특히 활을 잘 쏘며 좀체로 남에게 지지 않을 자신이 있었다. 문제(文帝) 14년(B.C 166)때 흉노가 대거 숙관(肅關)을 침범했을 때 얼마 안되지만 충분한 훈련을 쌓은 부하들을 이끌고 흉노에게도 절대로 뒤지지 않으리만큼 훌륭한 기마전술과 활솜씨를 보였던 것이다.

수십년 동안 흉노에게 고배를 마시고 있었던 문제(文帝)인지라 내일 같이 기뻐했다. 그리하여 갑자기 직접 자기 수하에 두고 싶었던 것이다. 그래서 이광을 불러 시종무관 자리에 앉혔다. 호랑이와 맞붙어 보기 좋게 때려눕힌 것은 문제의 사냥길을 수행했을 때의 일이다. 위기일발 구사일생으로 호난을 면한 문제는,

"참으로 그대는 아깝게 되었다. 고조(高祖)시절에 태어나 있었더라면 엄청난 큰 제후로 출세했을지도 모르는데……"

"아닙니다. 큰 제후가 되고 싶지는 않습니다. 국경의 수비대장이 소신의 소원입니다."

이렇게 해서 이광은 전부터 바라고 있던 변경의 수비대장으로 전전하게 되었다. 그동안에 세운 공은 수없이 많았다. 그러나 처세술이 서툴렀던 탓으로 관위(官位)는 좀체로 올라가지 않았을 뿐더러 때로는 면직을 당할뻔 하기도 했다.

장군의 진가(眞價)를 알고 있는 것은 오히려 적인 흉노족이었을지도 모른다. 한(漢)나라의 비장군(飛將軍)이라 하며 감히 이광이 지키는 성새(城塞)에는 얼씬도 하지 않았다. 우북평(右北平)의 흉노가 안전하지 못했던 것만이 아니고, 내로라하는 얼굴로 산야를 횡행하고 있던 호랑이도 안전하지 못했다. 초원에 묻힌 돌을 호랑이로 잘못보고 쏘았을 때에는, 화살촉이 보이지 않을 정도로 날아가 돌에 깊히 박혔다. 돌에 화살촉이 꽂힌 것이다. 가까이 가보아 돌이란 것을 알고 다시 쏘아본 화살은 돌에 꽂히지 않았다는 이야기가 있다. 이것이 「일념(一念) 바위를 뚫는다」의 고사다.(『史記』李將軍傳)

이것은 이광 장군의 궁세(弓勢)를 칭송하는 사람들이 지어낸 이야기인지도 모르나, 그가 활에 뛰어난 재능이 있었던 것은 사실이다. 그리고 그것은 수련을 쌓아 얻은 기(技)의 영역을 넘고 있는 듯 했다. 그의 궁세가 발군(拔群)했던 것은 그가 원비(猿臂=원숭이 팔)였기 때문이라고 한다. 사마천(司馬遷)은 『史記』이장군전(李將軍傳)에 이렇게 쓰고 있다.

"이광(李廣)은 키가 크고 원비(猿臂)였다. 그가 활을 잘 쏜 것도 또 천성이다"라고……

원(猿)이란 원숭이 원(猿)자의 본자(本字)다.

立身揚名
입 신 양 명

立立立立立 (설 립, 입)
身身身身身身身 (몸 신)
揚揚揚揚揚揚揚揚揚揚 (날릴 양)
名名名名名名 (이름 명)

자신의 뜻을 확립하고 이름을 드날린다는 뜻.

사회적으로 인정받고 유명해지는 것을 말한다.

『효경』에 나오는 말이다.『효경』은 유가(儒家)의 십삼경(十三經) 중 하나이며 효(孝)를 주된 내용으로 하는 책이다. 제1장인 「개종명의장(開宗明義章)」에는 책 전체의 개요를 밝히고 있는데, 그 중 다음과 같은 구절이 있다.

"신체의 머리털과 살갗은 부모에게서 받은 것이니 감히 손상하지 아니함이 효도의 시작이고, 입신출세하여 도를 행하여 후세에 이름을 드날려 부모를 드러내는 것이 효도의 마침이다.[身體髮膚, 受之父母, 不敢毀傷, 孝之始也. 立身行道, 揚名於後世, 以顯父母, 孝之終也.]"

효를 실천하기에 앞서 그 시작과 끝을 설명하는 대목이다. 여기서 입신(立身)은 자신의 기반을 세워 사회적으로 남들에게도 인정받는 것이다. 부모에게서 받은 몸으로 함부로 행동하지 않고 다른 사람들이 알아줄 만큼 바른 뜻을 펼치는 것이 효의 시작이자 끝이라는 말이다.

효의 실천내용으로 전하는 말인 입신양명은 부모의 마음을 아프게 하지 않고 자랑스러운 자식이 되기 위해 노력해야 한다는 본래의 뜻도 있지만, 효도의 목적보다는 권세나 부귀를 얻어 스스로의 사회적 지위를 높이는 것을 의미하는 쪽으로 쓰이는 경향이 있다.

비슷한 말로 입신출세(立身出世), 등달(騰達), 등용문(登龍門), 부귀공명(富貴功名) 등이 있다.

自家撞着
자 가 당 착

自自自自自自 (스스로 자)
家家家家家家家家家家 (집 가)
撞撞撞撞撞撞撞撞撞撞撞撞 (칠 당)
着着着着着着着着着着着 (붙을 착)

자기의 언행이 전후 모순(矛盾)되어 일치하지 않음.

『선림유취(禪林類聚)』「간경문(看經門)」편에 유래하는 말이다. 원나라 때 승려 도태(道泰)와 지경(智境)이 편집한 것으로 알려져 있는 이 책은, 중국 선종의 발전이 성황을 이룬 당나라 때부터 남송 말까지 불교 전적에서 채집한 내용, 이름난 승려들의 행적과 어록, 득도와 깨달음에 대한 견해와 문답, 시문 등이 실려 있다. 간경문은 경전을 보면서 깨우치는 방법이라는 말이다. 그중 남송 때 승려 남당원정(南堂元靜)의 시에 다음과 같은 구절이 전한다.

수미산은 높아 봉우리를 볼 수 없고

큰 바다 물이 깊어 바닥이 보이지 않네.

흙 털고 먼지 날려 봐도 찾을 수 없고

고개 돌리다 부딪히니 바로 나 자신이네.

[須彌山高不見嶺, 大海水深不見底. 簸土揚塵無處尋, 回頭撞著自家底.]

경서를 읽으면서 진리를 찾아보지만 높고 넓은 경지를 쉽게 찾아내지 못하고 오히려 맞닥뜨리게 되는 것은 발전이 없는 나 자신이다. 자신 마음속의 진리를 깨닫지 못하고 괜히 헛된 목표로만 겉돌다가는 영영 깨달음을 얻을 수 없다는 말이다. 말로는 진리를 찾는다고 하지만 행동은 그만한 결과를 얻지 못하는 것, 여기서 전하여 자가당착은 자기 생각이나 주장이 앞뒤가 맞지 않는 것, 나아가 스스로를 해치는 데 이를 수 있는 형세를 의미한다.

같은 뜻으로 모순(矛盾), 자기모순(自己矛盾), 모순당착(矛盾撞着), 이율배반(二律背反) 등이 있다.

自家藥籠中物
자 가 약 롱 중 물

自自自自自自(스스로 자) 中中中中(가운데 중)
家家家家家家家家家家(집 가)
藥藥藥藥藥藥藥藥藥藥藥藥藥藥藥藥藥藥藥(약 약)
物物物物物物物物(만물 물)
籠籠籠籠籠籠籠籠籠籠籠籠籠籠籠籠籠籠籠籠籠(대그릇 농)

자기 집 약장 속의 물건

出典 십팔사략(十八史略)

측천무후(則天武后)의 공포전성시대 때 재상 적인걸(狄仁傑)은 간신들을 견제하기 위해 자기 자식은 물론 유능한 인재들을 포섭해 무후에게 추천했다. 그리고 그들은 적인걸의 생각대로 공직에 충실했고 간신들의 독주에 제동을 걸었다. 이에 그의 측근이,

"온천하의 인재들이 다 그대의 품안에 있는 것 같소이다."
하며 칭송하자 적인걸은 신중하게 대답했다.

"이것은 모두 나라를 위해 한 일이지 내 개인을 위해서 한 일은 결코 아니랍니다."

그리고 적인걸이 아꼈던 인재 원행충(元行沖)이 어느날,

"재상댁에는 진미(珍味)가 너무 많으므로 나를 약상자처럼 활용하시지 않겠습니까?"
하며 충언을 자처했다.

진미란 맛있는 음식이니 과식하기 쉬워 소화제를 준비하라는 뜻이다.

다시말해 바른 말을 잘하는 자기 같은 사람이 필요하다는 비유다. 이에 적인걸은 빙그레 웃으며 말했다.

"자네는 우리집 약장 속의 물건이네. 도움 뿐만 아니라 하루라도 없어서는 안될 인물이라네."

즉 원행충은 이미 적인걸의 약상자 속에 들어있는 물건이니 언제든지 필요할 때 쓸 수 있다는 뜻이다.

그리고 여기서 도리만천하(桃李滿天下)라는 말이 유래되기도 했는데, 적인걸의 측근이,

"만천하의 도리(桃李)들이 다 그대의 품 안에 있다."

는 말에서 나온 말이며, 여기서 '도리'란 인재를 뜻한다.

참고삼아 말하자면「자가약롱중물」의 핵심인 도리(桃李)란 본래 복숭아와 오얏이란 뜻이었으나, 그 뜻이 변해 유능한 제자, 즉 인재로 사용됐다. 그 이유는 다음과 같은 일화 때문이다.

춘추시대 때 위나라의 대부(大夫) 자질(子質)은 권세를 이용해 수많은 인재를 확보하고 정부 요소요소에 자기편을 박아놓았으나, 어느 날 관직이 떨어지고 쫓기는 신세가 되자 그들은 그를 도와주지 않았다. 이에 격분한 자질이 친구에게 그 심정을 토로하자 그 친구는「도리만천하」에 대해 자세히 설명을 해주었다.

"봄에 도리를 심어주면 여름에는 시원한 그늘을 만들어주고, 가을이면 열매를 먹게 해주는 건 당연한 일이지. 그러나 자네는 봄에 도리를 심은 게 아니라 가시나무를 심어놓는 바람에 시원한 그늘과 열매 대신 가시에 찔린 경우이네. 즉, 자네는 인재를 잘못 기른 셈이네. 인재육성은 훌륭한 나무를 심기 위해 그 종자를 잘 선택하고 애지중지 보살피는 것과 같은 것이네."

「도리만천하(桃李滿天下)」는『자치통감(資治通鑑)』당기(唐紀)에서 비롯된 말이다. 당(唐)나라 때 적인걸(狄仁傑)은 고종(高宗) 때 대리승(大理丞)이 되어 1년 동안 1만 7000명을 올바르게 재판하였다. 그뒤 강남순무사(江南巡撫使)가 되어서 음란하거나 민심을 미혹하는 사당 1,700개소를 없앴다. 또 예주자사(豫州刺使)로 있을 때에는 무고한 죄로 사형을 선고받은 사람 2,000명을 구제해 사람들로부터 칭송을 들었다. 그러나 내준신(來俊臣)의 모함으로 측천무후(則天武后)에 의해 투옥되었다가 지방으로 좌천되었다. 후일 그의 평판이 높다는 말을 들은 측천무후는 다시 그를 재상으로 등용하였다. 재상이 된 후 그는 장간지(張柬之), 요숭(姚崇) 등을 추천하여 부패한 정치를 바로잡으려 했는데, 이로써 측천무후의 신임을 얻었다.

煮豆燃豆萁
자 두 연 두 기

煮煮煮煮煮煮煮煮煮煮煮煮煮煮 (찔 자)
豆豆豆豆豆豆豆 (콩 두)
燃燃燃燃燃燃燃燃燃燃燃燃燃燃燃 (불사를 연)
萁萁萁萁萁萁萁萁萁萁萁萁 (콩깍지 기)

콩을 삶을 때 콩깍지를 때다.

出典 세설신어(世說新語) 문학편(文學篇)

콩을 삶는데 콩깍지를 때니(자두연두기)

콩이 솥 가운데서 우는구나.

본래 이들은 같은 뿌리에서 나왔거늘

어찌 서로 삶기를 급히 서두르는가.

이 시는 삼국지의 악역스타 조조의 셋째아들인 조식(曹植)이 왕위에 오른 큰형 조비의 왕위 견제에 걸려 일곱 발자국을 걷는 사이에 시를 짓지 못하면 국법으로 다스리겠다는 강요에 따라 갑갑한 마음을 토로한 시다.

　이때 조식의 나이 열 살밖에 안되었으며, 형제가 서로 다투고 괴롭히며 죽이려는 것을 비유할 때 이 고사를 인용하여 놀라운 시를 짓는 것을 두고 칠보지재(七步之才)라 했고, 뛰어난 문학작품은 칠보시(七步詩)라 했다.

子帥以正熟敢不正
자 솔 이 정 숙 감 부 정

子子子(아들 자)　以以以以以(써 이)
帥帥帥帥帥帥帥帥帥(장수 수, 솔)
正正正正正(바를 정)
敢敢敢敢敢敢敢敢敢敢敢(감히 감)
熟熟熟熟熟熟熟熟熟熟熟熟熟熟熟(익을 숙)　不不不不(아니 불)

당신이 거느리기를 바르게 하지 않으면 그 누가 감히 바르지 않겠는가.

出典　논어(論語) 안연편(顔淵篇)

　이 장의 정의는 논어 안연편에 있다.

　계강자가 공자에게 정치에 대해 묻자 공자 왈(曰),

　"정(政)은 정(正)입니다. 당신께서 거느리기를 바르게 하면 그 누가 감히 바르지 않겠습니까?"

　여기서 정(政)과 정(正)은 음도 같고 뜻도 같다. 그런즉 정치를 행하는 위정자(爲政者)가 솔선수범으로 정(正)을 찾고 正을 행하고 正으로 다스린다면 모든 국민은 위정자의 바른 몸가짐에 감화되어 바른 길을 따른다는 것이다.

　그러나 우리의 정치 현실은 그렇지 못한 것 같다. 실제로 우리 대다수의 국민들은 무엇이 正과 政인지 헷갈릴 때가 많다. 흔히 正을 내세우는 정치인들이 정의롭지 못한 행실을 하는 경우가 많기 때문이다.

　그래서 공자께서는 이런 정치인들을 매우 경멸했고, 추방 캠페인을 벌였던 것이다.

自手成家
자 수 성 가

自自自自自自自(스스로 자)
手手手手(손 수)
成成成成成成成(이룰 성)
家家家家家家家家家家(집 가)

혼자 힘으로 집안을 일으켜 세우거나 큰 성과를 이루어 놓음.

　배경이나 밑바탕이 변변치 않은데도 불구하고 자기 힘으로 큰 성과를 일궈낸 사람에 대해 쓰는 표현이다. 주로 물려받은 재산이 없는 사람이 자기 능력으로 경제적으로 성공하고 사업을 크게 키우거나 부자가 된 경우를 가리킨다. 사회적으로 공헌을 많이 하고 존경받을 만한 업적을 쌓은 이들에 대해서도 쓰인다. 같은 뜻으로 자성일가(自成一家), 적수기가(赤手起家), 적수성가(赤手成家) 등이 있다.

自繩自縛
자 승 자 박

自自自自自自(스스로 자)
繩繩繩繩繩繩繩繩繩繩繩繩繩繩繩繩(노끈 승)
縛縛縛縛縛縛縛縛縛縛縛縛縛(얽을 박)

자신이 만든 줄로 제 몸을 스스로 묶는다는 뜻.

① 자기가 자기를 망치게 한다는 뜻. 즉, 자기의 언행으로 인하여 자신이 꼼짝 못하게 되는 일.

② 불교(佛敎)에서, 스스로 번뇌(煩惱)를 일으켜 괴로워함을 이르는 말.

자기 스스로를 옭아 묶음으로써 자신의 언행(言行) 때문에 자기가 속박당해 괴로움을 겪는 일에 비유한 말로, 자박(自縛)이라고도 한다. 자기가 만든 법에 자신이 해를 입는다는 뜻의 작법자폐(作法自斃)와 비슷한 말이다. 자기가 주장한 의견이나 행동으로 말미암아 난처한 처지에 놓여 자신의 자유를 잃게 된다.

『한서(漢書)』「유협전(遊俠傳)」에 나오는 '자박'에서 유래한 말이다. 시장에서 원섭(原涉)의 노비(奴婢)가 백정(白丁)과 말다툼을 한 뒤 죽이게 되자 무릉(茂陵)의 태수 윤공(尹公)이 원섭을 죽이려고 하여 협객들이 다음과 같이 말하였다.

"원섭의 종이 법을 어긴 것은 부덕한 탓이다[原巨先奴犯法不德].

그에게 웃옷을 벗고 스스로 옭아묶어[使肉袒自縛]

화살로 귀를 뚫고 법정에 나가서 사죄하게 하면[箭貫耳 詣廷門謝罪]

당신의 위엄도 유지될 것이다[於君威亦足矣]."

원래는 궁지에 몰려서 항복의 표시로 자신의 몸을 묶고 관용을 청하는 것이다. 스스로 번뇌(煩惱)를 일으켜 괴로워하거나 자기가 잘못함으로써 스스로 불행을 초래하는데 비유한 고사성어이다.

自業自得
자 업 자 득

自自自自自自(스스로 자)
業業業業業業業業業業業業業(업 업)
得得得得得得得得得得得得(얻을 득)

불교에서, 제가 저지른 일의 과보(果報)를 제스스로 받음을 이르는 말.

자신이 저지른 과보(果報)나 업을 자신이 받는다는 뜻으로, 스스로 저지른 결과라는 뜻으로 많이 쓴다. 따라서 여기서 업은 나쁜 업을 일컫는다. 자업자박(自業自縛)과 같은 뜻으로, 자신이 쌓은 업으로 자신을 묶는다는 말이다.

자기가 꼰 새끼로 자신을 묶어, 결국 자기 꾐에 자기가 빠지는 것을 뜻하는 자승자박(自繩自縛)도

이와 비슷하다. 그밖에 과거 또는 전생의 선악의 인연에 따라 뒷날 길흉화복의 갚음을 받게 된다는 뜻의 인과응보(因果應報)에도 자업자득의 뜻이 들어 있다.

자업자득에는 무슨 일이든 결국 옳은 이치대로 돌아간다는 사필귀정(事必歸正)의 뜻이 담겨 있다.

子子孫孫
자 자 손 손

子子子(아들 자)
孫孫孫孫孫孫孫孫孫孫 (손자 손)

자손 대대로. 여러 대에 걸친 자손.

① 자손의 여러 대. ② 자손의 끝까지. ③ 대대(代代)손손.

이 표현은 부전자전(父傳子傳)과는 약간 다르다. 세대가 끊이지 않고 영원히 이어진다는 의미를 담고 있다. 이와 같은 표현도 여럿 있다.

自暴自棄
자 포 자 기

自自自自自自(스스로 자)
暴暴暴暴暴暴暴暴暴暴暴暴暴暴暴 (사나울 포)
棄棄棄棄棄棄棄棄棄棄棄棄 (버릴 기)

자기 자신을 스스로 학대하고 포기하다.

出典 맹자(孟子)

맹자 왈(曰),

"스스로 학대하는 자와는 말할 수 없고, 스스로를 버리는 자와는 함께 일할 수 없다. 입만 열면 예의를 비방하는 것은 자포(自暴)이며, 자신의 몸은 인의(仁義)에 살 수 없다고 하는 것은 자기(自棄)라고 한다. 어질다는 것은 사람이 편히 쉴수 있는 집이며, 의롭다는 것은 사람이 올바르게 살아가는 길이거늘, 편안한 집을 비워놓고 살지 않고 바른 길을 가지 않으니 슬프구나."

맹자가 뜻하는 「자포자기(自暴自棄)」란 말은 극단적으로 인간의 도리를 망각하는 자와는 상종을 하지 말라는 경고메시지가 담겨 있다. 그러나 오늘날 우리들이 흔히 사용하는 「자포자기」란 말은 '될대로 되라'는 식의 체념 섞인 뜻으로 인용된다. 그 이유는 아마 수많은 세월이 흐르면서 자포자기하는 사람이 많았기 때문이 아닐까?

自自自自自自(스스로 자)
畵畵畵畵畵畵畵畵畵畵畵畵畵 (그림 화)
讚讚讚讚讚讚讚讚讚讚讚讚讚讚讚讚
讚讚讚讚讚讚讚讚 (기릴 찬)

자기가 그린 그림을 스스로 칭찬(稱讚)한다는 뜻.

　자기가 한 일을 자기 스스로 자랑함을 이르는 말. 자기가 그린 그림을 자신이 스스로 칭찬한다

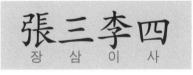

作作作作作作作 (지을 작)
心心心心 (마음 심)
三三三 (석 삼)
日日日日 (날 일)

마음 먹은 지 삼일이 못간다는 뜻으로, 결심이 얼마 되지 않아 흐지부지 된다는 말.

　'굳게 먹은 마음이 사흘을 못 간다'라는 우리말 속담과 같은 한자성어(漢字成語)이다. 사람의 마음이란 쉽게 변하는 것이고, 바위 같은 굳은 결심도 끝까지 지켜내기란 어려운 것이다라는 교훈이 담긴 말이다.

　'마음처럼 간사한 건 없다'라는 속담이 암시하다시피 사람의 마음이란 조석으로 변하는 것임을 명심하고, 한번 목표를 설정하고 그것을 달성하기로 작심하였으면, 와신상담(臥薪嘗膽)하는 의지로 끝까지 처음 마음 먹었던 바를 굽히지 않고 밀고나가서 성공을 거두는 것이 인간으로서 옳고 떳떳하다는 말이다.

張張張張張張張張張張(베풀 장)
三三三 (석 삼)
李李李李李李李 (오얏 이, 리)
四四四四四 (넉 사)

장씨의 셋째 아들과 이씨의 넷째 아들이란 뜻.

　① 성명(姓名)이나 신분이 뚜렷하지 못한 평범한 사람들.
　② 사람에게 성리(性理)가 있음은 아나, 그 모양(模樣)이나 이름을 지어 말할 수 없음의 비유.

　1941년 4월『문장』폐간호에 발표된 최명익의 단편소설이다. 일제강점기를 시대적 배경으로 하여 혼잡한 3등열차 안에서 벌어지는 자그마한 사건을 중심으로 보통사람들의 다양한 모습을 그려낸 세태소설이다. 특별한 사건이나 갈등 없이 열차를 타고내리는 사람들의 모습과 심리를 일인칭 화자의 시점에서 섬세하게 묘사하는 가운데 암울한 식민지시대의 말기적 증후와 인간의 속물적 근성을 사실적으로 묘사한 작품이다.

　3등열차를 타고 기차여행을 하는 나는 우연히 같은 자리에 앉게 된 일단의 사람들을 방관자의 눈으로 관찰한다. 기차 안은 지저분하고 혼잡하다. 기차가 움직이기 시작하고 자리가 어느 정도 정

돈되었을 때, 목도리를 두른 한 농촌 젊은이가 무심코 내뱉은 가래침이 나와 마주앉은 신사의 구두 콧등에 떨어진다. 두꺼비 같은 인상의 신사는 가래침을 털어내느라 호들갑을 떨어 주위사람들에게 반감을 산다. 그는 도망친 여자를 붙잡아 돌아오는 포주로, 회색외투를 걸치고 담배를 줄곧 피워대는 젊은 여자를 옆에 앉혀 놓고 감시하는 눈빛이다. 그가 변소에 간 사이에 검표원이 차표를 검사하자, 젊은 여자는 그 신사가 가져가서 차표가 없다고 한다. 그러자 '당꼬바지'가 먼저 돈벌이로는 색시장사가 제일이라며 불쑥 말문을 열고 '가죽재킷'이 맞장구를 친다. 결국 포주인 신사를 화젯거리로 삼아 흥을 보다가 그가 돌아오자 입을 다문다. 자리에 돌아온 신사는 사교적인 웃음과 말씨로 사람들에게 술을 권해 어설픈 술판을 벌이고는 자신의 사업(색시장사)이 돈벌이로는 그만이지만 이 장사도 힘들어서 못하겠다고 하소연한다. 속물적 호기심으로 가득찬 주위사람들은 그의 말에 동조하며 약자인 천한 여자에 대한 정신적 가해를 즐기고 그런 모습에 나는 심한 역겨움을 느낀다. 여자는 좌중의 희롱에도 아랑곳하지 않고 무심히 창밖을 내다보며 담배만 피워댄다.

기차가 S역에 도착하자, 다시는 도망치지 말라고 여자에게 으름장을 놓고 내릴 채비를 하던 신사가 한 청년을 발견하고 소리쳐 부른다. 신사는 아들인듯한 그 청년이 다가와 옥주라는 색시가 달아나 형이 찾으러갔다고 말하자 느닷없이 청년의 뺨을 때린다. 청년으로부터 달아난 옥주 역시 잡혀서 돌아오는 중이라는 말을 듣고 신사는 분이 좀 풀린 듯 여자와 차표를 인계하고 차에서 내린다. 신사가 내린 뒤 자리에 앉으려던 청년은 여자와 눈이 마주치자 화풀이를 하듯 여자의 뺨을 몇차례 때린다. 여자는 울음을 참는 듯 입을 꼭 다물었고 눈에는 눈물이 어린다. 나는 그 눈을 마주볼 수 없어 얼굴을 돌리고 만다. 잠시 후 변소에 간다며 여자가 자리를 뜨자 기차에 새로 탄 사람들은 그녀가 왜 매를 맞았는지 궁금해하고 청년은 '우스운 일'이라며 아버지에게 맞은 화풀이를 했을 뿐이라고 대답한다. 여자가 쉬 돌아오지 않자, 나는 그녀가 모욕을 참기 힘들어 혹시 혀를 물고 자살을 하는 것이 아닐까 하는 생각에 초조해한다. 그러나 잠시 후 나의 망상은 여지없이 깨진다. 여자는 무사히 돌아왔을 뿐만 아니라 어느새 화장까지 고친 뽀얀 얼굴로 태연스레 "옥주년도 잡혔어요?"라고 청년에게 묻고는 이제 가서 만나면 더 반갑겠다고 말한다. 그녀의 귀환에 안심하던 나는 뻔뻔스럽게 느껴질 만큼 강인한 그녀의 생명력에 무슨 까닭인지 껄껄 웃고 싶은 충동을 겨우 억제한다.

이 작품은 정인택(鄭人澤)·이상(李箱) 등과 더불어 심리주의소설을 개척한 최명익의 대표작으로, 제목처럼 3등열차를 탄 사람들의 속물적인 행태를 묘사함으로써, 인간관계의 단절성과 인간본성의 비열함을 리얼하게 형상화하였다. 특히 온갖 모욕을 당하면서도 끝내 눈물을 보이지 않는 강인한 성격의 창녀를 통해 척박한 식민지시대를 살아야 했던 우리 민족의 실상을 객관적으로 제시한 것으로 평가된다.

長袖善舞多錢善賈
장 수 선 무 다 전 선 고

長長長長長長長長 (긴 장)
袖袖袖袖袖袖袖袖袖 (소매 수)
多多多多多多 (많을 다)
賈賈賈賈賈賈賈賈賈賈賈賈 (장사 고)

善善善善善善善善善善善善 (착할 선)
舞舞舞舞舞舞舞舞舞舞舞舞舞舞 (춤출 무)
錢錢錢錢錢錢錢錢錢錢錢錢錢錢錢 (돈 전)

소매가 길면 춤추기가 좋고 돈이 많으면 장사를 잘할 수 있다.

出典 한비자(韓非子)

속담에 '옷 소매가 길면 춤 맵시가 좋고, 돈이 많으면 무엇이나 살 수 있다'는 말이 있는데, 이것은 자본이 많으면 사업을 하기가 수월하다는 뜻이다.

일반적으로 강대국에서는 입안(立案)하기가 쉬우나, 문란한 약소국에서는 입안하기가 어렵다. 따라서 진(秦)나라에 등용되어 정책을 세우는 자는 계획을 열 번씩이나 바꿔도 성공할 수 있지만, 약소국인 연(燕)나라에서 정책을 세우는 자는 한 번만 계획을 바꿔도 큰 차질이 따른다.

이렇게 한비자가 「장수선무 다전선고(長袖善舞多錢善賈)」의 정의를 내세웠듯이, 이 말은 현대에도 설득력이 있다.

즉 「다전선고(多錢善賈)」의 뜻이 강대국의 파워에 있듯이, 경제력이 약하면 그만큼 일을 하는 데 있어 애로사항이 많이 따른다는 뜻이다. 그 좋은 예로 미국의 경제개방 압력에 끌려다니는 우리나라의 설움이 바로 그것이다.

賊反荷杖
적 반 하 장

賊賊賊賊賊賊賊賊賊賊賊賊賊 (도둑 적)
反反反反 (돌이킬 반)
荷荷荷荷荷荷荷荷荷荷荷 (멜 하)
杖杖杖杖杖杖杖 (지팡이 장)

도둑이 도리어 몽둥이를 든다는 뜻.

잘못한 사람이 도리어 잘 한 사람을 나무라는 경우(境遇)를 이르는 말이다.

잘못한 사람이 도리어 잘한 사람을 나무라는 경우를 빗대어 표현한 말로, 조선 인조 때의 학자이자 시평가(詩評家)인 홍만종(洪萬宗)의 문학평론집『순오지(旬五志)』에 적반하장에 대한 풀이가 나온다.

『순오지(旬五志)』에는,

"적반하장은 도리를 어긴 사람이 오히려 스스로 성내면서 업신여기는 것을 비유한 말(賊反荷杖以比理屈者反自陵轢)"로 풀이되어 있다. 이처럼 적반하장은 잘못한 사람이 잘못을 빌거나 미안해 하기는커녕 오히려 성을 내면서 잘한 사람을 나무라는 어처구니없는 경우에 기가 차다는 뜻으로 흔히 쓰는 말이다.

"적반하장도 유분수지 누구한테 큰소리냐?",

"사람을 때린 놈이 되레 맞았다고 큰소리니 적반하장도 정도가 있지." 등의 꼴로 쓰인다.

주인과 손님이 서로 바뀌어 손님이 도리어 주인 행세를 한다는 뜻의 주객전도(主客顚倒)·객반위주(客反爲主)와 뜻이 통한다. 또 내가 부를 노래를 사돈이 부른다는 뜻으로, 나에게 책망을 들어야 할 사람이 오히려 나를 책망할 때 쓰는 아가사창(我歌査唱)도 같은 뜻이다.

적반하장과 비슷한 뜻의 우리말 속담도 여럿 있다. 제가 잘못하고서 도리어 성을 낸다는 속담 '방귀 뀐 놈이 성낸다', 자기가 잘못해 놓고 오히려 남을 나무란다는 뜻의 '문비(門裨)를 거꾸로 붙이고 환쟁이만 나무란다', '소경이 개천 나무란다', 남의 은혜를 갚기는커녕 도리어 배신한다는 뜻의 '물에 빠진 놈 건져 놓으니까 내 봇짐 내라 한다' 등이 그 예이다.

赤赤赤赤赤赤赤 (붉을 적)
手手手手 (손 수)
空空空空空空空空 (빌 공)
拳拳拳拳拳拳拳拳拳拳 (주먹 권)

맨손과 맨주먹이란 뜻으로, 곧 아무 것도 가진 것이 없음.

고립무원(孤立無援)인 사람이라면 빈손인 것은 당연하다. 느낌은 약간 다르지만 그 말이 그 말이다. 한자에서 적(赤)은 '붉다'는 뜻 외에 '벌거숭이, 빈 것, 아무 것도 없음' 등의 뜻을 가지고 있다.

前車覆後車誡
전 거 복 후 거 계

前前前前前前前前前 (앞 전)
車車車車車車車 (수레 거)
後後後後後後後後後 (뒤 후)
誡誡誡誡誡誡誡誡誡誡誡誡誡 (경계할 계)
覆覆覆覆覆覆覆覆覆覆覆覆覆覆覆覆覆 (엎어질 복)

앞차가 넘어지면 뒤차는 경계하게 된다.

出典 한서(漢書) 가의전(賈誼傳)

한나라 문제(文帝) 때 가의(賈誼)라는 충신이 국정으로 고심하는 문제(文帝)에게 이런 상소를 올렸다.

"속담에 '관리로서 자신의 직무를 익히지 못할 시에는 마음을 다해 지난 예를 조사해 보라'는 말이 있으며, 또 '앞의 수레가 넘어지면 뒤의 수레가 경계를 하게 된다'고 했습니다. 그러므로 이것을 배워서 얻지 못하는 사람은 성인의 지혜에 따르지 않는 사람입니다. 그 옛날 진(秦)나라가 어떻게 급히 멸망했는지는 수레바퀴 자국에 잘 나타나 있듯이, 그 수레바퀴 자국을 피하지 않는다면 뒤에서 오는 수레는 곧 엎어질 것입니다.」

다시 말해 「전거복 후거계(前車覆後車誡)」란 말은, 역사 속의 실수나 잘못이 후세인들에게 경계가 된다는 뜻이다.

그런 뜻에서 우리들은 성수대교 붕괴사고, 삼풍백화점 붕괴사고, 5·18 사건 등등을 잊지 말고 상기해야 할 것이다.

前前前前前前前前前前 (앞 전)
途途途途途途途途途途途 (길 도)
遙遙遙遙遙遙遙遙遙遙遙遙 (멀 요)
遠遠遠遠遠遠遠遠遠遠遠遠 (멀 원)

앞으로 갈 길이 아득히 멀다는 뜻.

목적하는 바에 이르기에는 아직도 남은 일이 많음을 이르는 말.

앞길이 한없이 멀다. 즉 목적을 달성하기까지 가야 할 길이나 과정이 험한 모습. 아무래도 이 표현에는 희망보다는 절망이나 어려움이 더 깃들어 있다. 너무 멀다는 것에는 쉽게 달성할 수 없다는 뜻이 담겨 있다.

戰戰戰戰戰戰戰戰戰戰戰戰戰戰戰 (싸움 전)
兢兢兢兢兢兢兢兢兢兢兢兢兢兢 (삼갈 긍)

위기감에 절박해진 심정

出典 후한서(後漢書) 송홍전(宋弘傳)

맨손으로는 호랑이를 잡을 수 없고
걸어서는 강을 건널 수 없네
폭호빙하(暴虎馮河).
사람들은 이것은 알고 있으면서
다른 것은 알지 못하네(전전긍긍(戰戰兢兢)).
깊고 깊은 못가에 임하는 심정
얇은 살얼음 위를 밟듯이 하는구나.

이 시경에서 유래된 「전전긍긍」의 뜻은 그 옛날 서주(西周) 말엽 개혁파에 의해 옛법이 무시된 것을 한탄한 것이며, 여기서 「폭호빙하」라는 고사성어도 유래됐다.

서주 말기에 주(周) 왕실의 봉건사회가 쇠퇴하면서 주공(周公)에 의해 제정된 제도로서는 천하를 통치하기가 어렵게 되자, 개혁파들이 신법을 들고 일어섰다.

그러나 이 신법 역시 봉건사회를 타도하기에는 매우 벅차 은근히 압제하는 선에 머물렀기 때문에 오히려 시국의 위기는 더욱더 극심해져만 갔다는 것을 풍자한 것이다.

그런즉 시경 속의 「전전긍긍」이란 정치하는 사람은 누구를 막론하고 악정 속에서 두렵게 생각하고 조심을 해야 된다는 것을 경계시킨 것이다. 그래서인지는 몰라도 우리나라의 정치인들이 전전긍긍으로 몸을 사리고, 그 여파로 국민들 또한 전전긍긍하며 두려워하고 있는 것 같은 생각이 든다. 정치란 이런 것인가?

輾轉反側
전 전 반 측

輾輾輾輾輾輾輾輾輾輾輾輾輾輾輾輾輾 (돌아누울 전)
轉轉轉轉轉轉轉轉轉轉轉轉轉轉轉轉 (구를 전)
反反反反 (돌이킬 반)
側側側側側側側側側側側 (곁 측)

수레바퀴가 한없이 돌며 옆으로 뒤척인다는 뜻.

出典 시경(詩經)

근심과 걱정으로 잠을 이루지 못함을 비유하는 말이다.

생각과 고민이 많아 잠을 이루지 못하거나, 잠을 이루지 못해 뒤척임을 되풀이하는 것을 형용하여 '전전반측(輾轉反側)'이라 한다. 전(輾)은 반쯤 돌아 몸을 모로 세우는 것이고, 전(轉)은 뒹군다는 뜻이다. 반(反)은 뒤집음, 측(側)은 옆으로 세운다는 뜻이다. 이 말은 처음에는 아름다운 여인을 그리워하여 잠을 이루지 못하는 것을 비유한 말이다.

『시경』국풍(國風)의 「관관저구(關關雎鳩)」의 한 구절이다.

구룩구룩 물수리는 강가 섬에 있도다[關關雎鳩 在河之洲]

요조숙녀는 군자의 좋은 짝이로다[窈窕淑女 君子好逑]

들쭉날쭉한 마름풀을 이리저리 헤치면서[參差荇菜 左右流之]

요조숙녀를 자나깨나 찾는구나[窈窕淑女 寤寐求之]

구하여도 얻지 못하니 자나깨나 생각쿠나[求之不得 寤寐思服]

생각하고 또 생각하여 이리저리 뒤척이는구나[悠哉悠哉 輾轉反側]

그러나 지금은 이런 연정의 의미가 많이 퇴화되어, 단지 걱정과 많은 생각으로 잠을 못 이루는 모든 경우를 두고 전전반측이라 한다.

轉禍爲福
전 화 위 복

轉轉轉轉轉轉轉轉轉轉轉轉轉轉轉轉(구를 전)
禍禍禍禍禍禍禍禍禍禍禍禍禍(재앙 화)
爲爲爲爲爲爲爲爲爲爲爲(할 위)
福福福福福福福福福福福(복 복)

화(禍)가 바뀌어 오히려 복(福)이 된다는 뜻.

어떤 불행한 일이라도 끊임없는 노력과 강인(强靭)한 의지로 힘쓰면 불행을 행복으로 바꾸어 놓을 수 있다는 말이다.

『사기(史記)』열진편(列傳篇)「관안(管晏)열전」에 나온다. 관중(管仲)을 평하기를 다음과 같다고 하였다.

"정치의 실재면에 있어, 번번이 화를 전환시켜 복으로 하고 실패를 전환시켜 성공으로 이끌었다. 어떤 사물에 있어서도 그 경중을 잘 파악하여 그 균형을 잃지 않도록 신중하게 처리했다."

전국시대 합종책(合從策)으로 한(韓), 위(魏), 조(趙), 연(燕), 제(齊), 초(楚)의 여섯 나라 재상을 겸임하였던 소진(蘇秦)도 『전국책(戰國策)』의「연책(燕策)」에서 다음과 같은 말을 하였다고 한다.

"옛날, 일을 잘 처리했던 사람은 화를 바꾸어 복이 되게 했고[轉禍爲福], 실패한 것을 바꾸어 공이 되게 하였다[因敗爲功]."

어떤 불행한 일이라도 끊임없이 노력하며, 강인한 정신력과 불굴의 의지로 힘쓰면 불행도 행복으로 바꾸어 놓을 수 있다는 말이다. 그러나 현대에는 이같은 의지력보다는,

"전화위복이 될지 누가 알랴."라는 말로 요행이 강조되어 쓰인다.

竊符求趙
절 부 구 조

竊竊竊竊竊竊竊竊竊竊竊竊竊竊竊竊竊竊竊竊(훔칠 절)　求求求求求求求(구할 구)
符符符符符符符符符符(부신 부)
趙趙趙趙趙趙趙趙趙趙趙趙趙(나라 조)

훔친 병부로 조나라를 구하다.

出典 십팔사략(十八史略)

전국시대의 스타 중의 한 사람인 위나라의 신릉군(信陵君)은 진나라 군대가 조나라를 공격해 수도를 포위하자 왕에게 구원병을 파병할 것을 간청했으나, 왕은 진나라의 힘에 질려 허락을하지 않았다.

그러자 신릉군은 왕이 총애하는 여희를 통해 병부를 훔쳐오게한 후 병부로 정병 8만을 음직여 진나라의 후미를 공격해 대승을 거두고 조나라를 위기에서 구할 수 있었다.

이것이 이 장의 본뜻이며 '훔침의 미학'이라고 포장할 수 있다. 다시말해 과정이야 어떻게 됐든 간에 결과만 좋으면 된다는 현대 정치판의 풍조와 비슷하다고 볼 수 있다.

絕世佳人
절 세 가 인

絕絕絕絕絕絕絕絕絕絕絕 (끊을 절)
世世世世世 (인간 세)
佳佳佳佳佳佳佳佳 (아름다울 가)
人人 (사람 인)

세상에 비할 데 없이 가장 아름다운 여자.

　세상에서 가장 빼어난 아름다운 사람이라는 뜻으로, 당대에 비할 데 없이 아름다운 여인을 이르는 말이다.

絕長補短
절 장 보 단

絕絕絕絕絕絕絕絕絕絕絕 (끊을 절)
長長長長長長長長 (긴 장)
補補補補補補補補補補補 (도울 보)
短短短短短短短短短短短短 (짧을 단)

긴 것을 잘라서 짧은 것에 보태어 부족함을 채운다는 뜻.

　좋은 것으로 부족한 것을 보충함을 이르는 말.

　장점이나 넉넉한 것으로 단점이나 부족한 것을 보충한다는 말이다.

切磋琢磨
절 차 탁 마

切切切切 (끊을 절)
磋磋磋磋磋磋磋磋磋磋磋磋磋磋 (갈 차)
琢琢琢琢琢琢琢琢琢琢琢琢 (쪼을 탁)
磨磨磨磨磨磨磨磨磨磨磨磨磨磨 (갈 마)

옥돌을 자르고 줄로 쓸고 끌로 쪼고 갈아 빛을 낸다는 뜻.

　톱으로 자르고 줄로 슬고, 끌로 쪼며 숫돌에 간다. 끊고 닦고 쪼고 갈다. 학문·도덕·기예 등을 열심히 닦음. 뼈나 상아나 옥돌로 물건을 만들 때, 순서를 밟아 다듬고 또 다듬어 완전무결한 물건으로 만들어 내는 것을 말한다. 학문을 닦고 수양을 쌓는 데도 똑같은 과정을 거쳐야 한다.『詩經(시경)』衛風(위풍) 淇澳篇(기욱편)에 있는 말이다. 이 시는 학문과 덕을 쌓은 君子(군자)를 찬양해서 부른 것인데 대학에 나온 내용을 옮기면 다음과 같다. 시에 이르기를 '찬란한 군자여, 칼로 자르듯 하고 줄로 슨 듯하며, 끌로 쪼는 듯하고 숫돌로 간 듯하도다……'라고 했다. 자르듯 하고 슨 듯한다는 것은 학문을 말한 것이고, 쪼는 듯하고 간 듯한다는 것은 스스로 닦는 것이다. 이 말은『論語(논어)』學而篇(학이편)에도 나온다. 子貢(자공)이 공자에게 물었다.

　"가난해도 아첨하는 일이 없고, 부해도 교만하는 일이 없으면 어떻습니까?"

　"옳은 일이긴 하나 가난해도 도를 즐기고 부해도 예를 좋아하는 것만 같지 못하다."

　"詩(시)에 이르기를 '如切如磋, 如琢如磨(여절여차, 여탁여마)'라고 했는데 바로 이런 것을 두고 한 말이군요."

　그러자 공자는 자못 흐뭇한 표정으로,

"너야말로 참으로 함께 시를 말할 수 있다. 이미 들은 것으로 장차 있을 것까지를 아니 말이다."
하고 칭찬했다. 이 해석대로 하면 '절차'는 學文(학문)을 뜻하고 '탁마'는 수양(修養)을 말하는 것이
된다.

切齒腐心
절 치 부 심

切 切 切 切 (끊을 절)
齒 齒 齒 齒 齒 齒 齒 齒 齒 齒 齒 齒 齒 齒 齒 (이 치)
腐 腐 腐 腐 腐 腐 腐 腐 腐 腐 腐 腐 (썩을 부)
心 心 心 心 (마음 심)

이를 갈고 마음을 썩이다는 뜻.

대단히 분(憤)하게 여기고 마음을 썩임.

『사기』「자객열전(刺客列傳)」형가(荊軻) 편에 유래하는 말이다. 중국 전국시대 위나라 사람 형가
는 식견이 뛰어나고 검술에 능한 자객으로, 연나라 태자 단(丹)의 식객이 되어 그의 충신이자 조언자
역할을 하였다. 태자 단은 진나라의 인질로 있다가 겨우 도망쳐 돌아온 것이어서 진나라 왕에게 보
복하고 싶어했다. 그러나 작은 제후국에 불과한 연나라에 비해 진나라의 힘은 너무 막강했다. 진나라
가 점점 다른 나라의 땅을 잠식하면서 연나라 땅에 가까워져 오자 태자 단은 마음이 조급해졌다. 그
래서 형가에게 천하의 땅을 빼앗고 천하의 왕들을 신하로 삼으려는 진나라 왕의 탐욕을 제지해야 한
다고 하며, 진나라 왕에게 가까이 접근해 내부의 난을 조장하여 군신 간에 의심을 하도록 만들면 혼
란에 빠진 진나라를 깨뜨릴 수 있을 것이라고 하였다.

그때 마침 진나라의 장군이었던 번오기(樊於期)가 진나라의 왕에게 죄를 짓고 연나라로 망명해
있었다. 곤궁에 처한 번오기를 신하들의 반대에도 불구하고 태자 단이 불쌍히 여겨 받아준 것이었
다. 진나라 왕이 번오기를 잡아들이려 재물을 내걸고 찾고 있었기에, 형가는 이를 이용하여 번오기
를 진나라 왕에게 넘기면서 그에게 가까이 다가갈 기회로 삼자고 제안하였다. 그러나 태자 단은 스
스로 자신에게 찾아온 번오기에게 차마 그럴 수 없다며 반대하였다. 형가는 태자 단의 마음을 알고
개인적으로 번오기를 찾아가 말했다.

"진나라가 장군을 대우함은 매우 참혹합니다. 부모와 종족이 모두 죽거나 노비가 되었고, 지금 장
군의 목에는 황금 일천 근과 만 호의 식읍을 내걸었다고 들었습니다. 장차 어찌하시렵니까?"

이에 번오기는 하늘을 올려다보며 탄식하며 눈물을 흘리며 말했다.

"늘 그 생각만하면 너무나 괴롭습니다. 그러나 어찌해야 할지를 모르겠습니다."

"지금 한마디 말로 연나라의 근심을 없애고 장군의 원수를 갚을 수 있다면 어떻게 하시겠습니
까?"

"어떻게 하면 되겠습니까?"

"장군의 목을 얻어 진나라 왕에게 바쳤으면 합니다. 그러면 진나라 왕은 분명 기뻐하며 저를 만나

려 할 것입니다. 그때 제가 그의 가슴을 찌르겠습니다. 그렇게 장군의 원수를 갚고 연나라의 모욕을 씻을 수 있을 것입니다." 형가의 말에 번오기는 한손으로 팔을 움켜쥐고 다가가더니,

"이는 제가 밤낮으로 이를 갈며 속을 썩이던 것입니다(此臣之日夜切齒腐心也). 이제 드디어 가르침을 받게 되었습니다!"

하고는 스스로 목을 찔러 죽었다. 형가는 장군의 목을 상자에 담아 진나라로 향했고 진나라 왕은 기뻐하며 연회를 베풀어 주었다. 이에 형가가 왕 바로 앞까지 다가가 숨겨간 비수로 왕을 찔렀으나 몸에 닿지 못해 실패하였고 결국 그 자리에서 죽임을 당했다. 연나라는 5년 후 진나라 차지가 되었다.

여기서 전하여 절치부심은 몸과 마음이 다 상할 정도로 분해 있는 상태, 마음에 새겨져 잊지 못하는 치욕을 씻어내고 싶어 안달이 난 모습 등을 가리킨다. 또는 승부 따위에 명예를 되찾기 위해 의지를 불태우는 마음가짐을 나타낸다. 같은 뜻의 성어로 절치액완(切齒扼腕), 와신상담(臥薪嘗膽), 회계지치(會稽之恥) 등이 있다.

漸入佳境
점 입 가 경

漸漸漸漸漸漸漸漸漸漸漸漸漸 (점점 점)
入入 (들 입)
佳佳佳佳佳佳佳佳 (아름다울 가)
境境境境境境境境境境境境 (지경 경)

가면 갈수록 경치(景致)가 더해진다는 뜻.

일이 점점 더 재미있는 지경으로 돌아가는 것을 비유하는 말이다.

『진서(晉書)』「고개지전(顧愷之傳)」에서 전한다. 고개지는 감자(甘蔗 : 사탕수수)를 즐겨 먹었다. 그런데 늘 가느다란 줄기 부분부터 먼저 씹어 먹었다. 이를 이상하게 여긴 친구들이,

"사탕수수를 먹을 때 왜 거꾸로 먹나?" 하였다. 고개지는,

"갈수록 점점 단맛이 나기 때문[漸入佳境]이다" 하고는 태연하였다. 이때부터 '점입가경'이 경치나 문장 또는 어떤 일의 상황이 갈수록 재미있게 전개되는 것을 뜻하게 되었다고 한다. 줄여서 자경(蔗境) 또는 가경(佳境)이라고도 한다.

고개지는 그림뿐만 아니라 문학과 서예에도 능하여 많은 작품을 남겼다. 사람들은 그를 삼절(三絶 : 畵絶, 才絶, 痴絶)이라 하였는데, 이는 당시의 풍속과 맞지 않는 특이한 말과 행동 때문으로 보인다. 예를 들면, 난징[南京] 와관사(瓦棺寺) 창건 때의 일이다. 난징에 있던 일단의 승려들이 와관사를 짓기 위해 헌금을 걷었다. 그러나 사람들이 궁핍하여 뜻대로 모이지 않았다. 어느 날, 한 젊은이가 와서,

"백만 전을 내겠소. 절이 완공되거든 알려 주시오"라고 하였다. 절이 완공되자 그 젊은이는 불당(佛堂) 벽에 유마힐(維摩詰)을 그렸다. 얼마나 정교한지 마치 살아 있는 것 같았다. 소문이 삽시간에 번져, 이를 구경하러 온 사람들의 보시가 백만 전을 넘었다고 한다. 이 젊은이가 바로 고개지였다.

頂門一鍼
정 문 일 침

頂頂頂頂頂頂頂頂頂頂頂 (이마 정)
门门门门门門門門 (문 문)
一 (한 일)
鍼鍼鍼鍼鍼鍼鍼鈁鈁鈁鈁鈁鍼鍼鍼 (침 침)

정수리에 침 하나를 꽂는다는 뜻.

상대방의 급소(急所)를 찌르는 따끔한 충고나 교훈(敎訓)을 이르는 말이다.

정수리에 침을 꽂는 것은 침구술에서 뇌문(腦門), 즉 정수리로부터 내려가는 침을 놓는다고 하여 정침(頂鍼), 정문침(頂門鍼)이라고도 한다. 정수리는 사람 몸에서 중요한 부위로 사물의 꼭지점을 가리키기도 하는데, 이 긴요한 부분을 찌른다는 것으로 상대방에게 정신을 차리고 과오를 깨우치게 하는 말이나 행동을 취하는 것을 비유하는 말로 쓰인다.

정문일침(頂門一針), 정상일침(頂上一鍼), 촌철살인(寸鐵殺人) 등과 같은 뜻이다.

頂天立地
정 천 입 지

頂頂頂頂頂頂頂頂頂頂頂 (이마 정)
天天天天 (하늘 천)
立立立立立 (설 립, 입)
地地地地地地 (땅 지)

하늘을 이고 땅 위에 선다는 뜻

홀로 서서 타인에게 의지하지 않음을 의미한다.

庭 訓
정 훈

庭庭庭庭庭庭庭庭庭庭 (뜰 정)
訓訓訓訓訓訓訓訓訓訓 (가르칠 훈)

집안 뜰에서 가르침을 받다.

出典 논어(論語)

공자의 제자 진항(陳亢)이 공자의 아들인 백어(伯魚)에게,

"그대는 아버님으로부터 남과 다르게 가르침을 받은 일이 없는가?"

하고 묻자 백어가 대답했다.

"그런 일은 없습니다. 다만 아버님께서 정원에 앉아계실 때 그 앞을 지나가는 저를 불러세우시고는,

"너는 시경(詩經)을 배웠느냐?"

하고 물으시길래,

"아직 못배웠습니다."

라 대답했더니 아버님께서는,

"시경을 배우지 않고는 남과 더불어 말할 수 없느니라."

라고 하셨을 뿐입니다.

그래서 저는 그후부터 시경을 공부했지요. 그리고 어느 날 또 뜰에 서계시는 아버님 앞을 지나 가려 하자 이번에는,

"너는 예(禮)를 배웠느냐?"

하고 물으시길래,

"아직 배우지 못했다고 대답하자 아버님께서 이렇게 말씀하셨지요."

"예를 배우지 않으면 행동의 근거가 나오지 않는 법이니라."

"그래서 나는 그 후부터 예를 배웠으며, 아버님에게서 들은 것은 모두 시경과 예 두 가지뿐입니다."

이에 진항은 공자가 자식에게는 특별한 교육을 시켰을 것이라는 의심을 품었던 것을 부끄러워하며 말했다.

"나는 한 가지를 물어서 세 가지를 얻었다. 첫째는 시경에 대해 느꼈고, 둘째는 예를 알았고, 그 리고 셋째는 참된 군자는 그 아들을 멀리하는 것을 알았다."

논어 계씨편에 소개된 이 글은 공자의 교육방법의 원칙은 비록 자식일지라도 차별을 두지 않고 일반 제자들과 똑같이 가르쳤다는 것을 강조한 일화이며, 따라서 「정훈(庭訓)」이란 말은 여기서 유래되어 가정의 가르침, 가정교육이라는 뜻으로 널리 사용하게된 것이다.

그런 의미에서 공자님의 「정훈」 교육방법은 광기어린 교육열로 치맛바람을 일으키는 요즘 학부 모와 여기에 따라 춤추는 교육자들에게 경종의 메시지를 띄운다.

공자(孔子)가 아들 백어(伯魚)를 가르칠 때 자식이라고 해서 특별히 많은 교육을 시키거나 편애 (偏愛)하지 않고, 그저 뜰을 지나다 몇 마디 가르침을 주었는데, 이 가르침을 일러 「정훈(庭勳)」이 라고 한 것이다.

糟糟糟糟糟糟糟糟糟糟糟糟糟糟糟糟(전국 조)
糠糠糠糠糠糠糠糠糠糠糠糠糠糠糠糠(겨 강)
之之之之(갈 지)
妻妻妻妻妻妻妻妻(아내 처)

지게미를 먹으며 고생을 같이 한 아내

出典 후한서(後漢書) 송홍전(宋弘傳)

어느날 후한 광무제(光武帝)는 미망인이 된 호양공주가 대사공직에 있는 송홍(宋弘)을 짝사랑 하고 있다는 사실을 알고 송홍의 뜻을 알아보기 위해 호양공주를 병풍 뒤에 숨게 한 후 송홍을 불러들여 이렇게 말했다.

"속담에 지위가 높아지면 친구를 바꾸고, 집이 부유해지면 아내를 바꾼다고 했는데 그대는 어떤

가?"

그러자 광무제의 의도를 알아챈 송홍은 단호하게,

"신의 생각은 빈천했을 때의 친구는 절대로 잊어서는 안되고, 조강지처는 집에서 내보내면 안된다고 봅니다." 하며 일언지하에 거절했다.

이에 광무제는 송홍을 보내놓고 호양공주에게 일이 틀렸다는 신호를 보낼 수밖에 없었다. 아무리 광무제라도 신하의 「조강지처(糟糠之妻)」를 내버리게 하면서까지 호양공주의 짝사랑을 채워줄 수 없었던 것이다.

우리 속담에 '조강지처 버리고 잘된 사람 못보았다'는 말이 있듯이, 송홍의 굳은 의지는 고생만 시켰던 아내를 출세와 부귀를 얻으면서 헌신짝 버리듯이 내쫓는 현대인들에게 시사하는 바가 매우 크다.

지금은 가축의 사료용으로 쓰일 정도로 조강이 흔하지만 1950년대만 해도 조강조차 먹기 힘들었다. 따라서 가축 사료용 정도로 흔하게 「조강지처」를 경시하는 현시대의 풍조는 바람직한 일은 아닐 것이다.

매년 조강지처를 무색케 하는 이혼 증가율. 여기에 몽테뉴의 명언 또한 퇴색한 느낌이 든다.

결혼이란 경건하고 신성한 결합이다. 그런즉 거기에서 얻어지는 즐거움은 억제되고 진지하며, 조심스럽고 양심적인 쾌락이 따라야 한다.

朝朝朝朝朝朝朝朝朝朝朝朝(아침 조)
令令令令令(하여금 령)
暮暮暮暮暮暮暮暮暮暮暮暮暮(저물 모)
改改改改改改改(고칠 개)

아침에 내린 명령을 저녁에 바꿈

出典 사기(史記)의 평준서(平準書)

지금 5인 가족의 농가에서는 부역이 너무 무겁기 때문에 사시사철 쉴 날이 없으며, 조세와 부역은 일정한 시기도 없이 아침에 명령이 내려오면 저녁에는 또 다른 명령이 고쳐져 내려온다(朝令而暮改).

이 말은 전한의 문제(文帝)와 경제(景帝) 때 부총리를 지낸 조조(鼂錯)의 악정에 대해 비판한 상소문 내용이다. 즉 지나친 세금과 부역은 장사꾼과 돈 있는 자들을 살찌우는 대신 농민들은 고통을 받게 되므로 세금과 부역을 줄이고 부유층에게 세금을 걷으라는 내용이다.

옛날이나 지금이나 악정을 일삼는 실권자가 있으면 그 나라의 정치는 「조령모개」처럼 명령체계가 갈팡질팡해진다는 것을 경계한 것이며, 그런 뜻에서 이 장의 정의는 특히 정치인들이 귀담아 들어야 할 내용이다.

朝露人生
조 로 인 생

朝朝朝朝朝朝朝朝朝朝朝朝朝(아침 조)
露露露露露露露露露露露露露露露露露
露露露露(이슬 로)
人人(사람 인)　生生生生生(날 생)

아침이슬 같은 인생.

出典 사기(史記)의 상군열전(商君列傳)

전국시대 때 위나라에서 진(泰)나라로 망명한 상앙(商鞅)이 변법개혁으로 신상필벌을 철저히 다루자, 어느날 조량이라는 사람이 충고를 했다.

"당신은 지금 조로인생 같은 위험 속에 있으므로 몸조심을 해야 할 것입니다."

그러나 상앙은 이 말을 일축했고, 그 결과는 조량이 말한 대로 얼마 후 사지를 찢기는 형에 처해지는 것으로 나타났다. 이에 대해 후일 악의 철학자 한비는 상앙과 오기 두 법가의 운명에 대해 이렇게 논평을 했다.

"초나라는 오기의 정책을 채용하지 않았다가 내란과 외란으로 무너졌고, 진나라는 상앙의 법을 채용해 부강해졌다. 그런데 오기는 사지를 잘리웠고, 상앙은 수레에 끌려 온몸이 찢기었다. 도대체 그 이유는 무엇인가? 그 이유는 한마디로 충신들은 자신을 속박하는 법을 싫어하며, 그 아래 백성들은 빈틈없는 정치를 싫어했기 때문이다."

한비는 이런 법가이론을 내세워 '현실 속의 변혁은 희생이라는 모순이 따르게 마련'이라고 주장했듯이 그 자신 또한 상앙처럼 비참한 최후를 마쳤다.

즉 법가의 사상가에는 언제나 따르는 비운이며 법가의 운명 같은 것이다. 그래서인지 상앙을 평한 사마천도 사기에 '천성이 잔혹하고 비정한 사람'이라고 기록했다.

이런 사실은 현대사회에도 통용된다. 문민정부가 들어서면서 사정의 칼날을 멋지게 휘둘렀던 법조 출신 감사원장이 토사구팽으로 물러난 경우가 그 한 예다. 대쪽 같다는 평을 들었던 그도 법의 위력 앞에서는 한낱 「조로인생(朝露人生)」에 불과할 뿐이었다. 아침이슬도 태양이 솟아오르면 마치 눈녹 듯 없어지듯이……

朝聞道夕死可矣
조 문 도 석 사 가 의

朝朝朝朝朝朝朝朝朝朝朝朝(아침 조)
聞聞聞聞聞聞聞聞聞聞聞聞聞聞(들을 문)
道道道道道道道道道道道道(길 도)
夕夕夕(저녁 석)　死死死死死死(죽을 사)
可可可可可(옳을 가)　矣矣矣矣矣矣矣(어조사 의)

아침에 도를 들으면 저녁에 죽어도 좋다.

出典 논어(論語)

공자 왈(曰),

"아침에 도(道)를 들어 깨달으면 저녁에 죽어도 한이 없을 것이다."

논어 이인편에 나오는 이 말은 너무나 유명하고, 우리에게도 잘 알려진 메시지이며 교훈이다.

단 하루를 사는 하루살이 인생이라도 참된 진리의 도리를 깨닫는다면 곧 죽어도 좋다는 것이다. 그런 뜻에서 인도의 공자같은 간디의 명언을 경청해 보기로 하자.

도덕은 타인의 모방이 아닌 오로지 자기 자신을 위한 참된 길을 구해 돌진하는 데에서 이룩되는 것이다. 끊없는 진리 탐구에 의해서만이 비로소 가능하다. 바꾸어 말하자면 도덕과 진보와 개선은 언제나 떨어질래야 떨어질 수 없는 관계에 있다는 것이다.

제나라 경공(景公)이 정치의 요체(要諦)를 물었을 때 공자는,

"임금은 임금다워야 하고, 신하는 신하다워야 하고, 아비는 아비다워야 하고, 자식은 자식다워야 한다" (君君, 臣臣, 父父, 子子)(論語 顔淵篇)

고 대답했다. 임금은 인애와 위엄으로써 신하를 대하고, 신하는 임금에게 충절을 다하고, 아비는 자애와 위엄으로써 자식을 대하고, 자식은 어버이에게 효를 다한다. 공자는 이것을 「도(道)」 즉 인간의 의지를 초월한 『하늘의 가르침』이라 생각하고 있다. 서주(西周—B.C 1122~771)의 씨족제 봉건사회(氏族制 封建社會)를 천여(天與)의 이상적 사회로 생각하고 있었기 때문이다.

서주사회(西周社會)에서는 개인이 집에 속하고, 집의 주권은 가부장(家父長—父나 長兄)에게 있다. 가부장은 가족 전원을 이끌고, 핏줄을 같이 하는 다른 집안의 가부장들과 함께 씨족에 속하고, 씨족의 주권은 족장(族長—그 씨족의 시조 직계가 되는 집의 가부장)에게 있다. 족장은 씨족 전원을 이끌고, 다른 씨족의 족장과 함께 제후(諸侯—그 도시국가의 주권을 가지는 씨족의 족장)에 신종(臣從)하며, 제후는 자신에게 신종하는 전 족장을 이끌고, 천자(天子—제후에게 토지와 그 토지의 통치권을 준 씨족의 족장)에 신종한다. 족장—가부장—개인이라는 종족 관계를 유지하기 위하여 요청되는 것이 「효(孝)」라는 도덕이고, 천자—제후—족장이라는 신종관계를 유지하기 위해 요청되는 것이 「충(忠)」이라는 도덕이다.

그런데 서주 말기가 되자 노동의 생산력 증대로 말미암아 천자—제후간의 힘의 균형이 깨졌고, 동주(東周—B.C 770~249)에 이르러서는 이미 천자로서의 지배권이 사실상 상실되고 말았다. 제후는 또 신종하는 족장에게 토지를 주고 있었으므로, 이윽고 똑같은 현상이 생기게 되어 춘추시대가 되자 제후—유력 족장간의 힘의 균형도 깨져 곧잘 유력족장들이 제후의 시역(弑逆)과 폐립을 하거나 그 통치권을 관리하는 일도 생기게 되었다. 이런 힘 관계의 불균형은 족장—가부장 사이, 가부장—개인 사이에도 나타나 공자가 태어난 춘추말기에는 천자—제후—족장—가부장—개인이란 권력의 피라밋 구성이 극단적인 난맥에 빠져버려, 일체가 「힘」에 의해 지배되고 동시에 인간이 「개인」의식을 자각하고 극도로 이기적이 되어 있었다.

朝三暮四
조 삼 모 사

朝朝朝龺龺朝韩甹卓朝朝朝朝(아침 조)
三三三 (석 삼)
暮暮暮暮暮暮暮暮莫莫莫莫幕暮暮(저물 모)
四四四四四 (넉 사)

아침에 3개인 것이 저녁에는 4개

`出典` 열자(列子)의 황제편(黃帝篇)

송(宋)나라에 저공(狙公)이란 노인이 어느 날 집에서 기르고 있던 원숭이들 때문에 생활에 타격을 받게 되자 원숭이들의 먹이를 줄이고자 이렇게 말했다.

"앞으로는 너희들에게 줄 도토리를 아침에 3개, 저녁에 4개씩을 줄 데니 이해해 주길 바란다."

이에 원숭이들이 심하게 항의하자 노인은 얼른,

"그렇다면 아침에 4개, 저녁에 3개씩 주마."

하며 말을 바꾸자 먹이가 3개에서 4개로 늘어났다고 착각한 원숭이들은 그제서야 농성을 풀었다 한다.

이렇게 뻔한 이치를 가지고 농락하는 것을 두고「조삼모사(朝三暮四)」라고 하며, 이 방면에 도통한 사람으로는 삼국지의 조조가 있다. 그 한 예를 들자면 다음과 같은 일화에 잘 나타나 있다.

삼국지 초반, 조조의 진가가 점점 그 빛을 발하면서 조조는 원소와의 타이틀 매치를 앞두고 여포를 코너에 몰아넣고 공격할 때 엄청난 숫자의 메뚜기떼들이 나타나 농작물을 모조리 먹어치우는 바람에 군량미에 큰 차질이 생겼다.

이에 조조는 군량미 담당 장교에게 해결 방법을 강구하라고 지시하자 담당 장교는 한 가지 계책을 내놓았다.

"배고픈 병사들의 불안감을 잠재우기 위해서는 일시적으로 각 부대에 곡물을 분배할 때 쌀되의 눈금을 적게 만들어 지급하면 정상적인 지급으로 보일 것입니다."

그러자 조조는

"조삼모사로군."

하며 의미심장한 미소를 머금고 이 건의를 받아들여 실행에 옮겼다. 그러나 얼마 후 이 사실을 눈치챈 병사들이 조조를 원망하자, 조조는 조삼모사 계책을 제시한 장교를 즉시 사형에 처한 다음 전군에 다음과 같은 공문을 돌렸다.

"군량미 책임자는 고의로 눈금을 속여 군량미를 횡령한 죄로 군령에 따라 처형했음을 밝힌다."

이렇게 해서 조조는 병사들의 불평불만을 잠재울 수 있었으며, 여기서 조조가 식량담당 장교의 조삼모사를 듣고 의미심장한 미소를 머금은 것은 저공노인이 그랬듯이 장교의 원숭이 같은 잔재주를 보고 비웃은 것이다.

釣而不網
조 이 불 망

釣釣釣釣釣釣釣釣釣釣釣(낚시 조)
而而而而而而而(말이을 이)
不不不不(아니 불)
網網網網網網網網網網網網網網(그물 망)

낚시질은 해도 그물질은 하지 않는다.

出典 논어(論語) 술이편(述而篇)

공자께서는 낚시질을 하셨으나 그물은 치지 않았으며, 주살로 나는 새는 잡았으나 잠을 자고 있는 새는 절대로 쏘지 않으셨다. 논어 술이편에 소개된 「조이불망(釣而不網)」의 정의는 그야말로 사생활을 통한 공자의 애정이 담긴 모습을 보여준다. 다시 말해 공자께서는 어떤 물욕 때문에 낚시나 사냥을 하신 것이 아니라, 생활하는 데 있어 어쩔 수 없이 살생을 했던 것이며, 현대식으로 표현하자면 동물애호가였다고 볼 수 있다. 그리고 공자의 이런 사상은 살생을 금하는 불교 정신과도 일맥상통하며, 피를 보아야만 직성이 풀리는 일부 현대인들에게는 큰 교훈을 준다.

그런 의미에서 정력에 좋다면 지렁이까지도 산 채로 꿀꺽 삼키는 보신주의자들에게 들려주고 싶은 말이다.

助 長
조 장

助助助助助助助(도울 조)
長長長長長長長長(긴 장)

성장을 도와준다.

出典 맹자(孟子) 공손추(公孫丑) 상편

송나라의 어떤 농부가 벼를 심은 다음 잘 자라지 않자 궁리 끝에 벼가 빨리 자라게 하기 위해 싹을 모조리 뽑아 올려놓고 집으로 돌아와 가족들에게 자랑을 했다.

"오늘 일은 굉장히 힘들었어. 벼가 빨리 자랄 수 있도록 조장해 주고 왔으니까……"

이에 깜짝 놀란 아들이 급하게 논으로 달려가 보았더니 벼가 모두 말라 죽어 있었다. 이처럼 세상에는 어리석게도 묘(苗)를 조장하려는 자가 적지 않다.

이 이야기는 맹자가 제자인 공손추에게 그의 특유의 비유법으로 송나라의 농부처럼 무리하게 조장시키는 것은 좋지 않다는 것을 설파한 것이며, 이 교훈은 남보다 빨리 성공하려고 무리수를 감행하는 현대인들에게 다시 한 번 음미해 볼 만한 말이다.

坐見千里
좌 견 천 리

坐坐坐坐坐坐坐 (앉을 좌)
見見見見見見見 (볼 견, 나타날 현)
千千千 (일천 천)
里里里里里里里 (마을 리)

앉아서 천 리를 본다는 뜻.

앞일을 예견(豫見)하거나 먼 곳의 일을 내다보고 헤아림을 이르는 말.

左顧右眄
좌 고 우 면

左左左左左 (왼 좌)
顧顧顧顧顧顧顧顧顧顧顧顧顧顧顧顧顧
顧顧顧 (돌아볼 고)　　右右右右右 (오른쪽 우)
眄眄眄眄眄眄眄眄眄 (곁눈질할 면)

왼쪽을 둘러보고 오른쪽을 짝눈으로 자세히 살핀다는 뜻.

왼쪽을 돌아보고 오른쪽을 곁눈질한다는 뜻으로 좌우를 바라보면서 자신만만한 모습을 보이는 것 또는 주변의 눈치를 살피면서 결정을 못 내리는 태도를 비유하는 말이다.

중국 삼국시대 위(魏)나라의 조식(曹植)이 오질(吳質)에게 보낸 편지「여오계중서(與吳季重書)」에서 나온 말이다. 조식은 당대 문단에서 아버지 조조(曹操), 형 조비(曹丕)와 더불어 '삼조(三曹)'로 일컬어질만큼 문학적 재능이 뛰어났다. 계중은 오질의 다른 이름[字]으로 조비가 위나라 문제(文帝)로 등극하는 과정에서 큰 공을 세워 총애를 받아 진위장군(震威將軍)까지 지냈고 20등급 작위 가운데 가장 높은 열후(列侯)에까지 오른 인물이다. 두 사람 간에 오간 편지 중에 다음과 같은 내용이 있다.

"술잔에 가득한 술이 앞에서 넘실거리고, 통소와 피리가 뒤에서 연주될 때면, 그대는 마치 독수리처럼 몸을 일으켜 봉황이 살피고 호랑이가 보는 듯이 하였습니다. 그와 같은 모습은 유방(劉邦)의 이름난 신하인 소하((蕭何)나 조참(曹參)도 필적할 수 없고, 흉노를 무찌른 위청(衛靑)이나 곽거병(霍去病)도 그대와 어깨를 나란히 할 수 없을 것입니다. 왼쪽을 돌아보고 오른쪽을 살펴보아도 마치 앞에 사람이 없는 듯이 한다고 할 것이니, 그야말로 그대의 장대한 포부가 아니겠습니까!(若夫觴酌凌波於前, 簫笳發音於後, 足下鷹揚其體, 鳳歎虎視, 謂蕭曹不足儔, 衛霍不足侔也. 左顧右眄, 謂若無人. 豈非吾子壯志哉!)"

조식은 이 글에서 오질의 재능과 학식을 칭찬하며 의기양양하고 자신만만한 그의 모습을 빗대어 형용하였다. 이처럼 원래 좌고우면은 '좌우를 바라보면서 자신만만한 모습'을 뜻하였는데, 나중에 '앞뒤를 재고 망설이며 결단을 내리지 못하는 태도'를 나타내는 말로도 사용하게 되었다.

좌면우고(左眄右顧), 좌우고면(左右顧眄), 우반좌고(右盼左顧), 좌우고시(左右顧視)로도 쓰이며, '결단을 내리지 못하고 망설이는 태도'를 뜻하는 유의어로는 참전고후(瞻前顧後), 수서양단(首鼠兩端 : 구멍 속에서 머리를 내민 쥐가 나갈까 말까 망설인다는 뜻) 등이 있다.

左 袒
좌 단

左左左左左(왼 좌)
袒袒袒袒袒袒袒袒袒 (웃통 벗을 단)

왼쪽 어깨의 옷을 벗어 들내는 것.

出典 사기(史記) 여후본기(呂后本記)

중국 3대 여걸 중의 한 명으로 손꼽혔던 여태후(呂太后)가 죽자 그동안 여태후의 악정에 이를 갈았던 진평(陳平)이 주발(周勃)과 손을 잡고 여씨 타도를 외치며 들고 일어났다.

이때 주발이 군사를 모아놓고,

"지금부터 여씨 타도는 여러분의 의사에 달렸다. 여씨파를 지지하는 자는 우단(右袒)으로 갈라 서고, 나를 지지하는 자는 좌단(左袒)으로 갈라서라."

하며 군사들의 뜻을 묻자 군사들은 일제히 왼쪽 어깨를 벗어부치고(좌단) 주발 편이 될 것을 맹세 했다.

여기에서 「좌단」하면 동조한다는 뜻으로 쓰이게 됐으며, 이 좌단(左袒)에 힘입어 여씨 일파가 타 도했음은 물론이다.

坐不安席
좌 불 안 석

坐坐坐坐坐坐坐 (앉을 좌)
不不不不(아니 불)
安安安安安安(편안 안)
席席席席席席席席席席 (자리 석)

마음에 불안이나 근심 등이 있어 한 자리에 편안하게 오래 앉아 있지 못함.

坐井觀天
좌 정 관 천

坐坐坐坐坐坐坐 (앉을 좌)
井井井井(우물 정)
觀觀觀觀觀觀觀觀觀觀觀觀觀觀觀觀觀觀觀觀
觀觀觀觀觀觀(볼 관) 天天天天 (하늘 천)

우물 속에 앉아 하늘을 쳐다본다는 뜻.

① 견문이 매우 좁음을 말함. ② 세상 물정(物情)을 너무 모르는 사람의 비유.

중국 당나라의 문장가 한유의 유명한 글인 「원도(原道)」에서 유래한다. '도의 근원을 논한다'는 뜻의 이 글은 세상이 올바른 방향으로 나아갈 방법으로 따라야 할 도(道)는 유가(儒家)의 도라는 점을 강조한다. 요(堯), 순(舜)에서 공자, 맹자로 전해 내려오던 유학의 전승을 밝히고 노자의 도교 와 부처의 불교를 배격해야 한다는 내용이 담겨 있다. 그 중 다음과 같은 구절이 있다.

"노자가 인의(仁義)를 하찮게 여긴 것은 인의를 헐뜯은 것이 아니라 그가 견식이 좁은 까닭이다. 우물 속에 앉아서 하늘을 보고 하늘이 작다고 하는 것은 하늘이 작아서가 아닌 것과 같다.(老子之小仁義, 非毀之也, 其見者小也, 坐井而觀天, 曰天小者, 非天小也.)"

유교에서는 인의를 도를 향해 갈 수 있는 최고의 덕목으로 여기는 반면, 도교에서는 '인을 끊고 의를 버리면 백성이 효도와 자애로 돌아간다(絶仁棄義, 民復孝慈.)' (『도덕경』)고 하였듯이 인의를 따르려고 노력하는 인위적인 것보다 무위(無爲) 하는 것이 좋다고 하였다. 도교에서 인의를 하급의 덕으로 취급하는 것을 두고 식견이 좁은 탓이라며 한유는 부정하고 비판한다. 여기서 전하여 좌정관천은 좁은 시야 안에 갇혀 있어 지식이나 사려가 깊지 못하고 바깥세상이 돌아가는 형편에 대해서 아는 바가 없는 경우를 비유하는 말로 쓰인다.

비슷한 성어로 우물 안 개구리처럼 견문이 좁다는 뜻의 정저지와(井底之蛙), 한 치 앞 밖에 보지 못하는 쥐의 눈이라는 말인 서목촌광(鼠目寸光), 대롱으로 하늘을 보고 표주박으로 바닷물을 헤아린다는 뜻의 관규여측(管窺蠡測), 작은 구멍으로 표범을 본다는 뜻의 관중규표(管中窺豹) 등이 있다.

반대로 식견이 넓고 경험이 많다는 뜻의 성어로는 박학다식(博學多識), 견다식광(見多識廣), 박람강기(博覽强記), 무불통달(無不通達) 등이 있다.

坐朝問道
좌 조 문 도

坐坐坐坐坐坐坐 (앉을 좌)
朝朝朝朝朝朝朝朝朝朝朝朝 (아침 조)
問問問問問問問問問問 (물을 문)
道道道道道道道道道道道道 (길 도)

좌조(坐朝)는 천하를 통일하여 왕위(王位)에 앉은 것이고, 문도(問道)는 나라 다스리는 법(法)을 말함.

조정에 앉아 도를 물으니, 옷자락을 늘어뜨리고 팔짱만 끼고 있어도 밝게 다스려진다. 제왕은 조정에 앉아서 치국의 대도를 신하에게 물으며, 못자락을 늘어뜨리고 팔짱을 끼고 있어도 밝고 바른 정치가 된다는 말이다.

대체로 덕이 있는 임금은 백성 다스리는 길을 조정의 어진 신하들에게 물어가며 신중히 일을 처리한다. 그리하면 신하들도 올바르게 일을 처리하고 일을 부지런히 하게 된다. 통치자가 아랫사람들에게 도와 이치에 대해 물으며 다스리면 옷을 늘어뜨린 채 팔짱을 끼고 있어도 나라는 잘 다스려지는 것이다.

左之右之
좌 지 우 지

左左左左左(왼 좌)
之之之之之(갈 지)
右右右右右(오른쪽 우)

왼쪽으로 했다가 오른쪽으로 했다가 자기 마음대로 하는 것.

자기 마음대로 일을 다루고 권력을 휘두름.

이 표현은 행동의 주체가 자기 뜻대로 이랬다저랬다 하는 모습을 이르는 말이다.

左衝右突
좌 충 우 돌

左左左左左(왼 좌)
衝衝衝衝衝衝衝衝衝衝衝衝衝衝衝(찌를 충)
右右右右右(오른쪽 우)
突突突突突突突突突(부딪칠 돌)

이리저리 닥치는대로 부딪침.

아무사람이나 구분하진 않고 함부로 맞닥뜨림.

왼쪽으로 찔러보고 오른쪽으로 부딪힌다는 뜻으로 어떤 일을 치밀한 계획이나 성실한 준비 없이 정면 돌파 하려다가 갖가지 사고를 일으키는 경우를 이른다. 갑작스러운 상황에 우왕좌왕하고 뜻밖의 난관에 봉착하여 허둥지둥하는 모습을 의미하는 말로, 차분하거나 우직하지 못한 성품, 또는 다사다난한 경험과 일화를 비유하는 표현이다. 비슷한 뜻으로 종횡무진(縱橫無盡)이 있다.

晝耕夜讀
주 경 야 독

晝晝晝晝晝晝晝晝晝晝晝(낮 주)
耕耕耕耕耕耕耕耕耕耕(갈 경)
夜夜夜夜夜夜夜夜(밤 야)
讀讀讀讀讀讀讀讀讀讀讀讀讀讀讀讀讀讀讀讀(읽을 독)

낮에는 농사 짓고 밤에는 공부한다는 뜻.

바쁜 틈을 타서 어렵게 공부함을 이르는 말.

낮에는 농사일을 하고 밤에는 글을 읽는다는 뜻으로 바쁜 일과 속에 잠을 포기하고라도 책을 읽는 열정적인 태도를 의미하는 말이다. 주로 여건이 넉넉하지 않은데도 불구하고 고생을 감수하며 공부하고 자기계발에 힘쓰는 경우에 쓰인다. 비슷한 말로 청경우독(晴耕雨讀), 폐침망식(廢寢忘食), 영설독서(映雪讀書), 우각괘서(牛角掛書), 형설지공(螢雪之功), 수불석권(手不釋卷) 등이 있다.

走走走走走走走 (달아날 주)
馬馬馬馬馬馬馬馬馬馬 (말 마)
加加加加加 (더할 가)
鞭鞭鞭鞭鞭鞭鞭鞭鞭鞭鞭鞭鞭鞭鞭鞭 (채찍 편)

달리는 말에 채찍질하기.

① 형편이나 힘이 한창 좋을 때에 더욱 힘을 더한다는 말.

② 힘껏 하는 데도 자꾸 더 하라고 격려(激勵)할 때 쓰는 말.

'달리는 말에 채찍질하다'라는 속담의 한역(漢譯)으로 조선 후기 학자 홍만종이 1678년에 지은 『순오지(旬五志)』에서 그 유래를 찾아볼 수 있다.

달리는 말에 채찍을 가하는 모습을 본따, 어떤 일을 열심히 하고 있는 상태에서 한층 더 분발하도록 다그치거나 일깨워 북돋아 주는 일을 비유하는 말이다. 다른 사람에게 격려의 의미로 하는 행동과 더불어 스스로 목표를 이루기 위해 의지를 다지는 모습에도 쓰인다.

走走走走走走走 (달아날 주)
馬馬馬馬馬馬馬馬馬馬 (말 마)
看看看看看看看看看 (볼 간)
山山山 (뫼 산)

말을 타고 달리면서 산을 바라본다는 뜻.

일이 몹시 바빠서 이것저것 자세히 살펴볼 틈도 없이 대강대강 훑어보고 지나침을 비유한 한자 성어이다. 힘차게 달리는 말 위에서는 사물을 아무리 잘 살펴보려고 해도 말이 뛰는 속도가 빨라 순간순간 스치는 모습만 겨우 볼 수 있을 뿐이다. 말에서 내려서 천천히 보면 될 텐데, 일이 몹시 바빠 그럴 수도 없으니, 달리는 말 위에서나마 대강대강이라도 볼 수밖에 없다.

그러나 주마간산의 본래 뜻은 이와 조금 다르다. 주마간산은 원래 중국 중당기(中唐期)의 시인 맹교(孟郊)가 지은 「등과후(登科後)」에서 유래하였다. 맹교는 관직에 나아가지 않고 시를 지으면서 청렴하게 살던 중, 어머니의 뜻에 못이겨 41살의 늦은 나이에 과거에 응시하였다. 하지만 자신의 뜻과 달리 낙방하고 수모와 냉대만 받다가, 5년 뒤인 46살에야 겨우 급제하였다.

「등과후」는 맹교가 급제하고 난 뒤에 한 술좌석에서 읊은 칠언절구이다.

"지난 날 궁색할 때는 자랑할 것 없더니(昔日齷齪不足誇) / 오늘 아침에는 우쭐하여 생각에 거칠 것이 없어라(今朝放蕩思無涯) / 봄바람에 뜻을 얻어 세차게 말을 모니(春風得意馬蹄疾) / 하루 만에 장안의 꽃을 다 보았네(一日看盡長安花)."

이 시는 보잘것없을 때와 등과하고 났을 때의 세상 인심이 다름을 풍자한 시이다. 주마간산은 이 시의 '달리는 말 위에서 꽃을 본다'는 주마간화(走馬看花)에서 유래한 말이다. 여기서 주마간화는 대충 본다는 뜻이 아니라, 하루 만에 장안의 좋은 것을 모두 맛보았다는 비유적 표현이다.

세상 인심의 각박함을 비웃는 시인의 호탕함이 잘 나타나 있는 표현이다.

　따라서 여기서는 일이 바빠 사물을 대충 보고 지나친다는 뜻은 보이지 않는다. 나중에 관용어로 쓰이면서 뜻이 덧붙거나 변한 것으로 보인다. 주마간산의 '산' 역시 대강대강 둘러보다는 뜻으로 의미가 바뀌는 과정에서 꽃이 산으로 대체된 것에 지나지 않는다.

酒不雙杯
주 불 쌍 배

酒酒酒酒酒洒洒酒酒酒 (술 주)
不不不不 (아니 불)
雙雙雙雙雙雙雙雙雙雙雙雙雙雙雙雙 (쌍 쌍)
杯杯杯杯杯杯杯杯 (잔 배)

(주석에서)술을 마실 때 잔의 수효(數爻)가 짝수로 마침을 싫어함을 이르는 말.

곧 3·5와 같이 기수(寄數)로 마실 것이지 2·4와 같은 우수(偶數)로 마시지 않는다는 말.

酒池肉林
주 지 육 림

酒酒酒酒酒酒酒酒酒酒 (술 주)
池池池池池池 (못 지)
肉肉肉肉肉肉 (고기 육)
林林林林林林林林 (수풀 림)

연못처럼 많은 술과 숲처럼 많은 고기

出典 십팔사략(十八史略)

　동양의 대표적 폭군이라면 고대 중국의 걸왕(桀王)과 주왕(紂王)을 손꼽을 수 있으며, 이들의 악행 중에서 대표적인 것은 그 유명한 「주지육림(酒池肉林)」 속의 주색이 그것이다.

　걸왕은 자기가 멸망시킨 나라에서 공물로 바쳐진 말희(妹姬)를 총애하여 그녀를 위해 보석과 상아로 꾸민 호화스런 궁전을 짓고, 밤에는 옥으로 꾸민 침대 위에서 밤마다 주색의 향락에 빠져들었을 뿐만 아니라 말희의 제안에 따라 궁중에 연못을 파고 그 바닥에 새하얀 옥들을 간 다음 그 속에 향긋한 미주(美酒)를 채우게 했으며, 주지(酒池) 둘레에는 고기언덕을 형성하고 나무 대신 고기포의 숲을 만들었다.

　그리고 걸왕은 말희와 함께 작은 배를 타고 주지(酒池)에 두둥실 떠다니면서 연못 둘레에서 삼천 명의 미소녀들이 음악에 맞춰 춤을 추다가 신호에 따라 주지(酒池)의 술을 마시고 육림(肉林)의 육포를 뜯어먹는 것을 보며 즐거워했다.

　이런 「주지육림」 속의 연속은 곧 국고를 바닥나게 했고, 따라서 백성들의 원성을 불러일으켜 결국에는 탕(湯)이 들고 일어나 걸왕을 죽이고 은나라가 탄생됐다.

　그러나 그 후 은나라의 주왕(紂王) 또한 충신들의 간언을 듣지 않고 걸왕의 행동을 거울삼듯이, 미모와 음탕함까지 갖춘 달기(妲己)에게 미쳐 사치와 「주지육림」을 일삼다가, 걸왕의 전철을 밟듯이 주무왕의 혁명 앞에 힘없이 무너지는 결과로 나타났다. 이때 생긴 유명한 말로는 주지육림과 장야의 음(長夜之飮)이 있다.

여기서 「장야의 음(長夜之飮)」이란 주왕이 음탕한 음악과 실오라기 하나 걸치지 않은 남녀의 섹스 파티를 120일이나 주야를 불문하고 계속 열었다는 데에서 유래된 말이다.

그리고 또 여기서 「포락의 형(炮烙之刑)」이란 말도 나왔으나 이 뜻은 뒤에 소개하겠다.

竹馬故友
죽 마 고 우

竹竹竹竹竹竹(대 죽)
馬馬馬馬馬馬馬馬馬馬(말 마)
故故故故故故故故故(연고 고)
友友友友(벗 우)

대나무로 만든 말을 타고 놀던 친구

出典 진서(晉書)의 은호전(殷浩傳)

진(晉)나라의 은호(殷浩)가 왕의 명령으로 중원을 평정하려다가 대참패를 당하고 돌아오자, 은호의 경쟁자이며 죽마지우인 환온(桓溫)이 은호의 죄상을 규탄하는 상소를 올려 귀양을 가게 만들었다.

"나는 어릴 때 은호와 함께 죽마를 타고 놀았으며, 내가 죽마를 버리면 은호가 그것을 주워서 탔다. 그러므로 그가 내 밑에서 노는 것은 당연한 일이 아닌가."

"이 말은 은호가 귀양을 간 후 환온이 사람들에게 상기시킨 말이며 「죽마지우(竹馬之友)」의 출전이다. 그리고 여기서 죽마란 그 옛날 중국 어린이들의 놀이 풍습이며, 죽마고우(竹馬故友)라는 말도 죽마지우(竹馬之友)와 같은 뜻이다.

그리고 여기서 안타까운 것은 죽마지우간의 우정보다는 경쟁심리의 반감이 마치 우리 주위의 죽마지우 같은 생각이 들어 씁쓰름하다.

竹杖芒鞋
죽 장 망 혜

竹竹竹竹竹竹(대 죽)
杖杖杖杖杖杖杖(지팡이 장)
芒芒芒芒芒芒芒(까끄라기 망)
鞋鞋鞋鞋鞋鞋鞋鞋鞋鞋鞋鞋鞋鞋(신 혜)

대지팡이와 짚신. 매우 간단한 여행 차림.

오직 지팡이 하나와 짚신 한 켤레니 정말 소박한 차림새다. 이는 특별히 시골 생활을 가리키는 것이 아니고 그저 단출한 차림새를 말한다.

衆寡不敵
중 과 부 적

衆衆衆衆衆衆衆衆衆衆衆衆(무리 중)
寡寡寡寡寡寡寡寡寡寡寡寡寡(적을 과)
不不不不(아니 불)
敵敵敵敵敵敵敵敵敵敵敵敵敵敵(대적할 적)

적은 수효(數爻)로 많은 수효를 대적(對敵)하지 못한다는 뜻.

적은 사람으로는 많은 사람을 이기지 못함. 도저히 어찌해 볼 수 없는 전투 상황을 가리킬 때 자주 쓰는 표현이다. 특히 옛날 전투에서는 숫자가 매우 중요했는데, 첨단 무기도 전투기도 없이 오직 사람과 사람이 맞붙어 싸워야 했으니까. 그래서 이런 표현이 자주 쓰인 듯하다. 요즘 같으면 포탄 한 발로 수십만 아니 수백만 명을 살상할 수 있는 핵무기라는 무서운 놈도 있는데.

과(寡)는 '적다'라는 뜻이고, 과인(寡人)이란 말은 임금이 스스로를 부르는 호칭 이다. '덕이 적은 사람'이란 의미로 임금이 자신을 낮추어 부르는 호칭이다. 그렇다면 과부(寡婦)는? 당연히 '덕이 적은 부인'이란 뜻이다. 덕이 없어서 남편을 일찍 잃었다는 뜻으로 남편 없이 홀로 사는 부인을 가리키는 표현이다. 요즘은 대부분 미망인(未亡人)이라고 한다.

衆口難防
중 구 난 방

衆衆衆衆衆衆衆衆衆衆衆衆(무리 중)
口口口(입 구)
難難難難難難難難難難難難難難難難難難(어려울 난)
防防防防防防防防(막을 방)

여러 사람의 입을 막기는 어렵다.

出典 십팔사략(十八史略)

춘추시대 송나라 사마(司馬)가 성을 쌓는 책임자로 임명되자 사람들은 그가 적국의 포로가 되었다가 돌아온 사실을 꼬집어 노래를 불렀다. 그러자 그는,

"여러 사람의 입을 막기는 어렵다."

하며 사람들 앞에 나타나지 않았다 한다.

이 말을 현대식으로 표현하자면 국민들의 여론과 언론매체이며, 여기에 어울리는 말은 권력을 풍자한 영국의 철학자 밀의 자유사상에서 찾아볼 수 있다.

만약 한 사람을 제외한 전 인류가 똑같은 의견이고, 그 한 사람의 반대 의견을 전 인류가 침묵시키는 것이 부조리라면, 그 한 사람이 만약 권력을 잡으면서 전 인류를 침묵시키는 부조리와 무엇이 다른가?

知己之友
지 기 지 우

知知知矢矢知 知知 (알 지)
己己己 (몸 기)
之之之之 (갈 지)
友友友友 (벗 우)

자기를 가장 잘 알아주는 친한 친구란 뜻.

　서로 뜻이 통하는 친한 벗. 자기의 속마음과 가치를 잘 알아주는 참다운 친구. 참다운 지기(知己)를 보려면 이 책 '백아절현(伯牙絶絃)'란에 백아(伯牙)와 종자기(鍾子期)를 보면 진정한 지기란 무엇인가 알 수 있다.

指東指西
지 동 지 서

指指指指指指指指指 (손가락 지, 가리킬 지)
東東東東東東東東 (동녘 동)
西西西西西西 (서녘 서)

동쪽을 가리켰다가 또 서쪽을 가리킨다는 뜻.

　말하는 요지도 모르고 엉뚱한 소리를 하는 것을 이른다.

　근본에는 손을 대지 못하고, 엉뚱한 것을 가지고 이러니저러니 하는 것과, 말하는 요지(要旨)를 잘 모르고 엉뚱한 소리를 하는 사람을 가리키는 말이다.

芝蘭之交
지 란 지 교

芝芝芝芝芝芝芝芝 (지초 지)
蘭蘭蘭蘭蘭蘭蘭蘭蘭蘭蘭蘭蘭蘭蘭蘭蘭蘭 (난초 란)
之之之之 (갈 지)
交交交交交交 (사귈 교)

지초(芝草)와 난초(蘭草) 같은 향기로운 사귐이라는 뜻.

　그대로 옮기면 지초와 난초의 사귐을 뜻한다. 지초와 난초는 둘 다 향기로운 꽃으로, 지란지교는 곧 지초와 난초처럼 맑고 깨끗하며 두터운 벗 사이의 사귐을 일컫는다. 『명심보감(明心寶鑑)』「교우(交友)」편에 나온다.

　공자(孔子)는,

　"선한 사람과 함께 있으면 지초와 난초가 있는 방으로 들어가는 것과 같아서 오래되면 향기를 맡지 못하니, 그 향기에 동화되기 때문이다(子曰 與善人居 如入芝蘭之室 久而不聞其香 卽與之化矣). 선하지 못한 사람과 함께 있으면 마치 절인 생선가게에 들어간 것과 같아서 오래되면 그 악취를 맡지 못하니, 또한 그 냄새에 동화되기 때문이다(與不善人居 如入鮑魚之肆 久而不聞其臭 亦與之化矣). 붉은 주사를 가지고 있으면 붉어지고, 검은 옷을 가지고 있으면 검어지게 되니, 군자는 반드시 함께 있는 자를 삼가야 한다(丹之所藏者赤 漆之所藏者黑 是以 君子必愼其所與處者焉)"

라고 말하였다.'

　지란지교는 여기서 유래한 성어이다. 공자의 말처럼 벗을 사귈 때는 지초와 난초처럼 향기롭고 맑은 사귐을 가지라는 뜻이다. 이와 같이 벗 사이의 변치 않는 사귐, 두터운 사귐을 일컫는 한자 성어는 많다.

　관포지교(管鮑之交), 교칠지교(膠漆之交), 금란지계(金蘭之契 : 金蘭之交·金石之交·金石之契·斷金之契·斷金之交), 막역지우(莫逆之友), 문경지교(刎頸之交), 백아절현(伯牙絶絃 : 知音), 수어지교(水魚之交), 죽마지우(竹馬之友 : 竹馬故友) 등도 모두 벗 사이의 두터운 우정을 가리키는 성어들이다.

指鹿爲馬
지 록 위 마

指指指指指指指指指指(손가락 지, 가리킬 지)
鹿鹿鹿鹿鹿鹿鹿鹿鹿鹿(사슴 록)
爲爲爲爲爲爲爲爲爲爲爲(할 위)
馬馬馬馬馬馬馬馬馬馬(말 마)

사슴을 가리키며 말이라고 우김.

出典 사기(史記) 진시황본기(秦始皇本記)

　분서갱유로 악명을 떨쳤던 진시황(秦始皇)이 죽자 무능한 그의 아들 호해(胡亥)를 밀어 황제에 등극시킨 환관 출신 조고(趙高)는 갖은 권모술수로 경쟁자들을 제거하고 재상이 되면서 장위까지 넘보게 되었다.

　그러던 어느날 조고는 궁중의 문무백관 중에 자기 편과 적을 확인하기 위해 호해 황제에게 사슴 한 마리를 헌상하면서 엉뚱하게 말했다.

　"이것은 말입니다."

　"껄껄껄. 승상은 농담도 재미있게 하는군요. 사슴을 보고 말이라고 하다니……."

　이에 조고는 주위의 대신들을 노려보면서,

　"이것은 틀림없는 말이옵니다."

라고 큰소리로 대답하자, 머쓱해진 황제는 좌우에 있는 중신들에게 그 진위를 물어보았다.

　그러자 대신들 중에는 사실대로 말하는 충신과, 반대로 조고편을 드는 간신과, 이것도 저것도 아닌 중간파로 나타나 황제를 어안이 벙벙하게 만들었다.

　그후 조고는 이 사건으로 드러난 반대파들을 모조리 숙청했을 뿐만 아니라 자객을 보내 황제마저 죽여 버렸다.

　이때부터 사슴을 가리켜 말이라고 한다는 「지록위마(指鹿爲馬)」라는 말이 생겼으며, 윗사람을 농락하고 멀쩡한 사람을 바보로 만들거나 억지를 쓸 때 이 말이 인용됐다.

　그렇다면 우리 역사 속의 현대판 「지록위마(指鹿爲馬)」 정치인은 과연 누구일까? 그 정답은 역사 속에 숨어 있으므로 현명한 독자들의 판단에 맡기겠다.

네이버 지식백과에는,

진(秦)나라 시황제를 섬기던 환관에 조고(趙高)란 악당이 있었다. 조고는 시황제가 죽자 유조(遺詔)를 위조하여 태자 부소(扶蘇)를 죽이고 어린 데다가 어리석은 호해(胡亥)를 내세워 황제로 옹립했다. 그래야만 자기가 권력을 마음대로 휘두를 수 있기 때문이었다. 아니나 다를까, 호해를 온갖 환락 속에 빠뜨려 정신을 못 차리게 한 다음 교묘한 술책으로 승상 이사(李斯)를 비롯한 원로 중신들을 처치하고 자기가 승상이 되어 조정을 완전히 한 손에 틀어쥐었다.

'이제 내 세상이다.'

조고는 입을 다물고 있는 중신들 가운데 자기를 좋지 않게 생각하는 자를 가리기 위해 술책을 썼다. 어느 날 사슴 한 마리를 어전에 끌어다 놓고 호해한테 말했다.

"폐하, 저것은 참으로 좋은 말입니다. 폐하를 위해 구했습니다."

"승상은 농담도 심하시오. '사슴을 가리켜 말이라 하니 [指鹿爲馬(지록위마)]' 무슨 소리요?"

"아닙니다. 말이 틀림없습니다." <이하 생략>

智者樂水仁者樂山
지 자 요 수 인 자 요 산

智智智智智智智智智智智智 (지혜 지)
者者者者者者者者者 (놈 자)
水水水水 (물 수)
仁仁仁仁 (어질 인)
樂樂樂樂樂樂樂樂樂樂樂樂樂樂樂 (즐길 요, 락, 악) 山山山 (뫼 산)

지혜로운 사람은 물을 좋아하며 어진 사람은 산을 좋아한다.

出典 논어(論語) 옹야편(雍也篇)

공자 왈(曰),

"지혜 있는 사람은 물을 좋아하고, 어진 사람은 산을 좋아한다. 지혜 있는 사람은 움직이고, 어진 사람은 조용하며, 지혜 있는 사람은 즐겁게 살고, 어진 사람은 장수할 것이다."

이 말은 논어의 유명한 말로서 지혜 있는 사람과 어진 사람을 비교한 것이 매우 돋보인다.

즉 지혜 있는 사람의 마음은 밝고 깨끗해 이해심이 깊고 넓어 흐르는 물처럼 시대와 환경에 따라 새로워진다는 뜻이며, 반면에 어진 사람은 산을 사랑할 수밖에 없다. 그 이유는 산은 움직이지 않고 영원히 변하지 않고 고요하기 때문이라는 것이다. 그래서 공자는 지혜 있는 사람은 물처럼 움직이기 때문에 즐겁게 살고, 어진 사람은 산처럼 조용하기 때문에 장수한다고 본 것이다.

또 논어의 옹야편(雍也篇)에는,

"지혜로운 사람은 물을 좋아하고, 어진 사람은 산을 좋아한다. 지혜로운 사람은 움직이고, 어진 사람은 고요하다. 지혜로운 사람은 즐겁게 살고, 어진 사람은 장수한다(智者樂水, 仁者樂山. 智者動, 仁者靜. 智者樂, 仁者壽)"라는 구절이 있다.

지혜로운 사람은 사리에 밝아 물이 흐르듯 막힘이 없으므로 물을 좋아한다고 한 것이다. 또한 지적 욕구를 충족하기 위하여 돌아다니기를 좋아하며, 그러한 것들을 즐기며 산다. 이에 비하여 어진 사람은 의리를 중히 여겨 그 중후함이 산과 같으므로 산을 좋아한다고 하였다. 또 어진 사람은 대부분 고요한 성격이며, 집착하는 것이 없어 오래 산다는 것이다. 요산요수의 원래의 뜻은 이와 같으나, 오늘날에는 보통 산수의 경치를 좋아하는 것을 비유하는 말로 사용된다.

그런데 우리 주위의 현실은 어떤가?

물을 좋아하고 싶어도 그럴 수 없고, 산을 좋아하고 싶어도 그럴 수 없는 현실이 안타까울 뿐이다.

시간이 가면 갈수록 썩어만 가는 물과, 황폐해지는 산을 볼 때마다 마치 우리들 자신을 스스로 파멸시키고 있는 것만 같은 위기감이 앞선다. 이런 면에서 공자님 뵙기가 부끄럽다.

그런 의미를 부여해 반성하는 의미에서 1993년 11월에 열반한 성철 스님의 말을 상기해 보면 좋을 듯하다.

산은 산이요 물은 물이로다.

※ 대부분 고사성어 책들이 지자요수인자요산(知者樂水仁者樂山) 중에서 지(知=알 지)를 쓰고 있는데 필자 생각에는 (智=지혜 지)가 맞다고 생각돼서 지(智)로 썼음. 설명이 지혜로운 자......로 시작되기 때문.

知足者富
지 족 자 부

知知知知知知知知 (알 지)
足足足足足足足 (발 족)
者者者者者者者者者 (놈 자)
富富富富富富富富富富富 (부자 부)

만족할 줄 아는 사람이 부자다.

出典 노자(老子) 33장

「지족자부(知足者富)」는 만족을 아는 사람이 진짜 부자라는 뜻이다.

"남을 아는 사람은 슬기롭고, 자신을 아는 사람은 참으로 밝은 사람이다. 남을 이기는 자는 힘이 강하지만, 자신을 이기는 사람은 더욱더 강한 사람이다. 스스로 만족할 줄 아는 사람은 부하고(지족자부), 도를 행하는 사람은 큰 뜻을 지니고 있다. 자기 분수를 아는 사람은 지위를 오래 지속할 수 있고, 죽어도 도를 잃지 않는 사람은 영원히 장수할 수 있다."

인간으로서 만족할 줄 모르면 아무리 많은 것을 소유해도 마음은 가난하다는 뜻인 「지족자부(知足者富)」는 노자철학에서 유래되었으며, 그 깊은 도의 뜻은 본받을 만하다.

'너 자신을 알라'고 훈계한 사람은 소크라테스이고.

'너 자신을 위해 재물을 하늘에 쌓으라'고 가르친 이는 예수 그리스도(마태복음)이듯이 노자 역시 여기서 인간의 참된 지혜와 부(富)에 대해 말한 것이다.

다만 소크라테스의 교훈이 인간의 이치에 대한 신뢰가 바탕에 깔려 있고, 예수의 가르침이 종교에 있다면 노자는 어디까지나 자연철학에 그 뜻을 두고 있을 뿐이다.

흔히 사람들은 뛰어난 안목을 지닌 사람을 보고 현명한 사람이라고 말하고, 돈과 무력으로 남을 지배하는 사람은 강자라고 하며 부러워한다. 그러나 노자의 생각은 다르다.

즉, 노자는 그들이 밖으로 돌리고 있는 눈을 안으로 돌려 자신을 들여다보는 깊은 눈길을 가질 것을 권한다. 다시 말해 그 눈길이란 자기 존재의 도를 지켜보는 눈길이며, 도에 대한 깨달음은 자기만족이란 것이다.

그런 뜻에서,

"자기가 지닌 것이 충분하고 적당한 부(富)라고 생각하지 않는 사람은 비록 주인이 되더라도 불행하다"는 에피쿠로스의 명언이 이 장의 정의와 같다.

쉽게 말해 부(富)는 수단일 뿐 인생의 목적이 될 수는 없다는 말이다.

知彼知己
지 피 지 기

知知知知知知知知 (알 지)
彼彼彼彼彼彼彼彼 (저 피)
己己己 (몸 기)

적을 알고 나를 알아야 한다는 뜻으로, 적의 형편과 나의 형편을 자세히 알아야 한다는 의미.

知彼知己百戰不殆
지 피 지 기 백 전 불 태

知知知知知知知知 (알 지)
彼彼彼彼彼彼彼 (저 피)
己己己 (몸 기)
百百百百百百 (일백 백)
戰戰戰戰戰戰戰戰戰戰戰戰戰戰戰戰 (싸움 전)
不不不不 (아니 불) 殆殆殆殆殆殆殆殆殆 (위태로울 태)

상대를 알고 자신을 알면 백 번 싸워도 위태롭지 않음.

상대를 알고 나를 알면 백 번 싸워도 위태롭지 않다는 뜻으로, 상대편과 나의 약점과 강점을 충분히 알고 승산이 있을 때 싸움에 임하면 이길 수 있다는 말.

중국 전국시대(戰國時代)에 지어진 병법서(兵法書)인 『손자』에서 유래하는 말이다. 오(吳)나라 출신의 전략가인 손무(孫武)가 지은 이 책은 전쟁에서 이기기 위한 전술과 전쟁의 법칙 뿐 아니라, 국가경영의 중요한 내용과 인사 등에도 비범한 견해를 담고 있어 오늘날까지도 최고의 전쟁 연구서 중 하나로 평가된다.

전체 13편으로 이루어져 있는데 제3편 「모공(謀攻)」편에는 적군에게 이기는 방법, 즉 여러 가지 승리의 방법이 적혀 있다. 여기서 말하는 최선의 승리는 백 번 싸워 백 번 이기는 것(百戰百勝)이 아니라 아군의 피해가 전혀 없이 싸우지 않고 승리하는 것이다. 그러기 위해서는 계략을 가지고 적의 군대를 굴복시켜야 하는데 상대편에게도 전략이 있다는 것을 간과해서는 안된다. 따라서 적군과 아군의 약점과 강점을 잘 비교 검토한 다음에 전투에 임할 것을 권하며 다음과 같이 말한다.

적군을 알고 아군을 알면 백 번 싸워도 위태하지 않다. [知彼知己者, 百戰不殆.] 적군을 알지 못하고 아군을 알면 한 번은 이기고 한 번은 진다. [不知彼而知己, 一勝一負.] 적군을 알지 못하고 아군도 알지 못하면 싸울 때마다 위태롭다. [不知彼不知己, 每戰必殆.]

여기서 지피지기를 위한 구체적인 방법은 간첩(間諜)의 이용이다. 손자가 말한 대로 싸우지 않고 이기기 위해서는 먼저 지피를 하여야 하는데, 적에 대한 정보가 필수이다. 따라서 상대편에 대한 정보의 입수를 위해서는 간첩의 활용이 우선이다.

제13편 「용간(用間)」에는 이 간첩에 대한 이야기가 전문적으로 다루어져 있다. 손자가 말하는 간첩에는 향간(鄕間), 내간(內間), 반간(反間), 사간(死間), 생간(生間)의 다섯 종류가 있다. 향간은 상대국의 주민을 고용하는 것이며, 내간은 관리를 고용하는 것이다. 현대의 고정 간첩과 같은 개념이다. 그리고 반간은 일종의 이중 간첩이라고 할 수 있는데, 역정보를 흘리기 위해 이용한다. 사간은 반간보다 조금 더 복잡한 것으로 배반할 가능성이 있는 간첩이다. 그에게 거짓 정보를 주어 상대국에 보고하도록 하며, 이로 인해 적의 손에 처형되도록 한다. 끝으로 생간은 상대국의 정보를 탐지한 뒤에 살아 돌아와 상세하게 보고할 수 있는 간첩으로, 제일 중요한 간첩이다.

이로부터 전하여 '지피지기백전백승(知彼知己百戰百勝)', '지피지기(知彼知己)', '지피지기백전불패(知彼知己百戰不敗)'로 흔히 쓰인다. 어떤 경쟁이나 대결에서 자신의 능력을 과대평가해 기고만장해서도 안되고 상대의 전력과 상황에 대한 파악이 없이 무턱대고 덤벼서도 안됨을 경계하는 말이다.

知知知知知知知知(알 지)
行行行行行行(행할 행)
合合合合合合(합할 합)
一(한 일)

참 지식은 반드시 실행(實行)이 따라야 한다는 말.

중국 명대(明代) 중기의 유학자 왕양명(王陽明)이 제창한 지식과 행위에 관한 근본 명제.

주자(朱子)나 육상산(陸象山) 등이 주장한 '선지후행(先知後行)'설에 대한 반대 개념으로, 그 후 왕양명의 중심적 주장으로 간주되었다. 이 명제는 흔히 지식[知]과 행위[行]가 분열되어 있는 현실이기 때문에 알면 반드시 행하고 지행을 합일시켜야 한다는 당위(當爲)를 뜻하는 실천강조의 명제로 해석하기 쉽다.

그러나 본래의 뜻은 그의 '심즉리(心卽理)'설의 논리를 지식과 행위라는 도덕의 영역으로 연역(演繹)한 것으로서 단순한 실천강조론이라기보다는 깊은 철학적 논리인 것이다. '심즉리'설에서는 이(理) 또는 양지(良知)는 처음부터 마음 속에 존재하는 것으로서 외계(外界)로부터 지식의 획득은 필요치 않고, 행위는 양지를 실현시키는 존재로만 보는 것이다. 즉 우선 규범[知]을 알지 못하는 행위의 타당성은 보증할 수 없다는 '선지후행'설에는 반대이며, 규범은 이미 마음 속에 내재하고 있으므로 행위는 그 표현에 지나지 않고 양자는 별개의 것이 아니라 처음부터 하나인 것이다.

왕양명은 이와 같은 지(知)를 또한 '진지(眞知)'라고도 불렀으며 지(知)가 '진지'가 되지 못하고 지행(知行)이 분열되는 것은 '사욕(私慾)'이 작용하기 때문이라고 하여, 현실적으로 지행합일의 필요조건으로서 '사욕'의 배제를 들었다. 이 때 지행합일의 문제는 당연히 풀리는 것이다.

珍羞盛饌
진 수 성 찬

珍珍珍珍珍珍珍珍珍珍 (보배 진)
羞羞羞羞羞羞羞羞羞羞 (차반 수)
盛盛盛盛成成成盛盛盛 (성할 성)
饌饌饌饌饌饌饌饌饌饌饌饌饌饌饌饌饌
饌饌饌 (반찬 찬)

맛이 좋은 음식으로 많이 잘 차린 것을 뜻함.

진귀한 음식으로 성대하게 차려진 밥상, 맛좋은 음식을 푸짐하게 준비한 한 상을 가리키는 말이다. 같은 뜻으로 산해진미(山海珍味), 수륙진미(水陸珍味), 팔진성찬(八珍盛饌), 식전방장(食前方丈), 추환(芻豢), 화찬(華饌), 상찬(上饌), 성찬(盛饌) 등이 있다. 반대말로 고기나 생선 없이 푸성귀 따위로만 꾸려진 반찬인 소찬(素饌), 건더기 없이 멀건 국물을 뜻하는 청탕과수(淸湯寡水), 아침에는 나물을 먹고 저녁에는 소금을 씹는다는 뜻의 조제모염(朝齏暮鹽) 등이 있다.

進退兩難
진 퇴 양 난

進進進進進進進進進進進 (나아갈 진)
退退退退退退退退退退 (물러갈 퇴)
兩兩兩兩兩兩兩兩 (두 양)
(어려울 난)
難難難難難難難難難難難難難難難難難難

나아갈 수도 물러설 수도 없는 궁지(窮地)에 빠짐.

앞으로 나아가지도 뒤로 물러나지도 못하는, 두 가지 모두 선택하기 어려운 상황을 의미한다. 『시경(詩經)』「대아(大雅)·상유(桑柔)」편의 시구(詩句).

"벗들이 이미 참소하여 서로 선하게 하지 않도다. 사람들이 또한 말하기를 나아갈 수도 물러날 수도 없는 궁지에 몰렸구나.[朋友已譖, 不胥以穀, 人亦有言, 進退維谷.]"에서 유래하는 진퇴유곡(進退維谷)과 같은 말이다. 어떤 문제에 직면하여 도저히 해결할 방법이 없어 이러지도 저러지도 못하는 난처한 처지에 있을 때 쓰이는 말이다. 둘 사이에 끼어 있으나 어느 쪽도 선택할 수 없는 곤란한 입장에 있는 경우에도 비유하는 말이다. 다른 유의어로 사면초가(四面楚歌), 낭패불감(狼狽不堪), 진퇴무로(進退無路) 등이 있다.

集小成大
집 소 성 대

集集集集集集集集集集集集 (모을 집)
小小小 (적을 소)
成成成成成成成 (이룰 성)
大大大 (큰 대)

작은 것이 모여 큰 것을 이룸.

借廳借閨
차 청 차 규

借借借借借借借借借借 (빌릴 차)
廳廳廳廳廳廳廳廳廳廳廳廳廳廳廳廳廳
廳廳廳廳廳廳廳廳廳 (관청 청)
閨閨閨閨閨閨閨閨閨閨閨閨 (안방 규)

마루를 빌리다가 안방으로 들어간다는 뜻.

'사랑채 빌리면 안방까지 달라한다'는 속담과 같은 말, 남에게 의지하다가 차차 그 권리까지 넘겨다본다는 말.

借虎威狐
차 호 위 호

借借借借借借借借借借 (빌릴 차)
虎虎虎虎虎虎虎 (범 호)
威威威威威威威威威 (위엄 위)
狐狐狐狐狐狐狐狐 (여우 호)

여우가 호랑이의 위엄을 빌리다.

出典 전국책(戰國策) 초책(楚策) 1권 선왕편(宣王篇)

전국시대의 어느 날 초나라 왕이 군신들에게,

"북방의 나라들이 우리 재상인 소해휼(昭奚恤)을 두려워하고 있을까?"

하고 묻자 강을(江乙)이란 신하가 이렇게 대답했다.

"폐하! 북쪽 나라들이 어찌 일개 재상인 소해휼(昭奚恤) 등을 두려워할 리가 있겠습니까. 어느 날 백수의 왕인 호랑이가 여우를 잡아먹으려 하자 여우가 이렇게 말했답니다. '하늘의 제왕께서 이 여우를 백수의 장으로 정하셨소. 만약 그대가 나를 잡아먹으면 하늘이 노하실 것이오. 그대가 내 말을 믿지 못하겠다면 내 뒤를 따라와 보면 알 것입니다.' 하며 여우가 앞서가자 호랑이는 반신반의로 그 뒤를 따라갔습니다. 그러자 한 마리의 짐승이 여우를 보자 무서워하며 도망쳤고, 그 다음 만난 짐승도 마찬가지로 벌벌 떨며 부리나케 도망을 쳤지요. 이에 호랑이는 여우의 말을 믿고 살려 주었답니다. 그러나 사실 짐승들이 도망간 것은 여우가 무서워서 그런 것이 아니라 여우 뒤를 따르는 호랑이가 무서워 그랬던 것입니다. 이와 마찬가지로 북쪽 나라들이 어찌 소해휼(昭奚恤)을 두려워하겠습니까. 그들이 진짜 두려워하는 것은 소해휼 뒤에 버티고 있는 우리 군대, 즉 폐하의 강한 근사들 때문입니다."

여기서 「차호위호(借虎威狐)」라는 말이 유래되었으며, 소인이 권력을 업고 뽐내는 것, 또는 그 소인을 가리킬 때 이런 말을 인용한다. 그리고 여기서 주의할 점은 소해휼(昭奚恤)이 별볼일 없고 강을이 훌륭하다는 것이 아니라는 것이다.

강을(江乙)은 초나라 대대의 중신인 소해휼(昭奚恤)을 제거하기 위해 차호위호 계책으로 왕에게 중상모략을 한 것이다.

그런즉 강을이야말로 진짜 호랑이(왕)의 힘을 빌리기 위해 여우 노릇을 한 것이며, 이것이 전국시대의 약육강식(弱肉强食)에서 살아남기 위한 방편의 하나인 것이다.

전국시대에 있어 한 껍데기를 벗기면 그야말로 순하디순한 양가죽 밑에 여우가 숨어 있는지, 늑대가 도사리고 있는지 호랑이가 있는지 아무도 모른다는 것이다.

따라서 어떤 것이 여우이고 어떤 것이 호랑이인지 도무지 분간 못하는 사회를 두고 전국시대라고 말하며, 이것은 우리 사회의 한 단면과 일치하는 경우가 많다.

속에는 구렁이가 있으면서 겉으로는 순한 양처럼 행동하는 정치인들, 사람이야 죽든 말든 자기 이익만을 추구하는 부실공사 책임자들 등등이 그 좋은 증거다.

그러나,

"세상을 이해하려는 욕망과 세상을 개혁하려는 욕망은 진보의 두 가지 큰 원동력이다. 만약에 이것이 없었다면 인간사회는 그대로 정체되거나 아니면 퇴보할 것이다."
라는 러셀의 명언처럼 「차호위호(借虎威狐)」도 전국시대의 필요악이라는 사실을 부정할 수 없다.

創業易守成難
창업이수성난

創創創創創創創創創創創創 (비로소 창)
業業業業業業業業業業業業 (업 업)
易易易易易易易易 (쉬울 이)
守守守守守守 (지킬 수)
(어려울 난)

成成成成成成成 (이룰 성) 難難難難難難難難難難難難難難難難難

창업은 쉬우나 그것을 지키기는 어렵다.

出典 정관정요(貞觀政要) 당서(唐書)

중국 황제 중 명군의 대표격인 당태종(唐太宗)이 어느날 신하들에게 창업과 수성 중 어느 것이 더 어려우냐고 묻자 신하들 간에 의견이 둘로 갈라졌다.

"한 나라가 창업하려면 천하의 혼란을 잠재워야 하므로 창업이 더 어렵다고 봅니다."

창업공신인 재상 방현령(房玄齡)의 주장에 대해 수성파인 위징이 다음과 같이 반론을 폈다.

"예부터 제황들이 천신만고 끝에 천하를 통일하고 창업에 성공했음에도 불구하고 단명으로 끝나는 것은 안일하게 나라를 다스리다 패한 결과입니다. 그런 점에서 창업보다는 수성이 더 어렵다고 봅니다."

방현령(房玄齡)은 창업공신으로서 당연한 주장을 한 것이었으며, 반면에, 위징(魏徵)은 창업 후 안정을 도모하기 위해 애쓴 인물로서 수성의 어려움을 절감하고 한 말이다.

그러자 태종이 최종 결론을 내렸다.

"두 사람의 말은 그 뜻은 다르나 모두 옳은 말이다. 방현령(房玄齡)은 짐과 같이 천하를 잡으면서 그동안 죽을 고비도 많이 넘긴 사람이니 창업이 얼마나 어려운가를 익히 알고 있는 반면에, 위징(魏徵)의 입장에서 보면 천하를 평정한 후 생기는 허영과 향락을 두려워하기 때문이다. 그런즉 우리의 경우 창업을 이룩했으므로 이제는 수성의 어려움만이 우리 앞에 가로놓여져 있다는 사실을 명심하기 바란다."

그후 그는 수성에 전력해 그 결과 28세에 즉위해 50세로 세상을 떠나기 전까지 22년간 태평시대로 이끌었다.

우리나라도 한때 당태종의 치적을 기록한 정관정요(貞觀政要)를 대통령이 애독했다 해서 장안의 베스트셀러가 된 적이 있었으나, 그 결과는 흐지부지됐을 뿐이다. 그래서 창업보다는 수성이 어렵다는 말이 설득력이 더 있다.

당태종은 개인적으로도 능력과 인격이 탁월했지만, 그보다도 그를 훌륭하게 만든 것은 수많은 인재를 적재적소에 두루 기용한 것이 성공했기 때문이다.

좋은 정책이 채택되면 충실하게 실천에 옮기는 재상 방현령(房玄齡), 언제나 태종에게 서슴없이 직언을 들려주는 수성파 대부 위징(魏徵), 여론에 밝은 사람, 힘든 일도 아랑곳하지 않고 일에만 몰두하는 사람 등등이 대표적인 인재들이다.

흔히 조직사회에서 지배자 자신이 부족한 것이 많아도 인재들을 적재적소에 잘 배치만 할 수 있다면 지배자의 부족한 면을 메울 수 있듯이, 창업과 수성을 잘 이끌어 나가는 지도자들은 대부분 이런 면이 강하다. 그러나 창업은 쉽게 하면서도 수성을 제대로 하지 못해 국가를 비틀거리게 만들고 국민들을 피곤하게 하는 정치인도 있어 이 장을 퇴색하게 만든다.

滄滄滄滄滄滄滄滄滄滄滄滄滄 (푸를 창)
海海海海海海海海海海 (바다 해)
遺遺遺遺遺遺遺遺遺遺遺遺遺遺 (끼칠 유)
珠珠珠珠珠珠珠珠珠珠 (구슬 주)

큰 바다에 남아 있는 진주(眞珠)라는 뜻.

세상에 알려지지 않은 현자(賢者)나 명작을 비유해 이르는 말.

대해(大海) 중에서 빠뜨린 진주. 세상에서 진귀한 보배 또는 세상에 알려지지 않은 현인(賢人)이나 이인(異人)을 나타냄.

滄海一粟
창 해 일 속

滄滄滄滄滄滄滄滄滄滄滄滄滄 (푸를 창)
海海海海海海海海海海 (바다 해)
一 (한 일)
粟粟粟粟粟粟粟粟粟粟粟粟 (조 속)

큰 바다에 던져진 좁쌀 한 톨이라는 뜻.

소동파(蘇東坡)가 『적벽부(赤壁賦)』에서 처음 이 표현을 사용하였다. 사람들은 흔히 이 적벽부를 천하 명문(名文)의 하나로 꼽는다. 두 편으로 된 이 부는 소동파가 황주(黃州)로 귀양가 있을 때 지은 것으로, 인간사에 미련을 두지 않으려는 자신의 근황을 신선(神仙)에 기탁하여 나타내었다. 음력 7월 중순의 어느 날, 소동파는 벗과 함께 적벽을 유람하였다. 때마침 날씨는 맑고 바람마저 잔잔하였다. 달빛은 일렁이는 물결에 부서졌다 모이고 하여, 인간의 감정을 고문하느라 정신이 없었다. 이러한 적벽의 주변 풍광은 마치 선경(仙境)과도 같았다. 서로 술잔을 주고받으며 시를 읊조리던 중에, 소동파는 문득 그 옛날 조조(曹操)와 주유(周瑜)가 여기서 천하를 두고 한판 승부를 펼쳤던 적벽의 싸움[赤壁大戰]을 떠올렸다. 자신도 모르게 소동파는 이렇게 중얼거렸다.

달이 밝고 별은 드문데, 까막까치가 남쪽으로 날아간다는 것은 조맹덕(曹孟德 : 조조)의 시(詩)가 아닌가? 서로 하구(夏口)를 바라보고 동으로 무창(武昌)을 바라보니, 산천이 서로 엉겨 울창하다. 이는 조맹덕이 주랑(周郎 : 주유)에게 곤경에 처했던 곳이 아닌가. 그가 형주(荊州)를 격파하고 강릉(江陵)으로 내려와 물결을 따라 동으로 나아갈 때, 전함은 천 리에 뻗어 있고 깃발이 하늘을 가렸다. 술을 걸러 강에 임하고 창을 비껴 들고 시를 읊노니, 진실로 한 세상의 영웅이었는데, 지금은 어디에 있는가? 하물며 그대와 나는 강가에서 고기 잡고 나무 하면서, 물고기, 새우들과 짝하고, 고라니, 사슴들과 벗하고 있다. 작은 배를 타고 술바가지와 술동이를 들어 서로 권하니, 우리 인생은 천지간에 하루살이처럼 짧고, 우리의 몸은 푸른 바다에 한 톨 좁쌀[滄海一粟]과도 같구나. 정말, 너무나 짧구나! 어찌 장강(長江)처럼 다함이 없는가?

여기서 창해일속이라는 말이 나왔다. 무한한 우주 속에 미미한 존재일 수밖에 없는 인간에 대한 무상함이 깔려 있다.

採薇歌
채 미 가

採採採採採採採採採採採 (캘 채)
薇薇薇薇薇薇薇薇薇薇薇薇薇薇薇薇 (고사리 미)
歌歌歌歌歌歌歌歌歌歌歌歌歌歌歌 (노래 가)

고사리를 캐는 노래

出典　사기(史記) 백이열전(伯夷列傳)

은(殷)나라 말기 무왕(武王)이 은나라의 난리를 평정해 주나라를 세우자, 고죽국 군주의 아들들인 백이(伯夷)와 숙제(叔齊)는 은나라의 신하로서 이를 부끄럽게 여기고 수양산으로 잠적해 고

사리를 캐먹으며 절개를 지켰다. 그후 그들은 고사리 또한 주나라 땅에서 난 것이라 하여 먹지 않고 굶어 죽었다. 그들은 주나라 곡식을 먹지 않겠다는 약속을 죽음으로써 지킨 것이다.

이때 이들이 죽으면서 지은 시가 곧 채미가다.

저 서산에 올라 산중의 고사리나 캐자 [登彼西山兮 采其薇矣]

포악함으로 포악함을 바꾸면서도 [以暴易暴兮]

그 잘못을 알지 못한다 [不知其非矣]

신농(神農)과 우(虞), 하(夏)의 시대는 가고 [神農虞夏 忽然沒兮]

우리는 장차 어디로 돌아갈 것인가 [我安適歸矣]?

아! 이제는 죽음 뿐이다 [于嗟徂兮]

쇠잔한 우리의 운명이여 [命之衰矣]!

여기에 대해 공자는,

"백이와 숙제는 지난 잘못을 생각하지 않았다. 그래서 사람들이 그들을 원망하는 일이 적었다. 어진 것을 바라고 어진 일을 했으니 그 무슨 원망이 있었겠는가?"

하며 칭찬한 반면에, 사기의 저자 사마천은 백이와 숙제의 행위에 대해 이렇게 기록했다.

"나는 백이와 숙제가 성인이라고 주장하지 않는다. 다만 스스로 반대하고 있는 도에 어긋난 세상이 실현된 것이 마치 악의 세계가 되었다는 절대절명의 경지에 도달했다고 생각된다."

이어서 사마천은,

"하늘은 항상 착한 사람의 편을 든다고 했다. 그렇다면 그들의 종말이 정말 착한 사람의 종말인가?"

하며 시비(是非)의 근본적인 문제에 회의를 품고 질문을 던졌다.

따라서 이 장의 정의는 현대생활에 있어 퇴색된 감이 없지 않다.

天高馬肥
천 고 마 비

天 天 天 天 (하늘 천)
高 高 高 高 高 高 高 高 高 高 (높을 고)
馬 馬 馬 馬 馬 馬 馬 馬 馬 馬 (말 마)
肥 肥 肥 肥 肥 肥 肥 肥 (살찔 비)

하늘은 높고 말은 살이 찌는구나.

出典 두심언(杜審言)의 시(詩)

구름은 맑고 요성(妖星)도 사라지고,

가을하늘은 높고 요새의 말은 살찐다. (秋高塞馬肥)

이 시는 시인으로 유명한 두보의 조부인 두심언이 흉노족을 징벌하기 위해 변방으로 떠나는 친구에게 보낸 시의 일부분이며, 이 시에서 「추고새마비(秋高塞馬肥)」가 「천고마비(天高馬肥)」로 변했는데, 그 뜻은 당시 중국의 가을은 말이 살찌면서 그 말을 타고 흉노가 자주 침입하는 공포의 계절이었기 때문이다.

그러나 우리가 생각하는 천고마비의 뜻은 식욕이 좋아져 살이 찐다는 것과, 독서의 계절이라는 좋은 뜻으로 통용된다. 그렇다면 이 책의 독자들은 천고마비의 정의를 살려 책을 열심히 보고 주위에도 권장하는 게 어떨까?

千金買笑
천 금 매 소

千千千 (일천 천)
金金金金金金金金 (쇠 금)
買買買買買買買買買買買買 (살 매)
笑笑笑笑笑笑笑笑笑笑 (웃음 소)

천금을 주고 웃음을 사다.

出典 동주(東周)의 열국지(列國誌)

「천금매소(千金買笑)」는 천금을 주고 웃음을 산다는 뜻으로, 쓸데없는 곳에 돈을 낭비함을 비유하는 말이다.

폭군(暴君)의 대명사가 걸주유려(桀紂幽厲)이다.

걸(桀)은 하(夏)나라를 망친 마지막 임금이고, 주(紂)는 상(商)나라를 망친 마지막 임금이며, 유(幽)는 서주(西周)의 마지막 임금 유왕(幽王)으로 오랑캐의 칼에 맞아 죽었고, 여(厲)는 유왕(幽王)의 할아버지인 여왕으로 백성들에게 내쫓긴 임금이다.

주지육림에 빠진 걸왕과 주왕처럼 서주(西周)의 마지막 왕이었던 유왕(幽王)도 요부인 포사(褒姒)에게 미쳐 왕후(王后) 신씨(申氏)와 태자 의구(宜臼)를 폐한 다음, 포사를 왕후로 세우고, 그녀가 낳은 백복(伯服)을 태자로 세웠다. 그런데 돈에 팔려 남의 속죄의 대가로 궁중에 들어온 포사(褒姒)는 일찍이 한 번도 웃는 일이 없었다.

그러자 유왕은 포사가 비단 찢는 소리를 좋아한다는 말을 듣고는 그녀의 웃는 모습을 보기 위해 매일같이 비단 백 필씩을 포사 앞에서 찢게 만들었는데도 그것도 잠시뿐 포사가 전혀 웃지를 않자 유왕은,

"누구를 막론하고 왕후를 웃게 하는 자에게는 천금의 상을 내리겠다."
고 공표했다.

이때 포사의 측근인 괵석보가,
"봉화를 올려 각 제후들이 허탕을 치고 돌아가는 것을 보면 왕후가 웃을 겁니다."
하며 제안을 하자 유왕은 즉시 봉화를 올렸고, 제후들은 봉화를 보고 즉시 군대를 거느리고 몰려들었다.

그러자 유왕은 제후들에게 별일 아니니 돌아가라고 명령을 내렸고, 포사는 그제서야 어이없이

돌아가는 제후들의 모습을 보고 박수를 치며 깔깔거리고 웃었다.

이에 만족한 유왕은 약속대로 괵석보에게 천금의 상을 내렸으며, 여기서「천금매소(千金買笑)」라는 말이 생겼다. 그야말로 웃기는「천금매소」의 일화다. 그리고 그 결과는 이솝우화에 나오는 양치기소년의 결과처럼 유왕은 혁명군에 의해 개죽음을 당했다.

그 이유 중의 하나는 진짜 위급할 때 봉화를 올렸으나 제후들이 속지 않으려고 달려오지 않았기 때문이다.

이때뿐만 아니라 지금도 우리 주위에는 현대판「천금매소(千金買笑)」로 패가망신한 사람들을 흔히 볼 수 있다. 사랑하는 여자를 위해 공금을 횡령하는 유형과, 졸부가 나이 느지막해서 젊은 여자에게 돈을 펑펑 쓰다가 밑 빠진 독에 물 붓듯이 재산을 모두 날리는 유형이 바로 그것이다.

그런 면에서 볼 때 권력과 재산이 없는 가난한 사람들은 어쩌면 행복하다고 자위할 수 있을 것이다.

千千千 (일천 천)
里里里里里里里 (마을 리)
眼眼眼眼眼眼眼眼眼眼眼 (눈 안)

천리를 내다볼 수 있는 눈.

出典 위서의 양일전(魏書楊逸傳)

북위(北魏) 말엽 29세의 명문출신 양일(楊逸)이 광주지방의 장관으로 부임해 오면서 광주백성들은 신바람이 났다. 전에는 관리나 군인이 출장을 오면 반드시 푸짐한 술좌석과 뇌물이 은밀히 오고갔지만, 그 관례가 씻은 듯이 없어졌기 때문이다.

그 까닭인즉 관리들은,

"양 장관은 천리를 내다보는 눈을 갖고 계시므로 우리가 속일래야 속일 수가 없지요."
라고 두려워했기 때문이다.

백성이 가장 귀중한 존재라고 여겼던 양일은 관리들의 부패 척결을 위해 각 부처에 은밀히 정보원을 심어놓고 관리들의 동태를 살폈기 때문에 관리들은 양일에게 천리안(千里眼)이란 별명을 달아주었던 것이다.

부정부패가 만연한 우리 사회에 이런 천리안을 가진 사람이 과연 있을까? 만약에 있다면 즉시 나타나 부정부패를 싹 쓸어버리면 좋을텐데…… 기다려진다.

天網恢恢疏而不失
천 망 회 회 소 이 불 실

天 天 天 天 (하늘 천)
而 而 而 而 而 而 (말이을 이)
不 不 不 不 (아니 불)
失 失 失 失 失 (잃을 실)

網 網 網 網 網 網 網 網 網 網 網 網 網 (그물 망)　恢 恢 恢 恢 恢 恢 恢 恢 恢 (넓을 회)
疏 疏 疏 疏 疏 疏 疏 疏 疏 疏 疏 疏 (성길 소)

하늘의 그물은 크고 넓어 엉성해 보이지만 그 그물에서 빠져나가지는 못한다.

出典　노자(老子) 73장

　형 집행을 과감하게 하는 자는 사람을 죽이고, 과감하게 하지 못하는 자는 살린다. 이들 둘은 인간적 척도로서는 잘했다고도 하겠고 또 잘못했다고도 할 것이다. 그러나 하늘이 미워하는 바가 무엇이며, 또 왜 미워하는지 그 이유는 아무도 알 수가 없다. 그러므로 성인도 역시 어렵게 여긴다[勇於敢則殺 勇於不敢則活 此兩者 或利或害 天之所惡 孰知其故 是以聖人猶難之].

　하늘의 도는 다투지 않아도 잘 이기고, 말하지 않아도 잘 응해주고, 부르지 않아도 스스로 오고, 편안한 태도로 잘 꾸민다. 하늘의 법망은 큼직큼직하여 소홀해 보이지만 놓치지 않는다[天網恢恢 疏而不失].

　사물을 단호하게 해치울 용기로 적극적인 행동을 하면 남을 죽이고 자기 자신을 망치고, 반대로 용기가 있으면서 소극적으로 행동하면 사람을 살리고 자기 자신도 상처를 입지 않게 된다.

　생(生)과 살(殺) 둘 중의 하나에는 이(利)가 있고, 또 하나에는 해(害)가 있다. 그러나 하늘이 미워하는 것은 반드시 살(殺) 쪽이다.

　그런데 사람을 죽이는 자는 하늘의 뜻을 거역하는 것이므로 당연히 하늘의 벌을 받아야 하지만 세상사는 반드시 그렇지가 않다.

　그렇다고 해서 사람을 살린 자가 반드시 하늘에서 상을 받는 것 또한 아니며, 수많은 사람을 죽이고도 천벌을 받지 않는 자도 있다.

　그래서 사람들은 이 두 가지의 이해와 하늘의 뜻이 어느 쪽에 있는지 몰라 어리둥절해 하고 있다. 심지어 성인까지도 이 점을 뚜렷이 알지 못해 난처해 하기 일쑤다. 그러나 긴 안목으로 보면 이 두 가지의 이해와 하늘의 뜻이 어느 편에 있는지 알 수 있다.

　천하의 도(道)는 다툼 없이도 이기고, 말을 하지 않아도 응하고, 부르지 않아도 스스로 오며, 부드러우면서도 잘 꾀(謀)한다. 즉 자기를 주장하지 않고서도 만물을 통솔하고, 명령을 하지 않으면서도 만물을 적응시키고, 부르지 않고서도 만물을 귀일시키고, 시키지 않아도 스스로 질서를 형성시킨다.

　따라서 악운이 강할 때는 하늘을 배반해도 벌을 받지 않을 수가 있으나, 결국은 하늘에서 벌을 받게 될 것이다. 하늘의 그물은 넓고 그 그물 눈이 엉성할지라도 선과 악의 응보는 반드시 내려져 결코 빠뜨리거나 실패하는 일이 없기 때문이다.

천도(天道)는 살리는 것[生]을 좋아하고 죽이는 것[殺]을 미워한다는 것을 노자 특유의 논법으로 설명하고 있다. 즉, 사람을 예사로 죽이고, 단호히 하지 않는 데 용기가 있어서 사람을 살린다. 살리는 것과 죽이는 것 둘 중에는 반드시 하나가 이로움이 있으면 나머지 하나는 해로움이 있다. 그러나 하늘이 미워하는 것은 반드시 죽이는 쪽이다. 그렇다면 단호하게 처리하는 용기로 사람을 죽이는 자는 하늘의 뜻을 배반하는 일이 되므로, 당연히 하늘의 벌을 받아 마땅하다. 그러나 세상 일이 또한 반드시 그렇게 되는 것도 아니다. 사람을 살렸다고 해서 반드시 하늘의 상을 받지는 않는다. 수없이 많은 사람을 죽였는데도 천벌을 받지 않는 자도 있다.

이 장은 하늘의 도(道)가 생(生)을 좋아하고 살인을 미워한다는 것을 노자 특유의 논법으로 설명한 것이며, 이 논법은 현대인들에게도 시사하는 바가 매우 크다.

天方地軸
천 방 지 축

天 天 天 天 (하늘 천)
方 方 方 方 (모 방)
地 地 地 地 地 地 (땅 지)
軸 軸 軸 軸 軸 軸 軸 軸 軸 軸 軸 (굴대 축)

하늘 방향이 어디이고 땅의 축이 어디인지 모른다는 뜻.

① 너무 바빠서 두서를 잡지 못하고 허둥대는 모습.

② 어리석은 사람이 갈 바를 몰라 두리번거리는 모습.

방향을 잡지 못하고 함부로 날뛰는 모습을 가리키는 표현인데, 천방지방(天方地方)이라고도 한다.

天崩之痛
천 붕 지 통

天 天 天 天 (하늘 천)
崩 崩 崩 崩 崩 崩 崩 崩 崩 崩 崩 (무너질 붕)
之 之 之 之 (갈 지)
痛 痛 痛 痛 痛 痛 痛 痛 痛 痛 痛 (아릴 통)

하늘이 무너지는 듯한 고통이라는 뜻.

제왕이나 스승, 부모의 상사(喪事)를 당하여 겪는 하늘이 무너지는 듯한 슬픔. 하늘이 무너지고 땅이 꺼지는 것처럼 매우 큰 슬픔이라는 뜻. 정산종사는 소태산대종사의 열반을 당하여 그 큰 슬픔을 천붕지통(天崩之痛)이라고 표현했다.

天時地利人和
천 시 지 리 인 화

天 天 天 天 (하늘 천)   地 地 地 地 地 地 (땅 지)
時 時 時 時 時 時 時 時 時 時 (때 시)
利 利 利 利 利 利 利 (이할 리)   人 人 (사람 인)
和 和 和 和 和 和 和 和 (화할 화)

천시는 지리만 못하고, 지리는 인화만 못하다.

"하늘의 자연기상 조건은 땅의 유리한 조건만 못하고, 땅의 유리한 조건은 인화만 못하다. 천시를 얻어 성을 공격하면서도 승리하지 못한 것은 천시가 지리조건보다 못하기 때문이며, 유리한 조건을 갖추고 있으면서도 성을 버리고 도망가는 것은 지리가 인화보다 못하다는 증거다."

다시 말해 맹자는 천시와 지리적 조건이 아무리 좋아도 역시 인화단결심이 없으면 그 힘을 발휘하기 어렵다는 것이다.

그래서인지 호메로스는 이런 말을 남겼다.

서로 믿고 서로 도움으로써 위대한 행위는 이루어지고, 위대한 발견으로 나타날 것이다.

天天天天 (하늘 천)
衣衣衣衣衣衣 (옷 의)
無無無無無無無無無無無無 (없을 무)
縫縫縫縫縫縫縫縫縫縫縫縫縫 (꿰맬 봉)

천사의 옷에는 재봉한 자국이 없다.

出典 태평광기(太平廣記)

옛날 옛적에 곽한(郭翰)이라는 사람이 한창 무더운 여름더위를 참다 못해 마당에서 누워 있을 때 하늘에서 아름다운 선녀가 내려와 잠자리를 요구했다.

이에 깜짝 놀란 곽한이 무심결에 선녀의 옷을 만지자 푸른 비취를 부어서 만든 것 같은 옷의 감촉과 어디를 보나 실로 꿰맨 자국이 없는 것이 마치 수공이 아닌 자연적으로 만들어진 듯한 신비스런 옷이었다.

그러자 선녀는 곽한의 궁금증을 풀어주듯이 다음과 같이 옷에 대해 설명을 해주었다.

"저희들이 입는 천의(天衣)는 원래 바늘과 실을 사용하지 않는 자연산이지요."

이것은 영괴록에 나오는 일화로서 이때부터 문학이나 미술작품이 꾸밈없이 이루어진 걸작을 가리켜 「천의무봉(天衣無縫)」이란 말을 쓰게 됐으며, 그 주인공은 선녀라고 볼 수 있다.

天天天天 (하늘 천)
人人 (사람 인)
共共共共共共 (한가지 공)
怒怒怒怒怒怒怒怒怒 (성낼 노)

하늘과 사람이 함께 분노(憤怒)한다는 뜻.

누구나 분노할 만큼 증오스러움. 또는 도저히 용납될 수 없음의 비유.

千載一遇
천 재 일 우

千千千 (일천 천)
載載載載載載載載載載載載載 (실을 재)
一 (한 일)
過過過過冐冐禺禺禺過過過過 (만날 우)

좀처럼 만나기 어려운 기회.

出典 원굉(袁宏)의 삼국명신서찬(三國名臣序贊)

"만 년에 한 번 기회가 온다는 것은 사람이 살고 있는 세상의 공통된 원칙이며, 천 년에 한 번 기회를 만나게 된다는 것은 현명한 사람과 지혜로운 사람의 아름다운 만남이다. 그러므로 이런 기회를 만나게 되면 그 누가 기대하지 않으며 기회를 놓치면 그 누가 한탄하지 않으리."

여기서 천재일우란 말이 유래됐으며, 이 말은 문학적 재능이 특출했던 동진(東晉) 원굉(袁宏)이 진수의 삼국지에 등장하는 명신 20여 명을 칭찬해 지은「삼국명신서찬」내용 중에서 일부를 발췌한 글이다. 다시 말해 천재일우의 정의는 즘처럼 만나기 어려운 좋은 기회를 뜻하듯이 이 책의 독자들도 천재일우의 기회가 오면 놓치지 말고 꽉 잡아 찬스를 살려 성공하기를 바란다. 단 여기에는 조건이 따른다. 나쁜 일이 아닌 좋은 일에 대한 기회를 잡으라는 것이다.

天災地變
천 재 지 변

天天天天 (하늘 천)
災災災災災災災 (재앙 재)
地地地地地地 (땅 지)   (변할 변)
變變變變變變變變變變變變變變變變變變變變變變 (변)

지진(地震)·홍수(洪水)·태풍(颱風) 따위와 같이, 자연 현상에 의해 빚어지는 재앙(災殃).

天知地知子知我知
천 지 지 지 자 지 아 지

天天天天 (하늘 천)   子子子 (아들 자)
知知知知知知知 (알 지)
地地地地地地 (땅 지)
我我我我我我我 (나 아)

하늘이 알고 땅이 알고 자네가 알고 내가 알고 있지 않은가.

出典 후한서(後漢書) 양진전(楊震傳), 십팔사략(十八史略)

양진(楊震)은 후한 안제(安帝) 때의 사람이다. 환관들이 조정을 주름잡고 관리의 부정부패가 극에 달했던 후한시대에 '관서의 공자'라고까지 칭송을 받았던 관서지방 출신 양진(楊震)이 동래군의 태수로 임명받고 임지로 가는 도중에, 창읍에서 하룻밤 묵고 있을 때 창읍의 현령으로 있는 왕밀(王密)이 은밀히 찾아왔다.

왕밀은 양진이 형주자사로 있을 때 그의 학식을 높이 사 천거해 준 일이 있었기 때문에 양진은 왕밀을 반갑게 맞아들였고, 왕밀은 자신의 출세길을 열어준 은인에 대해 보답하고자 황금 열 냥을 공손히 양진 앞으로 내밀었다.

"약소하나마 제 성의로 아시고 거두어 주십시오."

그러자 양진은 단호한 목소리로 거절했고, 왕밀은 거듭 받아주기를 간청했다.

"나는 옛 지인으로서 자네의 학식과 인물도 기억하네. 그런데 자네는 나를 잊은 것 같군."

"아닙니다. 이건 뇌물이 아니라 지난날의 은혜에 보답하려는 것뿐입니다."

"자네가 영진(榮進)하여 나라를 위하여 진력하는 것이 나에 대한 보답이네."

"태수님, 자꾸 그러시면 제가 너무 부끄럽습니다. 그리고 이런 깊은 방에 이 방안에는 오로지 태수님과 저뿐이 아닙니까. 그러니 너그럽게 받아 주십시오."

이에 양진은 왕밀을 쏘아보며 이렇게 꾸짖었다.

"이 방안에 자네와 나뿐이 모른다는 것은 천만의 말씀이네. 우리 이전에 먼저 하늘이 알고 땅이 알고 또 자네가 알고 내가 알고 있지 않은가."

이 말을 듣자 왕밀은 부끄러움에 몸 둘 바를 모르고 쩔쩔매다가 고개를 푹 숙이고 물러갔으며, 여기서 이 장의 클라이막스를 이룬다.

그런 의미에서 우리 주위에 널려 있는 부정부패자들을 타도하는 구호로「천지지지자지아지(天知地知子知我知)」를 택하는게 어떠냐고 누군가에게 물어보고 싶다.

여기서 누군가란 양진 같은 공직자를 발함은 물론이다. 그런데 만약 그런 사람이 없을 때는 어떻게 할 것인가를 묻는다면 어떻게 할까? 우리 모두 생각해 보기로 하자,

千千千 (일천 천)
篇篇篇篇篇篇篇篇篇篇篇篇篇篇篇 (책 편)
一 (한 일)
律律律律律律律律 (법칙 률)

여러 시문(詩文)의 격조가 변화 없이 비슷비슷하다는 뜻.

여러 사물(事物)이 거의 비슷비슷하여 특색(特色)이 없음을 비유하여 이르는 말.

天天天天 (하늘 천)
下下下 (아래 하)
泰泰泰泰泰泰泰泰泰泰 (클 태)
平平平平平 (평평할 평)

천하태평(天下太平).

① 온 세상이 태평(太平)함. ② 근심 걱정이 없거나 성질이 느긋하여 세상 근심을 모르고 편안함, 또는 그런 사람.

徹頭徹尾
철 두 철 미

徹徹徹徹徹徹徹徹徹徹徹徹徹徹(통할 철)
頭頭頭頭頭頭頭頭頭頭頭頭頭頭頭頭 (머리 두)
尾尾尾尾尾尾尾(꼬리 미)

머리에서 꼬리까지 통한다는 뜻.

① 처음부터 끝까지.

② 처음부터 끝까지 방침을 바꾸지 않고, 생각을 철저(徹底)히 관철(貫徹)함을 이르는 말.

이 말은 수미일관(首尾一貫)이나 시종일관(始終一貫)과는 그 뜻이 약간 다르다. 처음부터 끝까지 빈틈이 없는 상태나 어떤 일을 행함에 있어 부족함이 없이 철저히 실시하는 것을 가리킨다. 뜻으로만 보면 머리부터 꼬리까지 철저히 꿰뚫음 또는 처음부터 끝까지 하나도 빼놓지 않는 상태나 행동을 가리킨다.

鐵 面 皮
철 면 피

鐵鐵鐵鐵鐵鐵鐵鐵鐵鐵鐵鐵鐵鐵鐵鐵鐵鐵鐵鐵(쇠 철)
面面面面面面面面(낯 면)
皮皮皮皮皮(가죽 피)

쇠로 된 낯가죽.

> **出典** 북몽쇄언(北蒙鎖言)

「철면피(鐵面皮)」 한자(漢字)를 그대로 풀이하면 '쇠로 만든 낯가죽'이다. 얼마나 얼굴이 두껍고 뻔뻔하면 이런 말이 생겼을까. 요즘은 말 바꾸기 잘하고 부끄러운 줄 모르는 정치인들을 두고 '철면피'라는 말을 잘 쓴다.

이 철면피라는 말은 중국의 송나라 때 생겨난 말로 우리나라에는 고려시대에 들어온 것으로 추정하고 있다. 송나라 사람 손광헌(孫光憲, ?~968년)이 지은 「북몽쇄언(北蒙鎖言)」과 선서(禪書) 「허당록(虛堂錄)」에 이런 이야기가 실려 있다.

옛날에 출세욕에 미친 나머지 권세있는 자들을 수시로 찾아다니며 갖은 아첨을 다 떠는 왕광원(王光遠)이란 자가 있었는데, 그 정도가 어느 정도였냐 하면 자신에게 이용가치가 있는 사람이 쓴 시가 아무리 졸작이라도 그는 서슴없이,

"정말 굉장한 시이옵니다. 이런 훌륭한 시라면 아마 이태백이라도 여기에는 못미칠 것입니다."

하며 추켜세워 줄 정도로 아부의 천재였다.

그런가 하면 심지어 이런 일도 있었다.

어느날 술이 얼큰해진 관리가 손에 든 채찍을 들고,

"자네를 한 번 후려치고 싶은 심정이네."

하고 조롱하자 그는 즉시,

"각하께서 때리시는 매라면 기꺼이 달게 받겠사옵니다."

하며 등을 내밀었다. 이에 오기가 발동한 관리가 진짜로 등가죽을 때리자, 그는 화를 내기는커녕 오히려,

"속이 시원하시겠습니다."

하며 아부를 할 정도로 아첨의 경지에 도달했다. 이것을 보다 못한 친구들이 볼멘소리로 핀잔을 주면 그는 이렇게 대답하기 일쑤였다 한다.

"그 사람에게 잘 보여서 나쁠 것은 없잖아?"

그래서 주위 사람들은 그를 가리켜,

"왕광원의 낯가죽은 두껍기가 열 겹 철갑과 같다."

고 비웃었으며, 이때부터 얼굴에 철가면을 쓴 것처럼 뻔뻔스런 사람을 보고 보통 사람들은 「철면피(鐵面皮)」라고 불렀다.

그렇다면 1995년 10월에 전직 대통령인 노태우 씨가,

"5·18 광주사태는 중국의 문화대혁명에 비하면 아무것도 아니다."

라는 망언을 한 것은 정말 철면피한 행동이라고 하지 않을 수 없다. 물론 노씨가 자기의 발언이 파문을 일으키자 스스로 해명과 사과성명을 발표했지만, 5·18 희생에 대한 앙금은 쉽게 풀리지 않았다.

轍鮒之急

轍轍轍轍轍轍轍轍轍轍轍轍轍轍轍轍轍(바퀴 자국 철)
鮒鮒鮒鮒鮒鮒鮒鮒鮒鮒鮒鮒鮒鮒鮒(붕어 부)
之之之之(갈 지)
急急急急急急急急急(급할 급)

수레바퀴 자국 속의 붕어의 위급.

出典　장자(莊子) 외물편(外物篇)

어느날 빈정거림의 천재인 자연철학자 장자(莊子)가 친구인 군수를 찾아가 끼니를 때울 쌀값을 꾸어 달라고 간청하자, 군수는 그냥 거절하기가 미안해 이렇게 둘러댔다.

"영지에서 이삼일 안에 거두어들이는 세금이 들어오면 한 3백냥 쯤 빌려 주겠네. 미안하지만 그때까지 기다리게.

그러자 이것을 모를 리 없는 장자가 그의 주특기인 빈정거림으로 군수를 사정없이 꼬집었다.

"너무 고맙군 그래. 그런데 말일세, 아까 내가 이리로 오는 도중에 나를 부르는 놈이 있길래 누군가 하고 돌아다보니, 아 글쎄 수레바퀴 자국에 물이 고여 있는 곳에 붕어 한 마리가 나를 보고 '물이 없으면 저는 죽습니다. 그러니 물을 및 사발 떠다가 나를 살려 주십시오' 하는게 아닌가. 그래서 나는 그냥 거절하기가 미안해 이렇게 대답해 주었네.

　‘염려말게. 내가 이삼일 중으로 남쪽 오나라와 월나라로 유세차 떠나면 그때 서강(西江) 쪽의 물을 듬뿍 떠다가 줄 테니 미안하지만 그때까지 기다려 주게.’

　그랬더니 아, 글쎄 붕어란 놈이 벌컥 화를 내면서 ‘나는 지금 몇 사발의 물이 필요할 뿐이오. 차라리 그럴 바에는 나중에 건어물점에서 내 시체나 찾으러 와주시오’ 하며 퉁명스럽게 대답하는게 아닌가. 이럴 때는 어떻게 하면 될까?’

　자연철학자 답게 장자의 프라이드는 철면피와 같은 행동으로 배고픔을 구걸하기 보다는 차라리 굶어 죽겠다는 기개를 보인 것이 이 장의 정의이며 특징이다.

　그래서 발등에 떨어진 불처럼 급한 사정을 뜻하는 이 장의「철부지급(轍鮒之急)」이라는 말은 우리 주위에 산재해 있는 부유한 구두쇠들에게 경고의 메시지를 던지고 있다.

　또 장자(莊子) 외물편(外物篇)에는, 장주(莊周)가 집이 가난해서 감하후(監河侯)에게 양식을 꾸러 갔다. 그러자 감하후는,

　“좋아요. 내 고을에서 세금이 들어오는 대로 삼백 금을 빌려 드리겠소. 그만하면 되겠지요.”
하는 것이었다. 장주는 화가 치밀어 정색(正色)을 하며 말했다.

　“어제 이리로 오는데 도중에 누가 나를 부르더군요. 그래 돌아보았더니 수레바퀴 지나간 자리에 붕어가 있지 않겠소. 어찌된 일이냐고 물었더니, ‘나는 동해의 파신(波臣 : 물고기)인데 어떻게 한 두 바가지 물로 나를 살려 줄 수 없겠소?’ 하는 것이었습니다. 그래 내가 ‘알았네. 내가 곧 오나라 월나라 임금을 만나게 될 테니 그때 서강(西江)의 물을 끌어다가 그대를 맞이하겠네. 괜찮겠지?’ 하고 대답했더니 붕어가 화를 내며 이렇게 말합디다. ‘나는 잠시도 없어서는 안 될 것을 잃고 당장 곤란에 빠져 있는 중이오. 한두 바가지 물만 있으면 나는 살 수 있소. 그런데 당신은 그런 태평스런 소리만 하고 있으니 차라리 일찌감치 건어물 가게로 가서 나를 찾으시오’ ”

　우리 속담에 ‘저 돈 백 냥’ 이란 말이 있고, ‘너의 집 금송아지가 무슨 소용이 있느냐’ 고 하는 말이 있다.

晴耕雨讀
청　경　우　독

晴晴晴晴晴晴晴晴晴晴晴晴(갤 청)
耕耕耕耕耕耕耕耕耕耕(갈 경)
雨雨雨雨雨雨雨雨雨(비 우)
(읽을 독)
讀讀讀讀讀讀讀讀讀讀讀讀讀讀讀讀讀讀讀

갠 날에는 밖에 나가 농사일을 하고, 비오는 날에는 책을 읽는다는 뜻.

　부지런히 일하면서 틈나는 대로 공부함을 이르는 말.

　비슷한 용어로 주경야독(晝耕夜讀)이 있다.

清 談
청 담

清清清清清清清清清清清(맑을 청)
談談談談談談談談談談談談談(말씀 담)

고상하고 맑은 이야기.

出典 후한서(後漢書) 십팔사략(十八史略)

　고상하고 맑은 담화를 뜻하는「청담(淸談)」의 정의를 소개하는데 있어 절대적으로 빼놓을 수 없는 사람들이 있다. 그 사람들은 바로 위진시대(魏晉時代) 정치에 염증을 느끼고 대나무밭에 모여 청담을 나눈 이른바 죽림칠현(竹林七賢)이다.

　산도(山濤), 완적(阮籍), 혜강(嵇康), 완함(阮咸), 유영(劉伶), 향수(向秀), 왕융(王戎)으로 구성된 7명의 명사들은 그 시대의 혼탁한 정치 변천사를 목격하면서, 정치 권력자와 그에 추종하는 철면피 같은 관료들의 치사하기 이를 데 없는 문란한 생활태도에 불만을 품는 한편, 기만적인 유교의 속박을 혐오해 속세를 초월한 노장사상에 심취해 몸을 맡기고 청담의 꽃을 피웠기 때문이다.

　그리고 그들로 하여금 그 이름을 드높이게 한 것은 청담 속에 금상첨화처럼 언제나 따라다니던 술에 대한 철학이었다. 술에 취함으로써 속세의 먼지를 씻을 수 있었으며, 술에 의지해 혼탁하고 타락한 정치세계로부터 자신을 지켰고, 술의 신비한 힘을 빌려 당시의 유교사상인 허울뿐인 도덕에 청담으로 대항했기 때문이다.

　사시사철 술독에 몸을 담그듯이 술에 찌들면서 속물 같은 손님은 백안시했던 완적, 큰 돼지와 함께 술독 언저리에 매달려 술을 마구 퍼마셨던 술도사 완함 등등의 일화가 그 좋은 증거다.

　그런가 하면 심지어 유령은 온몸에 술찌꺼기가 덕지덕지 붙은 알몸으로 집안에 덜렁 누워 있다가 수소문해 찾아온 사람을 향해 이렇게 호통을 쳐서 내쫓았다 한다.

　"나에게 있어 천지가 내 집이며 이까짓 쓰레기 같은 집은 나의 속옷에 지나지 않는다. 그런데 자네는 어떻게 나의 속옷까지도 쑤시고 들어올 수 있단 말인가?"

　그렇다고 현대생활에 염증을 느낀 사람들이 이와 같은 죽림칠현의 술타령을 함부로 흉내내면 안된다.

　그 이유를 굳이 밝히라면 흔히 현대인들은 술좌석에서 청담보다는 음담패설을 더 좋아하기 때문이다. 그 변명은 스트레스 해소라는 것이지만.

　다시 한 번 강조하지만 보통 사람은 절대 이들의 술타령을 흉내내지 마라. 그랬다가는 틀림없이 경범죄에 걸릴 확률이 많기 때문이다. 그 대신 김승호 씨가 쓴「물고기는 물과 싸우지 않고, 주객은 술과 싸우지 않는다」는 책의 내용 중에서 일부를 발췌해 들려주겠다.

　술을 마심에 있어 처음부터 선(善)한 마음을 갖지 않으면 온갖 나쁜 마음이 생긴다. 그러면 술에서 마음을 상하고 큰 덕(德)을 잃게 되는 것이다.

青青青青青青青青 (푸를 청)
雲雲雲雲雲雲雲雲雲雲雲雲 (구름 운)
萬萬萬萬萬萬萬萬萬萬萬萬 (일만 만)
里里里里里里里里 (마을 리)

입신출세(立身出世)를 위한 원대(遠大)한 포부(抱負)를 비유적으로 이르는 말.

青青青青青青青青 (푸를 청)
雲雲雲雲雲雲雲雲雲雲雲雲 (구름 운)
之之之之 (갈 지)
士十士 (선비 사)

푸른 구름 같은 선비.

出典 사기(史記) 백이열전(伯夷列傳), 왕발(王勃)의 등왕각서(滕王閣序)

"일반인들이 덕을 쌓아 명성을 얻을 때 청운의 신비한 힘을 빌리지 않으면 후세에 그 이름을 전할 수 있을까?"

이 말은 사기의 「백이열전」에서 태사공(太史公)이 지적한 글로서 백이와 숙제 같은 사람도 공자 같은 성인이 위대하게 평가해주지 않았으면 그 이름이 세상에 전해질 수 없다는 것을 뜻한다.

그리고 왕발의 「등왕각서」에 보면 청운지사에는 세 가지 뜻이 담겨 있다. 덕이 높은 사람과 지위가 높은 사람, 뜻이 높은 사람이 그 주인공이다.

그래서 「청운」은 신선이 타고 다닌다는 푸른 구름으로 '출세'의 상징이며, 지금까지도 모든 사람들이 청운의 꿈을 품고 청운지사가 되려고 발버둥치고 있는 것이다.

특히 대권에 도전하는 정치인들의 청운의 꿈은 그 비중이 그 사람의 역량에 비해 색다를 것이다.

青青青青青青青青 (푸를 청)
天天天天 (하늘 천)
白白白白白 (흰 백)
日日日日 (날 일)

맑은 하늘의 밝은 해.

出典 한유(韓愈)의 여최군서(與崔群書)

결백함과 무죄를 의미하기도 하는 「청천백일(青天白日)」은 중당(中唐)의 문인 한유(韓愈)가 청렴결백한 친구의 결백을,

"청천백일은 비록 노예라도 그 청명함을 알고 있습니다."

라고 증명한 데서 나온 말이며, 여기에서 한유가 비유한 것은 친구의 인품이 청명하다는 것이 아니라 매우 훌륭한 인물은 청천백일하에 드러난다는 것을 말한 것이다.

그리고 또 주자전서(朱子全書)에서는 맹자를 일컬어,

"청천백일과 같이 씻어낼 것도 없고 찾아낼 흠도 없다."

고 했는데, 이것은 순결함의 극치를 보여준 것이다.

그렇다면 청천백일하에 그 죄상이 낱낱이 드러났음에도 불구하고 처벌할 수 없다는 법의 판결에 따라 역사 속에 파묻히려는 12·12쿠데타, 5·18 광주사태 등의 사건은 그야말로 청천벽력 같은 충격을 준다. 그러나 언제인가는 청천백일하에 해결될 것으로 우리들은 믿고 있다.

靑天霹靂
청 천 벽 력

靑靑靑靑靑靑靑靑 (푸를 청)　　　　　(벼락 벽)
霹霹霹霹霹霹霹霹霹霹霹霹霹霹霹霹霹霹霹
靂靂靂靂靂靂靂靂靂靂靂靂靂靂靂靂靂靂靂
靂靂靂靂靂 (벼락 력)　天天天天 (하늘 천)

맑은 하늘에서 벼락이 친다.

出典　육유(陸游)의 구월사일 계미명기작(九月四日鷄未鳴起作)

병이 든 내가 가을을 지나려다가

홀연히 일어나 취한 듯 붓을 놀리는데

그것은 마치 오랫동안 움츠렸던 용처럼

푸른 하늘에 벽력이 휘몰아치듯이 하는구나.

비록 이 글이 기이하고 괴이한 듯하나

가엾게 여기면 볼 만도 할 것이다.

이 시는 남송의 시인 육유(陸游)의 시로서 그는 여기에서 자신의 뛰어난 필치를 가리켜 '푸른 하늘에 벽력이 휘몰아치듯이'라고 표현했는데, 그것은 곧 힘찬 붓놀림의 웅장함과 병자의 돌발적인 행동을 암시한 듯하다.

원래 이 구절은 중국 남송(南宋)의 시인(1125~1209) 육유(陸游)(1125~1209)의 검남시고(劍南詩稿)란 시에 나오는 끝절구이다.

거기에는 청천벽력(靑天霹靂)이 아니고 청천비벽력(靑天飛霹靂)이라 되어있다.

그래서 우리는 흔히 삼풍백화점 붕괴사고 같은 대형사고를 당했을 때, '청천벽력도 유분수'라는 말을 쓴다.

그래서인지는 몰라도 1995년 6월 29일 오후 청천벽력과 같은 삼풍백화점이 붕괴되자 '전두환 고스톱' 이후 풍자 고스톱에 갈증을 느꼈던 고스톱 팬들이 이것을 놓치지 않고 '삼풍 고스톱'을 만들어 전국적으로 유행시켰다.

육유(陸游)의 이 시에 나오는 청천벽력(靑天霹靂)은 원래 방옹이라는 사람이 병이 들어 가을을 누워 지내다가 어느 날 자리에서 일어나 먹(墨)을 갈아 글씨를 쓰는데 그 글씨가 얼마나 생동감이 있는지 마치 오랜 동안 때를 기다려 온 용(龍)이 저 푸른 하늘을 날며 벼락을 치고 다니는 듯한 모습을 형용한 것이다.

힘 있고 잘 쓴 글씨를 의미하는 말이다.

그 후로 청천벽력(靑天霹靂)이란 푸른 하늘에 날벼락이란 뜻으로 갑자기 생각지도 못한 사건이나 일이 터졌을 때 쓰는 단어로 이용되고 있다.

할수만 있으면 우리의 일상 생활에 로또복권 당첨과 같은 행운과, 삼풍백화점 붕괴같은 청천벽력과 같은 불행이 없었으면 좋겠다.

뜻하지 않은 행운은 생각밖의 불행을 동반하는 경우가 많다.

靑靑靑靑靑靑靑靑(푸를 청)
出出出出出(날 출)
於於於於於於於於(어조사 어)
藍藍藍藍藍藍藍藍藍藍藍藍藍藍藍藍藍藍(쪽 람)

쪽풀에서 나온 푸른색이 쪽보다 푸르다.

出典 순자(荀子) 권학편(勸學篇)

"학문이란 중도에 그쳐서는 안된다. 푸른색이 쪽에서 나와 그 근본인 쪽보다 푸르듯이(청출어람), 얼음이 그 근본인 물보다 차듯이, 면학을 계속하면 스승을 능가하는 학문의 깊이를 가진 제자도 나타나는 법이다."

이 말은 전국시대의 사상가 순자가 한 말이며, 순자는 여기서 제자가 스승보다 뛰어나다는 뜻인 「청출어람(靑出於藍)」이란 말을 만들어냈다. 이미지가 분명한 이 말은 현재에도 많이 사용되며, 출람(出藍)이란 말도 여기서 나온 말이다.

현대에도 설득력이 강한 이 말은 수많은 제자들에게 힘과 용기를 준다. 그러나 순자가 이 장 끝에서,

"스승보다 뛰어나다는 것은 알기 쉬운 것 같으면서도 실은 그렇지 않다."

라고 토를 달았듯이, 스승이 너무 훌륭하면 훌륭할수록 스승을 능가하기란 어려운 법이다. 즉 공자의 제자가 아무리 훌륭해도 공자를 능가하지 못한 것과 같은 이치다.

清風明月
청 풍 명 월

清清清清清清清清清清清(맑을 청)
風風風風風風風風風(바람 풍)
明明明明明明明明(밝을 명)
月月月月(달 월)

맑은 바람과 밝은 달이라는 뜻.

① 결백하고 온건한 성격을 평하여 이르는 말.

② 풍자(諷刺)와 해학(諧謔)으로 세상사(世上事)를 논함을 비유하여 이르는 말.

草草草草草苜苜苜草草 (풀 초)

露露露露露露露露露露露露露露露露露露 露露露 (이슬 로)

人人 (사람 인)   生生生生生 (날 생)

해가 나면 없어질 풀잎에 맺힌 이슬처럼 덧없는 인생을 이르는 말.

草草草草草草草草草草 (풀 초)

綠綠綠綠綠綠綠綠綠綠綠綠綠綠 (푸를 록)

同同同同同同 (한가지 동)

色色色色色色 (빛 색)

풀빛과 녹색(綠色)은 같은 빛깔이란 뜻.

　초색(草色)과 녹색(綠色)을 합하여 초록이라 하듯이, 서로 같은 무리끼리 잘 어울린다는 뜻이다. 즉 명칭은 다르나 따져보면 한 가지 것이라는 말로서 이와 유사한 표현으로 가재는 게 편이요, 솔개는 매 편이요, 초록은 한 빛이라는 속담과 유유상종(類類相從)이라는 사자성어가 있다.

焦焦焦焦焦焦焦焦焦焦焦焦 (그슬릴 초)

眉眉眉眉眉眉眉眉眉 (눈썹 미)

之之之之 (갈 지)

急急急急急急急急急 (급할 급)

눈썹을 태울 만큼 위급한 상태.

出典　오등회원(五燈會元)

　법천불혜선사(法泉佛慧禪師)가 살아계실 때 중들로부터,

　"어떤 경우가 가장 급박한 글귀가 되겠습니까?"

라는 질문을 받자 이렇게 대답했다 한다.

　"불이 눈썹을 태우는 것이다(火燒眉毛)."

　이 「화소미모」가 「소미지급(燒眉之急)」으로 변하면서 지금은 「초미지급(焦眉之急)」이란 말로 자리잡았는데, 이 말은 우리 속담의 '발등에 불이 떨어졌다'는 말과 비슷하다.

　그러나 이 말은 발등에 불이 떨어진 것보다 더 급한 상황을 표현했다고 볼 수 있다. 눈썹이 탈 정도면 오죽 급하겠는가. 그래서 마치 이 말은 우리 주위의 도덕심이 갈수록 붕괴되는 것을 꼬집는 말처럼 들린다.

초미지급 같은 위기에 처한 우리의 도덕심 붕괴에 불을 끌 소방수는 정녕 없단 말인가? 없다면 우리 모두 소방수의 마음으로 이 시대를 살아가야 하겠다.

寸鐵殺人
촌 철 살 인

一寸寸 (마디 촌)

鐵鐵鐵鐵鐵鐵鐵鐵鐵鐵鐵鐵鐵鐵鐵鐵鐵鐵 (쇠 철)

殺殺殺殺殺殺殺殺殺殺殺 (죽일 살)

人人 (사람 인)

한 치밖에 안되는 쇠로 사람을 죽이다.

出典 학림옥로(鶴林玉露)

"흔히 사람들은 사람을 살인할 때 각종 무기로 죽이지만, 나는 단지 촌철만으로도 사람을 죽일 수 있다."

이 말은 북송(北宋)의 종고선사(宗杲禪師)가 선(禪)에 관해 말한 대목이며, 여기서 말한 살인이란 인간의 마음속에 웅크리고 있는 잡된 생각을 쫓아 없앤다는 것을 뜻한다. 다시 말해 속된 생각을 없애려고 갖은 방법을 사용하는 것은 어리석은 것이며, 그것보다는 온몸과 영혼으로 한 가지 사념에 몰입하다가 어느 순간 모든 잡념이 달아나게 된다는 것을 깨달아야 한다는 것이다.

그러나 그 후「촌철살인(寸鐵殺人)」은 여러 과정을 거치면서 지금은 문장이나 대화 중에 극히 짧은 한마디 문장으로 급소를 절러 감동을 줄 때 흔히 인용된다.

推己及人
추 기 급 인

推推推推推推推推推推推 (밀 추)

己己己 (몸 기)

及及及及 (미칠 급)

人人 (사람 인)

자기 마음을 미루어 보아 남에게도 그렇게 대하거나 행동한다는 뜻.

'제 배 부르면 남의 배 고픈 줄 모른다'는 속담과 그 뜻이 일맥상통함.

追遠報本
추 원 보 본

追追追追追追追追追追 (따를 추)

遠遠遠遠遠遠遠遠遠遠遠遠遠 (멀 원)

報報報報報報報報報報報 (갚을 보)

本本本本本 (근본 본)

조상(祖上)의 덕을 추모(追慕)하여 제사를 지내고, 자기의 태어난 근본을 잊지 않고 은혜(恩惠)를 갚음.

지나간 먼 일을 그리워하고 그 근본을 찾아 보답함. 사사로이는 자기 조상의 덕을 추모하여 제사

지내고 자기가 태어난 근본을 잊지 않고 은혜를 갚는 것이고, 공가에서는 선진들의 인품과 공덕을 추모하고 기리며 그 근본정신을 계승발전시키고 보은하는 것을 말한다. 원불교 교단에서 육일대재나 명절대재를 모시는 것은 앞서 간 선진들의 추원보본의 정신을 기리고 새롭게 하기 위한 것이다.

秋秋秋秋秋秋秋秋秋 (가을 추)
風風風風風風風風風 (바람 풍)
落落落落落落落落落落落落 (떨어질 낙, 락)
葉葉葉葉葉葉葉葉葉葉葉葉葉 (잎 엽)

秋風落葉
추 풍 낙 엽

가을 바람에 떨어지는 나뭇잎이라는 뜻.

형세나 판국이 갑자기 기울어지거나, 단번에 헤어져 흩어지는 모양을 비유하여 이르는 말.

가을바람이 한 번 휘익 불어오면 거리의 가로수에서는 수많은 나뭇잎이 한꺼번에 떨어진다. 바로 낙엽이다. 그래서 이런 표현이 생겨났다. 이 표현은 상대방에게 힘 한번 써보지 못하고 밀려 패하는 모습 또는 세력 등이 급격히 쇠퇴할 때 자주 사용된다.

그런데 다음 시조를 보면 다른 뜻도 있는 듯하다.

이화우 흩뿌릴 제 울며 잡고 이별한 님
추풍낙엽에 저도 날 생각는가
천리에 외로운 꿈만 오락가락 하노매

조선시대의 유명한 기생 계랑(1513~1550)이 지은 시조인데, 계랑은 황진이에 버금갈 만큼 이름이 높았던 기생이란다.

이화우(梨花雨)는 비의 종류가 아니라 배꽃이 비처럼 떨어지는 모습을 가리킨 표현이다. 그러니까 배꽃잎이 떨어질 무렵인 봄에 이별한 연인이 가을 낙엽 떨어질 때 다시 생각나나 보다. 그래서 천 리 먼 곳에 있는 연인을 생각하면서 외로운 꿈을 꾸곤 한다는 내용이다.

추풍낙엽만큼이나 순식간에 패하여 사라지는 표현이 또 있다.

그때그때 신문에 난 머리기사 내용이 그것이다.

逐逐逐逐逐逐逐逐逐逐逐 (쫓을 축)
鹿鹿鹿鹿鹿鹿鹿鹿鹿鹿鹿 (사슴 록)
者者者者者者者者者 (놈 자)
兎兎兎兎兎兎兎兎兎 (토끼 토) 不不不 (아니 불)

逐鹿者不顧兎
축 록 자 불 고 토

顧顧顧顧顧顧顧顧顧顧顧顧顧顧顧顧顧

사슴을 잡으려는 사람은 토끼를 돌아보지 않는다.

出典 사기(事記) 회음후열전(淮陰侯列傳)

한(漢) 고조(高祖) 11년, 어느날 한고조가 한신과 함께 역적모의에 가담했던 괴통을 잡아들여 사형에 처하려고 하자 괴통이 이렇게 말하면서 반박을 가했다.

"천하가 청정된 지금, 전에 천하를 노렸다는 죄목으로 창업공신들을 모조리 잡아죽일 작정이십니까? 그것은 곧 축록자불고토(逐鹿者不顧兎)에 해당될 것입니다."

여기서 괴통이 말한 사슴은 곧 황제의 자리를 비유한 것이며, 이 말의 전체적인 뜻은 이욕(利慾)에 미혹된 사람은 사람의 도리를 잊어버리게 된다는 것이다.

이 고사는 마치 5천억 비자금 부정부패로 진짜 보통 사람들을 깜짝 놀라게 만든 일명 '돈태우 사건'을 비꼬는 것처럼 들린다.

그런 뜻에서 이 고사와 같은 뜻인,

"사슴을 좇는 자는 산을 보지 않고 돈을 잡는 자는 사람을 보지 않는다."

는 허당록(虛堂錄)의 명언이 더욱더 이 장을 실감하게 만든다.

出師表
출 사 표

出出出出出 (날 출)
師師師師師師師師師師 (스승 사)
表表表表表表表表 (겉 표)

임금에게 군대 출동을 올리는 글.

出典 삼국지(三國志) 제갈량전(諸葛亮傳)

이 장에서 출사표(出師表)란 한 나라의 통치자로서 지켜나가야 할 바른 자세와 마음가짐을 설명한 글로서, 그 내용은 삼국지가 끝나갈 무렵 제갈공명이 군사를 이끌고 위나라를 치기 위해 원정길에 오르던 날 아침, 무능한 황제 유선에게 눈물을 흘리면서 출사표를 올렸다는 데서 유래됐다.

다시 말해 이 출사표의 깊은 뜻은 무능하기만 했던 유선에게 삼국지의 명스타 유비의 훌륭한 통치방법을 본받아 악의 무리를 멀리하고 충신들의 충언을 귀담아 듣게 함으로써 원정기간에 생길지도 모를 만약의 사태를 예방하고, 또한 자신의 충절을 유비의 유언에 따라 유선에게 다시 한 번 보여줌으로써 유선이 안심하고 바른 정치를 하게끔 유도한 제갈공명의 충언(忠言)의 글이다.

그런즉 우리들이 흔히 사용하는 출사표를 던진다는 말은 제갈공명의 충절을 모욕하는 것으로 볼 수 있겠다.

出乎爾反乎爾
출 호 이 반 호 이

出出出出出 (날 출)
乎乎乎乎乎 (어조사 호)
爾爾爾爾爾爾爾爾爾爾爾爾 (너 이)
反反反反 (되돌릴 반)

나에게서 나온 것이 나에게로 되돌아온다.

"증자(曾子) 왈(曰), 경계하고 경계하라. '너에게서 간 것은 너에게로 돌아온다'고 했듯이 백성들은 그들이 당한 것을 되돌려준 것뿐입니다. 그런즉 임금께서는 허물치 마십시오. 임금께서 어진 정치를 행하시면 백성들 또한 상관의 고마움을 보답하기 위해 앞장서 죽게 될 것입니다."

이 말은 추(鄒)나라의 목공(穆公)이 노나라와의 전투 중에 백성들의 비협조적인 태도를 못마땅하게 생각하고 맹자에게 의견을 물었을 때 맹자가 대답한 말이다.

그리고 다음과 같은 증자(曾子)의 말을 인용하여 일깨우고 있다.

"일찍이 증자께서 말씀하시기를 '경계하고 또 경계하라. 네게서 나간 것은 네게로 돌아오는 것이니라[戒之戒之 出乎爾者 反乎爾者也]'라고 하셨습니다. 백성들은 이제야 자기네들이 당했던 것을 되갚을 수 있게 된 것입니다. 임금께서는 그들을 허물치 마십시오. 임금께서 어진 정치를 베푸신다면 백성들은 윗사람에게 친하게 대할 것이고 윗사람을 위해서 목숨을 바칠 것입니다."

여기서 좀더 쉽게 이해를 구하자면, 어려울 때 고급 공직자들이 직무에 태만해지는 바람에 아랫사람들이 죽게 된 것이며, 아울러 백성들도 비협조적으로 대했다는 것을 공자의 제자(증자)의 말을 빌려 경계한 것이다.

맹자는 증자의「출호이반호이(出乎爾反乎爾)」를 인용하여 자기가 뿌린 씨는 자기가 거두는 것이 세상사의 이치임을 말하면서, 목공에게 백성들의 불충을 탓하기 전에 먼저 어진 정치를 베풀어 덕으로써 백성들을 감화시킬 것을 권고하였다. 이 말은 '출이반이(出爾反爾)', '출호이자반호이(出乎爾者反乎爾)'라고도 한다.

다시 말해 모든 것에는 반드시 인과응보가 따른다는 불교의 진리를 강조한 것이다.

그 한 예를 들자면 대한민국 헌정사상 최초로 전직 대통령이 구속되던 날, 음식점에서 생명부지의 사람들에게 '큰 도적 노태우가 구속되는 날, 냉면과 소주를 무료 제공함'이란 약속을 지켰다는 것이 바로 그것이다.

그런가 하면 충북의 어느 한 식당은 노씨가 구속되는 날, 칼국수와 노태우 구속주(拘束酒)라는 명칭이 붙은 왕대포 한 잔씩을 무료로 제공하기도 했으며, 서울의 한 택시운전사는 이날 하루종일 승객들에게 차비를 받지 않았다고 한다.

그러나 이 정도는 애교스럽다. 심지어 울산의 어느 택시 승객은 합승한 남자가 전두환 전 대통령과 닮았다는 이유 하나로,

"임마! 넌 구속된 전두환과 너무 닮았어. 그러니까 너도 전두환 같은 XX야."

하며 택시에서 내리게 한 뒤 마구 때렸다는 웃지 못할 사건이 생겨 이 장의 인과응보를 씁쓰름하게 만들 만큼 그 위력을 발휘했다.

忠忠忠忠忠忠忠忠(충성 충)
言言言言言言言言(말씀 언)
逆逆逆逆逆逆逆逆逆(거스릴 역)
耳耳耳耳耳耳(귀 이)

바른 말은 귀에 거슬린다는 뜻.

　바르게 타이르는 말일수록 듣기 싫어함을 이르는 말이다. 이와 같은 의미의 양약고구(良藥苦口)가 있다.

吹吹吹吹吹吹吹(불 취)
毛毛毛毛(터럭 모)
覓覓覓覓覓覓覓覓覓覓(찾을 멱)
疵疵疵疵疵疵疵疵疵疵疵(흠 자)

입으로 털을 불어 털 속의 흉터를 찾아내지 말라.

> 出典　한비자(韓非子) 대체편

　털을 불어 헤쳐가면서 작은 흠집을 찾아내는 것 같은 짓은 하지 말고, 때를 씻어 그 말에 있는 알기 어려운 흠자국을 살피는 것 같은 짓도 하면 안된다. 마치 목수가 먹줄 밖에까지 끌고가지도 않고 안으로 밀고 가지도 않는 것처럼. 법의 범위 외에는 죄를 서둘지 않고 법의 범위 안에서는 죄를 늦추지 않음으로써 일정한 이치를 지켜 자연에 맡긴다. 그래서 화(禍)와 복(福), 즉 생살여탈은 도리와 법도에서 나온 것이지 임금의 사랑과 미움에서 나온 것이 아니므로, 상의 영화나 벌의 곤욕과 책임은 각자 자기 하기에 따라 있는 것이지 다른 사람에게 있는 것이 아니라는 것이다.

　여기서 주목할 점은 악의 철학자로 유명한 한비의 법술사상이 남의 허물을 찾기에 몰두하면 상대방도 자신의 허물을 찾는 현대인들에게 시사하는 바가 크다.

醉醉醉醉醉醉醉醉醉醉醉醉醉(취할 취)
翁翁翁翁翁翁翁翁翁翁(늙은이 옹)
之之之之(갈 지)　不不不不(아니 불)
意意意意意意意意意意意(뜻 의)
在在在在在在(있을 재)　酒酒酒酒酒酒酒酒酒酒(술 주)

사람이 술에 취하는 뜻은 술에 있지 않고 산수를 즐기는 것에 있다.

> 出典　구양수(歐陽修)의 취옹정기(醉翁亭記)

　이 장의 주인공은 당송팔대가(唐宋八大家)의 한 사람인 구양수(歐陽修)로서, 그가 저주고을의 장관으로 있을 때 교외의 낭야산에 있는 초당에 취옹정(醉翁亭)이라는 정자를 짓고,
　"취옹의 뜻은 술에 있지 않고 산수간에 있다."

즉 자신의 목적은 술에 있는 것이 아니라 근처의 아름다운 산수를 즐기는 데 있다고 흥얼거린 것이다. 다시 말해 그는 나이가 많아 얼마 안되는 술에도 취하나 그것보다는 근처의 아름다운 산수를 마음속으로 느끼면서 술에 얹어 즐기고 마신다는 것을 말하고 싶었던 것이다. 그런 의미에서 「주역」의 주도(酒道)를 소개한 다음과 같은 말이 이 장에 어울릴 것 같아 다시 소개한다.

"천하에 인간이 하는 일이 많건만 술을 마시는 일이 가장 어렵다. 그 다음의 어려운 일은 여색을 접하는 일이며, 그 다음이 벗을 사귀는 일, 그 다음이 학문을 하는 일이다."

齒齒齒齒齒齒齒齒齒齒齒齒齒齒齒 (이 치)
亡亡亡 (망할 망)
舌舌舌舌舌舌 (혀 설)
存存存存存存 (있을 존)

단단한 이는 빠져도 부드러운 혀는 남는다는 뜻.

강한 자는 망하기 쉽고 유연한 자는 오래 존속됨을 비유하는 고사성어이다. 『설원(說苑)』에 실린 노자(老子)와 상종의 고사에서 유래되었다.

치폐설존(齒弊舌存)이라고도 한다. 노자는 병석에 누운 스승 상종을 찾아 뵙고,

"선생님께서는 병이 깊으시니 제자에게 남기실 가르침은 없으신지요"라고 물었다. 상종은,

"고향을 지나갈 때에는 수레에서 내리도록 하여라, 알겠느냐?"라고 일렀다. 노자는 그 뜻을 알아 듣고,

"고향을 잊지 말라는 말씀이시지요?"라고 답하였다. 상종이 다시,

"높은 나무 아래를 지나갈 때에는 종종걸음을 하여라, 알겠느냐?"라고 이르자, 노자는,

"어른을 공경하라는 말씀이시지요?"라고 답하였다. 상종은 또 자기 입을 벌려 노자에게 보여 주며,

"내 혀가 아직 있느냐?"라고 물었다. 노자가,

"그렇습니다"라고 대답하자, 이번에는,

"내 이가 아직 있느냐?"라고 물었다. 노자가,

"다 빠지고 없습니다"라고 대답하자, 상종이,

"왜 그런지 알겠느냐"라고 물었다. 이에 노자는,

"혀가 남아 있는 것은 그것이 부드럽기 때문입니다. 이가 다 빠지고 없는 것은 그것이 강하기 때문입니다(夫舌之存也, 豈非以其柔耶. 齒之亡也, 豈非以其剛耶)"라고 대답하였다. 상종은,

"세상의 모든 일이 이와 같으니, 너에게 더 해 줄 말이 없다"라고 하였다.

이 고사는 한(漢)나라 때 유향(劉向)이 지은 『설원』의 「경신(敬愼)」편에 실려 있다. 여기서 유래하여 치망설존은 강한 자는 망하기 쉬워도 유연한 자는 오래 존속할 수 있음을 비유하는 일종의 처세의 교훈으로 사용된다.

痴人說夢
치 인 설 몽

痴痴痴痴痴痴痴痴痴痴痴痴痴(어리석을 치)
人人(사람 인)
說說說說說說說說說說說說說說說(말씀 설)
夢夢夢夢夢夢夢夢夢夢夢夢夢夢(꿈 몽)

어리석은 사람의 꿈 이야기.

出典 냉재야화(冷齋夜話)

당나라 고승인 승가(僧伽)가 안휘성 근처를 여행하고 있을 때 어떤 사람이 그에게 관심을 갖고 물었다.

"당신의 성은 무엇(何)입니까?"

"그럼 어느 나라 사람(何國人)입니까?"

"맞소. 어느 나라 사람(何國人)입니다."

그 후 당나라 문인이었던 이옹(李邕)이 고승인 승가의 비문을 쓰면서,

"대사의 성은 하(何)씨이고 하국사람(何國人)이었다."

라고 썼다.

그는 승가가 농담으로 받아 넘긴 대답인 줄 모르고 비문에 이렇게 쓴 것이었다. 그러자 그후 「냉재야화」를 쓴 남송(南宋)의 석혜홍이,

"이것이 바로 어리석은 사람에게 꿈 이야기를 한 것으로 이옹은 꿈처럼 믿고 진짜로 어리석음을 나타낸 것이다."

하며 이옹의 무지함을 비꼬았다.

七顚八起
칠 전 팔 기

七七 (일곱 칠)
顚顚顚顚顚顚顚顚顚顚顚顚顚顚顚顚顚顚(엎어질 전)
八八 (여덟 팔)
起起起起起起起起起起 (일어날 기)

일곱 번 넘어져도 여덟 번째 일어난다는 뜻.

실패를 거듭하여도 굴하지 않고 다시 일어섬.

일곱 번 넘어져도 여덟 번 일어선다는 뜻으로, 아무리 실패를 거듭해도 결코 포기하거나 굴하지 않고 계속 분투 노력함을 비유적으로 표현한 말이다. 삼전사기·사전오기·오전육기·육전칠기·팔전구기라고도 쓰며, 모두 실패에 굽히지 않고 다시 분투 노력한다는 뜻이다.

백 번 꺾여도 굴하지 않는다는 뜻의 백절불굴(百折不屈)·백절불요(百折不搖), 어떠한 위력이나 무력에도 굴하지 않는다는 뜻의 위무불굴(威武不屈), 결코 휘지도 굽히지도 않는다는 뜻의 불요불굴(不撓不屈)도 칠전팔기와 뜻이 통한다.

그 밖에 견인불발(堅忍不拔 : 굳게 참고 견디어 마음을 빼앗기지 않음)도 결코 포기하지 않는다는 점에서는 칠전팔기와 일맥상통한다. 아무리 넘어져도 다시 일어선다는 뜻으로 흔히 쓰는 오뚝이 정신도 칠전팔기와 같은 뜻이다.

漆身吞炭
칠 신 탄 탄

漆漆漆漆漆漆漆漆漆漆漆漆漆漆(옻칠할 칠)
身身身身身身身(몸 신)
吞吞吞吞吞吞吞(삼킬 탄)
炭炭炭炭炭炭炭炭炭(숯 탄)

몸에 옻칠을 하고 숯을 삼키다.

出典　사기(史記) 자객전

춘추말기 진(晋)나라의 실권자였던 지백(智伯)이 패권다툼에서 조양자(趙襄子)에게 죽임을 당하자, 그의 신하 중 예양(豫讓)이 주인의 원수를 갚으려고 은밀히 조양자의 목숨을 노렸으나 실패하여 붙잡히고 말았다.

이에 조양자가 그 연유를 묻자 예양은,

"주인님은 나를 국사(國士)로서 대해 주었다. 그런즉 당신도 나를 국사로서 보답하라!"

하고 큰소리를 쳤다. 그러자 조양자는 예양의 충성심에 감탄하고 그를 용서해 주었다. 그러나 예양은 그 후에도 복수의 화신처럼 계속 조양자를 노리고 있었다.

심지어 예양은 상대방이 자기를 알아보지 못하게 하기 위해 몸에 옻칠을 해 문둥이가 되었으며, 또한 숯을 삼켜 벙어리가 되면서까지 거리에서 구걸을 하며 조양자의 동태를 주도면밀하게 파악하고 있었던 것이다.

그러던 어느날 드디어 좋은 기회가 생겨 예양이 다리 밑에 엎드려 있다가 그곳을 지나는 조양자를 향해 덤벼들었으나, 그만 조양자의 보디가드들에게 또다시 붙잡게 되었다.

그러자 참을 만큼 참은 조양자는,

"그대는 이미 옛 주인에 대한 충성을 다했다. 그리고 나 또한 그대에게 충분한 예의를 다 갖추어 주었다. 그런즉 이번만은 절대로 용서할 수 없다. 각오하라!"

하며 부하에게 예양을 죽이라고 명령했다. 이에 예양은 조양자에게 마지막 간청을 청한 다음 조양자가 입고 있던 옷을 빌려 옷에 칼질을 세 번씩이나 가했다.

그리고 그는 하늘을 우러러보면서,

"주인님이시여! 이제 복수를 다했습니다."

라고 외친 다음 자결로써 지백의 곁으로 갔다. 그후 사람들은 그를 칭찬하고 존경하면서 이 장을 빛내 주었다 한다.

여기서 「칠신탄탄(漆身吞炭)」이란 말이 나왔으며, 원수를 갚으려고 몸에 옻칠을 하여 나병환자로 가장한다는 뜻의 '칠신위려'와 뜻이 통하는 말이다.

또 섶 위에서 잠을 자고 쓸개를 핥는다는 뜻의 「와신상담(臥薪嘗膽)」이란 말도 목적을 달성하기 위해 온갖 고난을 참고 견딤의 비유로서 「칠신탄탄(漆身呑炭)」과 의미가 통하는 말이다.

예양은 춘추시대 당시 진(晉)나라의 세력가 중 가장 강한 지백 휘하에서 일하고 있었다. 그러나 지백은 또 다른 세력가 조양자의 계략에 걸려 패하고 죽음을 맞고 만다. 이후 진나라는 조양자가 세운 조(趙), 한강자가 세운 한(韓), 위환자가 세운 위(魏)의 세 나라로 나뉘고 마는데, 이 무렵부터를 전국시대라고 부른다.

한편 예양은 지백이 죽은 날부터 그의 원수를 갚기 위해 몸에는 문신을 새기고 숯가루를 먹으며 목소리를 바꾸어 아무도 자신을 알아볼 수 없도록 만든다. 그런 후 말을 타고 가던 조양자를 향해 칼을 휘둘렀으나 결국 실패하고 만다. 조양자는 예양의 충성심을 높이 사 그를 살려 두고자 하였으나 예양은 끝내 거절하고, 자신의 마지막 소원을 들어 줄 것을 부탁했다.

七縱七擒
칠 종 칠 금

七 七 (일곱 칠)
縱 縱 縱 縱 縱 縱 縱 縱 縱 縱 縱 縱 縱 縱 縱 縱 (세로 종)
擒 擒 擒 擒 擒 擒 擒 擒 擒 擒 擒 擒 擒 (사로잡을 금)

일곱 번 놓아주고 일곱 번 사로잡는다는 말.

제갈량(諸葛亮)이 맹획(孟獲)을 사로잡은 고사에서 비롯된 것으로, '마음대로 잡았다 놓아주었다 함'을 비유하여 이르는 말로 '칠금(七擒)'이라고 줄여서 부르기도 한다. 『삼국지(三國志)』에 다음의 이야기가 나온다.

삼국시대 촉한(蜀漢)의 제1대 황제인 유비(劉備)는 제갈량에게 나랏일을 맡기고 세상을 떠났다. 제갈량은 후주(後主)인 유선(劉禪)을 보필하게 되었는데, 그때 각지에서 반란이 일어났다. 위(魏)나라를 공략하여 생전의 유비의 뜻을 받들어야 했던 제갈량은 먼저 내란부터 수습해야 했다. 유선이 아직 어리고 철이 없어 군대를 동원하는 것이 무리라고 생각한 제갈량은 적진에 유언비어를 퍼뜨려 이간책을 썼다. 과연 반란군은 자중지란(自中之亂)을 일으켜 서로 살육을 일삼았다. 그 결과 마지막으로 등장한 반란군이 바로 맹획이라는 장수였다. 맹획이 반기를 들자 제갈량은 노강 깊숙이 들어가 그를 생포했다. 제갈량의 계략에 걸려들어 생포된 맹획은 분함을 이기지 못했다. 맹획을 생포한 제갈량은 오랑캐로부터 절대적 신임을 받고 있는 그를 죽이는 것만이 능사는 아니라고 판단하였다.

이에 대해 촉한의 무장인 마속(馬謖)도 '용병의 도리는 최상이 민심을 공략하는 것으로, 군사전은 하책일 뿐 심리전을 펴 적의 마음을 정복하라'고 했다. 제갈량은 오랑캐의 마음을 사로잡고 나면 그들의 인적, 물적 자원을 바탕으로 북벌(北伐)도 한결 용이할 것이라 생각하여 맹획을 풀어주었다. 고향에 돌아온 맹획은 전열을 재정비하여 또다시 반란을 일으켰다. 제갈량은 자신의 지략을 이용하여 맹획을 다시 사로잡았지만 또 풀어주었다. 이렇게 하기를 일곱 번, 마침내 맹획은 제갈량에게 마음속으로 복종하여 부하 되기를 자청했다. 여기서 '칠종칠금'이란 말이 나왔으며, 오늘날 이 말은 상대편을 마음대로 요리한다는 뜻으로 비유되어 사용된다.

快刀亂麻
쾌 도 난 마

快快快快快快快 (쾌할 쾌)
刀刀 (칼 도)
亂亂亂亂亂亂亂亂亂亂亂亂亂 (어지러울 란, 난)
麻麻麻麻麻麻麻麻麻麻麻 (삼 마)

헝클어진 삼을 잘 드는 칼로 자른다는 뜻.

복잡(複雜)하게 얽힌 사물(事物)이나 비꼬인 문제(問題)들을 솜씨 있고 바르게 처리(處理)함을 비유해 이르는 말.

어지럽게 얽히고설킨 문제를 빠르고 명쾌하게 처리하는 모습을 가리키는 표현이다. 삼베처럼 가는 실들이 복잡하게 얽힌 것을 푸는 방법은 역시 자르는 것도 한 방법일 것이다.

他弓莫輓
타 궁 막 만

他他他他他 (다를 타)
弓弓弓 (활 궁)
莫莫莫莫莫莫莫莫莫莫莫 (말 막)
輓輓輓輓輓輓輓輓輓輓輓輓輓 (끌 만)

남의 활을 당겨 쏘지 말라는 뜻.

① 무익한 일은 하지 말라는 말. ② 자기가 닦은 것을 지켜 딴 데 마음 쓰지 말 것을 이르는 말.

他山之石
타 산 지 석

他他他他他 (다를 타)
山山山 (뫼 산)
之之之之 (갈 지)
石石石石石 (돌 석)

다른 산의 돌로 옥을 갈아라.

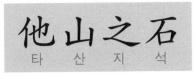 시경(詩經) 소아 학명편(小雅鶴鳴篇)

타산지석(他山之石)

가이공옥(可以攻玉)

시경의 소아(小雅)에서 유래된 이 유명한 말은,

"다른 산에서 나온 거친 돌이라도 이 산에서 나온 옥을 갈 수 있다."

라는 뜻으로서 흔히 돌을 소인에 비유하고 옥을 군자에 비유한 것이며, 옥 같은 군자라도 소인에 의해 수양을 쌓고 학덕을 쌓아갈 수 있다는 것을 말한 것이다.

다시 말해 이 말을 현대식으로 바꾸어 말하자면 '다른 사람의 행동을 보고 자기 자신의 반성자료로 삼는다'가 어울릴 것이다.

『시경』「소아」편에 학 울음소리를 소재로 한 「학명」이라는 시가 있다.

그 첫 구절은

"학이 먼 못가에서 우니

그 소리 들판에 울려 퍼진다

물고기는 연못 깊이 숨어 산다지만

때로는 물가에 나와 놀기도 한다"

노태우 전 대통령은 자신의 재임기간중 기업들로부터 성금을 모아 일부를 그늘진 곳을 보살피는 데 사용했다고 했고, 그늘진 곳뿐만 아니라 정치활동과 나라를 위해 애쓴 사람에게 3천 3백억 원을 썼다고 말했다.

그러나 그 말을 들은 국민들은 기가 막힌다. 우선 5천억 원이라는 돈이 너무 커서 기가 막히고, 쓰다 남은 돈이 그 3분의 1이 되는 게 기가 막힌다. 그리고 그 남은 것을 자기 것으로 삼아서 두고 두고 호강을 하려고 탐욕을 부렸다는 것도 기가 막힌다.

그러나 더욱더 기가 막힌 것은 그늘진 곳에 썼다는 부분이다. 노씨가 언제 '그늘진 곳'을 위해 돈은커녕 마음이라도 썼는지 의문이라는 게 '그늘진 곳'의 주장이다. 전국 철거민 연합은 대통령이 부정한 돈을 축재하고 있을 때 도시 서민은 전세금 2백만 원이 없어 자살을 해야 했다고 항변했고, 전국도시빈민협의회는 그늘진 곳이 어딘지 모르겠지만 전국 빈민들은 결코 노씨의 보살핌을 받은 적이 없다고 펄쩍 뛰고 있다.

불교에서는 재물욕, 색욕, 음식욕, 명예욕, 수면욕 등을 오욕이라고 해서 경계하는 바이고, 이런 오욕을 탐하여 고통에 빠지지 말 것이며, 동시에 보시(布施) 등 6바라밀의 실천을 통해 성불(成佛)할 것을 가르치고 있다. 그런데도 노씨는 재물에 탐착하는 데 그치지 않고 가난한 이들에 대한 보시도 아낀 것이 된다.

지도자가 되는 복덕은 가없이 큰 것이다. 그렇지만 노씨는 자신의 복덕을 지키는 데만 정신을 팔고 그걸 자비회사로 널리 보시해야 한다는 것을 몰랐던 것이다. 그도 불행하겠지만 베풀 줄 모르는 지도자를 두었던 국민들 또한 불행하다.

他人鼾睡
타 인 한 수

他他他他他 (다를 타)
人人 (사람 인)　　　　　　　　　　　　　(코골 한)
鼾鼾鼾鼾鼾鼾鼾鼾鼾鼾鼾鼾鼾鼾鼾鼾鼾
睡睡睡睡睡睡睡睡睡睡睡睡睡睡 (졸음 수)

타인의 코고는 소리.

出典　송사(宋史)

천하를 대부분 통일한 송나라 태조가 황제가 되었을 때, 양자강 남쪽 강남지방에서는 이욱(李煜)이란 자가 금릉(남경)을 근거로 독립을 하고 있었다.

이에 송태조는 유혈사태보다는 평화적으로 합병을 유도했으나 이욱은 오히려 사신을 보내어,

"강남 땅에는 아무 잘못도 없으니 공격하지 말아달라."

는 요청을 해왔다. 뿐만 아니라 사신으로 온 서현(徐鉉)은 귀찮을 정도로 눈치코치도 없이 강남 땅 무죄론을 고집스럽게 반복해서 떠들어댔다.

그러자 온화한 태도를 보였던 송태조가 칼자루를 잡고,

"강남 무죄임은 알고 있다. 그러나 천하는 일가(一家)이므로 침대 곁에서 타인한수는 들을 수가 없다."

라고 큰소리를 치자 서현은 즉시 겁을 먹고 도망갔으며, 그 후 금릉도 항복을 했다는 데에서 이 고사는 유래됐다.

打草驚蛇
타 초 경 사

打打打打打 (칠 타)
草草草草草草草草草草 (풀 초)　　　　　(놀랄 경)
驚驚驚驚驚驚驚驚驚驚驚驚驚驚驚驚驚驚驚驚驚驚
蛇蛇蛇蛇蛇蛇蛇蛇蛇蛇蛇 (뱀 사)

풀을 두들겨 뱀을 놀라게 하다.

出典　유양잡조(酉陽雜俎) 삼십육계(三十六計)

당나라 때 지방의 탐관오리 현령인 왕로가 백성들로부터 갖은 명목으로 가혹하게 세금을 거두고 사복을 채우자, 이에 가렴주구를 견디다 못한 백성들이 일부러 현령에게 부하들의 부정부패 사실을 열거해 고발장을 올렸다.

그러자 고발장을 들여다보던 현령은 깜짝 놀라며 다음과 같은 글귀를 적어 놀란 가슴을 다독거렸다 한다.

여수타초(汝雖打草)

오기경사(吾己驚蛇)

즉 '너희들이 비록 풀밭을 건드렸지만 이미 나는 놀란 뱀과 같다'는 뜻인데, 이것은 백성들이 자신의 부하들을 부정부패로 고발한 것은 곧 간접적으로 자신의 비리를 고발하는 것이라고 여기고 지레 겁을 집어먹은 것이다.

이렇게 해서 백성들의 의도한 바는 충분히 달성된 셈이나, 삼십육계의 타초경사는 이것과는 달리 뱀을 찾아내어 잡는 것이 주된 목적이다. 즉 뱀을 잡기 위해서는 자기 스스로 놀라는 척하며 풀밭을 두드리라는 것이다.

그 한 예를 중국의 모택동을 통해 알아보자.

1957년 2월 27일 중국의 모황제(모택동)는 중국공산당 최고국무회의 제11차 확대회의 석상에서,

"모든 영역에 있어 백 가지 꽃들을 피게 하고 백 가지 사상과 학파들이 서로 겨루게 하라"

고 강조하면서 심지어는,

"학생들이 가두시위를 할 자유를 누릴 수 있어야 한다."

고까지 말해 당시 최고 간부들을 깜짝 놀라게 만들었다.

이 명방운동은 곧 백화제방(百花齊放), 백가쟁명(百家爭鳴)이란 구호로 표현됐으며 또한,

"알고 있는 것은 남김없이 다 말하라! 말하는 사람에게는 죄가 없고, 듣는 사람에게는 교훈을 줄 수 있으니까."

라는 유명한 말을 던졌다. 즉 잘못이 있다고 생각되면 지위고하를 막론하고 과감히 비판하라는 뜻이다.

그러나 이 말 속에 숨어있는 타초경사의 음모를 알 리 없는 지식인들이 목소리를 높여 당을 비판하자, 모택동은 즉시 윤곽이 드러난 지식인들을 채포하고 정풍운동이란 명분 아래 줄줄이 사탕식으로 수백만 명을 숙청해 버렸다.

다시 말해 모택동은 인사출동(引蛇出洞), 즉 뱀(지식인)을 동굴로부터 끌어내기 위해 백화제방과 백가쟁명이란 미끼를 던졌던 것이다. 물론 이 작전의 시작과 끝은 「타초경사」에 따랐음은 두말하면 잔소리다. 그래서 이 타초경사의 뜻은 양날의 칼인 셈이다.

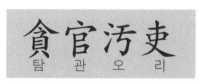

貪貪貪貪貪貪貪貪貪貪貪 (탐할 탐)
官官官官官官官官 (벼슬 관)
汚汚汚汚汚汚 (더러울 오)
吏吏吏吏吏吏 (아전 리)

탐욕(貪慾)이 많고 부정을 일삼는 더러운 벼슬아치.

욕심을 탐하는 관리, 더러운 관리. 부정부패(不正腐敗)한 관리를 가리킨다.

泰山北斗
태 산 북 두

泰泰泰泰泰泰泰泰泰泰 (클 태)
山山山 (뫼 산)
北北北北北 (북녘 북)
斗斗斗斗 (말 두)

태산과 북두칠성.

出典　당서(唐書) 한유전(韓愈傳)

「태산북두(泰山北斗)」란 태산과 북두칠성이라는 뜻으로, 모든 사람들이 존경하는 뛰어난 인물을 비유하는 말 또는 학문이나 예술 분야의 권위자나 대가를 비유하여 이르는 말이다.

이백(李白), 두보(杜甫), 백거이(白居易)와 나란히 당나라의 대표적 4대 시인으로 꼽히는 한유(韓愈)는 당대 3백 년 동안 제1인자임은 물론 중국 고금을 통해서도 굴지의 명문장가로 유명하며 당서(唐書)에도,

'한유가 죽은 뒤에도 그의 학설이 천하에 떨쳤으므로 학자들은 그를 태산북두처럼 우러러 보았다'라며 칭찬을 아끼지 않았듯이, 태산북두란 각 방면에 걸쳐 사람들에게 존경받고 있는 사람을 칭한다.

그래서 현재에는 이 말을 태두(泰斗)라는 약칭으로 통용하며 특히 학문분야에서 존경받는 사람을 말하는 경우가 많다. 그러나 세계적인 동물학의 태두, 식물학계의 태두라는 말을 쓰면 어색하므로 현재는 태두 대신 권위, 최고봉 혹은 제1인자라는 단어를 즐겨 쓴다.

兔死狗烹
토 사 구 팽

兔兔兔兔兔兔兔 (토끼 토)
死死死死死死 (죽을 사)
狗狗狗狗狗狗狗狗 (개 구)
烹烹烹烹烹烹烹烹烹烹烹 (삶을 팽)

사냥이 끝나면 사냥하던 개는 쓸모가 없게 되어 삶아 먹는다는 뜻.

범려는 중국 춘추시대 월나라 왕 구천(句踐)이 오(吳)나라를 멸하고 춘추오패(春秋五霸)의 한 사람이 될 수 있도록 보좌한 명신(名臣)이다. 월나라가 패권을 차지한 뒤 구천은 가장 큰 공을 세운 범려와 문종(文種)을 각각 상장군과 승상으로 임명하였다. 그러나 범려는 구천에 대하여 고난을 함께할 수는 있지만 영화를 함께 누릴 수는 없는 인물이라 판단하여 월나라를 탈출하였다.

제(齊)나라에 은거한 범려는 문종을 염려하여,

"새 사냥이 끝나면 좋은 활도 감추어지고, 교활한 토끼를 다 잡고 나면 사냥개를 삶아 먹는다(蜚鳥盡, 良弓藏, 狡兔死, 走狗烹)"라는 내용의 편지를 보내 피신하도록 충고하였으나, 문종은 월나라를 떠나기를 주저하다가 구천에게 반역의 의심을 받은 끝에 자결하고 말았다. 이 고사(故事)

는 『사기(史記)』의 「월왕구천세가(越王句踐世家)」에 보이며, 토사구팽은 이로부터 유래되었다.

이 고사성어는 유방(劉邦)을 도와 한(漢)나라를 세운 한신(韓信)의 이야기로 더 잘 알려져 있다. 중국을 통일한 유방은 일등공신 한신을 초왕(楚王)으로 봉하였으나, 그의 세력이 언젠가는 자신에게 도전하지 않을까 염려하였다. 그러던 차에 유방과 패권을 다투었던 항우(項羽)의 부하 종리매(鐘離眜)가 옛 친구인 한신에게 몸을 의탁하였다.

일찍이 전투에서 종리매에게 괴로움을 당하였던 유방은 종리매가 초나라에 있다는 사실을 알고 그를 체포하라는 명령을 내렸으나, 한신은 옛친구를 배반할 수 없어 명령을 따르지 않았다. 이 사실을 상소한 자가 있어 유방은 진평(陳平)과 상의한 뒤 그의 책략에 따라 초나라의 운몽(雲夢)에 순행한다는 구실로 제후들을 초나라 서쪽 경계인 진(陳)나라에 모이게 하였다.

한신은 자신에게 아무런 잘못이 없다고 생각하여 자진해서 배알하려고 하였는데, 부하들이 종리매의 목을 베어 가지고 가면 황제가 기뻐할 것이라는 계책을 진언하였다. 한신이 종리매에게 이 일을 전하자 종리매는,

"유방이 초(楚)를 침범하지 못하는 것은 자네 밑에 내가 있기 때문이네. 그런데 자네가 나를 죽여 유방에게 바친다면 자네도 얼마 안 가서 당할 것일세. 자네의 생각이 그 정도라니 내가 정말 잘못 보았네. 자네는 남의 장(長)이 될 그릇은 아니군. 좋아, 내가 죽어주지" 하고는 스스로 목을 베어 자결하였다.

한신은 종리매의 목을 가지고 가서 유방에게 바쳤으나 유방은 한신을 포박하였으며, 모반의 진상을 조사한 뒤 혐의가 없자 초왕에서 회음후(淮陰侯)로 강등하였다. 이에 한신은 "과연 사람들의 말과 같도다. 교활한 토끼를 다 잡고 나면 사냥개를 삶아 먹고, 새 사냥이 끝나면 좋은 활도 감추어지며, 적국이 타파되면 모신도 망한다. 천하가 평정되고 나니 나도 마땅히 '팽' 당하는구나(果若人言, 狡兎死良狗烹, 飛鳥盡良弓藏, 敵國破謀臣亡, 天下已定, 我固當烹)"라고 한탄하며 유방을 원망하였다고 한다.

이 고사는 『사기(史記)』의 「회음후열전(淮陰侯列傳)」에 보인다. 여기서 유래하여 토사구팽은 토끼 사냥이 끝난 뒤 사냥개를 삶아 먹는 것과 마찬가지로 필요할 때는 쓰다가 필요 없을 때는 야박하게 버리는 경우를 빗대어 이르는 고사성어로 사용된다.

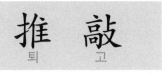

推 推 推 推 推 推 推 推 推 推 推 (클 퇴, 옮길 추, 밀 추)
敲 敲 敲 敲 敲 敲 敲 敲 敲 敲 敲 敲 (두드릴 고)

밀고 두드려라.

出典 당시기사(唐詩紀事)

당나라 때의 시인인 가도(賈島)가 과거를 보려고 서울 장안으로 들어오던 길에 시 짓기에 골몰한 나머지 대감 행차에 부딪치자 대감의 하인들이 그를 나무랐다.

이에 가도는,

"시구 중에 '중은 달빛 아래 대문을 밀다(僧推月下門)'의 밀다(推)의 퇴를 두드리다(敲)의 고로 바꿀까 말까 망설이며 무심코 손으로 문을 밀었다 두드렸다 하는 시늉을 하면서 걷다가 그만 실수를 범했다"고 사과했다.

그러자 이 말을 가만히 듣고 있던 대감이 가도의 변명을 알아듣지 못하는 하인들을 제지하고 그에게,

"내가 보기에는 밀다의 추(推)보다는 역시 두드리다의 고(敲)가 더 어울릴 것 같은 생각이 드네."
하며 다정하게 일러주었다.

그 대감은 바로 대문장가인 한유(韓愈)로, 그 뒤 두 사람은 이 인연으로 인해 문학적인 친구사이가 되었으며, 이때부「퇴고(推敲)」란 말은 문장을 다듬는다는 뜻으로 사용했다.

投投投投投投投 (던질 투)
鞭鞭鞭鞭鞭鞭鞭鞭鞭鞭鞭鞭鞭鞭鞭鞭 (채찍 편)
斷斷斷斷斷斷斷斷斷斷斷斷斷斷斷斷斷 (끊을 단)
流流流流流流流流流流 (흐를 류)

채찍을 던져 강의 흐름을 끊다.

出典 진서(晉書)의 부견재기(苻堅載記)

진나라 왕 부견(苻堅)이 강북을 통일하고 그 기세를 몰아 남방의 동진(東晉)을 공격해 천하통일의 꿈을 실현하고자, 스스로 대군을 거느리고 장안을 출발했다.

이에 신하들이 동진에는 현신(賢臣)들이 많을 뿐만 아니라 양자강의 험난한 강점을 들어 반대를 했다.

그러나 사기가 충천함만을 믿고 부견은,

"그까짓 양자강의 물결쯤은 우리 대군의 막강한 채찍으로도 강의 흐름을 차단시킬 수 있다."
고 호언장담하며 공격을 감행했다. 그러나 그 결과는 무참한 패배로 나타나 전쟁이란 군사가 많다고 승리하는 것이 아니라는 교훈을 던져 주었다.

偸偸偸偸偸偸偸偸偸偸 (훔칠 투)

香香香香香香香香香 (향기 향)

향기를 훔치다.

`出典` 요재지이(聊齋志異)

「투향(偸香)」은 향을 훔친다는 뜻으로, 남녀간에 사사로이 정을 통함을 비유하거나 악한 일을 하면 자연히 드러남을 비유하여 이르는 말이다.

진(晋)나라의 가충(賈充)은 항상 곁에 있는 한수(韓壽)라는 미남 청년이 자신의 딸을 은밀히 만나고 있다는 사실을 대강은 눈치챘으나 그 증거를 잡을 수가 없었다.

그러던 어느날 한수의 몸에서 명향(名香)의 향기가 풍기는 것을 맡고 은밀히 뒷조사를 한즉, 과연 생각한 대로 자신의 딸과 한수가 밀통한 것을 알게 되었다.

그 결정적인 단서는 명향이었다. 이 명향은 서역에서 황제에게 헌상한 것으로서 한번 그 향기가 몸에 배었다 하면 몇 달이 지나도 없어지지 않을 뿐만 아니라, 황제의 신하들 중에서 이것을 하사 받은 것은 자기 외에 한 사람뿐이며, 그는 이것을 딸에게 주었기 때문이다.

그러나 가충은 이 사건을 비밀에 붙이고 딸을 한수에게 시집을 보내 사건을 원만하게 해결했다. 그 후 서로 밀통함을 「투향(偸香)」이라고 부르게 되었다 한다.

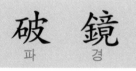

破破破破破破破破破破 (깨뜨릴 파)

鏡鏡鏡鏡鏡鏡鏡鏡鏡鏡鏡鏡鏡鏡鏡鏡鏡 (거울 경)

깨진 거울.

`出典` 태평광기(太平廣記)

남북조시대의 남조 마지막 왕조인 진(陳)나라가 수(隋)나라의 대군에 의해 멸망의 위기에 몰리게 되자, 궁중관리였던 서덕언(徐德言)은 진나라 마지막 황제의 누이동생이며 아내인 그녀를 불러 이렇게 말했다.

"이 나라가 망하면 당신은 그 재주와 미모로 인해 반드시 적의 귀족에게 잡혀가 노예 신분으로 전락할 것이오. 그렇게 되면 당신과 나는 다시 만나기가 어렵겠지만, 혹시 하늘이 우리 부부를 다시 만나게 해줄지도 모르니 이 거울을 반으로 쪼개어 서로 나눠 갖고 있다가 내년 정월 보름에 장안의 시장 길거리에서 팔도록 하시오. 만일 내가 그때까지 살아있다면 우리 부부는 다시 만나게 될 것이오."

그리고 두 사람은 깨진 거울을 각자 간직한 채 헤어졌고, 그후 서덕언은 진나라가 멸망하자 이곳저곳을 떠돌다가 아내와 약속한 대로 정월 보름이 되자 장안의 시장으로 달려갔다.

그러나 그가 시장 바닥을 아무리 뒤지고 다녀도 아내의 얼굴은 보이지 않았다. 그 대신 아내의 심부름으로 거울을 팔고 있는 노파를 만나 거울을 맞추어 본 다음, 거울 뒤쪽에다 아내를 그리는 애틋한 심정을 다음과 같은 시로 적어 보냈다.

거울이 당신과 함께 떠났으나 (鏡與人俱去)
거울만 돌아오고 사람은 돌아오지 못하는구나(鏡歸人不歸)
보름달 속 항아의 그림자는 돌아오지 않건만(無復姮娥影)
밝은 달빛은 속절없이 휘영청하구나 (空留明月輝)

그러자 수나라의 건국공신인 양소(楊素)가 이 사실을 듣고 감동한 나머지 식음을 전폐하고 울기만 하는 서덕언의 아내를 서덕언에게 돌려보냈다 한다.

그리고 여기서 이별한 부부가 다시 만나는 것을 파경중원(破鏡重圓)이라고 했으며, 반면에 이혼한 상태를 가리켜 파경(破鏡)이라고 했다는 고사가 유래되었다 한다.

이 내용은 태평광기(太平廣記) 166권 「본사시(本事詩)」에 나온다.

이 책은 송나라 학자 이방(李防) 등이 편찬한 설화집으로 977년에 태평어람(太平御覽)과 같이 칙명으로 편찬을 시작, 이듬해인 978년에 완성했다. 내용은 475종류의 이야기를 신선·여선(女仙)·도술·방사(方士)로부터 동식물에 이르기까지 92개 항목으로 분류·수록하고 있다.

破破破破破破破破破破 (깨뜨릴 파)
瓜瓜瓜瓜瓜 (오이 과)
之之之之 (갈 지)
年年年年年年 (해 년)

처녀를 깨뜨릴 나이.

出典 손작의 시〈정인벽옥가(情人碧玉歌)〉

푸른 구슬이 과(瓜)를 깰 때
님은 사랑을 못이겨 넘어졌네.
감격해 부끄러움도 느끼지 않고
몸을 돌려 님의 품에 안겼네.

이 시는 진(晋)나라 손작(孫綽)의 시로서 여기서 '과(瓜)를 깰때'란 것은 여자가 처녀를 깨친다는 뜻이며, 첫번째 생리를 의미하기도 한다. 그런가 하면 사랑을 알게 된다는 16세라고도 풀이하기도 하는데, 그 이유는 과(瓜)란 글자를 둘로 나누면 팔(八)자가 둘이 된다고 해서 8×2=16, 즉 여자 나이 16세를 가리킨다는 것이다. 따라서 첫생리와 처녀를 잃은 것을 「파과」라고 했듯이 처녀성의 중요성을 강조한 것이라고 볼 수 있다.

罷露臺
파 로 대

지붕이 없는 누대 만들기는 그만둬라.

出典 사기(史記) 효문제기(孝文帝記)

「파로대(罷露臺)」란 지붕이 없는 정자 만들기를 그만둔다는 뜻으로, 바른 민정(民政)을 펼치는 것을 비유하여 이르는 말이다.

명군(明君)으로 통하는 전한 제4대 효문황제(孝文皇帝)는 23년간의 통치 중에 임금의 호사스런 생활은 백성들의 부담이라고 생각하고 항상 검소하게 살았다.

이렇게 백성을 사랑하는 효문황제의 정신은 「파로대(罷露臺)」에서 잘 보여준다. 언젠가 그는 지붕 없는 정자를 만들 계획을 세우고 설계를 시켰으나, 그 예산이 백 냥이 들겠다는 보고를 받고는 자신을 위해 그런 돈은 쓸 수 없다고 하며 즉시 토대 짓는 공사를 포기했다는 일화가 그 좋은 예다.

백 냥이라면 그당시 중상층 열 집의 재산과 맞먹는 큰돈이었기 때문이다. 그래서 그후 바른 민정(民政)을 펼치는 것을 가리켜 「파로대」라고 불렀다 한다.

그렇다면 현재 우리나라의 「파로대」 정신은 과연 몇 점을 줄 수 있을까?

그 평가는 이 책의 독자들 생각에 맡기겠다.

破邪顯正
파 사 현 정

불교(佛敎)에서, 부처의 가르침에 어긋나는 사악(邪惡)한 도리를 깨뜨리고 바른 도리를 드러낸다는 뜻.

그릇된 생각을 버리고 올바른 도리를 행함을 비유해 이르는 말. 사악한 것을 깨닫는 것은 사고 방식을 바꾸는 것을 의미하므로 얽매이는 마음을 타파하면 바르게 될 수 있다는 뜻이다. 이 용어는 특히 삼론종(三論宗)의 중요한 근본 교리 중 하나로 자리잡았다.

이것을 총 정리한 것이 길장이 지은 『삼론현의(三論玄義)』로, 이 책은 팔부중도(八不中道)를 강조하는 파사(破邪)와 현정(顯正)이라는 이문(二門)의 구조로 되어 있다. 산스끄리뜨어 중관 관련 저서들에 등장하지 않는 '파사현정'이란 개념은 여기에서 비롯된 것으로, 이것은 이후 삼론종을 포함한 한역 경전권의 불교를 넘어 '그릇됨을 버리고 올바름을 행하는 것'이라는 일반적인 관용어로 자리 잡게 되었다.

故事成語

破竹之勢
파 죽 지 세

破破破破破破破破破破破(깨뜨릴 파)
竹竹竹竹竹竹竹(대 죽)
之之之之(갈 지)
勢勢勢勢勢勢勢勢勢勢勢勢勢(기세 세)

대나무를 쪼개듯 세찬 기세.

出典 진서(晉書) 두예전(杜預傳)

진(晉)나라의 대장군 두예(杜預)가 20만 대군을 거느리고 오(吳)나라를 칠 때였다. 마지막 결전을 앞두고 두예는 참모들과 함께 작전회의를 가졌으나, 이때 참모 중의 누군가가,

"곧 강물이 범람할 시기가 다가오니 일단 후퇴했다가 겨울에 다시 공격하면 어떻겠습니까?"

하며 걱정을 하자 두예는 단호하게 명령조로 대답했다.

"지금 우리 군사들의 사기는 하늘을 찌를 듯이 높다. 그것은 마치 대나무를 쪼개는 것과 같다. 대나무란 일단 쪼개지기만 하면 칼날을 대기만 해도 저절로 쪼개지듯이 우리 군사들의 사기가 그렇다는 것이다."

그 후 두예의 말처럼 진나라의 대군은 오나라를 파죽지세의 제물로 삼아 멸망시켜 버렸다, 그래서인지 지금도 성공한 사람들은 이「파죽지세(破竹之勢)」라는 말을 좋아하고 즐겨 사용하기도 한다.

敗軍之將不語兵
패 군 지 장 불 어 병

敗敗敗敗敗敗敗敗敗敗敗(패할 패)
軍軍軍軍軍軍軍軍軍(군사 군)
之之之之(갈 지) 不不不不(아니 불)
將將將將將將將將將將將(장수 장)
語語語語語語語語語語語語語(말씀 어) 兵兵兵兵兵兵兵(군사 병)

전투에서 진 장수는 병법을 말하지 말라.

出典 사기(史記) 회음후열전(淮陰侯列傳)

고사성어에 자주 등장하는 대장군 한신이 배수진으로 조나라 군사를 크게 격파하고, 그 기세를 몰아 파죽지세로 조나라 진영을 종횡무진 쑥밭으로 만들어 놓았을 때였다.

어느날 한신은 포로로 잡은 이좌거(李左車)라는 병법가에게 극진한 예우와 함께 이렇게 말했다.

"이제부터 나는 북으로는 연나라를 치고, 동으로는 제나라를 칠 계획입니다. 이 계획에 동의하신다면 성공할 수 있는 병법을 가르쳐 주시기 바랍니다."

이에 이좌거는 한숨을 크게 쉬며 슬픈 표정으로,

"제가 듣기에는 전투에 패한 장수는 그 용맹을 말하지 않으며, 나라를 망친 대신은 국가의 존위를 도모하지 않는다고 알고 있습니다. 그런데 전투에 패하고 나라를 망치고 포로로 잡힌 주제에 어찌 그것을 논할 수 있겠소."

하며 한신의 청을 정중히 거절했다.

이에 한신은 다음과 같이 말했다.

"내가 들으니, 백리해(百里奚)라는 현인이 우(虞)나라에 있었을 때 우나라는 망했지만 그가 진(秦)나라에 있을 때에는 진나라가 패자(覇者)가 되었다고 합니다. 그것은 백리해가 우나라에 있을 때에는 어리석었다가 진나라로 가서는 현명해졌기 때문이 아닙니다. 그 임금이 그를 등용했는가의 여부에 달려 있을 뿐인 것입니다. 만약 성안군이 당신의 계책을 따랐다면 지금쯤은 내가 당신의 포로가 되었을 것입니다. 다행히 당신의 계책을 쓰지 않았으므로, 이렇게 당신에게 가르침을 청할 기회를 얻게 된 것입니다. 진심으로 당신의 가르침을 따를 각오이니, 사양하지 마십시오."

"전투에 패한 장수는 그 용맹(勇)을 말하지 않는다."

는 이좌거의 말에서 「패군지장불어병(敗軍之將不語兵)」이란 말이 파생되어 나왔으나, 그 후 이좌거는 한신의 열의와 인간미에 끌려 한신 편으로 돌아섰고, 연나라와 제나라 공략에 앞장서서 한신을 끝까지 도와주었다. 그리고 「패군지장불어병(敗軍之將不語兵)」 고사성어 다음에 또 하나의 고사성어가 유래됐는데, 그 내용은 다음과 같다.

"지혜로운 사람이 천 번 생각해도 한 번 잃는 일이 있고, 어리석은 자가 천 번 생각하면 반드시 얻는 것이 있다."

즉 「천려일실(千慮一失)」과 「천려일득(千慮一得)」이 그것이다. 다시 말해 이 고사성어는 이 장의 정의를 무색하게 만드는 현대인들의 사고방식을 합리화시키는 방패인 셈이다.

平平平平平 (평평할 평)
地地地圳地地 (땅 지)
風凪凪凪凰凰凰風風 (바람 풍)
波波波波波波波波 (물결 파)

편편한 땅에 풍파를 일으킨다.

出典 유우석(劉禹錫)의 죽지사(竹枝詞)

구당의 시끄러운 열두 여울
사람들은 말하네.
길이 예부터 어렵다고
못내 안타깝구나.
인심이 물만도 못하니
생각이 모자라 평지풍파를 일으키는 것을.

이 「죽지사(竹枝詞)」는 당나라 시인 유우석이 당시의 민요를 바탕으로 지은 것이며, 여기서 '구당'이란 산은 험하기로 유명한 삼협(三峽)의 하나로, 배가 다니기가 아주 힘든 곳이다. 따라서 이 장이 강조하는 것은 물은 바닥이 가파른 곳에서만 여울을 짓지만, 사람은 아무렇지도 않은 평지에서도 생각이 모자라 함부로 풍파를 일으킨다는 것이다.

炮烙之刑
포 락 지 형

炮炮炮炮炮灼灼炮炮 (통째로 구울 포)
烙烙烙烙烙烙烙烙烙烙 (지질 락)
之之之之 (갈 지)
刑刑刑开刑刑 (형벌 형)

지지고 볶고 담금질하는 형벌.

出典 사기(史記) 은본기(殷本紀)

「포락지형(炮烙之刑)」이란 그 유명한 「주지육림(酒池肉林)」 속의 주인공인 은나라의 주왕(紂王)이 천하일색 달기(妲己)와 함께 즐겨 보았던 형벌로서 잔인하기가 그지없다.

그래서 그 광경 또한 끔찍하기가 이루 말할 수 없다.

이 형벌 내용은 먼저 이궁 뜰에 주지육림에 반대하는 충신들을 모아놓고 구리기둥이 가로 놓인 곳을 건너가게 하는데, 이때 이 기둥에는 머릿기름이 칠해져 있어 이글이글 타는 숯불 아래로 미끄러져 떨어지기가 일쑤다.

주왕과 달기는 이처럼 산 채로 타죽는 고통에 몸부림치는 모습을 보고 박장대소하며 즐거워했다. 마치 사랑하는 연인끼리 오징어를 구워먹으며 즐거워하듯이.

「포락지형(炮烙之刑)」은 이들의 오징어와 땅콩인 셈이었다.

浦柳之質
포 류 지 질

浦浦浦浦浦浦浦浦浦浦 (개 포)
柳柳柳柳柳柳柳柳柳 (버들 유)
之之之之 (갈 지)
質質質質質質質質質質質質質質質 (바탕 질)

갯버들과 같은 체질.

出典 세설신어(世說新語)의 언어편(言語篇)

「포류지질(浦柳之質)」이란 체질이 약한 것을 다소 꾸며서 하는 말이며, 이 말을 한 사람은 동진(東晉)의 고열지(顧悅之)이다.

어느 날 간문제(簡文帝)가 자신과 같은 동갑내기이면서도 머리가 하얗게 센 고열지에게,

"경은 어째서 나보다 먼저 백발이 되었는가?"

하고 묻자 고열지는 자신을 낮추어 대답했다.

"갯버들은 가을이 오면 먼저 잎이 떨어지고, 소나무와 잣나무는 서리를 맞고 더욱더 무성해지는

448

것과 같지요."

고열지는 자신을 갯버들과 비유해 몸이 약한 것을 말한 것이며, 반면에 간문제를 송백(松栢)의 강함과 비교한 것이다. 그러나 고열지는 다소 몸이 허약해 머리가 일찍 세었지만 그렇다고 마음마저 약한 것은 아니었다.

그의 마음은 송백처럼 곧아 권세에 아부하는 일 같은 것은 하지 않았다.

抱璧有罪
포 벽 유 죄

抱(안을 포)
璧(구슬 벽)
有(있을 유)
罪(허물 죄)

보물을 품고 있으면 유죄가 된다.

出典 춘추좌씨전(春秋左氏傳)

우(虞)나라 왕의 아우인 우숙(虞叔)이 값진 구슬을 갖고 있자 그의 형인 우공(虞公)이 구슬을 탐내어 동생에게 달라고 했다.

그러자 그는 마음속으로,

"주나라 속담에 아무 죄도 없는 보통 사람도 보물을 가지고 있으면 그것은 곧 죄가 된다고 했다." 하며 형에게 구슬을 순순히 주어버렸다. 그는 구슬 때문에 자신이 화를 당하기 싫었기 때문이다.

이것은 바로 '이기려면 쥐버려라'라는 노자(老子)의 철학과 일맥상통하며 이런 경우는 우리나라 정치사에서도 비일비재하다.

그 한 예를 들자면 이런 것이다.

12·12군사 쿠데타로 정권을 잡은 5공, 6공 대통령에게 언른통폐합과 막대한 비자금을 조성해 준 기업인들의 상황판단이 그 경우다. 그 결과는 곧 주인공들이 감옥행으로 나타났음을 잊지말아야겠다.

暴虎憑河
포 호 빙 하

暴(사나울 포)
虎(범 호)
憑(의지할 빙)
河(물 하)

맨손으로 범을 잡고 걸어서 강을 건너다.

出典 논어(論語) 술이편(述而篇)

"호랑이를 맨손으로 때려잡고 황하를 헤엄쳐 건너다가 죽어도 뉘우치지 않는 사람과는 그 뜻을 같이하지 않겠다. 그러나 그 대신 일을 앞에 두고 겁낼 줄도 알며, 충분히 계획을 세우고 신중히 다루면서 성취시키는 사람과는 그 뜻을 같이하겠다."

공자님의 이 말씀은 용맹을 자랑하는 제자 자조를 훈계한 것이다. 즉 쓸데없는 용맹심보다는 계획성 있는 사람이 더 좋다는 뜻이다. 역시 공자다운 지적이다.

그리고,

"명예를 사랑하는 사람은 남의 견해를 자기 자신의 행복처럼 생각하고, 또한 쾌락을 생각하는 사람은 자기 감각에 행복을 느낀다. 그러나 분별력을 지닌 사람은 자기 자신의 행위를 자기행복이라고 생각한다."

이 아우렐리우스의 명언도 「포호빙하(暴虎憑河)」같은 사람들에게 설득력이 있을 것이다.

豹死留皮人死留名
표 사 유 피 인 사 유 명

豹豹豹豹豹豹豹豹豹豹 (표범 표)
死死死死死死死 (죽을 사)
留留留留留留留留留 (머무를 유)
皮皮皮皮皮 (가죽 피)
人人 (사람 인) 名名名名名名 (이름 명)

표범은 죽어서 가죽을 남기고 사람은 죽어서 이름을 남긴다.

> **出典** 신오대사(新五代史)의 왕언장전(王彦章傳)

양(梁)나라의 용장이었던 왕언장(王彦章)은 난세에 태어나 별명이 왕철창(王鐵槍)인 것처럼 전투시 주무기가 두 자루의 무거운 철창이었다. 그의 용맹성은 대단해 그가 일단 두 자루의 철창을 휘두르며 적진에 뛰어들면 그 앞을 감히 맞설 자가 없었을 정도다.

그러나 그러한 그도 61세란 나이가 되면서 기력이 떨어져 적의 포로로 잡히는 신세로 전락했다. 하지만 그는 적에게로의 귀순을 무시하고 스스로 죽음을 택할 정도로 충직한 용장이기도 했다. 그런 그가 평상시 속담을 즐겨 인용한 말은, '표범은 죽어서 가죽을 남기고 사람은 죽어서 그 이름을 남긴다'였는데, 그는 비록 거의 글자를 알지 못하는 무식꾼이면서도 이 속담처럼 그 이름을 남겼던 것이다. 야심이 있는 사람은 언제나 자신에게 커다란 행운과 재물이 굴러들어 올 것이라고 믿기 때문에, 그 무엇인가를 항상 뒤쫓고 있다. 그러나 그 사람에게 돌아오는 것은 단지 피로와 분주한 나날 뿐일 것이다.

風馬牛不相及
풍 마 우 불 상 급

風風風風風風風風風 (바람 풍)
馬馬馬馬馬馬馬馬馬馬 (말 마)
牛牛牛牛 (소 우)　不不不不 (아니 불)
相相相相相相相相相 (서로 상)
及及及及 (미칠 급)

바람난 말과 소는 서로 미치비 못한다.

故事成語

出典 사기(史記) 제환공기(齊桓公紀)

춘추시대의 제(齊)나라 환공이 채(蔡)나라를 공략하고 송(宋), 진(陳), 위(魏), 정(鄭), 허(許), 조(曹)나라의 제후들을 거느리면서 초(楚)나라에 압박을 가해오자, 이에 깜짝 놀란 초왕은 급히 사신을 보내 환공에게,

"환공께서는 북해에 계시고 과인은 남해에 있어 마치 바람난 말과 소가 서로 미치지 못하는 것과 같은 처지이거늘 어찌 환공께서 우리 땅에 오셨는지요?"

하며「풍마우불상급(風馬牛不相及)」이란 논리를 강조했다. 그러자 환공 대신 관중이 태공망을 명분으로 내세워 대답했다.

"우리는 우리의 선군(先君)이신 태공망의 법에 따라 초나라의 공물을 구하러 왔소이다."

그러자 초왕은 겁에 질려 공물과 함께 환공과 화평조약을 맺고, 바람난 말과 소도 멀리 떨어져 있으면 별 수 없다는「풍마우불상급(風馬牛不相及)」을 무색하게 만들었다.

風飛雹散 (풍비박산)

風 (바람 풍)
飛 (날 비)
雹 (우박 박)
散 (흩어질 산)

바람이 불어 우박(雨雹)같이 이리 저리 흩어진다는 뜻.

바람에 흩어지고 우박이 사방으로 날리듯 패하여 흩어지는 모습을 가리키는 말이다.

흔히 '풍지박산'이라고 많이 쓰는데, '풍비박산'을 잘못 '풍지박산'으로 표현하는 것이다.

風聲鶴唳 (풍성학려)

風 (바람 풍)
聲 (소리 성)
鶴 (학 학)
唳 (울 려, 여)

바람소리와 학의 울음소리.

出典 진서(晉書) 사현재기(謝玄載記)

동진(東晉) 효무제(孝武帝) 8년, 북쪽 진(秦)나라의 대군과 동진의 맹장 사현(謝玄)이 거느리는 소수 병력이 강을 사이에 놓고 마지막 혈전을 벌이려는 때였다.

사현은 적의 총지휘관인 부융에게 사자를 보내어,

"죄송하지만 귀하의 군대를 조금만 후퇴시켜 주신다면 우리가 물을 건너가 당신들 군대와 한판 승부를 걸겠소."

하며 간청을 했다. 그러자 부융은 회심의 미소를 지으며 군대에 후퇴명령을 하달했다. 그는 얼마

안되는 적이 물을 반쯤 건너왔을 때 기습적으로 해치울 생각에서였다.

그러나 상황은 정반대였다. 북군이 후퇴를 개시하고 사현의 군대가 강을 건너기 시작하자, 후퇴 명령을 받은 북군은 아군의 주력군이 패배한 걸로 착각하고 앞을 다투어 도망치기 시작했는데, 그 꼴은 마치 「풍성학려(風聲鶴唳)」를 들어도 부융의 군대가 추격하는 것처럼 들렸기 때문이다.

風樹之歎
풍 수 지 탄

風凡凡凡鳳鳳風風風 (바람 풍)
樹樹樹樹枦枦枦梢梢梢梢梢樁樁樹樹 (나무 수)
之二之之 (갈 지)
歎歎歎歎歎歎歎歎歎歎歎歎歎歎歎 (탄식할 탄)

부모에게 효도를 다하려고 생각할 때에는 이미 돌아가셔서 그 뜻을 이룰 수 없음을 이르는 말.

바람이 나무를 흔들 듯, 자식이 효도하려 할 때 부모는 이미 죽어 효행을 다하지 못하는 슬픔. 고어(皐魚)가 한 말이다.

수욕정이풍부지, 자욕양이친부대(樹欲靜而風不止, 子欲養而親不待 ; 나무는 고요히 있고자 하나 바람이 그치지 아니하고, 자식이 부모를 봉양코자 해도 어버이는 기다려 주지 않네.)

세상에 자식된 독자 여러분들! 부모님이 살아계실 때 효도를 다하세요.

風前燈火
풍 전 등 화

風風風凡鳳鳳風風風 (바람 풍)
前前前前前前前前 (앞 전)
燈燈燈燈燈燈燈燈燈燈燈燈燈燈燈 (등잔 등)
火火火火 (불 화)

바람 앞의 등불이란 뜻.

풍전등촉(風前燈燭)·풍전지등(風前之燈)으로도 쓴다. 사람의 운명이 어떻게 될지 모를 정도로 매우 급박한 처지에 있음을 등잔불이나 촛불이 바람 앞에서 언제 꺼질지 모르게 껌벅거리며 나부끼는 모습에 빗대어 표현한 말이다.

'국가의 운명이 풍전등화에 처했다', '풍전등화에 처한 나라를 구하기 위해 자원 입대하였다' 등이 쓰임의 예이다.

이처럼 존망이 달린 매우 위급한 처지를 비유하는 한자성어는 풍전등화 외에도 여럿이 있다. 포개 놓은 달걀처럼 몹시 위태로운 형세를 일컫는 누란지세(累卵之勢)·누란지위(累卵之危)·위여누란(危如累卵), 백 자나 되는 높은 장대 끝에 있는 것처럼 매우 위태로움을 일컫는 백척간두(百尺竿頭)·간두지세(竿頭之勢)도 같은 뜻이다.

그 밖에 일촉즉발(一觸卽發 : 금방이라도 일이 크게 터질 듯한 아슬아슬한 상태), 초미지급(焦眉之急 : 눈썹이 타들어 갈 정도로 매우 위급함), 진퇴양난(進退兩難 : 이러기도 어렵고 저러기도 어려운 매우 난처한 처지)·진퇴유곡(進退維谷), 사면초가(四面楚歌 : 사면이 모두 적으로 둘러싸여 매우 위급한 처지), 위기일발(危機一髮 : 눈앞에 닥친 위기)·위여일발(危如一髮), 여리박빙(如履薄氷 : 살얼음을 밟는 것처럼 아슬아슬한 형세), 명재경각(命在頃刻 : 거의 죽게 되어 숨이 곧 넘어갈 지경), 절체절명(絶切絶命 : 몸도 목숨도 다 되어 살아날 길이 없게 된 막다른 처지), 낭패불감(狼狽不堪 : 이러지도 저러지도 못하는 난감한 처지) 등도 모두 같은 뜻이다.

風餐露宿
풍　찬　로　숙

丿几凡凤凬凨凬風風風 (바람 풍)
餐餐餐餐餐餐餐餐餐餐餐餐餐餐餐餐 (먹을 찬)
露露露露露露露露露露露露露露露露露露露露 (이슬 로)
宿宿宿宿宿宿宿宿宿宿宿 (잘 숙)

바람에 불리면서 먹고, 이슬을 맞으면서 잔다는 뜻.

떠돌아다니며 고생스러운 생활을 함을 비유해 이르는 말로 노숙자가 바로 이런 생활이다.

皮骨相接
피　골　상　접

皮厂広皮皮 (가죽 피)
骨骨骨骨骨骨骨骨骨骨 (뼈 골)
相相相相相相相相相 (서로 상)
接接接接接接接接接接接 (이을 접)

살가죽과 뼈가 맞붙을 정도로 몹시 마름.

匹夫之勇
필　부　지　용

匹匹匹匹 (짝 필)
大二夫夫 (지아비 부)
之之之之 (갈 지)
勇勇勇勇勇勇勇勇 (날랠 용)

좁은 소견의 용기.

出典 맹자(孟子) 양혜왕(梁惠王) 하(下)

"이웃나라와 국교를 맺는데 어떤 도리가 있습니까?"

이렇게 제선왕(齊宣王)이 묻자 맹자가 대답했다.

"있습니다. 오직 어진 사람만이 대국으로서 소국과 국교를 맺을 수 있습니다. 때문에 은나라 탕왕(湯王)이 갈(葛)나라를 섬겼고, 문왕(文王)도 곤이(昆夷)를 섬기게 된 것입니다. 즉 지혜로운 사람만이 소국으로서 대국과 국교를 맺을 수 있겠습니다. 그리하여 태왕(太王 : 문왕의 父)이 훈육을 섬기고, 월왕(越王) 구천(句踐)이 오나라를 섬기게 된 것입니다. 대국이 소국을 넘보지 않고 친하게 지내는 임금은 천리(天理)를 즐기는 것이고, 소국이 대국의 횡포를 막을 수 있는 사람은 천리를 두려워하는 사람입니다. 다시 말해 천리를 즐기는 사람은 천하를 보존할 수 있고, 천리를 두려워하는 사람은 나라를 보존하게 된다는 것입니다. 시경에도 '하늘의 위엄을 두려워하면 나라를 잘 보존한다'는 말이 이것을 잘 대변한 것입니다."

이에 제선왕이 느끼는 바가 있어 이렇게 말했다.

"참으로 지당하신 말씀입니다. 그런데 나에게는 한 가지 좋지 못한 버릇이 있으니, 나는 용맹을 좋아합니다." 그러자 맹자가 큰 용기에 대하여 말했다.

"왕께서는 절대로 작은 용기를 삼가해 주십시오. 칼자루를 잡고 눈을 흘기며 '저놈이 감히 나를 당할 수 있겠는가?'라고 말하는 것은 필부의 용기로서 겨우 한 사람을 상대하는 것인즉, 이왕 용기가 있다면 큰 용기를 택하십시오."

여기서 「필부의 용기」란 말이 유래되었다.

匹夫匹婦
필 부 필 부

匹 丆 匹 匹 (짝 필)
夫 夫 夫 夫 (지아비 부)
婦 婦 婦 婦 婦 婦 婦 婦 婦 婦 婦 (며느리 부)

평범한 남자와 평범한 여자를 일컫는 말.

必先苦其心志
필 선 고 기 심 지

必 必 必 必 必 (반드시 필) 先 先 先 先 先 先 (먼저 선)
苦 苦 苦 苦 苦 苦 苦 苦 苦 (쓸 고)
其 其 其 其 其 其 其 其 (그 기)
心 心 心 心 (마음 심) 志 志 志 志 志 志 志 (뜻 지)

필히 우선적으로 그의 심지를 고달프게 하라.

出典 맹자(孟子) 고자하(告子下)

「필선고기심지(必先苦其心志)」는 반드시 먼저 그의 마음과 생각을 고달프게 한다는 말이다. 즉 앞으로 큰일을 할 사람은, 그 큰일을 감당해 나갈 만한 굳은 의지를 갖기 위해 먼저 심신단련(心身鍛鍊)에 필요한 고생을 하게 된다는 뜻이다

"성인군자였던 순임금도 백성 속에서 그 몸을 일으켰고, 부열(傳說) 같은 은나라의 명재상도 토목공사의 인부 속에서 발견되었으며, 교격(膠鬲) 같은 어진 신하도 생선상인 속에서 문왕에게 발탁되었다. 또 천하를 제패한 제환공을 도와준 관중도 옥중에 갇혀있던 몸에서 등용된 것이며, 초장왕(楚莊王)을 도와 천하를 제패한 손숙오(孫叔敖)도 바닷가의 가난한 선비에서 시작됐고, 진목공(秦穆公)을 도와 천하를 제패한 백리해(百里奚)는 시장에 팔려다니던 몸이었듯이, 하늘이 중대한 임무를 어떤 사람에게 맡기려고 할 때는 반드시 우선적으로 그 정신을 괴롭히고 그 힘줄과 뼈를 고달프게 하며, 육체를 굶주리게 하고, 그 생활 자체를 곤궁케 해 하는 일마다 그 의지와 헷갈

리게 만든다. 이것은 곧 그렇게 함으로써 그 마음을 분발케 하고 인내심을 강하게 만들어 지금까지 하지 못했던 일도 능히 할 수 있게끔 하기 위해서다.

흔히 사람들은 실패한 다음에야 비로소 분발하며, 빈곤함과 고통이 목소리와 안색에 나타날 때까지 괴로워하다 그때서야 비로소 깨닫게 되듯이, 마찬가지로 국가도 안으로는 대대로 법을 지키려는 신하나 임금을 보좌할 현명한 신하가 없고, 밖으로는 상대할 국가나 타국의 강한 압박이 없다면 그 나라는 반드시 멸망할 것이다.

그러면 개인이나 국가나 어떤 고통과 괴로움 속에서 참되게 살 수 있다는 것을 깨닫게 될 것이다. 반대로 무사안락 속에서는 오래 살지 못하고 죽게 된다는 사실도 알게 될 것이다."

이에 프랑스의 작가 스탕달도 한 수 거든다.

자신의 고통을 세밀하게 분석하고 관찰하는 것이야말로 자신의 마음을 위로하는 수단이라고 할 수 있다.

孟子曰 (맹자왈)

舜發於畎畝之中(순발어견무지중) : 순 임금은 역산에서 밭을 갈다가 요 임금에게 발견되어 입신하였다.

傅說擧於版築之間(부열거어판축지간) : 부열은 성벽 쌓는 일꾼들 사이에서 무정임금에게 등용되었다.

膠鬲擧於魚鹽之中(교격거어어염지중) : 교격은 생선과 소금을 파는 시장 가운데서 文王에게 등용되었다.

管夷吾擧於士, (관이오거어사) : 관이오는 감옥에 갇혀 있는 죄수 가운데서 제환공에게 등용되었다.

孫叔敖擧於海, (손숙오거어해) : 손숙오는 해변에서 피난생활을 하다가 초장왕에게 등용되었다.

百里奚擧於市. (백리해거어시) : 백리해는 저자에서 장사하다가 진목공에게 등용되었다.

必也使無訟
필 야 사 무 송

必必必必 (반드시 필) 乜乜也 (어조사 야)
使使使佪佪使使 (부릴 사)
無無無乕乕無無無無無無無 (없을 무)
訟訟訟訟訟訟訟訟訟訟 (송사 송)

송사는 반드시 없어져야 한다.

出典 논어(論語) 안연편((顔淵篇)

"송사를 거쳐 처리하는 것은 나도 남들과 다를 바 없으나, 송사는 반드시 없어져야 한다는 것은 변함없다."

공자님의 이 말씀은 송사에 관한 법적 처리보다는 국민들 사이에 흔히 발생하는 송사사건 그 자체에 문제가 있다고 본 것이다. 아무리 명쾌한 판결을 내리는 '포청천' 같은 판사가 있다해도 인간이 가질 수 있는 지적인 능력만을 가지고는 송사에 한계가 있다는 것이다.

그래서 공자님은 인생의 스승은 법정에 나아가서 송사를 듣고 처리하는 것만이 능사가 아니고, 법정이 텅텅 비어서 할 말이 없도록 인생의 근본악을 다스리는 것이 진짜 인생의 참된 스승이라고 충고를 한 것이다.

그래서 이 장의 결과는「도불습유(道不拾遺)」정치로 실현됐으며, 아울러 지금도 이 점을 본받기 위해서 수많은 송사관계자들은 열심히 공부를 하고 있는 것이다.

夏夏夏夏夏夏夏夏夏夏 (여름 하)

爐爐爐爐爐爐爐炉爐爐爐爐爐爐爐
爐爐爐 (화로 로)　　冬冬冬冬冬 (겨울 동)

扇扇扇扇戶扇扇扇扇扇 (부채 선)

여름철 화로와 겨울철 부채.

出典　왕충(王充)의 논형(論衡) 봉우편(逢遇篇)

"백해무익한 재능을 부려 보(補)가 없는 말을 채용하는 것은 마치 여름에 화로를 권하고 겨울에 부채를 권하는 것처럼 헛된 것이다."

이 말은 한말(漢末)에 왕충(王充)이 한 말로서 무용지물을 뜻하며, 이것을 거꾸로「동선하로 (冬扇夏爐)」라고도 한다.

그리고 여기서 이 장에 참고될 만한 고사성어로는 맹자가 말한「연목구어(緣木求魚)」가 있다.

그런데 이 장의 진짜 의미는 '물건은 사용하기에 따라 유용하기 마련'이라는 설(說)도 있다. 즉 여름의 화로나 겨울의 부채는 무용지물인 것 같지만, 따지고 보면 여름의 화로는 습한 곳을 말리 고, 겨울의 부채는 불을 부치는 데 사용할 수 있으므로 무용지물은 아니라는 것이다.

瑕瑕瑕瑕瑕瑕瑕瑕瑕瑕瑕瑕瑕 (티 하)

玉玉玉王玉 (구슬 옥)

옥의 티.

出典　회남자(淮南子)의 설림훈편(說林訓篇)

"제아무리 표범가죽의 외투라도 그 무늬가 잡다하면 수수한 여우외투의 털색에도 미치지 못하 고, 또한 아무리 백옥 같은 구슬이라도 흠이 있으면 진귀한 보물이라 할 수 없듯이, 완전무결하게 순수한 것은 얻기 어렵다."

이 말은 회남자 설림훈(說林訓)에 있는 말로서, 요새 흔히 말하는 '옥의 티' 하고는 뜻이 다소 다 르다. 이 장의「하옥(瑕玉)」이 순수한 것은 그만큼 얻기 힘들다는 것을 강조했다면, 요새 자주 인 용되는 '옥의 티'는 상대방을 꼬집는 데 이용하기 때문이다.

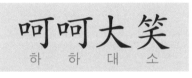

何必曰利
하 필 왈 리

何何何何何何何 (어찌 하)
必必必必 (반드시 필)
曰口曰日 (가로 왈)
利利千禾禾利利 (이할 리)

어찌하여 이익만을 말씀하십니까.

出典 맹자(孟子) 양혜왕(梁惠王) 상(上)

맹자가 양혜왕을 찾아뵙자 왕이 왈(曰),

"천리를 멀다 않고 찾아와 주셨으니 역시 이 나라를 위해 앞으로 큰 이익을 주시겠지요?"
하자 맹자가 정색을 하고 대답했다.

"왕께서는 어찌 이익만을 말씀하십니까(하필왈이(何必曰利)? 저에게는 오직 인의가 있을 뿐입니다. 만약 왕께서 이익만을 생각하신다면 모든 신하들도 따라서 어떻게 하면 내 집에 이익이 될까를 생각할 것이며, 또한 선비나 백성들은 자기 자신의 이익만을 생각할 것입니다. 이렇게 윗사람이나 아랫사람 모두가 서로의 이익만을 취하게 된다면 나라는 위태로워질 것입니다. 만승(萬乘)의 나라에서 그 임금을 죽이는 자는 반드시 천승의 대신이고, 천승의 나라에서 왕을 죽이는 자는 반드시 백승의 대신입니다. 만승의 나라에서 천승을 지니고, 천승의 나라에서 백승을 지니고 있다는 것은 결코 적은 것은 아닙니다. 그런즉 진실과 의리를 뒤로 미루고 오로지 이익만을 앞세운다면 아마 모든 것을 다 빼앗지 않고서는 만족할 수 없을 겁니다. 듣건대 어진 사람이 그 부모를 버린 적이 없고, 의리가 있는 사람이 임금에게 등을 돌린 사람이 없다고 했듯이, 왕께서는 오직 인의만을 말씀하셔야지 어찌 이익에 대해 말씀하십니까?"

呵呵大笑
하 하 대 소

呵呵呵呵呵呵呵呵 (꾸짖을 가, 크게 웃을 하)
大大大 (큰 대)
笑笑笑笑笑笑笑笑笑笑 (웃을 소)

하하하! 하고 크게 웃음.

鶴首苦待
학 수 고 대

鶴鶴鶴鶴鶴鶴鶴鶴鶴鶴鶴鶴鶴鶴鶴鶴鶴鶴鶴鶴 (학 학)
首首首首首首首首首 (머리 수)
苦苦苦苦苦苦苦苦苦 (쓸 고)
待待待待待待待待待 (기다릴 대)

학처럼 목을 길게 빼고 기다린다는 뜻으로, 몹시 기다림을 이르는 말.

목이 길게 뻗어 있는 학의 모습처럼 한 곳만 바라보며 원하는 바가 이루어지기를 애타게 기다리는 마음을 비유한 말이다.

『진서(晉書)』「은일전(隱逸傳)」'곽우(郭瑀)' 편에는 다음과 같은 이야기가 나온다. 곽우는 중국 5호 16국 시대 동진 사람으로 경전에 정통하고 문예가 뛰어나며 문장을 잘 지었다. 모시던 스승이 돌아가시자 3년 상을 지내고 이후로는 산 속에 들어가 굴을 파고 거처하면서 글을 짓고 제자들을 가르쳤다.

그 때 16국 중 하나인 전량의 왕 장천석이 그의 뛰어난 재능과 인품을 듣고 사신을 보내 말했다.

"선생께서는 세상을 구제할 재능을 품고서 앉아서 바라보기만 할뿐 구원하지 않으시니, 그 지혜와 슬기에 대해 제가 감히 의아합니다. 이에 사람을 보내오니 선생께서 손 내밀어 주시기를 학처럼 기다립니다. 나라를 돌보아 주십시오(先生懷濟世之才, 坐觀而不救, 其於仁智, 孤竊惑焉, 故遣使者虛左授綏, 鶴企先生, 乃眷下國)."

學學學學學學學學學學學學學學學(배울 학)
如如如如如如(같을 여)
不不不不(아니 불)
及及及及(미칠 급)

학문은 미치지 못함과 같으니 쉬지 말고 노력해야 함을 이르는 말.

학문은 쉬지 않고 노력해도 따라갈 수 없다는 뜻. 곧 학문은 잠시라도 게을리해서는 안 된다는 말.

學學學學學學學學學學學學學學學(배울 학)
如如如如如如(같을 여)
逆逆逆逆逆逆逆逆逆逆(그스릴 역)
水水水水(물 수)

배움이란 마치 물을 거슬러 배를 젓는 것과 같다는 뜻.

물을 거슬러 올라가는 힘으로 앞으로 나아가지 않으면 퇴보한다는 뜻.

漢漢漢漢漢漢漢漢漢漢漢漢漢漢(한수 한)
江江江江江江(강 강)
投投投投投投投(던질 투)
石石石石石(돌 석)

한강(漢江)에 아무리 돌을 많이 집어 넣어도 메울 수 없다는 뜻.

한강에 돌 하나 던지면 어떤 결과가 나타날까? 던진 사람 외에는 누구도 알지 못할 정도로 미미한데, 이렇게 일을 하기는 했지만 그 결과가 너무 미미하여 효과를 거두지 못하는 상황을 가리킬 때 쓰는 표현이다. 그런데 이 표현은 분명 우리나라에서 나온 것 같지만 한강에 돌을 던지니까 말이다. 중국인들이라면 황하투석(黃河投石) 또는 양자강투석(揚子江投石)이라고 하지 않았을까?

邯鄲之夢
한 단 지 몽

邯 邯 邯 邯 邯 邯 邯 邯 (땅이름 감, 한)
鄲 鄲 鄲 鄲 鄲 鄲 單 單 單 單 單 單 鄲 鄲 (조나라 서울 단)
之 之 之 之 (갈 지)
夢 夢 夢 夢 夢 夢 夢 夢 夢 夢 夢 夢 夢 夢 (꿈 몽)

故事成語

한단에서 꾼 꿈.

出典 당나라 심기제(沈旣濟)의 침중기(枕中記)

「한단지몽(邯鄲之夢)」은 한단에서 꾼 꿈이라는 뜻으로, 인생의 덧없음과 영화의 헛됨을 비유하여 이르는 말이다.

노생(盧生)이 한단의 장터에서 도사 여옹(呂翁)의 베개를 베고 잠들어 있는 동안 일생의 경력을 모두 꿈꾼 고사에서 나온 말로, 인간 일생의 영고성쇠(榮枯盛衰)는 한바탕 꿈에 지나지 않음을 비유한 말이다.

심기제(沈旣濟)는 중국 중당(中唐)의 전기작가(傳奇作家)로, 당대(唐代) 전기소설의 대표작인 『침중기(枕中記)』를 저술하여, 명나라 탕현조(湯顯祖)의 희곡『한단기(邯鄲記)』의 바탕이 되었다.

당나라 현종(玄宗) 때 생긴 일이다.

어느날 여옹(呂翁)이란 도사가 한단으로 가는 도중에 주막에서 노생(盧生)이라는 젊은이를 만났는데, 그 젊은이는 여옹에게 한참동안 신세타령을 했다.

그러다 제풀에 지친 노생은 졸음이 오자, 도사에게 베개를 빌려 잠에 떨어졌다. 그런데 이상하게 꿈속에서 도자기로 만든 베개의 구멍이 갑자기 열리면서 노생이 그 구멍 속으로 빨려들어가 어느 부잣집 주인 딸과 결혼을 하게 됐다.

그리고 노생은 얼마 후 출세가도와 함께 승진을 거듭해 급기야는 재상까지 됐다. 그러나 그것도 잠시뿐 노생은 간신들의 모함에 걸려 체포되면서 며칠 후면 형장의 이슬로 사라질 처지에 놓였다. 이에 노생은 아내에게,

"이렇게 될 줄 알았다면 차라리 고향에서 농사나 짓고 있을걸, 아! 그 시절이 그립구나. 비록 거지 같은 옷을 걸쳤지만 한단의 길거리를 마음놓고 떠다닐 때가 좋았소……"

하며 한탄을 했다. 그리고 며칠 후 노생은 형장에서 망나니의 칼이 자신의 목에 닿는 순간 깜짝 놀라 꿈에서 깨어났다. 그러자 도사가 멍하니 앉아 눈만 껌벅이는 노생에게 빙그레 웃으며 다음과 같은 말을 던졌다.

"인생이란 모두 다 그런 거야."

이에 노생은 크게 깨닫고 도사에게,

"저는 도사님 덕분에 영욕과 부귀와 죽음의 순간까지 경험했습니다. 이것은 바로 도사님이 저에게 부귀와 영화는 덧없음을 가르쳐 주신 것입니다. 감사합니다."

라는 말을 남기고 유유히 한단을 떠나갔다.

이 이야기에서「한단지몽(邯鄲之夢)」이란 말이 비롯되었으며, 인간의 부귀영화나 인생의 영고성쇠가 다 꿈같이 부질없음을 비유하는 말로 사용된다. 한단몽(邯鄲夢)·한단지침(邯鄲之枕)·한단몽침(邯鄲夢枕)·노생지몽(盧生之夢)·황량지몽(黃粱之夢)·일취지몽(一炊之夢)이라고도 한다.

邯 卄 邯 卅 甘 邯 邯 邯 (땅이름 감, 한)
鄲 鄲 鄲 鄲 鄲 鄲 鄲 鄲 單 單 單 單 鄲 鄲 鄲 (조나라 서울 단)
之 之 之 之 (갈 지)
步 步 步 步 步 步 步 (걸음 보)

한단의 걸음걸이를 배우다.

出典 장자(莊子)의 추수편(秋水篇)

조나라 수도인 '한단' 사람들은 걸음걸이가 경쾌하고 우아하다는 말을 들은 연(燕)나라의 한 소년이, 그 걸음걸이를 배우고자 천리 길을 마다하지 않고 한단까지 달려가 길가에서 하루종일 한단 사람의 걷는 모습을 유심히 살펴보면서 흉내를 냈으나, 그게 좀처럼 쉽게 되지 않았다.

그러자 그 소년은 지금까지 자신이 걷는 법이 머릿속에 남아있기 때문에 잘 안되는 것이라고 판단하고, 즉시 어렸을 때부터 버릇된 걸음걸이를 싹 잊어버렸다.

그러나 몸에 밴 그 버릇을 짧은 시간 내에 잊어버린다는 것은 불가항력. 이것을 깨달은 소년은 걸음 배우기를 단념하고 고국으로 돌아가려 했으나, 이미 이때는 자신의 걸음걸이마저 잊어버려 움직이질 못했다. 그래서 그는 할 수 없이 엉금엉금 기어서 고국으로 돌아갈 수밖에 없었다.

이 장은 장자의 추수편에 나오는 우화로서 장자는 이 우화를 빌려 자기 자신을 잊어버린 자들을 향해 사정없이 빈정댄 것이다.

조나라는 큰 나라, 연나라는 작은 나라. 조나라의 수도 한단은 대도시, 연나라의 수도 수릉은 시골이라는 사실은 변함이 없다. 그런데도 자기 분수에 맞지 않는 대도시만을 무작정 동경한 나머지 결국에는 자기 자신마저 잃어버렸다는「한단지보(邯鄲之步)」의 충고는 우리나라 사람 일부 계층에 경종을 울려준다.

또 이런 설명도 있다.

공손룡(公孫龍)은 중국 전국시대 조(趙)나라의 사상가로, 자신의 학문과 변론이 당대 최고라고 여기고 있었다. 그러던 차에 장자(莊子)에 관한 이야기를 듣게 되었다. 그는 자신의 변론과 지혜를 장자와 견주어보려고 위(魏)나라의 공자 위모(魏牟)에게 장자의 도(道)를 알고 싶다고 말했다. 장자의 선배인 위모는 공손룡의 의중을 알고는 안석에 기댄 채 한숨을 쉬고 하늘을 우러러 웃으면서 우물 안의 개구리가 밖의 세상을 볼 수 없다라고 말하고, 가느다란 대롱구멍으로 하늘을 보고 송곳을 땅에 꽂아 그 깊이를 재는 꼴이라며 비웃었다. 그리고는 이어서 다음의 이야기를 들려주었다.

"자네는 저 수릉(壽陵)의 젊은이가 조(趙)나라의 서울인 한단(邯鄲)에 가서 그곳의 걸음걸이를 배웠다는 이야기를 듣지 못했는가? 그는 한단의 걸음걸이를 제대로 배우기도 전에 본래의 걸음걸이마저 잊어버려 엎드려 기어서 돌아갈 수밖에 없었다는 걸세. 지금 자네도 장자에 이끌려 여기를 떠나지 않고 있다가는 그것을 배우지도 못할 뿐만 아니라 자네 본래의 지혜를 잊어버리고 자네의 본분마저 잃게 될 걸세."

이 말을 듣고 공손룡은 입을 다물지 못한 채 도망쳤다고 한다.

咸興差使
함 흥 차 사

咸咸厂厂厅后后咸咸咸 (다 함)
興門門門門門門門門門門問問興興興 (흥할 흥)
差差差差差差差差差差 (다를 차)
使使使使使使使使 (부릴 사)

조선 초 태조 이성계를 모시러 함흥에 갔다 돌아오지 않은 사신을 가리키는 말.

심부름을 간 사람이 소식이 아주 없거나 또는 회답이 좀처럼 오지 않음을 비유하는 말이다.

조선후기에 지어진 야담(野談)집인『축수편(逐睡篇)』에 전하는 고사에서 유래한 말이다.

1398년 두 차례에 걸친 왕자의 난(亂)에 울분하여 태조 이성계는 왕위를 정종에게 물려주고 함흥으로 가버렸다. 형제들을 죽이고 왕위를 차지한 태종 이방원은 아버지로부터 왕위 계승의 정당성을 인정받기 위해 아버지를 도성으로 모셔오려고 함흥으로 여러 번 사신을 보냈으나 이성계가 그 사신들을 죽이거나 잡아 가두어 돌려보내지 않았다고 한다. 이로부터 한번 가면 깜깜무소식인 사람을 가리켜 함흥차사라고 한다.

그러나 실제 역사 기록에는 함흥으로 보낸 차사 중에 희생된 것은 박순(朴淳)과 송유(松琉) 둘 뿐이고 이들도 이성계가 죽인 것이 아니라 조사의가 이끄는 반란군에 죽임을 당했다고 한다.

비슷한 말로 일무소식(一無消息), 종무소식(終無消息) 등의 성어가 있다.

偕老同穴
해 로 동 혈

偕偕偕偕偕偕偕偕偕偕 (함께 해)
老老老老老老老 (늙을 로)
同同同同同同 (한가지 동)
穴穴穴穴穴 (구멍 혈)

살아서는 같이 늙고 죽을 때는 한 무덤에 묻히다.

出典 시경(詩經)

이 장의「해로(偕老)」는 시경의 군자해로(용풍), 격고(북풍), 백성(위풍)에서 나온 것이며, 그 내용은 다음과 같다.

군자해로(용풍) : 군자와 늙도록 함께 하니(해로)

머리에는 비녀와 구슬 장식

걸음도 사뿐사뿐 의젓해

산과 강처럼 훌륭하며

화려한 의상 또한 어울리거늘

하고 있는 행실이 좋지 못함은

어찌된 일인가요.

격고(북풍) : 죽든 살든 같이 하기로(해로)

당신과 굳게 약속하고

당신의 손을 잡고

둘이서 함께 늙자고 말했었지.

그리고 「동혈」은 대거(왕풍)에서 나왔다.

대거(왕풍) : 살았을 때는 헤어져 지낼지라도

죽어서는 한 구덩이에 묻힘이 소원(동혈)

만약 내 말을 믿지 않는다면

하늘의 해와 같을 것이다.

그리고 「해로(偕老)」에 해당되는 백성(위풍)은 긴 이야기로서 그 내용을 요약하면 매년 찾아오는 실장수 행상인의 꼬임에 빠져 행상인에게 시집간 여인의 슬픈 전말을 노래한 것이다.

즉 「해로동혈(偕老同穴)」이 얼마나 어렵고 이루어지기가 힘든 것인지를 한탄한 시다.

이런 내용으로 보아 이 장의 정의는 금실 좋은 부부로만 해석하기에는 너무 애처로운 생각이 든다.

解語花
해 어 화

解解解解解解解解解解解(풀 해)
語語語語語語語語語語語語語(말씀 어)
花花花花花花花花(꽃 화)

말을 알아듣는 꽃.

出典 왕인유(王仁裕)의 개원천보유사(開元天寶遺事)

당나라의 현종(玄宗)이 어느날 양귀비와 궁녀들을 거느리고 연못 주위를 걷다가 연못에 아름답게 수를 놓은 듯한 연꽃을 바라보며 주위의 궁녀들에게 이렇게 말했다.

"아마 연못 속의 저 아름다운 연꽃도 이 말을 알아듣는 꽃(해어화)보다는 못할 테지?"

현종은 양귀비를 연꽃에 비유해서 한 말이었다. 그러자 좌우의 궁녀들은 이구동성으로,

"그렇습니다."

라고 대답했으며, 이에 여유만만한 양귀비는 물을 머금은 연꽃이 방금 피어나듯이 상큼하게 미

소를 지었다.

여기서 「해어화(解語花)」란 말이 유래되었으며, 그 꽃 주인공은 중국 최고의 미인으로 손꼽히는 양귀비였다.

그러나 아편 성분이 강한 양귀비꽃이 독기를 품고 여러 사람들을 해치듯이, 해어화 양귀비 또한 망국화(亡國花)처럼 현종을 홀려 대 당나라 제국을 무너뜨렸다.

故事成語

行百里者半於九十
행 백 리 자 반 어 구 십

行行行行行行 (행할 행)
百百百百百百 (일백 백)
里里里里里里里 (마을 리)
者者者者者者者者 (놈 자)
半半半半半 (반 반)　於於於於於於於於 (어조사 어)　九九 (아홉 구)　十十 (열 십)

백 리를 가려는 사람은 구십 리가 반이다.

出典　전국책(戰國策)

진(秦)나라의 어떤 사람이 무왕(武王)에게 시경을 인용해 다음과 같이 말했다.

"백리를 가는 사람은 구십리를 반으로 생각하고 걷는다 했습니다. 이것은 곧 마지막 길이 어렵다는 것을 말합니다."

이렇게 충고한 사람은 아마 우유부단한 성격의 소유자인 무왕을 위해서 한 말일 것이다.

다시 말해 우리네 속담의 '천리길도 한 걸음부터'라는 말과 비슷한 뜻이며, 아울러 '시작이 반'이라는 말이 있듯이 계획이 섰으면 망설이지 말고 용기 있게 시작해보라는 말과도 일맥상통한다.

여기서 이 장의 이해를 좀더 쉽게 하려면 이솝우화에 나오는 토끼와 거북이 이야기를 상기해 보자.

行雲流水
행 운 유 수

行行行行行行 (행할 행)
雲雲雲雲雲雲雲雲雲雲雲雲 (구름 운)
流流流流流流流流流流 (흐를 류, 유)
水水水水 (물 수)

하늘에 떠도는 구름과 흐르는 물이라는 뜻.

나아가서는 조금도 집착함이 없이 사물에 호응하여 행동하는 것을 비유하는 말이다. 또한 속세에서 떠나 초연한 심경(心境)에 있는 것을 나타내는 말이기도 하다. 『송사(宋史)』의 「소식전(蘇軾傳)」에 있는 '행운유수 초무정질(行雲流水 初無定質)'에서 비롯된 말이며 행각승(行脚僧)을 운수(雲水)라고 일컫는 것도 여기에서 연유한다.

懸河之辯
현 하 지 변

懸懸懸懸懸県昪昪昪影影影影懸懸懸懸懸懸 (매달 현)
河河河河河河河河 (물 하)
之之之之 (갈 지)
辯辯辯辯辯辯辯辯辯辯辯辯辯辯辯辯辯辯辯 (말잘할 변)

도도히 흐르는 물과 같은 변설이라는 뜻.

거침없고 유창한 말주변을 이르는 말이다.

螢雪之功
형 설 지 공

螢螢螢螢螢螢螢螢螢螢螢螢螢螢螢 (개똥벌레 형)
雪雪雪雪雪雪雪雪雪雪雪 (눈 설)
之之之之 (갈 지)
功功功功功 (공 공)

눈빛과 반딧불로 공부해 얻은 공.

`出典` 이한의 몽구(蒙求)

　진(晉)나라 때 차윤(車胤)이란 사람은 찢어지게 가난한 살림 때문에 밤에 기름이 없어 불을 밝힐 수 없을 정도였다. 그래서 그는 궁여지책으로 여름에는 흰 명주자루에 수십 마리의 반딧불이를 담아 등불 대신 책을 비추면서 밤새도록 공부를 한 결과, 말단관리직에서부터 시작해 나중에는 이부상서(吏部尚書=내무부장관)이란 중책을 맡아 선정을 베풀었다.

　그런가 하면 같은 무렵 사람인 손강(孫康)도 역시 집안이 가난해 등불을 밝힐 기름을 살 돈이 없어 겨울에 눈이 내리면 그 눈빛을 통해 글을 읽었을 뿐만 아니라, 어렸을 때부터 청렴결백이 몸에 배어 훗날 성공해서 어사대부(御史大夫=오늘날의 검찰청장)에 해당되는 직위에까지 올랐다 한다.

　여기서 가난과 어떤 어려운 환경 속에서도 열심히 공부하는 것을 형설(螢雪)이라고 했듯이, 요즘처럼 책 읽기 좋은 세상에 이 장의 공(功)을 위해 책을 열심히 읽자. 책 속에 길이 있다.

兄弟投金
형 제 투 금

兄兄兄兄兄 (맏 형)
弟弟弟弟弟弟弟 (아우 제)
投投投投投投投 (던질 투)
金金金金金金金金 (쇠 금)

형제가 금덩이를 던졌다는 설화에서 유래하여, 형제 간의 우애를 뜻함.

「형제투금」은 의형제를 맺은 형과 아우가 함께 길에서 생금덩이를 주웠는데, 이후 서로를 미워하는 마음이 일어나자 서로를 사랑하는 마음을 되찾기 위하여 금을 버린다는 우애담이다. 또한 버린 금이 황금 구렁이로 변하고, 다시 2개의 같은 크기의 금으로 변한다는 신이담이기도 하다. 「형제투금」에서는 재물이 없더라도 우애가 좋은 것이 더욱 바람직스럽다는 생각을 엿볼 수 있다. 본래 「형제투금」은 불교 설화에서 유래를 찾을 수 있는데, 한국에 전래되어 수용되는 과정에서 한국적인 사회·문화관에 영향을 받은 설화에 속한다.

惠而不知爲政
혜 이 부 지 위 정

은혜롭지만 정치는 할 줄 모른다.

出典 맹자(孟子)의 이루편(離婁篇) 하(下)

정(鄭)나라 재상 자산(子産)이 정치를 할 때 자기가 타고 다니는 수레에 사람들을 태우고 물을 건네주었다는 말을 들은 맹자는 다음과 같이 지적했다.

"자산은 은혜스럽기는 하나 정치는 할 줄 모른다. 11월이면 징검다리를 놓아 사람들을 건널 수 있게 하면 되고, 12월이면 큰 다리를 놓아 수레가 지나가게 하면 백성들은 매번 물을 건너는 고통을 겪지 않게 될 것이다. 그런데 어떻게 사람마다 일일이 다 건너게 해준다는 말인가. 만약에 정치하는 사람이 모든 사람들을 다 기쁘게 해주려고 은혜를 데풀다 보면 매일같이 그일만 해도 부족할 것이다."

공자님 같은 성인도 자산을 형처럼 섬겼을 정도로 자산은 명재상으로 온 천하에 이름을 떨쳤지만, 맹자가 보는 자산의 행동은 대범한 정치인으로서는 불합격 판정을 내렸다. 그만큼 정치는 어렵다는 것을 뜻한다.

狐假虎威
호 가 호 위

여우가 호랑이의 위세(威勢)를 빌려 호기(豪氣)를 부린다는 뜻.

남의 세력을 빌어 위세를 부림.

초나라 선왕(宣王) 때의 일이다. 언젠가 선왕이 말했다.

"내 듣자하니, 북방 오랑캐들이 우리 나라 재상 소해휼을 두려워하고 있다는데 그게 사실인가?"

그러자 대신 강을이 말했다.

"북방 오랑캐들이 어찌 한 나라의 재상에 불과한 소해휼을 두려워하겠습니까? 여우가 호랑이에게 잡힌 적이 있었습니다. 그러자 여우가 호랑이에게 말했습니다. '나는 하늘의 명을 받고 파견되어 온 사신으로 백수의 제왕에 임명되었다. 그런데도 네가 나를 잡아먹는다면 이는 천제(天帝)의 명을 어기는 것이 될 것이다. 내 말이 믿어지지 않는다면 내가 앞장설 테니 너는 뒤를 따라오며 모든 짐승들이 나를 두려워하는 것을 확인하라.' 이 말을 들은 호랑이는 여우를 앞장세우고 그 뒤를 따라갔습니다. 그러자 과연 여우가 눈에 띄기만 하면 모든 짐승들이 달아나는 것이었습니다. 앞장선 여우 때문이 아니라 뒤에 오는 자신 때문인지를 호랑이 자신도 몰랐던 겁니다. 지금 초나라는 그 땅이 사방 오천 리에 백만의 군사를 거느리고 있습니다. 오랑캐들이 두려워하는 것은 재상 소해휼이 아니라 그 뒤에 있는 대왕의 나라임은 두말할 필요도 없습니다. 어찌 여우를 호랑이에 비할 수 있겠습니까?"

糊糊糊糊糊糊糊糊糊糊糊糊糊糊(풀 호)
口口口口 (입 구)
之之之之 (갈 지)
策策策策策策策策策策第第策 (채찍 책, 꾀 책)

糊口之策
호 구 지 책

입에 풀칠하다라는 뜻.

겨우 먹고 살아가는 방책.

밥 먹는 일은 너무 어려워 언감생심(焉敢生心) 생각도 못하고 그저 입에 풀칠이라도 할 수 있는 방법을 찾는 사람들이 내는 계책이다. 입에 풀칠할 방법이라니! 얼마나 어려우면 이런 방법을 생각해 냈을까. 그런데 임시방편(臨時方便)이라도 있으면 다행인데, 이번에는 사방을 둘러보아도 아무 대책이 없는 경우이다.

浩浩浩浩浩浩浩浩浩浩 (넓을 호)
然然然然然然然然然然然然 (그러할 연)
之之之之 (갈 지)
氣氣氣氣氣氣氣氣氣氣 (기운 기)

浩然之氣
호 연 지 기

온화하고 여유있는 화기(和氣).

`出典` 맹자(孟子) 공손추(公孫丑) 상(上)

"선생님은 어느 면을 잘하시는지요?"

"나는 남이 하는 말을 안다. 그리고 나는 나 자신의 호연지기를 기르고 있다."

"호연지기란 무엇인지요?"

"말로써는 어렵다. 단지 그 기운의 됨됨이가 지극히 크고 지극히 강하며 해침 없이 곧게 기르면 천지 사이에 가득 차게 되고, 이것은 도의에 배합되며 이것이 없으면 허탈해진다. 그리고 이것은 의(義)가 모여서 생기는 것이지 의가 엄습해 와서 얻어지는 것은 절대로 아니다."

이 문답식 대화는 맹자와 그의 제자 공손추가 주고받은 말이다. 여기서 맹자가 처음으로「호연지기(浩然之氣)」를 주장했는데, 이 호연지기에 대한 정의는 맹자 자신 스스로 말하기 어렵다고 할 정도로 그 범위가 넓다. 그래서 맹자의 말을 직접 들은 공손추도 제대로 헤아리지 못했을 것이다.

胡蝶之夢
호 접 지 몽

胡胡胡胡胡胡胡胡胡(턱밑 살 호)
蝶蝶蝶蝶蝶蝶蝶蝶蝶蝶蝶蝶蝶蝶(나비 접)
之之之之(갈 지)
夢夢夢夢夢夢夢夢夢夢夢夢夢夢(꿈 몽)

호랑나비의 꿈.

出典 장자(莊子)으 제물론편(齊物論篇)

"언젠가 나는 깜박 꿈속에서 나비가 되어 날개에 맡기면서 허공을 훨훨 날아다니는 즐거움에 흠뻑 빠져 있었다. 나는 내가 나라는 것도 잊고 그 즐거움에 아무 정신도 없었다. 그러나 그것도 잠시뿐 무심코 꿈이 깨면서 나는 역시 현재의 내 자신이 나라는 것을 알게 되었다. 그러나 이 세상에 있는 내가 꿈속에서 나비가 된 것인지, 그게 아니면 나비가 꿈속에서 나라는 인간이 되어 있었는지, 꿈이 현실인지 현실이 꿈인지 도무지 알 수가 없구나."

이 말은 장자의 꿈 이야기에 불과하지만 각박하게만 살아가는 현대인들에게 자유라는 기쁨을 은연중에 안겨준다.

다시 말해 꿈은 꿈이고 현실은 현실이라는 인간세계의 논리에서 벗어나 나비처럼 날아다니면서 자유를 만끽하라는 뜻이다. 어차피 인생은 「한단지몽」의 꿈 이야기처럼 덧없는 것. 부귀영화만을 좇는 우리들에게 시사하는 바가 크다.

好好先生
호 호 선 생

好好好好好好(좋을 호)
先先先先先先(먼저 선)
生生生生生(날 생)

마음씨 좋은 선생.

出典 풍몽룡(馮夢龍)의 고금담개(古今談慨)

후한 말기 세상이 어지러울 때 사람 좋기로 소문난 사마휘(司馬徽)라는 사람이 있었는데, 그의 별명이 「호호선생(好好先生)」인 것처럼 사람들에게 무조건 하오(好)라고 대답했다. 심지어 친구가 병에 걸렸을 때도 '하오', 죽었을 때도 '하오'라고 할 정도였다. 이에 아내가 인상을 쓰면서,

"좋은 친구분이 죽었는데 위로는 못해줄망정 무조건 좋다(好)고만 말씀하시면 어떡해요." 하고 질책을 했을 때도 그는 조금도 변함없이 하오(好)였다.

"좋아요(好). 아주 좋아요(好好). 지금 당신이 한 말도 너무너무 좋아요(好好好).

남편이 이렇게 나오니 기가 막혀 화를 낼 수도 없어 결국은 어처구니 없는 웃음을 지을 수밖에 없었다. 그래서 이런 사람을 두고 흔히 사람들은 예스맨(yesman)이라고 비꼰다. 그러나 난세에 있어 예스맨은 나쁜 것만은 아니라고 볼 수 있다.

魂飛魄散
혼 비 백 산

魂魂魂魂魂魂魂魂魂魂魂魂魂 (넋 혼)
飛飛飛飛飛飛飛飛飛飛 (날 비)
魄魄魄魄魄魄魄魄魄魄魄魄魄 (넋 백)
散散散散散散散散散散散散 (흩을 산)

넋이 날아가고 넋이 흩어지다라는 뜻.

몹시 놀라 어찌할 바를 모름.

넋은 곧 정신이다. 따라서 너무 놀라 정신을 잃을 지경인 상태를 가리키는 표현이다. 한편 인간의 상식으로 이해하기 힘든 일이 벌어지면 우리는 눈에 보이지 않는 존재 즉 귀신 등을 떠올린다.

昏定晨省
혼 정 신 성

昏昏昏昏昏昏昏昏 (어두울 혼)
定定定定定定定定 (정할 정)
晨晨晨晨晨晨晨晨晨晨 (새벽 신)
省省省省省省省省省 (살필 성)

저녁에는 잠자리를 보아 드리고, 아침에는 문안을 드린다는 뜻.

자식이 아침저녁으로 부모의 안부를 물어서 살핌을 이르는 말.

弘益人間
홍 익 인 간

弘弘弘弘弘 (클 홍)
益益益益益益益益益益 (더할 익)
人人 (사람 인)
間間間間間間間間間間間 (사이 간)

널리 인간세계를 이롭게 한다는 뜻.

우리나라의 건국(建國) 시조(始祖)인 단군(檀君)의 건국(建國) 이념(理念).

『삼국유사(三國遺事)』「기이편(紀異篇)」에 실린 고조선(古朝鮮) 건국 신화에 나오는 말로, '널리 인간 세계를 이롭게 한다'는 뜻이다.『삼국유사』에는 다음과 같이 기록되어 있다.

"「고기(古記)」에 이르기를, 옛날에 환인(桓因)의 아들인 환웅(桓雄)이 자주 세상에 뜻을 두어 인간 세상을 탐내므로(數意天下 貪求人世), 아버지가 아들의 뜻을 알고 삼위 태백(三危太伯)을 내려다보니 널리 인간을 이롭게 할 만했다(下視三危太伯 可以弘益人間). 이에 천부인(天符印) 3개를 주고 가서 다스리게 하였다. 환웅(桓雄)이 무리 3천을 이끌고 태백산(太伯山) 꼭대기의 신단수(神檀樹) 아래로 내려와 그곳을 신시(神市)라 이르니 이이가 환웅 천왕(桓雄天王)이다. 그는 풍백(風伯), 우사(雨師), 운사(雲師)를 거느리고 곡식(穀)·생명(命)·질병(病)·형벌(刑)·선악(善惡) 등 무릇 인간의 360여 가지 일을 주관하여 인간 세상을 다스리고 교화(敎化)하였다(在世理化). 이 때 곰(熊) 한 마리와 호랑이(虎) 한 마리가 같은 굴에서 살았는데, 늘 신웅(神雄, 환웅)에게 사람되기를 빌었다(願化爲人). 마침내 신(神, 환웅)이 신령스러운 쑥 한 심지와 마늘 20개를 주며 너희들이 이것을 먹고 100일 동안 햇빛을 보지 않으면 곧 사람이 되리라 하였다. 곰과 호랑이는 이것을 받아 먹었다. 하지만 곰은 세 이레(21일)를 금기하여 여자가 되었지만, 호랑이는 참지 못하여 사람이 되지 못했다. 웅녀(熊女)는 혼인을 할 상대가 없어 늘 신단수 아래에서 아이 배기를 축원하였다. 환웅이 잠깐 변해 그와 결혼하여 아이를 낳았으니, 이름을 단군 왕검(檀君王儉)이라 하였다."

이러한 내용의 단군(檀君) 신화에는 우리 민족의 가치 의식이 그대로 나타나 있을 뿐 아니라, '널리 인간을 이롭게 한다'는 '홍익인간(弘益人間)'과 '세상으로 나아가 도리로 교화한다'는 '재세이화(在世理化)'의 인본주의적이고 현세주의적인 윤리의식과 철학사상의 특질이 잘 나타나 있다. 단군 신화에서는 하늘의 신인 환웅(桓雄)도 인간 세계로 내려와 살기를 원하고(貪求人世), 땅의 곰과 호랑이도 인간이 되기를 바란다(願化爲人). 그리고 단군 신화에는 다른 나라의 신화와 달리 세계의 창조나 내세에 대한 내용이 없고, 오직 현재의 인간 세상만이 중시된다. 그리고 하늘의 신인 환웅의 관심도 어떻게 하면 인간 세상을 이롭게 하고 도리로 교화할 것인가에 초점이 맞추어져 있다.

그리고 단군 신화에서 환웅(桓雄)은 '홍익인간(弘益人間)'을 실천하기 위해 곡식·생명·질병·형벌·선악 등 인간 사회의 온갖 일을 주관하였다. 이처럼 '홍익인간(弘益人間)'은 추상적 개념이 아니라, 경제와 사회, 복지와 정의 등 인간의 사회적이고 현실적인 삶의 끊임없는 개선과 향상을 지향하는 사회적이고 실천적인 개념이다.

또한 단군 신화에서는 다른 나라의 신화들과는 달리 신들 사이의 대립이나 신과 인간 사이의 갈등이 전혀 나타나지 않는다. 심지어 곰과 호랑이도 같은 굴에서 살며 대립하지 않는다. 이처럼 '홍익 인간'의 이념에는 조화와 평화를 중시하는 세계관이 담겨 있다. 환웅이 웅녀와 혼인하여 단군을 낳는 과정은 천상과 지상의 결합을 상징적으로 나타내며, 단군은 하늘과 인간이 합하여 하나가 된 '천인합일(天人合一)'의 존재이다. 조화와 평화를 중시하는 이러한 세계관은 원효의 화쟁(和諍) 사상, 불교의 '교선일치(敎禪一致)' 전통, 유·불·도(儒佛道)를 통합한 동학(東學) 등에서도 보여지듯이 한국 사상의 중요한 특징으로 나타났다.

紅紅紅紅紅紅紅紅紅 (붉을 홍)
一 (한 일)
點點點點點點點點點點點點點點點點 (점점 점)

붉은 점의 꽃 한 송이.

出典 왕안석(王安石)의 석류(石榴)

가득한 녹색 덤불 속의 붉은 꽃 한 송이

봄기운 느끼기엔 그것으로 족하네.

이 시는 북송(北宋)초 왕안석(王安石)이 지은 「석류(石榴)」로서, 그는 당시 정치적으로는 불우했지만, 문장만큼은 뛰어나 당송팔대가(唐宋八大家) 중의 한 사람으로 꼽힌다.

본래 「홍일점(紅日點)」은 녹색 덤불 속에 핀 한 송이 '석류꽃'을 가리키는 말이었으나, 지금은 그 꽃 한 송이가 여자로 변해 수많은 남자 가운데 한 여자가 있는 것을 가리키는 말로 흔히 사용되고 있다.

그러나 이것도 옛말이 된 것처럼, 지금은 여성의 사회진출이 왕성해지면서 홍일점이 여자에서 남자로 바뀔 것 같은 예감이 든다.

수많은 여성 속에 둘러싸인 남자 한 명. 이때 남자들이 느끼는 감정은 과연 어떨는지 궁금하다.

和和和和和和和和(화할 화)
光光光光光光(빛 광)
同同同同同同(한가지 동)
塵塵塵塵塵塵塵塵塵塵塵塵(티끌 진)

빛을 부드럽게 해 속세의 먼지와 함께 하라.

出典 노자(老子)

「화광동진(和光同塵)」이란 노자의 4장과 56장에 나오는 구절로서, 자신의 지혜와 덕을 밖으로 드러내지 않고 속인과 어울려 지내면서 참된 자아를 보여준다는 뜻이다.

"아는 사람은 말하지 않고, 말하는 자는 알지 못한다. 그런즉 자기 욕망의 구멍을 막아 그것이 들어오는 문을 닫고, 자부심을 꺾고 충돌을 무마하고 자기가 아는 빛을 무디게 해 모든 먼지를 제거하면 그때야 비로소 매끄러워진다. 이것을 두고 현동(玄同 : 도의 신비한 작용)이라고 하는 것이다(제56장)."

"그 날카로움을 꺾고 그 얽힘을 풀고 그 광(光)을 부드럽게(和)하고 그 더러움(塵)을 같이 한다(同)제4장)."

노자의 사상을 단적으로 표현해 주는 말 중의 하나가 바로 이 「화광동진(和光同塵)」이라고도 볼 수 있으며, 또한 불교에서는 이 말을 보살이 중생들을 제도하기 위해 본래의 지덕(知德)의 빛을 숨기고 속세에 섞여 몸을 나타내는 것을 뜻하기도 한다.

畫畫畫畫畫畫畫畫畫畫畫畫畫畫畫(그림 화)
龍龍龍龍龍龍龍龍龍龍龍龍龍龍龍龍(용 룡)
點點點點點點點點點點點點點點點點(점점 점)
睛睛睛睛睛睛睛睛睛睛睛睛(눈동자 정)

용을 그릴 때 마지막으로 점을 찍듯이 눈동자를 그린다.

故事成語

  남북조시대, 양(梁)나라의 유명한 화가인 장승요(張僧繇)가 안락사라는 절의 벽에 두 마리의 용을 그리면서 눈동자를 그려넣지 않자 사람들이 그 까닭을 물었다. 그러자 그는,

  "만약 내가 눈동자를 그려 넣으면 용이 승천하기 때문이오."

라고 말했다. 이에 사람들은 호기심이 발동해 그에게 집요하게 졸라댔고, 그는 마지못해 한 마리 용에다 눈동자를 그려넣자마자 천둥번개가 치면서 한 마리 용이 거짓말처럼 벽을 박차고 하늘로 올라가고 말았다.

  물론 이때 눈동자를 그려넣지 않은 다른 용 한 마리는 그대로 장님처럼 있었음은 물론이다.

  이때부터 「화룡점정(畫龍點睛)」하면 그림이나 문장의 가장 핵심부분을 채워 넣는다는 뜻과, 어떤 일을 하는 데 있어 가장 중요한 부분을 마무리해 완성시킨다는 뜻으로 인용되고 있다.

畫 餅
화 병

畵畵畵畵畵畵畵畵畵畵畵畵畵畵畵 (그림 화)
餅餅餅餅餅餅餅餅餅餅餅餅餅餅餅餅餅 (떡 병)

그림의 떡.

출典 삼국지(三國誌)

  삼국시대 위나라 문제(文帝)가 어느날 실력 미달인 노육(盧毓)이란 사람을 총리에 임명한 다음 이렇게 지시했다.

  "자네 같은 수준의 인물만을 모아 내각을 구성하되 절대로 유명인사들을 등용시켜서는 안되네. 나에게 그들은 그림의 떡에 불과할 테니까."

  문제는 이렇게 유명인사들을 꺼리는 면이 많았다. 그 이유는 다른 게 아니라 유명인사들을 등용시키면 자신의 정책에 반기를 들고 말이 많기 때문이다. 문제에게 있어 인재 등용은 유비의 삼고초려 같은 면의 그림의 떡이 아니라 인재등용 자체를 거부하는 그림의 떡이라는 것이다. 그리고 이 장을 굳이 현대식으로 풀이하자면 그림의 떡에 불과한 정부의 사탕발림식 정책이 여기에 해당되며, 진짜 보통 사람에게는 가짜 보통 사람이 조성한 5천억대의 비자금 또한 그림의 떡에 해당한다.

華華華華華華華華華莘華 (빛날 화)
胥胥胥胥胥胥胥胥胥 (서로 서)
之之之之 (갈 지)
夢夢夢夢夢夢夢夢夢夢夢夢夢夢夢 (꿈 몽)

화서에서 꾼 꿈.

出典 황제편(皇帝篇)

태고적 성왕(聖王)으로 널리 알려진 황제(黃帝)가 어느날 낮잠을 자다가 꿈에 화서씨의 나라에 가서 놀게 되었는데, 그 나라는 오직 정신(精神)만이 유람할 수 있는 곳으로서, 임금이나 신하라는 계급조직도 없고 백성들 또한 사치스러운 욕심도 없는 그야말로 지상낙원이었다.

이곳에 살고 있는 사람들은 생을 즐길 줄도, 죽음을 싫어할 줄도 모르므로 젊어서 죽는 일도 전혀 없고, 스스로를 소중히 여기며 남을 싫어할 줄도 모른다.

그래서 애욕도 솟아나지 않으며 마음에 갈등이 없어 어떤 이해관계도 생겨나지 않는다.

그래서 물에 들어가도 빠져 죽는 일이 없고, 불 속에 들어가도 화상을 입지 않으며, 칼로 베어도 매질을 해도 상처가 나지 않고, 꼬집고 할퀴어도 아픔을 느끼지 않는다. 또한 아무것도 없어도 속세와 마찬가지로 걸을 수 있고, 허공에 누워도 푹신한 침대처럼 편안하다. 구름이나 안개도 시야를 가리지 않으며, 천둥소리도 귀를 놀라게 하지 않고, 험준한 산이나 골짜기도 마음대로 걸을 수 있는, 그야말로 신들만이 살 수 있는 나라다.

그러자 얼마 후 꿈에서 깬 황제가 측근들을 불러 꿈 이야기를 해 준 다음 다음과 같이 느끼는 것을 말해 주었다.

"내가 석 달 동안 쉬지 않고 심신을 수양하며 사물을 다스릴 연구를 거듭했으나 실패했다. 그러나 나는 꿈속에서 도(道)의 극치란 제아무리 슬기로운 생각과 연구를 해본들 도저히 얻을 수 없다는 것을 비로소 깨닫게 됐다. 단, 그 내용을 너희들에게 말로 전해줄 수 없다는 것이 안타깝구나."

그 후 황제는 이 장의 정의를 바탕으로 28년 동안 천하를 다스려 흡사 꿈속의 화서씨 나라처럼 되었다는 말이 전설로 전해진다. 이와 비슷한 것으로는 플라톤의 이상형 국가인 유도피아가 있다.

花花花花花花花花(꽃 화)
朝朝朝朝朝朝朝朝朝朝朝朝(아침 조)
月月月月(달 월)
夕夕夕(저녁 석)

花朝月夕
화 조 월 석

꽃이 핀 아침과 달 밝은 저녁이란 뜻.

① 경치(景致)가 가장 좋은 때를 이르는 말. ② 음력 2월 보름과 8월 보름 밤. 봄과 가을.

畵畵畵畵畵畵畵畵畵畵畵畵畵畵(그림 화)
虎虎虎虎虎虎虎(범 호)
不不不不(아니 불)
成成成成成成成(이룰 성)

畵虎不成反類狗
화 호 불 성 반 유 구

反反反反(되돌릴 반)
類類類類類類類類類類類類類類類類(무리 류)
狗狗狗狗狗狗狗狗(개 구)

472

호랑이를 그리다가 잘못 그리면 반대로 개의 무리가 된다.

出典　후한(後漢)의 마원전(馬援傳)

「화호불성반류구자(畫虎不成反類狗者)」는 『후한서(後漢書)』 마원전(馬援傳)에 나오는 말인데, 화호불성반류구자(畫虎不成反類狗者) 또는 화호유구(畫虎類狗)·화호불성(畫虎不成)이라고도 한다.

후한의 건무(建武) 16년, 광무제 때 명성을 떨쳤던 복파장군 마원(馬援)이 반란군 토벌작전에 임하고 있을 때, 형의 아들인 마엄과 마돈이 방종하다는 소식을 듣고 즉시 두 사람에게 충고의 편지를 띄웠다. 남의 과실을 듣는 것은 좋지만 그것을 자기가 말해서는 안되고, 국정에 관해 경솔하게 비평해서도 안된다는 것으로 시작된 편지 내용은 다음과 같다.

"…… 용백고(龍伯高)를 배우면 비록 그와 같이 되지 못하더라도 근실하고 정직한 사람이 될 수 있다. 이른바 기러기를 새기다가 제대로 못 되면 그대로 집오리처럼은 된다는 것이다. 용백고(龍伯高)는 사람 됨됨이가 중후하고 신중하며 또한 겸손하고 근검절약하므로 나는 그를 사랑하고 아끼듯이 너희들도 그를 본받길 바란다. 그리고 또 한 사람 두계량(杜季良)은 호쾌하고 의협심이 강하며, 남의 걱정을 같이 걱정해 주고, 남이 즐거우면 그 또한 같이 즐거움을 즐긴다. 그래서 옛날에 그의 아버지가 죽었을 때에는 수많은 고을 사람들이 총동원되어 조상을 했듯이, 나 또한 그를 사랑하고 아끼는 것이다. 그런데 너희들은 이들을 본받기를 꺼려한다. 그 이유는 무엇 때문인가? 만약에 너희들이 용백고를 본받는다면 아마 거기까지는 가지 못할망정 적어도 건실하고 정직한 사람은 될 수 있을 것이다. 마치 기러기를 그리려다 잘못 그리면 집오리 비슷하게 되는 것과 같은 이치다. 그러나 만약에 두계량을 본받다가 잘못되면 경박한 사람으로 끝날 것이다. 그것은 마치 호랑이를 그리려다 잘못 그리면 반대로 개의 무리가 되는 것과 같은 이치다."

어떤 것을 배우려다가 실패하거나 소질과 능력이 미치지 못한 소인이 대인의 흉내를 내며 뽐낸다는 뜻을 지닌 「화호불성반류구(畫虎不成反類狗)」라고 하는 것은 여기서 나온 말이며, 이와 비슷한 소인배는 우리들 주위에도 흔하디흔하다.

또는 「각곡유아(刻鵠類鶩)」라고도 하는데, 이는 고니를 새기려다 이루지 못하더라도 거위와 비슷하게 된다는 뜻으로, 훌륭한 선비를 본받으려다 실패해도 선인(善人)은 될 수 있음을 이르는 말로, 화호불성반류구와는 그 뜻이 정반대로 사용된다.

換骨奪胎
환　골　탈　태

換換換換換換換換換換換 (바꿀 환)
骨骨骨骨骨骨骨骨骨 (뼈 골)
奪奪奪奪奪奪奪奪奪奪奪奪奪 (빼앗을 탈)
胎胎胎胎胎胎胎胎 (아이 밸 태)

뼈를 바꾸고 태를 빼앗는다.

出典　석혜홍(釋惠洪)의 냉재야화(冷齋夜話)

"당나라의 대표적인 시인 두보(杜甫)의 붓 끝에 걸리면 평범한 경치라도 아름다운 자연으로 바뀌는데, 이것은 마치 연금술사가 한 알의 영단(靈丹)을 넣어 쇠를 황금으로 변화시키는 것과 같다."

이렇게 주장한 사람은 시인 황정견(黃庭堅)이며, 그는 소식(蘇軾)과 함께 북송(北宋)을 대표하는 시인이다. 여기서 그가 말한 영단이란 도가(道家)에서 흔히 말하는 '영단을 먹음으로써 보통사람의 뼈를 신선의 골격으로 만든다'는 것으로서 이것을 「환골(換骨)」이라고 부른다.

그리고 남송의 중 석혜홍(釋惠洪)이 쓴 「냉재야화(冷齋夜話)」에 보면 황산곡(黃山谷)의 말을 빌려 이렇게 표현했다.

"시의 뜻은 그 끝이 없으나 사람의 재주는 한계가 있다. 그런즉 한계가 있는 재주로서 무궁무진한 뜻을 바라는 것은 아무리 도연명이나 두보라 할지라도 그 교묘함을 얻기 어렵다. 그러나 그 뜻을 바꾸지 않고 시를 만드는 것, 이것을 환골법이라 하며, 또한 그 뜻을 규모로 이것을 형용하는 것, 이것을 탈태법이라고 말한다."

여기서 「탈태(脫胎)」라는 것은 시인의 시상이 마치 어머니의 태내(胎內)에 아기가 있는 것과 같으며, 그 태를 나의 것으로 삼아 시경으로 변화시키는 것을 의미한다.

그런즉 「환골탈태」란 선인(先人)이 지은 시의 어구나 결구만을 바꾸어 자작시처럼 꾸미는 표현법이다. 그러나 여기서 주의할 점은 흔히 말하는 표절과는 다른, 한시(漢詩)의 한 기법이라는 사실을 착각하면 안된다.

그리고 또 본래 「환골탈태(換骨脫胎)」란 문장을 미화시키는 것이 아니라 연단법(鍊丹法)에 의해 새로운 사람이 되는 것을 말하는 것이지만, 박학다식한 황정견에 의해 도가의 용어를 빌려 표현한 것임을 참고삼아 밝힌다.

국어사전(삼성출판사의 「새우리말큰사전」)엔 "① 용모가 환하게 트이고 아름다워져서 전혀 딴사람처럼 됨. ② 뼈대를 바꿔 끼고 태(胎)를 빼앗는다는 뜻으로 형용이 좋은 방향으로 달라짐. ③ 시문(詩文)을 모방하여 지었으나 그 짜임새와 수법이 먼저 것보다 잘 됨" 등으로 정의돼 있다. 우리는 주로 ②의 의미로 환골탈태라는 말을 쓰곤 한다. 이와 유사하게 '뼈를 깎는 고통과 반성'을 통해 무얼 새롭게 하겠다는 말도 한다. 오래전부터 반성과 변화의 각오를 다질 때에 써오던 말인데, 바로 그런 이유 때문인지 별 생각 없이 남용하는 경향이 농후하다.

오동환은 "깎는 게 얼마나 무서운가"라면서 "그놈의 뼈는 도대체 얼마나 굵길래 깎아내고 또 깎아내도 부러지지 않고 여전히 그 육중한 몸뚱이를 감당해내는지 알듯하면서도 모를 일이 아닐 수 없다"고 했다. 그는 신문 인사 프로필에 자주 등장하는 "내무 관료로 잔뼈가 굵은" 식의 표현도 문제 삼았다. "아니, 대학을 졸업, 군대 갔다와 취직하면 이미 잔뼈는 굵어질 대로 굵어진 게 아닐까. 무슨 놈의 뼈가 그렇게 성인이 돼도 계속 굵어진다는 것인가." 문제는 여기에만 있지 않다.

너무 많아서 이만 줄인다.

換父易祖
환 부 약 조

換換換換換換換換換換換 (바꿀 환)
父父父父 (아비 부)
易易易易易易易易 (바꿀 역, 쉬울 이)
祖祖祖祖祖祖祖祖祖 (조상 조)

아비와 할아비를 바꾼다는 말.

지체가 좋지 못한 사람이 지체를 높이기 위하여 옳지 못한 수단(手段)으로 자손(子孫)이 없는 양반 집의 뒤를 잇는 일.

會稽之恥
회 계 지 치

會會會會會會會會會會會會會 (모을 회)
稽稽稽稽稽稽稽稽稽稽稽稽稽稽稽 (상고할 계)
之之之之 (갈 지)
恥丁丁丁丁耳耳恥恥恥 (부끄러울 치)

회계산(會稽山)에서 받은 치욕(恥辱)이라는 뜻.

전쟁에서 진 치욕, 또는 마음에 새겨져 잊지 못하는 치욕을 비유해 이르는 말.

會者定離
회 자 정 리

會會會會會會會會會會會會會 (모을 회)
者者者者者者者者者 (놈 자)
定定定定定定定定 (정할 정)
離離離離離離離離離離離離離離離離離離 (떠날 리)

만나면 언젠가는 헤어지게 되어 있다는 뜻.

인생의 무상(無常)함을 인간의 힘으로는 어찌 할 수 없는 이별(離別)의 아쉬움을 일컫는 말.

태어나면 죽게 되고, 만나면 헤어지게 되는 고통스런 인생살이의 모습. 곧 인생과 우주가 무상한 것을 나타내는 말.

效 嚬
효 빈

效效效效效效效效效效 (본받을 효)
嚬嚬嚬嚬嚬嚬嚬嚬嚬嚬嚬嚬嚬嚬嚬嚬嚬嚬 (찡그릴 빈)

눈살을 찡그리는 것을 흉내내다.

出典 장자(莊子) 천운편(天運篇)

춘추말기 월나라의 최고 미녀 서시(西施)가 어느날 갑자기 가슴이 아파오는 바람에 가슴을 움켜쥐고 얼굴을 찡그렸다. 그러자 이것을 본 동네 사람들은 그 찡그렸을 때의 아름다움을 발견하고 부러워하며 수군거렸다.

그런데 이때 그 동네에서 최고로 얼굴이 못생긴 처녀가 자기도 그렇게 하면 아름다울 것이라 생각하고 서시의 찡그린 모습을 흉내내며 자랑삼아 동네 구석구석까지 찡그린 얼굴을 하고 휩쓸고 돌아다녔다.

이에 깜짝 놀란 동네 사람들은 얼굴이 못생긴데다 더 못생기게 찌그러진 모습을 아예 보지 않으려고 문을 닫아 버리거나, 아니면 부인과 딸이 그것을 흉내라도 낼까봐 처자를 이끌고 아주 멀리 이사를 가버리는 사람까지도 있었다.

이런 경우는 요즘 TV광고매체에도 인용된다. 즉 서시 같은 미녀가 눈을 찡그리며 아이스크림이나 과자를 먹으면 그것을 그대로 흉내내는 소비자들이 바로 그것이다.

後生可畏
후 생 가 외

後後後後後後後後後(뒤 후)
生生生生生(날 생)
可可可可可(옳을 가)
畏畏畏畏畏畏畏畏畏(두려워할 외)

옳은 후배인들을 두려워해야 한다.

出典　논어(論語) 자한편(子罕篇)

"젊은 후배들을 두려워해야 한다. 장래의 그들이 오늘의 우리보다 못할 것이라고 말할 수 있겠는가?"

논어에 수록된 공자님 말씀처럼 「후생가외(後生可畏)」는 젊은 후배가 무섭다는 뜻이며, 이 말은 현대인들에게도 설득력이 매우 강하게 풍긴다. 그러나 또 한편으로 다음과 같은 말을 해 「후생가외(後生可畏)」의 뜻을 더욱더 살려준다.

"……그러나 사오십 세가 되어도 이름이 나지 않으면 그때는 두려워할 필요가 없다."

공자님은 「후생가외(後生可畏)」를 판단할 수 있는 나이를 40~50대로 본 것이다. 다시 말해 공자님은 40~50세가 지나서도 학문의 결실이 없다면 두려워할 것이 못된다고 못을 박음으로써 젊었을 때 학문에 힘쓸 것을 고무시킨 것이다.

그런 면에서,

"40세가 되면 자신의 얼굴에 책임을 져야 한다"는 명언을 남긴 링컨이 새삼 돋보인다.

厚厚厚厚厚厚厚厚厚(두터울 후)
顔顔顔顔顔顔顔顔顔顔顔顔顔顔顔(얼굴 안)
無無無無無無無無無無無無(없을 무)
恥恥恥恥恥恥恥恥恥恥恥(부끄러울 치)

얼굴이 두껍고 부끄러움이 없다라는 뜻.

뻔뻔스러워 부끄러워할 줄 모름.

우리말에도 '얼굴이 두껍다'는 표현이 있는데, 세상 어느 곳에서도 예의가 없고 겸손하지 않은 인간들은 얼굴이 두꺼운가 보다. 우리 속담에 '벼룩도 낯짝이 있다'는 말이 있는데, 정말 이런 인간은 낯짝이 두꺼운가 보다.

興興伊卽肝即肝即肝即肝肝肝興(흥할 흥)
亡亡亡 (망할 망)
盛厂厂成成成成成成盛盛 (성할 성)
衰衰衰衰衰衰衰衰衰 (쇠할 쇠)

흥하고 망(亡)하고 성(盛)하고 쇠(衰)하는 일.

사람의 운수와 나라의 운명이 고정되어 있지 않고 돌고 돌아 늘 변한다는 말이다. 비슷한 말로 「물극필반(物極必反)」이라는 말이 있다.

"사물의 전개가 극에 달하면 반드시 반전한다"는 뜻으로 사물이나 형세는 고정불변인 것이 아니라 흥망성쇠를 반복하게 마련이라는 뜻도 있고, 어떤 일을 함에 있어 지나치게 욕심을 부리지 말라는 뜻도 담겨 있다.

興興伊卽肝即肝即肝即肝肝肝興(흥할 흥)
盡盡盡盡盡盡盡盡盡盡盡盡盡 (다할 진)
悲悲悲悲悲悲悲悲悲悲悲 (슬플 비)
來來來來來來來來來 (올 래)

즐거운 일이 지나가면 슬픈 일이 닥쳐온다는 뜻.

① 세상일이 순환(循環)됨을 가리키는 말. ② 세상의 온갖 일에 너무 자만(自慢)하거나 낙담(落膽)하지 말라는 뜻. ③ 흥망(興亡)과 성쇠(盛衰)가 엇바뀜을 일컫는 말.

喜喜喜喜喜喜喜喜喜喜喜喜 (기쁠 희)
怒夂夂怒怒怒怒怒怒怒 (성낼 노,로)
哀哀哀哀哀哀哀哀哀哀 (슬플 애)
樂樂樂樂樂樂樂樂樂樂樂樂樂樂樂 (즐거울 락)

기쁨과 노여움, 슬픔과 즐거움이라는 뜻으로, 곧 사람의 여러 가지 감정을 이르는 말.

고사성어

故事成語

대백과

故事成語

약자	정자	음 훈
3획		
万	萬	일만 만
与	與	어조사 여
4획		
欠	缺	이지러질 결
区	區	구분할 구
仏	佛	부처 불
予	豫	미리 예
円	圓	둥글 원
卆	卒	군사 졸
双	雙	쌍 쌍
5획		
旧	舊	예 구
台	臺	대 대
仝	同	한가지 동
礼	禮	예도 례
弁	辯	말 잘할 변
払	拂	떨칠 불
写	寫	베낄 사
圧	壓	누를 압
処	處	살 처
厅	廳	관청 청
弁	瓣	오이씨 판
号	號	부르짖을 호

약자	정자	음 훈
6획		
仮	假	거짓 가
缶	罐	두레박 관
気	氣	기운 기
団	團	둥글 단
当	當	당할 당
灯	燈	등불 등
迈	邁	갈 매
辺	邊	가 변
両	兩	두 량
弐	貳	두 이
壮	壯	장할 장
争	爭	다툴 쟁
伝	傳	전할 전
尽	盡	다할 진
虫	蟲	벌레 충
沖	沖	빌 충
会	會	모일 회
后	後	뒤 후
兴	興	일 흥
7획		
対	對	대답할 대
図	圖	그림 도
乱	亂	어지러울 란
来	來	올 래

약자	정자	음 훈
励	勵	힘쓸 려
灵	靈	신령 령
労	勞	수고로울 노, 로
売	賣	팔 매
麦	麥	보리 맥
状	狀	모양 상
声	聲	소리 성
寿	壽	목숨 수
亜	亞	버금 아
児	兒	아이 아
余	餘	남을 여
芸	藝	재주 예
応	應	응당 응
医	醫	의원 의
囲	圍	에울 위
壱	壹	한 일
条	條	가지 조
体	體	몸 체
沢	澤	못 택
択	擇	가릴 택
8획		
価	價	값 가
拠	據	의지할 거
杰	傑	호걸 걸
茎	莖	줄기 경

附錄

481

약자	정자	음 훈
径	徑	지름길 경
拐	拐	유인할 괴
欧	歐	때릴 구
国	國	나라 국
券	券	문서 권
担	擔	멜 담
突	突	갑자기 돌
炉	爐	화로 로
弥	彌	활부릴 미
拝	拜	절 배
宝	寶	보배 보
歩	步	걸음 보
舎	舍	집 사
参	參	석 삼
実	實	열매 실
岳	嶽	큰 산 악
岩	巖	바위 암
尭	堯	임금 요
斉	齊	가지런할 제
従	從	좇을 종
青	靑	푸를 청
抱	抱	안을 포
学	學	배울 학
侠	俠	의기 협
画	畫	그림 화
拡	擴	넓힐 확

약자	정자	음 훈
画	劃	그을 획

9 획

약자	정자	음 훈
脛	脛	정강이 경
単	單	홑 단
胆	膽	쓸개 담
独	獨	홀로 독
発	發	필 발
変	變	변할 변
砕	碎	부술 쇄
乗	乘	탈 승
栄	榮	영화 영
為	爲	할 위
荘	莊	씩씩할 장
専	專	오로지 전
窃	竊	훔칠 절
点	點	점 점
浄	淨	조촐할 정
昼	晝	낮 주
浅	淺	얕을 천
臭	臭	냄새 취
漆	柒	칠할 칠
胞	胞	태보 포
県	縣	매달 현
狭	狹	좁을 협
峡	峽	골짜기 협
挟	挾	낄 협

약자	정자	음 훈
姫	姬	아씨 희

10 획

약자	정자	음 훈
挙	擧	들 거
倹	儉	검소할 검
剣	劍	칼 검
帰	歸	돌아갈 귀
悩	惱	괴로워할 뇌
党	黨	무리 당
帯	帶	띠 대
涛	濤	물결 도
恋	戀	그리워할 련
竜	龍	용 룡
涙	淚	눈물 루
浜	濱	물가 빈
殺	殺	죽일 살
捜	搜	찾을 수
粋	粹	순수할 수
唖	啞	벙어리 아
桜	櫻	앵두 앵
益	益	더할 익
逸	逸	편할 일
残	殘	남을 잔
桟	棧	잔도 잔
蚕	蠶	누에 잠
将	將	장수 장
剤	劑	조절할 제

약자	정자	음 훈
從	從	좇을 종
真	眞	참 진
逓	遞	갈마들 체
称	稱	일컬을 칭
砲	砲	돌 쇠뇌 포
陥	陷	빠질 함
恵	惠	은혜 혜
桧	檜	전나무 회

11 획

약자	정자	음 훈
渇	渴	목마를 갈
葛	葛	칡 갈
喝	喝	꾸짖을 갈
強	强	굳셀 강
経	經	글 경
盖	蓋	덮을 개
渓	溪	시내 계
亀	龜	거북 구
倦	倦	게으를 권
脳	腦	뇌 뇌
断	斷	끊을 단
祷	禱	빌 도
猟	獵	사냥 렵
隆	隆	높을 륭
捨	捨	버릴 사
渋	澁	떫을 삽
釈	釋	풀 석

약자	정자	음 훈
渉	涉	건널 섭
巣	巢	새 집 소
属	屬	붙일 속
粛	肅	엄숙할 숙
湿	濕	젖을 습
視	視	볼 시
悪	惡	악할 악
訳	譯	번역 역
偽	僞	거짓 위
剰	剩	남을 잉
斎	齋	집 재
転	轉	구를 전
情	情	뜻 정
済	濟	건널 제
酔	醉	취할 취
虚	虛	빌 허
険	險	험할 험
蛍	螢	개똥벌레 형
壷	壺	항아리 호

12 획

약자	정자	음 훈
覚	覺	깨달을 각
検	檢	검사할 검
軽	輕	가벼울 경
捲	捲	주먹 쥘 권
勤	勤	부지런할 근
隊	隊	떼 대

약자	정자	음 훈
煉	煉	쇠 불릴 련
禄	祿	녹봉 록
屡	屢	여러 루
塁	壘	보루 루
湾	灣	물 굽이 만
満	滿	찰 만
蛮	蠻	오랑캐 만
博	博	넓을 박
随	隨	따를 수
遂	遂	드디어 수
営	營	경영할 영
温	溫	따뜻할 온
揺	搖	흔들 요
雑	雜	섞일 잡
装	裝	꾸밀 장
証	證	증거 증
遅	遲	늦을 지
畳	疊	거듭 첩
歯	齒	이 치
堕	墮	떨어질 타
弾	彈	탄알 탄
廃	廢	폐할 폐
割	割	벨 할
絵	繪	그림 회

13 획

약자	정자	음 훈
褐	褐	털옷 갈

약자	정자	음 훈
継	繼	이을 계
鉱	鑛	쇳돌 광
勧	勸	권할 권
楽	樂	즐거울 락
暖	暖	따뜻할 난
滝	瀧	젖을 롱
楼	樓	다락 루
辞	辭	말씀 사
禅	禪	선 선
摂	攝	추스를 섭
聖	聖	성인 성
歳	歲	해 세
焼	燒	사를 소
続	續	이을 속
数	數	셈 수
塩	鹽	소금 염
虞	虞	헤아릴 우
溢	溢	넘칠 일
跡	蹟	자취 적
戦	戰	싸움 전
塡	塡	메울 전
靖	靖	꾀할 정
賎	賤	천할 천
践	踐	밟을 천
鉄	鐵	쇠 철
滞	滯	막힐 체

약자	정자	음 훈
触	觸	닿을 촉
寝	寢	잠잘 침
豊	豐	풍년 풍
漢	漢	한수 한
献	獻	바칠 헌
暁	曉	새벽 효
熙	熙	빛날 희

14 획

약자	정자	음 훈
頚	頸	목 경
関	關	빗장 관
駆	驅	몰 구
德	德	덕 덕
稲	稻	벼 도
読	讀	읽을 독
蝋	蠟	밀 랍
歴	歷	겪을 력
暦	曆	세월 력
練	練	익힐 련
緑	綠	푸를 록
髪	髮	터럭 발
様	樣	모양 양
駅	驛	역 역
隠	隱	숨을 은
雑	雜	섞일 잡
銭	錢	돈 전
精	精	정할 정

약자	정자	음 훈
静	靜	고요 정
憎	憎	미울 증
増	增	불을 증
徴	徵	부를 징
遮	遮	막을 차
総	總	거느릴 총
聡	聰	귀밝을 총
層	層	층 층
飽	飽	물릴 포

15 획

약자	정자	음 훈
攪	攪	어지러울 교
麹	麴	누룩 국
権	權	권세 권
霊	靈	신령 령
敷	敷	펼 부
賓	賓	손 빈
選	選	가릴 선
穂	穗	이삭 수
縄	繩	줄 승
蝿	蠅	파리 승
諸	諸	모든 제
鋳	鑄	쇳물 부어만들 주
賛	贊	도울 찬
請	請	청할 청
嘱	囑	부탁할 촉

약자	정자	음 훈
頬	頰	뺨 협
歓	歡	기쁠 환
戯	戲	기 희

16 획

약자	정자	음 훈
壊	壞	무너질 괴
錬	鍊	단련할 련
録	錄	기록 록
頼	賴	힘입을 뢰
薄	薄	엷을 박
獣	獸	짐승 수
藪	藪	늪 수
薬	藥	약 약
壌	壤	흙덩이 양
嬢	孃	계집애 양
穏	穩	평온할 온
謡	謠	노래 요
静	靜	고요 정
縦	縱	늘어질 종
懐	懷	품을 회

17 획

약자	정자	음 훈
覧	覽	볼 람
齢	齡	나이 령
繊	纖	가늘 섬
繍	繡	수놓을 수
厳	嚴	엄할 엄
醤	醬	젓갈 장

약자	정자	음 훈
聴	聽	들을 청
犠	犧	희생 희

18 획

약자	정자	음 훈
観	觀	볼 관
騒	騷	시끄러울 소
鎖	鎖	자물쇠 쇄
顔	顏	얼굴 안
贈	贈	보낼 증
鎮	鎭	진압할 진
懲	懲	징계할 징
闘	鬪	싸울 투
験	驗	증험할 험
顕	顯	나타날 현

19 획

약자	정자	음 훈
鶏	鷄	닭 계
懶	懶	게으를 라
瀬	瀨	여울 뢰
髄	髓	골수 수
臓	臟	오장 장
顛	顚	정수리 전
覇	霸	으뜸 패

20 획

약자	정자	음 훈
欄	欄	난간 란
巌	巖	바위 암
譲	讓	사양할 양
醸	釀	술 빚을 양

약자	정자	음 훈
響	響	울릴 향
饗	饗	잔치할 향
蘭	蘭	난초 란

21 ~ 25 획

약자	정자	음 훈
纉	纘	이을 찬
讃	讚	기릴 찬
欝	鬱	답답할 울

附録

훈음	한자
降 내릴 강	降等(강등)
降 항복할 항	降服(항복)
更 다시 갱	更新(갱신)
更 고칠 경	變更(변경)
車 수레 거	車馬費(거마비)
車 탈것 차	自動車(자동차)
乾 하늘 건	乾坤(건곤)
乾 마를 간	乾淨(간정)
見 볼 견	見學(견학)
見 나타날 현	謁見(알현)
句 글귀 구	文句(문구)
句 글귀 귀	句節(귀절)
龜 거북 귀	龜趺(귀부)
龜 터질 균	龜裂(균열)
金 쇠 금	金屬(금속)
金 금 금	金銀(금은)
金 성씨 김	金氏(김씨)
茶 차 다	茶菓(다과)
茶 차 차	茶禮(차례)
丹 붉을 단	丹靑(단청)
丹 꽃이름 란	牡丹(모란)
宅 집 댁	宅內(댁내)
宅 살 택	住宅(주택)
度 법도 도	制度(제도)
度 꾀할 탁	度地(탁지)
讀 읽을 독	讀書(독서)
讀 구두 두	句讀(구두)
洞 골 동	洞里(동리)
洞 뚫을 통	洞察(통찰)
樂 즐거울 락	娛樂(오락)
樂 즐길 요	樂山(요산)
樂 음악 악	音樂(음악)
復 돌아올 복	復歸(복귀)
復 회복할 복	復舊(복구)
復 다시 부	復活(부활)
否 아닐 부	否定(부정)
否 막힐 비	否運(비운)

훈음	한자
北 북녘 북	南北(남북)
北 달아날 배	敗北(패배)
不 아니 불	不能(불능)
不 아니 부	不在(부재)
沸 끓을 비	沸騰(비등)
沸 용솟음칠 불	沸水(불수)
寺 절 사	寺院(사원)
寺 내관 시	司僕寺(사복시)
殺 죽일 살	殺人(살인)
殺 감할 쇄	相殺(상쇄)
參 석 삼	參拾(삼십)
參 참여할 참	參加(참가)
狀 모양 상	狀態(상태)
狀 문서 장	賞狀(상장)
塞 변방 새	要塞(요새)
塞 막을 색	閉塞(폐색)
塞	索源(색원)
說 말씀 설	說明(설명)
說 달랠 세	遊說(유세)
說 기쁠 열	說樂(열락)
省 살필 성	反省(반성)
省 덜 생	省略(생략)
率 거느릴 솔	統率(통솔)
率 비례 률	比率(비율)
數 셈 수	數學(수학)
數 자주 삭	頻數(빈삭)
宿 잘 숙	宿所(숙소)
宿 별자리 수	房宿(방수)
拾 주울 습	拾得(습득)
拾 열 십	拾萬(십만)
食 먹을 식	食事(식사)
食 먹일 사	簞食(단사)
識 알 식	識見(식견)
識 기록할 지	標識(표지)
惡 악할 악	惡魔(악마)
惡 미워할 오	憎惡(증오)
於 어조사 어	於是乎(어시호)
於 아 오	於乎(오호)

훈음	한자
易 바꿀 역	貿易(무역)
易 쉬울 이	容易(용이)
咽 목구멍 인	咽喉(인후)
咽 목멜 열	嗚咽(오열)
炙 고기구울 자	炙鐵(자철)
炙 냄새피울 적	散炙(산적)
炙	炙果器(적과기)
炙	炙鐵(적철)
刺 찌를 자	刺客(자객)
刺 찌를 척	刺殺(척살)
刺 수라 라	水刺(수라)
抵 막을 저	抵抗(저항)
抵 칠 지	抵掌(지장)
切 끊을 절	切斷(절단)
切 온통 체	一切(일체)
辰 별 진	辰宿(진수)
辰 때 신	生辰(생신)
拓 개척할 척	開拓(개척)
拓 밀 탁	拓本(탁본)
則 법칙 칙	規則(규칙)
則 곧 즉	然則(연즉)
沈 잠길 침	沈沒(침몰)
沈 성씨 심	沈氏(심시)
便 편할 편	便利(편리)
便 오줌 변	便所(변소)
暴 사나울 폭	暴風(폭풍)
暴 사나울 포	暴惡(포악)
行 갈 행	行軍(행군)
行 행할 행	執行(집행)
行 항렬 항	行列(항렬)
畵 그림 화	畵室(화실)
畵 그을 획	畵數(획수)
畵	畵一(획일)
滑 미끄러울 활	滑降(활강)
滑	圓滑(원활)
滑 어지러울 골	滑稽(골계)
滑	滑混(골혼)

잘못 읽기 쉬운 한자

한 자	맞 음	틀 림
苛斂	가렴	가검
恪別	각별	격별
角逐	각축	각추
艱難	간난	가난
干涉	간섭	간보
看做	간주	간고
間歇	간헐	간홀
甘蔗	감자	감서
降下	강하	항하
腔血	강혈	공혈
概括	개괄	개활
改悛	개전	개준
坑夫	갱부	항부
更生	갱생	경생
釀出	갹출	거출
車馬費	거마비	차마비
愆過	건과	연과
怯懦	겁나	겁유
揭示	게시	계시
譴責	견책	유책
更張	경장	갱장
更迭	경질	갱질
驚蟄	경칩	경첩
股肱	고굉	고공
袴衣	고의	과의
膏盲	고황	고맹
麯子	곡자	국자
滑稽	골계	활계
汨沒	골몰	일몰
誇張	과장	오장
刮目	괄목	활목
乖離	괴리	승리

한 자	맞 음	틀 림
教唆	교사	교준
攪亂	교란	각란
攪拌	교반	각반
狡獪	교쾌	교회
交驩	교환	교관
口腔	구강	구공
句讀	구두	구독
口碑	구비	구패
拘碍	구애	구득
句節	구절	귀절
狗吠	구폐	구견
救恤	구휼	구혈
詭辯	궤변	위변
龜鑑	귀감	구감
龜裂	균열	구열
琴瑟	금슬	금실
奇恥	기치	기심
旗幟	기치	기식
喫燃	끽연	계연
儺禮	나례	난례
懦弱	나약	유약
內人	나인	내인
裸體	나체	과체
懶怠	나태	뢰태
拿捕	나포	합포
烙印	낙인	각인
難澁	난삽	난습
捺印	날인	내인
捏造	날조	구조
拉致	납치	입치
狼藉	낭자	낭적
內帑	내탕	내노

한 자	맞 음	틀 림
內訌	내홍	내공
鹿茸	녹용	녹이
壟斷	농단	용단
賂物	뇌물	각물
漏泄	누설	누세
漏洩	누설	누예
凜然	늠연	품연
賂物	뇌물	각물
牢約	뇌약	우약
訥辯	눌변	내변
凜凜	늠름	품품
茶菓	다과	차과
茶店	다점	차점
團欒	단란	단락
簞食	단사	단식
曇天	담천	운천
遝至	답지	환지
撞着	당착	동착
對峙	대치	대지
宅內	댁내	택내
蹈襲	도습	답습
陶冶	도야	도치
跳躍	도약	조약
瀆職	독직	속직
獨擅	독천	독단
屯困	둔곤	돈곤
臀部	둔부	전부
鈍濁	둔탁	순탁
遁走	둔주	순주
滿腔	만강	만공
萬朶	만타	만내
罵倒	매도	마도

487

한자	맞음	틀림
魅力	매력	미력
邁進	매진	만진
驀進	맥진	막진
盟誓	맹서	맹세
萌芽	맹아	명아
明晳	명석	명철
明澄	명징	명등
牡丹	모란	목단
牡牛	모우	두우
木瓜	모과	목과
木鐸	목탁	목택
蒙昧	몽매	몽미
夢寐	몽매	몽침
杳然	묘연	향연
巫覡	무격	무현
巫羈	무기	무현
毋論	무론	모론
無聊	무료	무류
拇印	무인	모인
紊亂	문란	사란
未洽	미흡	미합
撲滅	박멸	복멸
撲殺	박살	복살
剝奪	박탈	약탈
反駁	반박	반교
頒布	반포	분포
半截	반절	반재
潑剌	발랄	발자
拔萃	발췌	발취
拔擢	발탁	발요
跋扈	발호	발읍
發揮	발휘	발혼
勃興	발흥	역흥
妨碍	방애	방의

한자	맞음	틀림
幫助	방조	봉조
拜謁	배알	배갈
背馳	배치	배야
範疇	범주	범수
便秘	변비	편비
兵站	병참	병첨
報酬	보수	보주
布施	보시	포시
補塡	보전	보진
不斷	부단	불단
不得已	부득이	부득기
復活	부활	복활
敷衍	부연	부행
浮沈	부침	부심
分泌	분비	분필
不朽	불후	불구
沸騰	비등	불등
匕首	비수	칠수
妃嬪	비빈	기빈
否塞	비색	부색
頻數	빈삭	보수
嚬蹙	빈축	빈촉
憑藉	빙자	빙적
詐欺	사기	작기
些少	사소	차소
使嗾	사주	사족
獅子吼	사자후	사자공
娑婆	사바	사파
社稷	사직	사목
奢侈	사치	사다
索莫	삭막	색막
數數	삭삭	수수
索然	삭연	색연
撒布	살포	산포

한자	맞음	틀림
三昧	삼매	삼미
商賈	상고	상가
相殺	상쇄	상살
上梓	상재	상자
省略	생략	성략
生辰	생신	생진
棲息	서식	처식
逝去	서거	절거
先塋	선영	선형
閃光	섬광	민광
星宿	성수	성숙
星辰	성신	생진
洗滌	세척	세조
遡及	소급	삭급
甦生	소생	갱생
騷擾	소요	소우
蕭條	소조	숙조
贖罪	속죄	독죄
殺到	쇄도	살도
戍樓	수루	술루
睡眠	수면	수민
竪說	수설	견설
數爻	수효	수차
馴致	순치	훈치
豺狼	시랑	재랑
猜忌	시기	청기
柴糧	시량	자량
十方	시방	십방
示唆	시사	시준
十月	시월	십월
諡號	시호	익호
辛辣	신랄	신극
迅速	신속	빈속
呻吟	신음	신금

한 자	맞음	틀림
齷齪	악착	악족
軋轢	알력	알륵
斡旋	알선	간선
謁見	알현	알견
哀悼	애도	애탁
隘路	애로	익로
冶金	야금	치금
惹起	야기	약기
掠奪	약탈	경탈
円貨	엔화	원화
濾過	여과	노과
役割	역할	역활
軟膏	연고	난고
軟弱	연약	나약
厭惡	염오	염악
領袖	영수	영유
囹圄	영어	영오
誤謬	오류	오교
惡心	오심	악심
嗚咽	오열	오인
惡辱	오욕	악욕
惡寒	오한	악한
訛傳	와전	화전
渦中	와중	과중
緩和	완화	난화
歪曲	왜곡	외곡
外艱	외간	외난
邀擊	요격	격격
樂山	요산	낙산
要塞	요새	요색
樂水	요수	낙수
窯業	요업	강업
凹凸	요철	요돌
容喙	용훼	용탁

한 자	맞음	틀림
雨雹	우박	우포
誘拐	유괴	수호
誘發	유발	수발
遊說	유세	유설
六月	유월	육월
隱匿	은닉	은약
吟味	음미	금미
凝結	응결	의결
義捐	의연	의손
以降	이강	이항
罹病	이병	나병
移徙	이사	이도
弛緩	이완	치완
已往	이왕	기왕
罹災	이재	나재
罹患	이환	나환
溺死	익사	약사
湮滅	인멸	연멸
一括	일괄	일활
一擲	일척	일정
一切	일체	일절
剩餘	잉여	승여
自矜	자긍	자금
孜孜	자자	고고
藉藉	자자	적적
綽綽	작작	탁탁
箴言	잠언	함언
這間	저간	언간
沮止	저지	조지
積阻	적조	적저
塡充	전충	전통
傳播	전파	전번
截斷	절단	재단
點睛	점정	점청

한 자	맞음	틀림
接吻	접문	접물
正鵠	정곡	정고
靜謐	정밀	정일
稠密	조밀	주밀
造詣	조예	조지
措置	조치	차치
躊躇	주저	수저
駐箚	주차	주탑
蠢動	준동	춘동
浚渫	준설	준첩
櫛比	즐비	절비
憎惡	증오	증악
支撐	지탱	지장
眞摯	진지	진집
桎梏	질곡	지고
叱責	질책	칠책
斟酌	짐작	심작
什器	집기	십기
什物	집물	십물
執拗	집요	집유
茶禮	차례	다례
捉來	착래	촉래
慙愧	참괴	참귀
斬新	참신	점신
懺悔	참회	섬회
暢達	창달	양달
漲溢	창일	장익
闡明	천명	단명
喘息	천식	단식
掣肘	철주	제주
鐵槌	철퇴	철추
尖端	첨단	열단
蒼氓	창맹	창민
悵然	창연	장연

489

한 자	맞 음	틀 림	한 자	맞 음	틀 림	한 자	맞 음	틀 림
貼付	첩부	첨부	跛行	파행	피행	絢爛	현란	순란
諦念	체념	제념	辨償	판상	변상	孑遺	혈유	자유
涕泣	체읍	제립	稗官	패관	비관	孑孑	혈혈	자자
憔悴	초췌	초졸	覇權	패권	파권	嫌惡	혐오	겸악
忖度	촌탁	촌도	敗北	패배	패북	荊棘	형극	형자
寵愛	총애	용애	沛然	패연	시연	亨通	형통	향통
撮影	촬영	최영	膨脹	팽창	팽장	好惡	호오	호악
追悼	추도	추탁	便利	편리	편이	呼吸	호흡	호급
醜態	추태	취태	平坦	평탄	평단	渾然	혼연	군연
秋毫	추호	추모	閉塞	폐색	폐한	忽然	홀연	총연
衷心	충심	애심	鋪道	포도	보도	花瓣	화판	화변
充溢	충일	충익	褒賞	포상	보상	花卉	화훼	화에
贅言	췌언	취언	暴惡	포악	폭악	滑走	활주	골주
脆弱	취약	궤약	標識	표지	표식	豁達	활달	곡달
熾烈	치열	식열	捕捉	포착	포촉	恍惚	황홀	광홀
沈沒	침몰	심몰	暴惡	포악	폭악	灰燼	회신	회진
鍼術	침술	함술	輻輳	폭주	복주	膾炙	회자	회화
蟄居	칩거	집거	漂渺	표묘	표사	劃數	획수	화수
拓本	탁본	척본	標識	표지	표식	橫暴	횡포	횡폭
度支	탁지	도지	稟議	품의	표의	嚆矢	효시	고시
綻露	탄로	정로	風靡	풍미	풍비	嗅覺	후각	취각
坦坦	탄탄	단단	虐政	학정	확정	薨去	훙거	붕거
彈劾	탄핵	탄효	割引	할인	활인	毁謗	훼방	회방
探究	탐구	심구	陜川	합천	협천	毁損	훼손	회손
耽溺	탐닉	탐익	行列	항렬	행렬	彙報	휘보	과보
攄得	터득	여득	肛門	항문	홍문	麾下	휘하	마하
慟哭	통곡	동곡	降服	항복	강복	恤兵	휼병	혈병
洞察	통찰	동찰	降將	항장	강장	欣快	흔쾌	흠쾌
推敲	퇴고	추고	偕老	해로	개로	訖然	흘연	걸연
堆積	퇴적	추적	楷書	해서	개서	恰似	흡사	합사
偸盜	투도	유도	解弛	해이	해야	洽足	흡족	합족
偸安	투안	유안	諧謔	해학	개학	詰難	힐난	길난
派遣	파견	파유	享樂	향락	형락			
破綻	파탄	파정	享有	향유	형유			

간체자	정자	훈과 음	발음

2획

간체자	정자	훈과 음	발음
厂	廠	헛간 창	chǎng
卜	蔔	무 복	bò, bó, bǔ
儿	兒	아이 아	ér, ní
几	幾	몇 기	jǐ, jī
了	瞭	눈 밝을 료	liǎo, liào

3획

간체자	정자	훈과 음	발음
干	幹	줄기 간	gàn
干	乾	하늘 건	gān, qián
亏	虧	이지러질 휴	kuī
才	纔	겨우 재	cái
万	萬	일만 만	wàn, mò
与	與	어조사 여	yǔ, yú, yù
千	韆	그네 천	qiān
亿	億	억 억	yì
个	個	낱 개	gè, gě
么	麼	잘 마	mè, má
广	廣	넓을 광	guǎng
门	門	문 문	mén
义	義	옳을 의	yì
卫	衛	호위할 위	wèi
飞	飛	날 비	fēi
习	習	익힐 습	xí
马	馬	말 마	mǎ
乡	鄉	고을 향	xiāng

4획 ㅡ

간체자	정자	훈과 음	발음
丰	豐	풍년 풍	fēng
开	開	열 개	kāi
无	無	없을 무	wú, mó
韦	韋	다룸가죽 위	wéi
专	專	오로지 전	zhuān
云	雲	구름 운	yún
艺	藝	재주 예	yì
厅	廳	관청 청	tīng
历	歷	겪을 력	lì
历	曆	세월 력	lì
区	區	구분할 구	qū, ōu
车	車	수레 거	chē, jū

Ｊ

간체자	정자	훈과 음	발음
冈	岡	멧둥 강	gāng
贝	貝	조개 패	bèi
见	見	볼 견	jiàn, xiàn

ノ

간체자	정자	훈과 음	발음
气	氣	기운 기	qì
长	長	긴 장	cháng, zhǎng
仆	僕	시중꾼 복	pú, pū
币	幣	폐백 폐	bì
从	從	좇을 종	cóng
仑	侖	뭉치 륜	lún
仓	倉	곳집 창	cāng

附録

간체자	정자	훈과 음	발음
凤	風	바람 풍	fēng
仅	僅	겨우 근	jǐn, jìn
凤	鳳	새 봉	fèng
乌	烏	까마귀 오	wū, wù

、

간체자	정자	훈과 음	발음
闩	閂	빗장 산	shuān
为	爲	할 위	wéi, wèi
斗	鬥	싸울 투	dòu
忆	憶	생각 억	yì
订	訂	바로잡을 정	dìng
计	計	셀 계	jì
讣	訃	부고 부	fù
认	認	알 인	rèn
讥	譏	나무랄 기	jī

ㄱ

간체자	정자	훈과 음	발음
丑	醜	추할 추	chǒu
队	隊	떼 대	duì
办	辦	힘쓸 판	bàn
邓	鄧	나라이름 등	dèng
劝	勸	권할 권	quàn
双	雙	쌍 쌍	shuāng
书	書	글 서	shū

5획   一

간체자	정자	훈과 음	발음
击	擊	칠 격	jī
戋	戔	나머지 잔	jiān

간체자	정자	훈과 음	발음
扑	撲	칠 박	pū
节	節	마디 절	jié, jiē
术	術	재주 술	shù, zhú
龙	龍	용 룡	lóng
厉	厲	갈 려	lì
灭	滅	멸할 멸	miè
东	東	동녘 동	dōng
轧	軋	삐걱거릴 알	yà, gá, zhá

J

간체자	정자	훈과 음	발음
卢	盧	화로 로	lú
业	業	일 업	yè
旧	舊	예 구	jiù
帅	帥	장수 수	shuài
归	歸	돌아갈 귀	guī
叶	葉	잎 엽	yè, yié
号	號	부르짖을 호	hào, háo
电	電	번개 전	diàn
只	隻	외짝 척	zhī
祇	祇	공경할 지	zhī
叽	嘰	조금 먹을 기	jī
叹	嘆	탄식할 탄	tàn

丿

간체자	정자	훈과 음	발음
们	們	무리 문	mèn
仪	儀	거동 의	yí
丛	叢	떨기 총	cóng

간체자	정자	훈과 음	발음
尔	爾	너 이	ěr
乐	樂	즐거울 락	lè, yào, yuè
处	處	살 처	chù, chǔ
冬	鼕	북소리 동	dōng, tóng
鸟	鳥	새 조	niǎo, diǎo
务	務	힘쓸 무	wù
刍	芻	꼴 추	chú
饥	饑	주릴 기	jī

간체자	정자	훈과 음	발음
邝	鄺	성씨 광	kuàng
冯	馮	성씨 풍	féng, píng
闪	閃	번쩍할 섬	shǎn
兰	蘭	난초 란	lán
汇	滙	물 합할 회	huì
汇	彙	무리 휘	huì
头	頭	머리 두	tóu, tóu
汉	漢	한수 한	hàn
宁	寧	편안할 녕	níng, nìng
讦	訐	들추어낼 알	jié
讧	訌	무너질 홍	hòng
讨	討	칠 토	tǎo
写	寫	베낄 사	xiě
让	讓	사양할 양	ràng
礼	禮	예도 례	lǐ
讪	訕	헐뜯을 산	shàn
讫	訖	이를 흘	qì

간체자	정자	훈과 음	발음
训	訓	가르칠 훈	xùn
议	議	의논 의	yì
讯	訊	물을 신	xùn
记	記	기록 기	jì

一

간체자	정자	훈과 음	발음
辽	遼	밀 료	liáo
边	邊	가 변	biān
出	齣	단락 척	chū
发	發	필 발	fā
发	髮	터럭 발	fā, fā
圣	聖	성인 성	shèng
对	對	대답할 대	duì
台	臺	돈대 대	tái, tāi
台	檯	등대 대	tái
台	颱	태풍 태	tái
纠	糾	꼴 규	jiū
驭	馭	말 부릴 어	yù
丝	絲	실 사	sī

6 획

一

간체자	정자	훈과 음	발음
玑	璣	구슬 기	jī
动	動	움직일 동	dòng
执	執	잡을 집	zhí
巩	鞏	묶을 공	gǒng
圹	壙	광중 광	kuàng
扩	擴	넓힐 확	kuò
扪	捫	어루만질 문	mén

附録

간체자	정자	훈과 음	발음
扫	掃	쓸 소	sǎo, sào
扬	揚	날릴 양	yáng
场	場	마당 장	chǎng, cháng
亚	亞	버금 아	yà
芗	薌	곡식 냄새 향	xiāng, xiǎng
朴	樸	통나무 박	pǔ, piáo, pō
机	機	기틀 기	jī
权	權	권세 권	quán
过	過	지날 과	guò, guō, guó
协	協	화할 협	xié
压	壓	누를 압	yā, yà
厌	厭	싫을 염	yàn
库	庫	곳집 고	kù
页	頁	머리 혈	yè
夸	誇	자랑 과	kuā
夺	奪	빼앗을 탈	duó
达	達	통달할 달	dá, tà
夹	夾	곁 협	jiā, gā, jié
轨	軌	길 궤	guǐ
尧	堯	임금 요	yáo
划	劃	그을 획	huà, huá
迈	邁	갈 매	mài
毕	畢	마칠 필	bì

J

간체자	정자	훈과 음	발음
贞	貞	곧을 정	zhēn
师	師	스승 사	shī

간체자	정자	훈과 음	발음
当	當	당할 당	dāng, dàng
汤	噹	방울 당	dāng
尘	塵	티끌 진	chén
吁	籲	부를 유	yù
吓	嚇	노할 혁	xià, hè
虫	蟲	벌레 충	chóng
曲	麴	누룩 국	qū
团	團	둥글 단	tuán
团	糰	경단 단	tuán
吗	嗎	꾸짖을 마	mà, mā, mǎ
屿	嶼	섬 서	yǔ
岁	歲	해 세	suì
回	廻	돌 회	huí
岂	豈	어찌 기	qǐ, kǎi
则	則	곧 즉	zé
刚	剛	굳셀 강	gāng
网	網	그물 망	wǎng

丿

간체자	정자	훈과 음	발음
钆	釓	쇠뇌고동 구	gá
钇	釔	이트륨 을	yǐ
朱	硃	주사 주	zhū
迁	遷	옮길 천	qiān
乔	喬	높을 교	qiáo
伟	偉	클 위	wěi
传	傳	전할 전	chuán, zhuàn
伛	傴	구부릴 구	yǔ

간체자	정자	훈과 음	발음
优	優	넉넉할 우	yōu
伤	傷	상할 상	shāng
伥	倀	갈팡질팡할 창	chāng
价	價	값 가	jià, jiè, jiè
伦	倫	인륜 륜	lún
伧	傖	놈 창	cāng, chèn
华	華	화려할 화	huá, huà
伙	夥	많을 과	hǔo
伪	僞	거짓 위	wěi
向	嚮	향할 향	xiàng
后	後	뒤 후	hòu
会	會	모일 회	huì, kuài
杀	殺	죽일 살	shā, shài
合	閤	쪽문 합	hé, gǎo, gé
众	衆	무리 중	zhòng, zhōng
爷	爺	아비 야	yé
伞	傘	우산 산	sǎn
创	創	비롯할 창	chuàng, uāng
杂	雜	섞일 잡	zá
负	負	질 부	fú
犷	獷	사나울 광	guǎng
凫	鳧	오리 부	fú
邬	鄔	땅이름 오	wū, wǔ
饦	飥	수제비 탁	tuō
饧	餳	엿 당	xíng, táng

간체자	정자	훈과 음	발음
壮	壯	장할 장	zhuàng
冲	衝	찌를 충	chōng, chòng
妆	妝	꾸밀 장	zhuāng
庄	莊	씩씩할 장	zhuāng
庆	慶	경사 경	qìng
刘	劉	성씨 류	liú
齐	齊	가지런할 제	qí, jì, zhāi
产	産	낳을 산	chǎn
闭	閉	닫을 폐	bì
问	問	물을 문	wèn
闯	闖	말이 문에서 나오는 모양 틈	chuǎng
关	關	빗장 관	guān
灯	燈	등불 등	dēng
汤	湯	끓을 탕	tāng, shāng
忏	懺	뉘우칠 참	chàn
兴	興	일 흥	xīng, xìng
讲	講	논할 강	jiǎng
讳	諱	꺼릴 휘	huì
讴	謳	노래할 구	ōu
军	軍	군사 군	jūn
讵	詎	어찌 거	jù
讶	訝	맞이할 아	yà
讷	訥	말 더듬을 눌	nè
许	許	허락할 허	xǔ
讹	訛	그릇될 와	é

附録

간체자	정자	훈과 음	발음
欣	訢	기뻐할 흔	xīn, xī, yín
论	論	논의할 론	lùn, lún
讻	訩	송사할 흉	xiōng
讼	訟	송사 송	sòng
讽	諷	욀 풍	fěng
农	農	농사 농	nóng
设	設	베풀 설	shè
访	訪	찾을 방	fǎng
诀	訣	이별할 결	jué

간체자	정자	훈과 음	발음
寻	尋	찾을 심	xún
尽	盡	다할 진	jìn, jǐn
尽	儘	다할 진	jìn, jǐn
导	導	이끌 도	dǎo
孙	孫	손자 손	sūn
阵	陣	줄 진	zhèn
阳	陽	볕 양	yáng
阶	階	섬돌 계	jiē
阴	陰	그늘 음	yīn
妇	婦	며느리 부	fù
妈	媽	어미 마	mā
戏	戲	탄식할 희	xì, hū
观	觀	볼 관	guān, guàn
欢	歡	기쁠 환	huān
买	買	살 매	mǎi
纡	紆	굽을 우	yū

간체자	정자	훈과 음	발음
红	紅	붉을 홍	hóng, gōng
纣	紂	말고삐 주	zhòu
驮	馱	짐 실을 타	tuò, duò, tuó
纤	縴	헌 솜 견	quàn
纤	纖	가늘 섬	xiān, qiàn
纥	紇	질 낮은 명주실 흘	gē, hé
驯	馴	길들 순	xùn
纨	紈	흰 비단 환	wán
约	約	언약 약	yuē, yāo
级	級	등급 급	jí
纩	纊	솜 광	kuàng
纪	紀	벼리 기	jì, jǐ
驰	馳	달릴 치	chí
纫	紉	새끼 인	rèn

7획

간체자	정자	훈과 음	발음
寿	壽	목숨 수	shòu
麦	麥	보리 맥	mài
玛	瑪	마노 마	mǎ
进	進	나아갈 진	jìn
远	遠	멀 원	yuǎn
违	違	어길 위	wéi
韧	韌	질길 인	rèn
刬	剗	깎을 잔	chàn, chǎn
运	運	운전 운	yùn
抚	撫	어루만질 무	fǔ
坛	壇	단 단	tán

간체자	정자	훈과 음	발음
坛	罎	목 긴 항아리 담	tán
抟	摶	뭉칠 단	tuán, tuǎn
坏	壞	무너질 괴	huài
抠	摳	끌 구	kōu
坜	壢	구덩이 력	lì
扰	擾	어지러울 요	ráo, nǎo, rǎo
坝	壩	방죽 패	bà
贡	貢	바칠 공	gòng
㧐	摃	들어올릴 강	gāng
摺	摺	접을 접	zhé, zhě
抡	掄	가릴 륜	lūn, lún
抢	搶	닿을 창	qiǎng, qiāng, qiàng
坞	塢	둑 오	wù
坟	墳	무덤 분	fén
护	護	호위할 호	hù
壳	殼	껍질 각	qiào, ké
块	塊	흙덩이 괴	kuài
声	聲	소리 성	shēng
报	報	갚을 보	bào
拟	擬	흡사할 의	nǐ
㧐	攦	움츠릴 송	sǒng, shuǎng
芜	蕪	거칠 무	wú
苇	葦	갈대 위	wěi
芸	蕓	평지 운	yún
苈	藶	개냉이 력	lì
苋	莧	비름 현	xiàn, huǎn

간체자	정자	훈과 음	발음
苁	蓯	육종 종	cōng
苍	蒼	푸를 창	cāng
严	嚴	엄할 엄	yán
芦	蘆	갈대 로	lú, lǔ
劳	勞	일할 로	láo
克	剋	반드시 극	kè, kēi
苏	蘇	차조기 소	sū
苏	囌	군소리할 소	sū
极	極	극진할 극	jí
杨	楊	버들 양	yáng
两	兩	두 량	liǎng
丽	麗	고울 려	lì, lí
医	醫	의원 의	yī
励	勵	힘쓸 려	lì
还	還	돌아올 환	hái, huán
矶	磯	물가 기	jī
奁	奩	화장품 상자 렴	lián
歼	殲	다 죽일 섬	jiān
来	來	올 래	lái, lài
欤	歟	어조사 여	yú
轩	軒	집 헌	xuān
连	連	이을 련	lián
轫	軔	쐐기나무 인	rèn

J

간체자	정자	훈과 음	발음
卤	鹵	소금 로	lǔ
卤	滷	쓸 로	lǔ

간체자	정자	훈과 음	발음
邺	鄴	땅 이름 업	yè
坚	堅	굳을 견	jiān
时	時	때 시	shí
呒	嘸	어리둥절할 무	mú
县	縣	매달 현	xiàn
里	裏	속 리	lǐ
呓	囈	잠꼬대 예	yì
呕	嘔	노래할 구	ōu, ǒu, òu
园	園	능 원	yuán
呖	嚦	소리 력	lì
旷	曠	빛 광	kuàng
围	圍	에울 위	wéi
吨	噸	톤 톤	dūn
旸	暘	해돋이 양	yáng
邮	郵	역참 우	yóu
困	睏	졸릴 곤	kùn
员	員	인원 원	yuán, yún, yùn
呗	唄	찬불 패	bài
听	聽	들을 청	tīng
呛	嗆	새 먹을 창	qiāng, qiàng
鸣	鳴	울 명	míng
别	彆	활 뒤틀릴 별	biè
财	財	재물 재	cái
囵	圇	온전할 륜	lún
帏	幃	휘장 위	wéi
岖	嶇	험할 구	qū

간체자	정자	훈과 음	발음
岗	崗	등성이 강	gǎng, gāng
岘	峴	재 현	xiàn
帐	帳	휘장 장	zhàng
岚	嵐	남기 람	lán

丿

간체자	정자	훈과 음	발음
针	針	바늘 침	zhēn
钉	釘	못 정	dīng, dìng
钊	釗	사람 이름 쇠	zhāo
钋	釙	금광 박	pō
钌	釘	대구 료	liào, liǎo
乱	亂	어지러울 란	luàn
体	體	몸 체	tǐ, tī
佣	傭	품팔이꾼 용	yōng
伭	傷	고용살이할 추	zhòu
彻	徹	통할 철	chè
余	餘	남을 여	yú
佥	僉	다 첨	qiān
谷	穀	곡식 곡	gǔ
邻	鄰	이웃 린	lín
肠	腸	창자 장	cháng, chǎng
龟	龜	거북 구	guī, jūn, qiū
犹	猶	오히려 유	yóu
狈	狽	이리 패	béi
鸠	鳩	비둘기 구	jiū
条	條	가지 조	tiáo
岛	島	섬 도	dǎo

간체자	정자	훈과 음	발음
邹	鄒	나라 이름 추	zōu
饨	飩	찐만두 돈	tún
饩	餼	보낼 희	xì
饪	飪	익힐 임	rèn
饫	飫	물릴 어	yù
饬	飭	신칙할 칙	chì
饭	飯	밥 반	fàn
饮	飲	마실 음	yǐn
系	係	맬 계	xì
系	繫	맬 계	xì, jì

'

간체자	정자	훈과 음	발음
冻	凍	얼 동	dòng
状	狀	형상 장	zhuàng
亩	畝	밭이랑 무	mǔ
庑	廡	집 무	wǔ
库	庫	곳집 고	kù
疖	癤	부스럼 절	jiē
疗	療	병 나을 료	liáo
应	應	응할 응	yīng
这	這	이 저	zhè
庐	廬	초막 려	lú
闰	閏	윤달 윤	rùn
闱	闈	대궐 작은 문 위	wéi
闲	閑	막을 한	xián
间	間	사이 간	jiān, jiàn
闵	閔	우려할 민	mǐn

간체자	정자	훈과 음	발음
闷	悶	번민할 민	mēn, mèn
灿	燦	빛날 찬	càn
灶	竈	부엌 조	zào
炀	煬	녹을 양	yáng
沣	灃	물 이름 풍	fēng
沤	漚	담글 구	òu, ōu
沥	瀝	거를 력	lì
沦	淪	빠질 윤	lún
沧	滄	찰 창	cāng
沨	渢	물소리 풍	fēng, éng, fàn
沟	溝	개천 구	gōu
沩	潙	물 이름 규	guī, jūn, wéi
沪	滬	강 이름 호	hù
浑	瀋	즙낼 심	shěn
怃	憮	예쁠 무	wǔ
怀	懷	품을 회	huái
怄	慪	아낄 우	òu
忧	憂	근심 우	yōu
忾	愾	탄식할 개	kài, xì, qì
怅	悵	한스러워할 창	chàng
怆	愴	슬플 창	chuàng
穷	窮	궁할 궁	qióng
证	證	증거 증	zhèng
诂	詁	주낼 고	gǔ
诃	訶	꾸짖을 가	hē
启	啓	열 계	qǐ

간체자	정자	훈과 음	발음
评	評	평론할 평	píng
补	補	기울 보	bǔ
诅	詛	저주할 저	zǔ
识	識	알 식	shí, zhì
诇	詗	염탐할 형	xiòng
诈	詐	속일 사	zhà
诉	訴	호소할 소	sù
诊	診	볼 진	zhěn
诋	詆	꾸짖을 저	dǐ, dī
诌	謅	농담할 초	zhōu, zōu, chōu
词	詞	말씀 사	cí
诎	詘	굽힐 굴	qū, chù
诏	詔	고할 조	zhào
译	譯	번역 역	yì
诒	詒	보낼 이	yí, dài

ㄱ

간체자	정자	훈과 음	발음
灵	靈	신령 령	líng
层	層	층 층	céng
迟	遲	늦을 지	chí
张	張	베풀 장	zhāng
际	際	사이 제	jì
陆	陸	뭍 륙	lù, liù
陇	隴	고개이름롱	lóng
阵	陣	줄 진	zhèn
坠	墜	떨어질 추	zhuì
陉	陘	지렛목 형	jìng, xíng

간체자	정자	훈과 음	발음
妪	嫗	할미 구	yù
妩	嫵	아리따울 무	wǔ
妫	嬀	성씨 규	guī
刭	剄	목 벨 경	jǐng
劲	勁	굳셀 경	jìn, jìng
鸡	鷄	닭 계	jī
纬	緯	씨 위	wěi
纭	紜	어지러울 운	yún
驱	驅	몰 구	qū
纯	純	순수할 순	chún
纰	紕	가선 비	pī
纱	紗	깁 사	shā
网	網	그물 망	wǎng
纳	納	드릴 납	nà
纴	紝	짤 임	rèn
驳	駁	얼룩말 박	bó
纵	縱	늘어질 종	zòng
纶	綸	낚싯줄 륜	lún, guān
纷	紛	어지러울 분	fēn
纸	紙	종이 지	zhǐ
纹	紋	무늬 문	wén, wèn
纺	紡	자을 방	fǎng
驴	驢	나귀 려	lǘ
纼	紖	고삐 진	zhèn
纽	紐	끈 뉴	niǔ
纾	紓	느슨할 서	shū

간체자	정자	훈과 음	발음
		8획	
玮	瑋	옥 이름 위	wěi
环	環	고리 환	huán
责	責	꾸짖을 책	zé
现	現	나타날 현	xiàn
表	錶	시계 표	biǎo
玱	瑲	옥소리 창	qiāng
规	規	법 규	guī
匦	匭	상자 궤	guǐ
拢	攏	누를 롱	lóng
拣	揀	가릴 간	jiǎn
垆	壚	흑토 로	lù
担	擔	멜 담	dān, dǎn, dàn
顶	頂	이마 정	dǐng
拥	擁	안을 옹	yōng, wěng
势	勢	형세 세	shì
拦	攔	막을 란	lán
扪	攟	긁을 회	kuǎi
拧	擰	어지러워질 녕	níng, nǐng, nìng
拨	撥	다스릴 발	bō
择	擇	가릴 택	zé, zhái
茏	蘢	개여뀌 롱	lóng, lǒng, lòng
苹	蘋	네가래 빈	píng, pín
茑	蔦	담쟁이넝쿨 조	niǎo
范	範	모범 범	fàn
茔	塋	무덤 영	yíng

간체자	정자	훈과 음	발음
茕	煢	외로울 경	qióng
茎	莖	줄기 경	jīng
枢	樞	밑둥 추	shū
枥	櫪	말구유 력	lì
柜	櫃	궤 궤	guì
枫	棡	강나무 강	gāng
枧	梘	홈통 견	jiǎn
枨	根	문설주 정	chéng, cháng
板	闆	문안에서 볼 반	bǎn
枞	樅	전나무 종	cōng, zōng
松	鬆	더벅머리 송	sòng
枪	槍	나무창 창	qiāng
枫	楓	단풍나무 풍	fēng
构	構	얽을 구	gòu
丧	喪	죽을 상	sāng, sàng
画	畫	그림 화	huà
枣	棗	대추 조	zǎo
卖	賣	팔 매	mài
郁	鬱	답답할 울	yù
矾	礬	백반 반	fán
矿	礦	쇳돌 광	kuàng, gǒng
砀	碭	무늬있는 돌 탕	dàng
码	碼	옥돌 마	mǎ
厕	厠	뒷간 측	cè, sī
奋	奮	떨칠 분	fèn
态	態	태도 태	tài

간체자	정자	훈과 음	발음
瓯	甌	사발 구	ōu
欧	歐	때릴 구	ōu
殴	毆	때릴 구	ōu
垄	壟	언덕 롱	lǒng
郏	郟	고을 이름 겹	jiá
轰	轟	울릴 굉	hōng
顷	頃	이랑 경	qǐng
转	轉	구를 전	zhuǎn, zhuàn
轭	軛	멍에 액	è
斩	斬	벨 참	zhǎn
轮	輪	바퀴 륜	lún
软	軟	연할 연	ruǎn
鸢	鳶	솔개 연	yuān

J

간체자	정자	훈과 음	발음
齿	齒	이 치	chǐ
虏	虜	포로 로	lǔ
肾	腎	콩팥 신	shèn
贤	賢	어질 현	xián
昙	曇	구름낄 담	tán
国	國	나라 국	guó
畅	暢	화창할 창	chàng
咙	嚨	목구멍 롱	lóng
虮	蟣	서캐 기	jǐ, jī, qí
黾	黽	힘쓸 민	mǐn, miǎn
鸣	鳴	울 명	míng
咛	嚀	간곡할 녕	níng

간체자	정자	훈과 음	발음
咝	噝	총알 나는 소 사	sī
罗	羅	벌일 라	luó
岽	崬	산등성이 동	dōng
岿	巋	높고 험한 모 규	kuī
帜	幟	깃대 치	zhì
岭	嶺	고개 령	lǐng
刿	劌	상처입힐 귀	guì
剀	剴	큰 낫 개	kǎi, gài
凯	凱	싸움 이긴 풍 개	kǎi
峄	嶧	산 이름 역	yì
败	敗	패할 패	bài
账	賬	휘장 장	zhàng
贩	販	팔 판	fàn
贬	貶	떨어뜨릴 폄	biǎn
贮	貯	쌓을 저	zhù
图	圖	그림 도	tú
购	購	살 구	gòu

丿

간체자	정자	훈과 음	발음
钍	釷	토륨 토	tǔ
钏	釧	팔찌 천	chuàn
钐	釤	낫 삼	shàn
钓	釣	낚시 조	diào
钒	釩	떨칠 범	fán
钔	鍆	멘델레븀 문	mén
钕	釹	네오디뮴 녀	nǔ
锡	錫	주석 석	xī

간체자	정자	훈과 음	발음
钗	釵	비녀 차	chāi
制	製	지을 제	zhì
刮	颳	모진 바람 괄	guā
侠	俠	의기 협	xiá
侥	僥	거짓 요	jiǎo, yáo
侦	偵	정탐꾼 정	zhēn
侧	側	곁 측	cè, zè, zhāi
凭	憑	기댈 빙	píng
侨	僑	붙어살 교	qiáo
侩	儈	거간 쾌	kuài
货	貨	재화 화	huò
侪	儕	무리 제	chái
侬	儂	나 농	nóng
质	質	바탕 질	zhì
徵	徵	부를 징	zhēng, zhǐ
径	徑	지름길 경	jìng
舍	捨	버릴 사	shě, shè
刽	劊	자를 회	guì
郐	鄶	나라 이름 회	kuài
怂	慫	권할 종	sǒng
籴	糴	쌀 사들일 적	dí, zhuó
觅	覓	찾을 멱	mì
贪	貪	탐할 탐	tān
戗	戧	비롯할 창	qiāng, qiàng
肤	膚	살갗 부	fū
胨	腖	저민 고기 전	zhuān

간체자	정자	훈과 음	발음
肿	腫	부스럼 종	zhǒng
胀	脹	배부를 창	zhàng
肮	骯	살찔 항	āng
胁	脅	갈비뼈 협	xié
迩	邇	가까울 이	ěr
鱼	魚	물고기 어	yú
狞	獰	흉악할 녕	níng
备	備	갖출 비	bèi
枭	梟	올빼미 효	xiāo
饯	餞	전별할 전	jiàn
饰	飾	꾸밀 식	shì
饱	飽	물릴 포	bǎo, bào, páo
饲	飼	먹일 사	sì
饴	飴	엿 이	yí

간체자	정자	훈과 음	발음
变	變	변할 변	biàn
庞	龐	높은 집 방	páng
庙	廟	사당 묘	miào
疟	瘧	학질 학	nüè, yào
疠	癘	창질 려	lì
疡	瘍	종기 양	yáng
剂	劑	조절할 제	jì
废	廢	폐할 폐	fèi
闸	閘	수문 갑	zhá
闹	鬧	시끄러울 뇨	nào
郑	鄭	나라 이름 정	zhèng

附録

간체자	정자	훈과 음	발음
卷	捲	주먹 쥘 권	juǎn, juàn
单	單	홑 단	dān, chán
炜	煒	빨갈 위	wěi, huī
炝	熗	데칠 창	qiàng
炉	爐	화로 로	lú
浅	淺	얕을 천	qiān, jiān
泷	瀧	젖을 롱	lóng, shuāng
泺	濼	강 이름 락	luò, lù, pō
泸	瀘	강 이름 로	lú
泞	濘	진창 녕	nìng
泻	瀉	쏟을 사	xiè, xiě
泼	潑	물 뿌릴 발	pō
泽	澤	못 택	zé
泾	涇	통할 경	jīng
怜	憐	불쌍히 여길 련	lián
㤘	懰	고집스러울 추	zhòu
怿	懌	기뻐할 역	yì
峃	嶨	돌산 학	xué
学	學	배울 학	xué
宝	寶	보배 보	bǎo
宠	寵	괼 총	chǒng
审	審	살필 심	shěn
帘	簾	발 렴	lián
实	實	열매 실	shí
诓	誆	속일 광	kuāng
诔	誄	뇌사 뢰	lěi

간체자	정자	훈과 음	발음
试	試	시험 시	shì
诖	詿	그르칠 괘	guà
诗	詩	글 시	shī
诘	詰	힐문할 힐	jié, jí
诙	詼	조롱할 회	huī
诚	誠	정성 성	chéng
郓	鄆	고을 이름 운	yùn, yún
衬	襯	속옷 친	chèn
祎	禕	아름다울 의	yī
视	視	볼 시	shì
诛	誅	벨 주	zhū
话	話	말씀 화	huà
诞	誕	태어날 탄	dàn
诠	詮	설명할 전	quán
诡	詭	속일 궤	guǐ
询	詢	물을 순	xún
诣	詣	이를 예	yì
诤	諍	간할 쟁	zhèng
该	該	그 해	gāi
详	詳	자세할 상	xiáng
诧	詫	자랑할 타	chà, xià
诨	諢	농담할 원	hùn
诩	詡	자랑할 후	xǔ

ㄱ

간체자	정자	훈과 음	발음
肃	肅	엄숙할 숙	sù
隶	隸	종 례	lì

간체자	정자	훈과 음	발음
录	錄	기록 록	lù
弥	彌	활 부릴 미	mí
陕	陜	땅 이름 합	jiá, xiá
驽	駑	둔할 노	nú
驾	駕	멍에 가	jià
参	參	석 삼	cān, cēn, shēn
艰	艱	어려울 간	jiān
绀	紺	감색 감	gàn
绁	紲	고삐 설	xiè
绂	紱	인끈 불	fú
练	練	익힐 련	liàn
组	組	끈 조	zǔ
驵	駔	준마 장	zǎng
绅	紳	큰 띠 신	shēn
细	紬	명주 주	chōu, chóu
细	細	가늘 세	xì
驶	駛	달릴 사	shǐ
驸	駙	곁마 부	fù
驷	駟	사마 사	sì
驹	駒	망아지 구	jū
终	終	마칠 종	zhōng
织	織	짤 직	zhī
驺	騶	말 먹이는 사람 추	zōu
绉	縐	주름질 추	zhòu
驻	駐	머무를 주	zhù
绊	絆	줄 반	bàn

간체자	정자	훈과 음	발음
驼	駝	낙타 타	tuó
绋	紼	얽힌 삼 불	fú, fèi
绌	絀	물리칠 출	chù
绍	紹	이을 소	shào
驿	驛	역 역	yì
绎	繹	풀어낼 역	yì
经	經	글 경	jīng, jìng
骀	駘	둔마 태	tái, dài
绐	紿	속일 태	dài
贯	貫	꿸 관	guàn

9획 ━

간체자	정자	훈과 음	발음
贰	貳	둘 이	èr
帮	幫	도울 방	bāng
珑	瓏	옥소리 롱	lóng
顸	頇	대머리 안	hān, àn
韨	韍	폐슬 불	fú
垭	埡	작은 방죽 오	yà
挜	掗	흔들 아	yà
挝	撾	칠 과	zhuā, wō
项	項	목 항	xiàng
挞	撻	매질할 달	tà
挟	挾	낄 협	jiá, xiá
挠	撓	흔들 요	náo
赵	趙	나라 이름 조	zhào
贲	賁	클 분	bì, bēn
挡	擋	처리할 당	dǎng, dàng

간체자	정자	훈과 음	발음
垲	塏	높고 건조한 땅 개	kǎi
挢	撟	들 교	jiǎo
垫	墊	빠질 점	diàn
挤	擠	밀 제	jǐ
挥	揮	뿜낼 휘	huī
挦	撏	딸 잠	xián
荐	薦	천거할 천	jiàn
荚	莢	풀 열매 협	jiá
贳	貰	세낼 세	shí
荛	蕘	풋나무 요	ráo
荜	蓽	콩 필	bì
带	帶	띠 대	dài
茧	繭	고치 견	jiǎn
荞	蕎	메밀 교	qiáo
荟	薈	무성할 회	huì
荠	薺	납가새 자	jì, qí
荡	蕩	쓸어버릴 탕	dàng
垩	堊	백토 악	è
荣	榮	영화 영	róng
荤	葷	매운 채소 훈	hūn, xūn
荥	滎	실개천 형	xíng, yíng
荦	犖	얼룩소 락	luò
荧	熒	등불 반짝거릴 형	yíng
荨	蕁	지모 담	xún, qián
胡	鬍	수염 호	hú
荩	藎	조개풀 신	jìn

간체자	정자	훈과 음	발음
荪	蓀	향풀 이름 손	sūn
荫	蔭	그늘 음	yìn, yīn
荬	蕒	택사 속	xù
荭	葒	개여뀌 홍	hóng
荮	葤	꾸러미 주	zhòu
药	藥	약 약	yào
标	標	표할 표	biāo
栈	棧	잔도 잔	zhàn
栉	櫛	빗 즐	zhì
栊	櫳	우리 롱	lóng
栋	棟	동자기둥 동	dòng
栌	櫨	두공 로	lú
栎	櫟	가죽나무 력	lì
栏	欄	난간 란	lán
柠	檸	레몬 녕	níng
柽	檉	능수버들 정	chēng
树	樹	나무 수	shù
郦	酈	땅 이름 리	lì
咸	鹹	짤 함	xián
砖	磚	돌 떨어지는 소리 전	zhuān
砗	硨	조개 이름 차	chē
砚	硯	벼루 연	yàn
面	麵	밀가루 면	miàn
牵	牽	끌 견	qiān
鸥	鷗	갈매기 구	ōu
龚	龔	고명할 엄	yǎn

간체자	정자	훈과 음	발음
残	殘	남을 잔	cán
殇	殤	일찍 죽을 상	shāng
轱	軲	수레 고	gū, kū
轲	軻	굴대 가	kē, kě
轳	轤	도르래 로	lú
轴	軸	굴대 축	zhóu, zhòu
轶	軼	앞지를 일	yì, zhé
轸	軫	수레 뒤턱나무 진	zhěn
轹	轢	삐걱거릴 력	lì
轺	軺	수레 초	yáo, diāo
轻	輕	가벼울 경	qīng
鸦	鴉	갈가마귀 아	yā
蚕	蠆	전갈 채	chài, tà

J

간체자	정자	훈과 음	발음
战	戰	싸움 전	zhàn
觇	覘	엿볼 점	hān
点	點	점 점	diǎn
临	臨	임할 림	lín
览	覽	볼 람	lǎn
竖	竪	더벅머리 수	shù
尝	嘗	일찍 상	cháng
眍	瞘	움펑눈 구	kōu
眬	矓	어스레할 롱	lóng
哑	啞	벙어리 아	yā, yǎ
显	顯	나타날 현	xiǎn
哒	噠	오랑캐 이름 달	dā, tà

간체자	정자	훈과 음	발음
哓	嘵	두려워할 효	xiāo
哔	嗶	울 필	bì
贵	貴	귀할 귀	guì, guǐ
虾	蝦	새우 하	xiā, xià, há
蚁	蟻	개미 의	yǐ
蚂	螞	발거머리 마	mǎ, mā, mà
虽	雖	비록 수	suī
骂	罵	꾸짖을 매	mà
哕	噦	딸국질 얼	yuě, huì
剐	剮	살 바를 과	guǎ
勋	勛	공 훈	xūn
郧	鄖	나라 이름 운	yún
哗	嘩	떠들썩할 화	huá, huā
响	響	울릴 향	xiǎng
哙	噲	목구멍 쾌	kuài
哝	噥	소곤거릴 농	nóng
哟	喲	감탄하는 어조사 약	yō, yo
峡	峽	골짜기 협	xiá
峣	嶢	높은 모양 요	yáo
帧	幀	책 꾸밀 정	zhèng
罚	罰	벌 줄 벌	fá
峤	嶠	뾰족하게 높은 산 교	jiào
贱	賤	천할 천	jiàn
贴	貼	붙을 첩	tiē
贶	貺	줄 황	kuàng
贻	貽	끼칠 이	yí

附
錄

간체자	정자	훈과 음	발음
		丿	
鈃	鈃	주기 형	xìng, jiān
鈣	鈣	칼슘 개	gài
鈈	鈈	날있는창 피	pī
鈦	鈦	티타늄 태	tài
釾	釾	칼 이름 야	yé
鈍	鈍	둔할 둔	dùn
鈔	鈔	노략질할 초	chāo, chào
钟	鐘	쇠북 종	zhōng
钟	鍾	종 종	zhōng
鋇	鋇	쇠뭉치 패	bèi
鋼	鋼	강철 강	gāng, gàng
鈉	鈉	메 납	nà, ruì
钥	鑰	자물쇠 약	yào, yué
欽	欽	공경할 흠	qīn
鈞	鈞	서른 근 균	jūn
鈐	鈐	비녀장 검	qián
鏊	鏊	작은 가마솥 오	wù
鈎	鈎	갈고리 구	gōu
鈧	鈧	스칸듐 항	kàng
鈁	鈁	준 방	fāng
鈥	鈥	홀뮴 화	huǒ
鈄	鈄	성씨 두	dòu, tǒu
鈕	鈕	인끈 뉴	niǔ, chǒu
鈀	鈀	병거 파	pá
毡	氈	담자리 전	zhān

간체자	정자	훈과 음	발음
氢	氫	수소 경	qīng
选	選	가릴 선	xuǎn
适	適	갈 적	shì
种	種	씨 종	zhǒng, zhòng
秋	鞦	그네 추	qiū
复	復	돌아올 복	fù
复	複	겹칠 복	fù
笃	篤	도타울 독	dǔ
俦	儔	짝 주	chóu
俨	儼	공경할 엄	yǎn
俩	倆	재주 량	liǎ, liǎng
俪	儷	아우를 려	lì
贷	貸	빌릴 대	dài
顺	順	순할 순	shùn
俭	儉	검소할 검	jiǎn
剑	劍	칼 검	jiàn
鸧	鶬	왜가리 창	cāng, qiāng
须	須	모름지기 수	xū
须	鬚	수염 수	xū
胧	朧	달빛 훤히 치밀 롱	lóng
胪	臚	살갗 려	lú, lǔ
胆	膽	쓸개 담	dǎn
胜	勝	이길 승	shèng, shēng
胫	脛	정강이 경	jìng
鸨	鴇	능에 보	bǎo
狭	狹	좁을 협	xiá

간체자	정자	훈과 음	발음
狮	獅	사자 사	shī
独	獨	홀로 독	dú
狯	獪	교활할 회	kuài
狱	獄	옥 옥	yù
狲	猻	원숭이 손	sūn
贸	貿	무역할 무	mào
饵	餌	먹이 이	ěr
饶	饒	넉넉할 요	ráo
蚀	蝕	좀먹을 식	shì
饷	餉	건량 향	xiǎng
饸	餄	떡 협	hé
饺	餃	경단 교	jiǎo
饼	餅	떡 병	bǐng

`、`

간체자	정자	훈과 음	발음
峦	巒	뫼 만	luán
弯	彎	활 굽을 만	wān
孪	孿	쌍둥이 련	lián
娈	孌	아름다울 련	lián
将	將	장수 장	jiāng, jiàng
奖	獎	장려할 장	jiǎng
疬	癧	연주창 력	lì
疮	瘡	부스럼 창	chuāng
疯	瘋	두풍 풍	fēng
亲	親	친할 친	qīn, qìng
飒	颯	바람소리 삽	sà
闺	閨	도장방 규	guī

간체자	정자	훈과 음	발음
闻	聞	들을 문	wén
闼	闥	문 달	tà
闽	閩	종족 이름 민	mǐn
闾	閭	이문 려	lú
阊	闓	열 개	kǎi, kāi, kài
阀	閥	공훈 벌	fá
阁	閣	집 각	gé, gǎo
阂	閡	밖에서 문 잠글 애	hé
养	養	기를 양	yǎng
姜	薑	생강 강	jiāng
类	類	무리 류	lèi
娄	婁	별자리 이름 루	lóu
总	總	거느릴 총	zǒng, cōng
炼	煉	쇠 불릴 련	liàn
炽	熾	불 활활 붙을 치	chì
烁	爍	빛날 삭	shuò
烂	爛	촛불빛 란	làn
烃	烴	누린내 경	tīng
洼	窪	웅덩이 와	wā
洁	潔	깨끗할 결	jié
洒	灑	뿌릴 쇄	sǎ
挞	撻	미끄러울 달	tà
浃	浹	사무칠 협	jiā
浇	澆	물 댈 요	jiāo
浈	湞	물 이름 정	zhēn, chéng
狮	溮	물 이름 사	shī

간체자	정자	훈과 음	발음
浊	濁	흐릴 탁	zhuó
测	測	헤아릴 측	cè
浍	澮	밭고랑 회	kuài, huì
浏	瀏	물 맑을 류	liú
济	濟	건널 제	jì, jǐ
浐	滻	물 이름 산	chǎn
浑	渾	흐릴 혼	hún
浒	滸	강 이름 호	xǔ, hǔ
浓	濃	짙을 농	nóng
浔	潯	물가 심	xún
浕	濜	급히 흐를 진	jìn
恸	慟	애통해할 통	tòng
恹	懕	편안할 염	yān
恺	愷	편안할 개	kǎi
恻	惻	슬퍼할 측	cè
恼	惱	괴로워할 뇌	nǎo
恽	惲	중후할 운	yùn
举	擧	들 거	jǔ
觉	覺	깨달을 각	jué, jiào
宪	憲	법 헌	xiàn
窃	竊	훔칠 절	qiè
诫	誡	경계할 계	jiè
诬	誣	무고할 무	wū
语	語	말씀 어	yǔ, yù
袄	襖	윗옷 오	ǎo
诮	誚	꾸짖을 초	qiào

간체자	정자	훈과 음	발음
祢	禰	아비사당 녜	nǐ
误	誤	그릇칠 오	wù
诰	誥	고할 고	gào
诱	誘	달랠 유	yòu
诲	誨	가르칠 회	huì
诳	誑	속일 광	kuáng
鸩	鴆	짐새 짐	zhèn
说	說	말씀 설	shuō, shuì, yuè
诵	誦	욀 송	sòng
诶	誒	탄식할 희	āi, ǎi, ē, ě

ㄱ

간체자	정자	훈과 음	발음
垦	墾	밭갈 간	kěn
昼	晝	낮 주	zhòu
费	費	쓸 비	fèi, bì
逊	遜	겸손 손	xùn
陨	隕	떨어질 운	yǔn, yuán
险	險	험할 험	xiǎn
贺	賀	하례 하	hè
怼	懟	원망할 대	duì
垒	壘	보루 루	lěi
娅	婭	동서 아	yà
浇	澆	물댈 요	bǎng
娇	嬌	아리따울 교	jiāo
绑	綁	동여맬 방	bǎng
绒	絨	융 융	róng
结	結	맺을 결	jié, jiē

510

간체자	정자	훈과 음	발음
绔	絝	바지 고	kù
骁	驍	날랠 효	xiāo
绕	繞	두를 요	rào
绖	絰	질 질	dié
骄	驕	교만할 교	jiāo
骅	驊	준마 화	huá
绘	繪	그림 회	huì
骆	駱	낙타 락	luò
骈	駢	나란히 할 병	pián
绞	絞	목맬 교	jiǎo
骇	駭	놀랄 해	hài
统	統	큰 줄기 통	tǒng
绗	絎	바느질할 행	háng
给	給	줄 급	gěi, jǐ
绚	絢	무늬 현	xuàn
绛	絳	진홍 강	jiàng
络	絡	이을 락	luò, lào
绝	絕	끊을 절	jué

10 획

艳	艷	고울 염	yàn
顼	頊	삼갈 욱	xū
珲	琿	아름다운 옥 훈	hún, huī
蚕	蠶	누에 잠	cán
顽	頑	완고할 완	wán
盏	盞	술잔 잔	zhǎn
捞	撈	잡을 로	lāo

간체자	정자	훈과 음	발음
载	載	실을 재	zài, zǎi
赶	趕	달릴 간	gǎn, ián, qué
盐	鹽	소금 염	yán
坼	塒	홰 시	shí
损	損	덜 손	sǔn
埙	塤	질나팔 훈	xūn
埚	堝	도가니 과	guō
贽	贄	폐백 지	zhì
捡	撿	잡을 검	jiǎn
挚	摯	잡을 지	zhì
热	熱	더울 열	rè
捣	搗	찧을 도	dǎo
壶	壺	항아리 호	hú
聂	聶	소곤거릴 섭	niè, yiè
莱	萊	명아주 래	lái
莲	蓮	연꽃 연	lián
莳	蒔	모종낼 시	shì, shí
莴	萵	상추 와	wō
获	獲	얻을 획	huò
获	穫	거둘 확	huò
莸	蕕	누린내풀 유	yóu
恶	惡	악할 악	è, ě, wū, wù
恶	噁	성낼 오	ě, wū, wǔ
劳	藭	궁궁이 궁	qióng
莹	瑩	귀막이옥 영	yíng
莺	鶯	꾀꼬리 앵	yīng

간체자	정자	훈과 음	발음
莼	蒓	순채 순	chún
鸪	鴣	자고 고	gū
桡	橈	꺾일 요	ráo, náo
桢	楨	단단한나무 정	zhēn
档	檔	의자 당	dàng
桤	榿	기나무 기	qī
桥	橋	다리 교	qiáo
桦	樺	벗나무 화	huà
桧	檜	전나무 회	guì, huì
桩	樁	말뚝 장	zhuāng
样	樣	모양 양	yàng
贾	賈	값 가	gǔ, jiǎ
逦	邐	이어질 리	lí
砺	礪	거친 숫돌 려	lì
砾	礫	조약돌 력	lì
础	礎	주춧돌 초	chǔ
砻	礱	갈 롱	lóng
顾	顧	돌아볼 고	gù
轼	軾	수레앞턱 가로나무 식	shì
轾	輊	수레앞기울 지	zhì
轿	轎	가마 교	jiào
辂	輅	수레 로	lù
较	較	비교 교	jiào
鸫	鶇	콩새 동	dōng
顿	頓	조아릴 돈	dùn, dú
炖	蕫	거룻배 돈	dǔn

간체자	정자	훈과 음	발음
毙	斃	넘어질 폐	bì
致	緻	밸 치	zhì

J

간체자	정자	훈과 음	발음
龀	齔	이 갈 츤	chèn
鸬	鸕	가마우지 로	lú
虑	慮	생각 려	lǜ
监	監	볼 감	jiān, jiàn
紧	緊	요긴할 긴	jǐn
党	黨	무리 당	dǎng
唛	嘜	음역자 마	mǎ
晒	曬	쬘 쇄	shài, shà, shì
晔	曄	빛날 엽	yè
晕	暈	무리 운	yūn, yùn
鸮	鴞	부엉이 효	xiāo
唢	嗩	호적 쇄	suǒ
呙	喎	입 비뚤어질 와	wāi
蚬	蜆	가막조개 현	xiǎn
鸯	鴦	원앙 앙	yāng
崂	嶗	산 이름 로	láo
崃	崍	산 이름 래	lái
罢	罷	파할 파	bà
圆	圓	둥글 원	yuán
觊	覬	넘겨다볼 기	jì, xì
贼	賊	도적 적	zéi
贿	賄	뇌물 회	huì
赂	賂	뇌물줄 뢰	lù

간체자	정자	훈과 음	발음
赃	贜	장물 장	zāng
赅	賅	족할 해	gāi, gài
赆	贐	전별할 신	jìn, xìn

ノ

간체자	정자	훈과 음	발음
钰	鈺	보배 옥	yù
钱	錢	돈 전	qián
钲	鉦	징 정	zhēng
钳	鉗	칼 겸	qián
钴	鈷	다리미 고	gǔ, gū
钵	鉢	바리때 발	bō
钶	鈳	작은 도끼 아	kē
钹	鈸	방울 발	bó, bà
钺	鉞	도끼 월	yuè
钻	鑽	끌 찬	zuān, zuàn
钼	鉬	몰리브덴 목	mù
钽	鉭	탄탈 탄	tǎn
钾	鉀	갑옷 갑	jiǎ
铀	鈾	우라늄 유	yóu
钿	鈿	비녀 전	diàn, tián
铁	鐵	쇠 철	tiě
铂	鉑	금박 박	bó
铃	鈴	방울 령	líng
铄	鑠	녹일 삭	shuò
铅	鉛	납 연	qiān, yán
铆	鉚	질 좋은 쇠류	liǔ
铈	鈰	세륨 시	shì

간체자	정자	훈과 음	발음
铉	鉉	솥귀 현	xuàn
铊	鉈	짧은 창 사	tā, tuó
铋	鉍	창자루 필	bì
铌	鈮	니오브 니	ní
铍	鈹	베릴륨 피	pī
铍	鏺	쌍날 낫 발	pō, bō
铎	鐸	방울 탁	duó
氩	氬	아르곤 아	yá
牺	犧	희생 희	xī
敌	敵	대적할 적	dí
积	積	쌓을 적	jī
称	稱	일컬을 칭	chēng, chèn
笕	筧	대 홈통 견	jiǎn
笔	筆	붓 필	bǐ
债	債	빚 채	zhài
借	藉	깔개 자	jiè, jí
倾	傾	기울 경	qīng
赁	賃	품삯 임	lìn
颀	頎	헌걸찬 모양 기	qí, kěn
徕	徠	올 래	lái, lài
舰	艦	싸움배 함	jiàn
舱	艙	선창 창	cāng
耸	聳	귀머거리 용	sǒng
爱	愛	사랑 애	ài
鸰	鴒	할미새 령	líng
颁	頒	나눌 반	bān

간체자	정자	훈과 음	발음
颂	頌	기릴 송	sòng
脍	膾	회 회	huì
脏	臟	오장 장	zàng, zāng
脐	臍	배꼽 제	qí
脑	腦	뇌 뇌	nǎo
胶	膠	아교 교	jiāo
脓	膿	고름 농	lóng
鸱	鴟	솔개 치	chī
玺	璽	도장 새	xǐ
鱽	魛	웅어 도	dāo
鸲	鴝	구관조 구	qú
猃	獫	오랑캐이름 험	xiǎn
鸵	鴕	타조 타	tuó
袅	裊	낭창거릴 뇨	niǎo
鸳	鴛	원앙 원	yuān
皱	皺	주름 추	zhòu
饽	餑	떡 발	bō
饿	餓	주릴 아	è
馁	餒	주릴 뇌	něi

간체자	정자	훈과 음	발음
栾	欒	란나무 란	luán
挛	攣	걸릴 련	luán
恋	戀	그리워할 련	liàn, lián
桨	槳	상앗대 장	jiǎng
症	癥	적취 징	zhēng
痈	癰	악창 옹	yōng

간체자	정자	훈과 음	발음
斋	齋	집 재	zhāi
痉	痙	힘줄 당길 경	jìng
准	準	수준기 준	zhǔn
离	離	떠날 리	lí
颃	頏	새 날아내릴 항	háng
资	資	재물 자	zī
竞	競	다툴 경	jìng
阃	閫	문지방 곤	kǔn
阄	鬮	제비 구	guì
阆	閬	망량 량	láng, làng
阅	閱	검열할 열	yuè
郸	鄲	조나라 서울 단	dān
烦	煩	번거로울 번	fán
烧	燒	태울 소	shāo
烛	燭	촛불 촉	zhú
烨	燁	번쩍번쩍 빛날 엽	yè
烩	燴	모아 끓일 회	huì
烬	燼	깜부기불 신	jìn
递	遞	갈마들 체	dì
涛	濤	물결 도	tāo
涝	澇	큰 물결 로	lào
涞	淶	강 이름 래	lái
涟	漣	물놀이칠 련	lián
涠	潿	땅 이름 위	wéi
涢	溳	강 이름 운	yún, yǔn
涡	渦	웅덩이 와	wō, guō

간체자	정자	훈과 음	발음
涂	塗	진흙 도	tú
涤	滌	씻을 척	dí
润	潤	불을 윤	rùn
涧	澗	도랑물 간	jiàn
涨	漲	불을 창	zhǎng
烫	燙	데울 탕	tàng
涩	澀	떫을 삽	sè
涩	澁	떫을 삽	sè
悭	慳	아낄 간	qiān
悯	憫	민망할 민	mǐn
宽	寬	너그러울 관	kuān
家	傢	세간살이 가	jiā
宾	賓	손 빈	bīn
窍	竅	구멍 규	qiào
窎	窵	그윽할 조	diào
请	請	청할 청	qǐng
诸	諸	모든 제	zhū
诹	諏	꾀할 추	zōu
诺	諾	응답할 낙	nuò
诼	諑	헐뜯을 착	zhuó
读	讀	읽을 독	dú, dòu
诽	誹	헐뜯을 비	fěi
袜	襪	버선 말	wà, mò
祯	禎	상서 정	zhēn
课	課	매길 과	kè
诿	諉	번거롭게 할 위	wěi

간체자	정자	훈과 음	발음
谀	諛	아첨할 유	yú
谁	誰	누구 수	shéi, shuí
谂	諗	고할 심	shěn
调	調	고를 조	diào, tiáo
谄	諂	아첨할 첨	chǎn
谅	諒	믿을 량	liàng, liáng
谆	諄	타이를 순	zhūn
谇	誶	욕할 수	suì
谈	談	말씀 담	tán
谉	讅	살필 심	shěn

一

恳	懇	정성 간	kěn
剧	劇	심할 극	jù
娲	媧	여와씨 와	wā
娴	嫻	우아할 한	xián
难	難	어려울 난	nán,nàn, nuó
预	預	미리 예	yù
绠	綆	두레박줄 경	gěng, bǐng
骊	驪	가라말 려	lí
绡	綃	생사 초	shāo, xiāo
骋	騁	달릴 빙	chěng
绢	絹	비단 견	juàn
绣	綉	수놓을 수	xiù
验	驗	증험할 험	yàn
绥	綏	편안할 수	suí
继	繼	이을 계	jì

간체자	정자	훈과 음	발음
绨	綈	깁 제	tí, tì
骎	駸	말달릴 침	qīn
骏	駿	준마 준	jùn
鸶	鷥	해오라기 사	sī

11획

간체자	정자	훈과 음	발음
焘	燾	덮일 도	dào, tāo
琎	璡	옥돌 진	jīn
琏	璉	호련 련	liǎn
琐	瑣	옥소리 쇄	suǒ
麸	麩	밀기울 부	fū
掳	擄	사로잡을 로	lǔ
掴	摑	칠 괵	guó
鸷	鷙	맹금 지	zhì
掷	擲	던질 척	zhì
掸	撣	부딪칠 탄	dǎn, shàn
壶	壺	항아리 호	hú
悫	慤	삼갈 각	què
据	據	의거할 거	jù, jū
掺	摻	섬섬할 섬	chān, càn, shǎn
掼	摜	익숙해질 관	guàn
职	職	직분 직	zhí
聍	聹	귀지 녕	níng
萚	蘀	낙엽 탁	tuò
勚	勩	수고로울 예	yì
萝	蘿	나무 라	luó
萤	螢	개똥벌레 형	yíng

간체자	정자	훈과 음	발음
营	營	경영할 영	yíng
萦	縈	얽힐 영	yíng
萧	蕭	맑은 대쑥 소	xiāo
萨	薩	보살 살	sā
梦	夢	꿈 몽	mèng
觋	覡	박수 격	xí
检	檢	검사할 검	jiǎn
棂	欞	격자창 령	líng
啬	嗇	아낄 색	sè
匮	匱	상자 궤	kuì, guì
酝	醞	술 빚을 온	yùn, yǔn
厣	厴	조개껍질 염	yàn
硕	碩	클 석	shuò
硖	硤	고을 이름 협	xiá
硗	磽	메마른 땅 교	qiāo
硙	磑	맷돌 애	wèi, wéi
硚	礄	땅 이름 교	qiáo, jiāo
鸸	鴯	제비 이	ér
聋	聾	귀머거리 농	lóng
龚	龔	삼갈 공	gōng
袭	襲	엄습할 습	xí
䴕	鴷	딱따구리 렬	liè
殒	殞	죽을 운	yǔn
殓	殮	염할 렴	liàn
赉	賚	줄 뢰	lài
辄	輒	문득 첩	zhé

516

간체자	정자	훈과 음	발음
辅	輔	덧방나무 보	fǔ
辆	輛	수레 량	liàng
堑	塹	구덩이 참	qiàn, jiǎn

간체자	정자	훈과 음	발음
颅	顱	머리뼈 로	lú
啧	嘖	외칠 책	zé
悬	懸	매달 현	xuán
啭	囀	지저귈 전	zhuán
跃	躍	뛸 약	yuè
啮	嚙	씹을 요	niè
跄	蹌	추창할 창	qiàng, qiāng
蛎	蠣	굴 려	lì
蛊	蠱	독 고	gǔ
蛏	蟶	긴맛 조개 정	chēng
累	纍	갇힐 류	léi
啸	嘯	휘파람 불 소	xiǎo
帻	幘	망건 책	zé
崭	嶄	높을 참	zhǎn
逻	邏	순행할 라	luó
帼	幗	여인머리장식 귁	guó, guāi
赈	賑	구휼할 진	zhèn
婴	嬰	갓난아이 영	yīng
赊	賒	외상으로 살 사	shē

간체자	정자	훈과 음	발음
铏	鉶	국그릇 형	xíng
铐	銬	쇠고랑 고	kào

간체자	정자	훈과 음	발음
铑	銠	로듐 로	lǎo
铒	鉺	갈고리 이	ěr
铓	鋩	서슬 망	máng
铕	銪	유로퓸 유	yǒu
铗	鋏	집게 협	jiá
铙	鐃	작은 징 뇨	náo, nào
铛	鐺	쇠사슬 당	dāng, tāng
铝	鋁	줄 려	lǔ
铜	銅	구리 동	tóng
铟	銦	인듐 인	yīn
铠	鎧	갑옷 개	kǎi
铡	鍘	작두 찰	cà
铢	銖	무게 단위 수	zhū
铣	銑	끌 선	xiǎn, xǐ
铥	銩	툴륨 주	diū
铤	鋌	쇳덩이 정	dìng
铧	鏵	가래 화	huá
铨	銓	저울질할 전	quán
铩	鎩	창 살	shā, shài
铪	鉿	하프늄 합	hā
铫	銚	쟁개비 요	diào, yáo
铭	銘	새길 명	míng
铬	鉻	깎을 락	gè
铮	錚	쇳소리 쟁	zhēng, zhèng
铯	銫	세슘 색	sè
铰	鉸	가위 교	jiǎo

간체자	정자	훈과 음	발음
铱	銥	이리듐 의	yī
铲	鏟	대패 산	chǎn, chàn
铳	銃	총 총	chòng
铵	銨	암모늄 안	ān
银	銀	은 은	yín
矫	矯	바로잡을 교	jiǎo, jiáo
鸹	鴰	재두루미 괄	guā
秽	穢	더러울 예	huì
笺	箋	찌지 전	jiān
笼	籠	대그릇 롱	lóng, lǒng
笾	籩	제기 이름 변	biān
偾	僨	넘어질 분	fēn
鸺	鵂	수리부엉이 휴	xiū
偿	償	갚을 상	cháng
偻	僂	구부릴 루	lóu, lǔ
躯	軀	몸 구	qū
皑	皚	흴 애	āi
鸻	鴴	참새 행	xīng
衔	銜	받들 함	xián
舻	艫	배잇댈 로	lù
盘	盤	소반 반	pán
龛	龕	감실 감	kān
鸽	鴿	집비둘기 합	gē
敛	斂	거둘 렴	liǎn
领	領	거느릴 령	lǐng
脶	膼	손금 라	luó

간체자	정자	훈과 음	발음
脸	臉	뺨 검	liǎn, jiǎn
猎	獵	사냥 렵	liè
猡	玀	오랑캐 이름 라	luó
猕	獼	원숭이 미	mí
馃	餜	떡 과	guǒ
馄	餛	떡 혼	hún
馅	餡	소 함	xiàn, kàn
馆	館	집 관	guǎn

丶

간체자	정자	훈과 음	발음
鸾	鸞	난새 란	luán
庼	廎	작은 마루 경	qǐng
痒	癢	가려울 양	yǎng
鹆	鵁	해오라기 교	jiāo
镟	鏇	술그릇 선	xuàn, xuán
阈	閾	문지방 역	yù
阉	閹	내시 엄	yān
阊	閶	천문 창	chāng
阋	鬩	다툴 혁	xì
阌	閺	내리깔고 볼 문	wén
阍	閽	문지기 혼	hūn
阎	閻	이문 염	yán
阏	閼	막을 알	è, yān
阐	闡	열 천	chǎn
羟	羥	경기 간	kēng, qiān
盖	蓋	덮을 개	gài, gě
粝	糲	현미 려	lì

518

간체자	정자	훈과 음	발음
断	斷	끊을 단	duàn
兽	獸	짐승 수	shòu
焖	燜	뜸들일 민	mèn
渍	漬	담글 지	zì
鸿	鴻	기러기 홍	hóng
渎	瀆	도랑 독	dú
渐	漸	점점 점	jiàn, jiān
渑	澠	못 이름 민	miǎn
渊	淵	못 연	yuān
渔	漁	고기 잡을 어	yú
淀	澱	앙금 전	diàn
渗	滲	스밀 삼	shèn
惬	愜	쾌할 협	qiè
惭	慚	부끄러울 참	cán
惨	慘	슬플 참	cǎn
惧	懼	두려울 구	jù
惊	驚	놀랄 경	jīng
惮	憚	꺼릴 탄	dān
惯	慣	익숙할 관	guàn
祷	禱	빌 도	dǎo
谌	諶	정성 심	chén
谋	謀	꾀 모	móu
谍	諜	염탐할 첩	dié
谎	謊	잠꼬대 황	huǎng
谏	諫	간할 간	jiàn
皲	皸	발 터질 군	jūn

간체자	정자	훈과 음	발음
谐	諧	화할 해	xié
谑	謔	농지거리할 학	xuè
裆	襠	잠방이 당	dāng
祸	禍	재앙 화	huò
谒	謁	아뢸 알	yè
谓	謂	이를 위	wèi
谔	諤	곧은 말할 악	è
谕	諭	고지할 유	yù
谖	諼	속일 훤	xuān
谗	讒	참소할 참	chán
谘	諮	물을 자	zī
谙	諳	욀 암	ān
谚	諺	상말 언	yàn
谛	諦	살필 체	dì
谜	謎	수수께끼 미	mí, mèi
谝	諞	말교묘히할 편	piǎn
谞	諝	슬기 서	xū

ㄱ

간체자	정자	훈과 음	발음
弹	彈	탄알 탄	dàn, tán
堕	墮	떨어질 타	duò, huī
随	隨	따를 수	suí
粜	糶	쌀내다팔 조	chàn
隐	隱	숨을 은	yǐn
婳	嫿	정숙할 획	huà
婵	嬋	고울 선	chán
婶	嬸	숙모 심	shēn

간체자	정자	훈과 음	발음
颇	頗	자못 파	pō
颈	頸	목 경	jǐng, gěng
绩	績	길쌈 적	jì
绪	緒	실마리 서	xù
绫	綾	비단 릉	líng
骐	騏	털총이 기	qí
续	續	이을 속	xù
绮	綺	비단 기	qǐ
骑	騎	말탈 기	qí
绯	緋	붉은빛 비	fēi
骒	騍	암말 과	kè
绲	緄	띠 곤	gǔn
绳	繩	줄 승	shéng
骓	騅	오추마 추	zhuī
维	維	바 유	wéi
绵	綿	솜 면	mián
绶	綬	인끈 수	shòu
绷	繃	묶을 붕	bēng, běng
绸	綢	얽힐 주	chóu
绺	綹	끈목 류	liǔ
绻	綣	정다울 권	quǎn
综	綜	잉아 종	zōng, zèng
绽	綻	옷 터질 탄	zhàn
绾	綰	얽을 관	wǎn
绿	綠	푸를 록	lǜ, lù
骖	驂	곁마 참	cān, cǎn

간체자	정자	훈과 음	발음
缀	綴	꿰맬 철	zhuì
缁	緇	검은 비단 치	zī

12 획 ━

간체자	정자	훈과 음	발음
靓	靚	단장할 정	jìng
琼	瓊	옥 경	qióng
辇	輦	손수레 련	niǎn
鼋	黿	큰 자라 원	yuán
趋	趨	달릴 추	qū
揽	攬	잡을 람	lǎn
颉	頡	곧은 목 힐	xié, jié
撳	撳	삽 흔	qìn
搀	攙	찌를 참	chān, hán, chàn
蛰	蟄	벌레 칩	zhé
絷	縶	맬 집	jí
搁	擱	놓을 각	gē, gé
搂	摟	끌 루	lǒu, lōu
搅	攪	어지러울 교	jiǎo
联	聯	연이을 련	lián
蒇	蕆	경계할 천	chǎn
蒉	蕢	상할 괴	kuì
蒋	蔣	줄 장	jiǎng
蒌	蔞	쑥 루	lóu
韩	韓	나라 한	hán
椟	櫝	함 독	dú
椤	欏	울타리 라	luó, luǒ, luò
赍	齎	집어줄 재	jī

간체자	정자	훈과 음	발음
椭	橢	둥글길죽할 타	tuǒ
鹁	鵓	집비둘기 발	bó
鹂	鸝	꾀꼬리 리	lí
觌	覿	볼 적	dí, dú
硷	鹼	소금기 감	jiān
确	確	굳을 확	què
詟	讋	두려워할 섭	shè, tà, zhé
殚	殫	다할 탄	dān
颊	頰	뺨 협	jiá
雳	靂	벼락 력	lì
辊	輥	빨리 구를 곤	gǔn
辋	輞	바퀴테 망	wǎng
椠	槧	판 참	qiàn
暂	暫	잠깐 잠	zàn
辍	輟	그칠 철	chuò
辎	輜	짐수레 치	zī
翘	翹	들 교	qiáo, qiào

J

간체자	정자	훈과 음	발음
辈	輩	무리 배	bèi
凿	鑿	뚫을 착	záo
辉	輝	빛날 휘	huī
赏	賞	상줄 상	shǎng
睐	睞	한눈 팔 래	lài, lái
睑	瞼	눈꺼풀 검	jiǎn
喷	噴	뿜을 분	pēn, pèn
畴	疇	밭두둑 주	chóu

간체자	정자	훈과 음	발음
践	踐	밟을 천	jiàn
遗	遺	끼칠 유	yí, wèi
蛱	蛺	나비 협	jiá
蛲	蟯	요충 요	náo
蛳	螄	다슬기 사	sī
蛴	蠐	굼벵이 제	qí
鹃	鵑	두견새 견	juān
喽	嘍	시끄러울 루	lóu, lóu
嵘	嶸	높고 험할 영	róng
嵚	嶔	산높고험할금	qīn
嵝	嶁	봉우리 루	lǒu
赋	賦	부세 부	fù
赌	賭	걸 도	dǔ
赎	贖	속 바칠 속	shú
赐	賜	줄 사	cì
赒	賙	진휼할 주	zhōu
赔	賠	물어줄 배	péi
赕	賧	속 바칠 담	dǎn

J

간체자	정자	훈과 음	발음
铸	鑄	쇳물부어만들주	zhù
锘	鍩	로렌슘 로	láo
铺	鋪	펼 포	pū, pù
铼	錸	레늄 래	lái
铽	鋱	테르븀 특	tè
链	鏈	쇠사슬 련	liàn, lián

521

附錄

간체자	정자	훈과 음	발음
铿	鏗	금옥소리 갱	gēng
销	銷	녹일 소	xiāo
锁	鎖	자물쇠 쇄	suǒ
锃	鋥	칼 갈 정	zèng
锄	鋤	호미 서	chú
锂	鋰	리튬 리	lǐ
锅	鍋	노구솥 과	guō
锆	鋯	지르코늄 고	gào
锇	鋨	오스뮴 아	é
锈	銹	녹슬 수	xiù
锉	銼	가마 좌	cuò
锋	鋒	칼 끝 봉	fēng
锌	鋅	굳을 자	xīn
锏	鐗	굴대 덧방쇠 간	jiǎn, jiàn
锐	銳	날카로울 예	ruì
锑	銻	안티모니 제	tī
锒	銀	쇠사슬 랑	láng
锓	鋟	새길 침	qǐn
锔	鋦	쇠로 동일 국	jū, jú
锕	錒	가마솥 아	ā
犊	犢	송아지 독	dú
鹄	鵠	고니 곡	hú, gǔ
鹅	鵝	거위 아	é
颋	頲	곧을 정	chēng
筑	築	쌓을 축	zhù
筚	篳	울타리 필	bì

간체자	정자	훈과 음	발음
筛	篩	체 사	shāi
牍	牘	편지 독	dú
傥	儻	빼어날 당	dǎng
傧	儐	인도할 빈	bīn
储	儲	쌓을 저	chǔ
傩	儺	역귀 쫓을 나	nuó
惩	懲	징계할 징	chéng
御	禦	막을 어	yù
颌	頜	아래턱 합	gé, hé
释	釋	풀 석	shì
鸲	鴝	구관조 욕	yù
腊	臘	납향 납	là
腘	膕	오금 곡	guó
鱿	魷	오징어 우	yóu
鲁	魯	노둔할 노	lǔ
鲂	魴	방어 방	fáng
颍	潁	강 이름 영	yǐng
飓	颶	폭풍 구	jù
觞	觴	잔 상	shāng
惫	憊	고달플 비	bèi
馈	饋	먹일 궤	kuì
馉	餶	고기만두 골	gǔ
馊	餿	밥 뭉개질 수	sōu
馋	饞	탐할 참	chán

간체자	정자	훈과 음	발음
亵	褻	더러울 설	xiè

간체자	정자	훈과 음	발음
裝	裝	꾸밀 장	zhuāng
蛮	蠻	오랑캐 만	mán
脔	臠	저민고기 련	lián
癆	癆	중독될 로	láo, lào
痫	癇	간기 간	jiān
赓	賡	이을 갱	gēng
颏	頦	턱 해	kē, ké
鹇	鷴	솔개 한	xián
阑	闌	가로막을 란	lán, làn
阒	闃	조용할 취	qù
阔	闊	트일 활	kuò
阕	闋	문닫을 결	què
粪	糞	똥 분	fèn
鹈	鵜	사다새 제	tí
窜	竄	숨을 찬	cuàn
窝	窩	움집 와	wō
嚳	嚳	급히 고할 곡	kù
愤	憤	분할 분	fèn
愦	憒	어지러울 궤	kuì
滞	滯	막힐 체	zhì
湿	濕	젖을 습	shī
溃	潰	무너질 궤	kuì, huì
溅	濺	흩뿌릴 천	jiān
溇	漊	비 계속 내릴 루	lóu
湾	灣	물굽이 만	wān
谟	謨	꾀 모	mó

간체자	정자	훈과 음	발음
裢	褳	전대 련	lián
裣	襝	행주치마 첨	chán
裤	褲	바지 고	kù
裥	襇	치마 주름 간	jiǎn, jiàn
禅	禪	선 선	chán, shàn
谠	讜	곧은 말 당	dǎng, dàng, tàng
谡	謖	일어날 속	sù
谢	謝	사례 사	xiè
谣	謠	노래 요	yáo
谤	謗	헐뜯을 방	bàng
谥	謚	웃을 익	shì
谦	謙	겸손 겸	qiān
谧	謐	고요할 밀	mì

ノ

간체자	정자	훈과 음	발음
属	屬	붙일 속	shǔ, zhǔ
屡	屢	여러 루	lǚ
骘	騭	수말 즐	zhì
毵	毿	털 길 삼	sān
翚	翬	훨훨 날 휘	huí
缂	緙	꿰맬 격	kè
缃	緗	담황색 상	xiāng
缄	緘	봉할 함	jiān
缅	緬	가는 실 면	miǎn
缆	纜	닻줄 람	lǎn
缇	緹	붉은 비단 제	tí
缈	緲	아득할 묘	miǎo

간체자	정자	훈과 음	발음
缉	緝	낳을 집	jī, qī
缊	縕	헌솜 온	yùn, yūn
缌	緦	시마복 시	sī
缎	緞	비단 단	duàn
缑	緱	칼자루 감을 구	gōu
缓	緩	느릴 완	huǎn
缒	縋	주름질 추	zhuì
缔	締	맺을 체	dì
缕	縷	실 루	lǚ, lóu
骗	騙	속일 편	piàn
编	編	엮을 편	biān
骚	騷	시끄러울 소	sāo
缘	緣	인연 연	yuán
飨	饗	잔치할 향	xiǎng

13 획

간체자	정자	훈과 음	발음
耢	耮	고무래 로	láo
鹉	鵡	앵무새 무	wǔ
鹋	鶄	해오라기 청	jīng
韫	韞	감출 온	yùn, yún, wēn
骜	驁	준마 오	ào, áo
摄	攝	추스를 섭	shè
摅	攄	펼 터	shū
摆	擺	열릴 파	bǎi
裸	襬	치마 피	bǎi, bei, pèi
赪	赬	붉을 정	chēng
摈	擯	물리칠 빈	bìn

간체자	정자	훈과 음	발음
毂	轂	바퀴통 곡	gǔ, gū
摊	攤	열 탄	tān
鹊	鵲	까치 작	què
蓝	藍	쪽 람	lán
蓦	驀	말 탈 맥	mò
蓟	薊	삽주 계	jī, jiē, jiè
蒙	矇	청맹과니 몽	mēng, méng
蒙	濛	가랑비 올 몽	méng
蒙	懞	후할 몽	méng
颐	頤	턱 이	yí
献	獻	드릴 헌	xiàn
蓣	蕷	참마 여	yù
榄	欖	감람나무 람	lǎn
榇	櫬	널 츤	chèn, qīn, hèn
榈	櫚	종려나무 려	lǘ
楼	樓	다락 루	lóu
榉	欅	느티나무 거	jǔ
赖	賴	힘입을 뢰	lài
碛	磧	서덜 적	qì
碍	礙	거리낄 애	ài
碜	磣	모래 섞일 참	chěn
鹌	鵪	암순 암	ān, yiā
尴	尷	껄끄러울 감	gān
雾	霧	안개 무	wù
辏	輳	모일 주	còu
辐	輻	바퀴살 복	fú

간체자	정자	훈과 음	발음
辑	輯	모을 집	jí
输	輸	보낼 수	shū

J

간체자	정자	훈과 음	발음
频	頻	자주 빈	pín
龃	齟	어긋날 저	jǔ
龄	齡	나이 령	líng
龅	齙	귀절 포	pāo
龆	齠	이 갈 초	tiáo
鉴	鑒	거울 감	jiàn
韪	韙	바를 위	wěi
嗫	囁	소곤거릴 섭	zhé
蹺	蹺	발돋움할 교	qiāo
跸	蹕	길 치울 필	bì
跻	躋	오를 제	jī, jì
跹	躚	춤출 선	xiān
蜗	蝸	달팽이 와	wō
嗳	噯	딸국질 애	āi, ǎi, ài
赗	賵	부의 보낼 봉	fēng

丿

간체자	정자	훈과 음	발음
锗	鍺	바퀴통쇠 타	zhě, dǔo
错	錯	섞일 착	cuò
锬	錟	취할 첨	tiǎn
锚	錨	닻 묘	máo
锛	錛	자귀 분	bēn
锝	鍀	테크네튬 득	dé
锞	錁	띠치장 과	kè

간체자	정자	훈과 음	발음
锟	錕	붉은 쇠 곤	kūn
锡	錫	주석 석	xī
锢	錮	땜질할 고	gù
锣	鑼	징 라	luó
锤	錘	저울 추 추	chuí
锥	錐	송곳 추	zhuī
锦	錦	비단 금	jǐn
锧	鑕	모루 질	zhì
锨	鍁	삽 흠	xiān
锫	錇	대못 부	péi
锭	錠	제기이름 정	dìng
键	鍵	열쇠 건	jiàn
锯	鋸	톱 거	jù, jū
锰	錳	망간 맹	měng
锱	錙	저울눈 치	zī
辞	辭	말씀 사	cí
颓	頹	무너질 퇴	tuí
穇	穇	쭉정이 이삭 삼	cǎn
筹	籌	투호용 화살 주	chóu
签	簽	농 첨	qiān
签	籤	제비 첨	qiān
简	簡	대쪽 간	jiǎn
觎	覦	넘겨다볼 유	yú
颔	頷	턱 함	hàn
腻	膩	매끄러울 니	nì
鹏	鵬	대붕새 붕	péng

간체자	정자	훈과 음	발음
腾	騰	오를 등	téng
鲅	鮁	물고기 헤엄칠 발	bà
鲆	鮃	넙치 평	píng
鲇	鮎	메기 점	nián
鲈	鱸	농어 로	lú
鲊	鮓	젓갈 자	zhǎ
鲋	鮒	붕어 부	fù
鲍	鮑	절인 어물 포	bào
鲐	鮐	복 태	tái
颖	穎	이삭 영	yǐng
飔	颸	선선한 바람 시	sī, chī
飕	颼	바람소리 수	sōu
触	觸	닿을 촉	chù
雏	雛	병아리 추	chú
馎	餺	수제비 박	bó
馍	饃	찐빵 막	mò
馏	餾	밥 뜸들 류	liú
馐	饈	드릴 수	xiū

ˋ

간체자	정자	훈과 음	발음
酱	醬	젓갈 장	jiàng
鹑	鶉	메추라기 순	chún
瘅	癉	앓을 단	dàn, dān
瘆	瘮	놀라서 떨 참	shèn
鹒	鶊	꾀꼬리 경	gēng
阖	闔	문짝 합	hé
阗	闐	성할 전	tián, diàn

간체자	정자	훈과 음	발음
阙	闕	대궐 궐	quē, què
誊	謄	베낄 등	téng
粮	糧	양식 량	liáng
数	數	셈 수	shù, shǔ, shuò
溮	灄	강 이름 섭	shè
满	滿	찰 만	mǎn
滤	濾	거를 려	lǜ
滥	濫	넘칠 람	làn
滗	潷	거를 필	bì
滦	灤	새어흐를 란	luán
漓	灕	물 이름 리	lí
滨	濱	물가 빈	bīn
滩	灘	여울 탄	tān
滪	澦	강 이름 여	yù
慑	懾	두려워할 섭	shè, zhé
誉	譽	기릴 예	yù
鲎	鱟	참게 후	hòu
骞	騫	말 배앓을 건	qiān
寝	寢	잠잘 침	qǐn
窥	窺	엿볼 규	kuī
窦	竇	구멍 두	dòu
谨	謹	삼갈 근	jǐn
谩	謾	속일 만	màn, mán
谪	謫	귀양갈 적	zhé
谫	譾	얕을 전	jiǎn
谬	謬	그릇될 류	miù

간체자	정자	훈과 음	발음

ㄱ

간체자	정자	훈과 음	발음
辟	闢	열 벽	pì
嫒	嬡	계집 애	ài
嫔	嬪	아내 빈	pín
缙	縉	꽂을 진	jìn
缜	縝	삼실 진	zhěn
缚	縛	묶을 박	fù
缛	縟	화문 놓을 욕	rù
辔	轡	고삐 비	pèi
缝	縫	꿰맬 봉	féng, fèng
骝	騮	월다말 류	liú
缞	縗	상복이름 최	cuī
缟	縞	명주 호	gǎo
缠	纏	얽힐 전	chán
缡	縭	신 꾸미개리	lí
缢	縊	목맬 액	yì
缣	縑	합사 비단 겸	jiān
缤	繽	어지러울 빈	bīn, pín
骗	騙	거세한 말 선	shàn

14 획

ㅡ

간체자	정자	훈과 음	발음
瑷	璦	아름다운 옥 애	ài
赘	贅	혹 췌	zhuì
觏	覯	만날 구	gòu, hóu, hòu
叆	靉	구름 낄 애	ài, ǎi
墙	墻	담 장	qiáng
撄	攖	다가설 영	yīng, yíng

간체자	정자	훈과 음	발음
蔷	薔	장미 장	qiáng
篾	衊	모독할 멸	miè
蔹	蘞	가위톱 렴	liǎn
蔺	藺	골풀 린	lìn
蔼	藹	열매 많이 달릴 애	ǎi
鹕	鶘	사다새 호	hú
槚	檟	개오동나무 가	jiǎ
槛	檻	죄인타는수레함	jiàn, kǎn
槟	檳	빈랑나무 빈	bīn, bīng
槠	櫧	종가시나무 저	zhū
酽	釅	초 엄	yàn
酾	釃	거를 시	xǐ
酿	釀	술 빚을 양	niàng, niáng
霁	霽	갤 제	jì
愿	願	원할 원	yuàn
殡	殯	염할 빈	bìn
辕	轅	끌채 원	yuàn
辖	轄	비녀장 할	xiá
辗	輾	구를 전	zhǎn, niǎn

J

간체자	정자	훈과 음	발음
龃	齟	이 갈림 재	chā, xià
龈	齦	잇몸 은	yín, kěn
鹝	鶪	때까치 격	jú
颗	顆	낟알 과	kē
瞜	瞜	주시할 루	lōu
暧	曖	가릴 애	ài

527

간체자	정자	훈과 음	발음
鹖	鶡	할단 할	hé
踌	躊	머뭇거릴 주	chǒu
踊	踴	뛸 용	yǒng
蜡	蠟	밀 랍	là
蝈	蟈	청개구리 괵	guō
蝇	蠅	파리 승	yíng
蝉	蟬	매미 선	chán
鹗	鶚	물수리 악	è
嘤	嚶	새소리 앵	yīng
罴	羆	큰곰 비	pí, bì, peī
赙	賻	부의 부	fù
罂	罌	양병 앵	yīng
赚	賺	속일 잠	zhuàn, zuàn
鹘	鶻	송골매 홀	gú

丿

간체자	정자	훈과 음	발음
锲	鍥	낫 결	jié, qì, qié
锴	鍇	쇠 개	jiē, jiě
锶	鍶	무쇠그릇 송	sōng
锷	鍔	칼날 악	è
锹	鍫	가래 초	qiū
锸	鍤	가래 삽	chá
锻	鍛	쇠 불릴 단	duàn
锼	鎪	아로새길 수	sōu
锾	鍰	무게 단위 환	huǎn, huán
锵	鏘	금옥소리 장	qiāng, hēng
镀	鍍	도금할 도	dù

간체자	정자	훈과 음	발음
镁	鎂	마그네슘 미	měi
镂	鏤	새길 루	lòu
镃	鎡	호미 자	zī
镄	鐨	페르뮴 비	bì
鹙	鶖	무수리 추	qiū
稳	穩	평온할 온	wěn
箦	簀	살평상 책	zé, zhài
箧	篋	상자 협	qiè
箨	籜	대꺼풀 탁	tuò
箩	籮	키 라	luó
箪	簞	대광주리 단	dān
箓	籙	책상자 록	lù
箫	簫	퉁소 소	xiāo
舆	輿	수레 여	yú
膑	臏	종지뼈 빈	bìn, bǐn, pǐn
鲑	鮭	복 규	guī
鲒	鮚	대합 길	jié, jí, qiè
鲔	鮪	다랑어 유	yǒu
鲖	鮦	가물치 동	tóng
鲗	鰂	오징어 즉	zéi
鲙	鱠	회 회	kuài
鲚	鱭	제어 제	jī
鲛	鮫	상어 교	jiāo
鲜	鮮	고울 선	xiān, xiǎn
鲟	鱘	칼철갑상어 심	xún
馑	饉	흉년들 근	jǐn

간체자	정자	훈과 음	발음
馒	饅	만두 만	mán

丶

간체자	정자	훈과 음	발음
銮	鑾	방울 란	luán
瘗	瘞	묻을 예	yì
瘘	瘻	부스럼 루	lòu
阚	闞	바라볼 감	kàn, kǎn
鲞	鯗	건어 상	xiǎng
糁	糝	나물죽 삼	shēn, sān, sǎn
鹚	鷀	가마우지 자	zē
潇	瀟	비바람칠 소	xiāo
潋	瀲	물 벌창할 렴	liàn
潍	濰	물 이름 유	wéi
赛	賽	굿할 새	sài
窭	窶	가난할 구	jù
谭	譚	이야기 담	tán
谮	譖	참소할 참	jiàn, zèn
襀	襀	끈 괴	kuì, huì
褛	褸	남루할 루	lǚ
谯	譙	꾸짖을 초	qiáo, qiào, huí
谰	讕	헐뜯을 란	làn, lān, lǎn
谱	譜	족보 보	pǔ
谲	譎	속일 휼	jué

乛

간체자	정자	훈과 음	발음
鹛	鶥	왜가리 미	méi
嫱	嬙	궁녀 장	qiáng
鹜	鶩	집오리 목	wù

간체자	정자	훈과 음	발음
缥	縹	옥색 표	piāo
缦	縵	비단 만	màn
骡	騾	노새 라	luó
缨	纓	갓끈 영	yīng
骢	驄	총이말 총	cōng
缩	縮	다스릴 축	suō, sù
缪	繆	얽을 무	móu, miào
缫	繅	고치 켤 소	xiāo

15 획　　━

간체자	정자	훈과 음	발음
耧	耬	농기구 루	lóu
璎	瓔	구슬 목걸이 영	yīng
叇	靆	구름 낄 체	dài
撵	攆	쫓을 련	niǎn
撷	擷	딸 힐	xié
撺	攛	던질 찬	cuān, cuàn
聩	聵	배냇귀머거리 외	kuì
聪	聰	귀밝을 총	cōng
觐	覲	뵈올 근	jìn
鞑	韃	종족 이름 달	dá, tà
鞒	鞽	장대 교	jiāo
蕲	蘄	풀 이름 기	qí
蕴	蘊	쌓을 온	yùn
樯	檣	돛대 장	qiáng
樱	櫻	앵두 앵	yīng
飘	飄	회오리바람 표	piāo
厣	厴	보조개 엽	yiè

간체자	정자	훈과 음	발음
魇	魘	가위눌릴 염	yàn
餍	饜	물릴 염	yàn, yián, yiàn
霉	黴	곰팡이 미	méi
辘	轆	도르래 록	lù

 J

간체자	정자	훈과 음	발음
龉	齬	어긋날 어	yǔ
龊	齪	악착할 착	chuò
觑	覷	볼 처	qù
瞒	瞞	속일 만	mán
题	題	제목 제	tí
颙	顒	공경할 옹	yóng
踬	躓	넘어질 지	zhí, zhì
踯	躑	머뭇거릴 척	zhí
蝾	蠑	영원 영	róng
蝼	螻	땅강아지 루	lóu, lòu, lú
噜	嚕	아까워할 로	lū
嘱	囑	부탁할 촉	zhǔ
颛	顓	전단할 전	zhuān

丿

간체자	정자	훈과 음	발음
镊	鑷	족집게 섭	niè
镇	鎮	진압할 진	zhèn
镉	鎘	다리 굽은솥 력	lì
镗	鏜	창 당	tǎng
镍	鎳	니켈 얼	niè
镏	鎦	죽일 류	liú
镐	鎬	호경 호	gǎo, hào

간체자	정자	훈과 음	발음
镑	鎊	깎을 방	bàng, bāng, pàng
镒	鎰	중량 일	yì
镓	鎵	갈륨 가	jiā
镔	鑌	정련한 쇠 빈	bīn
篑	簣	삼태기 궤	kuì, kuài
篓	簍	대 채롱 루	lǒu, lóu, lú
䴘	鷉	농병아리 체	tī
鹡	鶺	할미새 척	jí
鹞	鷂	새매 요	yào, yáo
鲠	鯁	생선뼈 경	gěng
鲡	鱺	뱀장어 리	lí, lǐ
鲢	鰱	연어 련	lián
鲣	鰹	큰 가물치 견	jiān
鲥	鰣	준치 시	shí
鲤	鯉	잉어 리	lǐ
鲦	鰷	피라미 조	tiáo, xiǎo
鲧	鯀	물고기 이름 곤	gǔn
鲩	鯇	잉어 환	huán, huǎn
鲫	鯽	붕어 즉	jì, zé
馔	饌	반찬 찬	zhuàn

丶

간체자	정자	훈과 음	발음
瘪	癟	날지 못할 별	biě, biē, blě
瘫	癱	사지 틀릴 탄	tān
齑	齏	회 제	jí
颜	顏	얼굴 안	yán
鹣	鶼	비익조 겸	jiān

간체자	정자	훈과 음	발음
鲨	鯊	상어 사	shā, sà
澜	瀾	큰 물결 란	lán
额	額	이마 액	é
谳	讞	평의할 얼	yàn, ní, yǎn
褴	襤	누더기 람	lán
谴	譴	꾸짖을 견	qiǎn
鹤	鶴	학 학	hè, háo, mò
谵	譫	헛소리 섬	tà, zhé, zhàn

ㄱ

간체자	정자	훈과 음	발음
屦	屨	신발 구	jù
缬	纈	홀치기염색 힐	xié
缭	繚	감길 료	liáo
缮	繕	기울 선	shàn
缯	繒	비단 증	zēng, zèng

16 획 ㅡ

간체자	정자	훈과 음	발음
擞	擻	차릴 수	sǒu, sòu
颞	顳	관자놀이 섭	niè
颟	顢	얼굴 클 만	mán
薮	藪	늪 수	sǒu
颠	顛	정수리 전	diān
橹	櫓	큰 방패 로	lǔ
橼	櫞	연나무 연	yuán
翳	鷖	갈매기 예	yī, yì
赝	贗	가짜 안	yān
飙	飆	폭풍 표	biāo
飙	飈	폭풍 표	biāo

간체자	정자	훈과 음	발음
豮	豶	거세한돼지 분	fén
錾	鏨	끌 참	jiàn, zhàn
辙	轍	수레바퀴자국 철	zhé
辚	轔	수레소리 린	lín

J

간체자	정자	훈과 음	발음
鹾	鹺	소금 차	cuó, cā, cāi
鹦	鸚	앵무새 앵	yīng
赠	贈	보낼 증	zèng

ノ

간체자	정자	훈과 음	발음
镨	鐯	괭이 작	zhuó
镖	鏢	칼끝 표	biāo
镗	鏜	종고 소리 당	tāng
镘	鏝	흙손 만	màn
镚	鏰	동전 붕	bēng
镛	鏞	큰 종 용	yōng
镜	鏡	거울 경	jìng
镝	鏑	화살촉 적	dī, dí
镞	鏃	화살촉 족	zú
氇	氌	모직물 로	lú
赞	贊	도울 찬	zàn
穑	穡	거둘 색	sè
篮	籃	큰 등롱 람	lán
篱	籬	울타리 리	lí
魉	魎	도깨비 량	liǎng
鲭	鯖	청어 청	qīng, zhēng
鲮	鯪	천산갑 릉	líng

간체자	정자	훈과 음	발음
鳅	鰍	뱅어 추	qū
鲱	鯡	곤이 비	fēi
鲲	鯤	곤이 곤	kūn
鲳	鯧	병어 창	chāng
鲵	鯢	도롱뇽 예	ní
鲶	鯰	메기 점	niàn
鲷	鯛	도미 조	diāo
鲸	鯨	고래 경	jīng
鲻	鯔	숭어 치	zī
獭	獺	수달 달	tǎ

`、`

간체자	정자	훈과 음	발음
鹧	鷓	자고 자	zhè
瘿	癭	혹 영	yǐng, yīng
瘾	癮	두드러기 은	yǐn
斓	斕	아롱질 란	lán
辩	辯	말 잘할 변	biàn
濑	瀬	여울 뢰	lài
濒	瀕	물가 빈	bīn
懒	懶	게으를 라	lǎn
黉	黌	글방 횡	hēng

`ㄱ`

간체자	정자	훈과 음	발음
鹨	鷚	종달새류	liáo, liú, liù
颡	顙	이마 상	sǎng, sāng
缰	繮	고삐 강	jiāng
缱	繾	곡진할 견	juān
缲	繰	비단 조	qiāo, sāo, zǎo

간체자	정자	훈과 음	발음
缳	繯	엷은 비단 환	huán
缴	繳	주살의 줄 격	jiǎo, jǐ, juè

17 획   `一`

간체자	정자	훈과 음	발음
藓	蘚	이끼 선	xiǎn
鹩	鷯	뱁새 료	liáo, liào

`亅`

간체자	정자	훈과 음	발음
龋	齲	충치 우	qǔ
瞩	矚	볼 촉	zhǔ
蹒	蹣	비틀거릴 반	mán, pán
蹑	躡	밟을 섭	niè
蟏	蠨	갈머리 소	xiāo
阚	闞	으르렁거릴 함	gǎn
羁	羈	굴레 기	jī
赡	贍	넉넉할 섬	shàn

`丿`

간체자	정자	훈과 음	발음
镣	鐐	은 료	liáo
镤	鏷	무쇠 박	pú
镥	鑥	루테튬 로	lú
镦	鐓	창고달 대	dūn, duì
镧	鑭	금채색 란	lán, làn
钐	鐥	낫 선	shān, shàn
镨	鐠	모포 보	pǔ
镪	鏹	돈 강	qiāng, jiǎng
镫	鐙	등잔 등	dēng
簖	籪	통발 단	duàn

간체자	정자	훈과 음	발음
鹪	鷦	뱁새 초	jiāo
鲦	鰷	물고기 이름 춘	chūn
鲽	鰈	가자미 접	dié, diē, qiē, tà
鳝	鱨	자가사리 상	cháng
鳃	鰓	아가미 새	sāi
鳁	鰛	정어리 온	wēn
鳄	鰐	악어 악	è
鳅	鰍	미꾸라지 추	qiū
鳆	鰒	전복 복	fù
鳇	鰉	용상어 황	huáng
鰌	鰌	미꾸라지 추	qiū, qiú
鳊	鯿	방어 편	biān

丶

간체자	정자	훈과 음	발음
鹫	鷲	수리 취	jiù
辫	辮	땋을 변	biàn
赢	贏	이익 남을 영	yíng
懑	懣	번민할 만	mèn, mán

フ

간체자	정자	훈과 음	발음
鹬	鷸	도요새 휼	yù
骤	驟	달릴 취	zhòu

18획 **一**

간체자	정자	훈과 음	발음
鳌	鰲	자라 오	áo
鞯	韉	언치 천	jiān
魇	魘	검정사마귀 염	yǎn, yàn

丿

간체자	정자	훈과 음	발음
颢	顥	클 호	hào

간체자	정자	훈과 음	발음
鹭	鷺	해오라기 로	lū
嚣	囂	들넬 효	xiāo
髅	髏	해골 루	lóu

丿

간체자	정자	훈과 음	발음
镬	鑊	가마 확	huò
镭	鐳	병 뢰	léi
镮	鐶	고리 환	huán
镯	鐲	방울 탁	zhuó
镰	鐮	낫 겸	lián
镱	鐿	이테르븀 의	yì
雠	讐	짝 수	chóu
雠	讎	짝 수	chóu, shòu
鳏	鰥	환어 환	guān
鳍	鰭	지느러미 기	qí
鳎	鰨	가자미 탑	tǎ, tà, nà
鳒	鰜	넙치 겸	jiān

丶

간체자	정자	훈과 음	발음
鹯	鸇	새매 전	zhān, zhen
鹰	鷹	매 응	yīng
癞	癩	약물중독 라	lài
冁	囅	웃는 모양 천	chán
宴	讌	잔치 연	yàn

フ

간체자	정자	훈과 음	발음
䴙	鷿	농병아리 벽	pì, bò

간체자	정자	훈과 음	발음

19 획 　一

간체자	정자	훈과 음	발음
攒	攢	모일 찬	zǎn, zuān, cuán
霭	靄	아지랑이 애	ǎi

　丿

간체자	정자	훈과 음	발음
鳖	鱉	금계 별	biē
蹿	躥	솟을 찬	cuān
巅	巔	산꼭대기 전	diān
髋	髖	허리뼈 관	kuān, kūn
髌	髕	종지뼈 빈	bìn

　丿

간체자	정자	훈과 음	발음
镲	鑔	동발 찰	chá
籁	籟	세 구멍 퉁소 뢰	lài
鳘	鰵	대구 민	mǐn
鳓	鰳	준치 륵	lè
鳔	鰾	부레 표	biào
鳕	鱈	대구 설	xuě
鳗	鰻	뱀장어 만	mán
鳙	鱅	전어 용	yóng
鳛	鰼	미꾸라지 습	xí

　丶

간체자	정자	훈과 음	발음
颤	顫	놀랄 전	chàn, zhàn
癣	癬	마른 옴 선	xuǎn
谶	讖	참서 참	chán

　一

간체자	정자	훈과 음	발음
骥	驥	천리마 기	jì

간체자	정자	훈과 음	발음
缵	纘	이을 찬	zuǎn

20 획 　一

간체자	정자	훈과 음	발음
瓒	瓚	제기 찬	zàn
鬓	鬢	살쩍 빈	bìn
颥	顬	관자놀이 움직일 유	rú

　丿

간체자	정자	훈과 음	발음
鼍	鼉	악어 타	tà
黩	黷	더럽힐 독	dú

　丿

간체자	정자	훈과 음	발음
镳	鑣	재갈 표	biāo
镴	鑞	땜납 랍	là
臜	臢	언청이 잠	zān
鳜	鱖	쏘가리 궤	guì, jué, wǎn
鳝	鱔	두렁허리 선	shàn
鳞	鱗	비늘 린	lín
鳟	鱒	송어 준	zūn, zùn

　一

간체자	정자	훈과 음	발음
骧	驤	머리 들 양	xiāng

21 획

간체자	정자	훈과 음	발음
颦	顰	찡그릴 빈	pín
躏	躪	짓밟을 린	lìn
鳢	鱧	가물치 례	lǐ
鳣	鱣	철갑상어 전	zhān
癫	癲	미칠 전	diān

간체자	정자	훈과 음	발음
赣	贛	줄 공	gàn, gǎn
灏	灝	넓을 호	hào

22 획

간체자	정자	훈과 음	발음
鹳	鸛	황새 관	huān, huán
镶	鑲	거푸집 속 양	xiāng, niáng

23 획

간체자	정자	훈과 음	발음
趱	趲	놀라흩어질 찬	zǎn, zàn
颧	顴	광대뼈 관	quán
躜	躦	걸터앉을 찬	zuān, cuó

25 획

간체자	정자	훈과 음	발음
镢	钁	괭이 곽	jué
馕	饢	처먹을 낭	nǎng, áng
戆	戇	어리석을 당	zhuàng, gàng

고사성어
故事成語
대백과

韓國姓氏

姓氏	貫鄉
金	김해(金海) 경주(慶州) 광산(光山) 안동(安東) 의성(義城) 강릉(江陵)
李	전주(全州) 경주(慶州) 성주(星州) 광주(廣州) 연안(延安) 전의(全義)
朴	밀양(密陽) 반남(潘南) 함양(咸陽) 순천(順天) 무안(務安) 죽산(竹山)
崔	경주(慶州) 전주(全州) 해주(海州) 강릉(江陵) 탐진(耽津) 수성(隋城)
鄭	동래(東萊) 경주(慶州) 진주(晉州) 연일(延日) 하동(河東) 해주(海州)
姜	진주(晉州) 금천(衿川)
趙	한양(漢陽) 함안(咸安) 풍양(豊壤) 배천(白川) 옥천(玉川) 평양(平壤)
尹	파평(坡平) 해남(海南) 칠원(漆原) 남원(南原) 해평(海平) 무송(茂松)
張	인동(仁同) 흥덕(興德) 단양(丹陽) 안동(安東) 덕수(德水) 목천(木川)
林	나주(羅州) 평택(平澤) 부안(扶安) 예천(醴泉) 조양(兆陽)
韓	청주(清州) 곡산(谷山)
吳	해주(海州) 동복(同福) 보성(寶城) 함양(咸陽) 나주(羅州)
徐	달성(達城) 이천(利川) 대구(大邱) 부여(扶餘) 장성(長城) 연산(連山)
申	평산(平山) 고령(高靈) 아주(鵝洲)
權	안동(安東) 예천(醴泉)
黃	창원(昌原) 장수(長水) 평해(平海) 우주(紆州) 회덕(懷德)
安	순흥(順興) 죽산(竹山) 광주(廣州) 강진(康津)
宋	여산(礪山) 은진(恩津) 진천(鎭川) 신평(新平) 연안(延安) 홍주(洪州)
柳	문화(文化) 전주(全州) 진주(晉州) 고흥(高興) 서산(瑞山) 풍산(豊山)
全	천안(天安) 정선(旌善) 옥천(沃川) 전주(全州)
洪	남양(南陽) 풍산(豊山) 부계(缶溪) 홍주(洪州)
高	제주(濟州) 장흥(長興) 개성(開城) 횡성(橫城)
文	남평(南平)
梁	제주(濟州) 남원(南原)
孫	밀양(密陽) 경주(慶州) 일직(一直) 평해(平海)
裵	성주(星州) 분성(盆城) 대구(大邱) 흥해(興海) 경주(慶州)
曺	창녕(昌寧)
白	수원(水原) 남포(藍浦) 대흥(大興) 부여(扶餘)
許	양천(陽川) 김해(金海) 하양(河陽) 태인(泰仁)
劉	강릉(江陵) 거창(居昌) 배천(白川) 충주(忠州)
南	의령(宜寧) 영양(英陽) 고성(固城)
沈	청송(靑松) 삼척(三陟) 풍산(豊山) 부유(富有)
盧	광주(光州) 교하(交河) 풍천(豊川) 장연(長淵)
丁	나주(羅州) 영광(靈光)
河	진주(晉州)
郭	현풍(玄風) 청주(清州)
成	창녕(昌寧)
車	연안(延安)
鞠	담양(潭陽)
余	의령(宜寧)
秦	풍기(豊基)
魚	함종(咸從) 충주(忠州) 경흥(慶興)
殷	행주(幸州)
片	절강(浙江)
丘	평해(平海)
龍	홍천(洪川)
庾	무송(茂松) 평산(平山)
芮	의흥(義興)
慶	청주(清州)
奉	하음(河陰)
程	하남(河南)
昔	경주(慶州)
史	청주(清州)
夫	제주(濟州)
皇甫	영천(永川) 황주(黃州)
賈	소주(蘇州) 태안(泰安)
卜	면천(沔川)
太	영순(永順) 협계(陜溪) 남원(南原)
睦	사천(泗川)
晋	남원(南原)
邢	진주(晉州)
桂	수안(遂安)
朱	신안(新安) 능성(綾城) 나주(羅州)
禹	단양(丹陽)
具	능성(綾城) 창원(昌原)
辛	영산(靈山) 영월(寧越)
任	풍천(豊川) 장흥(長興)
羅	나주(羅州) 금성(錦城) 안정(安定)
田	담양(潭陽)
閔	여흥(驪興)
俞	기계(杞溪) 창원(昌源) 무안(務安)
陳	여양(驪陽) 삼척(三陟)
池	충주(忠州)
嚴	영월(寧越)
蔡	평강(平康) 인천(仁川)
元	원주(原州)
千	영양(潁陽)
方	온양(溫陽)
孔	곡부(曲阜)
康	신천(信川) 곡산(谷山)
玄	연주(延州)
咸	강릉(江陵) 양근(楊根)
卞	초계(草溪) 밀양(密陽)
廉	파주(坡州)
楊	청주(清州) 남원(南原) 중화(中和)
邊	원주(原州) 황주(黃州)
呂	함양(咸陽) 성주(星州)
秋	추계(秋溪)
魯	함평(咸平) 강화(江華)
都	성주(星州)
蘇	진주(晉州)
慎	거창(居昌)
石	충주(忠州)
宣	보성(寶城)
薛	순창(淳昌)
馬	장흥(長興) 목천(木川)
吉	해평(海平)
周	상주(尙州) 초계(草溪)
延	곡산(谷山)
房	남양(南陽)
魏	장흥(長興)
表	신창(新昌)

姓	본관	姓	본관	姓	본관
明	연안 (延安) 서촉(西蜀)	唐	밀양(密陽)	曲	용궁(龍宮)
奇	행주(幸州)	陶	순천(順天)	邱	은진(恩津)
潘	거제(巨濟) 광주(光州)	化	진양(晉陽)	夜	직산(稷山)
王	개성(開城)	昌	거창(居昌) 창녕(昌寧)	葉	경주(慶州)
琴	봉화(奉化)	龐	개성(開城)	慈	요양(遼陽)
玉	의령(宜寧)	邕	순창(淳昌)	淳	금구(金溝)
陸	옥천(沃川)	韋	강화(江華)	謝	한산(韓山)
印	교동(喬桐) 연안(延安)	昇	남원(南原)	連	나주(羅州)
孟	신창(新昌)	荀	홍신(鴻山)	包	풍덕(豊德)
諸	칠원(漆原)	強	충주(忠州) 괴산(槐山)	箕	행주, 평양
牟	함평(咸平)	永	경주(慶州)	畢	한양(漢陽)
蔣	아산(牙山)	于	목천(木川)	譚	등주(登州)
南宮	함열(咸悅)	鍾	영암(靈岩)	舍	태안(泰安)
卓	광산(光山)	馮	임구(臨朐)	菊	담양(潭陽)
催	경주(慶州) 전주(全州)	大	밀양(密陽)	釋	수원(水原), 한양(漢陽)
皮	괴산(槐山) 단양(丹陽) 홍천(洪川)	葉	경주(慶州)	戰	한양(漢陽)
杜	두릉(杜陵) 만경(萬頃)	弓	토산(兎山)	增	연일(延日)
智	봉산(鳳山)	阿	나주(羅州) 양주(楊州)	賀	소사(素砂)
甘	창원(昌原)	平	충주(忠州)	雷	교동(喬桐)
章	거창(居昌)	獨孤	남원(南原)	國	담양(潭陽)
諸葛	남양(南陽)	袁	비안(比安)	初	마산(馬山)
陰	괴산(槐山) 죽산(竹山)	公	김포(金浦)	道	성주(星州)
賓	대구(大邱)	梁	남양(南陽)	郝	산동(山東)
董	광천(廣川)	莊	금천(衿川)	隋	한양(漢陽)
溫	금구(金溝)	堅	해주(海州) 여주(驪州)	顧	한양(漢陽)
司空	효령(孝寧)	毛	광주(廣州)	鳳	경주(慶州), 제주(濟州)
扈	신평(新平)	乃	개성(開城)	森	부여(扶餘)
景	태인(泰仁) 해주(海州)	異	밀양(密陽)	艾	전주(全州)
范	금성(錦城)	浪	양주(楊州)	傅	양근, 한양
錢	문경(聞慶)	判	해주(海州)	伊	경주(慶州)
鮮于	태원(太原)	邦	무안(務安)	奈	나주(羅州)
左	청주(淸州) 제주(濟州)	麻	상곡(上谷)	伍	가평(加平)
楔	경주(慶州)	路	개성(開城)	苗	성산(星山)
彭	절강(浙江) 용강(龍江)	梅	충주(忠州)	芸	전주(全州)
承	연일(延日) 광산(光山)	楚	성주(星州)	苑	진양(晉陽)
簡	가평(加平)	倉	아산(牙山)	單	한양(漢陽)
夏	달성(達城)	鴌	청주(淸州)	燕	전주(全州)
尚	목천(木川)	東方	청주(淸州) 진주(晉州)	京	황간, 금화
施	절강(浙江)	墨	광녕(廣寧) 요동(遼東)	米	재령(載寧)
柴	태인(泰仁)	斤	청주(淸州)	㔻	농서(隴西)
葛	남양(南陽) 청주(淸州)	彬	대구(大邱)	黎	부산(釜山)
西門	안음(安陰)	班	창원(昌原) 진주(晉州)	榮	영천(永川)
陣	여양(驪陽)	占	한산(韓山)	采	여산(礪山)
段	강음(江陰) 강릉(江陵) 연안(延安) 대흥(大興) 서촉(西蜀)	彈	진주(晉州) 해주(海州)	恩	고부(古阜)
胡	파릉(巴陵)	舜	순흥(順興) 파주(坡州)	候	충주(忠州)
邵	평산(平山)	海	김해(金海)	齊	한양(漢陽)
甄	전주(全州)	天	충주(忠州)	剛	괴산(槐山)
		弼	대흥(大興)		
		頓	목천(木川)		
		雲	함흥(咸興)		

이 자료는 2015년 DAUM에서 발췌. 498개 姓氏. 순서는 인구순. 관향 미상은 제외됐음.